现代校长的专业智慧

领导课程教学篇

青岛市教育局
编著

中国海洋大学出版社
·青岛·

图书在版编目（CIP）数据

现代校长的专业智慧．领导课程教学篇／青岛市教
育局编著．— 青岛：中国海洋大学出版社，2020.12
ISBN 978-7-5670-2718-3

Ⅰ．①现… Ⅱ．①青… Ⅲ．①校长－学校管理－经验
Ⅳ．① G471.2

中国版本图书馆 CIP 数据核字 (2021) 第 004006 号

现代校长的专业智慧（领导课程教学篇）

出版发行	中国海洋大学出版社		
社　　址	青岛市香港东路 23 号	邮政编码	266071
网　　址	http://pub.ouc.edu.cn		
出 版 人	杨立敏		
责任编辑	邹伟真	电　　话	0532-85902533
电子信箱	459331938@qq.com		
印　　制	青岛国彩印刷股份有限公司		
版　　次	2021 年 3 月第 1 版		
印　　次	2021 年 3 月第 1 次印刷		
成品尺寸	185 mm × 260 mm		
印　　张	38.75		
字　　数	765 千		
印　　数	1 ～ 2500		
定　　价	60.00 元		
订购电话	0532 - 82032573（传真）		

发现印装质量问题，请致电 0532-58700168，由印刷厂负责调换。

序言
——PREFACE

在中小学校里,校长权力最大。权力越大,责任越大。如果校长的权力运用不当,就会对学生发展、教师发展、学校发展造成负面影响。校长是学校的灵魂,一个学校有个好校长,是教师们的幸运,更是孩子们的幸运。校长管理学校是专业性的活动,并非人人都能胜任。一个不懂管理、不懂教育的外行,是管不好一所学校的。专业的人做专业的事才能做好。校长的专业水平直接决定着一个学校的办学水平和教育质量。

专业成长的过程就是专业化的过程,校长的专业成长包括三个方面:专业知识、专业能力和专业精神。专业知识涉及"知不知",专业能力涉及"能不能",专业精神涉及"愿不愿"。人往往是先"知"而后"能",专业知识是专业能力的基础。但是,如果一个人能力很强,但是不愿意干事,没有干事的动力,最终也干不成事;所以,想干事＋能干事＝干成事。

校长首先要"想干事",要树立正确的权力观与政绩观,要认识到自己的责任,要以积极的态度、饱满的热情、坚定的意志投入管理工作。如果自己消极怠工、不思进取,就会贻误学生、教师、学校的发展。管理之责神圣,不可亵渎,管理工作会影响很多人的未来,校长对于管理工作要有敬畏之心。

校长还要"能干事",根据我国校长专业标准的要求,我国中小学校长要做好六项专业职责,即规划学校发展、营造育人文化、领导课程教学、引领教师成长、优化内部管理、调适外部环境。这六项内容要求校长既要"懂教育"又要"懂管理"。

校长要有正确的教育观,要坚持育人为本,而不是"分数挂帅"。要为学生的"一世"做准备,要培养学生一生受用的关键素养,如思维能力、创新能力、合作能力、交流能力,而不是只为学生的中考或者高考这"一时"做准备,要立足学生的长远利益和根本利益,教育不能急功近利,更不能庸俗势利。校长要做课程改革与教学改革的内行里手,引领学校的课程与教学改革。

校长要有正确的管理观。校长做的是"教育管理",管理是为教育服务的、为育人服务的,不能为管理而管理。管理不是为了把师生管住管死,而是为了发展人、解放人。校长要做现代校长,要具有现代精神,要做"现代管理",即科学管理、民主管理、依法管理。科学管理要求实事求是,具有科学精神,不是有权就任性,不是乱作为;民主管理反对专制,要求师生和家长参与学校管理,校长多听取各方意见和建议,在民主的基础上决策,而不是独断专行、专制霸道;依法管理反对人治,要求加强法制建设和制度建设,通过制度来管事、管人、管钱,而不是随意随性而为。

加速校长的专业成长路径有三:一是政府增强校长培训的针对性、实效性,精准提升校长专业素养;二是通过校长人事制度改革尤其是通过校长评价制度改革,用好评价这个指挥棒,促进校长专业成长;三是校长自身要勤于学习与反思,要多读书,并把理论与实践有机结合,通过反思使理论与实践互动互惠,使自己快速成长。

青岛市教育局为促进中小学校长、幼儿园园长快速成长,发挥名校长的示范、引领与辐射作用,投入专项经费建立名校长工作室,涵盖学前教育、小学教育、中学教育、职业教育、特殊教育等各学段。这些工作室依据教育部颁布的《校长专业标准》深入开展理论研究,大胆进行实践探索,取得了很好的成效。本书精选的"现代校长的专业智慧"就是名校长工作室的重要研究成果,是多年来青岛学校管理的宝贵经验,它凝聚了全市 3000 多名中小学校长、幼儿园园长的专业智慧,值得大家学习借鉴。

褚宏启

(北京开放大学校长、北京师范大学教授)

目录 ——CONTENTS

第一部分　学前教育

第二部分　小学教育

第三部分　中学教育

第四部分　职业教育

第五部分　特殊教育

第一部分

学前教育

园长引领课程建设，促保教质量提升

平度市白沙河街道张戈庄中心幼儿园　迟洪芝

不论幼儿园规模大小，"操不完的心，干不完的活"是园长们普遍的工作状态。但是，园长们忙碌的原因却各有不同，有的园长频于应付各级各类会议、评课、评审、讲座；还有一类园长则是因为事无巨细地抓管理，被各种事务缠身。无论是哪种情况，园长们都感到没有多余的时间与精力投入看似不那么紧迫的课程领导力提升这个问题上。相应地，对于课程体系和课程发展目标问题只能停留在被动的管理层面。

朱家雄教授讲过：幼儿园课程是幼儿教育中繁难的事情之一，它是将幼儿教育理念转化为幼儿园教育实践的桥梁，是关于教育目标、内容、方法和评价的一个系统。园长是幼儿园建立以园为本教研制度的第一责任人，要有先进理念和体现先进理念的智慧行动，全面提升整体课程领导力。

结合幼儿园实际情况，在提升园长课程领导力方面，笔者做了以下探索。

一、明确幼儿园课程管理内容

1. 做好园级班级双层管理

第一层：园级管理。主要针对课程的理念、课程的架构、课程实施人员的配合、课程实施成效的评价等方面进行审议。在选择安排主题内容时，综合考虑幼儿年龄特点、季节、节日、发展的关键时期等因素。另外，在安排活动内容时，注意留给教师自主安排、生成、调整的空间，保证活动内容的均衡性、综合性、衔接性和教师的自主性。

第二层：班级管理。涉及班级课程计划和一日活动的组织管理、具体课程资源的管理、家园联系工作的管理等。如调整了课程计划以后，班级教师依据幼儿园提出的要求，从保育、教育教学、家长工作、环境创设等方面，有目的地调整班级原有课程计划，全面提高班级课程的统整性、均衡性、灵活性，以有效保证课程实施的科学性。

2.细化安排，规范管理

保教质量是幼儿园的生命，是体现幼儿园整体办学水平最关键的要素，是幼儿园所有质量内涵中最重要、最根本的内容。因此建立良好的教育教学秩序是课程管理的最基本任务。作为园长，要重视一日活动实施中各个环节的管理，让教师明确一日活动各个环节的意义和作用，科学合理安排幼儿的一日活动，协调各类活动的时间比例，保证各类活动的有效开展。

3.支持教师进行实践创新

课程实践是一个不断调整、不断完善、不断创新的过程，教师应该作为主体参与课程开发与实践，园长的课程领导力在于充分给予每一位教师创新的主动权，让教师大胆地实践自己认同的课程理念，并对自己的课程实践能力充满信心。

园长在"放开"的同时要把握两个原则：一是明确"标准"，之前教师比较关注教材内容，而较少关注标准，如今应以《3～6岁儿童学习与发展指南》为依据，关注教育对象、关注活动反思，让教师把"标准"融入教育活动的全过程，使课程实施的质量得以保证；二是贯彻合理均衡原则，在幼儿园课程实践的过程中，引导教师处理好新课程与幼儿园特色课程之间的关系，坚持"合理均衡"的原则，充分体现各类课程对幼儿发展的综合价值。在此过程中，园长要及时捕捉课程实践中的创新行为，采用典型引领、交流分享的运作方式，将个体的经验进行群体分享，将群体的经验进行智慧碰撞，使教师群体在高起点上进行课程实践创新。

二、注重保教工作的过程管理

作为园长要注重保教工作的过程管理，将幼儿的学、教师的教、园长的管合为一体。引领教师扎扎实实走好每一步，使幼儿的学习有意义，使教师的教学有价值、使园长的管理有实效。我们的做法可以归纳为看、听、想、研。

看——看各类计划。我们定期组织教师、教研组长相互看组中其他教师的各类计划，由于看的人不仅仅是园长，因此我们看的目的也不仅仅是检查，而是通过看互相学习，真正提高计划的实效性。

听——听课。一是园长深入教室听课活动，这是在尊重教师教学自主权的前提下，带着学习与研究的态度进教室，而不是评判课的好与不好。每次听课做到与该教师对话研讨。二是一课三研活动，教研组围绕一个素材点设计活动，让全体教师参与上课与听课。在活动中研究如何尊重教育规律、充分发挥幼儿和教师的积极性，提高教学的有效性。

想——反思。活动前反思主要是分析与评价活动的可行性,提高教师的预测能力。活动中反思主要评价师生的互动状况,提高教师的回应能力。活动后的反思,重点分析与评价教师的总结、评价能力。

研——集体讨论研读。将读懂孩子与分析教材有机结合,检验老师是否熟悉《指南》中幼儿的不同年龄段特征与学习要求,牢牢把握幼儿必要的和可能获得经验框架,分析教材中的内容与要求,然后从幼儿的视角展开各种相关活动。

三、"自评"与"他评"

结合幼儿园自身的特点,逐步形成自评、互评与他评相结合的保教质量监控与评价机制。打破管理者权威式的评价格局,尝试采用"对话式评价"方式,将教师的"自评"与"他评"相结合,创设"合作""交流""对话"的平台,增强教师自我评价、自我诊断、自我改进的意识和能力。

加强课程管理,有效实施园本课程

青岛市城阳区夏庄街道中心幼儿园　郭文辉

近年来,夏庄街道中心幼儿园以《幼儿园教育指导纲要》、《3-6岁儿童学习与发展指南》为指导,依托幼儿园现实的环境和条件,从幼儿的需要出发,充分挖掘幼儿园本身及周围的课程资源,构建并实施了以主题活动为基本形式的情感教育课程。经过几年不断地实施、修订与完善,幼儿园的情感教育课程实践取得了良好的效果。

一、以新理念为引领,加强园本课程的管理

1.课程方案网络化管理

幼儿园课程方案的管理实行园级管理网络,形成以课程管理小组为主,各教研小组带动,级部间合作,分层推进的研究机制,从组织上给予课程方案以保证。其次,成立课程方案编制与研究指导小组(由教研组长、骨干教师组成),负责课程调研、编制、协调与专业引领,对出现的问题和建议进行研究和探索,并定期调整完善课程方案。

2.课程方案制度化管理

将方案落实到位,建立幼儿园课程方案管理制度,定期对课程方案开展总结与反思活动,以制度规范管理,使课程内容更适合幼儿园发展需要。

二、挖掘课程资源,拓展课程实施渠道

幼儿园充分挖掘家庭、社区的教育价值,构建家庭、社区、幼儿园三位一体的教育,达到教育的均衡,营造一个开放整合的教育环境,为情感教育课程注入活力。

1.让家长了解课程内容

在开展主题活动前,关注融合家长的兴趣,适当考虑课程内容和形式,使家长有浓厚兴趣参与活动。每次主题前向家长介绍主题开展相关信息、教育意图与活动内容,了解家长可提供哪些方面的意见与帮助。定期让家长观摩一些健康课程的教研活动,让家长感受课程建设的过程,同时开展一些亲子活动让家长了解课程的具体实施情况,以激发家长参与的兴趣,让家长能够融入其中。

2.让家长参与落实课程

如在"秋天多美好"的主题中,组织家长和幼儿一起进行了田间采摘、收获实践活动,活动前组织家长与教师共同备课,明确活动的目标及家长在课程实施中的任务,活动中家长扮演指导者和记录者的角色,真正让幼儿感受到劳动的辛苦与收获的快乐,极大地激发了幼儿的探究兴趣。

三、提升教师专业素质,保障课程有效实施

教师是最重要的课程资源,教师专业素质是参与园本课程的基础,专业素质的高低,是课程能否顺利实施的关键。因此,夏庄街道中心幼儿园积极提升教师素质,为他们专业成长创造条件,调动他们参与课程的积极性。

园本培训引领以教师反思性学习为主要内容,以案例分析和行动研究为载体,了解教师的需要,解决教师在参与课程中存在的问题,增强教师研究教学的能力,体验成功与进步的快乐,从而促进课程良好发展。

优秀的教研活动会对幼儿园及教师起到抛砖引玉的作用,促使他们将新的教学理念、教学方法、教学行为及时运用到实际工作中。

专题式教研活动即教师们针对实践中某个主题进行讨论。例如,对"活动区创设目的不强"的问题,以往教师强调的是区角材料投放,经过讨论和学习,幼儿园认为,在创设活动区时,教师应心中装着目标,使材料投放与课程目标相结合,便于幼

儿获得最有效的发展。

问题式研讨是将教师组织过的活动,重新审视,回头看,找问题。例如,在讨论提问的有效性时,用摄像机拍下教师组织的全过程,并有针对性地开展提问的有效性研究,提高教师活动设计的能力。

观摩式教研活动是将优秀教师的活动在全街道开放观摩。

以课改引领促教学发展

青岛市即墨区环秀中心幼儿园　黄玉香

幼儿园园长是幼儿园课程的第一负责人,应该以师幼为本,切实履行幼儿园课程领导的职能。在《幼儿园教育指导纲要》和《3—6岁儿童学习与发展指南》的精神指导下,青岛市即墨区环秀中心幼儿园以课程建设为核心,立足本土,着眼未来,以踏实的课改促进教学发展。

一、园长引领定好位

园长作为课程改革的第一责任人,必须肩负起把握课程方向、确立课程方案、实现课程创新的艰巨任务。要通过行政干预建立研究组织机构,确保创新工作从观念到做法的整体行走节奏。例如,根据户外混龄游戏研究的需要,我们成立了户外运动研究项目组,形成研究策划、运作指导及落实评价的专项管理力量,主要抓好研究定位、负责组织研讨活动、提升推广生成的有益经验等,带动教师人人参与课程改革的研究,让课改的理念贯穿在园本自身的发展脉络中,让课改在园长的高位引领下健康发展。

二、制度管理保规范

要在研究中实现科学规范地发展,制度是不可或缺的出路和办法。制度的产生一定是因为某个方面不规范,需要明确大家的行为要求。如在研究悬、吊、拉、高位跳等运动技能水平要求的适宜度及动作要领的指导重点时,我们随即出台《混龄走班游戏指导制度》,对滑行、翻越攀爬等具有风险色彩的活动提出保护措施,确保幼儿活动的挑战要充分更要科学,避免违背孩子个体心理承受程度而过度激励,确保悬吊和跳跃动作的安全性。我们还先后研究出台了《混龄走班游戏指导教师培训制度》《混龄走班游戏指导 A、B 角定位办法》《户外挑战性游戏安全制度》等,以制度规范行为,在保证幼儿生命安全、快乐发展的前提下进行改革创新。

三、保障到位促发展

园长在课程管理与研究中要善于协调与整合教育资源,从人力、物力等各方面给予课改最有力的支持。例如,由于混龄游戏活动在时间、空间、人员和材料上都最大化地扩展了幼儿的自主性,教师在监护与指导上往往心有余而力不足。于是我们及时调整后勤工作流程,在区域活动时让教师、助教、保育员、后勤人员齐上阵,给予活动人力上的支持。原有半个小时的户外游戏时间远远不能满足混龄走班后的活动需求,我们及时进行作息制度的调整,将其延长至 1 小时,为混龄走班活动开通绿色通道。

通过混龄游戏课程研究,我们对园本健康教育课程理念有了更深的思考与理解,园本课程文化得以深化、沉淀与发展。我们的孩子真正轻松、快乐、发展起来了。课改经验告诉我们,园长需要始终勇立于课程改革的潮头,审时度势,高位引领教师团队发展,将教育的视野投向远方,将教育之心归到实际行动,一起唱响前进的号角,谱写教育品质发展的篇章。

领导课程教学

平度市云山镇中心幼儿园　强典娟

园长的课程领导,关键要从本园的实际出发,把握教学本质,指引教学理念,建设研究型、学习型的教师团队,善于在实践中发现问题、研究问题和解决问题,不断实现教学质量的提高和教师专业能力的升华。而园长的课程领导力主要是看园长的课程意识、园长的课程素养、幼儿园的课程计划、幼儿园的课程管理和教师团队实施课程的能力等。

一、强化课程意识，关注幼儿成长

（1）在教学目标上，教学意识侧重于实现目标，课程意识侧重于以合理的方式实现合理的目标。

（2）在教学行为的功能上，教学意识侧重于功能的最大化，课程意识侧重于功能的最优化。

（3）在教学效果上，教学意识侧重于近期的外显的结果，课程意识侧重于长期的结果。

二、提高课程素养，有效引领教师

园长的课程素养首先体现在对课程的系统思考和整体把握上，要做到认真解读幼儿园课程标准、深刻认识文化因素对课程实施的制约作用，透彻分析幼儿的基础、需要、特点、帮助我园教师增强课程意识、明确幼儿园课改的主攻方向和长远目标。

三、执行课程计划，形成园所特色

园所的课程计划始终坚持"以幼儿发展为本"的理念，根据市教育体育局颁发的课程计划，统筹人、财、物等资源，本着有益于提高教与学的效率，有益于幼儿全面、有个性地发展，有益于体现幼儿园办学理念与特色等原则，科学设计制订和有效实施幼儿园课程计划。

四、严格常规管理，促进有效教学

幼儿园教学管理是随着课程观念和课程设置的变化而变化的，既提倡教师教学个性化的落实，又关注教师教学目标的培养。因此教学常规是幼儿园教学管理实现规范化、制度化的重要保证，是维持正常教学秩序、提高教育质量的重要举措。

五、有效实施课程，提高教学质量

实施课程的主渠道在课堂，要求教师的教学行为充分地体现课程理念。园长要用正确的教育思想引领教师实施新课程，还要深入课堂教学第一线，分析教学动态，摸清课堂真实情况。园长在课程实施中需给予专业支持，树立园长专业领导的威信。

园长的课程领导要从本园的实际出发，要以幼儿和教师为本、教育发展为目的，积极引导教师主动打破学科、区域的局限，全身心地投入课程实施中，在实践中发现问题、研究问题、解决问题。同时要帮助教师在课程意识、课程执行、专业能力等多方面进行提升。作为园所领导人,要不断地学习,不断地充实自己,提升自己的素养与课程领导力,成为一个科研型、学者型的园长。

做有"味道"的教育

——谈幼儿园园长课程领导力

青岛市即墨区实验幼儿园　丁淑秀

　　课程建设在实验幼儿园一直如火如荼地进行着,着力打造火候恰到好处、口味绝佳、营养丰富的"课程大餐",与《道德经》中"治大国若烹小鲜"有异曲同工之妙。

　　优美宜人的环境一直是实验幼儿园的优势。在这里,春闻花香,夏遮阴凉,秋收百果,冬玩雪仗,其中的攀爬墙、游乐园、野战场又为孩子们增添了一份童年的乐趣。走进来,优雅的色调让幼儿如沐春风,随处可见的书架、藤椅为幼儿、家长提供了休闲的场所,共享亲子时光。我园将孩子们的作品用于走廊、楼道装饰,让幼儿园的一景一物、一处一室都会"说话",让幼儿无论在何处都能受到文化的熏陶,为"玩美"教育课程的实施打下坚实的基础。

　　教师是幼儿园课程建设的行动人,是幼儿园里的"大厨",如何打造一支专业技能精湛的"厨师"队伍,园长需放出"内外兼修"的妙招。对外,让教师走出去,实行了以"聚焦实际问题、助推教师课程执行力"为突破点的按需培训与分层培训相结合的模式。从教师成长的角度出发,一方面帮助新教师树立"一日生活皆课程"的理念;另一方面提升骨干教师的专业水平。对内,抓园本教研,实现教师的纵深发展。带领教师以"主题预操作"的形式,让教师在观察、了解幼儿之前先成为幼儿,先尝试每一个活动,以明确活动的关键经验,推测幼儿学习中将会遇到的困难和问题,从而为幼儿提供适宜的帮助,进一步提高教师发现问题、解决问题的能力。

　　与时俱进的科学教育理念是需要园长一直追求的。作为教育的"开胃汤",我园始终坚持"以幼儿发展为本"的理念并落到实处。希望幼儿园可以让幼儿度过有意义的每一天,体验成长的快乐,从而为幼儿成功的一生奠定良好的素质基础。组织幼儿园朗读,引领教师读教育名著,悟教育真谛,从而树立科学的课程发展观;结合《指南》举行幼儿学习故事分享会,引导教师形成以幼儿为主体的教育理念;举行教师亮相活动,让教师把所学所思用于教育实践;我国还鼓励与引导教师共同构建课程愿景,对幼儿园的课程目标与追求达成共识。

幼儿园课程是"主菜",如何让"主菜"色香味俱全,园长要有其独到之处。眼见为色,我国将"美"融入课程,和教师、幼儿一起发现美、创造美,每周的美术特色活动打开幼儿创造美的窗口。举办幼儿美术节,搭建展示的平台,跟着"大师"玩艺术把风格迥然的艺术风格融入幼儿的创作,使之妙手生花。特色为香,在园本课程的实施中,带领教师将即墨当地的风俗和文化纳入课程,让即墨娃知即墨。大班的主题活动"过大年赶大集",充分地纳入了喜庆的民间元素,让幼儿可看、可说、可做,在体验中学习。实践为味,园长博采众长,在课程编制中参考和借鉴优秀课程,又结合地域特点、风俗习惯、园所现状和幼儿经验,打造适宜的园本课程。

除此之外,我园还将家长工作纳入课程。如何赢得家长的理解和支持,实现家、园、社区携手共进成为课程研究的一部分。举行家长开放日,让家长近距离接触幼儿园教育,达成共识;举办家长大讲堂,引入科学的育儿理念,帮助家长更好地支持幼儿的成长;开展家长进课堂,吸纳各行各业的教育资源;举行家长会,实现零距离的沟通与交流。在课程建设实施过程中,家长工作就是幸福"甜点",滋养着园本课程的建设。

当然课程建设是需要一步一个脚印慢慢来的,每个幼儿园都有自己的背景与成长环境,欲速则不达。课程建设,永远在路上。

平度市明村镇中心幼儿园特色园本课程的形成

平度市明村镇中心幼儿园　蒲海霞

自 20 世纪 90 年代以来,我国幼儿教育开始探索国家课程、地方课程和园本课程三级课程管理体制,园本课程已经是幼儿园课程改革与实践的重要组成部分,并成为国家课程的重要补充。幼儿园利用自然资源、社区资源及乡土传统文化等教育资源,以主题活动为主要形式构建园本课程,是当前幼儿园教育改革的重要内容。

平度市明村镇中心幼儿园自搬入新园以来,一直致力于寻求具有自身特色的园本课程体系,在经过多次研究探讨之下,结合幼儿园地处农村、占地面积大、户外活动场地宽阔、具有丰富的自然资源和人文资源等优势,户外体育活动的课程研究势在必行;同时传统文化的学习是让孩子们了解历史的一种方式,因此幼儿园汲取优秀的民间传统游戏,加以整合、创新,将之与户外体育活动相结合,形成自己的园本户外体育课程;结合当地实际情况,幼儿园还开展优秀传统文化——剪纸教学,同时以环境的创设、氛围的营造等促进课程不断完善。

幼儿园以一日活动为中心,遵循幼儿身心发展规律,结合"幼童本位　自然成长"的课程理念,打造"七彩童年,和谐发展"的育人品牌,立足本土,开发课程资源,挖掘明村本地自然资源,将剪纸、民间传统活动纳入幼儿园的园本建构课程,形成以养成教育、传统文化、体育教育和早期阅读为抓手,以户外体育活动为重点的特色园本课程。

一、多彩户外体育活动课程——"野蛮其体魄"

"野蛮其体魄"是指丰富多彩的户外体育活动。幼儿园有宽阔的户外活动场地,农村自然资源丰富,加之幼儿园本身户外体育活动水平比较低,因此,幼儿园以国家十三五课题"利用农村资源开展幼儿园的户外体育活动研究"为研究主线,充分发动家长、教师,收集整理传统民间游戏,汲取优秀传统民间游戏精华,如"撞拐""编花篮""老鹰捉小鸡"等;在传承的基础上,师幼发挥想象力与创造力,将传统民间游戏进行创新,如将"石头剪刀布"与"跳房子"整合成新的游戏,既开发智力又锻炼身体;将"木头人"与"熊和小孩"整合创新,让游戏更具趣味性,调动幼儿参与游戏的积极性;"变废为宝,一物多玩"创新活动,调动幼儿自主游戏的积极性与创造性。

幼儿园结合《指南》中关于幼儿动作发展的领域指标,将优秀传统民间游戏、创编游戏、"变废为宝,一物多玩"游戏归纳整理为大、中、小户外体育教学活动,经过实施、筛选、调整,形成侧重幼儿年龄特点的户外体育活动课程。小班为"快速反应　快乐无限",中班为"快乐奔跑　创意无限",大班为"团结协作　游戏无限"。同时,幼儿园以课题为依托,将宽阔的户外场地进行合理规划、创设丰富多彩的户外活动区域,动静结合,打造特色户外游戏。

走出园门,走进自然,将三合山红色革命根据地和明村足球场打造为园外户外体育活动的"红色课堂",在锻炼与挑战幼儿体能的同时,让红色传承文化根植幼儿心中。充分利用明村镇作为山东省美丽轮胎小镇的这一优势,收集废旧轮胎,做成轮胎沙堆、轮胎小车、轮胎秋千、轮胎攀登架等。同时,发动老师、家长、幼儿收集农村废旧物品制成丰富的体育活动器材。农村资源的创造性使用,丰富了户外体育器材的种类,促进了幼儿户外体育活动的开展,逐步创建社会、家长、幼儿园共同发展的平台,促进了课程园本化的形成。

二、传统文化课程——"文明其精神"

"文明其精神"是指传统文化教学浸润童心,充实幼儿精神世界。我国是一个具有五千年悠久传统文化的文明古国。在幼儿教育中,保护、继承及发扬中国传统文化是幼儿教育的重要任务。在当今全国上下学习传统文化的大背景下,我园也在探索中实践,在实践中发展。幼儿园营造浓厚的传统文化氛围,寓教育于环境,根据幼儿年龄特点,打造剪纸、青花瓷、十二生肖、五十六个民族等特色环境,让幼儿感受传统文化和民族风情魅力。

剪纸具有源渊的文化和悠久的历史,为了让幼儿了解、体验并传承传统剪纸艺术,我们将幼儿园二楼创设为剪纸特色区域,悬挂、张贴剪纸作品来培养幼儿对剪纸美的欣赏能力,圆弧内、三楼美工室、班级内均创设剪纸区域,提供材料与工具,让喜欢剪纸的幼儿在里面自由发挥他们的想象力与创造力;多次邀请民间剪纸艺术家对教师进行剪纸培训,提高教师的剪纸技能。在不断实践、探索、研究与调整中,幼儿园根据幼儿年龄特点,收集整理大、中、小剪纸课程,将剪纸艺术纳入园本课程,让幼儿从小传承经典,传承历史。

我的眼里都是你
——支持幼儿表演游戏的自我建构

平度开发区中心幼儿园　官伟丽

一、问题提出

2012年平度开发区中心幼儿园从一片荒芜中开始生根、发芽。作为一名一直在教育实践中摸爬滚打的幼教人,我始终坚信无论是推动这个中心园以及区域内的教研协作体发展,还是促进幼儿园内教师的专业发展、幼儿的全面和谐发展,都需要一个"撬起地球的支点"，这个"支点"就是教育教学研究。

教师最为困惑和头疼的问题之一是表演游戏。于是在做园内课题研究的同时，表演游戏也成为城乡教研协作体的教研课题，并基于实践研究确立为青岛市十三五规划课题和全国学前教育研究会十三五滚动课题。

表演游戏是一块"硬骨头"，教师始终面临两难问题：放手让幼儿自由游戏，幼儿不会演；教师教给幼儿如何演，幼儿又演成统一模样，缺乏创造性。在这一收一放之间，教师应该如何把握掌控的度？传统表演游戏都是以文学作品为依据，基本上以再现故事内容为主，现代创意戏剧理念更多倡导儿童作为自由的创造者，在传统与现实之间，教师应如何基于本土现实和幼儿的发展需求，从而吸收新鲜的生命活力。

带着这些问题，我们踏上了表演游戏探究之路。

二、事件的描述

一个新的表演游戏在开始都深受幼儿喜欢。幼儿争抢着自己喜欢的角色，成为另一个情境中的"我"，或是凶恶的大灰狼、或是机灵的小白兔、或是狡猾的狐狸，在扮演的故事情境中获得自我满足。杜威认为，儿童具有演戏的本能，所有的儿童都喜欢假装成不同于他自己的人和物，他们喜欢通过情境所暗示的动作把情境表演得更为逼真。

（一）迷失了儿童：被挤压变形的表演游戏

1."你说错台词了！"——表演剧本一成不变

《没有牙齿的大老虎》中"大老虎"的扮演者说："这糖太好了，太甜了，像花蜜一样好吃！"旁边立即有同伴说："你说错台词了！是这糖太好吃了，老师的故事就是这么讲的。"

老师们从幼儿的表演中发现，故事成了一成不变的表演剧本，束缚了幼儿自由表现的手脚，他们原本拥有丰富的生活经验和不同的情感体验，对于故事有着个性化的理解和表达。虽然表演游戏是幼儿根据文学作品中的情节、内容和角色，通过语言、表情和动作进行表现的一种游戏，但是文学作品仅仅是表演的依据，并不是像演员演戏那样要一字不错地背诵台词。

2.千篇一律的"狐狸"——角色表现模式化

《小熊请客》中表演狐狸的小姑娘和"小鸡""小猫""小狗"对话时，总是伴随同样的动作，右手拍着胸脯，弯一下双腿。生气的时候就是一跺脚，一扭头。再演一遍时,依然是同样的动作。演了两遍之后,大声喊着:"不演了,不演了,绝对不演了!"

面对幼儿的表演现场老师们不断反思:本来好动好扮演的幼儿为什么"绝对不演了"?原来她总是在重复相同的动作,这个动作也许不是她发自内心自己想表现的,而是模仿而来的不得不去做的模式化动作。再细致观察一下,这个故事中的狐狸和另一个故事中的狐狸是一样的动作,这个故事中的"生气"和另一个故事中的"生气"也是一样的动作。这样导致表演游戏的肢体表现并不是当下表演的儿童创造性表现出来的,而是成为模式化的符号,束缚了幼儿自由表达的天性。

3."出力不讨好"的道具——表演外壳"富裕化"

幼儿表演《金色的房子》时,自己用彩色塑料积塑搭了一个"房子",这个房子能够容下所有的小动物,还可以跑来跑去,跳进跳出。老师精心制作的"红墙绿窗金屋顶"的房子,被冷落在一边,直埋怨着"真是出力不讨好,费了一周时间"。

这引起了我们对"如何有效提供表演游戏道具"的思考。为了支持幼儿的表演,教师会尽力为幼儿制作表演需要的角色道具,并用心制作场景所需的房子、森林、小河,便于幼儿即刻进入表演过程,于是琳琅满目的道具堆满了表演区。但是我们也许遗忘了,场景的布置本来就是表演过程的重要一部分,幼儿也需要参与场地创设、道具准备过程中,简单的、低结构的材料是激发幼儿丰富想象的源泉,所以有必要剥去这层"富裕"的表演外壳,还幼儿一片"空的空间",让幼儿用自己的想象创造富有生灵、自我主宰的表演空间。

透过幼儿的表演现场我们发现,幼儿像牵线木偶一样被教师操纵,缺乏自己对角色的理解,这忽视了幼儿的主体性,忽视了表演游戏的自主性、创造性、娱乐性。表演游戏因"迷失了儿童"而被挤压变形了,其成为模式化的重复再现,成为待幼儿完成的任务而不是强烈的游戏需求。实质上,"表演"原本是能够满足幼儿创造的愿望,唤起幼儿整个身心参与其中的自然而然的表达过程,是幼儿乐于沉浸其中的"乐园"。

(二)转向儿童:尊重表演游戏中的儿童权利

当发现幼儿只对故事原型进行复制,动作往往是纯粹的模仿时,教师勇敢地袒露:这是教师的高控制带来的后果,为了实现幼儿在表演游戏中自由表达自己对故事的理解与想象,自主探索主题的意义,教师决定做出一些放权的改变。

1."hold 不了 孩子"——教师主权失控的焦虑

教师认为,首先应该让幼儿拥有表演游戏的自主性,可是这给教师带来了无处不在的"恐慌"。因为这打破了教师控制幼儿表演游戏的内容、形式、过程的稳定性。

原来由教师掌控的空间让权于幼儿,一种主权失控的焦虑不断在蔓延……

例如,D老师在幼儿表演故事之后,采取幼儿参与评价的方式进行讨论。幼儿说道:"我觉得小猴子和小兔子到处蹦跳,演得不好。"老师慌乱之中没有做出任何应答,开始选择自己提前预设的两个场景进行讨论。

活动后,在团体讨论中,D老师坦言:"我觉得我'hold不了孩子',没有安全感,孩子提出的问题完全不是我能想到的,因此我无法应对。我预设的两个场景的讨论,每个环节都是我一步步设想好的,组织起来就心里很有数。"当问及为什么一个孩子会在课堂上被叫起来十多次时,老师想都不想地说:"因为他能救我。其他孩子说不上来。"好多老师同时附和:"他能说出老师想要的答案,这样就可以顺利往前走了。"

如此的主权失控是大多数教师"转向儿童"历程中拥有共同的焦虑恐慌体验,由此看来教师面临的不是"会不会做"的问题,首先是"敢不敢做"的问题,是否"相信孩子"的问题。

2."不总是发火了"——转让儿童参与权

教师一直推崇表演游戏的创造性,创造性并不来自教师的"示范"与"教",而是来自表演过程的参与者——幼儿的经验。表演是纯粹的个人行为,是自己的经验的真诚演绎。

当活动后把镜头聚焦在孩子那里,教师专心地从录像镜头里观察幼儿的表现时,惊讶地发现,孩子们竟如此有表演天赋! 例如,教师聚焦"老虎"吃糖等问题,引导幼儿运用自由探索的方式表达自己的个体理解,幼儿创造了不同的肢体动作叙述自我体验。在仅仅一分钟时间里,四个幼儿创造了四种不同的肢体表达方式,包括平日不喜言语的幼儿。在不同场景里,不同的幼儿有着不同的生活体验,沉浸在自己创造出的情境里。

再进一步对比发现,如果面对幼儿提出来的问题,其应对方式与之前预设的程序有如此多的共同之处,只是转换了一个场景而已。教师只有将视角转向"真实的幼儿",而不是"预设的幼儿",才会真正相信幼儿的力量,也就有了放权的胆量。

一旦教师转让了幼儿参与权,灵活调动已有教学策略去勇敢面对,也就踏上了追随幼儿研究之路,教师也能从幼儿身上收获幸福感。有的老师说:"我不总是发火了,以前幼儿一旦跳不到我画好的圈圈里,我就着急,就发火,现在轮到孩子出谋划策了,我反而沉静下来了。表演终于成为孩子爱玩的游戏了。"

3."共舞更幸福!"——欣赏儿童的自由表达权

教师应充分尊重儿童的自由表达权。例如,《白雪公主》中原本没有青蛙王子的角色,可是幼儿凭借丰富的阅读经验和生活经验,边演边创编出《青蛙王子和白雪公主》中青蛙王子被皇后毒死,又喝了神水壶里的水复活的新故事。再如,《小蚂蚁坐汽车》表演中存在幼儿肢体动作单一的问题,教师引导幼儿到生活中体验坐公共汽车的不同情节,鼓励幼儿将自身的生活体验、情节对话、动作姿态等迁移到小司机、熊婆婆、小动物的表演中。

教育戏剧专家希斯考特确信自由表达的权利是"争取"来的,而不是靠别人给的。教师尊重幼儿的自由表达权是教师对幼儿表演游戏的最佳支持,欣赏则是激励的首要策略。允许幼儿将自身的经验迁移到表演内容中,让幼儿提出自己面临的难点问题,让幼儿想办法解决自己表演过程中遇到的困难,思想解放了,理念转向儿童了,反而教师拥有愉悦体验了:"与孩子共舞更幸福!"

(三)看见儿童:支持表演游戏中儿童的自我建构

当转身看着儿童,我们尝试着挣脱"故事、教师中心和富裕外壳"的束缚,遵循儿童现有经验,以儿童自我建构为主,让表演游戏从由外而内的驯化,成为由内而外的自然生长。

1."我的身体会说话"——"动作"书写的诗歌

自从教师开始关注、尊重、鼓励幼儿的个体自由表达,幼儿也不再急于完成情节,而会在他们感兴趣的情节自由发挥。例如,原来"大老虎"吃完糖很快就牙疼、拔牙,这一次"大老虎"先后以铺床、睡觉、打呼噜、伸懒腰、踢腾腿、翻滚等一系列动作表述了老虎发生的事情,逗得小伙伴咯咯直笑。于是教师们分享这只会用身体说话的大老虎之后,有小朋友喊:"我的身体也会说话。"于是开始启用自己的生活经验,用各种身体动作叙说老虎不刷牙睡觉的情境,千姿百态、惟妙惟肖!教师们不禁发自内心感叹:"幼儿是天生的表演家!"

由此,教师将幼儿感兴趣的表演故事中的有趣情境拓展为默剧表演,让幼儿充分施展自己的想象,将生活经验、情感体验通过身体行动外化出来,随着肢体动作的丰富、多样,角色表现更加丰满、生动,栩栩如生,情节也更加富有生长的活力。幼儿充分体验到身体能够像语言一样叙说角色做的事情,角色的内心情绪情感,推动故事情节发展的进程。有人称戏剧完成了诗歌的另一种形式——"动作"书写的诗歌,在我们看来,幼儿以动作创造的表演游戏是另一种动人、优美的诗歌,因为那里蕴藏着最淳朴的真情和最自然的童心!

2.老师扮演"鸭儿子"——自然生长着的表演故事

由于学前儿童生活经验、语言表达能力、肢体表现能力等都处于"未成熟"的状态,教师的有效支持是必不可少的。为了丰富表演情节的对话,初期我们经常使用集体讨论的方式,然而讨论完以后幼儿再去表演的时候,往往还是难以回忆起讨论时的多样化的建议。实质上,幼儿的创造往往基于现场的情境,教师在故事表演情节发展过程中,通过扮演相应的角色,唤醒其相应的生活经验,让幼儿自然而然地激发出新的情节对话,更加符合幼儿自主建构表演经验的需要。例如,《狐狸爸爸鸭儿子》中教师扮演鸭儿子生发出一个小情节,引发了角色间丰富的对话,推动了情节新的发展。

鸭儿子:"爸爸我想去游泳。"

狐狸爸爸:"儿子你不能去游泳,我要保护你。"

鸭儿子:"我喜欢游泳。"

狐狸爸爸:"我不会游泳,我不在你身边,水那么深发生危险怎么办?"

鸭儿子:"你看我的脚上有蹼,我不怕水。"

狐狸爸爸:"好吧,我从池塘边的树枝上吊下一根绳子,保护你!"

鸭儿子:"太好了! 你是世界上最好的爸爸! 爸爸我爱你!"

狐狸爸爸抱抱鸭儿子。

鸭儿子:"爸爸,我到池塘里捉鱼给你吃!"

教师给与幼儿突破的自由,并通过身份的转换参与表演过程,所有人都有机会尝试新的表演,教师的支持让幼儿慢慢体会其中的意蕴,学会自我调节、自我引导、自我控制,听从内心的自己。在这样的情境下,幼儿是在创造自己的"游戏",而非获得教师传输的"表演"。

3. 手指钳子——质朴的表演空间

随着幼儿自由创造角色、对话、情节能力的增强,幼儿的表演空间也逐步从富裕走向质朴。有时,幼儿更喜欢调动自己肢体来代替道具,比如给"老虎"拔牙,先是用食指和中指的张合摆动代表"钳子",然后用小拇指当"手电筒",深进嘴里看看,接着攥起拳头当"锤子"敲牙。

有时幼儿能够借用可用的实景空间,他们更加喜欢就地取材。比如《怪老师和淘气鬼》就是发生在幼儿园里的故事,幼儿就在教师办公的区域里展开情节,教师的笔记本、电脑、图书、眼镜盒等都成为幼儿表演的道具,教师组织幼儿游戏的空地也称为"怪老师"和"淘气鬼"表演的游戏空间。

表演游戏的空间创设、道具准备不再是教师自己想、自己做出来,而是跟幼儿一起讨论创设场景设置、地点布局、材料使用等,并随着情节的创造发展不断变化。

二、案例反思

1. 每个儿童都是表演的天才

英国浪漫主人诗人华兹华斯在《彩虹》一诗中写道："儿童是成人之父。"确实，我们在儿童的表演游戏里，体会到每每都是儿童将我们引领到一个新的创造境界中，在那个开放自由的表演天地里，每个儿童都是表演的天才。"教育需要转向体验世界。体验可以开启我们的理解力，恢复一种具体化的认知。"他们的表演源于生活的体验，源于没有束缚的心灵解放，源于成人对他们天性的尊重。

2. 由内而外的自然生长

杜威批判：不去研究幼儿在生长中需要的是什么，只是拿成人积累的知识，也就是将与生长的迫切需要毫不相关的东西强加给幼儿。将成人排演的套路复制到幼儿表演游戏中，就是过分依靠"外部强制力"，忽视了幼儿内在的生长力量和情感动机。我们走出"故事导向、教师中心和富裕外壳"的束缚，走向"角色先行、幼儿中心和质朴外衣"的表演游戏，遵循幼儿现有经验、以幼儿自我建构为主，让表演游戏从由外而内的驯化，成为由内而外的自然生长。

3. 教师有效支持下的自我建构

生长戏剧不是由外而内的驯化，而是由内而外的自然生长。只有当幼儿能够进行自我建构及意义理解，教师开始尝试去理解幼儿的行动并投入其中时，个体真正的学习才会发生。表演游戏中的教师智慧在于相信幼儿表演的天性，支持幼儿自我主动建构，从而实现表演游戏由内而外的自然生长。比如教师在表演游戏中扮演一个角色，帮助幼儿进入想象情境，赋予对象新的意义，概念化角色设定的规则，并协助幼儿进行合作互动。

整理案例接近尾声，不经意间，抬头看见办公室里的那盆常青藤惬意地伸张着"手脚"，每根枝丫都在自由地舒展着，欢唱着，生长着，洋洋洒洒地爬满了整个书橱，因为它长满了脚，还有人称为"百脚蜈蚣"，具有极强的生命力和感染力。回顾表演游戏的研究之路，回味着教师表演游戏不断生成、生长的过程，我似乎听到了幼儿自我成长的拔节的声音。只要教师看得见幼儿、读得懂幼儿，每个幼儿心里都会生长出一颗常青藤，一颗想象力、创造力自由迸发的常青藤。

领导课程教学 促进内涵发展

平度市同和街道中心幼儿园 孙会珍

一、背景分析

幼儿园课程领导力是园长专业能力的核心,是以园长为核心的课程团队为提升幼儿园课程品质,在课程实践过程中体现出来的能力。它包括引领、决策课程的能力,研究、建设课程的能力,组织、管理课程的能力。

园长的课程领导,关键要从本园的实际出发,把握教学本质,指引教学理念,建设研究型、学习型的教师团队,善于在实践中发现问题、研究问题和解决问题,不断实现教学质量的提高和教师专业能力的升华,而园长的课程领导力主要看园长的课程意识、园长的课程素养、幼儿园的课程计划,等等。

二、问题梳理

(1)课程意识。园长的课程意识是园长课程领导力的核心,要树立"以人为中心的意识",积极为幼儿全面发展服务。在教学过程中,不仅要有知识与技能目标,还要有过程与方法和情感态度价值观这两维目标,挖掘幼儿向善向上的潜能。

(2)课程素养。园长是管理者、领导者,面对幼教发展的新形势,在新的教育理念下开展园本教研、课程、培训以及研究。园长的课程素养直接决定着园本发展,使教师迅速获得专业化成长,引导教师走专业化发展之路。

(3)课程执行力。课程实施是实现课程目标的基本途径,是实施课程计划的过程。幼儿园课程是幼儿在幼儿园的一日生活中的各种教育活动,如教师教育活动、游戏、日常生活与常规性活动、学习环境、家园合作等。教师作为幼儿园课程实施的主体,其课程实施成效直接影响着幼儿成长。对此,园长作为幼儿园的主要负责人,应承担起指导教师进行课程实施的责任并将课程实施方案深入地落实下去。

三、实施策略

（1）强化园长课程意识，关注幼儿成长。建立课程创生机制，"生成课程"是指教师在与儿童一起活动时，逐渐发现儿童的兴趣、需要，用自己的智慧和创造性工作，激发幼儿的潜力，使之不断地发展。在师生互动过程中，通过教育者对幼儿的需要和感兴趣的事物的价值判断，不断调整活动，以促进幼儿更加有效地学习。随着课改的深入，教师们对生成课程更加重视，因为它符合幼儿的心理特点，能激发幼儿的好奇心、求知欲，培养幼儿的发散性思维，生成符合办园目标和幼儿年龄特征的课程，从而丰富幼儿园原有的课程体系。

（2）提升园长课程素养，有效引领教师。园长应认真研读幼儿园课程标准，并结合本园的实际情况，对幼儿园课程有整体的把握和系统的思考；制订幼儿园的课程发展近期目标和长远目标，培养优质的教师队伍，帮助教师增强课程意识；还应关注我国学前教育决策政策，把握学前教育的发展方向，关注课程推进机制、课程实施的实际效果及管理工作的有效落实。

（3）提高园长课程执行力，形成园所特色。幼儿园课程计划是影响课程实施的重要因素，包括幼儿园教育大纲和幼儿园的教材。目前，教材是教师接受课程变革理念的重要载体，也是其课程实施的重要依据。幼儿园十分重视教师的课程实施成效，在帮助教师加强课程的连续性和相关性的同时，帮助教师解决在课程实施过程中遇到的问题，并时常在幼儿的一日活动中对教师课程实施现状进行指导，更好地提高教师的课程实施成效，提升课程质量。

目前，我国的幼儿园园长课程领导的研究还处于起步阶段，研究成果相对较少而且不深入，在一定程度上还不能满足现实课程改革的需要。尤其在园长课程领导力的构成上，优化提升策略、评价指标等都值得我们不断地深入研究。

让每一颗童心盛开民间游戏之花

莱西市望城街道中心幼儿园　张妍

《幼儿园教育指导纲要》中指出："要保证幼儿每天有适当的自主选择和自由活动的时间"，"幼儿园一日活动的组织应动静交替，保证幼儿愉快地有益地自由活动"。《3～6岁儿童学习与发展指南》也告诉我们：自由活动环节的存在，是因为幼儿的需要，具有不可替代的价值。可见，自由活动在幼儿园一日活动中有着举足轻重的地位。

一、问题提出

自由活动是各个环节的过渡，由于孩子的特点就是好动、爱玩闹，往往让自由活动环节混乱不堪。怎样让自由活动井然有序，"管而不死，活而不乱"呢？

一个偶然的机会，我园大一班林老师抓住教育契机，发现了一个秘诀：把民间游戏融入自由活动中。因为民间游戏来源于生活，契合幼儿的天性，形式易懂、易学、易传，易掌握，易收易放，只要孩子有兴趣，在座位、走廊、边边角角处都可以自由玩耍，正适合在自由活动环节中展开。

二、实施对策

为将民间游戏更好地融入自由活动当中，最大限度地发挥其应有的作用，我们通过收集民间游戏——整编分类——合理运用，为自由活动的有序开展铺路搭桥。

（一）广泛搜集——挖掘游戏资源

我园地处农村，给民间游戏的收集带来了很大的便利。我们通过发放调查表、召开家长会等形式，让家长充分认识到民间游戏在幼儿中间开展的重要性，让家长把自己小时候玩过的游戏的名称、玩法、规则和所需材料一一详细记录下来带到幼儿园；孩子们也把从哥哥姐姐那里学到的游戏带到幼儿园与大家分享；我们教师也上网查找，利用各种渠道充分地挖掘民间游戏资源。

（二）筛选分类——整编游戏内容

收集的民间游戏比较杂乱无序,我们对其进行了筛选分类,大体分为体育类游戏、益智类游戏、语言娱乐类游戏等。体育类游戏:"跳格子""木头人""打瓦""跳绳""踢毽子""滚铁环""老狼老狼几点了""投沙包"等,可以提高幼儿运动技能,增强幼儿体魄,有益于身体发育;益智类游戏:"翻绳""走棋子""挑冰糕棒"等,这类游戏可以让幼儿既动手又动脑,有利于大脑智力开发和潜能激发;语言娱乐类游戏:"五个手指头""炒黄豆""小老鼠上灯台"等,这些朗朗上口的儿歌,不仅强化了游戏的节奏感,更增添了游戏的情境性和娱乐性。

（三）巧用材料——助推游戏开展

民间游戏取材简便,游戏材料随处可取,生活中一些旧布、烟盒、小木棍、小树叶等,如今在老师、家长和孩子们的眼里都成了宝贝,这些随处可见的东西能使游戏生动地开展起来。如找根小木棍当马骑,采把野花编草帽,折根槐树叶一起玩猜树叶的游戏等,这些看似不起眼的小材料,成了孩子们的最爱。加上教师适时指导,孩子们除了玩得开心,还能发挥他们的想象力和创造性,玩出新花样,一根小木棍放在胯下可当马骑,架在肩上可当枪用,与球一起便可玩"趣小猪"的游戏……

（四）合理运用——保障游戏效果

自由活动比较零散,时间又短,较难组织,合理地运用民间游戏便能收到较好的效果。

1. 室内游戏——以静为主,动静交替

室内活动空间有限,一般采用语言类民间游戏、艺术类民间游戏和益智类民间游戏,这些游戏适合在室内开展,可以随时开始,随时结束。例如,盥洗、如厕时,为避免等待现象,可以选择一些不用玩具、只用小手便能开展的语言娱乐类民间游戏"剪子包袱锤""枪打四""黑猫警长"最为合适;再如,用餐时,先吃完的孩子可以自由组合玩"包饺子""抓棋子""翻花绳"等一些比较安静的民间游戏,这样既减少了幼儿无所事事的等待,又不会影响吃饭慢的小朋友进餐。

2. 户外游戏——以动为主,动静结合

室外活动场地宽敞,阳光充足,户外自由活动一般采用具有挑战性的体育类民间游戏,如幼儿无需材料,就可以三三两两地玩"冰糕化了""木头人""贴人""揪尾巴"等游戏,还可以投放小高跷、小铁圈、绳子、毽子、皮筋等材料,幼儿根据兴趣进行投

沙包、跳皮筋、跳格子、滚铁环等民间游戏,大大提高幼儿的协调性、灵活性。

三、实施效果

经过一个阶段的尝试,幼儿自由活动环节有了很大的改观。自由活动有序了,文明了,同伴间遇事会协商了,吵吵闹闹少了……教师的观念转变了,真正理解了自由不等于放任,而是在一定规则基础上的自主……而且通过实践中的不断研讨交流、反思总结、整理汇编,形成了我园一个极具特色的主题课程"爱运动的农村娃",并于2018年9月荣获了"青岛市精品课程"。

总之,在幼儿园自由活动中合理运用民间游戏,不仅能把零碎的时间加以运用,丰富幼儿的一日生活,还能让各个活动环节平稳过渡,让幼儿快乐、自主、健康地成长。

游戏精神扎根幼儿课堂

青岛西海岸新区琅琊中心幼儿园　肖桂芳

游戏是人在儿童阶段最纯洁、最神圣的活动。游戏不仅仅是一种活动形式、活动内容,更是一种童年的精神和状态。游戏已然升级为幼儿园教育的代名词,成为一种专业标识。游戏带给幼儿快乐、自由和满足,游戏中的儿童是专注的、投入的,也只有幼儿此种状态下参与的课堂教学,才是有效甚至高效的。

一、营造游戏情境，倡导快乐学习

"包饺子"是大班"拥抱冬天"主题下的音乐活动。张老师的授课先从完整欣赏音乐"喜洋洋"开始,"这首曲子给你什么感觉？你想到了什么？"热情又欢快的节奏,幼儿很自然地联想到了"过年",引入"包饺子"。张老师将乐曲ABA的结构与包饺子的三个环节一一对应,引导幼儿感受音乐、创编动作。当活动进行到"煮饺子"环节时,张老师先让幼儿观看视频,观察饺子在锅中的变化,然后用绳子在地上圈了一个大"锅",旁边两个大呼啦圈做"盘",张老师手拿一个"大漏勺",在乐曲"喜洋洋"中进行着包饺子的游戏,幼儿同老师一起擀面皮、包饺子、煮饺子,"小饺子下锅啦""水开了""出锅",一遍又一遍,直到活动结束时,孩子们还直呼"老师,再来一次"……

从"再来一次"的呼声中,我们可以感受到这节课已经为幼儿所认可和接受。老师带领幼儿玩"包饺子"游戏,激发了他们的好奇心,一口绳子做的大"锅",两个呼啦圈变的"盘",将幼儿的活动热情推向高潮。在愉悦的乐曲中,在充满激情的活动中,幼儿感受到了乐曲欢快、喜庆的特点,能有节奏地擀皮、包馅、煮饺子,体验音乐带来的快乐。游戏本身是假的,但是参与游戏的幼儿是真的,乐曲"喜洋洋"给幼儿带来的欢快感受是真的。幼儿其乐融融地感受和学习着乐曲,高效完成本节课的预期目标。

如果把幼儿比作一颗小种子,那么游戏就是这颗小种子最适宜的土壤,在这里它会拥有适合生命成长的所有营养,只要营养充足,幼儿的学习会更加轻松、快乐、有效。

二、培植游戏精神,引导主动学习

"美丽的菊花"是大班"秋天多美好"主题下的美术活动。菊花是幼儿的常见花卉之一,它们五颜六色、千姿百态,象征着幸福和平、坚忍不拔。这节课的目标是在观察、欣赏的基础上,运用长短不同的卷曲线、弧线表现菊花的不同形态,感受菊花的造型美。教师营造了菊花园的情境,通过赏、思、画、品四个环节,帮助幼儿欣赏菊花、观察比较菊花、探索发现菊花的画法。

"哇,好美啊!"幼儿步入课堂,不由地齐声赞叹着。呈现在幼儿眼前的是金丝菊、小雏菊、大丽菊、美人菊……在菊花盆展的侧面是关于各种菊花的图片展,菊花园的氛围营造非常浓厚,整个现场的布置不仅仅让幼儿感到美丽、新奇、幸福,也让听课老师感觉置身菊园中。富有韵味的意境为幼儿带来了超强的视觉冲击和良好的暗示效应,唤醒幼儿潜意识的向美而行。美好的暗示是现场情境赋予的,它牢牢吸引了幼儿的注意力,启迪着幼儿的创造性思维。

本节课中,教师把每一个孩子看成是独立而完整的个体,给予他们充分的尊重,不仅仅是拿几张图片告诉孩子这就是菊花,然后就画画。教师用自己的精心策划、爱心准备赢得了尊重,用几盆菊花换来幼儿的欢快游戏。幼儿在游戏精神的支配下,用自己特有的专注的游戏状态参与课堂教学活动,在和谐、温馨的氛围中有序、有效又轻松地完成了教学任务。

作家陈祖芬说道:人总是要长大的,但眼睛不要长大;人总是要变老的,但心不要变老。我们幼儿园老师要始终让自己的思想与儿童保持一致,用儿童的眼睛去观察,用儿童的耳朵去倾听,用儿童的思维去思考,用游戏的方式开展教育活动,引导幼儿用游戏的精神投入学习,专注、主动、快乐地学习。

紧抓课程实施　培育教研特色

青岛西海岸新区第一幼儿园　谭湘菲

　　课程的实施是幼儿园工作的重点,课程实施的效果决定了幼儿园的教育质量与幼儿的发展。如何高效地落实园本课程的理念与具体内容是青岛西海岸新区第一幼儿园教学研究的核心内容。

一、创新主题管理策略，为课程实施提供有力保障

　　在第一幼儿园新教师尝试用表格管理法来进行主题项目管理,加强新教师对主题实施的管理力度。在每一个主题实施前由班主任负责进行主题价值的分析,结合园本课程方案的具体内容,运用表格式管理的方法,在表格中列出负责人、主题实施的阶段步骤、互动墙饰的创设内容、区域环境的创设、主题信息的提供、可开展的相关活动、家长在主题实施中的配合等,新教师根据表格中的内容有目的、有计划地开展主题,做到有章可循。同时倡导经验型教师创造性实施课程。加强与经验型教师的沟通,在沟通的过程中了解教师实施主题的角度、方法以及个人的独特思考,帮助经验型教师分析主题实施的内在价值,并根据幼儿的兴趣和发展的需要,针对某一个点进行深入剖析。鼓励经验型教师创造性地实施主题,同时积累有益的经验,并在主题项目管理的过程中进行集体分享,给每一位教师带来新的思考和启示,优化主题实施效果。

二、完善主题资源库管理，力求课程资源管理规范

　　主题资源库的建立一方面能够减轻教师在实施主题过程中制作教具、环境创设等方面的压力,给教师留有更多创造性实施课程的空间与时间;另一方面也将促进幼儿园对课程管理的规范性以及课程建构的完整性。为优化主题资源库的管理,第一幼儿园主要从以下几方面入手:一是去粗留精,要求教师对填充到资源库的图片

资料等进行精心选择,将粗糙的内容进行替换;二是规范管理,包括规范主题资源目录表的格式、字体、资料的出处标识、影像资料的整理收集、资料的借阅和使用;三是将主题资源库目录装订成册纳入幼儿园园本课程方案;四是做好优秀经验、案例的征集汇编工作。

三、探索课题实施适宜形式，推进课题研究深入扎实

在深化绿色教育研究的基础上,第一幼儿园结合课题"幼儿园蓝色海洋教育课程资源创造性开发与利用研究"安排表和路线图的内容,开展海洋科学启蒙教育研究,并确立每年的研究目标与内容:优化蓝色海洋教育主题课程方案,丰富海洋教育课程资源库,总结教师课题研究的亮点与成果汇编成册;结合蓝色海洋课程创造性地开展海洋图书漂流、第二届海洋文化节、六五环境日进行爱海护海社区宣传等一系列活动,促使蓝色海洋主题教育理念能够真正落实到课程实施之中。同时,幼儿园巧妙利用节庆活动等多种形式,吸引家长参与蓝色海洋教育主题课程建设,不断发挥家委会作用,鼓励家长积极参与海洋教育课程活动的组织协调工作。

四、教研活动在常态中突出参与，促进教师快速成长

一方面幼儿园树立"以教师为本"的教研理念,教研活动突出教师实际需求,着重围绕幼儿园一日活动组织的问题进行研讨。例如,如何创设与课程相适宜的环境和区域,户外活动的组织、指导策略,如何在活动区提供富有挑战性的材料来引导幼儿有兴趣地、持久地进行以区域活动等为主题的教研活动。将提升教师的实践智慧作为教研活动的核心内容,在专业引领上给予教师真正的关注和理解,激发教师参与教研活动的积极性和主动性。通过集体合作这一主要教研形式,创造性开展各种教学研究,使教研活动能够真正成为幼儿园基础的、以每位教师为中心的、以共同发展为核心的、有效的学习、研究活动。

另一方面,幼儿园还注重加强教研组长在小组教研中的示范、引领作用,指导、支持其围绕教研组的教研计划扎实开展各项小组教研活动,并将活动的效果及时进行反馈。幼儿园将对反馈的情况做细致的分析,帮助教研组长发现问题、调整工作、总结经验。对于教研力量相对比较薄弱的教研组,幼儿园将提供支持与帮助,和教研组长共同设计教研活动方案,开展教研活动,有效提升教研组长的专业化水平和责任意识。

民办园课程实施经验及实施要点

青岛市市北区海贝儿幼儿园　闫文卿

一、深入钻研新教材，完善园本课程

1. 深入学习，领会新教材

结合新教材及市、区的要求，在学习领会新教材内涵的基础上，依据园本实际将我园园本课程融汇其中，深化我园的课程改革，提高教师的课程执行力。我园骨干教师积极地参加关于"青岛市教师学科素养提升平台"组织的各项培训学习以及"市北区幼儿园新课程教材培训会"，在认真领会了新教材精神后，幼儿园有针对性、有计划性、并分层次地在园级开展"解读新课程教材，深化幼儿园课程研究"二次教研活动。教研活动中园长带领全园教师对新教材进行了全面的学习与分析，同时我们根据市编的主题对我们的园本课程进行了调整。从主题的价值、主题的目标、活动区活动、教育活动领域的整合与实施，再到主题资源的拓展、主题评价表、主题实施资源表等方面，进行了深入的分析与研究。

2. 整理优秀生成活动，完善园本课程

每学年我们都会以园长、教师为主体和家长代表一起参与对课程文本的调整、拓展和整合，我们根据《幼儿园指导纲要》《3～6岁儿童学习与发展指南》、我园师幼特点以及埠西花园的教育资源，设计了符合我们园所特点的园本课程内容，以促使园本课程不断发展，满足幼儿的发展需要。例如，在"我会保护自己"主题中，我们带幼儿来到急救中心，学习简单的急救知识；在"安全在身边"主题中，我们带幼儿来到消防大队，走近消防员叔叔，提高防火意识；我们还带幼儿走进敬老院，走进派出所，充分利用自然资源、社区资源，扩展幼儿生活和学习的空间。

二、发挥教研力量，创新课程内容

1. 完善课程审核制度

近几年我们不断完善教研制度，结合幼儿园实际情况制定了园长听课制度、课程审核制度、资源库管理制度、半日跟踪制度等。在制度的规范引领下，我们进行了各学科的分科研究。我们还打破了园长"一言堂"的模式，采用了"级部轮岗教研"的教研方式，每个教研级部的每位教师都做主讲人，从教师自己的实际出发，将教师在工作中的困惑作为我们教研的重点。通过轮岗教研，大大提高了教师的教研参与度，不论是主讲的教师还是参与的教师都有不同程度的提高。

2. 着力区域活动研究

为了更好地提升教师驾驭教材的能力，我们以区域活动为例，结合理论深入研究新教材。《指南》中提出"关注幼儿个体差异，研究有效的游戏"。所以我们重新审视区域活动的功能，挖掘区域活动的价值，以级部为单位，进行了研究。例如，怎样让材料更具有层次性、多样性、探索性与挑战性，区域活动中如何注重互动性和操作性。根据幼儿的年龄特点及能力差异，将活动区重新进行分层创设，满足幼儿对游戏活动的需要。

三、挖掘家长资源，拓展幼儿课程实施途径

为了将家长真正作为教育资源纳入幼儿园课程，让家长感悟自己的行为对幼儿发展的价值与意义，让家长真正成为幼儿园工作的支持者与合作者。幼儿园将家长请进了课堂，请做面点师的家长在重阳节的时候来教小朋友一起做重阳节的传统食品——长寿糕；请了在园林局工作的家长在植树节的时候给小朋友讲保护树木的小知识。家长们还会自告奋勇来给孩子们当摄影师，六一嘉年华的时候来当孩子们的导游老师。家长们的资源无穷大，有的家长孩子毕业了，但是和我们也成为了朋友，我们便将他们列为我们的长久资源，比如吕为小朋友已经毕业，但是每年的国庆节，他的爸爸仍然会来幼儿园给孩子们上一节生动的爱国主义教育活动。下一步，将创建班级、级部乃至全园的家长资源清单，有的放矢地挖掘家长资源，为日后家长志愿者活动的开展奠定基础。

作为一所民办幼儿园，在幼儿园园本课程发展的道路上，我们还有很长的路要走。园长作为课程领导者，不仅要帮助每一位教师树立正确的教育观、课程观，而且要带领全体教师构建出具有本园特色的园本课程，为每一个幼儿的终身可持续发展奠基。为了这个目标，我们会一直努力，前行！

让美术活动"活"起来

青岛市市北区桦川路幼儿园 李春萍

美术是一门关于美学的艺术。美术活动可以使人们获得美的感受,得到美的熏陶,升华对美的体会。美术的教育价值在于提升人的精神境界,使人进入一种超越人我之见、超越功名利害的境界,获得终极幸福。

我园长期以来致力于美术活动的研究,在"让美润泽孩子的童年"的理念指导下,积极探索美术教育活动的发展方向、表现形式及活动评价。在研究中我们发现教师组织美术教学内容较为单一,源于书本的内容多,生活化的内容体现不够;活动组织过程较为模式化、游戏化,情趣性体现不够;活动评价比较简单,体现多元化评价不够。为此,如何让美术活动"活"起来,成为我们的研究课题,在实践中我们采取了以下策略。

一、从生活中选取活动内容

幼儿非常喜欢运用美术创作的方式表达他们的所见所闻、所思所想,因此在美术活动内容的选择中与他们的已有生活经验的契合非常重要。选择那些既有文化内涵又要幼儿自身特点的生活经验、愿望与情趣的作品,倡导用他们自己创造的美术作品来表达思想情感,美化生活,在参与的过程中形成对美术活动的热爱。如日常生活中的手提袋随处可见,幼儿既熟悉又喜欢,教师及时捕捉这一内容,幼儿有的用线描画装饰、有的用纸绳拼粘、还有的模仿大师的格子画创意,一件件精美的作品层出不穷;又如"'福'字创想"则是将传统的单纯线描装饰改为以天空、海洋、公园等为背景的创意设计,引导幼儿根据背景创意想象,富有故事性,充满儿童情趣。这样的教学案例注重让幼儿关注周围自然环境和对生活中美的事物的欣赏与感受,强调尊重幼儿自发的、个性化的表现与创造,使每一幅作品都具有个性和童趣。

二、激发幼儿创造意识与创造能力

活动设计时要尝试将生活情景、游戏情趣融合在幼儿的美术创作中,注重创设问题情境,鼓励幼儿探索解决问题,引导幼儿将内心的创造意识用创作方式表达。例如,在欣赏梵高的《星月夜》之后,幼儿对大师作品进行了多元的再现,有的色彩涂鸦、有的线描绘画、还有的泥工造型……又如,谈到"写生",很多幼儿都会感到茫然,老师们进行了专门研究后认为:尽可能不给幼儿直接而又明确的解决问题的途径,而是注重问题情境的创设,让幼儿在目标和问题情境之间通过自己的思考寻求解决问题的策略,放手让幼儿体验表达比教授技能更重要。在幼儿欣赏古诗《咏柳》之后,带领幼儿到户外自选对象、自选角度,在自由宽松的创作氛围中或写意,或白描,在画板上开心地描绘"绿丝绦在风中荡漾"的美,幼儿在创造中兴致盎然,一幅幅作品跃然纸上。再如,在"我爱我家"主题中有一个线描装饰活动——送给妈妈的香水瓶,活动前,教师与幼儿共同收集了许多形态各异、装着香水的香水瓶,在看过颜色、闻过味道之后,教师引导幼儿创作送给妈妈的香水瓶,创作之后自主选择喜欢的味道喷在作品上送给妈妈,当妈妈手捧香水瓶时,无不为之动容。

三、运用多元化的方式评价活动

美术活动的评价要体现幼儿人人积极参与活动,个个在原有基础上有不同程度的发展。强调发展功能与内在的激励机制。鼓励幼儿自主学习美术,形成可持续发展的学习能力与态度。在美术教学中我们采取整体欣赏、个别分析、创意点评的三步评价法,围绕自我评价、同伴互评、创意评价几个方面展开,对幼儿今后进行美术创作起到了提升和引领的作用。例如,在"格子大象艾玛"的创作评价时,幼儿将装扮的格子大象汇集到动物园的背景展示板上,一幅壮观、奇妙的大象园呈现在孩子们面前,孩子们不由自主地议论起来,教师顺势引导幼儿"说说自己的大象""看看别人的大象""找找有特点的大象",让幼儿在欣赏比较中发现自己的进步以及同伴的优点,帮助幼儿了解自己、表现自己、感受成功乐趣、增强自信,从而对美术活动产生更大的兴趣和更强的创作欲望。

做课程改革的引航人

青岛市市南区洪泽湖路幼儿园 隋吉敏

幼儿园园长是幼儿园课程的第一负责人,是课程改革主体中的首席。园长应当以幼儿为本、以教师为本,切实履行幼儿园课程的领导职能。作为园长,深知肩上之重任,立足本土,着眼未来,以课程建设为工作的核心,开创混龄走班游戏活动的新局面。

一、寻课改需求定航向

1. 透析课程实践的问题

园长要树立现代的课程领导组织观、教师观、课程观,课程的改革与发展必须尊重园所历史,既要做好传承,更要创新发展。在课程设置上,课程意识要从教材取向转到创生取向,从教师角度的设计转向为儿童的发展设计。在课程实施中,充分让幼儿做课程的主体、学习的主体。教师的思维模式要从单一室内或户外思维到联通的、多元思维转换,活动中要从教师的权力意志彻底转化到幼儿的权力自主上来。活动组织也要变革,必将从室内走向户外、室内外,不同资源要优化,区域活动要拓展与整合,活动的组织、指导与评价方式要随之发生变化。

2. 聚焦人本发展定思路

与时俱进,从园本实际出发,高度定位教育发展的航标,是每一位园长应有的睿智和动作。那么,我园的健康教育课程如何与时俱进,开拓创新优质发展呢?要搞好课程改革研究,必须回归教育的基本元素。从回归幼教的本质上来看,幼儿教育是基础教育,要为幼儿一生的发展奠基。《幼儿园教育指导纲要》与《3—6岁儿童学习与发展指南》反复强调"游戏为基本活动""关注幼儿的学习品质""注重幼儿的自主性发展"。于是,我们站在尊重儿童天性、遵循幼教规律的视角,展望健康教育愿景的原野,大胆进行课改定位:"打造混龄走班游戏大课堂",深化健康教育内涵,以特色研究成就幼儿园课程的高品质发展。

二、迎课改难题破风浪

进行任何一项课程改革,我们都会遇到很多的问题,而教师课改理念的更新、课程研发能力的提升是必然需要克服的问题。在打造"混龄走班游戏大课堂"的初期,当提到全园都要混龄走班时,许多老师炸开了锅:"这怎么搞? 这怎么能行?"作为园长必须顶住压力,立即行动。于是紧锣密鼓地协调资源,通过与专家对话、异地取经、园本教研等不同形式的探讨,将教师的迟疑和焦虑快速引向行动研究。同时,作为园长硬件软件同时抓,引领研究团队大胆创新,积极实施混龄走班游戏的打造工程。

1.筹措资金,因地制宜优化环境

环境和材料是幼儿活动的基础保障。但是,作为小区配套的幼儿园寸土寸金,空间小不够用正是我们的硬伤。面对困难幼儿园积极协调争取政府支持,不断筹措加大投资,因地制宜创设户外活动环境,实现三个最大化,即空间最大化、原创设计最大化和运动区域最大化。

2.跟进研讨,逐步构建大课堂

硬件设施到位了,如何整合创新开创混龄游戏大课堂呢? 园长步步跟进阶段性研讨,随时发现解决问题,从三方面打造户外混龄走班游戏大课堂。一是创设主题下活动情境,二是坚持室内走向户外,三是落实全园区域活动同步,为全园混龄走班活动提供了可能。

3.把握节奏,落实混龄走班

游戏活动中,幼儿的兴趣、活动能力、心理安全感等身心需求因人而异,只有在完全自主的情况下,才能真正做到以人为本的发展。作为园长指导大家采取"三步走":先实行班级小组走班,然后是级部混班,最后再实行全园混龄走班,这样,允许教师和孩子慢慢来,稳步求发展。

混龄走班后,打破了班级和活动范围的界限,幼儿自主决定玩什么,和谁一起玩,怎么玩,一种玩具玩多长时间,完全自己选择,自己做主。同时,幼儿自主参与建构游戏场所、自主参与环境布置、活动规则的制订等,最大化地发挥幼儿活动的选择权和决定权,孩子们活动得自主、有序、愉快而充实。

4.关注实效,改变教师指导评价方式

混龄走班后,最难的改革是教师身上存在的问题。园长坚持深入活动,和教师一起不断分析解决问题,利用"四法"改革了教师的指导与评价方式,即专项区域指导法、环境隐性指导法、预设评价法、手环物化评价法。

三、于课改引领促发展

1. 园长引领定好位

园长作为课程的第一责任人,必须做课程改革与实践的引航人。要通过行政干预建立研究组织机构,确保创新工作从观念到做法的整体行走节奏。根据混龄游戏研究的需要,成立户外运动研究项目组,形成研究策划、运作指导及落实评价的专项管理力量,让课改的理念贯穿在园本自身的发展脉络中,让课改在园长的高位引领下健康发展。

2. 制度管理保规范

要在研究中实现科学规范地发展,制度是不可或缺的出路和办法。我们研究出台了《混龄走班游戏指导制度》《混龄走班游戏指导教师培训制度》《混龄走班游戏指导 A、B 角定位办法》《户外挑战性游戏安全制度》等,以制度规范行为,在保证幼儿生命安全、快乐发展的前提下进行改革创新。

3. 保障到位促发展

园长在课程管理与研究中要善于协调与整合教育资源,从人力、物力等各方面给予课改最有力的支持。及时整合调整后勤工作流程,在区域活动时让教师、助教、保育员、后勤人员齐上阵,给予活动人力上的支持。同时对作息制度进行调整,将活动延长至 1 小时,为混龄走班活动开通绿色通道。

打造混龄走班游戏大课堂的课改经验告诉我们,园长需要始终勇立于课程改革的潮头,审时度势,高位引领教师团队,将教育的视野投向远方,将教育之心归属到实际行动,一起唱响前进的号角,谱写教育品质发展的篇章!

园长指导教师提高观察能力

青岛永宁路小学幼儿园　牟　青

蒙台梭利曾说过:惟有通过观察和分析,才能真正了解孩子的内在需要和个别差异,以决定如何协调环境,并采取应有的态度来配合幼儿成长的需要。可见,了解幼儿的前提必须是学会观察和分析,作为一名幼儿教师,观察能力是教师必备的能力。目前我园教师队伍整体呈年轻化,很多教师不会观察幼儿,严重影响了课程实施的质量。

指导教师提高观察能力,就要明晰"为什么观察""怎样观察""观察什么",将这三个问题学懂、弄通、做实,就能有效帮助教师找到好方法。

1. 专项学习让教师明确"为什么观察"

为了让教师明确"为什么观察",我们进行了专项学习,首先让教师理解观察的内涵,知道观察和看的本质区别在于"思考",看是观察的一部分,观察就是在看的基础上发现问题、解决问题。其次,让教师明确"观察"的范围很广,但每次观察不能面面俱到,而要聚焦某一主题,例如聚焦"区域材料投放的有效性""幼儿游戏中社会交往能力的发展"等,确定了主题才能够判定我们应该观察幼儿的哪些行为,才能够让观察到的幼儿表现成为最终得出结论的依据。

2. 观察量表帮助教师学会"怎样观察"

教师在观察中存在的普遍性问题就是不知要观察什么、哪些现象是有用的。针对此问题,先让教师学习掌握观察常用的三种方法——扫描法、定点法、追踪法,进一步辨析每种方法适用的场景:扫描法适用于了解全班幼儿的情况;定点法适用于了解某一区域或某一游戏主题的情况;追踪法则适用于长期跟踪一个区域或一名幼儿。

学习理论并不难,难在如何将理论运用于实践。为了更好地指导教师在实践中学会观察,幼儿园针对每次观察的目的解析相关的观察项目或幼儿行为,然后制订具体的观察量表。教师根据观察量表的内容,就可以清楚地知道自己要看什么、记什么。例如,要分析大班幼儿专注力的现状,就需要在教育活动中观察幼儿的表现,可以解析出如下观察项目:从专注持续的时间上可以分为 10 分钟以内、10 ~ 15 分钟、15 ~ 20 分钟、20 分钟以上;从注意力分散的时间段上可以分为活动前 5 分钟、活动中间 15 分钟、活动后 5 分钟;从注意力分散的原因方面可以分为无明显干扰和有干扰源并备注具体干扰源;从注意力分散的表现上可以分为没有明显行为、坐不住搞小动作、有影响他人行为……把这些观察项目根据需要进行甄选和梳理,就可以形成观察量表,教师就可以轻松有效地进行观察。

3. 集体解析引领教师进行"观察分析"

观察的最终目的在于通过分析幼儿真实表现判断教师教育行为的有效性以及问题所在。为了指导教师准确分析观察到的现象,我园定期开展"集体解析会",依此来帮助教师领悟观察分析的方法。

比如游戏教研中,先集体播放一段幼儿自主学习区域的活动视频;再请老师们根据观察记录表的每个项目,通过即时观察方式分别发表自己观点,记录员负责将所有观点汇总在一起;最后大家进行二次研讨,针对观察目标,分析哪些游戏现象是有意义的,哪些解析是有价值的,哪些反思与调整是可行的……最终形成一份成熟的观察记录。

通过这样一个集体解析的过程,帮助教师进一步理清思路,明确观察的方法,从而让观察真正发挥实效。

理念与实践同行,有效引领课程教学

李沧区青山路幼儿园　张　华

课程是幼儿园各项工作推进与发展的载体,也是完成教学任务的实施途径,而园长领导幼儿园的课程实施,是促进保教工作质量提高的有利举措。对于成熟的幼儿园来说,应该建设符合本园实际和特质的园本课程,通过园本课程的建设与实施,实现本园的培养目标,凸显本园的课程特色;而对于新建幼儿园而言,实施好地方课程是关键。园长,通过领导课程教学,不仅能够实现教学任务,保证教学质量,还能促进教师的专业成长。

首先,引领教师树立正确的课程观,拥有先进的课程理念。

在幼儿园里,主张一日生活即课程,虞永平教授说过,课程就是做事,做有意义的事。幼儿园课程是有目的、有计划地引导幼儿活动的多种形式的教育,而不仅仅是上课或成型的原本课程方案,而教师则是课程的建设者与实施者。理念是课程建设的指路明灯,它影响了课程建设的方向和质量。

因此,我园通过丰富的业务学习、培训、案例解析等活动,促使教师理解幼儿园的课程教学不是上一节课、不是实施现成的原版的课程方案,而是一日活动中引导幼儿进行的有益于幼儿发展的各项活动。教师只有拥有了正确的课程观和课程理念,才能在组织幼儿一日教学活动中,遵循幼儿的兴趣与需要、尊重幼儿的年龄特点,捕捉有价值的教育契机,开展各项活动,才能有效地实施课程教学,促进幼儿良好的发展。

其次,在实践中,引领课程教学的方向和质量。

在引领教师树立了正确的课程观后,园长要有效地引领课程教学,就是要引领课程教学的方向和质量。方向即是引领教师在实践中(在幼儿园的一日教学各个环节中)践行正确的儿童观和教育观,如集体教育活动、区域游戏活动、户外活动中要引领教师根据《指南》精神,尊重幼儿的天性和年龄特点、学习特点、个性特点,在活动中尊重幼儿的学习主体地位,坚持"幼儿在前,教师在后"的教育观。这些理念要体现在一日教学的各个环节中。

如环境创设中,制作幼儿园衣帽橱上的标志,在新理念指导下由原来教师写、贴幼儿姓名和编号,改为幼儿自己绘制自己喜欢的标志或头像贴在橱子上。再如区域游戏活动中,教师尊重幼儿的主体地位,根据幼儿的兴趣和需要,从生活和大自然中为幼儿收集提供材料,请幼儿自主选择材料、自主动手操作,教师认真观察、给予指导。

在正确的儿童观、教育观的引领下,幼儿园通过现场教研、观摩教研、引领教研、一对一跟踪指导等多种方式,帮助教师践行正确的教育观和儿童观,有效地组织实施一日教学,从而提高教师组织一日活动的质量。

园长引领课程教学需要实践与理论并存,需要两个抓手都要硬,一方面,使教师明白其所以然;另一方面,使教师会践行,真正提高课程教学的水平。

重引领、巧思辨,助推课程研究

青岛市崂山区橄榄城幼儿园　邢洪彦

课程实践需要聚集研究者共同的教育智慧,基于对高品质幼儿教育的不懈追求,我在园本课程效能的提升中关注理念引领,强调合作创新,逐步构建了符合本园特质,又能促进幼儿全面发展、教师专业提升的社会性特色课程,实现了素质教育的全面实施。

一是统一"课程专业共同体"的研究思想——使教师明白参与园所的课程研究改革是促进自身专业成长的有力抓手,形成内驱力,主动参与课程研究。二是强化"幼儿是学习主体"的教育理念——帮助教师转变观念,学会观察,做到"看到真实的幼儿,发现幼儿的真实"。基于他们的兴趣和需求,为幼儿创设平等、宽松的环境,提供丰富的操作材料,实现环境与幼儿的相互作用。三是营造"创新共享齐发展"的教研氛围——借助问题思辨、一课三研、一班一主题、一人一活动等不同形式的教研活动,指导教师从幼儿的学习特点、发展可能出发,不断进行调适、优化课程实施方法与路径,支持他们尝试生成以幼儿直接感知、实际操作和亲身体验为主要学习方式的新课程。

近两年,我园借中国学前教育研究会十三五课题"借助优秀文学作品促幼儿社会性发展的研究"之契机,开展了"低结构课程,高质量发展"的社会性课程开发尝试。课程方案将预设与生成相结合,收集了不同题材的文学作品,极大丰富了主题资源库。激励教师们追随幼儿的兴趣点,尊重他们的想法,支持其完成他们需要的经验获得。在基于问题的教研中,我们运用了"问题产生、研讨方法—直面实践、追随幼儿—关注发展、反思重构"的思辨策略,帮助教师精心设计班级环境、组织各类活动、创新班本特色。跟踪调研时,我们发现各个班级在课程实践中都会闪现一些宝贵的教育契机,于是指导教师进行及时捕捉和应对,帮助他们提升教学能力、梳理教学策略,积累了有益经验。课题组还总结出"细规划—创环境—推作品—践行为"的社会性课程实施策略,增强了主题课程的可操作性。

保证了主题的实施质量,提升了课程的有效价值。共设计实施了"爱在身边""守规则的小公民""百善孝为先""学会尊重""我会解决问题""厉害了我的国"等九个社会性主题课程,如大班主题"我会解决问题"下,三个次主题分别是"人人都有难题""揭秘锦囊妙计""好秘诀巧运用",精选的教学资源有绘本《蛤蟆爷爷的秘诀》《大头鱼深海寻宝记》《胆小鬼威利》,故事《聪明的乌龟》《草船借箭》《司马光砸缸》,动画片《聪明的一休》《阿凡提》。大班主题"尊重"下,三个次主题分别为"懂尊重""学尊重""会尊重",精选的教学资源有绘本《小羊和蝴蝶》《国王想要爱》《被偷走的微笑》,古诗《悯农》《蚕妇》,童话故事《丑小鸭》等。还充分挖掘家长、社区资源,创意开展了"宝贵品质大家学""爱心义卖""德润童心,璀璨童年多彩创演嘉年华""难忘毕业季""中秋社区乐"等特色活动,各班级幼儿快乐参与、积极表现,努力绽放着最美好的自己,将诚信友善、文明礼貌、孝顺博爱等美好品德内化于心、外化于行,有效促进了幼儿的社会性发展。

幼儿园课程是实现幼儿园教育理念和目标的途径或桥梁,没有高品质的课程,就没有优质的幼儿教育。我会在今后的工作中不断加强自身的课程领导能力来提升课程效能,体现幼儿园发展的高度和深度,彰显独具特色的品味和内涵。

回归本真，深入领导园所课程教学

崂山区王哥庄街道宁真幼儿园　常娜娜

众所周知,幼儿园的发展最终是要为幼儿的成长与发展服务的,而幼儿的成长与发展离不开课程教学水平的提高。在我园课程教学发展过程中,园长作为课程教学的领导者,始终坚持求真务实的工作态度,在"回归本真"育人文化的土壤中,带领全园教职工遵循幼儿的年龄特点和身心发展规律,珍视游戏和生活的重要价值,制定科学合理的保育教育活动方案,深入班级指导课程教学,不断提升我园保育教育水平,为幼儿的身心和谐发展奠定了坚实的基础。

一、回归本真，认准课程教学理念

1.坚持保教结合的基本原则

《幼儿园工作规程》指出,幼儿园是对3周岁以上学龄前幼儿实施保育和教育的机构。与其他阶段的教育不同,幼儿园阶段所培养的幼儿年龄较小,自理能力相对较弱,更需要教育者不仅从教育方面进行努力,而且不能忽视保育的作用。教育和保育二者相辅相成、缺一不可,在幼儿园阶段二者相互配合,共同构成课程教学的内容,从而促进幼儿的身心和谐发展。

2.珍视游戏和生活的独特价值

幼儿园的任务是贯彻国家的教育方针,按照保育与教育相结合的原则,遵循幼儿身心发展特点和规律,实施德、智、体、美等方面全面发展的教育。游戏和生活在幼儿的一日活动中有着十分重要的作用,幼儿园应创设一个"愉快、充实、自主、有序"的环境,为幼儿良好习惯和学习品质的培养保驾护航,防止和克服幼儿园教育"小学化"倾向。

3.尊重教师的保育教育经验

教师作为幼儿活动的参与者、支持者、引导者,是直接与幼儿进行接触并产生影响的专业人员。在课程教学进行的过程中,教师的知识、能力与行为对保教效果有着非常重要的影响,要领导好幼儿园的保育教育工作,必须做好教师的培养和指导工作。

二、回归本真,提升自身保教素养

作为领导者,每一个园长都应深知,课程教学的研究从来不是"纸上谈兵"。在一次次与教师共同学习与培训的过程中,园长应深刻认识到,只有自身专业素养过硬,经过不断地打磨,才能在教师当中起到表率作用,也只有真正做过、研究过、尝试过,才有发言权。

我国著名教育家陶行知先生曾说过:千教万教教人求真,千学万学学做真人。作为领导者,不应畏惧从点滴小事做起,而应认认真真扑下身子搞研究。因此,作为一名园长,更是一名普普通通的幼儿教师,我从园内教师"一人一课"、半日活动观摩展示开始,到参加区级研究课、区级公开课、区级优质课的选拔和展示,再到参加市级公开课的选拔和展示,经过短短两三年的时间,借助了各级各类研究平台,潜心研究幼儿园课程教学,结合对《纲要》《指南》《山东省教育厅关于规范幼儿园一日活动的指导意见》《青岛市幼儿园班级一日活动质量评价指导意见》《幼儿园教师专业标准》《幼儿园园长专业标准》等重要文件的学习,我逐渐加强自身对幼儿园课程教学工作的进一步认识和理解,并逐渐梳理出领导和提升幼儿园保教工作的知识和方法。

三、回归本真,深入落实园所保教工作

知识和认识再好,也要落实到真正的行动中来,理解和方法再到位也需要通过行为来体现。一直以来,坚持"求真务实、回归本真",坚持做"真教育"是我们不变的追求。真正使幼儿受益、促进幼儿的发展,还需要踏踏实实落到行动中,落到真正的保教工作管理实践中。

1.制定好科学的园所保教活动方案

作为园长,结合相关政策文件和各级各类教育主管部门要求,在幼儿园自身情况和特点的基础上,带领老师们制定科学合理的可实施性强的课程教学方案,特别注意方案要既符合大部分幼儿的需求,又注重关注个别幼儿的发展。

2.结合保教活动方案有条不紊地进行课程实施

在实际保教工作中,园长带领教师一起学习和研讨保教活动方案细节,确保每一

位教师把握好细节,科学有序地开展保教活动。

3.园长定期深入指导班级保教活动

有了真正参与活动研讨的经验,同时全程参与、关注保教活动方案的制定,再进行班级活动跟踪的时候就有了观察的目的性和指导的准确性。为了使园长领导课程教学不至于流于形式,真正发挥其作用,我们还形成了园长深入班级指导保教活动制度,园长定期或不定期地到班级追踪,及时组织教师对保教活动进行反馈、反思,学习课程教学相关知识,保证园所保教活动科学、顺利、有序开展。

课程教学不是一成不变的,随着时代的发展和人类文明的进步,"教什么、怎么教"的问题会不断地被一代又一代的教育工作者探索、研究,并推动其飞速发展。尤其在这个瞬息万变的信息时代,作为教育管理者更应保持一种与时俱进的态度,但我们始终相信,不论"教什么、怎么教"如何改变,作为教育工作者都应始终把"为什么教"作为我们不变的初心,牢记使命,始终为促进幼儿的身心全面和谐发展而努力。

乐行课程：滋养幼儿快乐成长

青岛市即墨区墨城中心幼儿园　张英波

课程是幼儿园的"健康心脏",是提升幼儿园教育质量的核心所在。我园以《幼儿园教育指导纲要》和《3～6岁儿童学习与发展指南》为指导,结合我园的传统与历史以及幼儿园课程特色,积极探索回归儿童本真的课程开发整合,提出了以"乐行教育"为理念引领的乐行课程体系,构建"生活教育化、教育游戏化、游戏生活化"的实施路径,让全体师幼在"乐行"课程的跑道上幸福起航。

一、生活教育化——只为教育更好地回归

陶行知先生的生活教育核心是"生活即教育"。幼儿园的一切活动都是幼儿的生活过程,同时也是教育的过程,都是重要的课程资源。因此,乐行教育的第一个行动理念就是生活教育化,这也是我们乐行课程的第一个实施路径,也就是说,乐行课

程要让幼儿接受生活化的教育,过一种教育化的生活。

我们的乐行课程将《纲要》中提出的五大领域目标与幼儿基本生活经验有效地整合起来,置幼儿的学习于一个有意义的丰富的生活环境中,在常态的、随机的生活活动中植入乐行课程核心,积极推动幼儿的发展。

二、教育游戏化——只为更贴近儿童的心灵

1. 从游戏中挖掘课程资源

教师要能够观察幼儿的兴趣所在,从游戏中发现课程资源,并在此基础上编制预设的主题网络,不断地观察发现、挖掘素材、组织活动,从而生成新的课程。如在幼儿对"送信"感兴趣的基础上,组织游戏"小小邮递员",孩子们会产生极大的积极性,投入游戏当中,表现出与众不同的做法和想法,从而自然地生成新的课程"参观邮局""邮票设计师"等。

2. 游戏设计与各领域有效整合,灵活采用不同游戏形式

比如体育游戏与健康教育的整合、文学游戏与语言教育的整合、艺术游戏与艺术教育的整合、益智游戏与科学教育的整合、生活游戏与社会教育的整合。

3. 创设轻松平等的课堂环境,幼儿自由选择,以小组形式开展主题活动

教师会创造出适合每一个幼儿的安全、温馨、平等的环境,鼓励幼儿在探索和创造的氛围中参与教学活动,帮助幼儿通过游戏进入课程,获得发展。

三、游戏生活化——只为让儿童更真切地体验

我们的乐行课程倡导幼儿的自主性与创造性,通过游戏再现生活,让幼儿表达自己的想法和感受、让幼儿学会交往和合作,通过游戏激发幼儿的想象和创造力,带给他们身心愉悦的体验,实现用游戏点亮快乐童年的教育目的。

1. 从生活中选择游戏项目

我们坚持贴近生活的原则,根据幼儿对生活的理解选择游戏。比如幼儿对马路中的车很感兴趣,于是我们组织游戏"谁的汽车跑的快",孩子们利用纸盒,模仿车的样子进行比赛,不仅锻炼了幼儿跑、跳的能力,更让幼儿在游戏中感受生活的气息。

2. 从生活中丰富游戏材料

生活中的很多材料都是可供运用的,我们经常发动幼儿收集各种废旧材料,投放到资源库,并且动手制作玩具器械或者加工成半成品材料。比如在主题活动"寻找

小秘密"中,我们采用了大量生活和自然中的材料,塑料袋、瓶子、废旧报纸等,我们还用废纸箱制作半成品汽车,请幼儿扮演"汽车美容师",对汽车进行装饰,让幼儿在制作游戏材料中增强动手操作能力和社会交往能力。

3. 从一日生活中拓宽游戏时间

在日常教学生活中,有很多零散的时间,如午饭后、离园前的时间,没有办法开展系统的教育活动,但是教师又不能放任不管。于是,我们充分利用零碎时间,组织几个人可以共同进行的游戏,不仅充分利用了时间,也可以有针对性地开展一些教育活动。

生活是教育的源泉,游戏是快乐的学习,社会是课程的资源,我们将沿着这条路,不断研究,继续探索,使我园在幼儿教育领域更趋于完善,使乐行教育这个学前教育品牌更大更强。

幼儿园环境教育课程的建构

青岛市城阳区红岛街道办事处阳村幼儿园　刘淑叶

随着教育改革的不断深入,我园将发展的方向聚焦在"园本课程"上,园本课程是在幼儿园之"本"的基础上建立起来的课程,其核心是本园儿童发展的现状、现实的需要、生长的环境、发展的特点。《幼儿园教育指导纲要》指出,各领域的内容要有机联系、相互渗透,注重综合性、趣味性、活动性,寓教育于生活、游戏之中。因此,园本课程是一种全局性的建构,在内容和实施途径上,不局限于某一学科领域的教学活动,而包含幼儿园的一日生活,在课程主体上,幼儿、教师、家长共享,共同作为园本课程的主体。

一、从问题出发，让幼儿、教师、家长成为共同的课程构建者

为了改善幼儿园的现有课程,真正促进幼儿的发展和教师的发展,我们首先分析和寻找幼儿园目前存在的主要问题,例如,在课程构建中往往园长是决策者,教师是执行者,幼儿、家长不参与决策,等等;我们以此为依据,围绕解决问题的过程去建构本园的课程。

　　首先,幼儿是园本课程的实施对象,也是课程建构的主体之一。因此,我们首先以幼儿的生活经验与发展需求为出发点,以幼儿生活中的真实事件和体验为根本来源,关注和研究幼儿身心发展特点与学习方式,注重培养幼儿成为主动的学习者。许多活动主题和资源来源于幼儿的生活经验、感受、兴趣、爱好、知识、能力等。例如,在冬天的一次玩雪活动中,孩子们在打雪仗、堆雪人中体验到乐趣,我们的主题"欢迎您,冬爷爷"就此诞生了,经过几年的实施与完善,本课程被评为青岛市精品课程。在此次活动中,幼儿的活动是"明线",教师的支持与引导是"暗线",能充分发挥幼儿作为课程主体的作用。

　　其次,教师是园本课程实施的创造性主体,对课程设计与转化具有不可替代的重要作用。约翰·麦克尼尔把教师作为课程编制的一个重要层级,认为课程是教师与学习者共同构建的,没有教师参与的课程就不可能有活力和生机。园本课程不是静态的,而是在鲜活教育场域中师幼之间不断互动的过程。幼儿是主动的学习者,教师要以多种方式观察、解读幼儿,支持和引导幼儿从原有水平向更高水平发展,及时将课程开发与研究成果转化为教育教学实践。教师对幼儿生活中各类事件教育价值的甄别,有效处理活动预设与生成关系,都能体现教师的主动性。

　　另外,家长在幼儿教育中有着不可取代的作用,他们既是课程的享用者、受益者,也是课程资源的提供者、课程开发与实施的参与者。家长可以通过提供幼儿信息、督促幼儿活动、提供课程资源、参与幼儿园活动、向幼儿提供经验、审议幼儿园课程等多种渠道参与园本课程建构。在课程建构中,我们通过引导家长关注幼儿在家和幼儿园的生活状况,鼓励家长参与课程实施,并通过专题讲座、案例剖析、亲子活动、个性化指导等基于解决幼儿生活实际问题的针对性、指导性的系列亲子课程,促进家、园共建课程。

二、充分利用环境资源，将园本课程生活化

　　在课程构建中,我们不断沟通,通过互动、交流研讨的形式,对幼儿园课程实施的现状进行具体详实的分析。例如,根据两面环海的地理优势,研发了课程"鱼娃乐",渔网、赶海成为我们课程中的素材,孩子们在了解家乡的基础上,更加热爱家乡。环境资源为我园课程的编制提供了重要的依据,保证课程方案更加符合我园的实际需要。

三、充分利用优质资源，将园本课程完善化

　　针对我们农村乡镇幼儿园幼教师资水平有限的问题,我们将一些由课程专家和

一线优秀教师通力合作、精心编制的课程吸纳进来,并根据本园实际将其"课程园本化",也就是说,在本园已有的课程中,根据本园的实际情况,吸纳专家精编课程并创造性地运用课程,使之更能适合自己的教育对象,从而更好地促进幼儿的和谐发展。

和美教育视域下的幼儿园课程建设

胶州市胶北街道办事处北关中心幼儿园　邢立芹

北关中心幼儿园在综合论证幼儿园在教师、家长、幼儿等软资源和周边社会、自然、人文等硬资源的基础上,建立自然生态、社会生态、生命个体三个横向体系,以"红色种子课程""绿色自然课程""七彩生活课程""缤纷节日课程"为纵轴,在和美教育核心理念"和而不同致善致美"的目标引导下构建探究式自然生态课程。

一、红色种子课程,根植信念之美

习近平总书记强调:让信仰之火熊熊不息,让红色基因融入血脉,让红色精神激发力量。我们根据幼儿的学习特点,从幼儿的经验切入,在一日活动中渗透红色教育,让幼儿认识五星红旗,欣赏并演唱国歌和其他爱国歌曲,了解解放战争和抗日战争中小英雄和解放军的事迹等。我们还将节日和幼儿园活动相结合,如开学典礼上全体师生与家长代表一起唱国歌升国旗,国庆节组织师生唱红歌、看红色电影等,让老师和孩子们怀感恩之心,激发其爱国爱党之情。我们还将红色教育与游戏相融合,创设游戏情境,让幼儿在模仿学习中加深认识,丰富体验。如户外游戏中以"我是能干的兵娃娃"为主题,在运动区创设"野战区"进行溜索、穿越封锁线、爬雪山等模仿活动。

二、绿色自然课程,成就探究之美

根据四季的变换,幼儿园在相应季节里自主开发了与四季相关的自然系列课程,包括探春、知夏、赏秋和寻冬四大板块。带领幼儿走近自然,让自然成为最生动的课堂。如在"春天来了"的主题中,带领小班幼儿到三里河公园观赏樱花、迎春花、沿河的垂柳等;带领中班幼儿到万亩林场观察苗圃中各种各样的树、树丛中的野花等,带领大班幼儿去少海湿地公园远足、写生、放风筝等,感受春天的变化和美好。秋季则开展观赏、采摘、登高等活动,让幼儿充分体验、感受在自然环境中学习的乐趣,促进幼儿身心健康发展。同时,幼儿园还结合主题活动的实施,对身边的自然资源加以整理和运用,让自然材料进入活动区,引导幼儿与自然材料积极互动,激发幼儿的想象与创造。

三、七彩生活课程，体验成长之美

生活中学习是孩子重要的学习途径,除了保证一日活动中的生活活动环节教育质量之外,幼儿园还根据幼儿园周边的社区资源和幼儿成长中的特殊的节点,生成一系列与生活相关的课程,让孩子在生活中成长。如"一起逛超市""今天我帮厨"等活动,在孩子入园、毕业等重要时间段让孩子们走进生活,深度学习与体验。每年大班幼儿毕业之际,幼儿园组织大班幼儿开展"勇敢者之夜"的集体留宿活动,让孩子尝试离开父母,独立在幼儿园留宿一夜。夜色中,全园灯火通明,留宿活动在幼儿轻松快乐的自助晚餐中拉开序幕,晚餐后一起观看露天电影、进行户外寻宝活动,每一个活动都给孩子们带来了惊喜;就寝前,幼儿体验自己的事情自己做,刷牙、洗脸、洗脚,在老师的陪伴下进入梦乡。"勇敢者之夜"是幼儿园送给幼儿毕业前的一份特别的礼物,与朝夕相处三年的老师、小朋友一起度过难忘的夜晚。别样的体验不仅扩展了幼儿的学习空间,也拉近了幼儿园与社会之间的距离,丰富了幼儿的生活知识,使幼儿的社会性得到进一步发展。

四、缤纷节日课程，感受传承之美

传统节日是祖国文化的瑰宝,幼儿园选择具有典型意义的传统节日,生成与幼儿经验相符合、富有趣味性的系列活动,让幼儿了解传统节日的意义、感受传统节日活动的魅力。如在清明节中组织大班的幼儿到烈士陵园扫墓,缅怀那些为了祖国的解放和人民的安宁而牺牲的革命先烈们,让幼儿珍惜今天的美好生活;元宵节、中秋节等让幼儿开展民俗活动,感受节日的团圆和快乐;重阳节中组织幼儿为社区寡居的老人制作小礼物、表演节目等,让幼儿学会关爱老人,在小小的心灵中埋下感恩的种子;腊八节、端午等让幼儿参与节日食品的制作,感受传统文化的乐趣。

多观察，巧指导，促幼儿在真游戏中主动发展

胶州市锦州路幼儿园　臧玉萍

"成人在真游戏中发现了儿童，儿童在真游戏中发现了世界！"教师要用儿童的视角观察欣赏孩子的游戏，合理指导、提升经验，促进孩子在真游戏中主动发展。

一、观察先行，发现幼儿游戏中的典型行为

在游戏中，观察是了解幼儿、研究幼儿最有效的办法。

1. 观察什么——熟知观察内容，做到有的放矢

（1）观察幼儿对游戏内容及材料的喜欢程度。如幼儿选择哪个区？玩了哪些材料？每个材料持续多长时间？材料是否引起幼儿兴趣？是否掌握多种玩法？

（2）观察在不同游戏中幼儿认知、技能等方面的发展。如中班幼儿能否熟练运用围封、垒高、穿插连接等技能进行搭建？大班幼儿是否能自选低结构材料进行以物代物的游戏？

（3）观察幼幼互动、师幼互动的方式。如踩高跷时，幼儿无法一人独立完成，观察幼儿能否寻求同伴或教师的帮助完成。

（4）观察幼儿社会交往、意志品质、学习品质等方面的发展。如"农贸市场"里，小主人能否主动介绍推销自己的产品？表演区里能否持久专注地进行故事表演？

2. 怎样观察——掌握观察方法，深入了解幼儿游戏

（1）扫描式观察。在游戏活动时对各个角落进行不同角度的观察。通过扫描观察可以了解每个幼儿不同的学习兴趣、学习方式、发展水平以及活动中幼儿的情绪、规则的遵守及物品的整理等。

（2）区域定点观察。教师找一个固定的区域观察。如教师观察"爱心医院"，发现"医生"和"病人"各自玩着手中的材料，并没有互相交流。由此，教师分析两名幼儿交往合作意识比较薄弱，可通过角色扮演等加以引导。

（3）重点跟踪观察。包括两方面：一是对能力特别强（弱）的幼儿。留意他们学

习的动机、目标和困难,在适当的时候提出建议,以帮助他们继续深入游戏。二是对新的游戏内容或操作材料,尤其要对那些幼儿自发生成的、意料之外的现象进行收集和分析。

（4）做好观察记录。观察记录可以为分析幼儿在游戏活动中的发展情况提供佐证,为教师指导游戏开展提供依据。

二、有效指导,促使幼儿在真游戏中主动探究

教师要在对幼儿游戏行为观察和分析的基础上,以合作者、引领者、陪伴者的身份参与活动。

（1）尊重意愿,自主选择。游戏中不苛求幼儿"从一而终",允许幼儿按照自己的意愿和兴趣需要选择游戏和材料。在户外游戏中既可以分班进行户外活动,同时又可以只固定指导教师、幼儿自主进行混龄游戏,不同年龄段的幼儿相互协商,共同游戏。

（2）适度介入,主动学习。教师指导要适度适时,不过度控制和过度指导,在必要时提供材料、技能等支持,指导多以启发、引导、鼓励的方式,以给幼儿主动学习的机会。如在"好玩的泥浆"游戏中,教师不急于告诉孩子泥巴可以怎样玩,完全放手让孩子一点一滴去尝试。最初,有的孩子嫌弃泥浆太"脏"不愿触碰,教师先赤脚玩泥吸引幼儿;渐渐地,孩子们开始尝试挖挖土、和和泥,然后再进一步用勺子漏斗等探索泥浆的特点、做造型泥胚;到后来,他们全然不顾衣服弄脏,玩起"泥浆大战"。

（3）结合课程,重点指导。结合自然探究课程特色,注重游戏的自然、自主和探究。如几个孩子想爬到树上玩儿,他们先用梯子试一试,树枝不平,梯子架不牢,再用竹竿试一试,竹竿太细,不好爬,孩子们有些灰心了。这时,老师启发说:"这些小木桩能不能帮到你们呢?"于是,木桩抬过来了,轮胎也运过来了,经过反复的拼搭组合、不断的失败、多次的尝试,孩子们终于爬上了树。孩子们收获的不仅是自主探索的过程,更有想办法解决困难的勇气。

（4）及时分享,提升经验。幼儿的游戏往往包含着探究和解决问题。教师要抓住时机对幼儿的游戏经验进行总结和提升,才能促其深层学习。分享交流一般分为两种情况:一是针对幼儿的问题,通过相互讨论,师幼共同提升,找出解决问题的办法。二是针对幼儿的有益经验,通过个别幼儿介绍游戏中的新发现、好玩法,提升全体幼儿的游戏经验。最初玩斜坡时,孩子们跑上跑下体验斜坡与平地的不同,变换各种姿势从坡上滑下来,有的钻进山洞,爬上梯子,小手变成小手枪,斜坡瞬间变成战场。一次次游戏,给了孩子不同的体验,教师及时地组织交流讨论,更是激发了孩子

们探究的欲望。慢慢地,孩子们从家里带来了大小不同的盆子、盘子、纸盒等,他们尝试坐在这些材料上滑下来。随着经验的分享,他们的玩法更多了,蹲着滑,趴着滑,双人滑,三人滑,藏在盒子里面滑。在这样深入体验、相互分享、不断提升的过程中,孩子们获得了主动探究、深度学习的机会。

（5）游戏在先,关注过程。游戏是幼儿最基本的学习方式,勿苛求幼儿机械地学习再学习,目标意识要有,但不宜过度。在户外自由角色区,最初孩子们用收集的锅、铲、制作好的"食物"等高结构材料玩得很投入,但慢慢地,他们对地上的沙子更感兴趣,而且是乐此不疲,一堆沙土可以是翻炒的蔬菜,可以是烧烤的调料,也可以是一锅煮熟的稀饭。教师不予干涉,让孩子们在享受游戏的过程中得到主动发展。

以体育活动为突破口，凸显健康教育特色

青岛西海岸新区王台中心幼儿园　薛宗艳

王台中心幼儿园健康教育园本课程的核心理念:遵循幼儿的自然发展规律,结合自然环境优势,促进幼儿个性自然健康发展。在园本课程建设深入推进过程中,我园将园本课程建设出发点落在"幼儿身体健康"层面上,在实践中主要以户外活动研究为突破口,通过系列体育活动促进幼儿身心健康和谐发展。

一、充分利用农村自然环境，丰富体育活动内容

农村的自然环境是我们宝贵的教育资源。我园充分利用幼儿园周边的自然资源,带孩子们到户外去开展游戏活动,利用自然环境中的有利条件,让幼儿充分体验、感受在自然环境中进行活动的乐趣,从而身心得到健康的发展。以此为资源构建适宜的健康教育园本课程,符合农村幼儿的认知水平,便于教师实施。

二、开展特色体育活动，让幼儿创造性地玩起来

丰富有趣的活动器材是幼儿户外活动的最好伙伴。我们根据幼儿的年龄特点和兴趣,通过户外活动器械开展富有特色的体育活动,创造让幼儿主动参与体质锻炼的外部环境。具体做法:每个班级主要选择一种活动器材作为班级特色户外活动的

主要器材进行专门研究。在选择器材上,为了避免盲目性,在全园组织专题教研活动,每个班级把自己的想法说出来,其他班级帮助共同研究是否适合这个班级孩子的年龄特点。器材选定后,我们又发动老师来思考每种器材的玩法,每人整理至少十种以上的玩法,然后将玩法再进行整合,研究每种玩法是否适合这个年龄段的幼儿,根据幼儿的年龄特点将玩法重新合理分到班级,各班再进行实践……就这样,我们经过多次理论与实践的结合,每个班级的特色体育活动都开展得有声有色。在教师的引导下,孩子们积极探索一物多玩、多物融合一起玩的乐趣,初步形成本园的特色,幼儿在自主的交往与探索中不断积累运动经验,玩得自主、玩得开心,玩出了水平,促进了身体健康发展。

三、丰富的民间游戏,让幼儿身心和谐发展

民间游戏种类繁多,对幼儿的身体发展起着多方面的作用。我们尝试将古朴有趣的民间游戏引入到体育活动中,孩子们在草地上吱扭吱扭地"推小车",在花园里玩"荷花荷花几时开",在树荫下跳皮筋;"抓包""弹球""跳格子""背月亮"等民间游戏,使幼儿的手、脚动作灵活协调;"抽七打八"、"踩高跷"等游戏能训练幼儿的平衡能力,使幼儿身体健康和谐地发育;"翻绳""夹小沙包"等游戏发展了幼儿手部小肌肉群的灵活性和手眼协调的能力。这些活动不仅促进了幼儿骨骼肌肉的发育,锻炼了他们的运动技能和技巧,也有利于内脏和神经系统的发育,促进了幼儿身心健康和谐的发展。

活动区材料投放的适宜性

胶州市锦州路幼儿园　臧玉萍

在众多的幼儿园游戏活动中,活动区以其具有自由、灵活、多元化、便于实施、个别化教育、寓教育于游戏中等诸多优势被教师们所接受,并得到孩子们的喜爱,从而成为幼儿园的主要游戏活动。如何投放适宜的活动区材料,促进幼儿游戏发展呢?

一、关注区域材料的目标性，贴近幼儿发展水平

在日常工作中,有的老师材料投放随意,缺少与主题目标的融合;有的老师根据主题投放了材料,但材料并没有贴近幼儿的实际发展水平。这些问题可以用以下方法进行改善。

1. 主题实施前的级部预研讨

结合主题活动方案和各领域活动目标,教师预设制定区域活动方案。如小班教师在开展"秋天真美丽"主题前,级部预研讨区域材料投放情况:益智区里用福禄贝尔玩具拼摆菊花、各类果实,用摘果子的方法帮助幼儿练习扣扣子的技能;美工区投放玉米皮、花生、树叶等自然材料制作秋天的树、菊花等;科学区投放收集的各种农作物果实等,引导幼儿感知观察;用各种种子制作听音筒供幼儿听音、辩音。

2. 实施过程中的材料随机调整

教师根据孩子的实际水平灵活调整区域内容和操作材料。如还是小班主题"秋天真美丽",在区域活动时,教师发现美工区里投放的玉米皮、花生皮等自物材料虽体现主题特色,但因材料本身的特点没有贴近小班幼儿的水平,材料颜色也不鲜艳,幼儿只是无趣被动拨弄几下。于是教师将玉米皮等材料调整为各种蔬菜玉米切面、海绵团等拓印工具,引导幼儿拓印菊花等,调整后的材料更加贴近幼儿实际水平。

二、提高区域材料的操作性，符合幼儿学习特点

采用体验感知法,教师分成几组,到每个区域中和孩子一起游戏,通过实践体验,来了解幼儿是否能和游戏材料产生积极的互动,从而进一步调整,让材料更具操作性。如在大班"幸福小面"游戏中,教师给幼儿投放了很多成品半成品材料,但幼儿游戏时兴趣并不高。因为游戏内容并不是来自幼儿,材料也是教师提供,成品材料大多缺乏操作性。后期,班级教师重新调整,游戏内容变教师创设为幼儿自主计划创设,游戏材料变高结构为幼儿自己寻找的低结构材料,游戏也从假游戏变为了真游戏。

三、增强区域材料的趣味性，合乎幼儿兴趣需要

凡深受幼儿喜欢的材料,大多带有"游戏"的味道,让幼儿充满兴趣和想象。

1. 赋予材料情感

材料有了情感元素,就如同开启了幼儿的心灵。如在小班益智区"特殊车辆拼

图""送小汽车回家",中班科学区"乌鸦喝水"等,将材料赋予童话色彩,原本单调的技能练习和枯燥的操作因为有了具体的情境而让幼儿对操作任务充满期待。

2. 保持材料新鲜感

可以用添加、细化、拓展的方式对材料进行调整,保持材料的新鲜感和趣味性。案例:大班角色区"果汁店",刚开始幼儿榨制各种果汁,玩得很投入,可是几天后就没了兴趣。教师结合孩子们的建议和意愿,增加了外卖小车和银行取款机,于是就有了"点果汁""送果汁"等游戏情节,游戏变得更加有趣。

四、明确区域材料的层次性,满足幼儿个体差异

层次性是指材料能为不同发展水平的幼儿提供不同层次的操作。我们通过"材料对幼儿的影响"研训活动,教师进行问题搜集,根据问题分析原因,明确了要让不同幼儿在原有水平上都获得发展,在同一活动中所需的材料支持也不相同。

1. 同种材料多种层次

教师充分考虑不同层次幼儿发展的差异,为他们设计、制作、投放难度不同的材料,支持、帮助他们选择和操作,让每个幼儿都能在原有的水平上获得发展。中班"保龄球"游戏,球瓶没有变化,但教师提供了不同材质的保龄球来击倒对面的球瓶,保龄球与球瓶有远近不同的三个起始点,供幼儿自主选择。

2. 高低结构相结合的多样材料

高结构材料拓展游戏情节,如小班洗衣房,通过投放收集来的小衣服、熨斗、衣架、"洗衣机""烘干机"等,开展干洗店的游戏。低结构材料引发游戏创想,如小班"娃娃家",除了自制的半成品如水果、蔬菜,更多的提供五彩面、泥,引导幼儿自制花样面点。高低结构相结合的材料,没有固定的玩法和要求,但却给了幼儿很大的想象和活动创意空间。

做有智慧的教育——幼儿园园长课程规划力

青岛西海岸新区滨海新村幼儿园　陈清淑

课程领导力是指以园长为核心的课程团队对幼儿园的课程建设能力,具体是指对课程的规划、设计、实施和评估。那么,园长应如何站在园所课程的逻辑原点做好专业引领,进行课程顶层规划,建构科学适宜的课程,从而促进达成教育的终极目标呢?青岛西海岸滨海新村幼儿园基于"和乐教育"办园理念,致力于办有底蕴的教育,建有灵魂的课程,对课程进行了初步规划,整体架构幼儿园课程。

幼儿园基于青岛市幼儿素质发展课程,树立大课程观——幼儿的全部学习经历皆为课程,系统思考课程整体架构,将园本课程分为基础课程、特色课程和拓展课程,力争基础课程园本化、特色课程系统化、拓展课程多元化。

一、基础课程园本化

(一)从"园本"走向"班本"

对综合主题课程进行"园本化·班本化"的实施,除了预设的课程,留有一定的空间给予幼儿自主生发课程,并围绕主题设计个别化区域活动,给予幼儿自主差异发展的空间。

(二)重新规划户外体育活动

对户外体育活动包括集体体育游戏和分散体育游戏重新进行规划,结合主题体现在周计划上,保证了集体活动的时间和分散游戏的计划性。

二、特色课程系统化

(一)环境课程

环境作为一种"隐性课程",具有独特的教育功能。我园环境创设突出传统文化的系统性,布局有二十四节气、泊里红席等,用优秀的传统文化元素浸润孩子的童年。

（二）传统节日课程

我园围绕春节、元宵、清明、端午、七夕、中秋、重阳中国七大传统节日,系统梳理传统节日文化与习俗,制订多彩活动方案,构建了传统节日课程。

（三）非遗文化课程

我园充分利用社区资源——山东省非物质文化体验馆,对适合幼儿体验的非遗文化进行了梳理、分类,按照大中小班的年龄特点、学习方式,初步建构非遗文化园本课程,如大班的传统剪纸、手工陶艺、活字印刷、国学吟诵、皮影、年画,中班的汉服、潍坊风筝、传统扎染、古法造纸术、泥老虎彩绘等。

（四）民间游戏课程

我园收集整理出民间游戏117种,教师和幼儿一起边玩边改编,将民间游戏和现代游戏结合,赋予了民间游戏新的生命力。

（五）乡土课程

我园引导幼儿了解灿烂的琅琊文化,参观齐长城、马濠运河等古文化遗址；亲身体验拉网节、祭海节、登山节、糖球会等活动,攀登大珠山、小珠山、琅琊台等名胜古迹,培养幼儿从小记住乡愁,增强爱祖国、爱家乡的情感。

（六）绘本和故事课程

我园启动了"100本绘本和100个故事成就孩子的一百种语言"活动,在幼儿广泛阅读绘本和听故事的基础上,通过"说一说、画一画我最喜爱的绘本和故事""幼儿个人图书展"和"图书捐赠日"活动,让幼儿自主选择绘本；通过幼儿自主探索,在探索中实施主题、在探索中解决问题、在探索中深度学习；通过"角色体验日""绘本和故事展览日""全园故事巡演日"等活动,让幼儿在体验中学习。

三 、拓展课程多元化

（一）社区研学课程

幼儿园每个班的家委会要在每个学期组织孩子走进社区开展一次研学旅行。如参观贝壳馆、嘉年华、藏马庄、小珠山等,研学前的了解、做计划以及参观后的表征,都可以纳入孩子们的课程。

(二)家长学校课程

幼儿园每学期根据不同年龄班家庭教育特点制定不同内容的家长学校授课,如小班《缓解入园焦虑》《如何保护孩子的专注力》,中班《如何为孩子提供高质量的陪伴》《想象力——让孩子插上思维的翅膀》,大班《如何培养孩子的学习力》《幼小衔接要有科学性》等专题,以级部为单位,每年为每个级部家长提供4次8课时的免费家庭教育指导服务和2次普惠性公益咨询服务,初步构建起家长学校园本课程,为孩子的成长助力。

(三)心理课程

一是成立并按照1500件标准配备心理咨询室,对幼儿的心理问题进行初步诊断;二是编写户外心理游戏集,在心理游戏中培养孩子自信、勇敢、乐观等心理品质;三是邀请心理学家为教师做报告,让教师快乐工作、幸福生活,老师幸福,孩子快乐。

课程,我们永远在路上……

加强户外活动研究,促进幼儿健康成长

青岛西海岸新区泊里中心幼儿园　逄金华

我园有15个班级,楼房是近"回"字形的设计,导致活动场地散而小。近几年,年轻教师大量加入,她们在户外活动中常常畏手畏脚放不开,部分家长对大量的户外活动也存在认识上的误区。《纲要》中明确规定:幼儿园要开展丰富多彩的户外游戏及体育活动,培养幼儿参加体育活动的兴趣和习惯,增强体质提高对环境的适应能力。因此,我园立足本园实际,通过多种方式提高教师户外活动研究的能力,提高家长的认知水平,积极开展"悦动户外"特色活动,促进幼儿健康发展。

一、立足实际抓特色

随着董家口港的发展,外来人口及回迁户增多,入园幼儿数骤增。根据幼儿园户外活动场地散而小的实际情况,专题研究小组开展现场办公,通过分组错时的方式,确立不同时间段班级户外活动的场地及时间。

针对我园年轻教师居多,经验不足,能力欠缺,对户外活动方案制订与实施、反思等认识不到位等问题,专题小组通过活动跟踪、老带新、青蓝工程等活动,一对一跟进,使年轻教师的组织与实施能力大幅度提高。

针对农村家长对户外活动重要性的认识不够,存在"户外活动就是撒着孩子玩"的思想误区,尤其对于幼儿在户外活动中的意外伤害情况不予理解的情况,幼儿园从转变家长的教育观念出发,通过家长会、家长学校、家长开放日等活动,向他们渗透先进的教育理念,让他们观看孩子发展成长。渐渐地,在现在的很多活动中,都能看到家长积极参与的身影。

二、建章立制促特色

成立"悦动户外"专题领导小组和研究小组,宏观调控悦动户外的课程规划、课程实施及课程推进。确立学期初特色户外活动申报制度,要求各班级在学期初,结合幼儿实际情况申报特色户外活动内容,经专题领导小组批准后,幼儿园对特色户外活动所需的资金、器具等给予大力支持。户外活动开展与考核挂钩,制定详细的考核制度,通过"每月一考核、两月一展示"活动,班级户外活动开展得有声有色。

三、结合课程搞特色

积极探索主题下的户外活动,把户外活动与主题的开展紧密地结合起来。如大班"美丽的家乡"主题、教师和幼儿一起制作旱船、渔网蛤蜊楼等富有地方特色的"器具"。根据各班主题目标、年龄特点,家园携手共同制作报纸球、报纸棒、高跷、梅花桩、飞盘、沙包、动物尾巴、袋鼠包、降落伞、小风车、舞龙舞狮等形形色色的游戏活动器具。

同时,结合本地资源,把泊里文化融入户外活动中。如在内庭院打造特色区域"泊里大集",在热热闹闹的赶集活动中培养孩子各种能力。在年集上加设"泊里红席"制作展台,将泊里文化融入户外特色区域。

四、立足发展融特色

幼儿园上下总动员,各年龄班积极行动,选择适宜的体育活动内容,开展具有级部特色的户外活动,促幼儿身心健康发展。如小班以情景游戏为主,中班以发展躯干肌肉为主,大班以发展精细动作为主。

幼儿园在户外设置很多大区域活动,如建构游戏、美术写生、户外涂画等活动,既帮助幼儿获得了技能,又培养了他们的情感。打破班界,每月同级部进行特色户外活动展示,有幼儿园内部展示,有面向家长和社区的展示。取人之长,补己之短,从而进一步激发教师提高活动质量的愿望。

在户外活动研究的过程中,对构建理想的学习型组织起了很大的促进作用,在实施过程中,能帮助每一位教师树立正确的教育观、课程观,促进教师的专业发展,最终促进了每一个孩子健康、快乐地成长。

保教共研,提升幼儿一日生活品质

李沧区重庆中路幼儿园   张   花

生活活动作为幼儿园一日生活的重要组成部分,蕴含着丰富的教育契机和教育价值。但在幼儿园实际工作中,存在重教轻保,重教师培养、轻保育规范,重教育活动研究、轻生活活动探究等现象。为切实改善保教分离、保育缺乏专业化的现象,我园将抓常规、促规范,科学有序地开展一日生活环节研究作为一项长期而重要的工作,通过全员参与、保教共研的模式,逐个环节、逐个节点进行深入地研究实践,探究行之有效的生活环节组织流程及指导策略,提升幼儿一日生活品质。

一、狠抓工作规范,岗前培训指导先行

李沧区重庆中路幼儿园于2017年12月11日正式开园,办园规模为21个班。开园最初的几年中一直面对不断扩班的现状,每学期都会迎来新教师、新保育员。为了使新入职的教职工尽快适应岗位需要,明确科学规范组织一日活动要求,入职前必须先培训、后上岗,通过岗前培训、岗上指导相结合的方式引领大家学流程、定标准、守规范。

一是跟岗代培。上岗前安排教师、保育员到区内优质园跟岗代培,优质的教育资源、规范的学习范例,给教师提供了一个正确、规范的学习样本。二是岗前培训。将

《李沧区幼儿园一日活动流程规范》和《李沧区保育工作微视频》作为岗前培训的重要资源和教职工入门学习手册,深入了解什么时间、什么人、做什么、怎么做,明确各环节组织指导要点和规范。三是岗上指导。采取师徒结对、班主任拉手、班级组合等形式对新入职人员一日工作流程标准的组织和实施给予贴身指导和帮助。并通过进班跟岗、重点跟踪、研讨反馈、活动展示评比等形式,加强对新教职工的跟踪与指导,督促大家能将培训所学积极落实于教育实践中。

二、完善保障机制,保教共研合力并进

保育工作也有教研组吗?是的,保育工作规范、生活环节优化就必须要通过有计划、有组织的教研活动进行探究和实践。因此,我园大胆创新工作机制,在开园不久分别成立大、中、小班三个级部的教学教研组和保育教研组,实行保教共研的研究模式,力求通过教育和保育的同步一致研究,实现生活环节组织规范的全面统一性。

（1）保育独立教研。保育方面的清洁、消毒、卫生等工作规范以及业务培训、基本功比武等由后勤牵头,保育员具体组织进行全园或级部单项教研。目前成立的3个保育级部教研组,分别由3位有过教师从教经历、大专以上学历的保育老师承担,他们具有一定的教研意识和能力,在保育教研工作中起到积极的带动作用。

（2）保教交集共研。在一日活动中教育、生活及过渡等需要保教结合的环节,由业务园长牵头组织教学和保育两大教研组合力开展研究实践。保育工作教研化,使保育工作上升到了一个专业的角度,保教共研,使幼儿园的每一项细微工作都彰显着研究的智慧。

三、班级申办制管理,以点带面共促提高

在对生活环节的研究中发现,不同班级会在某一个环节上研究开展得非常有特色、很出彩。如有的班级午睡环节巡视规范、午睡率特别高;有的班级进餐环节,幼儿自主有序;有的班级盥洗、如厕习惯良好、无排队等待现象等,这其中与教师、保育员的精心组织与有效指导是密不可分的。为调动大家深入研究的积极性,形成良好的教研氛围,切实解决一日生活环节中存在的各种问题,我园提出了"班级申办制"教研构想,将一日生活活动内容划分为入园、午睡、盥洗如厕、进餐点、喝水、离园六大环节,学期初,各班自主申报一项研究项目,并由申报班级班主任负责主持开展本环节的研究实施。通过班级实践的先行研究,了解第一手资料,再通过全园教研带领大家发现问题、研究解决、实践跟进,深化一日生活各环节的实施。

四、课题引领研究，"六步走"保教共研步步深入

班级承办制的研究模式让我们尝到了甜头，一班研究，全园受益。为将研究深入推进，进一步扩大参与研究实践的范围，我园申报立项了李沧区十三五规划课题"项目负责式教研促幼儿一日生活规范的研究"，在前期研究的基础上，通过对现有问题深度思考，探究有效研究模式，挖掘不同能力水平的教师的教育智慧，提升教师利用教科研研究解决问题的能力。借助三个教师小课题的分层研究，探索并梳理一日生活环节"六步走"教研模式，第一步：班级自查，反思问题。第二步：级部观摩，互学互促。第三步：研读标准，找寻依据。第四步：问题表征，研究策略。第五步：班级实践，检验策略。第六步：现场展示，形成成果。"六步走"教研模式，基于问题的研究，从实践中来，到实践中去，通过反思、研究、实践、再反思、再研究、再实践的过程，最终使一日生活环节趋于不断科学完善。

保教共研模式探索实践，不仅使保育员和教师的教研意识和水平同时得到提升，也引导保教工作向更专业化的方向发展，把保教结合用教研的方式紧紧地连在了一起，让保教并举落地。也让幼儿园一日活动的组织开展在规范标准的基础上不断走向科学、精细，让幼儿在园的每一段时光更加自主有序，让孩子的幼儿园生活更有品质。

"六环节"区域推进范式，让幼儿在体验中深度学习

胶州市胶州路幼儿园　李香芸

2017年6月，国家"十三五"课题"主题背景下幼儿园区域活动创设与指导策略的研究"开题，开启了我园"体验教育"的寻根之旅。我园以"体验教育"作为课程建设核心，确立了"让每个孩子体验成长的快乐"的办园理念。在这一理念指导下逐渐形成了我园"体验课程"的目标和内容体系，并抓住"区域活动"课程实施主渠道，梳理出"六环节"区域推进范式。

一、"六环节"区域推进范式的产生与内涵

我们以区域活动亮点班级为范例进行研究,通过交流、分析、整合、提炼,在"体验教育"理念引领下,梳理出"六环节"区域推进范式:游戏体验(幼儿在游戏中形成真实的体验),发现问题(幼儿结合自身和同伴的游戏体验,主动发现游戏中存在的问题),交互感知(幼儿带着问题,去寻求答案的多种途径),展示分享(幼儿分享原有经验,或者是从他人、他处获得的新经验),经验提升(幼儿结合游戏出现的主要问题,找出最恰当的、可实践的方法),探究内化(幼儿在游戏中探究、验证,形成自己新的体验和认识)。

二、"六环节"区域推进范式的实施与效果

在区域推进过程中,我们发现"六环节"注重幼儿的全面参与与体验过程,强调游戏体验中、体验后的感悟;使新手教师指导区域活动有了抓手,使老教师明确了幼儿游戏深入推进的方向。

(1)使用"六环节"记录表。在记录表的使用中,老师们产生一些新认识:"六环节"不是固化的,它可以灵活运用、适当调整。同时,基于幼儿发展的角度对它进行了另一种解读:在游戏体验环节幼儿获得了新体验;在发现问题环节幼儿生成了新问题;在交互感知环节幼儿进行了新探索;在展示分享环节幼儿形成了新想法;在经验提升环节幼儿开拓了新思路;在探究内化环节幼儿增长了新经验。

(2)推广体验日记。每一轮"六环节"的区域推进,都是基于幼儿的真实体验和实际需求,都是一个幼儿成长的故事。教师也鼓励、引导幼儿用照片、绘画、符号的形式记录区域游戏中感兴趣的问题和趣事,形成体验日记。体验日记,是从幼儿的视角再现游戏、再现问题,这是让幼儿的初体验走向深体验的重要途径,也是教师了解幼儿兴趣点、困惑点、需求点的重要依据。

经过实践,老师们逐渐吃透了"六环节"中每一环的价值:一次循环就是幼儿基于自身游戏体验,发现问题、解决问题的一个过程。它特别符合我园"自然、自主、自由"的体验教育理念,它强调幼儿在自然的环境与情境里成长:自主地行动,最低限度的干预和限制;自由地体验,遵循幼儿的兴趣和意愿。孩子们在游戏中感受着真实的体验,在活动中解决着真实的问题,在"真"体验中实现着深度的学习。

领导课程教学

青岛市市南区和田路幼儿园　侯　杰

课程实践是提升园长课程领导力与教师专业成长的重要途径,园长的课程实践是通过教师来完成的,教师的课程实践是通过对课程方案的理解落实到教学行为与孩子共同活动中完成的。我在指导教师研磨课程的工作中,总结了自己的三个经验方法。

一、尊重差异,个性化指导教师实施课程

每位教师都有自己独特的个性、教育背景和专业,因此园长会按照不同发展阶段的教师给予相应的支持。

(1)实施"四步走"策略,鼓励新教师使用课程。即"三一法则"剖析自己、"摹课"调整自己、"磨课"展示活动、"教育实践""改变自己。

(2)实施"问疑引领"策略,锤炼骨干教师实施课程。针对骨干教师特点,每周园长进班听课,在评课过程中都会提出三个问题:本次活动幼儿得到哪些发展? 活动中你使用了哪些方法和策略支持孩子? 孩子在活动中的自主探究时间有多长? 以此让教师反思的视角从自己转移到孩子身上,将幼儿为本的理念渗透到活动中。

(3)实施"行政教研"机制,支持教师浸入课程。每周一、三作为教研日,幼儿园会采取分享、讨论、二级培训、专业指导等方式开展方法适宜、层面清楚的教研,帮助教师进一步明确指导意义。

二、"三级课程调整"联动,助推每位教师参与课程

(1)调整"一级全园"课程平台。每学年幼儿园会根据园本课程实施情况进行调整,首先园长会带领全体教师参与课程调整,根据课程实施过程中的问题进行"金点子"收集,并对课程进行加减法的处理。

(2)调整"二级骨干"课程平台。在第一轮调整的基础上,园长会组织各班班长对调整的课程进行有的放矢地再次调整,做到外塑轮廓、内调筋骨。

（3）调整"三级精英"课程平台。在最后一轮中,园长会带领五大领域的精英教师以及教研组长,精心研磨课程内涵,深挖课程精髓,最终确定新一轮课程方案。

三、搭建课程分享平台，带动教师全面成长

针对每位教师的特长,每学期幼儿园都将搭建丰富多彩的分享展示平台,帮助教师在互学、互研、互助的过程中激发自身生长点。

（1）搭建级部分享平台,在工作中做到分享。幼儿园每周教师开展主题集备,每月开展主题评估、主题调整。园长会轮流到每个级部指导、交流,教师在过程中做到人人参与、人人受益。

（2）搭建领域展示平台,在观摩中促进成长。在日常工作中,幼儿园积极给教师创建不同领域、课题、活动的展示平台,引导教师积极参与,并在一次次学习、观摩、比赛中历练、成长。

（3）教研交流平台,在研讨中分享经验。每周根据计划开展不同教研内容,如教学基本功、师幼互动、教学策略、教学理论等内容,在过程中,坚持园长参与原则,让不同发展层次的教师对课程深入思考,在学习中,不断修改、调整,从而更加符合幼儿年龄特点和实际需要,提高专业能力。

砥砺前行，提升课程领导力

青岛市市北区银河之星幼儿园　黄　伟

课程就是幼儿的生活,是幼儿在园生活和学习品质的体现。因此,我首先关注幼儿园的园本课程建设工作,这一课程源于银河之星传承已久的"趣美教育"和社会教育传统,其核心思想为"让趣美教育回归童心,释放天性",确立"全面发展、富有特色"的课程基调。

我园本着科研兴园、特色强园的原则,以陈鹤琴提出的美育目标"陶冶幼儿的情操,启迪幼儿的审美感,发展幼儿的欣赏力,培养幼儿的创造力"为思想指南,将趣美教育确立为我园教育特色,强调以趣美为核心,本着遵循"发现兴趣源泉"的理念,树立以"趣""美"为核心的教育发展观,并编写具有趣美教育特色的课程实施方案。

研究幼儿社会教育，弘扬"环境是趣美的资源、活动是趣美的载体、教师是趣美的点播者、同伴是趣美的合作者"的幼儿趣美教育理念。逐步建立和完善了较为科学、系统的幼儿园趣美教育课程体系。选择内容时在全面性的基础上，增加了具有趣美特色的主题内容。在组织形式上体现"让孩子在趣美活动中探索自己的宇宙"的课程文化，强调对孩子个性和情感的尊重。同时，在课程的构建和实施中我们也逐步造就了一支具有创新精神的师资队伍，使幼儿园教育教学质量得到全面的提升。

一、趣美教育课程目标的全面性、导向性

我们本着严谨科学的态度，认真分析了目前幼儿的身心发展特点和需求，从全面发展的角度确定了我园"趣美育人"的教育目标，激发幼儿参加活动的兴趣。促进幼儿发展，初步形成文明自信的生活态度和责任感；初步了解并遵守共同生活所必需的规则。发展幼儿社会发现、探索自然和周围事物的兴趣及求知欲，初步养成幼儿善于运用感官和动手的习惯；培养幼儿初步的发现美、感受美、表现美的情趣和能力；引导幼儿运用语言与非语言方式创造性地表达对生活的认识与体验。

我园趣美教育课程采用主题活动的主旨呈现形式，每一个主题尽可能最大限度地满足幼儿的兴趣和需求，同时提出主题涉及实现各领域的教育目标。每个主题有明确的设计意图，也有明确的主题目标，每个主题都通过网络的形式表现主题展开的基本线索，并围绕每个核心活动设计了突出我园家园社区教育一体化、多元互动共育等教育特色的活动方案。

一、明晰趣美育人环境创设与营造

幼儿的发展依赖于生存的环境，幼儿每时每刻都在与环境发生交流，环境是幼儿发展的资源。在课程的实施过程中我们要善于发现环境中的趣美因素，引入课程，为我所用；善于创造趣美的教育环境，服务课程，为我所用。

二、强调互动相互欣赏美的人际关系

儿童的发展是在与他人相互影响的活动过程中实现的，教师要努力引导幼儿与其他人建立良好的互动关系，形成合作学习的共同体，帮助幼儿完成合作建构的过程，促使幼儿在活动中实现共同发展。鉴于此，首先，幼儿园的所有工作人员之间都应建立一种相互尊重、相互理解、友好合作的人际关系，营造民主、接纳、平等、自由的氛围；家长与教师之间也应通过多种形式进行沟通与交流，形成友好合作的伙伴关系；教师也应引导幼儿同伴间建立相互信心、相互关心、合作学习的和谐关系，让

幼儿在被尊重、受赏识、和谐的人际环境中快乐生活、共同成长。其次，教师要在一日活动的各个环节中、在教育活动的各种组织形式中积极主动地、恰当与幼儿互动引导幼儿的知识建构，促进幼儿的发展。

四、形成趣美教育园本课程建设的多种实施方式

我们逐渐形成了幼儿社会教育的多种实施方式，包括在一日生活中渗透社会教育、通过主题活动促进幼儿社会性发展、角色区游戏促进幼儿的社会性发展、将中华传统文化作为社会教育不可或缺的内容等等。引导教师去关注幼儿的社会性学习特点，关注幼儿行为的改变。

以我们的特殊日活动——"敬老日"为例。十月份，结合"重阳节"的到来，我园发起了"敬老日"活动。当今社会，许多孩子都是由爷爷奶奶或姥姥姥爷带大的，他们对孩子以及对全家人付出的爱与辛劳是无法用言语形容的。如何让孩子感受并懂得老人的爱？从而能够关爱老人并为他们做一些力所能及的事情？我园中班的孩子开展了"爷爷奶奶，我爱您"的主题活动，引导幼儿对自己家的老人的一天进行了访问和调查，由此体会老人对自己和全家人的爱。发起了和爷爷奶奶一起过重阳节的活动，为老人、表演节目、制作贺卡……

在角色扮演游戏中，孩子们在娃娃家扮演爷爷奶奶，再现全家人的生活，甚至出现了爸爸送老人看病的情节，很自然地与班里的小医院游戏融为一体，小医生和护士为了更好地为"老人"看病，特意推出了一些方便老人就诊的措施！

在日常生活中，老师鼓励孩子们每天坚持为老人做一件力所能及的事情，并用自己的方式记录下来。

活动后，我们明显地感到孩子们真的有变化了，参与活动的老人也纷纷给我们发来了反馈和感谢信，我们看到了社会教育的成果，对此更加充满信心。

第二部分

小学教育

青岛平度明村小学优趣悦读工程案例

平度市明村镇明村小学 纪 宁

一、背景与问题

学校的发展,离不开学校的顶层设计和办学理念,而办学理念和培养目标的落地,则离不开学校体系的支持。阅读活动也是如此,明村小学"多彩课程,筑梦童年"的课程体系,旨在给学生创设一种丰富多彩的学习生活,增加学生的快乐和幸福指数,培养学生学习兴趣和养成良好习惯。我们的课程体系共分为三级,其中"优趣悦读,快乐一生"的主题阅读课程,就是校本课程的一部分,学校利用国家课程、地方课程和校本误程三级特色课程联手提高学生阅读素养。

我们本着以问题为导向的原则,通过调查和座谈等方式,找出了当前农村孩子阅读存在的最大困难——读书资源匮乏、教师读书积极性不高、学生及家长读书兴趣和习惯问题。

二、问题解决思路

(一)读书资源的问题

现在农村学生缺失读书环境,以我镇驻地为例,镇上基本没有新华书店,有时候家长带孩子去趟城里,大多带看孩子去了超市、商场,解决的是吃穿问题,绝大多数不会带孩子去书城购书、读书,更别说村庄里面的孩子所面临的读书环境了。所以,老师、学生读书最好的地方也只能是学校。

为此,我校近几年加大了读书场地和图书配备的力度,通过自身购买、社会捐助等方式,完成了以下读书环境配置。

1. 线下工作

(1)结合平度市教体局"1512"阅读工程,解决图书配备问题。平度市小学教研室分年级推荐的每学期12本图书里面,除配备了6本必读书目外,其他6本我们通过家委会呼吁家长,已基本购齐。

(2)教师读吧。为教师提供阅读学习的场所和资源,只有教师的阅读习惯和阅读水平提高了,才能更好地引导学生进行有效课外阅读。

(3)学生阅觉室。每学期为学生置办新图书,为学生打造舒心的阅读环境,让学生享受阅读。

(4)三味书屋。学生在课间时间进行阅读,语文老师按照时间安排表带领学生进行阅读交流指导。

(5)班级图书角。学生们将自己的图书带到教室,建立班级图书角,供学生们交换读书。

(二)教师阅读积极性的问题

明村小学全校一线教师99人,其中50岁以上50人,55岁以上28人,57岁以上7人。由于各种原因,老师们缺乏足够的时间进行阅读。针对这个问题,我们实施了以下措施。

1.养心工作

(1)通过分层谈话,统一教师阅读的思想,让大家认识到读书的紧迫性和必须性。

(2)依托教体局全民阅读、全科阅读文件要求,制定明村小学教师读书考核制度,纳入个人业绩中"学"的考核。

(3)通过线上线下,努力拉均老教师和年轻教师的考核平衡。

2.慧心工作

(1)小组阅读。学校以创建学习型小组为单位,成立教师读书小组,制订教师读书计划。

(2)团队阅读。利用领导干部例会、班主任例会和各学科教研活动的时间,将活动开始前10～15分钟确定为教师静心阅读时间。

(3)读书交流。召开教师读书活动交流会,树立最美书香教师,以点带面,使全体教师养成爱读书、会读书的习惯。

（三）学生、家长读书的兴趣和习惯问题

1.落地"1512"阅读工程

（1）晨诵午读暮省。充分利用早晨、中午和傍晚时间进行阅读,保证学生每天在校至少有 20 分钟的阅读时间。

（2）每周三下午第三节阅读课阅读。语文教师根据学校安排计划带领学生进行阅读,分享交流等。

（3）设立"我说你听——读书交流时光",每天五分钟读书交流。每天中午预备铃至第一节上课前举行,语文老师组织学生进行听评指导。中高年级开展级部内走班式阅读演讲。

（4）设立读书家庭作业,每天至少 10 分钟。每天,学生在家长的陪同下进行亲子阅读,把读书活动从学校引向家庭,开展"亲子读书"活动,创设书香家庭。

（5）课堂教学（30+10）。重点研究"导、学、研、悟、展",保证在 40 分钟的课堂教学时间里,学生随堂阅读主题读本的时间不少于 10 分钟。

2.活动促阅读

（1）大课间活动与古诗结合。将古诗与学生活动相结合,"随风潜入夜 润物细无声",加深对学生的熏陶,为学生的古诗背诵增添趣味性。

（2）古诗达级卡。学生人手一本古诗达级卡,老师和家长作为检查人。每 10 首为一级,每学期根据学生达级情况,评比古诗达人。

（3）班级诵读展示。每周一负责升旗仪式的班级在主席台进行班级配乐诵读、课本剧等阅读活动展示。

（4）读书节活动。学校每年 4 月定为读书活动月,每个级部根据课程内容设置主题,以班级为单位上台展示。

三、思考与展望

（一）图书结构进一步优化

采用"现场选书、择优选用"的方式,严格把好图书采购关,提高图书使用效益。

（二）图书管理进一步加强

组织图书馆管理人员培训班,提升学校图书馆管理人员队伍的职业化与专业化水平。

（三）书香氛围进一步浓厚

开展读书征文、评比活动，组织有关专家，评选优秀的读书征文结集出版发行。力争"优趣阅读"工程不仅能够促进学校品位的提升还可以营造"书香社会"的浓郁氛围。

提升校长课程领导力促学生品格养成

——港头小学"蛋壳画"特色校本课程的思考与实践

青岛西海岸新区港头小学　李殿清

作为最基层的一线校长，要想提升自身的课程领导力，一定要从实际出发，加强对课程的理解和领导，遵循学生身心发展规律和认知发展规律，在课程开发、实施、评价等方面进行积极的探索。重要的是要做好两件事：一是确定正确的方向，二是引领、组织教师团队坚定地实施。

港头小学位于西海岸新区辛安工业园，2018年，新市民子女占学校总人数的95%，学校已成为实际意义上的新市民子女学校。作为一所农村小学，基于学校的办学条件，怎样在落实好国家课程和地方课程的基础上发展学校课程？学校特色发展的基点和方向在哪？如何找到一个切入点，能够立足农村小学，为孩子们打开艺术教育的窗口呢？

针对以上思考，学校进行了多方考察和分析论证，广泛征求师生和家长意见，确立了以"和美文化"引领学校的发展的思路，确立了以开发"蛋壳画"学校课程为切入点的艺术特色发展方向。由此，自2010年始，"蛋壳画"课程经历了"起步—发展—升华"的过程，至今已成为学校发展的鲜明特色。

"蛋壳画"的学习具有取材简单、变废为宝的特点，在学习的过程中也培养了孩子的审美意识，增长着生活的自信、体验着成功的欢乐。

"蛋壳画"校本课程的开发与发展经历了以下三个阶段。

1.起步——基于师生的草根式校本课程开发

这是一种自下而上的开发思路,学校给教师、学生提供一个平台,让他们根据自己的意愿与能力,师生合作,共同开发校本课程,在实践中生成、发展。特别是在蛋壳画制作过程中,让学生自己对材料进行反复触摸、把玩、琢磨、探索,要求学生从不同角度进行试验,让学生自己去发现和理解:原来,工具材料有这样的性能特性;步骤不但可以是这样的,还可以是那样的;不但可以采用这种方法,还可以采用那种方法,孩子的创造力和审美力在不知不觉中得到培养。

2.发展——基于学校优势项目的校本课程开发

用碎蛋壳做画,原仅是手工启蒙,而我们却把它发挥到极致、演变为新的画种。最初,全校只有十几个孩子跟着美术老师学习,用鸡蛋皮、鸭蛋皮、鹌鹑蛋皮这些原汁原味的素材创作出原色的十二生肖图;到了第二个阶段,全校 3 ~ 6 年级的孩子都参与学习制作,每一个孩子都是小画家,内心世界丰富多彩,完成了中国地图、世界地图、青岛风光、京剧脸谱、花鸟鱼虫等作品,作品也由原色提升到了彩色;再到第三阶段,同学们根据二十四孝的故事和自己的理解,创作出新的蛋壳画。学校决定长期持续开展下去,形成独特的学校课程,深挖内涵,形成学校特色。

学校创新工作思路,在蛋壳画的外延和内涵上突破创新。外延方面从加强贝壳画并引进石头画上做文章,和浙江省嘉兴市天女小学进行合作;内涵方面将蛋壳画进一步合理分类,分为传统文化类、科技文化类、海洋文化类、自然文化类、建筑文化类五大类,抓住学校创建青岛市海洋特色校的机遇,做到将蛋壳画、贝壳画、石头画和创建海洋特色校的有机融合,打造海洋文化新篇章。

3.升华——蛋壳画课程成为培养学生良好品格的平台

2016 年,学校承担了市"十三五"重点规划课题"以品格教育为核心的家校育人共同体构建策略的研究"的研究,借此契机,我们把蛋壳画课程引入品格教育研究中。蛋壳画课程为品格教育提供了一个平台,品格教育赋予了蛋壳画新的意义。学生们在创作蛋壳画的过程中,润物无声的养成着良好的品格。如通过收集蛋壳的过程体会家长的关爱,培养了"感恩"的品格;在创作蛋壳画的过程中,需要经历一个较为漫长的时间周期、需要创作者耐心细致和充分发挥、需要同学间的彼此合作等,培养了"自律、专注、诚信、尊重、善学、责任"的品格;成功的作品给了学生以喜悦和动力,培养学生"自信"的品格。

小小的蛋壳,为孩子们插上了成长的翅膀。这一特色校本课程也已成为校园文化品牌。多幅作品在区、市、省级比赛中获奖,人民网、大众网等媒体也进行推介,更有作品走出国门,送到了美国、德国等友人的手中。

路漫漫其修远兮,吾将上下而求索。

无痕教研,全景评价,双杠杆撬动悦动课堂

青岛定陶路小学　郭晓霞

一、背景分析

课堂是教学的主阵地,是提升质量的主渠道,是实施素质教育主战场。我国著名教育学家叶澜说:"课堂应是向未知方向挺进的旅程,随时都有可能发现意外的通道和美丽的图景,而不是一切都必须遵循固定线路而没有激情的行程。"2019 年,我校教学研究工作继续秉承"智能教育"理念,致力于"乐陶悦动课堂"项目研究。在前期对"悦动课堂"内涵的剖析和实施策略的探究基础上,反复思考,尝试从管理和评价两方面保障为"悦动课堂项目"助推。我们努力从项目相应的教研管理保障和学生发展监测评价体系研究入手,探寻撬动杠杆与推进措施。

二、典型做法

1."无痕化"教研,落实"悦动课堂""三动两结合"策略

"乐陶悦动课堂"提倡应用"三动两结合"的教学策略,即做到学生动脑、动手、动口,充分让课堂活起来,同时独立思考与合作交流结合、习得的学科知识与学生表达结合。

我们在各学科倡导"无痕教研",即结合常态教学,由教师自发组织各类学习型教研活动蕴于工作的日常,实现了经验的共享与智慧的聚焦。把这种日常研究的自觉提升到"无痕教研"的高度并进一步倡导,促进同伴间的合作研究及教师专业素养的自我提升,实现教研文化的深刻转型。

(1)激发教研责任意识。教师的职责是教书育人,而履行好这项职责,在一定程度上有赖于教师对教育教学研究的投入。为此,我们不断强化教师从事教研的目的

和意义,激发教师参与教研的持续动力,让教师每天的工作成为一种学习、实践和研究的常态,主动更新观念,研究学生、研究课堂及相关问题与现象,提高教育教学与研究能力。

（2）引导感受教研幸福。教育家苏霍姆林斯基曾说:如果你想让教师的劳动能够给教师带来乐趣,使天天上课不至于变成一种单调乏味的义务,那你就应当引导教师走上从事研究这条幸福之路。我们尝试以平和、宁静的心态,设计教案,整合课件,执教上课,阅读文献,反思得失,分析症结,探寻良策。经过长期实践,教师们形成习惯,稳定心态,发现问题,及时互补,走廊中、操场上随时见面、随时碰撞、随时消化问题、随时改进策略,于无痕处、于点滴中改善教研行为,提升教研实效。在这种精神境界与幸福感中,教师又会自觉、持久、热忱地投入教研,并一路走向自己工作的桃花源和心灵的天堂。

（3）顺应问题解决需求。学科分管干部和学科组长调研教师的常态教学与无痕教研,梳理教师教育教学中的普遍问题、突出问题,尤其是教师急需解决的问题,例如,易错点的固化、作业设计的优化、小组合作学习的时机、有效问题的设置等,主动顺应教师需求问题研究和寻求帮助解决的教研意向,因势利导,引导教师独立思考,深入实践研究,参与群体互动研讨,探寻破解疑难的务实有益之策。

2.“多元化”全景式评价,落实“悦动课堂”提质减负效益

我们在延续前期研究历程的基础上,针对各学科课堂教学的现状,以完善“多元化”全景评价,落实“悦动课堂”教学质量的提升与效益。

围绕“学生核心素养评价体系”,我们开展“2.2.1”全景式评价。即课堂观察两看、核心素养两评、学业水平一测,让评价体系落地,让核心素养提升。

（1）课堂观察两看:一看教师的“教”,二看学生的“学”。为达成“让教师的启发式教学活跃起来”的目标,我们思考:“乐陶悦动课堂”要求教师的“教”要设置问题情景,引发认知冲突,建立起智慧上的挑战,激发学生参与知识形成过程的兴趣,从而让学习过程成为学生自主建构知识的过程,以提高课堂教学的有效性,实现习得知识与思维悦动的结合。

（2）核心素养两评:生生评价、教师撰写学科素养评语。生生评价能够对标学习目标,实事求是地、中肯地指出他人的优点、缺点,也很容易联想到自己,因而评价他人对自己也是一个良好的受教育过程。课堂上坚持这样对标学习任务民主互评、开展帮助,既能使学生从对方的透视中认识自己的学习样态,又能增加学生之间的相互了解,促动整体对学习目标的达成。

教师撰写学科素养评语,既是对学生学习效果的评价,又有对其学习过程的指导和学习品格的鼓励,超越了面对面的启发式教育,叩问了心灵的启示。在评语的沟通中,互相启发,互相发现,我们的老师与学生一同成长,可以说是,于"无声处胜有声",打造师生情感交流的平台,营造和谐、愉悦的师生关系,为"乐陶悦动课堂"凝聚情感的洪流。

3. 学业水平一测:全景式学业水平检测

(1)全景式评价的主要目的:为了全面了解学生的学习历程,更好地促进学生的发展,发挥评价改进与激励的功能,突出评价的发展性功能,使评价能够反映学生平日学习的成就和进步;诊断学生在学习中存在的困难,及时调整和改善教学过程;全面了解学生学习的历程,帮助学生认识到自己在解题策略、思维或习惯上的长处和不足;使学生形成正确的学习预期,形成对学习知识的积极态度、情感和价值观,帮助学生认识自我,树立信心。

(2)全景式评价的内容:我们结合本校学生的实际情况,在深入理解课程标准、对标核心素养的基础上再结合实际教学内容,确定出明确的、具有可操作性的评价内容。同时,根据课程标准和教育教学目标,围绕学习品格进行学习习惯、学习态度、学习方式、基础知识、基本能力等发展变化及其优势和不足的评价,并对学生的学习提出合理化的改进建议。

(3)全景式评价的形式:语文、数学每月进行书面评价,英语低年级口头评价、中高年级书面评价,音乐、体育、美术、信息、科学进行实践评价,最终形成学生每个学科的过程性学分积累,学分积累与学习品格的质性评价双翼实现评价的综合、多元,为学生的全面切实发展提供数据支持。

三、实施效果

"悦动课堂"项目,主阵地在课堂,我校各学科围绕"悦动"课堂教学,从"目标制定—重点问题—互动生成—评价引领"四个方面,逐渐形成"悦动"课堂模式,目前提炼出语文学科"悦动四个空间"教学模式和数学学科"六步五动两结合"教学模式。在2019年11月"乐陶悦动课堂在行动"学校教学节中,和谐教学创始人、中国评课第一人王敏勤教授对教学模式和研究课给予高度评价,认为学校在"三级建模"研究和"悦动课堂"推进中取得了丰硕成果,该教学模式实验过程科学完整、效果显著、成绩突出,产生了积极影响。两个"悦动课堂"教学模式在定陶路小学的18个教学班全面推广使用,"悦动课堂"教学效果显著,并且通过市、区级研究课和公开课,校级示范课等的公开展示推广,得到大家普遍认可。

四、问题和反思

德国著名的作家和思想家歌德说道：世上最艰难的工作是什么？思想。凡是值得思想的事情，没有不是人思考过的；我们必须做的只是试图重新加以思考而已。回首思量，我们一直以来探索教学研究的有效路径，还要着力破解发展进程中的新问题、新矛盾。目前，我们仍存在以下需要解决的问题。

（1）在课堂教学中，如何由形式上的悦动走向深层次的悦动，如何让学生的深度学习真正发生，如何把悦动的理念根植在教与学的各方面，如何牢固树立育人为本的全面质量观，还需要我们再思考再研究再行动。

（2）教师专业发展在一定程度上影响课堂改革，从教师参与课程与教学研究，实施"悦动课堂"的情况来看，我们的教师培训工作质量还有很长的路要走。

（3）信息技术与教学深度融合还缺乏更高层次的创新，"互联网＋教育"的基本功还需磨练，用大数据精准指导教学的能力还需要进一步加强。

2020年，我们将紧紧围绕党和国家对教育教学工作的系列要求，围绕区域实现高水平教育现代化的目标，紧密结合学校重点工作项目，以质量均衡提升为核心，以干部教师队伍的专业化成长为保障，以教育信息化为支撑，落实立德树人根本任务，持续深入推进课程与教学改革，深入推进教育教学质量稳步提升。

小学生生存教育实施路径研究

青岛沧海路小学　楚蔚君

一、生存教育研究的缘起

在日常管理中，我们发现有的学生不愿做家务，有的不遵守交通规则，诸如此类的行为体现出学生基本生活常识淡薄，而部分学生从小就能洗衣做饭，但在与人交往、融入新环境方面存在困难。

小学生的生存能力到底处在什么水平？自2017年，学校对838名学生进行了生存能力及意识的调查。结果显示，学生愿意参加各类生存教育活动，应急逃生、卫生保健等方面的生存意识较高，但是在洗衣、做饭、坚持锻炼等实际操作方面水平较低。另外,学生与家长多寄希望于学校,忽视主动训练、自主提升的重要性。

鉴于此,学校正式启动"小学生生存教育实施策略"研究,期待既能够针对小学生娇生惯养、缺乏创造性的硬伤,提升学生综合素养,又能以课题为引领,将国家课程与校本课程有机融合,提炼出符合本校特色和适合学生个性发展的课程。

二、生存教育研究的进程

我们的生存教育是一个开放的系统,教育的主体采用"3+1"模式,"3"即学校、家庭、社会三个方面,"1"是指学生,研究前期的教育主体以学校为主,同时我们也期待随着研究的深入教育主体能够逐步转到"1",即学生身上。凝聚了最广泛的教育力量后,我们从以下三个方面开始了课题研究。

第一,学校学生现有生存意识与生存能力水平研究。

调查显示,94%左右的学生及家庭支持学校开展生存教育。90%以上的学生生存意识强,在具体环境中能做出正确选择。但问卷和学生实际行为有差距,比如第16题:从家里到学校,哪种出行方式不够安全( )。A.公交车 B.步行 C.摩的 D.出租车。97.5%的学生都选择了" C.摩的",但根据教师护导观察,每天至少有40人乘坐摩托车或者小三轮车到校,这既跟家庭经济水平有关,也反映出学生生存意识和行为的不一致。

本次调查问卷既让我们了解了学生的生存水平与需求,也使我们对学生意识与行为之间不同步有了更加清晰的认识,为学校后续研究提供了重要参考。

第二,生存教育资源和策略开发研究。

主要包括已有教育资源的整合、特色课程活动设计、学生自主课程的指导三个方面。本课题研究之前,学校已有北站公车车队、李沧区污水处理厂等社会实践基地16处,"成长十年"等心理特色活动、"粽香传情"等生活课程30多项,这些资源和活动设计相对对立,为了增强生存教育的整体性、科学性,以及学生参与的主动性,学校借助"品海育人"课程框架,通过四大板块融合资源、落实教育目标:"容育德"体验式德育课程体系注重启迪学生生存意识;"融育心"课程结合学校的"阳光心海"心理品牌,教会学生"主动接纳,和谐融汇";"搏育志"课程以搏育志,在丰富的实践活动中锻炼学生"开拓进取,自强不息"的品质;"勃育智"形成"海纳百川创意课程",引导学生"阳光向上,刚柔并济"。

在课程框架的指引下,我们进一步梳理、分类,形成了《青岛沧海路小学学生生存教育应知应会表》,分年级、分项目细化教育内容,确定体能训练、心理健康、生活技能、应急保护、卫生保健、职业体验六大方面;在实施途径上既有国家课程、地方课程的融合渗透，又有金融理财、应急体验、野外生存等专项生存教育活动。

学校的研究也逐步从课程框架走向课程体系，特别是完成心理特色课程汇编，使我们更有信心。学校"成长系列"心理课程包括一年级"启航啦"新生入校课程、二年级"画出心中的家"亲子课程、三年级"护蛋行动"责任课程、四年级"成长十年"成长课程、五年级"心灵航向"盲行课程、六年级"扬帆远航"毕业课程。心理特色课程既是学生生存教育的重要组成部分，又对学生生存意识的形成和提升起着引领作用。

每个研究阶段，我们课题组都会针对实施过程中的实际问题进行研讨、分析、提出对策。例如，在学校生存运动会之后，我们发现个别学生在体能提升方面困难较大，主要原因就是学生在训练时间上存在"断档"现象，特别是寒暑假。于是学校就在寒暑假的生存教育指导手册上添加了自主课程——"您是我的私人教练"项目，邀请爸爸妈妈和同学一起锻炼，将体育运动延伸到假期，在来年的体质监测中，学生体育成绩明显提高。

第三，生存教育课程体系评价系统。

对生存教育，学校实行过程性评价，目的就是不断激发学生积极性，不断提升学生参与度，不断培养学生自信心。根据不同的生存教育内容，由教师、家长或者同学间进行及时、客观评价。

生存教育评价等级是参照海洋生物的各种特征逐级开展的。学生参与学校生存教育并通过测试即可获得"海草"勋章1枚，"海草"是积极参加活动、生存意识萌发的象征。集齐6枚"海草"勋章即可升级，获得"海贝"勋章1枚，"海贝"是成长自我、完成阶段目标的象征。集齐3枚"海贝"勋章，即可升级为"海豚"等级，"海豚"是基本具备小学生生存能力、自信独立的象征。学生在取得"海豚"勋章的基础上可以冲击"海鲸"等级，"海鲸"等级是生存能力强大、榜样示范的象征。

随着研究的开展，学校运用采访、座谈等方法，持续关注和了解学生生存能力、生存意识，发现了以下可喜的变化。

（1）安全意识得到提升。比如在学校组织的消防、地震应急演练中，全校近900名师生能够在1分13秒内全部撤离教学楼，到达安全场地后能够及时清点汇报人数。前面提到的家长骑摩托和三轮接送孩子的次数和人数明显减少。

（2）生存技能增强。在学校组织的"启航课程"中，100%的一年级新生能够掌握整理书包技能。95%以上的二、三年级学生熟练掌握跳绳和轮滑技能，在四年级的应急课程，五、六年级野外生存技能活动中，学生能够接收层层挑战，高质量完成任务目标，获得项目活动教练的称赞。

（3）形成《青岛沧海路小学暑期生存教育指导手册》《青岛沧海路小学寒假生存

教育指导手册》《青岛沧海路小学启航课程手册》等专项生存教育活动指导手册,在寒暑假及一年级新生入校等关键节点提供生存教育指导。生存教育带动了学校整体工作的向前发展。学校体育、科技等方面多次获得全国殊荣。

柳腔润童心

即墨区第四实验小学　王成广

　　即墨柳腔,那就像田里的地瓜,流淌的墨水河,浓郁的老酒,在每个即墨人骨子里已经打上了深深的烙印。柳腔已经有 200 多年的历史,被誉为"胶东之花",2008 年被列入国家级非物质文化遗产名录。著名诗人、时任文化部长贺敬之曾经写下了"杯接田单饮老酒,醉人乡音听柳腔"的佳句。

　　我校创建于 1999 年,曾是一所寄宿制公办民助学校,2009 年改制为走读制划片招生学校。随着即墨城市向西南部和东部布局发展,我校所处的位置越来越没有优势,已经属于城乡结合部了。学生主要来源于村庄、周边企业、外来务工经商人员家庭,生活状态决定了家长对孩子引领和教育相对不足。随着几所新建实验小学的优质发展和多名优秀教师调离本校,老师们的自信心开始不足,工作干劲开始降低,学校整体水平开始下降。

　　怎么办? 如何让师生建立自信、提升自我、绽放个性,如何给学校发展注入新的动力? 如何实现学校特色发展? 我校领导班子成员一直在思考,寻找学校发展的突破点。

　　2012 年 10 月,在即墨区中小学生艺术节比赛中,我校柳腔社团的表演唱《办年货》获得即墨市中小学戏曲类比赛一等奖。

　　这件事情让我眼前豁然一亮:戏曲是是人类美好情感的生动凝聚,中华戏曲有悠久的历史、古老的文化、精彩的典故,从明辨是非善恶、知晓人情事理,到弘扬中华民族传统美德,在戏里戏外都有生动的彰显。具有乡音、乡情、乡韵的即墨柳腔,最易拨动人的心弦,产生深刻的共鸣。

我组织学校班子成员、骨干教师多次讨论交流,我们认为:柳腔在学校的"柳腔社团"是做得比较好,在即墨小有名气,在即墨区、青岛市相关比赛中都获得了比较好的奖次。但柳腔不能仅限于社团活动,只让少数学生参与,应让更多学生参与。于是我们决定:开发柳腔校本课程,让柳腔走进课程,走进课堂,走进每一个学生。

我校确立了柳腔校本课程的开发实施目标:让柳腔润泽孩子心灵,不是把学生培养成专业演员,而是以此为载体,通过柳腔知识和表演技能的学习,对学生进行道德品质、文化素养、艺术审美、团结协作、创新实践等方面的熏陶与教育,让学生在参与中陶冶性情、砥砺品行、体验成功、发掘潜力,在成长过程中有所收获和记忆,变得有气质、有活力、有内涵,促进全面发展。学校制订柳腔课程发展规划,使其切实融入学校教育教学工作当中。

根据柳腔的特点和学生的实际,我们确立了一课一戏、一课一知、一课一练的教材模式。在内容上,低年级主要学习戏曲的基本知识,初步感知、认识柳腔、了解柳腔;中年级以柳腔基本语言及唱腔的学习为主,模仿柳腔、会唱柳腔;高年级开始涉及柳腔经典片段及剧目编排的学习。同时学校努力创造机会,让学生走出课堂,走出校园,积极锻炼实践。学校定期组织学生走进剧团观看演出,与剧团叔叔阿姨交流,了解柳腔背后的故事。我们充分把握继承与创新的关系,将柳腔与孩子喜欢的文学、音乐、舞蹈、武术等紧密融合,重新编排了《林教头风雪山神庙》《司马光砸缸》等历史作品,创作改编了《夸夸四小我的家》《喜看即墨新气象》《逛古城》等贴近学生生活实际的新作品,使孩子更加感受到柳腔的可亲可爱。学校每学期还组织开展考核达标活动,评选表彰优秀学生,授予学校"戏曲小达人"荣誉称号,并颁发喜报及证书等。另一方面,学校每年举办校园戏曲节,通过柳腔汇报展示、名家名段赏析、戏曲知识竞答等形式,激发学生"学柳腔、爱柳腔"的热情。

课程的实施取得了非常好的效果,为每名学生提供了发展特长、展示自我的舞台,学生体验了成功,增强了自信,绽放了个性。近五年来,学生参加了近百场汇报展示和演出比赛活动。

2016年4月,柳腔《花灯记》参加了第五届全国中小学生艺术展演开幕式。2016年4月,柳腔表演唱《新观灯》参加了中国大学生微电影大赛颁奖典礼。2016年11月,《林教头风雪山神庙》荣获青岛市戏剧比赛二等奖并代表青岛市参加山东省戏剧比赛。2017年6月,在青岛市国学展演中,"柳腔古诗表演唱"获一等奖第一名。2018年1月,柳腔表演唱"读唐诗"参加中国教育电视台举办的"家国迎新—第二届国学春晚"。2018年10月,学校研发的"即墨柳腔"被评为青岛市精品课程。2019年1月,在山东省第六届中小学生艺术展演活动中,案例"让乡音、乡韵、乡情润泽孩子心灵"、校园剧《司马光砸缸》获省一等奖。2019 年 7 月,《新墙头记》获第 23 届中国少儿戏曲小梅花荟萃集体节目奖。2019 年,我校被评为省教育厅推荐参加全国优秀传统文化传承学校。中国教育电视台《非遗中国》、山东电视台《山东新闻》曾播出我校传承学习即墨柳腔情况。

学校通过开发实施柳腔校本课程,使得学生的综合素养不断提高,学校的社会知名度和美誉度不断提高,教师自信心增强,学校整体工作不断提升。

秉承 3A 理念　　推进阅读课程

青岛市城阳区夏庄小学　高彩霞

长期以来,学校在全面落实教育教学各项工作、全面提升学生的综合素养的基础上,始终把教学教研工作作为我们的立校之本。在教学实践中,全校上下已经形成了浓厚的教研氛围。在市区教研室的具体指导下,我们积极参与、探索、落实"新单元整合"教学研究,为统编教材的实施打下了良好的基础。统编教材的使用,带来教育理念、教学模式的转变,为小学语文课堂教学改革,尤其是课内阅读教学的发展拓宽了道路。全体语文老师认真学习领会语文教学改革的指导思想,研究新教材编写体例,探索新教材的教学流程和课型建设。在统编教材的研究与教学实践中,我们一直在不断探索。我们得到了一些全新的认知,同时也遇到了不少的困惑。

例如,我们的教学效果一直达不到预期的境界,学生的阅读、写作能力也得不到更大幅度的提高,语文综合能力的提升也不是十分明显,学生的人文素养也没有长足的发展。

那么,问题到底出在哪儿呢? 万事万物都有"根",根是事物的决定因素。语文教育的"根"到底是什么? 其实,这本是个不是问题的问题,不少专家学者的教育经典论述中对此早有明确阐述。著名教育家苏霍姆林斯基说过:应该让孩子生活在书籍的世界里。著名学者、书香校园的首倡者朱永新先生则说:没有阅读,就没有学生的精神成长。北大资深教授钱理群先生和温儒敏先生有更为明确、直接的表述:学好语文有很多要素,但最核心、最根本的方式就是阅读。 温如敏说:阅读是最接近教育的本质,是语文教育的灵魂,是语文教育之本。有句古语,叫"山定泉,树定根,人定心"。可以肯定地说,阅读之于语文教育,就如同树根之于枝叶,源泉之于河流,基础之于大厦,血脉之于躯体,灵魂之于生命。

如何抓住语文教育中"阅读"的根,针对语文教育新的形势和要求,我们依据语文教育的基本规律,把学校语文教学教研工作做了专门的梳理与整理,形成了几个基本认识,并在教学实践中加以落实。

一、抓住课内阅读"基本元",习得基本阅读方法

在课程改革逐步深化的过程中,课程建设多元化是个很响亮的名词。就语文而言,我们认为,多元的语文课程内容中,国家的语文教材应该处于核心的"基本元"地位。教师用好语文教材中的阅读因素,引导学生在课内阅读中习得阅读方法,是语文教育的首要任务。小学 6 年,120 多个课时,12 本教科书,近 300 篇课文,如果我们不能让学生从中习得阅读的方法,发现阅读的规律,增长学生的阅读能力,对语文教学而言,实在会是一件让人感到悲哀的事。应当肯定地说,课内阅读教学是小学生阅读成长的重要阶梯和主要渠道,而统编语文教材变"教材"为"学材"的改革思路也为语文阅读教学改革指出了方向。为此,我校紧紧抓住课内阅读这个"基本元",强化专项教研,确保了课内阅读教学的科学运作。以教科研活动为抓手,积极改进语文学科常规教学内容及模式,以课程标准为依据,以课内阅读为核心,深化教材使用与相关学习资源研究,进一步落实教材整合、单元教学等专项教研。

学校以"相约星期三"四维深度合研为载体,聚焦课堂、聚焦教学。坚持每周三下午的校本研修活动,做到"定时、定点、定题、定员",实施"一课多磨,打造精品"活动,通过教材研读、教学设计、微型上课、课堂实践、研磨改进、校际研磨系列过程,形成课堂教学研修的动态模式。在以生为本、以标为纲、以导为方、以学为主的"四为课堂"理念下,展开"基于课标,把握学习目标;基于学情,确定学习内容;基于素养,进行语言实践;基于思维,展开学习过程"的课堂教学研究。

实施"语文工作室"等实验项目建设,形成层级联动。"名师开讲"活动邀请齐鲁名师、岛城名师到学校送课、讲座,发挥名家名师的示范引领作用。教师的专业有了长足发展。语文工作室主持人刘珍建老师的"链接阅读教学法"获城阳区优秀教学法;付学彬老师获省一师一优课一等奖,执教市语文公开课;青年教师崔晓芹老师在 2019 青年教师基本功比赛中获二等奖,作为城阳区青年教师读书班成员多次到外校进行阅读推广。

二、加强课外阅读的拓展，不让课本成为学生阅读的整个世界

学校认真落实温如敏教授"课外阅读课内化，课外阅读课程化"的相关理念，探索"以内促外"的整体推进方式，以内为点、外为面，使课内外阅读有机融合，有效衔接，做到课外阅读内化，使学生从生活中、从阅读中学习小学语文，切实提高学生阅读的针对性和实效性。

我们秉承 3A（Anywhere：任何地方，Anytime：任何时间，Anysubjects：任何学科）理念，打破阅读物理边界限制，体现无处不在的阅读空间。尽管学校很小，但是我们在距离孩子最近的教室、走廊转角，用多种方式构建阅读空间。孩子的阅览室——碧草书屋，出自杜甫《蜀相》中的"映阶碧草自春色，隔叶黄鹂空好音"。"碧草"喻指草夏小学子将像碧草一般茁壮成长，以展碧草春色。走进其中，你会感受碧草书屋的童趣和其清新的风格，这是孩子们最喜欢的地方。早晨，"日有所诵"唤醒宁静的校园，在一首首的经典诗歌中，母语韵律静静流淌。中午，是沉心静读的美好时光。晚上，阅读作业一直伴随着孩子，家长也参与其中，与孩子一起成长。阅读不局限于语文学科，每个学科的老师都是阅读推广人。我们设立了三基体系，基于核心素养的 1+X 阅读课程（"X"是指向核心素养的延伸阅读，"1+X"是指对学生的阅读广度、深度提出前所未有的要求）；基于个性发展的阅读活动；基于信息数据的阅读评价。

1. 基于教材的拓展阅读

在课程中我们新设置 1 节国学课程，1 节亲近母语课程。在学期初，每个年级根据教材单元主题，进行相应的拓展。学校不仅将绘本阅读、群文阅读、整本书阅读纳入日常教学，还将此放入教学节的学术研究中。近三年，学校改革了图书配置方式，为每个年级配置 8 ~ 16 套可以供整班阅读的书籍，每套书籍 60 本，共计约 5760 本。孩子们在阅读课上一学期至少可读 4 本书籍。数学拓展阅读，让孩子成为阅读的主体。英语学科用大量生动有趣的分级绘本打破英语学习的枯燥，让英语故事开启孩子阅读的另一扇窗。美术学科读绘本、画绘本，而科学、音乐学科，也结合学科特点，进行持续的阅读推广。

2. 基于主题的深入阅读

基于主题的海量阅读成为我们的常态。"二战"的主题阅读，有关勇气的主题阅读，以三国历史为主题的批注式阅读，以神话为主题的阅读……越来越多的老师在自己喜欢的书籍领域带领着孩子们向阅读的深处前行。

3. 基于时代的多形式阅读

我们引入阅读平台,利用线上、线下的方式进行多形式阅读。校园文化主题阅读、内外结合式主题阅读、外阶梯阅读、单元阅读、亲子阅读、纯净阅读、倾情阅读、自主阅读等活动,拓展了阅读活动的形式;读书沙龙、图书漂流、翰墨书香读写、手抄报展览、校园广播站建立、好书收藏、"读书之星"评选等活动培养了学生的阅读素养。

三、针对学生的阅读需求,促进学生阅读的持续发展

语言文字是人类文明和进步的标志,是人类认识和改造世界的工具。从这个意义上说,语文学科是知识传承的桥梁,是各种学习的基石,而阅读则是学习语文最好的方法。综合国力的竞争,实质就是人才的竞争,近年来世界各国的教育改革,都认识到阅读对于人才成长的作用,将强化阅读意识、提高阅读能力作为重点,为全面育人提供了保障。阅读是获取原料、生产思想、完成生命建构的过程。阅读,可以使学生开阔视野、增长见识;阅读,可以使学生启迪智慧、激发灵感;阅读,可以使学生拓展思维、充实思想;阅读,可以使学生涵养性情、提升生命。小学阶段是人生发展的奠基时期,也是阅读能力培养的关键时期,让小学生热爱阅读,学会阅读,掌握阅读方法,养成阅读习惯,提高阅读效率,在广泛的阅读中汲取自然与社会、古代与现代、传统与外来精神文化的营养,也就积蓄了持续发展的后劲,为小学生身心全面、和谐发展、提高核心竞争力储备了力量。而要促进学生阅读的持续发展,培养良好的阅读兴趣和习惯,需要一个漫长的过程。

为此,我校首先从学生的阅读需求出发,全面规划学校图书采购工作。在给学生推荐读物时,我们以文学为主,兼顾其他方面的书籍。文学之外,我们有意识地从传统文化精华、历史、哲学、科技、经济、社会学、军事、心理学等方面,推荐适宜小学生阅读的作品,这样,每位学生都能找到适合自己的阅读发展方向,主动、有兴趣地阅读。我们让学生读书,并非为培养作家,而是着眼于增加学生的人文积淀,提升语文综合能力,进而获得全面、均衡的发展。所以我们给学生推荐的读物范围较广,不能仅限于文学作品,

其次,关于"经典名著"。之所以以"经典"为主,是因为"经典"是时代、民族文化的结晶。但我们在给学生推荐作品时,既要考虑"经典",又不限于"经典",同时兼顾其他优秀作品,因为还要考虑到阅读兴趣,读书活动能否开展起来,培养兴趣是第一位的;在培养兴趣方面,读物选得是否妥当至关重要。《第56号教室的奇迹》的作者雷夫就说过:培养读书兴趣要有一个漫长的过程,在给学生选择读物时要充分考虑学生年龄、接受程度、兴趣特点等因素。

低年级读绘本、童话，中年级童话、神话及故事性较强的作品，高年级读名著、读经典……待产生强烈的兴趣后，孩子们就会一步步走向阅读的深处。

推荐阅读，我们的做法是先让学生通过课内的导读喜欢上一本本书，然后让孩子径直走进去，在一个完整而丰富的语境中，完全自主地去读，无拘无束地去读，轻轻松松地去读，充分沉浸在书中，和作者、和书中的人物同喜悲、共忧乐，尽享读书的快乐。这样坚持下来，兴趣就会自然产生。兴趣一旦形成，孩子的读书爆发力就会产生，他们的理解能力、领悟能力、读写能力都会获得提高。走进学校，你会发现一道美丽的风景：无论课间、午休，还是楼道、操场，总有三五成群的孩子抱着一本本书在专注地捧读，或在热烈地议论，一本刚读完，就追着老师去推荐"下一本"……

教师阅读。阅读能改变一个人的气质，也在慢慢改变一所学校的气质。教师阅读，让一朵云推动另一朵云。教师共读、教师荐书、项目共读，多种形式掀起教师阅读的高潮。2013 年起，每月 1 书，6 年 66 本，千万字的阅读量丰厚着我们的人生。百万字的感言无声地见证着老师们逐渐丰盈的内心。专业书籍共读是我们的教育修行。此外，在教师泛读的基础上，学校还组建了基于知识构建的 E 团队、基于 STEAM 课程搭建起来的 S 团队、基于脑科学课程搭建起来的 N 团队，以项目式学习的方式共读。

家长阅读。爱阅读的家长是孩子最好的榜样。学校成立了"竹下读吧"家长群，线上每周一次语音沙龙，线下每学期两次交流，引领家长开展亲子阅读。仅在最近两年，家长阅读讲坛已开展十余场讲座，从阅读氛围打造、亲子阅读经验分享、旅行与阅读等方面，传递阅读秘诀。2018 年开始，学校微信公众号开辟家长荐书专栏，家长荐书与亲子共读征文交替发布，与学生荐书、教师荐书相互呼应。

四、以阅读带动写作，以写作深化阅读

以阅读带动写作，以写作深化阅读，这是我们一直坚持的做法。每周一篇的读书笔记，学生想写什么就写什么，想怎样写就怎样写，长短不限，内容不限，写法不限，只让真情实感从心底流出。随后，老师从学生的读书笔记中发现亮点，选出范文，在讲评中真诚赞美，热情鼓励，顺便做一点读写指导。最初，有的孩子只能写几十字，坚持一段时间，从几十字写到几百字，再到后来，一两千字也一挥而就。

1. 指导学生撰写随笔的方法，提升学生写作能力

结合课堂教学，学校开展了系列随想之笔写作指导活动，让学生真正写之有道，行之有法。学校先后进行了景物描写，人物描写，细节描写，文章的拟题、选材与立意等随笔专题训练。邀请齐鲁名师、省特级教师商德远老师到学校开展工作诊断，对

学生们进行素描观察的实地指导。

2. 开展"作家进校园"活动，播散文学的种子

通过与作家面对面交流的方式，陶冶学生的文学情操，提高人文素养。学校先后邀请了省作家协会会员、岛城著名诗人秋窗，青岛晚报小记者团主编"兰君姐姐"，齐鲁少年报编辑纪晶，作家王宜振老师、张吉宙老师、翌平老师来到学校，为孩子们进行写作专题培训。

3. 丰富学生的生活体验，拓宽写作渠道

学校活动异彩纷呈，节点中的开学季、毕业季、十岁礼已成为夏小校园重要的节日；英语节、文化节、读书节逐年呈现出不同的风采；小记者拓展活动成为学校一道亮丽的风景线，"丈量最美青岛——小记者大搜城"、参观青岛日报社、走进诺贝奖获得者莫言等活动，打开了学生视野，深化了学生的生活体验。

雅言传承文化，经典浸润人生。学校每学期编辑学生日记、随笔集各一册，让每一个学生都能畅享阅读成功的喜悦。目前，已编辑教师文集 10 余册，编辑学生文集 30 余册，如文学社的《小荷尖尖》《童心飞扬》《夏园诗抄》等。

阅读让校园里溢满书香，学生在阅读中拥有了共同的密码。夏小充满了灵性，润泽的生命个体变得内心丰富、明敏而深邃。学校获评山东省齐鲁少年报优秀小记者站、在青岛市"好书伴我成长"读书征文活动中获优秀组织奖，在城阳区小学生经典诗文诵读比赛中多次获一等奖和最佳组织奖。孩子们的作品多次在《齐鲁少年报》《半岛都市报》刊登。

我们仿佛听见了花开的声音，这就是阅读带给我们的改变。阅读是一种生活，它是生命的必需，就像呼吸一样自然。阅读是一种力量，是一种蓬勃发展、向上成长的力量。

朱永新先生这样说过：如果我们的孩子在 10 多年的教育历程中，还没有养成阅读的兴趣和习惯，一旦他们离开校园就将书永远地丢弃在一边，教育一定是失败的；相反，一个孩子在学校的成绩普普通通，但是对阅读产生了浓厚的兴趣，养成了终身学习和阅读的习惯，一定比考高分的孩子走得更远。

抓住语文教育的"根"，把语文教改的着力点放在阅读这个根本点之上，大力研究课内外语文阅读教学的结合，促进学生阅读的持续发展，是我校教学研究的永恒话题。在这条路上，还有很多课题需要探索，还有很多工作需要更扎实地开展。我们坚信，只要我们用心并且持之以恒，我校语文教育的希望之路会更长远，更广阔！

解密课程密码，探寻师生发展个性图谱

青岛长阳路小学　戴　茜

范·梅南曾说过："课程对儿童来说是最美好、正确、合适的内容。"的确，只有以课程建设为突破口，才能在推进教育现代化建设中，实现学校的可持续发展。那么，作为学校课程的领导者——校长，要如何为课程解密？如何在构建课程图谱中，将办学理念"软着陆"，助推师生多元、全面发展？

一、让国家课程灵动起来

针对传统的国家课程和地方课程在目标、内容、实施、评价方面过于统一，在学科教材上存在重复类似，而导致课堂教学耗时低效的现象，学校注重突出各学科学习的趣味性，加大对现有学科教学内容的校本化融合。如在语文作文教学中加强了阅读与写作的教学研究，一、二年级以教材为主，辅以大量的绘本阅读；三至六年级以单元为整体进行群文阅读，将古诗、小古文、经典名著等引进课堂。在数学学科中，则发挥数学团队的优势，在原有新授课、复习课、巩固课的基础上，增加"数学思维拓展课"，训练学生思维的逻辑性和严密性，并初步形成了"趣味数学"资源库。在体育学科中引入了特色体育项目，如网球、国际象棋、游泳、健美操等，通过小而实的举措培养学生的学习兴趣。同时，学校还积极开展分年段"学科竞赛"，打造"竞赛课程"。如语文学科中，开设了"百字无差错""阅读闯关""作文大赛""规范汉字达人秀""校园诗词大会"等活动；数学学科中，组织了"概念小先生""计算小达人""解密小能手""逻辑大侦探"活动；英语学科中，进行了"单词小达人""自编课本剧"展播活动。以上举措让国家课程灵动起来，提升了学生的学习能力和学习实效。

二、让拓展性课程成为孩子们的必修课

围绕"感恩""美德""责任""创新""多元""自主""快乐"等元素，学校拓展性课程包括"花开四季"节日课程、"花儿朵朵走四方"社会实践课程和"花儿成长印记"三大成长课程等板块，这些都是学生的必修课。其中，"我骄傲，我是小学生"一

年级新生开学礼、"我骄傲，我是好少年"三年级十岁成童礼、"我骄傲，我是杭小人"六年级毕业谢师礼，颇受家长和孩子们的欢迎。学校的"思源德育"课程润物细无声，除了主题类活动课程、班队会课程，还有节庆类活动课程。如学校特设了每学年的四大节日：体育风采节、科技创新节、欢乐艺术节、传统诵读节，让学生在节日的氛围中实践探索整体发展。

三、让学生个性化课程服务于个性成长

面对个性鲜明的儿童，课程实施首先顺应天性、关注个性。学校积极创建个性化课程，包括选修社团、学生个性选修课程、家长主题微课等。个性选修课程主要包括艺术类、体育类、语言类、生活类等4类选修个性课程。大类下设13个模块，目前建有搏击韵律操、小主持人、传统艺术剪纸、自护大本营、创意空间、空竹、小小摄影师、双语演说家、礼仪等。选修社团，主要向学有余力和具有特长潜质的学生开放，旨在做好拔尖创新人才的早期培养，现设有篮球、乒乓球、古筝、书法、京剧、舞蹈、表演、曲艺等18个模块。对相同的课程小组，学校还采取提高班与基础班相结合的方式，解决不同学生的需求。

青岛市南区第二实验小学课程建设探索

市南区第二实验小学　毛小园

科学而有序地构建课程体系是中小学内涵建设的一种趋势，因何构建、如何构建，是学校课程建设必须回答的问题。调入市南二实小后我便开始思考：学校课程建设处于什么阶段？能否达到教育目标？还要在哪些方面突破？如何通过课程引领学校发展？

通过分析学校历史与现状，我带领教师团队梳理了目前课程建设的优势和不足。学校办学思路清晰、教学设备充足、教师专业能力较强、课程建设已具备一定的经验，但课程体系还不完善，国家课程校本化实施处于起步阶段，教师课程研发能力较弱，课程意识不强。基于此，学校开始规划系统、适合、特色的课程。

学校首先确定了课程所要实现的学生、教师、学校三个层面的目标。学生的成长

是课程建设最终目标指向,要通过课程这一载体,帮助学生形成正确的价值观,同时培养学生具备良好的认知、合作、创新、职业等能力,最终落实立德树人的根本任务。课程建设将为教师提供参与课程研发和实验的平台,让教师转变课程执行者的角色定位,增强教师对课程的理解、规划、执行和评价能力。通过构建满足不同学生发展需求的课程,形成独具市南区二实小特色的课程体系,最终打造有特色、有温度、有故事的现代化学校。

在进行整体架构时,学校将课程确定为基础型、拓展型、探究型三类,每个类型分别定义了不同层次的课程目标、任务和课程内容,并提炼了围绕"七会"核心的七大课程板块——学科特色课程、仪式典礼课程、社团特长课程、研学旅行课程、海洋实践课程、兴趣走班课程和节日文化课程。同时,学校将育人目标分解为"七个会"——会运动、会生活、会思考、会欣赏、会表达、会创新、会实践,三级课程根据课程性质和目标纳入"七会"的框架中,每个要素都有三级课程作为支撑。例如,会运动对应体育学科,下设排球、篮球、足球、健美操、国际跳棋;会思考对应数学、科学信息技术、综合实践学科,下设莫顿体系、3D打印、无人机;会创新涵盖体育节、典礼仪式、科技节、艺术节、读书节;等等。涟漪式的课程结构,将各学科容纳其中,整合校内教育和校外教育,由小到大,由里及外荡漾开去,一层层涟漪展现了学校丰富的课程。七色花课程是市南区二实小独一无二的肤色,体现了学校教育全面、适合、能动的优势。七色花课程旨在鼓舞和唤醒师生改变教与学的行走方式,让学生在动手动脑的过程中体验学习的快乐、成长的魅力。

在课程实施过程中,我带领教师对基础型、拓展型、探究型课程不同功能的实现进行关键研究,让每一种课程都能够发挥其独特的价值。基础型课程在于促进学生基本素质的形成和发展,学校从教学目标、分层作业、学科活动三方面入手。例如针对长久以来作业内容统一、形式单一、学生负担过重等问题,学校利用双休日创设"绿色作业",建立全学科各年级"绿色作业"超市资源包,学生根据自己的水平从资源包中自主选择难易适中的课外作业。

拓展型课程具有一定开放性,要着眼于培养学生的兴趣爱好,促进学生个性的发展和学校办学特色的形成学校根据孩子的兴趣,在原有合唱、舞蹈、排球等社团的基础上,新组建了足球社团、电声乐队、室内萨克斯乐团、吕剧社团、创意装饰画等社团,并开发了小健将体育节、小院士科技节、七色花艺术节、小书虫读书节等节日。

探究型课程在于培养学生自主与创新精神、研究与实践能力、合作与发展意识,学校将研学旅行、海洋实践、选修走班课作为探究型课程实施的重要载体。老师带领学生走进海底世界、中国海藻生物科技馆、极地海洋世界、海军博物馆等海洋基地,开展海洋研学活动。学校设置了涵盖艺术、思维、劳动、科技、海洋、体育等内容的 12 门选修课，采用大小课时相结合的方式延长活动课时间，让每一位学生都能充分参与其中。

不管时代如何变化，立德树人的根本任务不会变，培养学生适应未来社会的核心素养和关键能力的目标不会变。在经济形势、成长需求、教育政策都在变化的环境下，学校不仅要准确识变、科学应变、主动求变，更要因时而变、顺势而为、多元求解。下一阶段学校将继续加强课程整合和课程研发，对课程育人的有效落实进行深层次的探索。

以主题项目新样态，促核心素养新发展

青岛洮南路小学　孙文欣

核心素养是实现立德树人战略目标的重要途径，为我们真正走向以学生为中心的教育提供了引领性支撑。目前以学科课程为单位的教学模式，要实现学生核心素养的提升，必须在完成各科教育教学目标的基础上，进行新的整合和交融。

一、目标定位，寻找核心素养价值关联

核心素养如何形成？它绝不是单个学科教学目标完成的叠加，它是各素养之间的相互联系、相互补充、相互促进，在不同的情境中整体发挥作用。如果把核心素养比作一首歌，那么每门学科就像基础音符，仅会唱单个音符远远不够，要根据表达情感的需求，把每个音符的时长、轻重变化整体组合，才可能谱写出动人的旋律。

二、厘清认识，构建综合学科整体教学

《中国学生发展核心素养》确立了中国学生发展核心素养总体框架，以培养"全面发展的人"为核心，要求学生应具备适应终身发展和社会发展需要的必备品格和关键能力。但是"核心素养"的最终落地，还是需要依靠学科课程来实现，也就是说，核心素养和学科课程必须建立起对应和关联关系，才能有助于核心素养的实现。基于这一点，我校在音乐、体育、美术和科学中进行整合实践，围绕教学主题形成的具

体项目为载体,以主题组为核心,以合作学习为主要形式,以多样化的教学方式方法为手段,通过一系列相互衔接、互为补充的教学环节,提升学生综合素质和能力。

1.主题项目教学的基本形式

(1)明确任务:教师组织学生,通过讨论确定学习主题。

(2)制定计划:学生根据主题确定学习计划,教师给予指导。

(3)实施计划:学生分组及明确分工,共同作作完成任务。

(4)检查评估:学生和教师对参与过程和成果多重评价。

(5)归档应用:将学习成果记录归档,指导应用实践。

2.主题项目教学的基本特点

主题项目教学课堂从"授课"活动转向"学习"活动,以"学习目标"取代"教学目标"。以主题项目为主线、教师为引导、学生为主体,改变了以往教师讲、学生听的模式。对学生,通过转变学习方式,在主动积极的学习环境中,激发好奇心和创造力,培养分析和解决实际问题的能力。对教师,通过对学生的指导,转变教育观念和教学方式,从单纯的知识传递者变为学生学习的促进者、组织者和指导者。

3.主题组教学的评价

主题组教学的评价不再局限于对于教材内容的掌握,不再停留于标准的答案上。它在课程设计和教学活动中,更加关注的是围绕核心素养的因素,包括关注学生提出问题、解决问题的能力;关注学生综合运用知识的能力;关注学生与他人的合作、交流和分享状况;关注学生在学习过程中的基本科学态度和社会责任感等。课堂评价的目的是为了促进学习目标的实现,通过评价引导学生的学习和反思,提升其自我成长的能力。

三、项目实施,激发核心素养潜力生成

主题项目教学,不仅仅是把教案变成学案,它更加注重学生在学习过程中的合作互动。学校依据新课程标准及《中国学生发展核心素养》,几易其稿,最终制定了《洮南路小学音体美科学素养考核评价方案》。

1.整合学科教研,制定项目内容

我校综合教研组涵盖了音、体、美、科学等四个学科,每周利用集备和学科大教研时间,各科教师研读教材,根据学生的年级和学情特点,制定合理有效的主题项目教学方法。这种跨学科的教研,有利于教师整合教学内容,相互启发,在相关教学内容

相融的基础上,可以制定跨学科的综合课程项目教学。教研中,重点解决如何指导学生制定计划,学生分工合作过程中关注参与活动消极、被动因素,同时老师们注重课后的有效反思,根据前期实际情况,及时调整和改进下节课或者是同一类型课时的教学设计。

2. 加强学生预习,确保任务完成

预习是学会学习的开始,是学生独立学习的尝试。在音、美、科学等综合学科中开启预习任务对学生来讲已是习以为常。比如在美术学科"汉字的联想"一课的教学中,老师设置了关于汉字的演化、形状等方面的课前研究,学生们饶有兴趣地通过书籍、网络查阅了大量的资料,丰富了原本语文学科对汉字的基本认识。正是有了这样充分地预习,学生们在课堂上大胆展开想象与创作,将汉字与绘画巧妙结合,语文素养和艺术素养同步提升,传承了中华传统文化与艺术。

3. 拓展主题项目,整合课程学习

学校以学科融合的视角进行课程重构,既充分尊重学科特点又注重学科间的相融相通。比如二年级下册美术第三课"认识身边的树"和音乐"大树妈妈",我们把音乐、美术和信息技术学科共同整合进行 3 课时连堂项目式教学。围绕核心素养,教师指导学生提出任务清单:①认识校园中的树,观察树的外形;②选出自己喜欢的树画下来;③通过上网查阅为什么大树是人类的朋友;④学唱"大树妈妈",以小组为单位表演唱。整个学习的过程中,三科教师通力合作,既确保学科目标落实,更注重在小组合作过程中落实学生参与学习的热情、各项活动中的主动投入、小组交流等,包括调动学生自身已有学习经验和生活经验,积极思考等,在合作中提升素养。

四、初见成效,静待全面发展美好愿景

一路走来,全体洮小人,不断前行,从未停歇,也收获了累累硕果:学校自编"心灵 SPA"和"经典新韵 稚子童声"两门校本课程,分别入选青岛市首批优秀校本课程和市北区精品课程;学校教学成果"心理健康教育在小学教育中的改革创新实践"作为市北区为数不多的参选项目获得青岛市市级教学成果评选三等奖;我校作为市区唯一一所公办小学参演张艺谋总导演的上海合作组织青岛峰会灯光焰火艺术表演,央视多个频道直播,全面展示洮小学子良好的综合素养。在近几年学生发展教育质量检测报告中,我校学业发展、品德发展、身心发展等指标超过区平均水平,其中以学生行为习惯、理想信念、心理健康等核心素养为重要组成部分的达标率,明显高于区平均线。

历历数据可以佐证学校在培养学生核心素养方面的正确方向与成功策略,累累硕果激励学校在培养全面发展的新时代少年的路上一如既往地砥砺前行,让我们不忘初心,一路欢歌,一路前行……

创新整体性教学,悦动更具系统化

青岛朝城路小学　邓晓红

落实悦动课堂项目以来,朝城路小学5名教师被评选为市南区学科带头人,多名教师获市南区优质课比赛一等奖,2020年学校在参评课题多、获选数量少的情况下,成功申报了省教学改革项目"指向学科关键能力的整体性教学研究"和省规划课题"基于全员导师制的育人模式培养",这与学校建构的整体性教学模式密不可分。学校在深入研究学生学习特点、认知规律、学科特点的基础上,通过该模式整体优化悦动体系,让课堂从知识表层向思维内核转变。

整体性教学模式源于我校提出的"适切"教育理念,"适"即"适合","切"即"贴切"。"适切"教育遵循儿童的身心特点和发展规律,尊重学生个性,引导学生主动发展。悦动课堂作为一种教育教学方向,在于创设教学情境,让师生在互动中感知快乐,共同成长。

在某种程度上,"适切"教育与悦动课堂互通融合,然而现在教学中,教与学、教学目标和教学过程常常分裂,教学环节之间缺乏连环性,导致学生的学习是碎片化的,严重影响课堂效率,更不利于学生的全面发展。要真正发挥课堂悦动实效,需要保持教学目标、教学过程、教学方法的一致性,帮助学生构建整体性的学习思路。

整体性教学包含三个层面,三维一体的教学目标、三点一线的教学过程和三学归一的学习方式。教学目标必须体现知识、技能、方法的一体化,目标的制定要符合学生认知规律和学科教学特点,满足学生的个性化发展需求。教学过程要把握三个核心要素,设置接近学生最近发展区的问题,层层递进,体现学科知识的再现的过程。学习方式要选取三种主要的,让学生主动参与学习,通过自发探究活动来建构理解。

在不断研讨、总结的基础上,学校提炼了基于适切教育理念的整体性教学模式操作要点,例如,语文的教学目标是"知识、技能、方法",教学过程是"整体感知、重点品读、迁移拓展",教学方法是"自学、合作、反思实践";英语的教学目标是"知识、能力、方法",教学过程是"语境、话题结构、语用",教学方法是"自学、导学、合作探究";科学的教学目标是"知识、能力、方法",教学过程是"质疑、探究、应用",教学方法是"激趣、导学、体验"……这些操作要点给学科教学提供了有效的路径,便于一线教师开展整体性教学。

以四年级神话故事单元整体教学为例,老师通过探寻《普罗米修斯》《女娲补天》两篇课文的相似处,找到一以贯之的学习方法,第一课时《普罗米修斯》的教学中,在初读课文时引导学生借助起因、经过、结果三要素,梳理故事的主要内容,在品读课文时从学生的思维最近发展区出发,渗透"抓言行、悟形象"的阅读方法,落实本单元感受神话人物鲜明形象的语文要素。在第二课时《女娲补天》一课的教学中,让学生将第一课时的阅读方法进行巩固运用,同时引导学生关注人物的语言、动作、神态等细节。在此基础上,拓展阅读外国神话故事,通过双气泡图寻找两篇文章的异同点,将本单元语文要素再次深入推进。

以新标准英语第八册《New York is in the East》为例,课堂上,学生通过在地图上粘贴城市位置和由补充板书等活动,在趣味体验中学习,为了让学生更好地理解和掌握方位的表示,老师介绍了指南针并且用歌曲配以动作来帮助学生巩固方位。此外,老师利用VCR短片向学生进一步介绍两个城市,在操练重点词、句时延伸介绍了其他的城市,培养学生的跨文化意识。在最后的拓展练习中,创设向外国朋友介绍中国城市的情境,让学生通过小组合作完成小导游任务,在实践中进一步巩固语言结构和运用能力。

由此可见,整体性教学以教学目标为导向,依据学科的整体性、单元的整体性进行教学设计,着重培养学生的系统化思维。教师要充分了解学情,将学生新旧知识有效链接,找到知识的生长点,通过问题支架,引发认知冲突,激发学生主观能动性。

悦动课堂实施以来,老师的课程理念明显增强,更注重知识间的链接,更清楚教学的重点。学生的倾听能力、质疑能力、自主学习能力也得到了极大提升,从表面的悦动向思维的悦动转变,课堂教学呈现出整体性、系统性、规范性的新样态。

"本真"课程 让孩子自由成长

胶州市铺集镇张家屯小学　丁万春

课程设置为孩子的成长而来。我们能够从中发现不同孩子的天赋,能够用不同的方式应对不同的孩子,促进其最大程度地学习成长,这便是教育之所以被称为艺术的关键原因。"本真课程,让孩子自由成长",这也在我们张家屯小学得到了实践。

生活本身就是教育资源。孩子的内心世界是无限广阔的,他所经历的衣食住行、花鸟虫鱼、人际交往乃至各项活动等,都是有意义的教育资源,都可以成为孩子探究的对象和主题。

一、典型案例

2017 年,我校将运动会改为趣味活动节,目的是让运动会成为人人可参与的活动,但是由于项目设置有限,仍然有大部分学生只能当观众。趣味活动节是孩子们自己的节日,这样的结果显然不是学校的初衷。于是,我们专门针对运动会项目设置做了一项调查,结果显示有 85% 以上的学生认为项目设置不科学,有很多学生在这些项目中找不到自己的位置,只能沦为看客。于是,第二届趣味活动节,我们首先让孩子们自己设置项目:无论是谁,只要你的项目超过三个人,而且项目没有危险性,是积极向上的,均可以列为趣味活动节项目。于是,在活动节中就有了象棋、围棋、跳棋等棋类比赛,还有了一些科技创新类项目,同时还有系红领巾、系鞋带、整理书包等比赛项目。趣味活动节项目完全由学生自己设置,规则学生制定,教师则成了"打杂的勤务兵"。

二、案例分析

我们在很多时候把学校定义为学生学习的地方。而这里所说的学习,也往往是指"大一统"的学科知识的学习,忽略了学生是一个独特的、正在生长的生命个体。因此,学校里要有孩子自己的想法,要能生长孩子自己的想法。

"成长"是教育的目标，"生活"是教育的过程。杜威的"教育即生长，教育即生活"这一论断表明：教育就是儿童的主体经验不断得到扩展、改造和应用的动态过程，而这种经验完全依靠学科学习和教师指导是无法实现的，而要通过儿童自身的生活化问题解决的行为活动来实现。学校教育的价值，就看它创造继续生长的愿望到什么程度，看它为实现这种愿望提供方法到什么程度。

基于"本真"课程理念的构建与实施，让孩子自主选择课程成为了现实，让孩子自由探究生活，自由生长。

三、对策建议

1. 呵护学生的好奇心

好奇心是孩子的本能，但是在传统的"知识课堂"里，孩子的好奇心往往得不到呵护，也就无所谓"有意识地激发"了。"问题"的产生可以让孩子尽可能地提出感兴趣的问题，在教师的指导下将问题转化为可以研究的项目，实施项目学习。像父母是近视眼孩子一定近视吗？树叶落在地上是正面朝上还是背面朝上？这些问题都会形成研究项目。更为重要的是，学生在开展项目研究的过程中还会产生若干个新的问题，生成新的项目，这样可以使研究得以延续和深入。

2. 让学生成为社会人

学校每年组织的图书大集，既可以满足不同学生交换图书的想法，又可以赚取一部分资金。孩子们在这一次活动中有了解决问题的智慧，以及在活动中呈现出的责任感、合作意识、情绪管理能力，着实令人惊喜。

3. 让学生有更多的创造空间

一枚小小的鸡蛋，在孩子们看来却有着数不尽的学问。红皮鸡蛋与白皮鸡蛋有什么不同？煮熟鸡蛋需要多长时间？鸡蛋怎样才能摔不破？一系列的问题都成为了孩子们研究的对象。尤其是在"鸡蛋怎样才能摔不破"这个创意活动中，孩子们居然设计了降落伞型、气球型等方案。如果我们不给孩子提供创造的土壤，他们还能这样自由地表达自己独特的想法吗？

课程是一个探索未知的过程，而不是传输已知的过程；通过探索，学生和老师一道"成长、转化"。从这个意义上看，课程的构建应该是师生共同探究的过程，而探究的对象就应该是来自孩子对自然和生活的问题。可是，长期以来，孩子对于课程的认知和学习似乎只是为了应试，对于课程的认识也似乎只有手中的那本教科书，在日复一日的被动接受和机械搬运之后，对于孩子而言，探究的权利已经被剥夺，探究的兴趣已经被扼杀,课程的本真已经被扭曲。因此,"本真"课程构建与实施的一个基本思想就是让孩子自由探究生活,让孩子在生活中找到学科学习的价值和意义。

校长提升课程教学领导力的"六大方法"

青岛市崂山区凤凰台小学　孙吉昌

一、背景

校长对课程教学的领导力,是一所学校发展的软实力,主要是指校长领导教师团队根据新课改的教学方案和学校的办学目标,创造性地设计、编制、开发、实施新课程,从而全面提升教育质量、办出学校特色品牌的能力。新课程方案确定与教育现代化相匹配、与素质教育目标相吻合的顶层设计,但它必须通过校长领导下教师队伍的创造性劳动才能变为现实。

因此,作为校长,作为学校课程教学的领导者,我肩负引导全体教师尽力完成新课程教学目标的重任,必然应该走在新课改的前列。因此,我在实践中不断超越自我,提升对学校课程教学的领导力。

二、典型做法

(一)增强课程教学领导力的意识

校长是学校课程教学的领导者,但由于教材、认识、政策、措施、队伍、教育的模式和理念等,均是在新课程实施过程中逐步形成、完善与发展的,并没有一次性成熟、设定的模式,因此我一定要把自己从频琐事务堆中解脱出来,静下心来,好好学习、与时俱进,不断捕捉课程教学新动态,留意课程实施与完善的新方法,正确把握对新课程的理解,把学来的理念通过内化,转变成自己的理念,从而使先进的理念贯穿在学校课程教学管理工作的方方面面。

(二)提高课程教学领导的技能

提升课程教学领导力的核心是提高课程教学领导技能,因此,我会关注提高课程教学领导的几种技能：首先，要提高课程教学决策能力，即构建一个整体的课程教学愿景，包括课程教学规划、设计、选择等。其次，要提高课程教学资源的统整能力，即不仅要充分利用、发掘校内优势课程教学资源，还要积极整合、开发校外资源，取长补短，争取课程教学资源的合理分配。再次，要提高课程教学评价能力，即通过对课程教学实施状况及时进行监测、评价，发现和反思问题，不断完善和优化课程教学体系。

（三）加强课程教学实施的领导

校长要用正确的教育思想引领教师实施新课程，要深入课堂教学第一线，分析教学动态，抓住主要矛盾，摸清课堂真实情况；要抓住教学环节中的问题，研究如何改革教学过程、教学方法；要充分关注课堂中的疑难问题，关注教师教学中的困惑，引导和指导教师改进和完善教学改革的策略技能。比如，我要坚持深入课堂听课、评课，进行课堂观察，召开课堂教学评估会议，引导青年教师在开课过程中总结经验、查找不足，从而加快专业成长。

（四）提高课程教学指导的能

校长课程教学的指导能力是课程教学领导力的重要部分。我经常走进课堂，了解教师"教"与学生"学"的情况，从中及时掌握信息、发现问题，针对存在的问题采取有效整改措施，从而进一步提高教学有效性。走进课堂，我不仅需要了解教师"教"的情况，也需要了解学生"学"的情况，更应该关注学科课程实施的教学过程。平时听完每节课后，我都会多询问学生，或对学生进行问卷调查，从中了解学生一节课下来，到底有哪些收获，还有哪些问题，然后反馈给任课老师，从而不断让教师改进教学方法，使课堂教学更生态、更有效。当然，除听本专业的课程外，我还要采用通识性的听课方法，即脱离自己学科本身，从普遍角度判断课程教学的整体状态和教师上课的教学境界，关注课堂教与学的方式和教学效果。

（五）组织建设课程教学研究的团队教研组

课程教学研究的团队教研组（即课程教学研究团队）是教师从事课程教学研究的组织，也是学校行政领导课程教学的有效形式。教研组建设的强弱，将在很大程度上决定学校课程教学的成败。教研组建设应以课程教学研究为中心，以促进学校课程教学质量提升、促进教师专业发展为目标。校长应该从教师身边、最熟悉、最关心的问题入手，促使教师结合自己平时的课程教学实践，进行深刻的反思、交流，互相启发，从而有所发现、领悟。我也正是在参与这样一些教研活动的过程中，"逼着"教师反思课程教学经验,提高教学实践水平,最终增强整个教研团队的实力。比如,学校举行"青年教师专业成长推进会"、师徒结对仪式等活动,让学科骨干教师传授课程教学的成功方法,引领青年教师少走弯路、快速成长,从而提升教研组、学科备课组的团队能力。

(六)建立落实课程教学标准的制度

各学科课程教学标准,体现了国家对不同学段学生在知识与技能、过程与方法、情感态度与价值观等方面的基本要求,各学科课程的教学和评价建议是开展课程教学工作的依据。教师在课程教学过程中,要认真贯彻落实课程教学标准,积极开展课程教学改革。然而在实际课程教学中,经常因教师不能准确解读课程教学标准,而出现拔高要求、把握教材出现偏差等现象。

三、实施效果

每位教师必须熟悉本学科的课程教学标准,积极创造条件,建立帮助教师正确解读的相关管理制度,引导教师正确解读课程教学标准,透彻分析学生的基础、需要、特点,掌握课堂教学的操作策略,提升课程教学的意识和智慧。

四、问题和反思

明察学校课程教学改革与发展的趋势,在改变教师思维方式和行为习惯的同时,也要加强自身课程专业素养,深入课程教学第一线,亲自参加课程教学实践。作为基层教育管理者,要在专业发展之路上不断探索,努力提高课程教学领导力,不断实现学科课程教学质量、教师团队专业能力的提升,从而办让家长和社会都满意的教育。

"和悦灵动"课堂教学模式

青岛重庆中路第一小学　李　莉

通过研究"和悦灵动"的课堂教学模式,力求通过"和悦灵动"课堂教学模式的基本结构、应用原则、应用策略、模式流程、教学评价的研究,整体优化课堂教学结构,转变教与学的方式,探索有效的教学策略,构建各学科高效的"和悦灵动"课堂教学模式流程,更新教师的观念,提高教师教学水平和研究能力,优化教学过程,使学生主动学习,自主探究能力得到提高,合作创新意识得到培养,个性得以张扬,综合素质得以明显地改善,提高课堂效率,构建"生命、个性、和悦、灵动"的课堂文化。

一、"和悦灵动(SMART)"课堂教学模式的解读

(一)"S"代表每一位学生,即"人人"(Students)

学生是学习的主体,是课堂教学的中心。基于学校"和悦"育人氛围的营造,我们提出"让学生站在课堂正中央"的教学理念,深挖灵动课堂的育人价值,建立"人人(Students)"素养目标。

人人有思考:培养"会思考 勇挑战"的学生。

人人能实践:培养"亲实践 能探究"的学生。

人人善表达:培养"乐表达 善说理"的学生。

人人会合作:培养"好合作 乐交往"的学生。

(二)M代表沟通,传递信息(Message)

围绕"让学生站在课堂正中央"的教学理念。我们深挖灵动课堂的育人价值,建立沟通协作的学习方法。设计易于学生掌握应用的交流模式、提供易于学生操作交流的信息资料、培养易于学生灵活使用的协作方法,注重交流方法的指导。在课堂教学中,帮助学生梳理信息资料收集、整理、筛选、展示的方法,通过对表达语言、思维方法的指导,让学生进行有效的交流合作。

(三)A代表愉悦,敏捷(Alacrity)

学校通过课堂评价,鼓励教师积极创设良好和谐的课堂学习、交流氛围,为师生互动、生生交流打造和谐、愉悦的交流平台。教师给学生奖励"乐学章",积累到一定数量兑换"乐学币",累计一定数量可以兑换学校 VIP 精品课程。鼓励学生积极灵活参与课堂互动。评价有以下几个方面:主动发言,言之有理;流畅简洁语言,具有一定示范作用;有机结合的手、脑、口展示;循序渐进的语言训练。

(四)R代表反思和批判(Rethink)

教学研究是一个循序渐进的过程,是以批判性思维进行实践与探索的过程。在研究的过程中,不断实践、勇于探索,对研究的内容不断进行批判与反思,是提高教

学质量的有效途径。

（五）T 代表团队合作（Team-work）

鼓励建设高水平、能力强的教学研究团队,构建和谐、愉悦的研究氛围,拓宽教学视野,以课题引领团队建设、梯队发展。

二、"和悦灵动"课堂教学模式实施的原则

（1）方向性原则。从党的教育方针政策出发,基于教育模式研究开展课堂教学探索。

（2）民主性原则。教与学是双边活动,应当以"让学生站在课堂正中央"的理念夯实教师的教学,切实尊重学生的主体地位、发挥教师的主导作用。

（3）科学性原则。教学模式的研究与实施应当从教师和学生的实际情况出发,以科学的知识结构和教学理论指导实践。

依托地域优势　构建课程特色

青岛市即墨区第一实验小学　车爱平

每个学校都有不同的办学理念和育人目标,最后产生效益的只有课程,课程是学生每天都要接触的,是培养学生核心素养的有效载体,是学校工作的核心。近几年,我校依托地域优势,积极构建学科课程、活动课程与校本课程"三位一体"的"1+2"课程体系,在校本化课程构建方面进行了一些有益的实践尝试。

一、课程构建的背景

（1）基于教育改革的趋势:核心素养跃升为我国基础教育界的新热点话题,成为大家眼中借以深化基础教育课程改革、落实素质教育目标的关键要素。而课程是实现核心素养目标的关键,校本化课程体系的重构是核心素养落地实践的必由之路。

（2）基于立德树人的需要:小学阶段的主要任务是培养学生良好的习惯和多方面的兴趣,为其个性特长的发展提供机会,激发学生的潜能。课程是育人的载体,只

有探索校本化课程体系,丰富学生的学习经历,改变评价方式,做到以实践活动为抓手,才能培养学生社会责任感、创新精神和实践能力,提高学生综合素质,全面落实立德树人的根本任务。

（3）基于学校的实际：我校紧邻即墨古城,拥有较为丰富的教学资源,古城内学宫、老县衙、牌坊、非物质文化遗产等俨然构成了一个自然博物馆,如何依托家乡文化、地域优势,把古城这座天然大博物馆转化为课程资源,构建校本化特色课程,成为我们课程建设研究的重点。

二、规划课程，形成体系

我们以学生自主发展为目标,规划构建了学科课程、活动课程与校本课程"三位一体"的"1+2"课程体系。秉持"人人面向课程、课程面向人人"的理念,我们合理地把握学科课程注重内容整合、活动课程注重兴趣培养、校本课程注重素质拓展三个方面,力求课程建设促进师生发展,让课程成为学生成长的滋养。

三、实施"1+2"课程，提升素养

1. 学科统整，让国家课程增值

（1）学科内整合,促进知识结构体系化。语文学科探索"语文主题学习"。

教师以教课程的理念,按语用、文体、人文,创造性地整合教材。数学学科在2～3年级选取部分知识点,将教材进行了改编。英语学科在5～6年级进行整合课——阅读课——复习课的单元教学整体研究。

（2）学科外延伸,让国家课程校本化。语文学科开发的《书香童年》延伸了国家课程和地方课程《传统文化》中的相关内容,选编了我国古典诗文中的名家名篇,与之配套刊印《阳光阅读存折》,鼓励学生争星达级,激发读书乐趣。我们结合地域优势编写了校本教材《我爱古城》,学生和老师一起从古城历史、古城建筑、舌尖上的古城、传说故事、古城里的非物质文化遗产等方面积极开展研究性学习,每个年级一个主题,定计划、查资料、访名家,孩子们乐此不疲。

（3）开设多学科主题整合课程。我校通过对"1+2"课程体系的挖掘、补充、拓展、重组,结合学校濒临古城的优势,在五年级开设了"多彩融合"主题整合课程,选取"我爱古城"这一主题进行综合实践、语文、数学、英语、音乐、美术、科学、品德8个学科的科融合教学,带领学生走进古城,了解古城,培养学生热爱家乡、勇于探究的品质。

首先,我们召开专题研讨会,确定每个学科的研究主题:综合实践,探古城;美术，画古城；品德，爱古城；语文，写古城；数学，设计牌坊；科学，古城探秘；音乐，唱古城；英语，推介古城。通过探索和总结，确立"先导——参观——反馈"的实施模式。

先导：为了使学生的参观不是走马观花，必须让学生事先对参观内容有一定的了解。各学科的老师提前布置学生收集资料，选好子课题，上好先导课，让学生对古城有初步的认识，为学生有针对性地学习打下基础。

参观：参观学习活动主要采取集中和分散两种形式。学校组织五年级全体学生开启古城研学之旅，并聘请专业讲解员带领同学们过瓮城，登城墙，赏文庙，听牌坊的故事，探古城的非物质文化遗产……孩子们一路行走，一路学习，一路收获。分散参观是指节假日，家委会或老师组织研究小组的成员就一个专题进行项目式学习。

反馈：参观后，教师结合学科特点带领学生用各种方式进行反馈分享，最后指导学生分小组完成研究成果。学生的研究成果丰富多彩，语文——研学日志；数学——设计牌坊；英语——古城四季明信片；品德——手抄报；科学——古城里的植物；音乐——学生和老师作词，音乐老师作曲，完成乐曲《诗意古城》；美术——国画、儿童画作品；综合实践——结题报告。学生的成果虽显稚嫩，但形式多样，令人欣喜。

在为期一个半月的全学科整合课程实施过程中，场馆资源变成课程内容，课堂教学也"搬进"了古城，学生带着问题和任务去研究，实践能力、探究意识、参观礼仪、团结合作的能力都得到了提升，学习也变成"有意义、有意思、有实效"的美妙体验。

2. 主题活动课程，让文化浸润心灵

（1）节日课程。学校把春节、教师节、母亲节、"六一"儿童节等节日，作为学生的文化体验场，适时进行主题教育和德育渗透。

（2）仪式课程。一年级的入队课程、古城开笔礼课程，记录孩子们成长的经典瞬间；六年级的毕业课程既有访问初中、聆听小学初中的衔接报告，又有毕业典礼，还有和基础年级的同学手拉手共成长、和母校说说心里话、和校长面对面的座谈等环节。庄重的仪式活动擦亮了孩子们成长中每一个重要的日子，触动心灵，点燃生命成长的幸福。

（3）富有阳光教育内涵的主题活动系列。包括"灿烂送给师长，阳光留给自己"的感恩系列活动、向日葵温暖行动、丰富的文体活动等。内容涉及法制、文学、旅游、行为规范等多个门类，以年级或班级为单位的讲座以及"走出去"的研学活动课程，都是小课堂对接社会大课堂，延伸着学生的认知世界，丰富着学生的体验。总之，多彩的活动课程给了学生多彩的体验，丰富了学生的成长经历。

3.多元校本课程,促进学生全面发展

（1）开设年级必修课。学校根据学生的年龄特点、认知结构等设置符合学生心理发展水平的年级必修课。如在1～6年级开设写字课程,在1～2年级开设英语绘本、围棋课程,在3～6年级开设足球课程、篮球课程,等等。

（2）开设校本选修课,培养学生兴趣特长。校本选修课即学生可以自主选择的兴趣课程,学校利用周一下午开设社团课程,精心打造了艺术兴趣类、文学语言类、科技创新类、体育竞技类、综合实践类5大类共53个社团,还特别邀请了陶泥、古琴、少儿编程、射箭等专业教师加入学校社团执教教师队伍,拓宽社团活动的门类和质量。

我们结合地域优势编写的校本教材《我爱古城》,依托学校临近即墨古城这种得天独厚的地域条件,深入挖掘中华民族优秀的传统文化。根据3～6年级每个年级学生的特点,通过教学实践,确立每个年级合适的教学目标,让课程有梯度,内容序列化。如三年级是"舌尖上的古城",研究古城的传统小吃、美食;四年级是"童眼看古城",研究古城的建筑、发现古城之美;五年级是"古城民俗文化知多少",研究古城的民风民俗、传统工艺等;六年级是"古城牌坊探秘",研究古城的名人故事、历史文化等。学生和老师一起从古城历史、古城建筑、舌尖上的古城、传说故事等方面积极开展研究性学习,每班一个主题,定计划、查资料、访名家,学生们乐此不疲。

结合《我爱古城》的校本课程,每个学期每个年级的综合实践考察探究课题中都有与古城相关的课题。在研究的过程中,我们的目标越来越细化,延伸出了越来越多的子课题。如六年级这学期研究了家乡重点的非物质文化遗产榼子,不仅了解了有关榼子的来历、用途等知识,还用榼子动手榼饽花,孩子们的实践能力得到了锻炼。下一阶段,我们还联系了古城中葛村榼子的传承人——王承厚师傅走进学校,为孩子们现场讲讲榼子的制作。

综合实践活动重点研究课题

年级	考察探究类课题			设计制作课题	
三年级	舌尖上的古城	海上红绿灯	走近海洋环保卫士	拌凉菜	制作纸拖鞋
四年级	童眼看古城	海洋厨房	揭秘大海的绿衣	叠衣服	果色果香（水果拼盘）
五年级	古城民俗文化知多少	走进南极	月圆中秋情	巧手做寿司	剪纸
六年级	古城牌坊探秘	家乡的非物质文化遗产——榼子	珍惜水资源	榼饽花	包饺子

我校的课程建设还处在初级阶段,在课程体系的构建、课程资源的开发、跨学科学习、课程评价等方面还需突破和提升,课程的构建与实施充满挑战性,它不仅是实现学校育人目标的设计蓝图,更是考验我们教育良知的一面镜子,服务学生成长的一把尺子。今后,我们要坚持边学边思,边行边悟,真正走出一条有实效又有自己特色的发展之路。

"和乐崔小"课程建设,引领校本课程纵深发展

平度市崔家集镇崔家集小学　金海平

多年来,崔家集小学一直致力于学校课程的探索与研究,尤其是近年来,在平度市教学研究指导中心的指导下,以"和谐发展,快乐成长"理念为指引,依托崔家集镇处于粮食种植区、畜禽养殖区这一区位优势,深入挖掘种植、养殖等富有地方特色的课程资源,结合学校的实际,制定并实施"教师'1+1'工程",即无论领导干部还是普通教师,无论前勤教学人员还是后勤服务人员,每人都有一门特长课程,每人都讲一节学校课程。

1. 崔家集镇的地域特色

崔家集镇位于平度市西南 35 千米处,是胶东地区历史名镇,南与高密隔胶莱河相望,西与昌邑毗邻相接。镇域内地势平坦,土壤肥沃,现代农业发达,素有"神集"和"金粮仓"的美称。镇内有畜禽、粮食、花生三大交易市场,现代化农业优势明显,全镇畜禽养殖基地达到 90 处,标准化大型养殖场 11 家,年出栏肉鸡 3 500 万只,肉鸭 400 万只,蛋鸡存栏 80 万只,种鸡存栏 25 万套;建有冬暖、春暖式大棚 5 000 余个,生态农业示范区 1.33×10^6 平方米。

2. 依托区位优势,挖掘学校课程资源,形成富有地域特色的系列学校课程教材。

学校在教学研究指导中心的指导下,以崔家集镇的区位优势为依托,以曾经获得青岛市三等奖的学校课程教材《校本教材》为蓝本,将农作物、蔬菜大棚的种植,鸡苗、鸭苗的孵化,肉鸡、蛋鸡、肉鸭的养殖,全国著名企业——六和田润食品有限公司鸡鸭屠宰加工一条龙生产线作为学校课程的主要资源,以青岛市、潍坊市分界线——

胶莱河沿线风土人情、历史传说、沿革发展为主要内容,组织整个教育单元的一线骨干教师组成学校教材编写委员会,将以上内容进行选择、理顺、重加工,编写自成体系的富有浓郁地方特色的学校课程教材——《个性张扬,快乐成长》。教材涵盖了风俗文化、科技教育、身心健康、艺术修养、生活技能、天文地理六方面内容,一至六年级各一册,分为上、下两学期,着重培养学生热爱家乡、了解家乡的乡土文化,提高学生的人文素养以及环境意识,培养学生从小善于发现问题、解决问题的习惯,让他们在生活这个更广阔的大课堂中随时随地进行学习探究,让学生热爱学习、热爱生活。

在此基础上,我们还重点编写了《我们爱发明》这本学校课程教材,将科技教育做为学校的特色课程予以精心打造。近几年来学生制作的《水上自行车》获平度市科技创新一等奖,青岛市优秀奖;教师刘玉平指导学生制作的《自来水空气防冻阀演示器》在山东省第 25 届青少年创新大赛中荣获二等奖;崔仁宏老师指导学生的科技制作在第 28 届青岛市青少年科技创新大赛中荣获二等奖。2013 年五年级学生许振祺制作的《自来水回水自动回气水龙头》荣获第九届宋庆龄少年儿童发明奖铜奖,成为青岛所辖五市唯一获奖奖项,制作者亲赴北京参加了颁奖典礼。随之,《半岛都市报》《今日平度》《平度新闻》、平度教育网对此到校实地采访,并进行了连续的、深入的报道。2014 年 4 月,在第 29 届青岛市青少年科技创新大赛中,崔传航同学制作的《冬暖夏凉、自动助燃的回笼炕》崔亚格同学制作的《自动节水水龙头》获三等奖。

此外,我们还编写了《心灵之光》一书,关注学生的心理健康;编写了《礼仪教育读本》一书,创设一定的生活情境,培养学生的日常生活礼仪;编写了《安全常识》一书,提升学生的安全意识。还有部分教师的自创课题具有浓郁的地方特色,待素材收集齐全,经过一定的打磨后,将陆续编入我们的学校课程之中,进一步完善学校课程教材。

3. 学校课程,人人参与

在学校课程教材体系比较完善的基础上,我们认真按照教学研究指导中心的要求,深入开展了"人人一节学校课程"课堂教学展示活动。从领导到老师,从前勤到后勤,从中心校到学区小学,全体教师认真研究学校课程教材——《个性张扬,快乐成长》,部分教师进一步打磨自创课题,掀起了教学学校课程热潮。年轻教师制作多媒体课件,借助现代化教育设施,顺应现代教育的潮流,带领学生享受现代化的视听大餐;老教师不甘落后,多方收集教学素材,积极备课,执教过程一丝不苟,带领学生徜徉在传统的知识海洋之中。

4. 创建特色性"生态教室"，彰显学校课程的"地方特性"

虽然我们学校处于粮食种植区，但现实的种种原因导致大部分学生很少接触到庄稼、蔬菜等作物的种植，我们在充分调研的基础上，根据本地的种植特色，创造性地提出了"生态教室"建设工作，倡导各班级收集废旧饮料瓶，制作小型植物种植器皿，配备泡沫保温箱，引导学生种植各种植物，分组进行管理，设置了"生态教室"观察记录，让学生在管理的基础上进行观察、记录并了解植物的生长过程及生长所需要的各要素，培养了学生的环保意识、观察能力、动手能力。在适合植物生长时间，学校安排教师带领学生走出校门，置身花园、农田之中，体验种植、耕作的快乐。

考级式教学——学生自主快乐学习的助推剂

平度市李园街道沈阳路小学　高锡喜

一、项目的缘起与定位

缘起：担任小学校长20多年来，我一直在研究思考教育现状存在的问题并提出了很多解决教育问题现状的办法。在仁兆小学任职期间，我发现当前学生"学得苦"，教师"教得累"的现象越来越严重。怎样解决这一现状？能不能探索一种方法，让学生的学科学习也像"钢琴考级""舞蹈考级"一样一级级地达标过关，让学生通过晋级体验成功的喜悦，从而激发学生自主学习和快乐学习的兴趣呢？在这种想法的指引下，我们在全体师生中开展探索实践，创新一种新的教学模式——"考级式教学"。

定位：当前国内外关于"考级"的研究很多，像在语言教育、艺术教育、技术资格等方面都在运用"考级"的形式，促进学习效果，提高素养水平。至于在学校教学中采用"考级"式教学，目前尚且没有这种提法和做法，因此我们的研究从表面看具有原创性，但在实际研究过程中，我们的定位是：继承＋改进，在继承的基础上创新才是硬道理。

"考级式教学"是在教学过程中，通过突出监测评价来调控教学流程，提高教学效果的一种教学方式，是集"合作学习、目标教学、尝试教学、复式教学、分层教学"于一体，对现行教学方法与理论的一种融合与创新。

二、案例模式

1."考级式教学"的模式——可以简单概括为"三级、三考、三称号、三目标、三结构、三课型、一册一卡"

（1）三级："考级式教学"的"三级"是将课本中的基础知识，基本技能划分为三个等级，设为一级、二级、三级。

（2）三考："考级式教学"的"三考"即"小组考、班级考、校级考"。"小组考"即将班级内学生分成若干学习小组，进行小组内考级。"班级考"即由任课教师组织对班级内学生进行二次考级。"校级考"即由学校教导处统一组织进行全校或者级部内抽查考级。

（3）三称号："考级式教学""三称号"分别为"小学士、小硕士、小博士"。

（4）三目标："考级式教学""三目标"为①基础目标：改革教学方式，提高学习效果；②根本目标：养成自学习惯，提高自学能力；③核心目标：激发学习热情，提高学习兴趣。

（5）三结构："考级式教学"的中考级指导课设为"三结构"。①自学合作（十分钟）（全班学生按照同组异质分组，小组内学生分为助教生、自主生、提升生，助教生在小组内起到引领、帮助提升生的作用）；②学习指导（20分钟）；③随堂考级（10分钟）。

（6）三课型："考级式教学"三课型指：考级自学课、考级指导课、考级通过课。

（7）一册一卡："考级式教学"的"一册一卡"指"考级手册"和"考级荣誉卡"，"考级手册"就是将各年级各科课本的主要"双基"内容集于一体，装订成册，命名为《考级手册》；"考级荣誉卡"就是学生用于考级过程的荣誉记录卡片。

2."考级式教学"的上课模式

考级指导课的上课模式：前10分钟是运用自学合作形式，让每个组内的"助教生"起到辅教的作用，发挥"助教生"小老师的角色，教授"自主生"和"提升生"。后20分钟教师进行新知识要点指导，最后10分钟进行本节课重点基础知识的测试（随堂检测）。

（1）自学合作（约10分钟）。

①导入新课：复习导入，问题导入，情境导入（游戏、故事、实验、谜语、歌曲、视频……），直接导入；②考级内容：本节课学习目标，围绕"三目标"提出题目；③小组学习；A类学生需要提前掌握本节学习内容——助教先行，（A为助教生；B为自主生；C为提升生）；由助教生灵活组织学习，教师巡回指导，实践研究后可以再将小组学习的要求和形式具体化；英语给学生提供录制好的——汉语＋英语的音频文

件,动员家长给学生配"随身听"工具;积分激励——个人和小组相结合,积分和奖励都是两方面,不可偏废。

(2)学习指导(约20分钟)。

①检测汇报:目的是了解小组合作学习情况,便于有效指导;②助教讲解与教师点拨相结合;③练习巩固。

3.随堂考级(约10分钟)。

①在备课上完整体现,且分配上分数;②A、B、C三类学生要分别定出自己的目标(正确率);③作业本就是"随堂考级"本。

考级自习课的上课模式:根据"考级自习课"的备课来进行,分为三部分内容,一是将新授的内容教授给"助教生",二是指导提升生上节指导课的内容。

考级通过课的上课模式:针对该单元的主要内容进行检测,并带有评价。

三、案例反思

"考级式教学"已实施两年,学生使用考级卡,与教体局倡导的积分制管理相辅相成,"考级式教学"的备课展示成为平度市南片备课展平的一道亮丽风景,各校争相咨询、学习。"考级式教学"的考级指导课,成为平度市小学阶段考级课程的一种新式教学方式,课堂展示新颖,学生的自主合作意识强,团队精神浓厚,学习积极性大大提高,真正改善了学生学习"苦",教师教学"累"的现状。但是,"考级式教学"作为一项新的教学模式,还需要继续努力研究,需要更高的平台将它展现,才能将它推广给更多的教育工作者,使更多的一线教师及学生受益。

"以人为本"理念在"二元化"小学教学
管理中的实践

青岛市即墨区环秀三里庄小学　邱兆辉

"以人为本"是教育改革的理论指导,多指将人作为工作中心,重视身心健康,促进全面发展。小学教学作为培养学生人格,启蒙学生思想的重要阶段,教学管理中更需要坚持"以人为本"的理念,并积极、主动地探索个性化的教学模式和方法,以提升管理水平和教学质量。青岛市即墨区环秀三里庄小学在规划范围上属于城区,然而现实情况是周边建筑主体以村庄为主、人员以村民为主,学校三分之二的学生来自外来务工人员家庭,使学校具有典型的城乡"二元化"特征。

三里庄小学以"以人为本,和谐发展"作为学校的办学理念,将"人"作为学校工作的主体,激发人的积极能动性,促进生生之间、师生之间、家校之间的沟通与发展,逐步提高学校的教育教学质量和总体管理水平,形成家、校、自然社会和谐统一的教育环境。

一、改变教学管理思想

在小学教学管理工作中,管理思想是占据重要地位的,无论是学校领导还是管理人员,都要及时转变管理思想,从而保证管理工作的有序进行。每一名学生都具有其个性特质,要避免教育教学工作的"大水漫灌"而致使相当多的学生个性不突出、"千人一面",对于学校领导而言,应逐渐树立"以人为本"的理念,真正满足教师和学生为主体的管理需求。

在以往的教学管理中,学校在制定管理方法时只单纯地按照主观意愿,忽视教师方法的判定和教师的工作能力,导致最终制定的管理体制不符合要求。所以在管理中,学校树立"以人为本"的理念,在制定各项计划和决定时,将教师、学生和家长诉求考虑在内,增强教学管理的民主性,充分发挥各种因素的积极作用,为教学管理工作的开展贡献更多力量。

教师作为管理理念的执行者,反映学生诉求的中间人,学校以制度化的教师论坛机制,提升教师教育教学管理思想,建立兼容并蓄的思想意识,引导教师树立"以人为本"的理念,准确地来讲就是将学生作为主体,并将岗位津贴、责任制结合在一起,激发教师的工作兴趣;创设公正、公平的工作环境,定期对教师进行考核,保证教学质量;组织教师参与培训,健全听课制度,为教学活动的开展奠定基础。另外,要求教师遵守教学原则,重视学生个体上的差异,搭建学生个性发展的平台,调动学习主动性,提高教学管理质量。

二、创设良好的管理氛围

在小学教学管理中,只有提高学生和教师的参与性,才能提升教学管理水平,因此创设良好的教学管理氛围非常重要。学校从管理人员和教师两个层面入手,两条线并行,齐心协力创造良好教育管理环境。要求管理人员充分了解校园环境构建的重要性,不但要重视外在环境,还要帮助教师和学生形成良好学风,便于提高学生和教师的道德水平,近年来从文明校园创建、最美学校建设、校园文化布局等方面打造学校文明风气。要求全体教师利用课后时间和学生交流,及时了解学生需求,能满足因材施教的要求,促进学生全面发展,学校专门设立了"课后一刻钟"谈心谈话室、留言箱、对话角等,为师生交流提供载体和平台。

三、建立完善的管理制度

要想贯彻落实"以人为本"的理念,小学教学管理中还要建立完善的管理制度,规范教师行为,释放学生个性。管理制度是涉及各方面的,包括听课制度、备课制度等,激发教师的工作热情,提高工作能力。在实际工作中,学校依托奖励性绩效考核,每学期奖励表现突出的教师,提高薪酬和福利待遇,激励其他教师积极工作。激励机制在小学教学管理中占据重要地位,学校根据自身情况制定与之相适应的制度,设立了科研组、社团组、党建组等相关单独项目,并将教师的工作表现和福利待遇结合在一起。另外,还制定了考评机制,定期考核教师的工作情况,让他们在公开透明的环境下工作,激发工作热情,提高管理效率。学校教师队伍中先后涌现出区级先进教师十多人、区级以上公开课教师十多人。为学生创造以人为本的条件,变教师主体为学生主体,首先是在课堂设计上的转变,将自学和自主权交给学生,使绝大多数的学生得到了提问和参与的机会。其次,发掘学生特长,目前,学校创设了诗词、橄榄球、足球、武术等各类社团二十余个,80%的学生参加了社团活动。

四、组建高素质的管理团队

"以人为本"的理念在小学教学管理中的应用能促进师生健康发展。要想保证管理工作的正常开展,首先,学校组建了高素质的管理团队,及时引入合理、高效的管理方式,各项工作的开展都遵循"以人为本"的原则,提升教学管理水平。优秀、合理的管理者要具备专业的管理知识,要了解小学生的成长特点,学校及时为管理者提供学习机会,不断提高他们的专业技能、道德水平;关注管理者的学习和生活,奖励成绩优异者,调动工作主动性。学校将管理人员科学分工,分兵把口,分别建立了学生管理综合考核机制、学生行为阶段评价机制、竞技比赛机制等,坚持开展诗词背诵、健康安全知识竞赛等丰富多彩的活动,通过这些措施,提升管理水平,促进小学生全面、健康的发展。

除此之外,还建立了科学、系统的管理模式。在"以人为本"理念的落实中,着力建立系统化的管理模式,这是保证教学管理工作顺利进行的基础。因此在教学管理过程中,学校重视对师生素质的培养,将该理念落实到各个管理环节,如班级管理、质量评估、安全工作等,始终坚持公正、公平的理念,构建多元化的评价体系,提高教学质量。

让阅读更具生命

鳌山卫中心小学　王　波

阅读要解决"读什么,如何读,读多少"的问题,儿童学习语文是为了享受语文,享受生命,因此,要将众多的儿童文学、科普作品、各国名著等介绍给孩子。

儿童阅读分为共性阅读和个性阅读。儿童在老师的组织下共读作品,我们称为共性阅读,这里说的阅读主要是共性阅读。个性阅读是指儿童对自己感兴趣的材料自行阅读。

在课题研究中,阅读教学与儿童的言语生命意识培养密切关联。在实践中,要重点关注阅读对儿童情感和精神成长的作用,让儿童在阅读中明白道理,积累语言,发展思维,培养情操。

一、培养阅读兴趣、习惯,把儿童引进阅读的殿堂

在突破识字关的基础上,如何使儿童爱上阅读?学校的做法是激发兴趣,让孩子渴望阅读;培养习惯,让孩子学会阅读。通过亲子阅读、培养阅读习惯等途径让学生亲近书本,爱上阅读。

比如,采用"亲子阅读"的方法教学时,教师并不是把阅读作为家庭作业甩给家长,而是让家长亲近书本,真正理解好书对孩子的影响以及学会帮助孩子养成阅读的习惯。

二、阅读课,用深层阅读为孩子们营造精神家园

对孩子阅读习惯的培养与阅读方法的指导主要是通过阅读课来进行的。在实践中教师总结出了课本剧式的阅读、"回读一引读一讨论一辩说"式的阅读、从单元教

学引出整本书的阅读、深入挖掘优秀读物的阅读、批注式阅读等阅读方法。

三、单元阅读，把对儿童言语能力的培养置于系统的框架中

单元阅读不是放牧式教学，每个专题的学习都分为阅读教学、综合活动和专题写作三个部分。在阅读教学中，遵循教师指导和学生自主结合的原则，采取一篇带多篇，精读与泛读、网络快速浏览等方式，以主带辅，"扶放结合，以达到精讲一篇，通晓一类的目的。

四、专题统整，扩展儿童言语能力实践的空间

对三年级以上的学生，均采用"专题统整"的教学策略，旨在突破原有语文教材的封闭状态，用专题（主题）把语文学习拓展、外延的各种任务统整起来，把语文学习与社会实践、探究学习等统整起来。

让学生围绕一个专题或主题阅读一篇或一组课文，从而获得学习与研究、搜索与浏览、欣赏与评价的经验，并把这些经验迁移到对整本书的阅读中。

在举一反三的过程中，学生可以获得知识和经验，提高学习能力。

筛选阅读中引出的问题，开展探究性学习，通过调查、访谈和思考，让学生最终形成对某一问题的认识，并用书面表达出来，从而培养学生的问题解决能力和实践动手能力。

平度市常州路小学打造现代化课程体系

平度市常州路小学　　张新宙

平度市常州路小学是山东省规范化学校、山东省教学示范校、全国小学语文"开放 创新"教学实验基地、全国"新教育"实验挂牌学校。

近年来，我们依托学校和周边教育资源，本着"一切皆课程"的课程理念，构建和打造以"做最好的自己"为主题的"书人树"学校课程体系，努力去实现"国家课程校本化、学校课程多样化"的课程建设目标。

一、课程资源开发

1.挖掘和建设校内资源

本着"一切皆课程"的理念,让学校丰富的人文资源成为课程资源。如我们挖掘学校资源,编写了教材《学校文化》。内容包括解读"和乐合美"校园精神的楼梯文化;以"书润心灵"读书理念、"十二心品格教育"为主题的走廊文化;以安全教育、海洋教育为主题的院落文化;以崇德尚品为主题的"岁寒三友"角落文化;以中华传统美德和社会主义核心价值观为主题的大门两边、校外社区文化;独具园林风格的竹石、藤架、石刻文化等。我们还在校园的安全教育广场开设了《安全教育》课;在教学楼东侧开设了《犟龟》课;在悦读广场开设了绘本教育课。

2.引进和建立拓展学科资源

如鼓励新教育实验老师开发班级新课程,目前开发了种植课程、徜徉在农历的天空下、节日课程、游学课程、厨艺课程等课程。

3.开发与利用校外资源

如编写《平度文化》教材,让学生了解平度,引导学生走遍平度大地。

二、学校课程特色

1.国家课程校本化

低年级语文增加儿歌、诗歌、国学启蒙和绘本阅读内容。中高年级语文探究以统一版本教材为主体,多个版本教材、经典国学为补充的课程体系。扩大学生阅读面,增加学生阅读量,提高学生语文素养。

2.学校课程体系化

构建和打造以"做最好的自己"为主题的学校课程体系。目前完成了《礼仪篇》《读写绘》《儿歌篇》《校园文化篇》《平度文化篇》《人与自然篇》。

3.读书工作课程化

引进和开发特色的语文课程,打造形成学校的读书课程体系,从而丰富阅读内容、扩大阅读量,培养阅读兴趣和习惯。

一年级引进了潍坊韩兴娥的海量阅读中的儿歌课程;在二年级进行绘本阅读实验,为孩子购买了价值一万五千元的绘本图书 500 册,把绘本放进班级图书角供孩子自由阅读。每周开设一节绘本阅读课,让绘本进课堂。学生在课堂上除了读绘本,还写画自己的绘本书,排练绘本剧。让孩子们在读写绘演中受到教育、感染、启发、影响 ……开发晨诵课程和主题诵读课程,推行大声诵课程,引进主题阅读课程(一套教材),开发《犟龟》课程(每班一本,校园彩绘墙课堂)。

4.学校活动课程化

每周设定一下午(周三)为学生快乐活动日,每月确定半天为主题教育活动或才艺展示类的大型节日——如读书节、开学典礼、毕业典礼、合唱节、才艺展示节等。让孩子们在隆重的节日仪式活动中获得自信、找到自我,成为最好的自己。

一是挖掘教师潜力,人人开发多彩活动课程。从校长到图书管理员,人人根据自己的特长开发第二课程,并将多彩活动课程作为两课时的工作量纳入教师的工作量绩效考核。这大大调动了教师的积极性,全校共开设艺术、读书、运动、体验、创客5类,69个社团。这么多课程,让孩子们再也不用为找不到自己喜欢的课程而发愁。

二是发挥家长和社会作用,携手共同打造多彩的社团课程。平度棋院院长为我们开设的中国象棋社团和国际象棋社团、学生家长开设的太极拳太极剑社团、厨师爸爸开设的小厨师社团等都成为孩子们喜欢的社团。新教育实验班级,还成立了爱心家长讲师团,走进多彩活动课堂,为孩子们授课。书法爷爷教孩子们练书法,游戏妈妈教孩子们做游戏,故事妈妈和自己的孩子给同学们讲故事,手工妈妈在三八妇女节前夕教孩子们给妈妈制作贺卡……让社团活动丰富有趣。

领导课程发展
——提高校长课程领导能力

莱西市沽河街道中心小学　柳云智

目前,莱西市各小学已全部使用部编版新教材。在新教材实施背景下,改进教育教学策略,创新教育教学方法,积极推进教育改革和提升教学质量,成为各级教育行政部门、校长、教师共同关注的焦点。学校是教学实施的基本单位,校长是学校教学工作第一责任人,校长与提高教学有效性之间存在必然联系,需要深入思考。

一、提高认识，转变观念，加强学习，增强素质

本次基础教育课程改革涉及方方面面,其程度之深、范围之广是空前的。尽管我们已经做了一些准备,但当课程改革的大潮如期而至时,仍会有许多困惑。我们需要了解新课改的背景,学习新理念,转变思维方式。在这些方面,校长必须走在前面,要具有当代教育视野和发展的战略眼光,能从人才培养的高度认识教育创新的意义;能从经济发展和社会改革的层面,认识教育发展的动力和趋势;能从素质教育和创新教育的时代要求,认识教育改革的时代精神与时代内容;能从以人为本发展学生个性的高度,认识教育的宗旨;能从遵循教学规律、学习规律、思维规律的高度,认识师与生、教与学、讲与练、主体与主导的辩证关系等。从而在理论上引领教师,在实践上指导教师,在环境上感染教师,激发教师的创新能力。

二、创设情境，形成氛围，抓点带面，辐射群体

校长在认识上、理论上形成一定的高度后,就要带动教师全面参与、积极研究。

首先,校长要积极创设课改情境,形成课改氛围。一是要利用好校园文化阵地,宣传渗透新课程信息,让教师一进入校园就能感受浓郁的新课程、新理念的气息;二是要有计划地组织教师学习新课程理论,形成新的教育理念,边学理论边探索实施新课程的有效途径和方法;三是建立健全各种研究组织和制度,使研究活动网络化、规范化、常规化;四是开展丰富多彩的研究活动,辅以激励机制,对那些在研究活动中积极参与并取得一定成绩的教师,要进行表彰奖励,弘扬研究风气;五是努力改善办学条件,充分利用多媒体等电化教学手段,引导教师会学习、会利用、会创造,保证教师能够尽早接受最新的教学信息,拥有超前的教学思想,掌握所需的相关资料,实现资源共享,提高研究质量和工作效率。

其次,校长要抓点带面、辐射群体。一是要抓好实验点。要选择素质好、研究能力强的教师承担实验课题,要组织教学领导及相关人员参与研究,校长要为实验组提供便利条件,让他们放开手脚,大胆研究,做好示范带头。二是抓好重点教师。要充分调动各级骨干教师研讨的积极性,并指派骨干教师带动一般教师,进行合作研究,共同促进。三是抓住课改的亮点,进行反复宣传。课改工作的内容非常广泛,校长要善于抓住某一方面的亮点,诸如课堂评价、教学反思、角色定位、学习方式的转变等,进行大力宣传,弘扬课改之风,逐步形成人人搞科研、个个有课题的研究氛围。

三、勤于总结，勇于探索，善于发现，敢于创造

校长要将宏观调控和微观指导有机地结合起来,不断提高课程领导能力;要克

服事务繁冗的困难,坚持深入教学第一线,坚持听课,坚持各种教研活动,在具体工作中发现教学活动的规律性,发现每位教师教学活动的闪光点,在新课程理念的指导下,进行梳理、归纳、总结、提高,让新教育思想从实践中得来,再反馈运用到实践中去。

改进教学、提高教学的有效性,是促进教育内涵发展的核心命题,在今后很长一段时间内,都将是各级教育机构的重点工作。校长连接着教育的神经末梢和顶端,提高校长课程领导力是落实内涵发展政策和推动内涵发展实践的关键抓手,牵动全局,需要常抓不懈。

建设"多元至美"课程体系,助推学校内涵式发展

青岛市城阳区实验小学　牛秀娟

青岛市城阳区实验小学始建于 1995 年,是山东省教学示范学校,现有教职工 227 名,教学班 71 个,学生 3000 余人。学校立足国家课程校本化实施,坚持"相伴美好童年,共绘美丽人生"的办学理念,构建"多元至美"特色课程体系,致力于培养"会学习、喜探究、博学识、懂审美、爱运动、乐生活"的优秀学子,逐步形成了"尚美"教育品牌。

一、课程体系建设的背景:以课程提升学生的核心素养

学校针对国家课程校本化实施不到位、学生个性发展不足、教学评价单一化、学校特色不明显等问题,开展深入调研,从学生的需求出发,积极推动国家课程校本化实施,打造"臻美课堂",研发"六小"学校课程,构建"多元至美"特色课程体系,提升学生的核心素养。

2016 年 4 月,学校开展省级课题"构建小学'多元至美'课程体系的研究"。"多元至美"是在国家课程、地方学校课程实施过程中,整合多种资源、开拓多个渠道、采取多种方式,使学生发展达到最佳状态,潜能达到最佳发挥,为学生走向成功的美好人生奠定坚实根基。

二、课程体系建设的路径：从课堂变革到课程研发与实施

（一）立德树人：推进三级课程的课堂变革

学校面向全体学生，将国家课程标准与师资、学情、地域融合，提出"在这里，与美相遇"的课程理念，认真落实国家课程、地方课程，创建了"自然、饱满、丰富、灵动、诗意、有趣"的"臻美课堂"教学范式。大力推进学科建设，以国家课程作为"核心元"，提出了醇美语文、趣味数学、享受英语、缤纷音乐、快乐体育、创意美术、多彩科学的学科建设目标，构建了"1+X"的学科课程群，"1"是国家课程，"X"是基于国家课程的学校特色课程。

作为首批全国新课程教育改革实验学校，学校围绕"实验"二字，通过全课程教学，实现学科重组和跨学科融合，以主题式、项目式教学研究进一步推进国家课程校本化实施。学校以教科研为抓手，人人参与课题研究，学校有"草根式"小课题近百项，区级以上课题30余项，各学科积极开展教学法的研究。教科研的深入开展，促进了课堂教学的变革，学生学习方式由被动学习转向主动学习。

（二）素养为本：探索学校课程的研发与实施

为了给学生提供自由选择的空间，培养学生个性，提升学生素养，作为国家课程的拓展和有益补充，学校围绕"多元至美"课程体系建设，深入研发实施基于国家课程的学校"六小"特色课程。这是我们的"多元至美"学校课程图谱，学校致力于培养"会学习、喜探究、博学识、懂审美、爱运动、乐生活"的美德少年，围绕学生六大核心素养，即学会学习、科学精神、人文底蕴、实践创新、健康生活、责任担当，开发数学与思维的小能手课程、科学与探究的小牛顿课程、语言与交流的小博士课程、艺术与审美的小达人课程、体育与健康的小健将课程、交往与合作的小天使课程。

1. 丰富课程体系，形成 "六小" 学校课程

艺术与审美的小达人课程：立足"创意美术""缤纷音乐"课堂，开设民乐、舞蹈、声乐、管乐、国画、版画等艺术课程，提升学生的审美能力和艺术素养。

科学与探究的小牛顿课程：拓宽"多彩科学"课堂领域，结合学生兴趣爱好，普及程序设计、3D打印等课程，开发头脑奥赛、机器人、七巧科技等课程，培养学生的科技创新意识和动手实践能力。

数学与思维的小能手课程：结合"趣味数学"课堂，开发超脑麦斯、九连环、叠杯、魔尺、魔方等课程，进一步提升学生的思维能力和综合素养。

语言与交流的小博士课程：延伸"醇美语文"和"享受英语"学科建设，通过绘本

阅读、古诗词诵读、自然拼读、口语模仿秀等课程,增强学生的语言学习兴趣和表达能力。

体育与健康的小健将课程:落实"快乐体育"学科理念,通过足球、篮球、乒乓球、健美操等课程,让学生锻炼体魄,健康成长。

交往与合作的小天使课程:开展劳动实践、志愿服务、研学旅行、文明礼仪等课程,让课程成为学生走向美好人生的旅程。

2.满足学生需求,多元化实施学校课程

(1)课程实施主体多元化。学校充分挖掘各类教育资源,鼓励教师、家长充分发挥自己的特长,开发学生感兴趣的课程。根据需要聘请专家共同参与课程的研发与实施,助力学生全面成长。

(2)课程选择多元化。学校通过调查问卷的方式,了解学生的兴趣爱好,根据学生的需求有针对性地开设学校课程,学生通过"选课大集"、网上选课等方式,自主选择喜欢的学校课程。

(3)课程实施方式多元化。一是学校通过调整课时、大小课结合、学科融合等方式,落实"六小"学校课程;二是全校学生根据自主选择的学校课程,在周二、周四走班上课;三是学校通过其他特色活动进一步丰富、拓展学校课程。

(4)课程评价多元化。采取课堂即时性评价,一月一评星,期末课程展示,教师、家长评价,学生自我评价等多种形式对学生学习效果进行评价,改变了以往的以分数为中心的评价方式,更多关注学生的学习方式和学习能力的提升以及学生个性化发展。学期末,学校通过精品课程、优秀课程评选对课程进行考核评价,家长、学生通过网上问卷调查对课程实施效果进行评价,对质量不高的课程及时进行调整和改进。

三、多元提升,铸就"尚美"教育品牌

(一)"多元至美"课程体系建设,催生更多"专家型"教师

学校课程的研发、开设与实施,提高了教师的科研意识、课程意识以及课程开发能力。学校教师通过理论研究与教学实践,提升课程开发与教学实施能力。几年来,百余名教师的教科研成果在国家省市区获奖或发表,学校130余人举行了区级以上公开课、示范课,50余人在区市优质课、一师一优课中获奖,30余人被评为青岛名师、省市教学能手、学科带头人。课改丛书《课堂,与美最近的距离》由华东师范大学出版社出版,课程的深入实施促进教师不断从"经验型"向"专家型"角色转变。

（二）"多元至美"课程体系建设，提升学生核心素养

"多元至美"课程体系使学生在德智体美劳诸方面得到了全面的发展。学生身体素质明显增强，在国家学生体质健康标准抽测中，我校合格率为100%。全校学生人人会踢足球、人人会跳健美操。学校足球特色彰显，目前，已累计向国家少年足球队输送运动员7人，向省市足球队输送运动员20余名。学生艺术素养不断提升，在区市艺术测评中，我校学生成绩名列前茅，学校舞蹈、合唱、话剧、器乐成绩喜人，多次在省、市区乃至全国大赛中获奖。原创舞蹈"小海豚"获青岛市舞王冠军、山东省泰山文艺奖、"小荷风采"全国金奖等多项荣誉。学生科技创新意识和实践能力不断提升，全校学生积极参与各类科学实践课程，每年百余人次在区市科技节中获奖，机器人、航海航模等多次在全国比赛中荣获一等奖，在第37届世界头脑奥林匹克竞赛中我校夺得冠军。学生阅读素养不断提升，丰富多彩的读书课程浓厚了校园读书氛围，学校被评为全国"书香校园"。英语特色课程的开展，让学生说英语，用英语，体验着英语学习的快乐，学生多次在全国、省、市、区英语大赛中获奖。此外，劳动实践、校外研学、志愿服务等特色课程增强了学生的劳动意识和社会责任感，发展了学生综合素养。

（三）"多元至美"课程体系建设，学校美誉度不断提升

春华秋实，学校在教育改革中一路前行，逐步形成了足球、艺术、科技、英语办学的特色。学校先后荣获全国语文教改示范学校、全国外语教学示范学校、全国青少年校园足球特色学校、全国中小学舞蹈教育传统校、全国创新教育先进学校、全国头脑奥林匹克活动特色学校等百余项市级以上荣誉称号。

"雪寒不禁铮傲骨，月照枝头志更浓。"尽管我校在课程体系建设上进行了一些有益的探索，但与国内外名校相比还有一定差距，学校将继续探究国家课程校本化的有效实施，走内涵发展之路，与全国名校寻标、对标、达标、夺标，定期进行课堂教学及教育教学管理方面的交流，通过课程建设和课堂改革促进学生素养的全面提升，推动学校不断向省市一流、全国知名、走向国际的现代化特色学校迈进。

构建小学"多元至美"课程体系研究的探索

青岛市城阳区实验小学　牛秀娟

2015 年 12 月，学校课题组向山东省教育科学规划领导小组申报的教育科学规划课题"构建小学'多元至美'课程体系的研究"经评审成功立项。三年多以来，我们严格遵守《山东省教育科学规划课题暂行管理办法》的有关程序和要求，认真落实课题研究实施方案，开展各项研究活动，组织课题组撰写研究报告等。目前，课题组已经完成了预定的研究任务，在理论和实践两个方面都取得了显著的成果。现将相关研究情况从课题提出背景、课题研究的理论和实践意义、课题研究进程、课题研究的成果、课题研究的反思与启示五个方面进行汇报。

一、课题提出的背景

课程改革是推动国家教育改革的核心。《国家中长期教育改革和发展规划纲要（2010-2020 年）》中提出："关心每个学生，促进每个学生主动地、生动活泼地发展，尊重教育规律和学生身心发展规律，为每个学生提供适合的教育。""要以体制机制改革为重点，鼓励地方和学校大胆探索和试验，加快重要领域和关键环节改革步伐。"国家以课程改革为核心推动整个基础教育体系的变革，鼓励学校大胆探索与实验，力求给学生提供最适合的教育。

新一轮基础教育改革以来，校本课程开发在理论与运用层面均受到广泛关注，并取得一系列进展，但在实施过程中仍然存在诸多问题。如学校对校本课程开发的理念存在偏差，缺乏完善的课程评价体制，教师缺乏课程意识和课程开发能力，课程满足不了学生的需要，等等。如何培养具有完整人格、全面发展，同时又不失个性的人成为我们亟需研究的问题。

基于此，我校积极研究"多元至美"校本课程体系的构建，通过课程体系建设来满足学生需求，促进学生全面发展，引领教师专业成长，使学校的育人目标得到全面落实。

二、课题研究的理论和实践意义

（一）理论价值

（1）完善三级课程体系。"多元至美"课程体系作为学校课程,在国家课程的基础上,融合地方课程内容,进行了校本化拓展,实现了对国家课程的延伸与补充。同时,"多元至美"课程体系内容丰富,体系完善,实现了国家课程、地方课程、学校课程三位一体的统一,构建了符合素质教育要求的新的基础教育课程体系。

（2）丰富和发展学校课程相关理论。"多元至美"课程体系从目标的确定、内容的选择、方式的实施到多元化的评价,结合学校实际、尊重学生意愿,构建一套体系完整、具有学校特色、整合性强的学校课程体系,丰富学校课程理论。

（二）实践价值

（1）"多元至美"课程内容的丰富性有利于促进学生德、智、体、美、劳全面发展。通过"多元至美"课程的实施,激发学生学习兴趣,提升学生核心素养。同时,立足于国家课程,学校课程的开发注重学生的主体性、差异性,学生能够选择自己喜欢的课程进行学习,培养兴趣爱好,形成特长,让学生在自己喜欢的领域学有所成,促进学生个性化成长。

（2）"多元至美"课程体系的构建有利于教师的专业化发展。学校课程的研发、开设与实施,提高教师的研究意识、课程意识以及课程开发能力。教师在研发学校课程时,寻找到自己的专业成长点、团队合作点,教育理论、教育教学水平都得到提升,不断从"经验型"向"专家型"教师转变。

（3）"多元至美"课程体系在拓展补充国家课程的同时,进一步凸显了学校办学特色。其独特的灵活性与差异性,补充了国家课程的共性和统一性内容,与地方课程三位一体促进学生的成长,形成学校品牌,促进学校发展。

三、研究进程

（一）研究思路和方法

1.研究思路

本课题从国家课程出发,构建由课程目标、课程内容、课程实施和课程评价组成的,具有特定功能、特定结构、开放性的知识、能力和经验的学校课程体系。基本思路是:为了构建"多元至美"课程体系,采用问卷调查研究发现现行校本课程体系不完善、不系统、不深入等问题；为解决课程体系存在的种种问题，通过文献收集国内外校本课程构建的相关资料，为校本课程改革提供理论支持；通过采用经验总结对"多元至美"课程体系进行深入分析、探讨和完善。

2. 研究方法

文献法。通过对课程体系构建建设进行相关文献研究，对所收集的资料进行归类，筛选出对本课题有研究价值的文献，及时了解当今社会课程体系改革的进展情况，为校本课程改革提供理论性指导，完善该课题。

问卷调查法。就学生对课程的需求及学生发展的现状进行问卷调查，分析存在的问题，为学校课程体系的构建提供理论依据。

行动研究法。该方法贯穿课题研究的始终。教师在教育教学实践中进行尝试、观察、思考，边研究边行动，根据师生的反馈情况及实施效果，不断进行修正、尝试，不断完善课程体系。

经验总结法。总结学校课程体系建设过程中的经验并进行系统化、理论化，推动校本课程体系的完善。

（二）研究目标和内容

1. 研究目标

本研究的主要目标是构建"多元至美"校本课程体系，让更多的教师优化特长，整合资源，为更多的孩子引领航向，服务升华。让老师、学生在更加广阔的天地中得到全面而又个性化的发展。

具体通过构建多维度的校本课程目标，整合六大领域的校本课程内容，多渠道、多手段的校本课程实施，形成多元化、个性化的校本课程评价，促进学生德、智、体、美、劳诸方面全面发展，提升学生的核心素养。

2. 研究内容

小学"多元至美"校本课程体系。

"多元至美"课程体系即以国家课程为依托，多元拓展，不断延伸，帮助学生树立"真善美"的社会主义价值观和行为准则的校本课程体系。"多元"就是多种资源、多个渠道、多种方式。"至"即达到、实现的意思。"美"是指我国特色社会主义价值观所倡导的"真、善、美"的人文素养。

"多元至美"是指通过国家课程、地方课程及学校课程的延伸拓展，让更多的教师优化特长，整合资源，为更多的孩子引领航向，服务升华，使学生在德智体美劳等各方面得到全面发展。

"多元至美"可以简单概括为"一体五层四个六"。"一体"：构建小学"多元至美"的校本课程体系为核心体。"五层"：五个层级自内而外分别为研究目标、学生发展核心素养、学校育人目标、课程实施领域、特色学校课程。"四个六"："六大"学生发展核心素养、"六个"学校育人目标、"六类"课程实施领域、"六小"特色学校课程。"六大"学生发展核心素养即人文底蕴、科学精神、学会学习、健康生活、责任担当、实践创新；"六个"学校育人目标，即培养"会学习、喜探究、博学识、懂审美、爱运动、乐生活"的美德少年；"六类"课程实施领域，即语言与交流领域、科学与探究领域、数学与思维领域、艺术与审美领域、体育与健康领域、社会与交往领域；"六小"特色学校课程，即基于六大领域的小博士课程、小牛顿课程、小能手课程、小达人课程、小健将课程、小天使课程。六大领域的六小特色学校课程紧紧围绕学生发展核心素养和学校育人目标互联互动、协同推进。

（三）课题研究的步骤

本课题的研究时间为2015年12月至2019年11月，具体划分为4个阶段。

第一阶段：2015年12月—2016年3月，准备阶段。聘请专家进行指导，引领各学科教师加强学习，查阅资料，为教师进行课程研发、教材整合、学科整合储备能量，为课题研究提供理论支撑，明确研究方向和思路。

第二阶段：2016年3月—2017年9月，初步实践阶段。分工合作组成课程研发团队，确定课程研发思路，逐步形成以国家课程为依托，结合学校、师生实际围绕国家课程开设学校以及主题课程，选编课程教材，研究利用多种资源、拓宽多种渠道、运用多种方式的策略，并积累研究方法，总结阶段性研究成果。

第三阶段：2017年9月—2018年12月，深入研究阶段。进一步推进与完善"多元至美"课程体系，调整、修改、补充，使课程更加符合学校和教师实际，满足学生需求，总结出阶段性研究报告并召开课题中期汇报会。

第四阶段：2019年1月—2019年11月，总结阶段。按照中期汇报中专家提出的意见进一步修改并完善"多元至美"课程体系，分工总结提炼研究成果，撰写课题研究报告，为课题结题做好准备。

四、研究成果

（一）完善了三级课程体系

《国务院关于基础教育改革与发展的决定》和《基础教育课程改革纲要》都明确

提出,要实行国家、地方和学校三级课程管理,在保证实施好国家课程的基础上,鼓励地方开发适应本地区的地方课程,学校可开发或选用适合本校特点的课程。

"多元至美"校本课程体系与地方课程和国家课程共同构成了学校课程的有机整体,拥有共同的培养目标,实现不同的课程价值,承担不同的教育任务,从不同方面促进学生的发展。

"多元至美"校本课程体系是对国家课程、地方课程的丰富和补充,其开发目的是满足学生发展的需要。学校从实际出发面向全体学生,将国家课程标准与师资、学情、地域融合,提出"在这里,与美相遇"的课程理念,认真落实国家课程、地方课程,创建了"自然、饱满、丰富、灵动、诗意、有趣"的"臻美课堂"教学模式。大力推进学科建设,以国家课程作为"核心元",提出了醇美语文、趣味数学、享受英语、缤纷音乐、快乐体育、创意美术、多彩科学的学科建设目标。

(二)丰富了"多元至美"课程内容

学校"多元至美"课程体系围绕学生发展核心素养,开发了一百多门学校课程。

艺术与审美的小达人课程有国画、年画、版画、线描画、弦韵、乐舞、小百灵、小提琴等30余种课程,孩子们在学习中学会了欣赏美、发现美,创造美,审美能力不断发展、艺术素养得到提升。

科学与探究的小牛顿课程有机器人、3D打印、航海模型、电子版画、程序设计、纸桥结构等20余种课程,该类课程让孩子们的动手实践能力、思维空间能力得到很大的提升。

数学与思维小能手课程有超脑麦斯、九连环、叠杯、孔明锁、数独等20余种课程,孩子们的逻辑思维在该类课程中得到了发展。通过动手动脑体会"玩数学"的乐趣,提高了学生的数学素养。

语言与交流的小博士课程有翰墨飘香、诵读经典、妙笔生花、诗情画意、英语自然拼读、英语原版绘本故事、口语模仿秀等20余种课程,孩子们主动地参与到语言学习的过程中来,学会沟通、学会表达,培养学生的人文素养。

体育与健康的小健将课程有足球、乒乓球、篮球、排球、健美操、街舞、羽毛球、武术等10余种课程,孩子们在学习过程中锻炼强健体魄,学会体育技能,培育坚毅精神,培养了孩子们健康的生活方式以及积极的人生态度。

交往与合作的小天使课程有劳动技能、志愿服务、研学旅行、心语花园、烘焙、创意手工、思维导图、尚美扬善、美德少年等10余种课程,孩子们在课程中沉静心灵、放飞思绪。学校课题组积极构建涵盖学生德育、家庭教育等一系列的社会实践活动课程,编写学校主题德育教材,鼓励学生参与多种形式的德育实践活动,培养了一群品德高尚、心灵纯洁、人格健全的美德少年。

（三）构建了"多元至美"实施方式

1. 实施主体多元化

学校充分挖掘各类教育资源,鼓励教师、家长充分发挥自己的特长,开发学生感兴趣的课程。根据需要聘请专家共同参与课程的研发与实施,助力学生全面成长。

2. 课程选择多元化

学校通过调查问卷的方式,了解学生的兴趣爱好,根据学生的需求有针对性地开设学校课程,学生通过"选课大集"、网上选课等方式,自主选择喜欢的学校课程。对于学生选择不多的课程,学校及时予以调整。

3. 实施方式多元化

一是学校通过调整课时、大小课结合,学科融合等方式,落实"六小"学校课程;二是全校学生根据自主选择的学校课程,在周二、周四走班上课;三是学校通过其他特色活动进一步丰富、拓展学校课程。

4. 课程评价多元化

采取课堂即时性评价、一月一评星、期末课程展示,教师、家长评价,学生自我评价等多种形式对学生学习效果进行评价,改变了以往的以分数为中心的评价方式,更多关注学生的学习方式和学习能力的提升以及学生个性化发展。学期末,学校通过精品课程、优秀课程评选对课程进行考核评价,家长、学生通过网上问卷调查对课程实施效果进行评价,对质量不高的课程及时进行调整和改进。

（四）催生了更多"专家型"教师

学校课程的研发、开设与实施,提高了教师的科研意识、课程意识以及课程开发能力。学校教师通过理论研究与教学实践,提升课程开发与教学实施能力。几年来,百余名教师的教科研成果在国家省市区获奖或发表,学校130余人举行了区级以上公开课、示范课,50余人在区市优质课、一师一优课中获奖,30余人被评为青岛名师、省市教学能手、学科带头人。课改丛书《课堂,与美最近的距离》由华东师范大学出版,课程的深入实施促进老师不断从"经验型"向"专家型"角色转变。借助"臻美课堂",学校实现了教师群体的优质发展,打造了一支仁爱宽厚、尊重包容、勤奋敬业、才识卓越的教师队伍。

（五）提升了学生核心素养

"多元至美"课程体系使学生在德智体美劳诸方面得到了全面的发展。学生身体素质明显增强,在国家学生体质健康标准抽测中,我校合格率为100%。全校学生人人会踢足球、人人会跳健美操。学校足球特色彰显,目前,已累计向国少队输送运动员7人,向省市足球队输送运动员20余名。学生艺术素养不断提升,在区市艺术测评中,我校学生成绩名列前茅,学校舞蹈、合唱、话剧、器乐成绩喜人,多次在省、市区乃至全国大赛中获奖。原创舞蹈"小海豚"获青岛市舞王冠军、山东省泰山文艺奖、"小荷风采"全国金奖等多项荣誉。学生科技创新意识和实践能力不断提升,全校学生积极参与各类科学实践课程,每年百余人次在区市科技节中获奖,机器人、航海航模等多次在全国比赛中荣获一等奖,在第37届世界头脑奥林匹克竞赛中我校夺得世界冠军。学生阅读素养不断提升,丰富多彩的读书课程浓厚了校园读书氛围,学校被评为全国"书香校园"。英语特色课程的开展,让学生说英语,用英语,体验着英语学习的快乐,学生多次在全国、省市区英语大赛中获奖。此外,劳动实践、校外研学、志愿服务等特色课程增强了学生的劳动意识和社会责任感,发展了学生综合素养。

（六）学校美誉度不断提升

学校在教育改革中一路前行,逐步形成了足球、艺术、科技、英语等学科的办学特色。学校先后承办了青岛市小学课程与教学工作会议、青岛市"合作教学联盟"系列活动、全国英语阅读教学研讨会、中芬基础教育课程创新及教学实践论坛等20余次市级以上研讨活动。2018年8月,在"第七届全国中小学校长高峰论坛——英语教学研讨会"上,我校做了题为《建设特色课程,悦读引领成长》的经验交流,2019年5月,青岛市小学课程与教学工作会在我校召开,学校做了《建设"多元至美"课程体系,助推学校内涵式发展》典型经验交流。8月,学校课题研究在青岛市教育科研骨干培训班上作经验交流。10月,课题成果《让儿童站在课程中央》在中芬基础教育论坛上进行交流。三年来,学校就课题研究进行了10余次区级以上经验交流,受到了与会领导和嘉宾的一致好评。

春华秋实,学校先后荣获全国语文教改示范学校、全国外语教学示范学校、全国青少年校园足球特色学校、全国中小学舞蹈教育传统校、全国创新教育先进学校、全国头脑奥林匹克活动特色学校等百余项市级以上荣誉称号。

五、研究反思与启示

（一）研究过程中面临的主要问题、困难

（1）在课题实施的过程中,个别教师没有将学生放在课堂的正中央,制约了学生发散思维的培养,忽略了学生的感悟体验或认识,没有把学生主动学习的积极性调动起来。

（2）老师们课程开发的精品意识不足,各个领域开发的项目中区级以上精品课程的数量还有待提升。

（3）对教师的理论引领和专业素养培训需要不断加强,课题研究者的理论学习意识、专业能力需要不断深入。

（二）项目后续实施计划与具体举措

1.完善深度研究，提炼研究成果

进一步对"多元至美"课程体系进行深度研究,对课程体系再完善,对校本课程的特色再挖掘。深入提炼、总结相关的研究成果,对研究成果进行广泛宣传,进一步扩大课题研究的影响力。

2.加强理论学习，提高教师素养

邀请有关专家定期到校进行指导、讲座、培训,选派课题组骨干教师外出观摩学习。拓展研究多种策略,注重在教育教学实践中积累经验和素材,整理、提炼教学策略与方法。

3.深化课题研究，助推区域发展

鼓励教师将特色学科的教学内容与小课题研究相结合,浓厚科研氛围,以研促教。结合学科特点利用教学研究中心组,承担评价研究、课模建构、课程开发、课程资源建设、网络平台管理等大数据研究工作,通过现代化技术,科学系统地在共同体学校、手拉手帮扶学校、省市区范围推广实施课题成果。

总之,城阳区实验小学在实施"构建小学'多元至美'课程体系的研究"过程中,通过课程的多元化和评价的多元化,让学生在多元的课程中感受美、欣赏美、领悟美,进而学会表达美。对于研究中面临的问题,学校将继续努力,深入提炼、总结相关的研究成果,进一步扩大课题研究的影响力,不断将课题研究的成果付诸实践,引领师生进一步成长。

七彩童年梦，魅力社团情

—— 郑州路小学"走班制"社团活动实践　　王　丽

多年来，我校一贯以"以学生全面发展为主"的办学特色为指导思想，积极开拓学校第二课堂，丰富校园文化，张扬学生个性，挖掘学生潜能，让每一个孩子都能得到充分地发展。近年来，郑州路小学搬入新校，进一步加强了社团建设，想方设法，推陈出新，为激发学生活力、培养创新精神、张扬个性魅力搭建更宽广的舞台。依据学生的个性、兴趣和特长，我校现已组建起八十多个大大小小的社团，学生可以根据自己的兴趣爱好，自主选择参加社团活动，为许多学有余力的学生提供了又一个平台，为他们的终身可持续发展奠定了基础。

一、成立领导小组，制定实施方案

为了有效地推动社团活动，切实张扬学生的个性，根据上级文件精神要求，郑州路小学成立了社团活动实施领导小组，依据本校特色，结合学生的兴趣、师资以及场地等条件，确定本学期所开设的社团，制定出切实可行的社团具体实施方案。

二、明确社团要求，定期巡查和指导

（1）社团活动具体做到"三定"。

①定人（人员固定）：在学生自愿的前提下，由指导老师审核后组织开展活动；

②定时（时间固定）：今年我校社团活动在时间上进行了较大改革。往年周二和周四各设一节社团活动，本学年合并为周四下午连上两节，提高了社团活动的有效性，降低了社团活动的管理难度。

③定点（地点固定）：充分利用学校内的专用教室资源，固定上课地点，爱护学校的设施、设备，并作好卫生保洁工作。

（2）活动开展过程中，社团活动实施领导小组对各社团组织开展的活动情况进行巡查和指导，做好检查记录。

三、开展多彩社团，活动精彩纷呈

在社团拓展课程内容上，主要采取三大举措。一是充分发挥学校教师的资源优势，每位教师承担一个社团。二是充分利用家长资源，让有特长的家长走进学校指导社团；三是与校外培训机构合作，邀请他们进校指导社团。在每个星期四的下午课外活动时间，在各个活动现场，社团成员们主动参与、认真学习，活动内容精彩纷呈。

校级社团：郑州路小学拥有校级社团 30 余个。东方器乐社团、花样跳绳社团连年在艺术节中表演，被评为平度市优秀社团。快乐英语社团组织的英语口语模仿秀和情景剧表演连年在市比赛中获得一等奖，并多次代表平度参加青岛市级的比赛，获得优秀奖。翰墨书法社团是学生挥毫泼墨的地方，学生在这里能够发现美、鉴赏美、创造美。这些书法作品，都出自同学们之手，他们的作品在省、市、区的比赛中多次获奖。儿童画社团以《儿童写意画》为教材，在继承中国传统绘画技法的基础上，结合儿童的兴趣和爱好，让他们充分感受水墨的乐趣。校级社团还有舞蹈社团、剪纸社团、竖笛社团、心海护航、蒲公英绘本、小主持人社团等等。班级社团有 36 个，妙笔生花、钢笔字、朗读有约、快乐数学……无不体现了班级师生朝气蓬勃的精神面貌。

学校还有效利用家长资源，聘请家长义工作为社团指导老师。来自各行各业的家长，给孩子们开设了拉丁舞、围棋、双截棍、书法、武术等极大丰富了多彩的社团活动，开启了家长进校园组织社团活动的先例。

外聘社团有国学社团、插花社团、DIY 社团，等等

四、搭建展示的舞台，提升学生综合素质。

一年一度的六一庆祝活动，以学校社团活动成果展示为主要形式，成为许多成员脱颖而出的舞台。

大型器乐合奏《金蛇狂舞》《彩云追月》，舞蹈《青春修炼手册》，优美的诗朗诵《我骄傲，我是中国人》《春江花月夜》，大合唱《卢沟谣》，英语情景剧表演等节目不断赢得领导、老师、同学和家长们的热烈掌声。

为了进一步推动学校艺术教育的全面健康发展，展示学生艺术才华，给学生搭建一个展示自我的平台，充分发挥艺术教育的育人功能，培养学生健康良好的审美情趣与艺术修养，激发其对艺术的兴趣和爱好，展示学校艺术教育的成果，我校器乐社团成功举办了首届学生专场音乐会。

丰富多彩的社团活动，受到了学生们的热烈欢迎。孩子们开阔了眼界、陶冶了情操，发展了特长，找到了自信，同时也推进了学校校本课程建设，丰富了学校校园文化生活，使学校真正成为孩子们学习、生活的乐园，为校园文化生活添上鲜亮的一笔。

深入教学第一线　力推学校教学

青岛市即墨区龙山中心小学　江志林

为进一步加强教学管理,我校制定了课堂教学质量管理制度、采取了领导班子成员深入课堂听课、抓常规、与教师们交流谈话、蹲点教研等多种形式领导课程教学。

一、制定课堂教学质量管理制度

为了提高教学质量,根据当前课程实施的新情况、新问题、新特点,我校从以下几个方面聚集课堂、加强教学工作。

(1)明确教学思想首先应体现在课程教学中,渗透到各个操作环节和细节上,保持思想观念和实践的一致性。

(2)制定好计划是有效课程教学的首要环节,是依法治教的具体体现。各学科教学要实施计划的制定,落实到教研组、年级组乃至教师个人。

(3)关注教学过程,一是对教学全过程的关注。其中包括备课、上课、作业、辅导、考核等教学基本环节的常规管理工作。二是在重视教学结果的同时,加强教学的过程性管理。

(4)开展对教师评价,建立全面评定教师教学业绩的体系,促进教师改进教学,促进教师专业化成长;完善对学生素质发展的评定。

(5)加强教研科研,教师应通过教研活动研究如何将新理念和科研成果落实到每一节课的教学实施中,研究如何把教学实践中经验和案例升华到理论高度上来。

二、坚持深入课堂听课

以随机听课、推门听课为主,着重了解教师教学的基本状态(如教学内容、教学态度、教学方法、教学手段和教学效果等)和学生听课的基本情况,注意收集师生对教学和教学管理等方面的意见和建议,解决教师教学中存在的普遍与个别的问题。发现了教有特色的教师后,帮助教师总结提高,并在学校中推广他的教学经验,引领教师成长。

三、常规检查不放松

每学期要有不少于两次常规检查,了解教师备课、作业设计与批改情况,注重教学质量的动态管理。在此过程中发现优点和问题,结合教育理念提出改进意见,引导教师改进教学行为。

四、面对面谈话

教师座谈会。主要了解教师在课堂教学中的经验与困惑、遇到的困难,了解教师对教学过程的看法、意见和建议,以便更好提高教学质量。

学生座谈会。主要了解学生的学业负担,学生的心理状态,教师的教学态度,学生眼中的学校等。

家长座谈会。学校充分发挥家长作用,在座谈会中,学校向家长介绍学校的教改思路,学校开展的活动,更重要的是听取家长对学校教育教学的意见和建议,以便发现问题进行改进,希望能为学校的发展、为学生的发展献计献策。

五、蹲点调研

学校每一位班子成员蹲点一个教研组,参与教师政治与业务学习,参加教研活动。在蹲点调研中进行教师教育教学情况的调查,了解师生情况,发现典型案例,帮助教师总结经验,并将其经验提炼上升到理论的高度,争取在更大范围发挥更大的作用。

六、指导新老师

为了帮助新教师更快地成长。除了邀请教育教学经验丰富的老教师带教外,学校还建立了班子成员联系指导新教师制度,帮助、指导新教师过好三道关:熟悉教材关、课堂教学关、班级管理关,为新教师成长创造条件,搭好台阶。

党建"五照亮"工程引领课程教学

胶州市第三实验小学　常晓东

党建工作是学校开展各项教育工作的强大支撑及动力支持,党的十九大召开以后,各中小学校全面加强党的建设,坚持党对教育工作的领导。教育系统的党建工作要从青少年儿童抓起,将党建工作渗透于教育教学之中。常晓东校长对党建"五照亮"工程的实践与应用的研究,将党建与学校教育进行有机结合,探索出了一条"党建育人"的路子。

在"五照亮"工程实施前,学校教研活动虽然持续开展,也取得了一定的成果。但由于缺乏党员骨干老师的先锋带头作用,教研活动显得不够深入,不少教学问题没有得到进一步探索,以致于实际效果不太理想。为此学校要求每一个党员教师参加学校教学改革,由支委成员联系教研组,推动教学常规工作、教研活动开展,带动新教师能力提升,切实提升学校教育教学质量。

一、支委与教研组密切配合积极开展"启智"教育

1. 夯实教学常规,创新管理工作方法

学校教导处参考党支部的活动制度,建立了学校教研两制度:"教学常规检查评估制"与"教学调研制度"。由党员干部牵头,采用学校检查、抽查和教研组、办公室自查、互查相结合的方式,将半学期一次的教学过程化检查化整为零,及时反馈整改;教学调研制度,则是成立了党员骨干教师组成的调研组,以推门课的形式开展调研,关注常态课堂的质量,辅助学校教研活动,让课堂教学质量一直"在线"。

2. 深化课堂改革,建构教学模式

学校党员骨干教师组成专题课改研究组,经过三年的探索研究,建构出具有学校特色的"三声三策六步导学"课堂教学模式。倡导课堂上要有三种声音:掌声、笑声、讨论声,充分体现自主合作、愉悦高效的教学理念。通过课前检测、自主学习、互动合作、展示交流、当堂训练、总结提升六个步骤指导学习,帮助学生完成合作探究。

二、党员身先士卒上好示范课，引领全体老师紧随效仿

学校探索建立了"三课一展"的教研活动形式。"三课"指学校每学期开展"手拉手结对课"，组织党员教师与普通教师手拉手，在教学与业务上帮助指导；"党群同课异构"示范课，由党员与普通教师共上一堂课，相互交流促进，共同提高；"党员名师展示课"，由党员骨干教师精心打磨示范课，为普通教师做出表率。通过这三种赛课展课形式，党员教师与非党员教师共同对示范课进行讨论和评价，结合自身教学中存在的不足，并对上课过程中存在的问题提出一些切实可行的意见或建议，加以反思和改进。"一展"则是由党员骨干教师带领各教研组骨干，每学期进行一次教研活动成果展示。

经过长时间的努力，学校党员教师与非党员教师的课堂组织能力均得到了很大的提高，教学方法得到了很大的改进，课堂教学效率与效果都得到了有效的提升。

新六艺课程助推小学生综合素养全面提升

青岛市即墨区北安中心小学　张泽宏

北安中心小学作为一所城乡结合部学校与乡镇学校在区位上明显不同，随着即墨城镇化建设的不断推进，北安外来务工人员逐年增多，北安本地居民、迁入居民和暂住居民交融混合，不同的文化程度、不同的教育理念、不同的社会认知，造成他们对子女教育也千差万别。由于外来务工子女学生占比例很大，生源复杂，小学生生存空间的特殊性、家庭教育方式的多样性，造成学生习惯养成、读书兴趣、艺体特长等受教育状况千差万别，学生发展的不全面是学校亟待破解的困境之一。

一、国家课程从开齐上足向开齐上好转变

为了解决学生发展不全面问题，2019下半年课程设置从开齐上足向开齐上好转变。利用学校音乐师资优势，学校四、五、六年级音乐课每班安排两位音乐教师，一位音乐教师传授课本知识，另一位教师进行器乐教学；学校还及时了解各科老师在课时安排方面的需求，如美术老师反映一节课40分钟时间短暂，又要讲课又要画画

或手工制作,学生很难做出好作品。为了解决这一问题,学校美术课设置连堂课时;家委会牵头,聘请优秀师资以社会志愿者方式,到校执教相关社团课程。2019年累计有12名家长志愿者参与执教学校社团特色课程。

二、"新六艺"校本课程助推小学生全面发展

"新六艺"课程是国家课程校本化的一种改革,课程分为好习惯课程、书文课程、大体育课程、大音乐课程、劳动实践课程和数学课程六个领域。新六艺课程旨在落实立德树人的根本任务,打造"正气、书香、阳光、活力"的校园文化,培养学生高贵的品质、生活的品味,让学生掌握适应社会发展的本领,具备美好生活的能力,创造美好生活的技能。

新六艺课程设计理念:以人为本,以德为先,基于兴趣,全面发展。让习惯养成深深根植在孩子心中:让做人成为一种潜意识,让读书成为一种习惯,让运动成为一种生活方式,让艺术成为一种素养,让创新成为一种能力。开发原则:立足国家课程确保开齐上足,进行艺体课程、数学课程、阅读课程的拓展、德育课程的深化、实践课程的延伸;以儿童为本,让孩子真正成为课程开发的主人。

1. 礼课程(好习惯课程)

培养学生自主发展的能力,帮助塑造美德雅行。学校编写了基于习惯养成的《争做五彩好少年》《国旗下——校长讲故事》校本教材。每学期举行一次习惯养成启动仪式及习惯养成总结表彰大会。力求通过环境的影响评价激励榜样的引领来达成教育目的巩固教育成果。

2. 大阅读课程

一是保障学生有大量的阅读书籍。二是多搭建展示平台。三是设置大阅读课时。每天设置早读午读两个阅读课时,每周设置两节大阅读课。四是拓展大阅读空间。向其他学科延伸,数学、道德与法制、科学等学科也强推课前三分钟。五是建立评价机制保障大阅读常态运行。全面落实"北安中小小学生阅读达级考核方案"。

3. 数课程(数学课程)

教学大纲要求,学习数学知识应从学生的生活经验出发,让学生亲身经历应用的过程.为了提高学生应用数学的能力,我们成立了数学趣味活动小组,培养学生利用数学知识解决实际问题的能力。

4. 射课程（大体育课程）

广泛推广"让运动成为一种生活方式"的生活理念,并发动全员参与;广泛开展普惠运动(踢毽子、跳绳、打篮球、打乒乓球、踢足球)。参与率逐渐扩大,以 30% 到 60% 到 100%。校园大课间鬼步舞。

每周压缩出一节体育课进行足球、球篮、排球、乒乓球等学生喜欢的运动技能活动。

5. 乐课程（大音乐课程）

本校提出了"让音乐成为一种生活涵养"这一生活理念,每周压缩一节课开设音乐拓展课程,并向家长许下了"让每一个孩子在小学阶段至少掌握一种器乐"的承诺。目前校园器乐声已声声入耳,小乐队已经崭露头角。

6. 御课程（劳动实践课程）

学校劳动实践课程创出了新高度,泥塑、彩绳粘贴等作品展示。小学生在劳动实践中培养了主体意识,提高了自主能力,创新能力,发展了个体特长。

新六艺课程的开发与实施,调动了小学生学习的积极性,有效促进了小学生综合素养的全面提升。

立根乡土　活润成长

——"耕读堂·崂山乡土农耕课程"的开发与实践

崂山区林蔚小学　宋林林

一、"耕读堂"课程是什么

"耕读堂"课程即"耕读堂·崂山乡土农耕课程",是崂山区林蔚小学自主研发的乡土课程。"耕读"取自"耕读传家",有"立根乡土,阅读世界"之意。该课程以崂山乡土文化为素材,以童趣探究与实践研究为导向,以培养"活润学子"为目标的综合性课程。通过建立学校、家庭、社会三维立体的协同机制,将乡土文化、生态自然、科技环保等融入儿童生活,带领学生进行深度学习,实现课程育人价值。

二、为什么要做"耕读堂"课程

我国的劳动人民在长期农业生产和日常生活中形成了丰富的文化,这种乡土文化并不是所谓的落后的文化,而是中华民族生生不息的精神财富,也是民族的"根"所在。随着崂山经济的飞速发展,"农村内生城镇化"现象的出现,越来越多的农村孩子远离了乡土文化,对农村、农业生产知之甚少。所以"耕读堂"课程是我们农村学校的帮助孩子们传承乡土文化使命担当所在。

在这样一个新的历史时期,作为我们农村学校自己对自身的定位好像一直不太清晰,我们一直马不停蹄地"追赶"着城市学校的步伐,可是这样的"追赶"却让我们在仰视城市学校的同时忽视了自己的优势,也失掉了农村学校和学生的自信。所以,"耕读堂"课程是新时期农村学校发展所需,是为农村孩子自信成长服务的。

还有一个原因是"耕读堂"课程要实现一种嫁接、融合、进阶,即学校原有校本课程"走进樱桃之乡"与学校多年来乡土文化实践活动的嫁接,实现学科融合,进阶成为能够同时触发课堂教学、学生活动、文化建设、资源整合等育人问题的精品课程。

三、"耕读堂"课程如何研发

研发的过程我们可以概括为整体推进,深耕慢行整体推进:站位高一点,顶层设计坚持顶层设计,既贯彻国家和青岛市关于课程设置的基本要求,又在其中渗透乡村元素。要让农村孩子自信成长,绝不是田园生活的炫耀,而是实现孩子的全面发展,培养孩子的综合素养。要让我们的乡土资源成为课程,就要站在育人的立场和本位,推进整体育人和全面育人。

首先明确课程目标是什么。 这就要求我们"从育人目标出发,发挥课程的整体育人功能"我们学校的育人目标是"培养心美、智润、身健的活润学子",对于耕读堂课程建设的目标我们进一步明确为"心美——爱家爱国、保护环境,智润——实践探究、合作共享,身健——积极心态、自我管理。"

其次明确课程理念是什么。我们需要基于孩子们真实的生活,面向他们未来的生活为他们设计具有生命力的课程,——"自然生长""大自然,大社会都是活教材"也成为我们"耕读堂课程"的理念。

再次需要建立课程的体系结构。我们按照"自然生长"的思路,梳理了每个年级素养形成的关注点;横向上我们要思考,六年给孩子们一个怎样的排列组合呈现既富于特色又包容自然、人文、社会、科技的课程。通过先后三次调查问卷,和多次讨论,对我们周边的乡土资源进行调查整理归类,最终形成了《耕读堂》课程的体系结构。

深耕慢行：匜地深一些,多方协作。由老师、学生、家长、专家共同组成教材开发小组成立了,研发小组成员走访社区老人,进农户、聊家常、听取老人的意见和建议,走访崂山区档案局和宣传科,了解非遗资料,走访周围的特色茶园、果园、药园,梳理可用资源,走访办学社区学习社区《村志》,经过先后五次的设计、调研、调整,形成了课题及内容。为进一步强化原创性、生活化与儿童化,课程小组老师带领学生参与课程素材的创作,使所呈现的材料更贴近我们学生的实际。并且发动所有学生参与到了"耕读堂课程"卡通人物的设计,经过初评网络投票,最终形成了"樱桃贝贝"的可爱形象。这样在初稿形成后又四易其稿,形成这套教材。

四、"耕读堂"课程如何实施

（一）生活化的主题实施，"滋养"着学生素养的形成

《耕读堂》所有内容均来自与学生的生活,同时也引导学生走向生活。采用"N+1"主题式学习。"N"指上学期以乡土农耕为特色的维度主题课程,"1"指的是下学期全校性的"樱桃"主题活动。一年级:"童谣绘,二年级:"趣玩节气",三年级:"赶大集",四年级:"崂山非遗",五年级:"探秘中草药",六年级:"茶礼",让学生既能从未来生态环保的角度做出热爱崂山的环保呼吁和号召,又能从感念师恩中感受乡土文化滋养之恩。

（二）科学化的内容安排，促进思维方式的的发展

促进学生深度学习。我们充分利用乡土资源但又不拘泥于乡土,在课程实施中我们既带孩子了解风土人情也训练科学思维。课程设计采用DFC设计思维,以项目式学习的方式呈现,每一个课题设计四个学习流程即感知/体验——想象/发现——行动/创造——分享/展示,活化教材、整合学科。每一个主题都会带领孩子们经历这样一个完整的思维训练过程,这种思维训练无疑是带领孩子走向深度学习和学科融合。

（三）开放交融的学习场创设，让学习随时随地发生

首先学校是一个大的学习生态场,《耕读堂》课程的实施带来了我们校园环境文化的再造。

2015年学校借校园的维修之际,结合课程的实施以"耕读堂"为主题进行了环境文化建设,形成了一到三楼的三个主题,即"乡风农韵""晴耕雨读""生态科技"

以学校为圆心,辐射家庭、村庄、大自然、校外基地等空间环境融入多元资源。

（四）灵动多元的课程评价，让孩子们收获成长的自信

《耕读堂课程》评价的最主要原则是获得性评价。目的是为了激发孩子学习的兴趣,保有成长的信心。主要评价方式有以下内容。

（1）成长展示类,包括项目展评、活动展示等。如低年级的与著名诗人林焕章的童诗互动、三年级策划的全校性的校园大集,四年级的"鉴宝大家行"——老物件的故事,以及趣玩节气老游戏游园、民间故事展演等。

（2）综合评价类,链接学生综合评价,促评价系统改革。我们运用《耕读堂》课程"自然生长"的理念,与技术公司合作设计研发"活润成长评价系统",让每个学生拥有一个自己的"成长树",并用实际行动来帮助"樱桃贝贝"从一粒种子到樱桃娃娃的成长。目前这个评价系统以投入试用阶段。

"韬德于行,扬长于动",《耕读堂》课程聚焦学生素养,如阳光如雨露润泽着儿童的成长的,既关注当下又关乎未来。实践伊始,不忘初心,踏实前行。

加强自身发展，提高办学质量

即墨区移风店中心小学　　王化堂

欧洲战神拿破仑说过:一只狮子领导的一群山羊能够打败一只山羊领导的一群狮子。这句经典名言足以说明领导力的重要。

校长是一所学校的灵魂,校长领导力的强弱制约着学校发展的兴衰。校长领导力不是指某一方面的能力,而是一个集能力、效力、影响力等多方面共同作用的综合系统。它包含校长办学理念、办学思想、育人目标、学识、人格、情感、意志等的综合素质,是驾驭、引领、发展学校的综合能力,它是一种合力。

校长的领导力直接关系到学校的生存、发展与成功。那如何提高自己的领导力呢?

一、建立合理完善的教学考核评价制度，树学校正风

教师考核评价工作是学校管理工作的一个重要环节。学校要关怀、体贴和爱护教师，尊重、理解和信任教师，实现以人为本的管理思想，同时健全完善的教育教学考核评价机制，促使教师工作的积极性、主动性、自觉性、责任心得到充分发挥，激发教师自发的、创造性的、高效的工作热情，保证学校教师的良好素质，促进教师专业化发展。

因此，学校要建立扎实的多元评价教师体系：包括教师自我评价、学生评价教师、家长评价教师、学校教师之间和学校管理者对教师的评价等方面。评价内容要紧密联系学校所有教育教学科研各方面的工作，比如工作量上的评价、教学常规评价、教育科研能力评价、教学成绩评价等方面，可以说学校工作做什么评什么，要什么评什么。通过考核评价指向学校的中心工作，激励学校工作当中有责任心、有主动性、有科研能力踏实肯干的教师，以此来树立教师之正气，树立学校之正风。

二、给教师提供发展平台，多种渠道提升教师素质，把教师的专业成长与学校的发展紧密联系起来

教科研工作是学校教育工作的重要组成部分，是促进学校发展，提升学校办学层次的生命之基，力量之源。海尔总裁张瑞敏有一句名言：你有多大本事，就给你搭多大台子。对学校来说，教育教学质量是学校的生命线；对教师来说，教学水平能力、科研水平能力是立足之本。学校要求教师除有崇高的职业道德外，还要有高超的教学水平，精湛的教学艺术，突出的教学成绩，这是业务建设工程的最高目标。

因此，学校要对中青年教师在教育教学方面提出更高的要求，要不断地为中青年教师的成长搭建广阔的平台，提供发展的空间。学校要通过加大科研力度，抓好课改培训等多种手段促进教师队伍整体水平提高。

三、走进课堂，以身作则，用自己的人格魅力影响教师

苏霍姆林斯基曾说过：课，就是教育思想的源泉；课，就是创造活动的源头，就是教育信念的萌发园地。所以，教育科研能力的提升只有走进课堂、聚焦课堂，才能了解教师的教和学生的学的实际，才能掌握教学管理的主动权，才能将先进的办学理念落实到具体的教学工作中去；只有走进课堂，关注教学，对教师的教学进行直接的引领、指导与对话，才能凸显自己的专业地位，才能走进教师的心中；校长走进课堂，传达的是一种理念、一种思想，意在营造一种关注课堂、研究课堂的氛围。

校长如果能守得住时间，耐得住寂寞，聚精会神搞教育，一心一意谋发展，成为新

课程的学习者、倡导者、实施者,成为教师的楷模,一定会引领学校教学科研工作的发展。所以,作为校长必须以身作则,聚焦课堂,提升自身教学科研领导力,用自己的教育理念、教育思想、教育教学能力影响学校的教师队伍。努力走在教科研的最前端,开发有特色的校本课程,全盘构思学校的课程方案,实施新的教育教学方式方法,推行新的课程评价,在教学活动中有效地把自己的办学思想、办学理念传递到教师的思想中,落实到具体工作中,实现教学研究与教学实践的有机结合,提高课堂教学实效性,最终实现促进教师专业成长,促进学生全面发展的目的。在校内形成良好教科研文化环境,这样用科研的力量凝聚人心,征服心灵。

校长的教学科研领导力的获得,不是一朝一夕能成功的,打铁还需自身硬,先进的教育思想和教育理念是基础、行之有效的引领和管理力是保障,高尚的人格魅力是重要的影响要素,不断学习、实践、感悟、提升,走在教师前面、想在教师前面,站在学校长远发展的立足点上,才能让领导力更强,领导力走得更远。

大信中心小学校长的听课与评课

青岛市即墨区大信中心小学　刘元泽

听课评课是校长日常工作的"必修课",听课是引领教师从事教育教学工作的"灯塔";是有效调动教师教学积极性、主动性和创造性的"催化剂";更是校长展示管理能力,树立学术权威,彰显领导艺术和个性魅力的'广告牌',校长掌握听课评课智慧有:

一、因"类"而异,选择合理的听课评课形式

授课教师有刚参加工作不久的新教师,也有经验丰富的老教师;有活跃、豪放型;也有内敛、严肃型。因此,要因"类"而异,确定听课评课形式,促进教师的个性化发展,使课堂教学丰富多彩、百花齐放。

1.计划预约听课评课

对于刚参加工作不久的新教师和内敛、严肃型教师最适宜这种听课评课形式。

新教师刚走上工作岗位,对课堂教学还处于摸索阶段,因为校长介入课堂听课评课,必然产生紧张情绪。采用预约听课评课,可以缓解他们上课的压力,让他们有备而上,最大限度地减少课堂失真。内敛、严肃型老师,由于事先有约,他们课前就有充分的时间研读教材、钻研教法、精心备课,上课的自信心就会大增,课堂教学水平就能得到最大限度的体现和发挥。

2. 随机推门听课评课

教学能手、名师及活跃、豪放型教师,适宜这种听课评课形式。因为这些教师理念先进,教学经验丰富,驾驭课堂能力强,虽然有校长介入听课评课,也能轻松驾驭课堂,反映课堂教学实况,有利于这类教师增强自制能力,进一步提高教学技艺。

校长进入课堂后,要怀揣对教育的虔诚,高度集中注意力,做到认真听、仔细看、勤记录、多思考,不干扰课堂教学秩序,最大限度地减少对课堂教学的影响,让课堂教学以真实自然的面貌呈现。

二、因“需”而异，确立科学的观察点

校长听课评课,有的是为解决课堂教学症结,有的是为进行课堂教学研究,有的是为选拔推荐优秀课堂教学案例,有的是为取得课堂教学真经。由于课堂观察的目的不同,因而要因“需”而异,科学确立观察点。

1. 为解决课堂教学症结而进行的课堂观察

要对症结的基本情况进行评估,确立几个相应的观察点进行观察,观察后再进行交流和“会诊”,提出相应的教学改进意见。

2. 为进行课堂教学研究而进行的课堂观察

为进行某种教学实验研究,就可以根据实验的干预因素和预期目标,确立明确简洁的观察点,为进一步做好这方面的研究提供建设性意见。

3. 为选拔推荐优秀课堂教学案例而进行的课堂观察

需要根据学科的特点,从以下几个方面确立观察点:一是执教者的教学理念;二是学科的知识素养;三是文本解读能力;四是课堂结构的设计和把握能力;五是语言表达能力;六是课堂驾驭能力。

通过这种办法综合评估出的优胜者,他们的综合能力强,有能力在竞赛评比中获胜。

三、因"人"而异，选择恰当的听课评课方式

对刚参加工作不久的新教师和内敛、严肃型老师可采用先扬后抑的评价方法。因为新教师对课堂教学还处于摸索阶段，评价者的意见和建议有助于他们加深对课堂教学的理解，明确课程理念，激发他们的工作热情和钻研精神。内敛、严肃型的教师，由于他们本来就胆怯和要面子，如果过多地指出不足，易挫伤他们的自尊心，打击他们的教学积极性，让他们丧失自信，不利于他们的未来发展。

对名师及活跃、豪放型教师，在听课评课时，应将听课评课的焦点放在该课堂有无与课改精神不相适应的旧观念、旧方法上。如果有，要及时指出不足，让他们去粗取精，去伪存真。

四、和而不同，坚持发展性原则

听课评课的目的是期待目标的有效实现，促进教师的发展。课堂教学具有丰富的内涵，由于学科、学生、教师、教学条件等诸方面的不同，课堂教学千变万化。在评价一堂课时，既要体现课堂教学的一般特征，又要善于调动教师的教学积极性，激励教学创新，促进教师个性化教学的形成。

绘就最美读书线

青岛市第二实验小学   江建华

最是书香能致远，青岛市第二实验小学基于"悦读课程化"的探索，将悦读纳入到校本课程中。青岛市第二实验小学的悦读课程包括以下方面。

1. 整本书阅读课程

基于导读课、推进课、交流展示课三种基本的整本书阅读课型，语文教研组确定了纵向延伸阅读与横向主题阅读两种整本书阅读思路。纵向延伸阅读指的是由课文走向一本书——全校语文老师按照年级分别整理出了跟课文有关的整本书阅读书目，学完课文后，进行阅读的纵向深入。扩展阅读指的是同主题下的不同作品对比阅读。

将整本书课程的实施与一课多磨教研活动有机结合。老师们按"读书——教研——备课"的步骤,形成自己的教案交给第一个执教的一磨老师,一磨老师博采众长形成初步的教案、执教,二磨、三磨老师根据上课实况不断地进行教案调整。在一次次研究中,深化教师对整本书阅读教学的把控。

设计一系列个性化"悦读"作业激发学生阅读兴趣。低年级的诗配画,中高年级的人物说明书,思维导图、阅读口袋书等,引领学生从语言、结构、人物等多维度进行深度阅读。在"检测性、趣味性、激励性"的阅读评价原则指导下,结合必读书目命题,每学期两次全体学生参与,进行 1-6 级的阅读闯关。

2. "百家讲坛"分享课程

学校整合多种资源,定期邀请知名作家、报社编辑、权威专家、有专长的家长、爱读书的学生,多维联合,给学生做多层面的读书引领和交流分享。

3. 诵读微课程。

学校将课标中要求背诵的 135 首古诗划分为六级,跟《三字经》《笠翁对韵》等传统经典蒙学、小古文、必读选读书目相匹配,印制成了一套 6 册的"悦读"手册。每天 15 分钟,学生们手捧一册,分层诵读。每学期两次的古诗文闯关,对学生诗文积累情况进行测查。在此基础上,经过班级打擂初赛,学校笔试复赛,最终胜出的学生参加学校国学大赛,一展身手。

4. "1+x"专题活动课程

专题活动课程中的"1"是"悦读"节,每一年读书的成果集中在"悦读"节上集中精彩亮相,个人表演和集体展示轮番上场,师生同台和亲子共读各领风骚,中文吟诵和英文朗读精彩纷呈。2016 年首届"悦读"节以"走遍天下书为侣"为主题,旨在培养学生的读书兴趣;2017 年"多彩世界 书式生活"第二届"悦读"节侧重培养学生的读书习惯;2018 年第三届悦读节的主题是"浸润经典 幸福成长",旨在让学生体会中华传统文化的源远流长和博大精深。2019 年的"书润童心 幸福一生"第四届"悦读"节,将戏剧表演与阅读活动有机结合起来。四届"悦读"节在浸润中传承,在传承中提升。

青岛市第二实验小学的所有的节假日课程、季节课程都与阅读相联接,是专题活动课程中的 x。春天课程,孩子们诵春天,画春天,写春天;中秋节课程,孩子们以"月"为题,赛成语,诵诗歌;寒暑假活动课程,孩子们用读书实践活动,感悟社会这本书,通过研学旅游、行万里路,身临其境读自然这本无字的书。

5."妙笔生花"写作课程

课堂教学中,结合文本,读写融通。课堂之外,学生广泛阅读,做摘抄,写读后感、做书评让阅读有了深度。将思维导图运用到作文教学中,引导学生利用思维导图进行谋篇布局、展开细致描写,助力作文教学。根据年级特点,教师带领六年级同学学习诗歌体例,进行诗歌创作,为孩子们出版自己的原创诗集,激发学生创作的热情。

6.教师读书工程

青岛市第二实验小学的教师读书与专业发展紧密结合,与全面育人紧密相结合,与陶冶师生情操紧密结合。博览群书,用心记录。学校精心设计老师们的书单,兼顾专业发展与经典学习。老师们在读书过程中,及时记录所思所想,撰写心得。百家讲坛,交流分享。学校定期举行百家讲坛,根据老师们的读书内容开展专题分享交流。全校老师共读《给教师的建议》后,讲述自己的教育故事;读过《思维导图丛书》后,老师们学以致用,积极运用于教学中,通过工作室汇报的形式将自己的尝试与心得进行分享。多彩活动,提升专业水平。教师辩论赛,引经据典,促广泛阅读,主动思辨;"我是幸福朗读者"教师朗读活动,促教师锤炼基本功。

沐浴书香,浸润经典,"悦读"丰盈了师生的生命,让每一个幼儿都遇到更好的自己。

将传统文化融于学科教学,坚定文化自信

即墨区长江路小学　王道田

传统文化是中华民族的精神精髓和文化血脉。学校是进行优秀传统文化教育的重要阵地,学科教学是推进优秀传统文化教育的主要手段。2014年3月,教育部印发《完善中华优秀传统文化教育指导纲要》,明确指出"分学段有序推进中华优秀传统文化教育",并对每个学段的传统文化教育重点给出明确要求。围绕这一要求,各学段课程标准修订中强化了中华优秀传统文化的内容。因此,在教学中渗透中华优秀传统文化相关内容,将传统文化与学科教学融合,是当下教育发展的必然要求。

一直以来,我校紧紧围绕"立德树人"的根本任务,探讨传统文化教育的途径与

策略,将传统文化与学科教学深度融合,构建优秀文化传承体系,将文化自信的种子播撒在学生的心中。

如何让传统文化精髓与学科教学实实在在地融为一体呢?在教学实践中,老师们研读课标、分析教材,深入挖掘其中的传统文化元素,力求通过直观、生动、易懂的方式让孩子们体验、感悟、内化,以充分发挥传统文化在培养学生良好品德和行为习惯、培育和弘扬爱国主义精神、增强文化自觉自信等方面的积极作用。

语文学科:部编版一年级教材有很多传统文化的渗透,如《对韵歌》和《人之初》两篇课文。老师们在指导学生诵读时,拓展了《声律启蒙》和《三字经》的相关内容,并组织学生讲述其中的故事,将中华文明的传统美德和优秀的文化传统讲给同学听。

数学学科:在教学《分数的初步认识》时,通过创设中秋节分月饼的情境,引导学生自主探究解决问题,在解决问题的过程中渗透传统文化节日教育;在教学《分数加减法(一)》时,通过创设春节剪窗花的情况,让学生在动手操作和合作探究的过程中,了解春节习俗,感受我国传统文化的魅力。

美术学科:教材中呈现了剪纸、年画、美食等传统文化的内容,老师指导学生动手实践、动脑思考,了解它们的起源和发展演变的历程,感悟我国灿烂的历史文化。

书法课:每天十五分钟的书法课,老师会指导学生认识汉字的演变过程,了解其中蕴含的典故和历史意义,领悟汉字的一笔一划与堂堂正正做人之间的关系,接受传统文化的熏陶。

文化兴则国运兴,文化强则民族强。今天的我们,站在新的历史时期,长江路小学将深入学习中华传统文化,全面掌握中华传统文化博大精深的精神内涵;充分挖掘地域特色文化资源,构建传统文化课程体系;将坚持用社会主义核心价值观引领传统文化的教育,继承和弘扬中华优秀传统文化,坚定文化自信;深入结合课程教学,以学生喜闻乐见的方式在课堂呈现、传播传统文化。这是我们教育者义不容辞的责任和义务,更是作为一名校长的神圣使命。

以"有戏生活课程体系"为例进行课程顶层设计

城阳区第三实验小学　王建娥

学校离不开课程,校长的核心素养自然也离不开课程领导力。校长课程领导力,指以校长为核心的教育团队,根据课程方案和学校办学目标,创造性地规划,编制开发实施课程,从而全面提升教育服务质量,实现学生全面发展,办出学校品牌特色的能力。

课程领导首先要对学校课程建设进行顶层设计,如何进行顶层设计?是校长们忧心的事情。下面以天泰城学校"有戏生活"课程体系进行顶层设计。

在学校总体文化引领下进行课程理念、课程目标的规划与设计。

2011 年 9 月,天泰城学校成立,学校如何发展成为当时摆在我们面前最重要的任务,天泰集团"建筑爱的世界"的企业文化,给了我们启示,我们开始研究以"爱满天下"为座右铭的伟大的教育家陶行知先生的教育思想,深受启发,开始实施生活教育。以"教育让生活更美好"为办学宗旨,以"爱满天下,智溢泰和"为办学理念,全力关注学生的生活世界,使他们充分体验生活、感受生活并参与生活,使师生的手、眼、脑都活起来,使教育充满生命的活力。在生活教育的引领下,学校开始进行课程的顶层设计,建构课程体系。

陶行知先生认为生活的一切方面都应成为教育的内容。教育内容必须根据社会生活的需要来安排。中国教育科学院基础教育研究所陈如平主任也提出"一事一物皆教育,时时处处有课程。"的理念,我们开始考虑什么样的课程更适合孩子的需要?可不可以给孩子更多的选择自己喜欢的课程?通过课程建设是否能更加突出学校的特色发展?

在学校发展的进程中,戏剧教育慢慢彰显出来,戏剧文化无论是精神层面还是物质层面都弥漫在校园中,于是在课程建设中自然而然的便有了"人人有戏,人人精彩"的课程理念,以让孩子们过有戏的生活为课程目标,进行了课程功能的划分,匹配相应的课程内容、课程实施、课程评价、课程管理。

将有戏的生活细化为智慧生活类课程、健康生活类课程、优雅生活类课程、创意生活类课程,进行课程体系的整体建构。

　　围绕着这四大类生活,我们进行了相应的课程设置,如健康生活方面,分为体育类、心理类、环境安全类课程,体育类设置体育课、体育兴趣自选课;心理类课程设置了心理辅导课、心理拓展训练课;环境安全类课程主要是指地方课程,包括环境教育、安全教育、海洋教育,特别强调了餐饮安全。

　　智慧生活方面分为品德类课程、语言文学素养类课程、逻辑思维类课程。品德类课程设置了品德与生活、品德与社会、爱智生活课;语言文学素养类课程设置了语文、英语、主题阅读、剧本创编、表演指导课等;逻辑思维类课程设置了数学、逻辑思维训练。

　　创意生活方面分为科技类、手工类、劳技类课程。科技类课程设置了科学、七巧板、科技兴趣自选课程(包括机器人、摄像、剪辑等);手工类设置了手工兴趣自选课程(包括剪纸、折纸、丝带绣、编制、彩泥制作等);劳技类设置了种植课、养殖课、烹饪课。

　　优雅生活方面分为综合实践活动类、艺术类、戏剧课程。综合实践活动类设置了礼仪课(主要是就餐礼仪和社交礼仪)、主题实践活动、天泰六节;艺术类设置了音乐、美术、艺术兴趣自选课程(包括琴棋书画课);戏剧课程设置了剧目欣赏、剧本创编、剧目表演。

　　学校课程方案,其背后带出来的是学校整体办学理念和办学特色的思考。按照这样的方向,我们不着眼于某一门精品课程的打造,也不着眼于某一门校本课程的再次开发,而是把国家级课程、地方课程、校本课程相互融合,以学生兴趣为基点,以课程目标为导向,进行课程门类的整合、课程系统的架构、课程实施的变革。

蓝村中心小学于红艳校长的听课与评课

青岛市即墨区蓝村中心小学　于红艳

学校的教学工作是由教学常规、教学改革、教学研究三个相互联系的层次组成的。三者同步运行，有机结合，推动着教学质量的不断提高。课堂教学则是教学工作的基本组织形式，教规、教改、教研的成效必然集中体现在课堂教学之中，因此，校长深入课堂听课、评课，既是履行职责的需要，也是有效管理的需要。正如苏霍姆林斯基所说："一个有经验的校长，他所注意和关心的中心问题，就是课堂教学……听课和分析课是校长的一项极为重要的工作。"

一、因"类"而异，选择合理的听课评课形式

授课教师有刚参加工作不久的新教师，也有经验丰富的老教师。就要因"类"而异，确定听课评课形式，促进教师的个性发展，使课堂教学丰富多彩、百花齐放。

1. 计划预约听课评课

所谓计划预约听课评课，是指学校有计划地事先安排的听课评课。对于刚参加工作不久的新教师和内敛、严肃型教师最适宜这种听课评课形式。新教师刚走上工作岗位，对课堂教学还处于摸索阶段，因为校长介入课堂听课评课，必然产生紧张情绪。采用预约听课评课，可以有效缓解他们上课的压力，让他们有备而上，最大限度地减少课堂失真。内敛、严肃型老师，由于事先有预约，他们课前就有充分的时间研读教材、钻研教法、精心备课，上课的自信心就会大增，课堂教学水平就能得到最大限度的体现和发挥。

2. 随机推门听课评课

随机推门听课评课，是事前不打招呼的一种随机性听课评课。教坛新秀、骨干教师，适宜这种听课评课形式。因为这些教师理念先进，教学经验丰富，驾驭课堂能力强，虽然有校长介入听课评课，也能轻松驾驭课堂，反映课堂教学实况，有利于这类教师增强自制能力，进一步提高教学技艺。校长进入课堂后，要怀揣对教育的虔诚，

高度集中注意力,做到认真听、仔细看、勤记录、多思考。

因"类"而异的听课评课形式,不是一成不变的。对于刚参加工作不久的新教师和内敛、严肃型老师,随着听课评课次数的增多和交流频率的增加,会逐步实现从"计划预约听课评课"到"随机推门听课评课"过渡,不断提高他们的课堂调控能力和教学智慧。另外,学校应根据需要,适当增加教坛新秀、骨干教师的预约听课评课,为他们进一步成长搭建平台。

二、因"人"而异,选择恰当的评课方式　由于教师类型不同,个性迥异,评课就不能千篇一律,要因"人"而异

1.先扬后抑,激励发展

对刚参加工作不久的新教师和内敛、严肃型老师可采用先扬后抑的评价方法。即听课评课时先肯定教师的成功之处,再指出不足之处,然后提出改进的目标和希望。因为新教师对课堂教学还处于摸索阶段,评价者的意见和建议有助于他们加深对课堂教学的理解,明确课程理念,激发他们的工作热情和钻研精神。内敛、严肃型的教师,由于他们本来就胆怯和要面子,如果过多地指出不足,易挫伤他们的自尊心,打击他们的教学积极性,让他们丧失自信,不利于他们的未来发展。

2.去粗取精,促进提高

对教坛新秀、骨干教师,在听课评课时,将听课评课的焦点放在该课堂有无与课改精神不相适应的旧观念、旧方法上。如果有,要及时指出不足,让他们去粗取精,去伪成真。让教师感觉到,只要不违背课程改革的要求,课怎么上可以自己决定。表面看,这种专门挑毛病的方法可能会影响教师的积极性。但是,只要教师明白听课评课的目的是为了促进专业成长,只要评价的意见客观中肯、实事求是,他们一定会乐于接受。

灰埠小学校长引领新教育文化，缔造高品质学校

平度市新河镇灰埠小学　蔺文燕

步入平度市新河镇灰埠小学,宛如进入一个美丽的大花园,近年来,蔺文燕校长带领她的团队以办学条件为基础,从校园文化、活动文化、制度文化三方面架构起教育文化建设的基本框架,在探索和实践中不断丰富其内涵,促进师生的成长,增强学校的核心竞争力。

一、独具匠心，营造优质的校园环境文化

校园文化是学校主流价值观的体现,不同的校园文化环境塑造不同的精神品格和价值取向。整洁优美的校容,是潜移默化的管理力量。要让校园内的一水一石,一草一木都为育人开口说话。主甬路是宣传栏长廊,从学校简介到教师的风采,还有礼仪常规、常规检查记录、校务公开、学生的每日一记,这里是学生家长定期驻足观看学习的好地方。房屋的山墙上喷绘制作了三条文化长廊:"安全长廊""经典诵读长廊""师生共勉长廊"。让经典与师生为伴,安全之警钟长鸣。学校组织全体师生们自己动脑,共同参与,围绕学校整体规划。设计本级部门前的文化氛围的布置,六个级部分别确立了以"传统文化、文明礼仪、珍惜时间、奋发读书、励志勤学、诚信教育"为主题的育人网络。教室后墙根据学生年龄特点绘制了以"中华美德、诗苑情趣、修德勤学、警钟长鸣"的专题教育画廊。让孩子们沉浸在历史文化的灿烂中,培养着孩子们崇尚文化的情怀。丰富的色彩绘就了生动的蓝图,一浓笔一淡彩,一名言一警句无不凝结着老师和学生的心血,记录着师生前进的脚步。综合楼的专用室内布置装饰着丰富多彩的文化氛围,学生们在浓厚的氛围中学习着、收获着、快乐着。

二、创设新教育理念，缔造"完美教室"

雷夫说过:"一间教室能给孩子们带来什么,取决于教室桌椅之外的空白处流动着什么。"班级是学生精神成长的摇篮。班级中的人际关系,会影响每一位学生的成

长。建立友爱、信赖、关心、负责和谐的校园人际关系,就是最有德育价值的校园隐性文化。本着师生共同成长的目的,蔺校长提出打造了完美教室,活动以校长为中心、级部主任为负责人、班主任为主要策划、任课老师做辅助,家长、学生共同参与的方式开展,全员参与,形成了"一室一品"的特色。既每班有专属的班徽、班风、班训、班级公约等,每一面墙壁都有不同的育人特色。每个完美教室的打造,从初期的主题设定、班徽设计、班风班训的征集到后期文化氛围的布置全程由家长和学生参与,大家利用晚上时间,在家长群里各抒己见,共同出谋划策,最终打造出专属的班名。

三、活动文化

1. 诵经典文,立君子品,打造书香校园

为了适应不断发展的教育教学事业,积极营造校园书香育人氛围,搭建书香校园,感受中华五千年的文化与精髓,让学生参与到全国掀起的读书热潮中来。让师生走进图书室,与图书"亲密接触";让图书走进班级,与学生"时刻相伴";开放借阅与阅览,让学生"畅游知识的海洋";我校解锁开启了"全员阅读"模式,要求在全体教师中开展全科大阅读,以学科为单位,教研组长选择适合的图书,大家以共读一本书、好书漂流等不同的方式展开,在每周的教师例会上选取两至三名教师交流自己的读书心得,让老师们在读书中遇见更好的自己。在学生方面践行"我读书,我快乐,我成长"的理念,通过开展读书系列活动,引导家长一同参与读书活动,推行阅读型班级,阅读型学校,阅读型家庭的建设,实现"书声琅琅,书香满校园"的氛围。

2. 多管齐下,贯彻落实"120"工作法

"1"即每位老师带一个社团,学校成立了"键之舞""草编""拉丁舞""器乐""墨韵飘香"等23个校级社团和20个班级社团。每周周二和周四的下午第三节课进行活动,让学生的特长得到发展。"2"是指学生具备一项体育特长和一项艺术特长。学校利用课间操时间组织学生开展"每日一分钟跳绳"活动,让学生掌握最基本的跳绳技能,增强自己的体制。学校为了普及孩子们的一项艺术特长,在音乐课上进行竖笛普及活动,每学期组织全校的竖笛比赛,成立的300人竖笛队,曾在山东省家校合育现场会上精彩亮相。学校拉丁舞、民族舞、合唱、器乐、书法、绘画、剪纸、太空泥等社团的开设,也为孩子们的艺术教育搭建了丰富多彩的艺术平台。"0"指学生0门功课不及格。这是一项很艰巨的任务。为了不让一个学生掉队,学校积极开展"托底培优"工程,让每一个学生都能享受到学习的乐趣。

四、制度文化

学校文化建设是一项系统工程,学校制度文化作为学校文化的重要组成部分,它不仅是维系学校正常秩序必不可少的保障机制,也是学校文化建设和学校发展的保障系统。"没有规矩,不成方圆"。蔺文燕校带领她的团队建立了《灰埠小学学校章程》,保证校园各方面工作和活动的开展与落实,《关于优化教学行为有关制度》《灰埠小学学生一日常规制度》《灰埠小学家长公约》《灰埠小学家委会制度》等制度的制定为学校师生和家长的活动提供保障。

环境孕育希望,理念放飞未来,优秀的校园文化能赋予师生独立的人格、独立的精神,激励师生不断反思、不断超越。

实施"托底培优"课程建设,
促进教育质量全面提升

平度市东阁街道蟠桃小学　王俊寿

决定教育质量的条件是多方面的,抓教育教学,提高教育质量,使我们教育人的生命线,永恒的主旋律。而"托底培优"正是树立正确的教育质量观,全面落实国家教育方针的具体举措。如何设计"托底培优"课程,是学校提升教育教学质量的有效保障。因此,蟠桃小学在课程建设方面做了以下尝试。

一、成立"托底培优"课程建设领导小组和课程研发小组。

首先,统一思想认识,明确什么是正确的教育观。其次,要做好三个认识。一要正确认识"分数与素质"的关系。通过分数体现的教学质量是素质教育的重要组成部分,前者包含在后者中,并不是对立的关系。讲素质教育,并不是不要分数了,而是要促进学生全面发展。二要正确认识"阶段与全局"的关系。教育作为促进学生发展的主渠道,必须保证其连贯性。三要正确认识"理性与情感"的关系。教育作为一门科学,需要理性;而作为培养人的方法,又需要情感。理性与情感是教育这个硬币中的两面,不可分割。用理性与情感的方法,培养理智与情感都健全的人,这才是教育质量的最高目标。

二、认真分析学校各个年级、班级的教育现状。

测试、调查了解新生、在校生的学习差异,学科间的差异,造成学生的学习能力、学习习惯、学习情感、人际关系也存在较大的问题。

三、研究确定基本策略。

基于以上现状,学校首先从实施民主教育,尊重每一个学生,不放弃每一个学生的层面上,研究确定了"托底培优、师生共商,家校合育、全面发展"基本策略,并开展了相关的研究与实践。

四、研发"托底培优"课程。

学校从教师关注、小组合作、家长辅助、自主学习、智者先行、作业有别、教学相长、搭建平台、全脑开发等方面进行课程研发,实施分层教学、分层测试、社团辅助、以学定教、分层积分评价等措施加以促进,通过家校共育进行强化,这些项目都是作为校本课程进行研发,丰富了国家课程和地方课程的内容,丰富了学生的知识。通过一学期的托底培优实验工作,学校的各项工作发生了很大变化,特别是学生的学习成绩有了较大的提高。

在民主教育实践过程中,蟠桃小学意识到要实现"托底培优"的远期目标,面临诸多困难,如社会上有人不认可,过分注重分数;有的家长不配合,过早放弃对学困生的希望和培养;部分学生不理解,缺乏自信心,没有奋斗目标;个别教师不认同,认为学校更应多关注优秀学生。面对种种困难,我们将进一步转变社会观念,形成正确的人才观;进一步唤醒教师的爱心,关爱每一个学生;进一步强化家长的责任意识,陪伴孩子共同进步;进一步培养学生的自信心,提升学生的社会责任感,努力培养他们的民主意识、创新精神与实践能力,成为适应未来社会发展的合格公民。

农村小学"集体备课"有效实施的实践与探索

平度市旧店镇旧店小学　李云峰

集体备课的核心是培养教师的合作意识和集体创造能力,激发教师个体创新意识和共同探讨问题的积极性。它有利于每一位教师准确把握对课标、教材的正确理解,整合优质资源,在较短时间内有效促进教师专业化成长,是新的教育理念的具体表现。但是,农村小学面临很多挑战,老龄化严重、年轻力量经验不足、教研组人数过少等,集体备课,"备"什么,这是一个值得研究的主题。经过多次调研,充分考虑到全面调动任课教师积极性,本着长远发展的目标着眼,我校备课工作采取大集备 + 小集备双线并走的方式,大小集备都定时间、定地点、定主讲人、定内容。

小集备同级部每个学科教师间进行,每周 1 次,参与的 2 ~ 3 名教师,重点进行先周备课、根据教学进度讨论课的重难点、古诗阅读开展及过关检测安排等。大集备以学校学科教研组为单位,间周进行。大集备采取"七步磨课"流程:①个人备课,教研组在初步研讨的基础上,由主讲人独立设计备课,交由组长审查、知道后形成初稿,提前一周下发给组里每一位教师;②集体备课,教研组结合新课标,逐条落实初稿的目标设定及教学流程,修改完善备课初稿,形成二次备课稿;③第一次磨课,主讲人根据二次备课稿进行课堂展示,教研组根据批评组、表扬组、追问组、综合评价组分维度进行观评课;④第二次集体备课,教研组总结第一次磨课中发现的问题,再次修改备课稿,形成三次备课稿;⑤第二次磨课,根据第三次备课稿,主讲人再次进行课堂展示;⑥形成定稿,主讲人根据相对完整的备课设计,经教研组长审核,形成定稿;⑦反思备忘录,教研组汇总本次集备中课堂教学的教学反思,下发全体教师,并建立备忘录。

有效的集体备课能够有效提高教育教学质量。集体备课目标明确,教学技能和学习方法博采众长,最终目标是有效提高教育教学质量。本学期,针对学科集备,我校采取间周大集备,每周小集备的方式进行。集体备课"备"什么?

1. 备课标

课标不仅是实施课程的标准,也是我们组织课堂教学,确保教学有效之基本准则。课前应该依据课标尤其内容标准,并且尽可能将抽象笼统的标准分解成可操作性,可检测性,可达成性的具体教学目标。有了具体目标而且紧紧围绕这样的目标组织教学才可能有效高效,那种无目的、随意性的教学只能带来低效甚至无效。

2. 备教材

教材,顾名思义,是我们组织教学的主要材料。也许不是尽善尽美,但其权威性与不可替代性勿容置疑。因此,课前认真研读教材非常重要,同时还要适当拓展与教材有关的知识,绝不能仅仅局限于教材。只有这样,你的课堂教学才可能游刃有余,变得日益丰满与厚实。

3. 备教法

重点如何突出,难点怎样突破,不同的教法,不同的手段,其实际效果自然不同。因此,课前研究教法非常重要。针对本课内容究竟采用怎样的方法比较有效,这应该成为课前思考的主要内容之一。

4. 备当堂检测

学以致用,学习的主要目的就是用所学知识解决实际问题。每一节课不能缺少的一个环节就是当堂反馈训练。面对有限的课堂时间以及浩如烟海的试题习题,教师如果不加选择,信手拈来,恐怕达不到最大效果。因此,在备课时教师务必精挑细选,精心编制相关练习,追求典型性与实效性的统一,力争举一反三,事半功倍。

我们的备课组每次集体备课时都能围绕以上几点扎扎实实开展工作,积极主动将各自的智慧贡献出来,就一定会产生出意想不到的效果。关于课堂教学,关于集体备课等,到底有没有所谓的绝招?要说有,概括起来不外乎就是这样几个字:用心准备,认真完成。倘若每个教研组真的这样做了,而且一直坚持,一定会有效果。

家校合力共建，同谱育人篇章

平度市古岘镇古岘小学　宿林生

优秀的孩子不是天生的,成功的家庭教育是起点;父母是孩子的第一任教师,家庭教育是人类一切教育的基础,直接影响着孩子今后的成长。这些年来,我校十分重视家庭教育,在上级领导的殷切关怀下,举办了家长学校,形成了家庭、社会、学校三位一体齐抓共管育新人的新局面,开展了丰富多彩的教育活动,取得了明显的效果。

一、健全组织制度，构建家长学校教育平台

1. 健全家庭教育组织机构

学校成立了家长学校领导机构,学校校长兼任家长学校校长,全面负责、组织、协调家长学校工作。学校成立关心下一代工作委员会,学校工会主席、副校长、大队辅导员、教导主任及家委会主任和各班班主任为成员。各领导成员团结一致,定期召开会议研究解决家长学校工作和教师工作中的实际困难,齐心协力为家长学校的工作出谋划。

2. 健全各项管理制度

规章制度是做好各项工作的根本保证,学校一开始就重视家长学校规章制度建设。制订了工作制度、学习制度、例会制度、授课制度、教师备课制度、档案管理制度、考勤管理制度、学员考核制度、评先表彰制度等一系列规章制度。如在执行授课制度上,学校学期初制定了课程安排表,指定授课人,规定授课内容、时间、地点,提前通知到家长学员,保证了按时开课,按时上课。学校实施以各班学生家长为单位的班级管理制度,从一年级学生入学开始即建班,各班的班主任即为家长学校各班级的班主任。严格依照"家长学校班主任班级管理职责"开展工作,履行义务。领导小组每学期对他们的工作进行评定考核,促进了家长学校工作制度化、规范化。

3. 高标准建好家长学校教室

学校多功能厅设置为家长学校专用教室,配备了桌凳、音响、电视及光盘播放设

备,一次容纳近三百人,便于分级部开班。设置了家教园地和宣传版面,按示范性家长学校的标准,完善了各项制度职责并装框上墙,明确了家长学校的办学使命、办学理念、办学目标,制作了大方醒目的校训,充实了《家长学校教材》,规范了家长学校档案资料。家长学校各项工作的开展有了坚实的物质基础。

二、加强培训,全面提高家长育人素养。

1. 坚持新生入学,家长开班

家长是孩子的第一任教师,家庭是孩子健康成长的摇篮,家庭教育是素质教育的基础,是学校教育的补充和延伸。但是,家长受自身素质的制约,在教育子女上,缺乏科学的家庭教育常识,往往造成家庭教育事倍功半。几年来,学校坚持"新生入学,家校开班"的规定,在一年级新生入学第一周内,新生家长学校随即开班。学校校长做专题报告,全面细致、深入浅出地辅导家长如何开展家庭教育,以及如何与学校、班主任、课任老师相互配合,促进孩子的全面和谐发展。

2. 开展专题培训

学校在课程安排上以专题培训为主,所有专题构成一个完善家教知识体系。学校安排了师德高尚、业务精良教育干部和骨干教师任授课老师。按照学校的相关制度,授课老师要认真学习所授专题知识,认真备课,撰写讲课稿,保证授课的质量。按照家长学校工作计划,学校每年要进行二次面授课,每一次培训不少于 2 小时,通过专题报告系列讲座等形式有计划的完成教学任务。同时,注意指导家长收听收看专家报告。学校购买光盘,如周弘老师的赏识教育等,组织家长学习观看。家长学员在不断的听课学习中,逐步掌握家教知识,在运用实践中提高家长素质和家教水平,从而达到家长学校工作的目标。

3. 充分利用优秀家长资源

学校为提高家长学校教学的实效性,在尊重家长的意愿下,选择一部分文化知识水平高,家庭教育经验丰富,又有教育热心的家长,作为家长学校的教师。家长教师收集自己的例子,现身说法,介绍教育子女的经验,引起其他家长的浓厚的兴趣,引导家长参与互动,丰富了授课形式,树立了家长的自信,锻炼了家长表达能力,又让家长学校多了几分趣味活力。

三、多措并举，营造家校和谐共进的氛围

1. 学校成立了校级和班级两级家长委员会

每学年期初都要调整家长委员会成员。每学年能召开 2～3 次家长委员会会议，一般由学校领导通报学校工作计划及取得的成绩，然后听取委员会成员的合理化建议等。

2. 为广泛宣传，提高学校教师的认识，增强责任感，以及提高广大家长对家长学校的认识

我们在平时工作中特别重视做好"九个一"活动。譬如参加一次升旗仪式，参加一次领导干部工作会议，听一节课，参观一次校园，和孩子一起做操，进行一次座谈，与孩子一起就餐……

3. 发放家校联系卡，进一步加强家校联系

本学期，为了更好地向家长提供教育服务，密切家长与教师的联系，学校与移动公司联合开通家校通业务，发放家校联系卡，家校联系卡上有家长的电话号码，发到每位学生和教师的手中，在服务卡中，我们给家长的承诺是："全心全意为您服务"是我们的义务，"尽心尽力让您满意"是我们的心愿。

4. 多平台构筑家校沟通新渠道

平时及时与家长联系。一方面鼓励家长校访，一方面将学生在校情况通过电话联系及时与家长沟通，取得家长的支持与配合。邀请家长来校参加学生的活动。如"春季运动会""欢庆六一"等素质展示等活动，让家长来校和孩子们一起同庆同乐。家长通过参加学校丰富多彩的少先队活动，看到了自己孩子的长处，又欣赏到其他孩子的特长，倍受鼓舞，调动了其教育子女的积极性，同时提高了自身文化的素养。在互联网高度发达的时代，我校每个班级都构建了班级微信群，班主任、课任老师随时利用教学之余，与家长进行交流。网络信息平台在交流沟通上发挥了快捷便利的优势，让学校与家庭、老师与家长之间的沟通交流真正实现的零距离。校网及微信公众号的"家庭教育"专栏，内容丰富，注重实效。"教子有方、家教指导、家长必读"是家长做好家庭教育的"灵丹妙药"；"家教课题"向家长提供了家庭教育的新理念、新内容、新方法；"家校管理"让家长及时了解学校事态；"家长意见箱"让家长的意见直接到学校领导面前，为工作开展广开言路。校网上的内容新颖实用又更新及时，家长们赞不绝口。

5."致家长的一封信"让家校关系融洽

学校开展的教育活动离不开家长的理解与支持。每一项重大活动时,学校就及时下发学校将"致家长的一封信",并得到大多家长的理解与支持,活动效果也自然倍增。"致家长的一封信",运用到放寒暑假前,让家长帮助教育孩子过个有意义快乐的假期;运用到重大节日前,让家长明确如何帮助孩子做有意义的事;运用流行病到来时,向家长宣传预防疾病的方法。

6.积极运用积分记录卡,记录校外学生素质成长轨迹

从某种程度讲上,孩子在家庭中的发展成长要比在学校里的比重大。学校教育主要引领学生思想认识的成长,而更多的实践行为要走出校外来实现。学校设计制作了学生"校外素质成长评价记录表",从品行、学习、健康几方面让学生做出记录。这样能使学生明确自己在干什么,对自己的作为有个清醒的认识或判断。家长对孩子记录真实性给以认定,并能自觉地依据记录情况,指导孩子的行为。每周家长根据记录表对孩子进行一次评价。记录表让家长随意的、无意识的教育孩子的方式变成了自觉的、有目标的教育方式。学校老师和家长可通过记录表互通信息,家长及时了解学生在学校的有关情况,老师及时了解孩子在家庭中的表现,为因材施教奠定基础,大大提高教育的有效性。同时,学校还通过家访、开家长会、家长开放日等形式,让家长全方位了解学校教育教学工作,及时交流情况,并认真听取家长对学校管理和教育教学的意见、建议。

著名的教育学家苏霍姆林斯基说道每瞬间,你看到孩子,也就看到了自己;你教育孩子,也就在教育并检验自己的人格。也就是说家长对孩子的影响比教师对孩子的教育作用更大,所以说要想把孩子培养成才,首先培养合格的家长。因此开办家长学校,提高家长素质,尤为迫切,我校将进一步以高标准、严要求来衡量自己,不断探索家长学校办学的新路子,密切与家长的关系,共同为培养好下一代而不懈努力。

和润多元途径　做好小幼衔接

莱西市月湖小学　吕学锋

陶行知先生主张"生活即教育、社会即学校、教学做合一"的思想。小学一年级教育教学中普遍存在着一个问题，就是一部分孩子在入学前后都会在心理上产生紧张情绪，如果这种情绪不能及时得到缓解和消除，甚至会出现退缩、厌学、孤僻、焦虑甚至攻击性行为。为了从根本上做好孩子的态度、情感和适应性衔接，减少上述情形的发生，月湖小学组建团体探索方法途径，摸索出了利用校 - 园 - 家三方联动机制，开辟多种渠道，采取多远途径，给一年级新生搭建起一座爱的立交桥，让孩子们在"和润"教育中积极主动地融合到一年级的学习生活中。

一、兴趣润天性，营造爱的家园

顺应兴趣，将游戏引入课堂。在幼儿园游戏是主要活动形式，知识都是以游戏的形式进行教授。组织老师对一年级上学期的所有课程进行集备，将知识穿插在有趣的游戏中，让课堂变得更加生动有趣。课时调整，提高教育效率。一年级新生很难适应 40 分钟的课时，会出现精神疲劳，降低了教育效率。我校通过缩短上课时间（35分钟左右），延长课间时间（20 分钟左右），课间多带孩子到操场做游戏，做到动静结合，有效地提高课堂效率。

二、三方"合"润，构建爱的立交桥

1. 家校联动，理清思路

在新生报名时，向家长发放调查问卷，通过调查发现许多家长在入学准备中忽视了孩子社会性的培养。学校就此提出了对新生家长的指导意见，指导家长调整好家教计划。将指导意见通过微信公众平台推出，要求所有一年级新生家长查看并执行，做好孩子的成长记录，在新生入学时把孩子的进步以书面的形式交给班级记入个人档案，这样老师也掌握了孩子们的第一手信息，以便有效地因材施教。新生入学后，组织家长培训,进一步统一教育目标。社会适应性教育希望得到每位家长的支持与配合,学校在新生报道时召开一年级家长会,会上对如何进行幼小衔接教育向家长进行了宣传同时下发家长信。要求家长第一周在家不要给孩子安排知识上的学习,积极营造与适应教育协同、连续的家庭教育环境,使家校形成合力,帮助孩子起好步,为孩子健康幸福成长奠基!请家长驻校,帮助适应慢的孩子。请个别适应慢的孩子家长到校驻校,给孩子更多的安全感,陪伴孩子成长。开展家长开放日,学生向家长展示。开学第一个月,组织两次家长开放日活动,上半月的开放日让家长观察孩子在学校的具体情况,了解孩子在学校的一日生活及每个环节的常规要求,两周后再次开放,让家长们看看自己孩子的变化。

2. 双向交流，共建桥梁

组织一年级的老师与学区内的幼儿园大班教师组建幼小衔接课题组,利用幼儿升入小学的前一学期开展一系列的活动,为尽快适应小学生活做好准备。一是组织参观,直观小学生活。开展丰富多彩的参观及观摩活动,让幼儿较全面地了解小学、了解小学生的学习等,让孩子在思想上、情感上做好入学准备,激发了他们对小学的向往之情。二是互动交流,完成教学过渡。课题组教师进行互相交流,熟悉对方的教育手段和特点,大班教师的教育教学方法向小学一年级靠近,小学一年级教师继续重视教学的趣味性,继续采用孩子喜爱的游戏形式,把学习与游戏结合起来,以减少孩子在这两个不同的教育过渡期内的各种不适应。三是改变作息,拉近小学生活。建议幼儿园适当改变大班幼儿的作息时间表。如早晨要求孩子8点之前来园,对于迟到的幼儿,老师与家长沟通,请家长一定在规定的时间内送孩子入园。让孩子逐渐形成时间观念,有助于孩子形成良好的生活规律。

三、齐力润观念，播撒爱的阳光

1. 培养能力，树立自信

从学生身边的小事做起,注重独立生活的能力、交往能力、任务意识及规则意识的培养,给学生锻炼的机会,让他们独立完成老师布置的力所能及的事情提高其能力。通过值日生、小组长等工作让学生尝试来做一些简单的工作,提高孩子的任务意识和规则意识。

2. 打破常规，无痕过渡

为了更好地顺利完成幼儿园与小学的衔接,我校开展了多种形式的活动,为孩子们顺利适应小学的生活打好坚实的基础。一是引进活动区。有许多刚入学的孩子下课后不会主动与同学交往,甚至有些孩子为此产生焦虑不安的情绪,出现不愿上学、怕没人跟自己玩、怕受人欺负等问题。我校打破常规,将幼儿园的活动区引入一年级,在班级讲台的一角设立了图书角,在走廊设立了悄悄话交流区,在教室后边设立自然观察区,孩子们通过在区域中活动交流尽快的相互认识建立友谊,从而更快地适应小学生活。二是丰富早读的形式。孩子们在刚入校时,认识的字有限,不能迅速流利地读出一些文章,我校把在幼儿园大班学过的诗歌、故事、歌曲列入新生早读内容,让孩子们觉得早读生动有趣,愿意主动参与。三是开展手拉手大带小活动。新生报到时由对口的手拉手高年级同学接待,并带领新生认识教室、学生饮水房、厕所、操场、篮球场、学校大门的位置,告诉他们这些地方的功能及各项活动要求。高年级班级定期派出部分学生帮助新生班级开展一系列丰富多彩的活动(每周一次),如帮助指导学习召开班队会、小组会、打扫卫生、指导课间操、眼操等。通过一系列的活动让新生牢记小学生守则并自觉遵守。

从幼儿时期跨入学生时代是一个人一生中重要的里程碑,愉快自然地适应,将在孩子们的脑海里留下永久、深刻而美好的回忆。我们将继续围绕学校、幼儿园、家长的三方联动探索更加多元的模式,尽可能的在短短的两个月内让孩子适应学校的生活,有效地为孩子开启一个良好的开端,为以后的学习打下良好的基础而不断努力。

关于现代化农村学校教学的实践探索
——创建数字校园

崂山区华楼海尔希望小学　王伦波

崂山区华楼海尔希望小学充分利用国家、区市资源库,在教师应用开发的基础上,逐步形成有学校特色的教学资源中心。充分利用青岛教育资源管理平台存储教学资源、海大云平台,借助网络环境,老师们下载相关课时资源,并根据自己教学需要进行修改使用,修改使用后的资源进入学校生成性教学课件资源。借助戴尔"互联创未来"项目网络研修活动、语文合作备课项目,通过建立网络协同备课共同体,推动网上研修与教学实践结合的混合式学习,提升教师教育教学技能,促进信息技术与学科教学深度融合。通过网络在线集体备课,汇聚集体智慧,形成学校生成性教案资源。通过学校录播教室,及时将自己的课堂教学视频上传或者能在线直播的形式实现区域共享。

一、信息技术与语文教学深度融合

将信息技术融入语文课程教学的全过程,把网络资源和交互工具作为学生识字、阅读和写作的重要学习支架,促进学生书面语的读写学习的起步阶段,在大密度的语文实践中识字学词,丰富语汇,积累形象,发展语文素养,入学三年基本达到"能读会写"。"

学校还积极尝试了电子书包项目,借助电子书包实现语文课堂的翻转。教师制作微视频,实现平板与预习相结合的微课预习;课堂中,平板与读写相结合,将胡一帆写字软件导入平板中,学生根据自己的学习需要选择自己需要指导的字,并进行投屏讨论和点评。注重课前、课中与课后的关联,利用网络登录学习段,老师的教学设计、课件、音视频材料全都可以下载学习、查漏补缺。老师也可以发布更多的学习资源、学习工具分享给学生,深化了家校的沟通与合作。

二、信息技术与英语学科的融合探索

学校在实验初期,英语教学主要借助"农远工程"资源、"互联创未来"项目提供的资源、国家基础教育资源网中生动有趣的英语资源,在课堂中学生根据自己的学习情况自主选择学习内容,通过跟读、模仿表演的方式提高学习兴趣。在听读表演等活动中帮助学生积累词汇、学习句型、进行表达,提高英语口语水平。2013年底,学校在中高年级尝试"翻转"课堂教学,突出"以学定教"的优势,激发学生英语学习的热情,最大程度减少学困生的形成。通过微视频、学习单完成课前新知的自主学习,课上充分利用"农远资源"和"敏特"英语资源,针对学生个体的学习情况设置分层作业完成目标知识重难点的按需学习,解决英语的听与说问题,注重学生英语语音、语调的模仿。教师根据英语即时评测反馈软件发现问题所在,及时采取有效策略予以干预,实现以学定教。课后,学生可以借助网络资源回家复习,使全时空拓展学习成为可能。通过借助网络资源扩大了学生信息量,培养了学生创新思维能力。课外,开展"英语第二课堂"活动,学生可以借助学校的网络教室,通过应用"敏特"英语学习软件、观看英语动画影片、英语配音比赛等形式,培养了学生的语感,为学生创设良好的学习英语的课外环境。学校在每学期举行英语口语模仿,展示学生的英语学习成果,学习的英语学习积极性得到了明显提高。

三、"一对一"数字化学习模式，实现数学及时反馈

我们的数学课堂，主要通过借助海大云平台中的"同步课堂"及学校"微课"资源，实现数学教学的即时评测反馈，使教师更加及时了解学生的知识掌握情况，从而因材施教。课堂中学生可以根据自己的数学学习情况自主选择学习内容，实现"一对一"学习的目标，真正做到学生的按需学习。借助网络资源，师生之间可以及时互动交流，教师进行有针对性的指导，学生的学习积极性得到了很大提升。

通过多年的实践，通过借助网络资源，英语学科借助云平台，实施"翻转"教学，从而提高课堂教学效率；数学学科借助区市云平台，实施课内即时反馈，从而更准确的了解学生的学习情况，更好地改进课堂教学；语文学科通过"网络环境下促进小学生能读会写"实验，逐步提高学生的语文素养。在接下来的研究中，我们将在之前这些研究的基础上不断进行实验，逐渐改进、完善实验，积累经验。

潜心集备　打造高效课堂

青岛市崂山区张村河小学　王　平

"集体备课"是学校提高教师专业素养、确保课堂学生有效学习的研讨方式之一。近年来，学校就有效"集体备课"进行了实践性研究，逐步提炼形成基于问题研究背景的"五段式"集备研讨模式，即"集体备案—微格反思—课堂展示—现场点评—教后反思"，它最大限度地实现了问题与实践的有机融合，实现了全员参与，集备促研，资源共享，合作共赢的研讨目的，有效提升了教师的研讨力和课堂教学效果。

1."五段式"集备展示第一环节：集体备案

个人初备。主备教师根据学科的研究主题自选课题，把所承担的备课内容备深、备透、备精。其他教师在集备前加强理念的学习、教材的研读，明确教学目标，分析教学的重点、难点和关键，独立思考教法、学法，做到在集体讨论中"有言可发"。

主备人说课。这一环节在集备组内完成，主备人就课程标准、教材、教学目标、教学重难点、学情、教法、学法、教学设计等进行说课。

修正教案。教研组教师们对主备人编写的教案进行讨论，提出补充和修改意见，

在讨论的过程中相互启发,主备人把集思广益后的相关内容整理好,形成集备预案。

2."五段式"集备展示第二环节：微格反思

集备后由主备人在集备组内进行小范围初建、反思、修正。

备课组老师集体听课评课,针对课的具体实施情况,围绕主题互动交流,反观教学设计的可行性、分析教学策略的有效性、关注课堂师生的发展性,为教学再重建提出实实在在的可操作性建议。主备人在此基础上完善教案,同组成员参与讨论修正,使教案融合更多的亮点。

3."五段式"集备展示第三环节：课堂展示

这一环节学校组织全校研讨,在集备组初建的基础上进行重建,相关学科教师及教师发展中心全员参加,凝聚更多人的智慧,在不断的重建过程中磨砺思维,逐步凸显自己的教学风格和教学特色。

4."五段式"集备展示第四环节：现场点评

在校研讨课之后,随即开展校级教研,组织所有本学科教师对本节课发表自己的看法,逐步使教师的理论认识与教学行为内在的统一。大家各抒己见,相互切磋,共同探索,在此基础上形成集体的共识,这在一定意义上对以后的课堂教学起到了导向的作用。

5."五段式"集备展示第五环节：教后反思

每位听课教师根据研究课内容写一个课堂随笔或反思或案例,记成功之举、败笔之处、学生创新、教学机智、教学困惑……在不断的实践反思改进中成长,让每位教师都真实地经历研讨活动的全过程。

"五段式"集备后的每节课都是教师心灵的碰撞和共同智慧的结晶。虽然比较成熟,但它共性太强,缺乏个性。所以这一教案并不是每位老师上课最终所用的,每一位教师在集备教案的基础上,可以根据自己的教学风格、不同的教学对象,自己对教学理论、教学方法、教学内容的理解,结合班级实际情况进行重建。通过这种日常化研究,让老师们在设计、实践、反思中不断提升,真正扎根于课堂教学,提高研究的实效性,打造高效课堂。

胶州市三里河小学基于合校现状下的
党建品牌建设

胶州市三里河小学　王书友

党建品牌建设作为学校发展的的内在动力,促进了学校的提升和发展。三里河小学着力于党建品牌建设,开展好党建工作,落实好党建举措,实现好党建目标,学校踏上了又好又快发展的轨道。党建是学校发展的"内力",只有修炼好"内力",磨练好"内功",才能展现外在的魅力。

2010年,在三里河街道办事处党委的支持下,三里河街道办事处四所小学(南关小学、付家村小学、七里河小学、北三里河小学)合并为胶州市三里河小学。可是,学校的合并并未带来人心的聚拢和精神的汇合,反而呈现出种种"水土不服"。

三里河小学以党建品牌建设为突破口,寻求党建品牌建设与学校发展契合点,培育党建在学校发展中落地生根的生长点,三里河小学经过摸索和实践,逐步形成、完善了党建品牌——"党心暖童心"。

一、打好"旗帜",党建是"火车头"

面对合校的现状,学校从党员教师入手,提出"一个党员一面旗",每个党员教师都要发挥模范带头作用,做好自己的本职工作,树立榜样,做"示范岗""先锋岗""标兵岗",时时处处想在前面,走在前列,做在前头。学校要求党员教师要破除"圈子意识",有全局意识,有大局观念,从学校整体工作出发,杜绝小团体,在全体教师面前维护学校形象,营造阳光、正气、向上的风气。

二、走进家庭,党建是"安全带"

三里河小学的生源涉及十几个村庄和社区,同时还有外来务工人员家庭,为有效促进家校合作,及时了解学生家庭情况,学校党支部在师生和家长中开展了"红飘带在行动"的活动,筹措了爱心基金,特别组织党团员和干部开展了"一帮一、一带一"

帮扶活动。他们与学生及学生家庭结成帮扶对子,做出帮扶承诺,结合帮扶学生的实情,找准帮扶的切入点,研究帮扶方案,明确帮扶目标、责任、措施和时限要求,形成文字资料,建立学生成长档案。党员教师深入问题学生家庭,走到问题学生及其父母的身边,和家长牵手,一起寻症结,共同解决孩子的学习问题及生活问题,等等,让每一个孩子都健康快乐地成长。

三、讲好故事,党建是"好声音"

学校的一批老党员教师任劳任怨、爱岗敬业,用他们的故事来感染全校教师,用他们的讲述来引导学校的工作风气,讲好身边事,传递好声音。学校把50岁以上的8名党员和14名老教师组织起来,成立了"夕阳红"师德宣讲团,以"廉洁从教、敬业爱岗"为主题,讲述他们从教的感人事迹。

用身边党员的故事,来传播党建"好声音"。在合校的背景下,人心浮躁的时候,能够让师生的心沉静下来,向这些党员教师看齐,学校也打造了党员教师"样板",奏响引领学校发展的主旋律。

四、扎根课堂,党建是"定盘星"

课堂是传承红色基因的主阵地。学校以"红色教育课程化"为目标,把红色资源教育贯穿到教育教学全过程,将红色资源转变为独特的教学资源,保证红色教育有教材、有课时。一是利用好胶州市教体局颁发的《传承红色基因》红色教育读本,学校有专职教师任课,每两周一节;二是引导鼓励教师充分挖掘学科教材中蕴含的红色教育资源元素。在落实学科知识点的同时,把红色资源融入学科教学,创新红色课程,让课程发挥"1 + 1>2"的育人功能,用红色精神引领学生成长。

五、建好党史馆,党建是"压舱石"

学校筹建了红色教育展馆,用实物、图片、音像、文字等生动呈现了中国共产党的发展史。学生走进展馆,仿佛回到了那个战火纷飞、浴血奋战的岁月,可以深刻感受革命先烈为幸福美好的生活而牺牲了自己的宝贵生命的奉献精神,加强学生爱国主义教育和感恩教育。

用党心聚师心、暖童心、架心桥,服务于教师、学生和家长,全力打造"党心暖童心"党建品牌,丰富学校"思河之源、聚合之力、成和之美"的教育文化品牌内涵。

以核心素养为统领，建田园课程体系，促学生发展

莱西滨河小学　赵春萍

课改以来，许多学校都在挖空心思建构着自己的学校课程，力求在课程特色方面与众不同，于是乎，林林种种的新颖课程营运而生。真正实施起来依旧存在着"穿新鞋走老路"的情况，上课是上课，特色课程是特色课程，单纯为了开发课程而开发。究其原因，课程开发建设忽略了目标——"人的全面发展"这一核心，即使围绕着"人"的发展目标，课程内容也呈破碎化，课程体系缺乏系统性。2016年《中国学生发展核心素养》的提出，为我们指明了课改的方向，我们城东小学结合学校田园教育思想，在办学理念"守望田园、绿色成长"引领下，致力于"田园管理""田园课堂""田园课程""田园德育""田园环境"五大模块的探索和实践，围绕学生核心素养，构建田园课程体系，努力实现育人目标——培养阳光、自信、快乐的田园好少年—让学生拥有一流好品格、一个好习惯、一种好兴趣、一手好汉字、一身好体魄。

一、以"素养"为核心，构建田园课程体系

核心素养的根本功能在于统领课程改革的所有环节，引领课程改革深入。我们结合学校、学生和课程育人目标，将课程基本内容与学生必备素养（道德、人文、科学、艺术、健康）相对应，提出"田园少年五硕果"：阳光、乐学、创新、雅趣、身健。我们认为，实现育人目标要以课程为依托，以"素养"为核心，建立适合学生发展的课程体系。在建构过程中，我们一遍遍阅读自己的故事，确立了田园中的标志物"风车"为学校的文化标识。风车以正向风力驱动，寓意正能量传播，将学生放在主体地位，通过丰富的课程浸润，借"风"让每个孩子绽放独有的光彩。我们从课程性质、课程形态、课程内容等维度进行综合考虑，将"多起点、多头绪"的课程进行梳理，开设了"道德与做人""语言与人文""数学与科技""艺术与审美""体育与健康"五大领域的课程，依据培养目标、课程理念在每一领域开设"基础性课程"、"拓展性课程"和"活动性课程"，构建三类课程体系落实素养目标。

二、以"课程＋活动"为途径，落实核心素养目标

课程开设决定学生素养。只有当课程丰富多彩、课程结构多元时才能促进学生全面发展；只有当课程是开放的、动态的并且可供学生选择时，才能促进学生个性发展；只有学生参与活动体验时，才能更好地提升学生的综合素养。

1. 道德素养目标实施

首先学校构建了国家"品德与生活""品德与社会"课程和"班队活动课程""专题教育活动课程""社团活动课程""家长学校"等课程为主的德育课程体系；其次开设了"传统文化伴我行""特色班队会""节日主题研究"等学校课程，开展了"走进崔子范艺术馆""走进解文卿故居""收获节""丰收节""野炊""蔬菜义卖"等活动，每学年举行一年级新生入学仪式、毕业典礼等，让德育像呼吸一样自然、让德育与学生心灵无缝对接。

2. 人文素养目标实施途径

我们在抓好"语文"和"英语"课程实施的基础上，还开发了"经典诵读""快乐阅读""快乐英语"等学校课程；设置妇女节、母亲节、父亲节、教师节、感恩节、圣诞节等主题研究课程，在研究、活动中提升孩子的人文素养。

3. 科学素养目标实施方法

学校结合学科特点，开发了生活数学等课程，创建了数学超市，实施生活数学课程，学生在超市里通过摆一摆、秤一秤、量一量、算一算生活中的数学问题，去发现生活中的数学，找到数学的奥秘，培养数学思维；开设"科技七巧"社团，组织孩子们参加市、省、国家比赛，培养学生的创新思维；开展"走进工厂""走进蔬菜大棚"活动；学校设每年五月份第一个周为科技周，通过科技活动为学生搭建展示平台，提升学生的科学素养。

4. 艺术素养目标实施途径

学校的美术、音乐老师在完成国家学科教学任务的同时，将学校的一些特色活动课程与音乐、美术课程进行整合。如音乐老师开发"课本剧"的教材，并将"课本剧"编排和创作整合到音乐课堂教学中；每年一届的"艺术节"活动，音乐老师与班主任于5月份完成节目的创作，六一节期间进行节目展示。美术老师除了指导学生的书法和儿童创意绘画，还开设泥塑、木刻、乡土粘贴画等艺术的选修课程。学校秉承"一草一木"皆课程的理念，设置"清扫树叶""开心种植""春、秋游"等体验课程，清晨，孩子们一踏进校园，有的扫树叶，有的拖地，有的倒垃圾等；下午放学后，孩子们将班

级、学校每个角落打扫得干干净净。综合实践课上,孩子们又随综合实践老师在开心种植园学会简单的田间作业。通过植树节、劳动节等传统节日开发劳动体验课程,通过丰富的课程开设,提升学生发现美、欣赏美、找到美的艺术能力。

5. 健康素养目标实施途径

学校设置了跳绳、踢毽、乒乓球、足球等体育项目的校本课程,鼓励学生选择自己喜爱的体育项目,让每一位学生都掌握一项体育技能,进行体育特长的发展。举办一学期一次的体育节活动,举办一年一次的特色运动会等。每学期开展消防、地震逃生、自护自救等安全演练,让学生掌握一定的安全防护、逃生、自救知识。通过体育课程、体育运动、安全演练等的实施来对学生进行基本知识和理念的传授、健康生活方式的引导,从而提高学生的健康素养。

在经历了探索、判断、取舍、优化过程后,我校以"核心素养"为统领,构建了属于自己的课程,望着并不成熟的田园课程体系,我们很欣喜,但课程结构在运行过程中也遇到很多矛盾,远不像静态分析时那样结构清晰。在今后的工作中,我们将借签名校经验,虚心向兄弟学校学习,不断丰富完善课程体系,让内生的课程意识与课改理念对接,让课程理念落地生根,促进学校、师生更好地发展。

生态课程为每一个孩子创造适合的成长平台

青岛市即墨区第三实验小学　梁丽丽

课程是立德树人和实现教育目标的载体和支撑,我们提出了"用课程点亮儿童的生命,用课程建构儿童的未来"的课程构想,以成长教育理念为指导,以"尊重儿童、发现儿童、成就儿童"为视角,以育人目标为出发点和落脚点,将各项课程进行整合、调整、设计和不断完善,建立了学科融合课程、社团个性课程、活动主题课程、环境文化课程四大板块的课程体系。

学科融合课程,就是国家、地方课程的校本化,是整个课程体系的核心部分。老师们通过选择、整合、补充、拓展等方式,变教教材为用教材,对国家和地方课程进行再加工、再创造,使之更加符合学生的成长需要。如在各学科教学中,老师们基于学生实际,根据课程标准设立弹性教学目标进行差异教学,教学中通过分层设置预习目标、小组合作学习分层指导、分层检测、分层设置作业来实施。另外,各学科都进行单元统整教学,如语文学科进行单元主题教学,把识字写字、阅读、语言运用、实践活动以单元为单位进行整合,大大提高了学习效率;生活化作文强调作文教学与学校、家庭、社会及自然的紧密结合,激发了学生习作的灵感和兴趣;拓展诗词教学,进行古典诗词研究及创作,培养了许多校园小诗人;数学学科除进行单元统整教学外,每学期设置三至四课时的数学综合实践课,让学生体验数学知识在生活中的价值;英语学科把国家教材由原来的一单元六课时整合到四课时,余出的两课时引进典范英语的故事阅读,提高了拼读能力,促进了心智成长;美术学科把教材中关于涂色、绘画、手工、欣赏的内容分类整合,让学习更有系统性,还拓展增加了民间艺术课——面塑;音乐学科在3～6年级设置了"陶笛进课堂"课程,让每个孩子掌握一项艺术技能;将传统文化教育和语文教学整合,成为学校传统文化教育特色;从3年级开始开设校本综合实践活动课程"变废为宝",培养学生的实践能力、研究性学习能力和环保意识。

社团个性课程,是我们基于学生多元智能、个性特长、兴趣需要而开发的校本课程,以"让个性展现价值"为导向,主要通过每周五下午的社团活动来实施。基于国家课程"综合不足,动手不足,人文不足"的问题,在广泛征求学生意愿的基础上,我们在个性课程中主要突出了综合性、实践性和人文性,开发了"人文、艺术、体育、科技"四大类五十余门课程,96个社团,由学生根据兴趣需要自主选择。通过聘请优秀人才担任课程首席;对课程设置不同层级;为英才儿童制定个性化成长方案;拓展学习空间,举办社团活动展示节,让每个孩子都找到了自信,找到了适合自己的成长天地。教育是唤醒个人天赋的历程,社团个性课程也为教师发现学生,家长发现孩子,学生发现自己提供了多元的空间和支持。

活动主题课程,是由一个个不同主题的活动组成的课程系列,包括包括德育、学科两大类,以"开放"为价值导向。"开放"基于两点:一是贴近生活,让孩子们能够全员参与;二是关注自主,让每一个孩子成为活动的主人。

"让活动的价值高一点",我们还特别注重挖掘主题课程中的教育力量。在参与这些"有意义"的活动中,孩子们懂得了责任与自由,尊重与选择;服从与民主,公平与公正,拥有了生命意识、家国情怀,得到"真、善、美"的浸润。

环境文化课程。教育即影响,生活即学习,学习和影响发生在儿童足迹所至。因而,环境文化也是一门课程。我们认为它至少包含两个维度:环境熏陶和教师影响。我们以校训"做最好的自己"为核心,进行主题型校园文化建设,一方面通过环境的布置和设施的设计来传递学校文化；另一方面通过"教师十项修炼"历练教师品行，努力使学校的每一寸空间、每一处情境、每一位教师都成为隐性的课堂。

多元化校本课程建设着眼于学生的核心素养和个性特长的发展提升，为每一个孩子提供了广阔、丰富、有内涵的成长空间。

校长如何领导课程教学

平度市东阁街道崔召小学　慕丰吉

《静悄悄的革命》中说：所谓课程，一字以蔽之，就是学习的经验。

聚焦课堂，关注有效，是提高教学整体质量的关键。首先，课堂是学校教学工作的核心环节。课堂是实施教学的主渠道。从时间维度看，教学的主要环节分为课前、课中、课后三个阶段，而课堂教学是教学的主要实施阶段，是教学的核心环节。其二，课堂是教师和学生成长的主阵地。从空间维度看，课堂主要由教师和学生这两个要素构成。教师在每一堂课的教学中，实践教育理念，实施教学策略，展示教育智慧；在对每一堂课的反思中，积累实践性知识，提高专业素养，促进专业发展；课堂是教师的立业之本，建功之地。课堂也是学生发展成长的主阵地，他们在这里汲取知识，学习技能，锻炼思维，培养情感、态度、价值观，获得进步与发展。因此，我们经常说："三尺讲台维系着教师的生命价值，课堂质量关系着学生的素质水平。"其三，课堂是课程改革的主战场。从更宏观的角度看，世界范围内都在进行着课程改革，课堂教学是学校教育最基本的形式、最主要的渠道、最核心的环节。

有效的课堂教学是提高教学整体质量的关键。我们所说的课堂教学的有效性是指课堂教学要合规律、有效果、有效益、有效率，摒弃低效、无效、负效的教学，在有限的课堂教学时空里。更好地减负增效，促进学生进步和发展。有效教学既是一种教育理念，也是一种教学策略和行为。抓住了课堂教学这个教学的核心环节，抓住了有效性这个核心要素，就能促进教学质量的整体提高。

基于以上思考，我一直倡导学校关注有效的课堂教学，促进学生的健康成长，促进教师的专业发展，促进学校教学质量的整体提高，满足百姓对教育日益增长的需求。

深入课堂,加强领导,是优化校长办学行为的关键。校长应该加强对课程建设的领导,尤其应该深入课堂,以课堂为轴心,加强对教学工作的领导,实现办学行为的优化。

深入课堂。有利于校长的正确决策。课堂能反映出教与学的现状,蕴涵着丰富的信息。校长进入课堂,可以深入了解教师的教育理念、教学行为、教研文化、经验和不足、困惑和困难,以及改革要求与教学现状的差距,先进理念与传统行为的落差,了解学生的学习现状和需求,了解学校管理的运行现状等,掌握来自一线的真实情况,以便站在新的高度,从新的视角,对学校工作作出调整,形成新的规划,从而对学校教学的不断发展作出及时、科学、正确的决策。

深入课堂,有利于校长的科学引领。课堂教学中有具体的、活生生的、情境化的教育事实,校长通过对教学现场的观察,获得课堂教学领导的话语权,并从事实层面(教什么)、技术层面(如何教)、价值层面(为什么)作出指导和引领。其中,价值思想的引领是首要的。价值思想缺席,教学工作就会缺乏灵魂。因此,校长要把握教学改革的价值思想,关注教师教学行为背后的教学理念,鼓励和指导教师用先进的理念在课堂中进行创造性的教学活动,科学地引领学校的教学工作。

深入课堂。有利于校长的有效管理。现代教学管理中最活跃、最重要的要素是人,校长唯有走进课堂,才能真正走近教师、了解教师,才能真切把握教学中的问题、困惑和需求,找出制约课堂教学有效性的因素。在此基础上,研究和完善教学管理的目标、过程、方法,制定和修改教学管理措施、规则和制度,充分运用管理手段,提高课堂教学的有效性,提高教学质量。

校长唯有深入课堂、研究课堂、服务课堂,才能提高教学领导力,从而整体优化办学行为,促进学校办学水平的整体提高。

我校一直以来关注课堂,研究课堂,以课堂高效促教学质量全面提高。坚持"科研兴教"的理念,围绕教学搞教研,以教研促教学。我们重点做了二项工作:一是加强业务学习。修改完善《崔召小学集体备课教研活动实施方案》,充分发挥我校教师群体优势和骨干教师教学的引领作用,促进教师自身专业水平的提升和学校课堂教学效率的提高。二是做好常规教研。在各学科教研组集体备课的基础上,继续组织开展"高效课堂同课异构"立标、学标、达标课堂教学研究活动,关注学生,打造生本课堂,提升课堂教学的质量。

立足德润童心 践行知行合一

胶州市广州路小学 徐玉梅

习近平总书记指出,素质教育是教育的核心,教育要注重以人为本、因材施教,注重学用相长、知行合一,着力培养学生的创新精神和实践能力,促进学生德智体美全面发展。努力让每个人都有人生出彩的机会。

《义务教育课程设置实验方案》中指出:课程设置应体现义务教育的基本性质,遵循学生身心发展规律,适应社会进步、经济发展和科学技术发展的要求,为学生的持续、全面发展奠定基础。

我校紧跟新时代对教育教学提出的新目标,遵循课程设置方案的要求,将德育工作列为学校工作之重,以养正教育为特色,设置丰富多彩的地方课程、研发实践多元校本课程,力求把每一个学生培养成"志向高远,人格健全,品德优良,行为规范"的社会主义建设者和接班人。

一、课程设置背景,把握时代脉搏

基础教育课程改革纲要明确提出:"实行国家、地方、学校三级课程管理。"而校本课程是以学生需要为主要指向的,是以教师自主为操作手段的,是以学校特色发展为个性平台的。是实实在在立足学校的、学生的、教师的课程。

我们广州路小学是一所地地道道的农村学校,地处胶州市三里河办事处柘沟村南。学校里的孩子是周围6个村庄的孩子,他们质朴、皮实、憨厚。家长基本都出去打工,孩子们都是老人们在带,家庭教育跟不上,孩子们的习惯养成、特长培养都需要学校、教师去指导。我们通过调查研究孩子们面临的问题以及家长的生活现状,设置了以"立足德润童心,践行知行合一"为理念的校本课程。

二、课程设计内容,彰显育人理念

校本课程是在学校本土生成的,既能体现学校的办学宗旨、学生的特别需要和我校的资源优势,又与国家课程、地方课程紧密结合的一种具有多样性和可选择性的课程。

我校根据学情与师资等具体实际情况,以德润童心、知行合一为中心分别从以下几个方面撰写了校本教材:

①德润童心:养正教育,国旗下微课程,家校合作;②悦读乐享:缤纷悦读,我与王正学古诗,我与阳阳学写作;③习之成性:学习习惯,生活习惯,行为习惯;④爱我家乡:小米之乡——柳沟。

三、课程评价多元,展示个性发展

评价具有导向、激励、制约功能,在人文教育中加入评课标准,从教学目标、内容、过程等方面,科学地进行评价,在科学、民主、和谐的课堂氛围中培养学生的人文素养。

建立"养正教育储蓄银行"。为了让孩子把学到的好习惯落实在日常生活中,发挥这门课程的实际作用,学校印发了养正银行储蓄卡,学生用两周的时间在储蓄卡上对刚学过的好习惯进行自我评价,两周后进行他评,评价优秀者可以到养正银行换取自己喜欢的礼物。

星级评价。制定了"最美学生评价"机制,从正德、启智、严行、爱美四个方面制定评价标准,每月班级评选班级之星,每学期学校评选校级之星,在此过程中,深入挖掘学生的点滴闪光事迹,及时加以总结、宣传、表彰,树立各方面的榜样,让学生在学习榜样的过程中,不断规范自己的言行,树立自己也能成为别人榜样的信心,并将信念转化为实际的行动,促进习惯的养成。

制定完善的最美学生、最美宝贝、最美小村民评价标准。形成由学校、家庭、社区组成的三结合教育模式。通过期末举行的养正教育颁奖大会评选"最美学生",并为最美学生颁发最高荣誉"养正杯",通过公正、公开的评价过程,让学生对自己的思想、行为进行自省与总结,从而受到最真切、最持久的教育。

人无德不立,育人的根本在于立德。我们校本课程立足学生、家长、学校实际,力求让孩子们学到的东西,不能停留在书本上,不能只装在脑袋里,而应该落实到行动上,做到知行合一、以知促行、以行求知,正所谓"知者行之始,行者知之成"。

从听评课中帮助教师成长

——薛家岛小学闫东校长的听评课指导

青岛西海岸新区薛家岛小学　闫　东

他经常跟老师们说："课堂是教学的主阵地,我们要抓好这一阵地,搞好听课和评课,以引领促成长,以教研提质量。"他就是薛家岛小学闫东。他说,听评课是教师专业成长不可或缺的一种常规的、容易操作的教学研究形式。他自己经常深入课堂听课、评课,指导教师课堂教学,引领教师朝着专业化方面发展。他说,我们不仅要成为能够设计精彩课堂的老师,也要是能够提高教学成绩的老师,更要是具备有高水平听评课的能力的老师。他认为:听课和评课是促进课程教学的重要的两个方面。

一、听课

闫东校长每个学期都带领学校干部及教研组老师深入课堂听课,骨干教师展示课、新教师汇报课、同课异构、教研体研究课、常规推门课,等等。尤其关注"青蓝工程"的教师。

（一）纵观看整体

在课堂教学中教师和学生是平等的,是教学活动的设计者、参与者、指导者,是促进学生自主学习、合作学习的"引路人"。教师要尽量减少对教学时间和空间的占有,把更多的时间放手给学生。我们在观课的过程中要整体看教师是否运用这些理念去观察和把握教学,教师在教学过程中思路是否清晰、教学方法是否得当、重点是否突出、难点是否攻破、知识建构是否合理、训练是否有效、活动的效果是否好、教学目标的达成度是否高、各环节的时间安排是否科学,等等。

（二）横观看细节

我们看一节课是否成功不是看他的课堂有多精彩,定要观察教师在教学过程中对细节的关注和处理的灵活程度。要对授课教师设计的每个教学环节进行认真思考和分析,这些环节设计得比较恰当、合理,哪些环节需要改进,怎样改进,等等。对于教师的课堂用语和课程生成的东西要关注并仔细推敲。

二、评课

(一)就课论课

评课是自我专业能力提高的重要环节,要提高评课的实效性。评课时一是要评教师的教学语言。关注教师的语言基本功和教师的语言艺术。关注学生的课堂发言。学生的发言是否能够了解学生对所学知识的掌握和内化的程度?学生对问题的回答是否正确?是否能够清楚地表达?有没有自己的观点?是否有自己的见解或新问题?学生交流和小组讨论是否有效?二是评教师的主导作用发挥得好不好。教师对课标的把握、对教材的领悟和处理是否准确到位?教学内容的选择和教学过程的安排是否有利于突出重点和突破难点?教学活动的设计和组织是否切合教学实际和满足学生需求?是否有利于学生的参与和体验?学生的主体地位是否得到充分体现?教师设计的活动是否有效,等等。

(二)反思成长

对于提高课堂教学能力和专业发展能力,反思是必不可少一个环节。老师们要从专业、教学和特色视角去思考。授课教师这样处理教材好不好?换个角度行不行?教师各环节中设计的问题是否有价值?是否有意义?亮点和不足之处是什么?改进措施是什么?如果是自己来上这节课,应怎样处理这些问题?新课程的理念、方法和要求是否融入了教学中并内化为教师自觉的教学行为?内容是否充实、完整,逻辑线路是否明晰?新知识建构过程是否合理?教学过程是否自然、和谐地融入三维目标且适合学生的最近发展区?是否有创设发现情境、鼓励探索质疑、多向交流沟通、促进意义建构的教学方法?教学过程是否有序、完整,思路是否清晰?突发事件处理是否得当等。通过反思、归纳出一些共性的东西,借鉴成功经验和做法,同时也通过听评课为老师提供观察、学习和借鉴的机会,为教师的专业成长构建了良好的平台。通过在听评课中加强学习,掌握技能,提高实效,从而提高教学成绩。

利用小课题研究，打造高效课堂

莱西市滨河小学　赵春萍

滨河小学根据学校的实际情况，选择以小课题研究为突破口，通过研究解决课堂教学中的各种小现象、小问题，促进高效课堂研究不断深入，主要做到以下三个方面的结合。

（1）将小课题研究与课堂教学相结合。教学永远是一门遗憾的艺术。如何将遗憾降到最低，正是小课题研究所应该达到的目标。因此，我们大力开展磨课活动，每个教研组都组成了一个研究小组，运用"课堂观察"这一专业化听评课形式。首先认真学习研发课堂观察量表，并针对小组成员的特点进行了课堂观察分工，由一人上课，余人运用观察量表进行观课，磨课的环节是：课前会议——课中观察——课后会议。课前会议由执教教师向观课教师陈述她对教材的理解及设计，然后确定每个成员的观察维度和视角，成员根据分工自备观察量表进行课中观察；课中观察中，观课教师要课前进入教室，根据自己的观察维度和视角选择恰当的观察位置（如观察学生学习维度的宜选择在教室侧前方），拿出量表开始观课；观课后，全体观课教师召开了课后会议，由上课教师进行自评，观课教师将自己观察到的内容向全体成员汇报，最后汇总，查找课堂存在问题，写出观课报告，上课教师课后反思后再进行二次观课，反复磨课三次后，原来没发现的问题发现了，原来没解决的问题很好地解决了。

观察量表观课在小课题研究中，使我们充分发挥了团体智慧，使评课更加有针对性、准确性，促使上课的老师开拓思路，不断提升教学水平和教学效率。

与此同时，全校各学科都推开会诊课活动，并与评价课、推门课相结合，将评价课、推门课活动中发现的有针对性的课堂重点会诊。邀请教研室领导到校听课、进行专题讲座，加强常态课指导。一个学期下来，每位教师都能够在磨课的过程中，围绕自己的小课题研究，提高自己对教材，对学生，对教案的把握水平。使研究更有针对性，有效提高了老师们课堂教学能力。

（2）将小课题研究与校本教研相结合。我们致力于通过小课题研究提高教师备课、批改、反思水平,如鼓励教师保留反复修改的教案,认真写好教学反思。为了提高教师的专业素养,我们还开展"一读二学三比"活动。"一读"即读名篇并写出读书体会,学校每周选出两篇好的教师读书体会,在校务会上交流。"二学"即学课标和学名家。通过学课标和学名家,促进了教师理论与实践结合,更好地指导今后的教学工作。"三比"即比理论,比备课,比基本功,每周三将教师优秀书法作品展示在大厅。"三比"也是对一读二学的内容测查,通过"一读二学三比"活动,促进教师的自我学习与反思,有效地提高了教师的专业素养。

（3）将小课题研究与教研组活动相结合。在教研组集体研讨活动中,教研组长提前收集好老师们在小课题研究中发现的问题、困惑,每一次活动时把问题抛给全组老师,大家集体讨论解决。这样,讨论更有针对性,真正发挥小组力量,对于组内解决不了的问题,上报给学科领导,学科领导解决不了的,直接向教研室的教研员请教。这样的研讨学习,促进了教师的专业成长,形成了全校教师人人参与小课题研究的良好氛围。

小课题研究是一种充满生命力的活动,要保持其长久的生命力,必须建立长效的研究机制。我们主要抓了以下三点。

（1）加强过程管理。主要建立了"三会"制度,一是小课题开题会,全体教师参与,学校公布研究课题,骨干教师交流研究方案;二是教师碰头会,每月 3 次,交流研究情况,答疑解难,互受启发;三是成果汇报会,教师将自己的研究成果在汇报会上进行交流。为了便于成果积累,学校给每位教师建立了小课题研究档案夹,让老师们随时记录研究内容、方法、效果。

（2）加强教师培训。我们大力支持教师外出学习交流,学习归来人人都出示汇报课、撰写学习体会。重视外学内修结合,每学期各学科都要进行主题业务培训至少三次,每学期培训结束之后都要进行业务考核。

3. 加强成果管理。我们成立了小课题研究领导小组、建立了"小课题研究工作制度"和"小课题研究奖励推广制度"。对每位教师的研究成果进行评估,分优秀、良好两个等级。教师们填写小课题研究鉴定表,举行小课题研究推广会,组织成果经验交流。如被评为优秀小课题的"如何快速记忆单词"小课题,总结了象形记忆法、联想法、从同音同形角度、从同音不同形角度、中间变换字母记忆法、词尾加减字母法等 10 多种记忆方法,从根本上解决了学生记单词难的问题。除此之外,我们老师的研究成果还有很多,我们每研究一个成果,都通过推广交流,实现资源共享,以助于学校教育教学质量的全面提高。

通过不断尝试研究,我们的体会是:小课题研究激发了教师的自主学习热情,转变了教师教育理念及行为,加快了学校打造高效课堂的步伐,提高了学生课堂学习效率,促进了学生能力发展。

校长课程设计领导力

青岛西海岸新区风河小学　王明昌

学校教育全程中课程的意义和价值是毋庸置疑的。学校的课程设置应该在统一育人理念下,构建国家、地方、校本三级课程体系,从一元走向多元,按照儿童的身心发展规律,关注现实性。就一所学校而言,优秀的课程当从优秀的课程建设尤其是课程设计中来。所以,校长的课程设计领导力,将决定一所学校学生培养的层次和学校发展的水平。

所谓课程设计,是指按照一定的教育目标,有计划地进行学校课程规划、开发、建设的创造活动。进行这项创造活动的能力,就是"课程设计力"。与一般教师学科课程、单项课程的设计能力有别,校长的课程设计力主要体现在学校课程的价值确定、整体规划和系统建构等诸领域。

确定学校课程价值是课程设计的核心。不论什么学校,其课程的核心价值自然体现为教育的目的。为孩子终身发展奠基,这几乎是所有学校教育课程孜孜以求的共同目标。课程设计者需要根据学校发展历史和具体请况,根据教师素质特点以及整体水平和能力,来作出客观分析和精准判断,从而确定学校的课程价值追求。

课程体系建构是课程设计的关键。作为校长,要以学校文化内核和价值观为核心元素,整合国家课程、地方课程和丰富多彩的校本课程,构建基于学校历史传统、体现教育教学个性的课程体系。

一、对学校教育、课程的科学认识和理解

当前教育最需要的是理性回归教育"初心",深思"什么是教育""孩子为什么要接受教育""孩子应该接受什么样的教育"这样一些教育"本源"问题。只有通过这样的思考获得自我觉醒,才有可能实现"启蒙"和引领社会,从而推动教育的顺利"转型"。

多年来,各类教育观念、课程理念、教学模式纷至沓来,往往一个口号方才唱罢,另一个理念又忙着登场,校长与教师疲于应付,逐渐失去理性和科学判断,陷入了永无休止的关于"学习者中心课程""社会中心课程"和"知识中心课程"的扯皮纷争中。殊不知,这三类课程各有其特点,各有其价值。对于学校教育而言,应该是兼收并蓄、互补长短。这需要校长引领教师认真辨析清楚,从而在课程设计中综合权衡。

二、学校文化与课程设计及课程体系建构的关系处理

就一所学校而言,文化是其"精神"和价值观的集中和凝聚,是上位概念。学校课程设计和课程建设应该紧紧围绕学校文化内核而开展。可以说,有什么样的学校文化,就应该有什么样的课程,进而有什么样的学生。因此,学校课程设计和课程体系建构,应该与学校文化建设同步进行。如我校通过"若水文化"、五大课程体系、武术魂、快板韵等特色课程等对学生进行浸润教育,让每个孩子绽放生命的光彩。

三、校长课程领导力不是校长个人的"单打独斗"

在学校里,无论是校长还是教师,都是课程领导的主体。教师需要在"知""行"两个方面对课程进行领悟与实施。教师只有在充分认识的基础上,才会对课程产生认同,才会在课堂教学中进行实践。

我校通过"校长进课堂"带动教师研究的意识与兴趣,让"研究"成为教师常态化工作的一部分。通过"课例研究"提高教师对课堂自主创造性的探索和关注,并找寻在课堂中进行自主创造性研究的切入点。学校从校长开始,重点强调教师的研究能力,这是办学理念在课堂中的具体实施。

校长是学校课程改革的核心人物,也是管理能力的重要体现,而办一所具有品牌的学校,需要具有特色的,并与育人目标相统一的课程体系。校长需要不断从课程方案的设计力、课程实施的运行力、课程评价的变革力三个方面提升课程管理能力,推动学生培养的层次和学校发展的水平走向更高处。

"和乐节日"校本课程赋予学校生长的力量

胶州市第四实验小学　徐瑞芳

课程作为教育教学活动的基本依据,实现学校教育目标的重要载体,第四实验小学始终坚持国家课程、地方课程与校本课程协同融合的发展思路,围绕"和乐教育"这一核心主旨,不断构建"和乐"校本课程,其中,"和乐节日"课程是学校重点构建的校本课程之一,通过目标确立、内容设置、组织评价,赋予了学校生长的力量,使师生得到长足发展,使学校走上了一条更快更高更强的崛起之路。

一、创编"和乐节日"课程问题提出

对于学校提出的《和乐节日》课程的开发问题,主要鉴于如下原因。

1. 一体化德育课程实施的需要

深化和乐节日主题、突出文化内涵,是第四实验小学实施德育一体化教育的重要举措。为了让学生更多地了解和乐节日的习俗和渊源,培养孩子们的家国情怀、国际视野,几年来,学校寓教于乐,积极开展丰富多彩的节日活动,老师们积累了丰富的教学素材和教育教学经验,一本集节日文化大全的书《和乐节日》,便破茧化蝶般诞生。

2. 和乐化校本特色发展的需要

胶州市第四实验小学一直以来,始终以"和乐教育"为主旨,对学生进行综合素养的全面提升,通过研究,我们发现"和文化"是中华民族传统文化的核心价值理念。从老子的天、地、人的和谐统一,到孔子的"仁和"治世理念,从民间的阴阳和合,到一个国家一个单位的文明和谐,包括一个家庭的和睦,一个人的身心和谐等,"和乐"成为大家共同的价值追求,而几乎所有节日的庆祝也都是为了达成"和乐"的终极目标。故学校决定编著一套《和乐节日》教材,并以此为依托对学生进行和乐理念的渗透与教育,为学生的和乐人生奠定基础。

3. 民族化传统文化传承的需要

节日文化是民族文化的重要组成部分,是历经千百年逐渐形成的非物质文化遗产的"活化石"。人们通过各种节俗活动,在耳濡目染中,自觉理解并接受传统,从而实现传统的传递与继承。作为校本课程《和乐节日》紧紧围绕弘扬传统文化精神、社会主义核心价值观的核心,不断赋予和乐节日以新的生命力和感召力,让节日文化走进学生的日常生活,浸润他们的精神世界,把做人之根深深扎进民族气节、家国情怀的土壤之中,一体化的德育渗透,润物细无声般地渗入孩子的心田。

二、创编"和乐节日"课程的过程与方法

1. 规范校本课程开发与实施工作

学校设立以校长为组长的课程开发领导小组,作为校本课程开发实施的管理决策机构,负责制订校本课程开发实施的方案和具体实施计划,制订和不断完善各项规章制度,审议校本课程开发过程中的决策组织、协调制订《和乐节日》校本课程开发实施方案,指导校本课程的开发。

2. 多方开发校本课程资源

校本课程的开发和实施是以学校为基地,并基于学校而进行的突出师生特点和学校特色的课程。学校尽可能利用和开发现有的校内外资源,结合当地的社会资源、学校资源和家庭资源,有效地开发实施校本课程。在教材的编写中,我们参考了大量相关资料,采访了当地诸多民俗专家,得到了社会各界人士的大力支持和良好建议,课程体现的主要特色。

3. 健全校本课程评价体系

为全面考察学生实现课程目标的程度,检验和改进学生的学习和教师的教学,完善课程设计,优化教学过程,有效促进学生、教师、学校不断发展和校本课程不断完善,学校健全了发展性校本课程评价体系。

（1）明确了评价内容:包括三方面的内容:教师课程方案评价、教师课堂评价、学生学习情况的评价。

（2）确立了评价原则:我校遵循"四重"、"四性"原则。"四重"即重过程、重应用、重亲身体验、重全员参与;"四性"是指过程性、激励性、丰富性和多样性。

（3）明晰了评价方式:学生采用"自我参照"标准,对自己在综合实践活动中的各种表现进行"自我反思性评价";师生之间、学生同伴之间也对彼此的个性化的表现进行评定。对学生的表现性评价有两"注重":

三、《和乐节日》校本课程主要内容

《和乐节日》这套教材共分为6册,每个年级都有一套独立的教材,根据不同年级学生的认知能力,设置不同的学习内容。每一个年级学习一册。内容有国家法定节日、中国传统节日、中国现代节日、青岛特色节日、世界节日等。

为了体现校本特色和适应孩子认知特点,把代表学校的卡通形象"和和""乐乐"融入其中,在他们的引领下让孩子走进节日起源、节日民俗活动、节日传说故事、节日诗文链接、节日活动驿站、节日活动评价等板块内容,从而感知与节日有关的知识。值得一提的是,本套教材以我国传统节日为主干,同时将世界节日一起纳入其中,本着古为今用、洋为中用、弃其糟粕,取其精华的原则,体现了祖国文化与世界文化接轨的融合理念。

四、《和乐节日》课程开发效果

1.通过开发新课程,优化了课程体系

在开发过程中,努力做到校本课程的开发科学化、开设制度化、实施规范化,初步形成具有学校特色的校本课程体系,进一步优化了学校课程结构,丰富了校本课程的内容和形式,加强了校本课程与国家课程、地方课程及信息技术的课程融合。初步形成富有成效的校本课程的教学模式与学习方法以及与之相适应的评价和考核方式,增强了课程结构的均衡性、综合性、选择性、融合性,增强了课程对学生发展的适应性,使校本课程建设成为学校教育教学质量提高的新的增长点。

2.通过开发新课程,促进了教师发展

通过校本课程的开发实施,满足了教师专业发展的需要,为教师提供了专业发展的平台,给教师参与课程开发的机会,努力使全体教师全面把握课程改革的精神实质,教师的教育观、教学观、学生观、质量观、评价观均发生了巨大的变化,提高了教师的科研能力,而且在教师参与课程开发过程中,教师专业意识、知识结构以及合作、研究、反思能力得到全面发展,促进教师队伍课程建设总体水平的不断提高。

3.通过开发新课程,提升了学生的综合素养

通过对课程的学习,让学生了解了国内外重要的节日的来源、节日的文化习俗以及与节日有关系的诗歌等,又在学习这些知识的基础上,让学生结合节日开展实践活动,促进了学生学习方式的不断改善,满足学生的兴趣爱好,促进学生个性特长的培养,全面提升了学生的综合素养。

4.通过开发新课程，彰显了学校和乐特色

学校和乐节日课程的开发,有力的促进学校和乐文化建设,为学校和乐特色彰显,注入了新的内涵,拥有了新的凭借。学校先后荣获了山东省规范化学校、全国创造教育先进单位、青岛市十佳德育品牌学校、青岛市文明单位标兵等荣誉称号。

总之,通过对《和乐节日》校本教材的编写与实施,赋予了学校新的生长的力量,更好地塑造了健全的师生人格。

浅谈校长课程领导力

青岛西海岸新区王台小学　马金福

在现代学校制度下,课程领导力越来越被认为是一所学校内涵发展的关键要素。作为校长,如何率领自己的学校团队在课程开发、规划、实施、管理和评价过程中来推进小学新课程改革显得至关重要。校长要实现有效的课程领导,就必须在理解和把握当前的课程理念、课程目标、课程类型与课程内容的基础上,形成自己的教育思想和课程理念,并且善于把自己的理念和思考,变成具体的引领和指导决策。

一、以先进理念，加强课程策划力

没有优秀的课程,就没有高质量的教育。作为校长,要有对学校课程进行整体把握的能力,确定学校发展的基点,彰显学校特色。要能够透彻分析本校的资源优势,围绕学生需要和学校特点,渗透自己的办学理想和教育理念,创造地执行国家课程,开发本校课程,形成学校课程体系。

（一）学科课程校本化

一个校长要有课程价值、课程规划、课程开发、课程实施、课程管理的能力。本人借鉴我区优秀小学的做法,着眼于课程整合,形成瞻前性的课程框架,校本化实施国家课程。学校建立了课程研究组,构建了校本化的课程目标,以校本化的学科纲要引领学校课程的实施,制定了《青西新区王台小学课程实施方案》和《青西新区王台小学课堂教学评价表》,编写了各学科的《教学指导纲要》。各学科结合学校特色、学科

特点和学生的实际,将课堂教学活动、课程、学科综合活动、拓展课程以及学科特色项目建设整合为学科课程。

(二)校本课程特色化

新课程改变了传统上学校只承担课程的执行功能的现象,而更加强调在严格执行国家课程基础上,依据校情和学情来开发实施有利于促进学生个性和特长发展的学校课程,编写了一整套具有主体性、基础性、发展性、全面性、实用性,能促进学校、教师、学生协调发展的校本教材。

德育方面,我们初步构建了"礼行天下"的课程体系,形成了递进式的、可操作的系列课程。我们认为,学校德育必须要守住两条底线:一条是遵纪守法,另一条是文明懂礼。学校德育必须要树立榜样的力量,学生的榜样首先是教师,学校德育工作不成功,关键是师德建设不成功。学校还必须放到打造团队精神层面上来,每月评选出"尚德"教师。学会合作学会宽容,学会分享,学会创造,坚持公正与公平,这是学生走向社会必须要具备的团队素养。

体育方面,我们在开足开齐国家规定的体育课程的基础上,初步形成了竞技体育训练和阳光体育锻炼的课程结构。我们在小学生田径、排球、足球等竞技体育项目中,经历了从国家课程校本化实施到学校特色课程建设的转变。我校大课间阳光体育锻炼成为常规,学校制定了一整套规章制度,从组织形式、人力物力配备、场地交叉使用、监督评价落实等方面,为学生体育锻炼提供了保障。

二、以专业素养,深化课程管理力

课程领导力是校长的核心能力,校长必须要具有较高的专业权威和课程修养,才能更好地管理课程,有效地实施课程。

(一)回归课堂,提高教学管理能力

对新课程的引领,首先是对课堂教学的引领。只有把自己的所闻、所思、所悟在听课之后,有针对性地与教师研讨交流,在与教师的互动中提高认识,才能实现对教学的引领。校长光自己走进课堂还不够,还要倡导干部走进课堂,并组织听课研究,从中发现好经验及时推广,发现问题及时解决。这是校长进行有效教学管理的重要途径。

每到开学初,我校要求教师提前备课,时刻准备好随堂推门课;新教师准备亮相课、过关课、考核课;所有领导干部集中听课,每周至少听一节课;到学期中,根据学情调查有针对性地听调研课;每月各学科组织两次课堂教学研讨,每学期组织考核

观摩课。

在广泛的听课中,我认识到有效性是课堂教学的生命。怎样提高课堂教学有效性,如何实现"教师少教而学生可以多学",通过对课堂教学探索和实践,广泛吸取各学校经验,我们探究出"小组合作"学习"自学—互学—展学"模式。"小组合作"学习使课堂教学焕发了生命活力,在发展学生的同时,也发展着教师,发展着学校。

（二）引领教师，提高课堂教学创新力

校长不仅要促使教师转变教育理念,更重要的是为教师专业成长构建有效的平台。 我校教师在经历了通识培训、专家引领、参观访谈、同伴互动、专项进修、校本研修之后,教育观念有了明显的转变。无论是每学期开学初,教研中心的教研员来我校调研听课,还是每学年开展的集中听评课,各级教育专家对我校教师的课堂都给予了较高的评价。

虽然教师课堂教学创新是一个复杂的系统工程,但我校会竭力为教师获得创新灵感搭建平台,这也是我们纵深推进新课程的必然选择。如果教师在每一个课程设计中、在每一节课堂教学中充满了创新的火花,就一定会在学生心灵播下创新的种子,那将会是新课程的理想境界。

（三）加强督查，优化教学管理评价

加强督查、评价是推进课改顺利进行的重要环节,也是校长教学领导力的主要构成要素。校长积极参与教学督查与评价,不仅是校长的基本职责,而且也是加强学校教学管理的现实需要。

作为校长,我经常与学校职能部门一起,研究学校教学督查工作,参与研制教学督查方案和评价指标,深入教师的课堂教学现场,对教师的教学工作进行督查指导。每周我校按照低、中、高年级分批进行督查,尤其是对教师的备课、上课、作业和评价这四个教学环节精细化检查。从而,我对各位教师的教学观念、教学态度、教学能力和教学效果等有一个基本的了解,在整体上可以正确把握学校课程教学改革的进程和阶段性成果。在这个过程中,我校推选优秀教师进行"小组合作"学习模式示范课;评选出教师优秀备课、学生优秀作业,并制作成美篇或公众号进行大力推广;同时,针对存在的问题及时发现、及时讨论、及时改正。

三、以专业团队，提升课程执行力

课程领导力是一种能力,也是一种理念,一种过程。任何课程从规划到实施,始终离不开全体教师的执行。打造学习共同体,建设一支强有力的教研团队是校长课

程领导力的关键。校长的课程领导力最终要依靠教师去实施,高素质的教师队伍是保障课程领导力得到有效落实的关键性因素。

我校先后组织教师外出参加全国性课题研讨会、听教育专家讲座、观摩优秀课例,开阔了教师的视野。通过研究"教"与"学"的案例,促进了教师教学策略技能的改进和完善。直接有效地帮助教师提高课堂教学实施能力,提升课程执行力。目前我校已拥有一支能力强、素质高、有特色的教师队伍。

正如陶行知先生所说:国家把整个的学校交给你,要你用整个的心去做整个的校长。作为校长应不断完善自己的课程专业素养,关注校本课程开发和课程推进机制,重视课程实施和课程评价的实际效果,在实践中逐渐完善自身的课程领导素养;要引导教师树立正确的课程评价价值取向,自觉融入课程改革实践。作为校长,既要在宏观上把握方向,又要在微观上进入课堂,重点是针对教师教育教学过程中存在的带有普遍性的困难、疑惑,进行方向上、思想认识上的引领,让新课程理念真正在课堂中显现出提高教学质量的实效来。

基于成长,成于课程

——在课程规划中实现校长的课程领导

青岛市城阳区流亭街道空港小学　孟　萍

教育教学是学校工作的"生命线",学校课程则是那一汪清泉,清泉长流则教育教学不失涌动活力。校长,对学校课程改革成败具有核心的领导意义,因此,2017年来到空港小学以后,我就不断地在思考:教育的初心是什么?小学教育的培养目标是什么?作为农村薄弱学校,我们的办学方向应该是什么?经过深思熟虑以后,我决定不忘初心——坚持以立德树人为根本,秉承"让校园成为师生幸福成长的乐园"的办学理念,确定以"实现全体学生的发展和每一名学生的全面发展"为办学目标,在此基础之上,构建"润德、启智、健体、尚美、育劳"五大课程体系,力求让空港小学的每一个孩子都能够学有所好、好有所长、长有所展。

一、润德课程为学生润心育根

（1）梳理"一个品牌、六大主题、三大课程、一个特色"的德育工作思路,以"雅行润心"养成教育品牌打造为抓手,以"爱国、感恩、劳动、生态、法治、成长"六大德育主题为主线,以"月课程——德育主题大活动""周课程——每周升旗仪式大课堂""日课程——每日班级德育微课堂"三大课程为支撑,以"在浸润中育根——传统文化育人"为特色,扎实推进全员育人、全程育人、全方位育人。

（2）推进"3+x"养成教育工程——以读书明德、习字立德、做操养德、（礼仪）国学润德为抓手,深入挖掘阅读课程、润心课程、翰墨育人课程、礼仪课程、"悦雅佳食"食育课程等课程的育人价值。

经过不懈努力,学校的德育工作有幸被中国德育杂志推介,《在浸润中育根》特色工作被评为城阳区优秀教育成果奖。

二、启智课程促学生多元发展

（1）课堂启智——打造"三有、三声、双百"的绿色生本课堂,促进全体教师的专业化能力发展进步,全力打造有目标、有章法、有效果,充满掌声、笑声和辩论声的精彩课堂,确保教师能够关注每个学生的课堂表现,并且通过及时有效的评价促使全体学生都能高效参与到课堂学习中。2019年上半年学校获得城阳区教学成绩 A 级示范学校的称号。

（2）棋类启智——在低年级开设国际象棋和围棋课程,同时聘请专业教练打造国际象棋和围棋精品社团,努力做到普及与提高相结合,让低年级的孩子们在学习棋艺的过程中不仅能够坐得住,还能积极主动动脑思考。

（3）科技启智——学校开设无人机、机器人、3D 打印等多个科技社团,每年举办一届科技节,让孩子们爱上科学,爱上研究,开拓孩子的创新精神和创新意识。每学期学校都会有多名学生在省、市、区各级各类科技大赛中获奖。

三、健体课程让学生强健体魄

（1）陶行知老先生曾经说过:"体育是诸育之本"。我校不仅能够保证体育课程开齐开足,而且能够加强集备,不断规范优化体育课程的实施,在常规体育课程的基础上融入学校特色足球、跳绳课程,旨在增强学生的体力,开发学生的智力,锻炼学生的意志力、激发学生的拼搏精神、合作精神和团队精神。

（2）学校在常规课程的基础上又根据学生的年龄特点设置分级体育课程:低年级棋类,中年级乒乓、羽毛小球类,高年级篮球、排球大球类,让学生在小学六年能够接触和体验到多种体育项目的系统训练。

（3）学校还重视体育精英团队的培养,学校现有六支足球队、篮球队、排球队、乒乓球队、跆拳道、田径、健美操等多个体育社团,由专业教练或者专门体育教师利用早上、下午和周末假期时间进行集训。近两年来,我们总共获得了 5 个区长杯冠军、1 个市长杯冠军、1 次省联赛季军,成绩傲人。

四、尚美课程塑学生审美情趣

（1）学校面向全体学生开设纸艺课程和陶笛课程。其中,纸艺课程是比较完善系统的传统校本课程:一年级折纸、二年级撕纸、中高年级剪纸,学校期望通过校本课程的引导能够更好地传承我们的优秀传统文化。2019 年,我们将陶笛教学渗透到音乐课程中,经过一个学期的努力,学生们已经能够自主吹奏《闪闪红星》等 2 支红色歌曲,在提升学生艺术审美情趣的基础上向祖国献礼。

（2）依据学校学生的实际家庭情况,学校本着为学生服务的意识,开设大量的艺术社团包括管乐团、合唱团等音乐社团以及剪纸、书法、国画等美术类社团,希望让我们的孩子都能够享受美的熏陶,都能感受到教育之美。我校管乐团成立以来,连续三年获得区长杯冠军,美术社团中的七巧板、美化板、美术作品也有多名同学在区市比赛中获奖。

五、育劳课程为学生幸福奠基

打造"接地气、接生活、接课本"的劳动课程体系,让学生不仅能够学会劳动技能,更增强了独立生活和自主管理能力,在劳动过程中学会感恩父母并珍惜劳动成果。学校通过实行劳动达级手册、举办劳动技能大赛、开拓"雅耕乐园"种植园等活动,以劳树德、以劳强体、以劳育美。

有思想、有条理、有情怀的学校课程体系与有品位、有个性、有特色的校园文化的有机结合,努力将课程理念与课程文化传递给所有师生,让大家易于接受、乐于接纳、勇于实践,在外化行为习惯和内化人文素养的过程中春风化雨、润物于无声,培养新时代德智体美劳全面发展的社会主义接班人。

实施分层作业，减负不减质

胶州市里岔镇里岔小学　刘学友

在传统教学中，我们发现：学优生能迅速地掌握新知，轻松完成作业，遇到困难时，有信心去尝试解决；学困生知识掌握不扎实，学得慢，遗忘快，作业耗时长，自信心易受打击。因此传统的"一刀切"式作业布置，忽视了学生个体差异，降低了学生学习兴趣，增加了学困生的作业负担，甚至影响了学生的身心健康。里岔小学近几年通过探索实施"分层作业"布置，取得了比较理想的效果。

一、分层作业实施的路径

首先是学生分层。各科任教师将全班学生依据学习能力分为 A、B、C 三个等级。其中，学习能力强、有责任心的学生是 A 级；学习能力一般、有上进心的学生是 B 级；学习能力较弱，缺少主动性的学生是 C 级，特殊学生为 X 级（如多动）。A、B、C 三级学生组成一个合作小组，A 级学生在小组中担当"领头羊"和"小老师"，负责带动 B 级和 C 级学生共同学习，解决学习中的遇到的难题。B 级学生是 A 级学生的"助教"，协助 A 级学生一起带动 C 级学生进步，同时 A 级和 B 级学生又分别是 B 级和 C 级学生的追赶目标。X 级学生根据其特点灵活分配到适合的小组（主要指与组长能协调）。经过一段时间的努力后，进步的学生可以前进一个等级，进步大的小组将获得"优秀小组"荣誉称号。这样，你追我赶，一帮一带，能够激发起全体学生的团体意识和学习积极性。

第二是内容分层。对 A 级学生以"放"为主，多布置自主学习作业，培养他们的创新能力，提供给他们自由展示才能的机会，让他们保持高度的自信和浓厚的学习兴趣；对 B 级学生实施半"扶"半"放"策略，布置作业时兼顾基础和能力，引导他们学会学习和自律，学会通过合作完成大部分知识学习；对 C 级学生以"扶"为主，以完成基础性作业为主，合理安排细致辅导，逐一解答他们学习上的疑难问题，教会他们正确的学习方法，通过课后的多次练习和总结，实现对知识的理解和掌握。

三是评价分层。以不同标准来评价学生，检查作业时以是否达到了他们各自的最近发展区为评价依据。对 A 级学生多采用竞争式评价，让学优生强强竞争，对他们的优点要给予肯定，同时提出更高更细致的要求，使他们养成精益求精的求学品质；对 B 级学生要多采用鼓励式评价，肯定优点，指出不足，让他们明确努力的方向，实现更快速的进步；C 级学生缺少自信，所以对他们要多采用表扬式评价，善于抓住他们作业中的闪光点，及时表扬，让他们看到进步的希望，激起自发学习的热情。

二、分层作业注意的事项

分层作业布置要科学有效。A 级学生记忆快，不需要做大量的背诵、抄写作业，而是让他们利用课外的时间扩充知识，不断自我完善，布置给他们的作业一般是以锻炼创新和组织能力为主，或是依照课本基础知识引导他们实现举一反三、触类旁通；B 级的学生要以夯实课堂重难点为作业布置的依据，确保每个知识点都学到、学透，做适量的拓展训练题，让他们既不会感觉太难，又锻炼了思维；对 C 级学生的作业要求不易太高，力求掌握基础知识点，设计题目由易入难，多以基础题目和抄写背诵类题目为主，让他们养成每天保质保量完成作业的好习惯，逐步积累，稳中求升。对 X 级学生要特别注意，要抓住其特长因势利导。

三、分层作业方法的意义

在实践中我们发现，分层作业在教学目标上有利于激发全体学生的潜能，在教学组织上有利于班级开展运用分组教学和个别教学形式，在教学效果上可以让各层次的学生都能获得成功的体验。优困生之间互相辅导，帮助，督促，检查，不同的学生实现了不同的发展，不同的学生在每天的学习中会收获不同的成果和快乐，增强自信心，体现了"以学生为本"、"最近发展区"、"让学生在愉悦的学习中获得知识"的教学思想。

实践证明，实施分层作业，是深化课堂教学改革的重要组成部分，尤其在减负增效，促进学生有效学习等方面起到了重要的作用。

课程引领　促师生发展

青岛平度市旧店镇龙山小学　刘德志

我校在充分尊重学校的文化传统的基础上，结合近年来的办学实际，提出"以德为本，以爱为源，因材施教，质量第一"的办学理念。大胆开设课题研究，开发了富有山区特色的校本课程，实现了以课题为抓手，以课堂为载体，走上课程引领的康庄大道。

一、课程引领，实施快乐 6+1"作业模式

针对学校之前的语文作业形式呆板、内容枯燥，机械性重复性作业居多的现象，为了激发学生的学习兴趣，适应新形势下的新要求，使作业模式更具特色、重实效，我校提出了"快乐 6+1"作业模式并对其进行了深入的研究。

"6"是指六项作业内容：每日一闻、每日一问、每日一记、每日一读、每周一诗、每周一语。"+1"就是"每日一事"要求每个学生每天坚持做一件好事。

在实施过程中，我们始终坚持"统一＋个性"、"布置＋落实"。一是统一薄本。以班级为单位统一，呈现对称美；班级间力求不同，彰显个性美。二是统一格式。作业内容标题必须醒目，中高年级要有装饰，提高作业的美观度。三是尊重差异。照顾到年龄层次和能力水平的实际，对不同层次的学生提出不同要求，让他们在起点上求平等。6 项作业内容可以根据自己当日经历自主选择，也可以创新运用，但是 +1 是必做项。四是加大作业评比力度。每学期进行两次"快乐 6+1"手抄报展评，两次知识竞赛，期中举行"快乐 6+1"作业展览，期末举行"快乐 6+1"作业评比，对获奖同学进行表彰，将所有的量化分数计入教师本学期业绩考核。

"快乐 6+1"，一改之前传统的无趣作业模式，让学生不知不觉从单一、被动的学习方式走向了自主、探究、合作的学习方式，这一作业模式的实施，学生的语文素养和英语成绩有了明显的提升，2019 年我们学校的口语模仿秀获得全市农村小学第一名。这一新作业模式还起到了抛砖引玉的效果，把语文、数学、英语、美术等学科完美结合，淡化了学科之间的界限，淡化了知识的分割，真正做到了"学科融合"，让学

生在完成作业的过程中所学知识进行拓展应用,增加了作业过程的挑战性,创新性,促进了学生的全面发展。

二、课程引领,开展"数学校本课程研究"

"数学来源于生活,又为生活服务。"根据我校小学生在数学课堂上的表现,我们在充分发掘龙山的地理和校园优势之后,提出了进行"数学校本教材的开发与研究"的课题研究,目前此课题已经在青岛教育学会立项,老师们开发的地校课程从孩子们的实际生活出发,让越来越多的孩子感受到数学的亲切、自然与鲜活的生命力,体会到数学的价值所在,从而爱上数学,应用数学。如在语文教材中学习了《曹冲称象》的故事,与数学中的简易方程和等量代换思想巧妙结合起来,采用化整为零、等量代换的办法,解决了既不分割大象又能称出大象重量的难题。采用故事的形式,使原本枯燥的数学问题通俗易懂,学生兴趣盎然、倍感轻松,还潜移默化地受到数学思想的熏陶。

三、课程引领,推动教师专业发展

关于"学校管理"的课题,是属于我一个人精神世界里独立跳舞的课题,他是我这些年来不断研究、不断革新的课题,在学校管理中心我时时以一颗仁爱之心,关注教师们的生活状态,关心教师的个人发展,善待每位教师,让教师们的精神在校园诗意地栖息。

(一)政策引领

完善学校的各项规章制度,努力使各项方案既科学合理又人性化,坚决杜绝"亏好不亏歹"现象的发生。在业绩考核方案中提高"业务称号"和"课题研究"的分值,督促教师积极参与业务比赛,以赛促学,不断提高自己的课堂授课水平,同时也让教师没有后顾之忧,心平气和地低头研究业务和教学。

(二)"青蓝结队"引领

年轻教师有一种"初生牛犊不怕虎"的干劲儿和闯劲儿,但是,经验的缺乏和工作中的"挫败感"时不时地困扰着他们,我们学校及时开展"青蓝结队"活动,为每位青年教师找了一位师傅。这样,既避免了年轻教师走弯路的情况,又达到"一年成熟手,三年成骨干"的目标。在"传帮带"的过程中,老教师重新焕发了工作的青春与活力,而且提高了全体教师团结向上的凝聚力。

独行疾,众行远,相信通过课程的引领,龙山小学一定会实现教师的生命价值,成全教师的专业成长,促进学生的素养提升。

蓄养优雅气质 打造独特风度
——少海小学学科教学特色与教学模式探究

胶州市少海小学 窦永航

胶州市少海小学是一所位于新城区边缘的村级小学,随着城市经济的变化与发展,学校也面临着不断变化的各项挑战。我们深知,学校课程教学犹如一枚千变万化的万花筒,而不变的始终是有效教学的实施。为此,我以"蓄养优雅气质,打造独特风度"为切入点,带领老师们依据各学科先进的教学改革理念,以教研组共同研究的形式进行课程教学研究,不断开发相应的教学模式,为学校课程教学的长远发展注入源源不断的动力。

一、凸显学科特色

"蓄养优雅气质"就是要清楚地认识学科性质,遵循学科特点,以切实提高教学质量为中心,改进教学方法和教学手段,打造学科教学特色,以此,引领开展课程教学改革。

基于这一出发点,近年来,我带领各学科教师定期召开学科沙龙,以教研组共同研究为基本形式,深入学习课程与教学的基本原理,研读课程标准,把握学科学习特点,从点滴入手,蓄积养成学科优雅气质。例如,我校语文学科以"读、写、品"为学科气质,即充分朗读,培养语感;批注摘抄,写独特体验;品味语言,一课一得。数学学科以"主体化、生活化"为学科气质,强调学生在数学学习中的主体地位,突出数学促进学生发展的功能;强调数学与学生生活的本质联系,启迪学生的多种智能。英语学科以"开放、合作、实践"为学科气质,让学生打开眼界了解世界,注重分层教学和小组合作学习,通过多种方式进行听说读写的学习实践。

同时,我校多年以来着力于校本课程"海韵乡风"的不断完善,校本课程定位"善发现、勇实践、勤创新"为学科气质,结合研学旅行活动,尽可能多地为学生提供实践体验的机会,鼓励学生善于发现家乡、生活中的点滴,不断发掘新的思想,进行创新实践,创作属于自己的"杰作"。

二、构建学科策略

作为课程教学的实施者,每一位教师如何提升自我的课程教学执行力、培养学生的学习习惯、激发学生的学习兴趣、打造高效课堂是课程教学中十分重要的一部分。因此,在确立学科气质后,提出了"以特色教学模式,打造学科独特风度"的学科策略。

我带领各学科成立以学科组长、骨干教师、青年教师组成的教研团队,定期举行教研活动,认真研读教材,反复评课磨课,持续反思归纳;请各级专家领导到校,现场观评课,指导教学模式的修正;带领各学科老师参加市里的课堂教学比赛等活动,取长补短。几番磨砺,我校针对不同年段、不同内容、不同课型逐步提炼出清晰的、具有学校特色的多个教学模式。每一个教学模式都有其特定的逻辑步骤和操作程序,它规定了教学活动师生各步骤应该完成的任务,使单纯零散的教学活动系统化,不仅为后续的教学发展指引了方向,也为学校今后课程教学的长远发展奠定了坚实的基础。

以语文学科为例,语文学科低年级的"情境激趣复习课"教学模式,针对低年级小朋友活泼好动、注意力难集中等年龄特征,以有趣的情境设定,如大闯关、收集徽章、运动会比赛等形式进行基础知识的复习,充分调动学生的积极性,实现高效课堂。高年级"名家名篇阅读课"教学模式,以"一篇带多篇""一篇促整本"的阅读指导方式,采取"自读、初读、精读、悟读、扩读"的基本课堂结构,激发学生课外阅读的兴趣,将学生的阅读带往更深远处。

为突显语文学科"读、写、品"的学科气质,学校在开展阅读活动时,为每一位同学都准备了"爱读书"阅读积累本。翻开积累本,会发现老师们认真挑选了"爱读书吧""读书要有选择""好书推荐""名人读书故事""如何做好读书摘记"等内容,对同学们的读书兴趣、读书内容、读书方法等进行策略性指导。在摘抄积累过程中,老师会要求低年级的孩子在好词摘抄后造一个句子,让好词真正揉入到学生的语言文字库中;高年级的老师则要求学生注意摘抄技巧,有质量的完成积累,并将"自评、组评、师评"三种评价方式融为一体。

校本课程"海韵乡风"的不断完善也是引领学校课程教学的一个重要组成部分。几年来,我们以"增、删、改、优"为基本策略,课程架构不断趋向合理,课程内容不断丰富完善,教师教法、学生学法不断创新,最终达到校本课程的智能、精致。至今,我校的校本课程形成了"湿地探索"教学模式,"藻类制作"教学模式,"贝壳画、卵石画"教学模式等七大不同版块,各具特色的课程教学模式,深受学生的喜爱。

浅谈校长课程领导力

青岛西海岸新区田家窑小学 逄淑宽

课程建设是集合办学思想和育人目标,促进学生真实发展的学校理念的具体落实。而校长课程领导力是"以校长为核心的学校课程共同体,根据培养目标和办学定位,领导学校课程设计、实施、评论和课程文化建设过程的能力。"而校长要实现有效的课程领导,就必须在理解和把握当前的课程理念、课程目标、课程类型与课程内容的基础上,形成自己的教育思想和课程理念,并且善于把自己的理念和思考,变成具体的引领和指导决策。

一、执行课程计划,形成学校特色

没有优秀的课程,就没有高质量的教育。作为校长,要有对学校课程整体把握的能力,确定学校发展的基点,彰显学校特色。要能够透彻分析本校的资源优势,围绕学生需要和学校特点,渗透自己的办学理想和教育理念,创造性地执行国家课程,开发本校课程,形成学校课程体系。

(一)学科课程校本化

一个校长要有课程价值、课程规划、课程开发、课程实施、课程管理的能力。借鉴我区优秀小学的做法,着眼于课程整合,形成瞻前性的课程框架,校本化实施国家课程。学校建立了课程研究组,构建了校本化的课程目标,以校本化的学科纲要引领学校课程的实施,制定了《青西新区田家窑小学课程实施方案》和《青西新区田家窑小学课堂教学评价表》,编写了各学科的《教学指导纲要》。各学科结合学校特色、学科特点和学生的实际,将课堂教学活动、课程、学科综合活动、拓展课程以及学科特色项目建设整合为学科课程。

（二）校本课程特色化

新课程改变了传统上学校只承担课程的执行功能的现象，而更加强调在严格执行国家课程基础上，依据校情和学情来开发实施有利于促进学生个性和特长发展的学校课程，编写了一整套具有主体性、基础性、发展性、全面性、实用性，能促进学校、教师、学生协调发展的校本教材。

德育方面，我们初步构建了"礼行天下"的课程体系，形成了递进式的、可操作的系列课程。我们认为，学校德育必须要守住两条底线：一条是遵纪守法，另一条是文明懂礼。学校德育必须要树立榜样的力量，学生的榜样首先是教师，学校德育工作成不成功，关键是师德建设成不成功。学校还必须放到打造团队精神层面上来，每月评选出"尚德"教师。学会合作学会宽容，学会分享，学会创造，坚持公正与公平，这是学生走向社会必须要具备的团队素养。

体育方面，我们在开足开齐国家规定体育课程基础上，初步形成了竞技体育训练和阳光体育锻炼的课程结构。我们在小学生田径、排球、足球等竞技体育项目中，经历了从国家课程校本化实施到学校特色课程建设的转变。我校大课间阳光体育锻炼成为常规，学校制定了一整套规章制度，从组织形式、人力物力配备、场地交叉使用、监督评价落实等方面，为学生体育锻炼提供了保障。

二、有效实施课程，提高教学质量

课程领导力是校长的核心能力，校长必须要具有较高的专业权威和课程修养，才能更好地管理课程，有效地实施课程。

（一）回归课堂，提高教学管理能力

对新课程的引领，首先是对课堂教学的引领。每到开学初，我校要求教师提前备课，时刻准备好随堂推门课；新教师准备亮相课、过关课、考核课；所有领导干部集中听课，每周至少听一节课；到学期中，根据学情调查有针对性地听调研课；每月各学科组织两次课堂教学研讨，每学期组织考核观摩课。

在广泛的听课中，有效性是课堂教学的生命。怎样提高课堂教学有效性，如何实现"教师少教而学生可以多学"，通过对课堂教学探索和实践，广泛吸取各学校经验，我们探究出"小组合作"学习"自学—互学—展学"模式。"小组合作"学习使课堂教学焕发了生命活力，在发展学生的同时，也发展着教师，发展着学校。

（二）引领教师，提高课堂教学创新力

校长不仅要促使教师转变教育理念，更重要的是为教师专业成长构建有效的平台。我校教师在经历了通识培训、专家引领、参观访谈、同伴互动、专项进修、校本研修之后，教育观念有了明显的转变。无论是每学期开学初，教研中心的教研员来我校调研听课，还是每学年开展的集中听评课，各级教育专家对我校教师的课堂都给予了较高的评价。

虽然教师课堂教学创新是一个复杂的系统工程，但我校会竭力为教师获得创新灵感搭建平台，这也是我们纵深推进新课程的必然选择。如果教师在每一个课程设计中、在每一节课堂教学中都充满创新的火花，就一定会在学生的心灵上播下创新的种子，那将会是新课程的理想境界。

三、严格常规管理，促进有效教学

课程领导力是一种能力，也是一种理念，一种过程。任何课程从规划到实施，始终离不开全体教师的执行。打造学习共同体，建设一支强有力的教研团队是校长课程领导力的关键。校长的课程领导力最终要依靠教师去实施，高素质的教师队伍是保障课程领导力得到有效落实的关键性因素。

我校先后组织教师外出参加全国性课题研讨会、听教育专家讲座、观摩优秀课例，开阔了教师的视野。通过研究"教"与"学"的案例，促进了教师教学策略技能的改进和完善。直接有效地帮助教师提高课堂教学实施能力，提升课程执行力。目前我校已拥有一支能力强、素质高、有特色的教师队伍。

正如陶行知先生所说："国家把整个的学校交给你，要你用整个的心去做整个的校长。"作为校长应不断完善自己的课程专业素养，关注校本课程开发和课程推进机制，重视课程实施和课程评价的实际效果，在实践中逐渐完善自身的课程领导素养；要引导教师树立正确的课程评价价值取向，自觉融入课程改革实践。作为校长，既要在宏观上把握方向，又要在微观上进入课堂，重点是针对教师教育教学过程中存在的带有普遍性的困难、疑惑，进行方向上、思想认识上的引领，让新课程理念真正在课堂中显现出提高教学质量的实效。

依托思维导图　推动课堂变革

青岛包头路小学　杭　伟

　　思维导图作为思维工具,能高效激发思维和整理思维,可以显著提升学习和工作绩效。思维导图的科学使用可以提升学生的学习效率,这已经成为诸多教师的共识。如何将思维导图这一思维工具与课堂教学有效结合,促进各学科的教学改革和创新。我立足数学学科,为全校教师展示了五年级下册"认识正负数"一课,希望以此引发教师对思维导图这一工具的思考,激发教师实施课堂改革的热情,为学生的全面发展探求一条科学路径。

一、绘制思维导图帮助学生"思维产出"

　　思维导图以"产出"为导向,帮助教师组织课堂活动,搭建交往平台。在学习新知识前,学生通过绘制导图,把需要学习的知识变成自己的思想、见解,有步骤有条理地表达出来,将内隐的思维变成了外显的"思维产品"。例如,在学习"认识正负数"一课时,课前老师布置给学生预习了认识正负数的相关知识,并通过思维导图将自己的所思所想用自己喜欢的方式表达出来。课前学生的学习已经发生,识记、理解、应用、分析、评价均在统领之列。这种创造性的作业不仅实现了"作业作品化",更体现了本质意义上的课堂翻转。

二、交流思维导图帮助学生"对话共建"

　　思维导图推动下的课堂,第一个环节就是小组内的互动交流,第二个环节是班级内的展示与反馈。上课伊始,教师提出研究问题:"什么是正负数?"组织学生进行小组内交流,学生们根据已经完成的预习导图,在小组长的组织下轮流汇报,疑问共同解决,并做好班级交流的准备。第三个环节,教师引导学生依据导图进行高层次的对话,实现思维的碰撞、知识的共建,达成思维的互动与智慧的共生,展现出课堂学习生生互动、师生互动的生命活力。对如何真正体现课堂生命的活力,形成了三个共识:以问题解决为中心、充满思维碰撞式的对话、生成精彩观念。

三、完善思维导图帮助学生"反思批判"

　　运用思维导图进行学习的过程中学生要及时对导图进行修改与完善,这个过程是学生自己去伪存真、认识事物本质的思维方式。老师引导学生思考:在认识正负数时,都找到了生活中的实例,在小组里交流一下你找到的实例是什么,里面的正负数表示什么意思。此时小组长适时带领全组进行交流,交流过程中进一步完善导图。在这个过程中学生们就会产生思考"为什么会产生这个观点?""导图的结构合乎知识间的联系吗?""这个结论的产生有根据吗?""整个导图的内容全面吗?",这种问题可以帮助学生发现问题、质疑推理、评估材料,比起学生标注重点、背过结论的学习方式,更利于学生突破思维模式,创造性地接受并建构知识。

四、嵌入评价是开展深度学习的有效保障

　　运用思维导图促进深度学习的过程中实施了嵌入评价,这是与学习过程同时发生的评价,将评价融入到教学的整个过程中,使评价不再是学习的终结者,而是改进学习方法、提高学习能力的载体。"认识正负数"一课其中有这样一个场景:教师请各小组推荐自己组里喜欢的实例,在班里跟大家交流。同学们带来了家里的存折、温度计、报纸上的潮汐情况、妈妈的记账本⋯⋯学生们细致勃勃地理解这其中的每一个正数、负数的意义,进一步感受正负数是在实际生活中所表示相反意义的量,并由此想到它为生活带来的方便,体会到了数学的价值。小组汇报后,小组成员问到:"我们小组汇报完了,对我们的展示做个评价吧。"这时全班响起了热烈的掌声,全班你一言我一语的评价着这个小组精彩的展示。嵌入评价除了有课堂上生成的生生评价,还有针对思维导图的格式是否正确、知识点是否全面、举例说明或验证知识是否恰当、是否编制了相应的反馈练习进行有针对性的评价。这种评价引领各层次学生提高了思维导图绘制的质量,完善了知识体系,促进了深度学习,起到了以"评价引领学习"的效果。

以学生成长为中心，建构融创课程体系

青岛宁夏路第二小学　安晓兵

青岛市教育局倡导的"十个一"行动计划,市南区教育和体育局推进的"二十个重点项目"均以促进学生综合素质提升为旨归,立意于"为学生的幸福人生奠基"。为落实上级政策,青岛宁夏路第二小学以课程建设为抓手,坚持"全纳教育"思想,聚焦学校鲜明的科学与人文特色,将"健康生活的需求、快乐学习的指导、幸福成长的体验、创新思维品质的养成"确定为课程建设总目标。以核心素养提升为中心,努力建构多维立体的学校课程体系。

课程建设体现了学校文化、办学思想和价值观。学校的课程体系架构,以学生为主体,以核心素养培养为中心,根据学校培养目标及办学理念,纵横交错,建立一个立体多元的学校"融创"课程体系。

融——从文化内生的角度横向上主要包括五个领域:分别是人文素养(木,寓意生发,营造书香校园)、科学技术(金,寓意创新,创造科技趣园)、文化艺术(水,寓意智慧,塑造艺术梨园)、运动健康(火,寓意活力,打造运动乐园)、生活实践(土,寓意蕴藏,缔造生活家园)五个方面,通过全面构建五园学校,打造一所面向学生发展的新样态学校。

一融——构建学校特色的德润课程,从"课程体系、整合资源、主题活动"三个层面推进;二融——融合艺体素养培育;三融——积极探索学科内、跨学科、跨学段内容的整合,一方面,各学科以学科的核心知识特点为基准点进行合理的重组、延伸、补充、拓宽,调适学科课程;另一方面,探索学科间、学段间课程整合,拓宽学生学习领域,提高学生的综合能力。

创——从生发的角度,学校根据孔子的"兴于诗、立于礼、成于乐"纵向架构学校三级课程体系——兴发课程、立基课程和乐创课程。兴有启发之意,礼具规范之旨,乐涵表达之趣。"礼"构成社会生活里的秩序条理。"乐"涵润着群体内心的和谐与团结力。然而礼乐发端于形而上的天地境界。《礼记》上说:"礼者,天地之序也;乐者,天地之和也。""礼"负责规范人的行为,"乐"则负责调和人的性情,人的喜怒哀乐都可以通过乐来表达,同时也可以在乐声中化解。"礼乐"的目的在于教化,诱导人向善,让社会处于平和的状态中。借助儒家传统的课程理论,我们设计的三类课程均基于学科课程标准,兴发在于激发兴趣,丰富体验;立基在于奠定基础,适度拓展;乐创着眼解决问题、发展综合能力。

一创——充分利用社会教育资源,如劳动教育实践基地和未成年人"社会课堂"、科技馆、研究高校等引导学校研究、开发社会实践课程;二创——科学纳入心理健康教育,结合课程实施过程,纳入心理健康教育的方式,落实心理健康教育制度建设、课程建设和队伍建设;三创——深入推进"stem"教育,利用学科课程、校本课程、特色教学、学生实践活动、科技节及科技比赛等渠道,培养学生具有实践创新的精神和能力。

以立基为例,学校紧紧围绕课标,推进国家课程校本化实施,以语文学科的"诗香童年,浸润成长";数学学科的"智慧金银岛,数学小天地";英语学科的绘本阅读为校本化实施切入点,同时深研学科育人目标及核心素养目标的统一,研发深度学习备课模板,不断推动课程落地。

六年影响一生。"苟日新、日日新、又日新",秉承每天进步一点点的理念,学校经过体系化设计提出八百行动:百本图书、百次演讲、百个实验、百次旅行、百首诗词、百幅名画、百首名曲、百道趣题,将学科核心素养落到实处。"八百"行动是针对课程标准的落实与深化,通过融会贯通的"八百"行动,发展学生核心素养,促进学生的全面发展。

2018 年 12 月,学校在"山东省首届好课程"暨青岛市精品学校课程建设与实施现场会上进行了课程实施工作展牌的展示。

2018 年 10 月,在青岛市第二届校本课程评选中,学校的"诗香童年"自编课程教材获得青岛市精品课程奖项。

加强教学研究 打造"四本"课堂

胶州市大同小学 代洪霞

近年来,我校在引领师生"读好书,写好字"的基础上,提出并践行了鲜明的教学特色——"四本课堂"。

一、理念先行，"同成教育"深入人心

"同成教育"以"学生成长""教师成就""教学生成"为基本内涵。其中，"教学生成"是"同成教育"的重要途径。我们通过长期的探索，提出并践行以"生成"为特质的课堂"四本"模式，即以"生本、乐本、效本、创本"为课堂指导思想和教学追求。

二、加强教学研究，打造"四本"课堂

1."生本"是课堂"四本"模式的核心

学校注重构建民主课堂，面向全体学生，关注学生差异。提倡学生在导学案的引领下课前预习和自学，根据学生不同情况分层教学，分层布置作业，以学生的生活为本，促进全体学生的全面发展，致力于学生一生的发展。

2."乐本"是课堂"四本"模式的前提

我们把星卡评价制度引入课堂教学。对在课堂上表现突出的学生分别奖给尚学卡、尚德卡、尚艺卡、尚行卡、尚健卡，从学生的学习能力、行为习惯等方面进行多元化的评价，为学生可持续发展打下良好的基础。游戏进课堂、活动进课堂也是我们引领学生快乐学习的一大举措。结合学校课程《经典诵读》，我们力求做到诵读活动多元化、开展活动制度化、社团活动多样化、家校联动经常化、经典诵读板块化。每日一吟、晨诵午读、师生共读、四季诵读、主题诵读……形式多样、精彩纷呈，促进古诗文诵读活动的蓬勃发展。而春赏三里河桃花、出游东湖、"六一"儿童节亲子游等活动，又让我们的教学延伸到社会大课堂，同学们遨游其中，乐此不疲。

3."效本"是课堂"四本"模式的关键

我们积极倡导减负提质，注重教师素养的提升，集体备课、教研活动、新教师亮相课等活动常抓不懈。同时依托课题研究提升教师业务能力，同成教育下的小课题研究人人参与。在教学实际中，我们还逐渐摸索出了"五环节"教学模式，即以"自主预习，引领自学；顺学而导，以学定教；适时引领、合作探究；学以致用、及时反馈"为主要环节，以"以学定教、合作探究"为根本特征，以学生学习能力发展为主要价值追求的教学模式，有效提高了教学效率。

4."创本"是课堂"四本"模式的根本

学校创新教学理念，在实施学校课程"经典诵读"的基础上，秧歌茂腔、棋文化、

国学进课堂,从传统经典文学、棋文化和非物质文化遗产——秧歌和茂腔三个层面展开,使"书香大同、艺术大同、文化大同"的构想稳步实施,步入发展的快车道。

阳光课程　多彩绽放

崂山区辽阳东路小学　刘　峰

　　课程建设是学校教学工作的重心,开发多彩的课程是学校发展的关键。一年来,根据学生年龄特点和发展特点,学校构建了丰富多彩的课程体系,满足了不同学生的发展需求,为学生的全面发展和个性发展奠定坚实的基础。

一、始业课程

　　一年级上学期学校开设了针对幼小衔接的始业课程"阳光路上你我同行",课程从顶层设计、校园环境、学习常规、文明礼仪、日常习惯及评价等各个方面,引导孩子尽快适应小学生活。我们又围绕"习惯"主题开发了《沐浴阳光携手成长》家长培训手册,帮助家长克服担心、焦虑的心态,指导家长帮助孩子迈好入学第一关。

二、特色课程

　　(1)绘本阅读课。为了从小培养孩子的读书习惯,新校启用后,我们就以"阳光童年 书香人生"为题举行了开学典礼,并开设了绘本阅读课,每周两节,帮助孩子从小养成阅读的兴趣和习惯。语文老师也以绘本为载体,积极开展"课内阅读与课外绘本相融"的小课题研究,5月份学校举行了区级绘本阅读教学研讨会,会上王文婧和王筱筱老师分别就学校的绘本研究工作做了精彩的课例展示和经验交流。

　　(2)形体课。为了培养孩子们的审美观,学校特开设了"形体课程"。让孩子从小接受良好的美学熏陶、注重礼仪并培养孩子的修养内涵是我们开设此课程的主要目标。目前,孩子们已经掌握了三至五套形体操,我们也把该课程跟大课间有机整合到一起,每天进行展示。

　　(3)外教课。为了丰富孩子的语言经验,同时拓展孩子的视野,让孩子学会在一个多文化环境中认识世界,学校每周开设一节外教课程。本学期,在外教老师的引领下,大部分孩子都能跟美国老师进行简单的语言交流,了解其他国家的文化。

（4）社团课。本着"兴趣激发、爱好定位、特长培养"的原则,我们又开设了合唱、舞蹈、陶笛、手工制作、七巧板、足球、篮球、跳绳等涉猎多个领域的社团课程,丰富孩子的业余生活。今年5月份,我们一年级2个班新生首次参加区艺术节展演,班级合唱和班级舞蹈均获得较好的名次,得到领导和老师们的好评。

三、微课程

根据低年级孩子注意力的特点,我们调整了课程设置,实施长短课时。早晨、中午、下午均有10～15分钟的微课时间。早读微课:主要是加强朗读背诵的指导;习惯微课:班主任老师针对孩子们表现,进行反馈总结,提要求,名目标;运动微课:下午15分钟的跑步活动,全校师生集体参与,强身健体。

一年来,学校开展了两期"阳光课程,在这里生长……"学科素养成果展示活动。第一期展示了语数英三科的实践活动:"我为小鸟安个家"、"为思维插上翅膀"、"图形图形在哪里",将枯燥的知识变为孩子喜欢的游戏,人人参与,乐在其中。学校举行隆重的颁奖典礼,为获奖的孩子颁奖,让孩子在学习中体验仪式感和幸福感以及满满的成就感。第二期素养展示更多的是呈现孩子们特色课程、社团课程的学习成果。足球、篮球社团的展示,让我们看到了孩子们运动特长的发展;音乐学科的拉歌比赛在快乐的节奏中感受到艺术的熏陶;大课间活动亮眼操、广播操、形体操、十个一展示不仅锻炼了孩子们的体能,还激发了他们对运动的兴趣。孩子们在丰富多彩的课程里汲取知识的力量,收获成长的幸福。

彰显专业精神，实现校长对学校发展的专业引领

蓝村第二小学　解　钢

"校长专业精神"的涵义很丰富,其实践途径、呈现方式、价值体现也很多样。我认为,校长"专业精神"更多的应该回归领导课程与教学这一原点上来,在领导课程与教学过程中,彰显校长的专业精神,实现校长对学校发展的专业引领。

在以领导课程与教学为原点,锻造校长专业精神的过程中,我认为最重要的一点

是始终秉持对教育真理的信仰,信守一个"真"字,练就校长领导课程与教学的真追求、真情怀、真行动、真境界。

1. 理念求真,愿景召唤

领导课程与教学,并以此为原点,规划学校的发展愿景,描绘师生幸福的校园生活图景,营造育人文化,引领教师发展,这一切都必须求真。"求真"意味着确立正确的课程观与教学观,构建自己学校的课程体系以及课程实施方式,构建富有校本特色、生动高效的课堂教学模式,并以此为原点,延伸到学校文化、内部管理、德育工作等方面,形成良好的教育氛围,创新教师发展模式,让师生在课程与教学改革中,体验教与学的快乐,从而解放身心,自主发展,焕发生命活力,实现自我超越。

2. 学习求真,阅读致远

领导课程与教学,创新学校教育,打造校长专业精神,还需要有学习求真的品质,有阅读致远的胸襟,有崇尚学术的情怀。课程与教学的创新,需要有国际视野、本土行动,需要融汇百家、自成一家,在这样一个过程中,需要不断地学习新的课程理念,学习课堂教学改革的前沿知识,汲取和融合种种先进的教学理念和成功经验,最终整合创新成自己的课程与教学特色。

3. 实践求真,专业引领

校长领导课程与教学,需要体现实践性:①躬身实践:校长的专业精神在领导课程与教学创新活动中,表现为对课程与教学改革的躬身实践,给教师提供研究和借鉴的样本,引领专业方向,传递改革勇气。②长期实践:课程与教学改革只有起点,没有终点,需要锲而不舍的努力和百折不回的坚韧,需要不断创生新的生长点,在矛盾和困惑中寻找突破口,在渐进与反思中,不断完善新课堂的构想与实践,让课堂最终成为学生生命成长的摇篮。③引领实践:要善于统整校内外教学资源,创设支持性的教学环境,给教师更多的理论和实践指导,为教师的成长搭建更多的平台。

4. 品格求真,共臻美好

校长领导课程与教学,建树求真务实的专业精神和人格特质,主要表现为这样几个方面:①胸怀崇高而美好的教育情怀,关注师生的生命质量和一生幸福,以爱为教育的出发点,以育人为目标,唤醒师生的主体精神和创造热情,共同营造师生的幸福家园。②不带任何功利色彩,静下心来,蹲下身子,远离喧嚣,沉潜课堂,坚守教育的原点——教育就是教育;坚持教育的崇高使命——为社会和国家培养合格公民;坚持育人的基本价值——培养人、发展人、提升人的生命质量;托起自身的理想追求——把教育做成事业。③以自身求真向善的人格魅力和进取不怠的精神品质感召师生,唤醒师生实现自我的内在需求,引领师生在课程与教学改革中,敢于尝试,勇于展示,学会合作,体验成功,把善于学习和日日求新作为自己的一种生活方式,引领师生共同发展,实现美好的共同愿景。

"课程 + 课堂"助力金色童年

青岛金水路小学　方建磊

苏霍姆林斯基说:"人是最高价值。"教师承担着教书育人的责任。这份责任,是教育工作的出发点与落脚点,更是全体金水教育人的初心。怀着这份教育初心,青岛金水路小学提出了"高效·生态·幸福"课程教学发展目标,聚焦课程建设,聚焦品质课堂,提升金水教育品牌。

一、完善课程建设,优化育人文化

学校课程建设围绕"以人为本、全面发展、突出特长"的办学宗旨,构建富有学校特色的"金色童年"体系。即"精彩课程""多彩课程""出彩课程"。

精彩课程指的是国家课程,精彩课程的指向是以学科为中心、以国家基础性课程为主,地方和校本课程为辅助补充。主要包括语文、数学、英语、科学、体育、音乐、美术等学科课程。基础课程校本化实施,以国家课程为蓝本,结合教师自身教学实际,通过自主创新,形成自己的教学样式。多彩课程指的是每门国家课程向外延伸的拓展性课程。主要包括知识拓展类、体艺特长类、实践活动类三类课程。知识拓展类结合学校特色课程而开展;体艺特长类以"多彩大课间"为主题,结合广播操、健美操、跳短绳、仰卧起坐、冬季长跑,孩子们走向操场,走向阳光,锻炼体魄,健康成长。出彩课程指的是实践活动,主题学习及特色课程。它以"互联网 + 班级自主化管理"为主导,以"主题式升旗仪式""主题队会""生存拓展体验""社会实践活动""责任教育"六个方面建构课程体系。三级课程的有机整合,意在为学生创设优美舒适的学习环境,营造和谐愉悦的学习氛围,让每一个学生健康、快乐的成长进步,学会做人、学会求知、学会生存,拥有值得回味的金色童年和追求卓越的金色人生。

二、回归教育初心，提升育人品质

课堂是教学活动的主阵地,这方阵地,需要我们遵循教育规律,尊重孩子的个性、尊重孩子的视角、尊重孩子的发展潜力和未来的无限可能性……在不断的课堂探索中,提升育人品质。

（一）以高效课堂为基，提升教学质量

高效课堂,是教师和学生的理想,是实现教学过程最优化,教育效果最大化的重要途径,更是师生完美配合的成果。我们关注学生的课堂学习习惯:将读姿、写姿、坐姿等行为习惯的养成落实于每一堂课。我们关注教师教学基本功,组织教师学习课标、通读教材、加强组内集备和教研。我们关注教师专业发展,充分发挥骨干教师的引领、带动、辐射作用,推精品、扬亮点、重实效,积极推动校级品质课堂的深入实施。

（二）以生态课堂为根，丰富课程文化

生态课堂,是一种自然的、符合孩子天性、尊重孩子内心发展需要的课堂。学校围绕"金色童年"童心课程体系,为学生创设优美舒适的学习环境,营造和谐愉悦的学习氛围,让每一个学生健康、快乐地成长进步,学会做人、学会求知、学会生存,拥有值得回味的金色童年和追求卓越的金色人生,成就最好的自己。

（三）以品质课堂为本，提升学生涵养

品质课堂,是课堂的最高追寻,它涵盖了高效课堂、学生自主学习、合作学习、生动愉悦发展等方方面面,在这样的课堂,师生的智慧得以碰撞,方法得以交流、优化,这样的课堂是幸福的,是有品质的。为实现品质课堂效果的最优化,学校开展了丰富多彩的教学活动:"教师基本功"大赛、"板书设计"比赛、"模拟上课"比赛、"我的教学金点子"交流会、"我的品质课""骨干教师展示课""青蓝结对——青年教师汇报课",多彩的教学活动提升了教师的专业素养,推动了校级品质课堂的实施,提升了学生的文化素养。

且思且行——愿我们的所思、所想、所做能让孩子们在金水路小学这方幸福、广阔的土地上成长。

打造自主课堂 激扬师生生命

青岛西海岸新区海王路小学 邵学忠

以学生发展为本是教育之本,课堂是落实学生发展的主渠道,是落实师生成长的关键路径。相信学生的潜能,尊重学生的主体意识,把学习的权利还给学生,让学生成为课堂的主人,转变教师主宰课堂,学生被动学习的状况,打造自主课堂,提高课堂教学效率,解决核心问题,一切问题就迎刃而解。

1. 更新理念,统一思想

(1)走出去、请进来。让教师到课改优秀的学校参观学习,亲身感受自主课堂给孩子们带来的变化。对照本校课堂评价标准,课堂教学实施情况,找出差距,落实学校课堂要求。邀请课改专家到校作报告,听课、评课、作课,手把手地进行课堂教学指导。

(2)反思感悟,统一思想。没有反思就没有进步,没有反思就没有成长,没有反思就没有收获。通过读书反思、参观反思、实践反思、成长反思,让大家联系反思感悟展开大讨论。经过讨论大家明确:自主、合作、探究、互助高效的课堂才是理想的课堂;教师主宰的课堂是狭隘的课堂,是限制学生发展的课堂。

(3)确定学校课堂教学改革的指导思想。经过全体教师研讨,确定指导学校课堂的指导思想是:一是教育教学是为了人的生存,生活,生命而展开的;二是学习是学生自我的事情;三是学习要深刻,要达到"拓、挖、思、悟"。课堂落实学生主体地位,采用启发式、讨论式教学,实施自主、合作、探究式学习方式,把课堂教学定位于学生生命成长,关注每一名学生素质的全面提升。

2. 模式引领,明确方向

为了让教师的课堂"形神兼顾",确立预习交流、明确目标、分组合作、展示提升、穿插巩固、达标测评六环节的自主课堂教学模式。全体教师根据学校课堂模式要求,根据学科特征,构建本学科教学模式,有效介入自主、展示、合作、汇报、反馈、提升、拓展等课堂要素,使各门学科都能体现自主课堂的教学理念,又不囿于固定的模式,让课程呈现异彩纷呈。

3.团队教研，共同成长

一个人可以走得很快，一群人可以走得很远。学校组织团队多层面教研，实行捆绑式评价，打造精英团队，实现共同成长。主要采取集体备课、学科教研、师徒教研、校际共同体教研等形式。同时，搭建课堂展示平台，邀请教育专家、教研员、校际共同体骨干教师等，走进课堂、关注课堂，增强教师研究课堂、改进教学、提升效果的主动性和自觉性。

4.多层评价，督导落实

为全面调动教师发展的原动力，增强教师的存在感、安全感、认同感、自尊感、归属感，促进教师自觉成长，学校发动教师全员参与，制定评价标准，科学公正公平评价。用评价保障管理，用管理促进成长，用成长成就教师，让教师人人成为课堂教学改革的管理者、评价者和实践者。为此，学校建立多层次、立体式的评价机制，通过专家评价、学校评价、学科评价、年级组评价、班主任评价等不同层次的评价，实行分层管理，层层负责，人人参与，互动评价，客观公正，保证评价科学性、合理性、有效性，确保课堂教学改革走向深入。

5.理念引领，制度导航

学校实施先学后教，以学定教，能学不教，互学互教，积极打造优质高效课堂。制定《课堂教学的评价标准》，从学生参与的主动性、精彩度、内涵性和实效性等方面入手，使教师改有方向、做有目标、评有标准，保证课堂教学改革顺利实施。

实践证明：课改不仅改课堂，还要改理念、评价；课改不仅改学生，还要改教师；课改不仅改内容，还要改习惯、方法；课改不仅看成绩，还要关注学生状态、学习习惯、学习方法。只有对师生生命成长全面关注，才能激发他们的智慧和激情，演绎他们生命的精彩。

推门课，推出高成效

青岛市崂山区朱家洼小学　蓝永传

作为校长,要经常听推门课,参与课堂教学,以更好地领导学校课程教学。那么怎样"推",才能达到我们的目的,得到好效果呢?

一、有计划地推

听推门课不能仅凭心血来潮,有一搭没一搭地听,要有计划。每个学期初,根据学校整个教学计划,合理安排听课时间。一般在学期初进行,促使老师们快速进入工作状态。另外,先听哪些老师的课,后听哪些老师的课,也要有个统筹安排。

二、人性化地推

很多老师反感校领导听推门课,因为有些人没有做足准备,校长一进门,老师变得很紧张,原本就不是很流畅的课变得磕磕巴巴,甚至有些老师因为慌乱,一节课讲了什么自己都不知道,糊里糊涂得就结束了。说实话,这样的推门课我们也不愿意看到。校长听推门课本来是要了解情况,促进教师专业成长。如果老师害怕听推门课,甚至患上"推门课恐惧症",那就得不偿失了。因此,我觉得校长听推门课要人性化。

1. 分阶段推

我听推门课一般根据教师的教学水平分为两个阶段。第一个阶段是打招呼地听。提前一天告知老师,要听你的推门课,让老师有个准备。教师有所准备的课,其实最能发现课堂教学存在的问题。再者,有了准备,教师也不再害怕,不再反感,听课效果大好。第二阶段是不打招呼地听。在第一阶段的基础上,让老师们心理上接受了推门课,不打招呼的听就成了一道约束的力,督促老师们把每节课上好。

2. 多鼓励肯定

很多年轻老师缺乏经验,课堂教学存在很多不足,这是很正常的事情。这些老师需要鼓励,如果因为课讲得糟糕被校长批评,很可能一棍子打死的是一位新秀。年轻教师潜力大，他们需要磨练、历练，才能成长。所以我们校长要有发现璞玉的睿智的双眼，要把每一位年轻老师都当做璞玉来雕琢。很可能你的一句"我很欣赏你"会在青年教师的心中酝酿出巨大的能量！

三、带着队伍推

校长听推门课的时候最好不要"单打独斗"，带上自己的业务干部一起听，效果会好得多。无论是业务副校长还是教导主任，他们大都是学科业务能手，跟他们一起听，评课的时候专业性更强，对老师的课堂教学就会起到更好的指导作用。最关键的一点，听课的队伍壮大了，就会形成一种良好的研讨氛围，学校的研讨文化就会慢慢形成。

四、有诊断地推

听推门课的目的在于发现教师课堂教学真实存在的问题，便于学校有针对性性地开展教研专题，提升学校教育教学质量。所以，听完推门课后及时反馈就显得很重要了。

1. 提出修改建议，便于教师重建

校长在听课中能发现教师存在的问题，评课时提出自己的修改建议，对老师就是一种无言的激励。

2. 答疑解惑，引领教师发展

校长在听课后还可以跟教师闲聊几句，了解教师课堂教学上的疑难困惑之处，或当场答疑，或利用学校教研时间提炼成小课题，鼓励大家进行研究。长此以往，学校的教研氛围浓厚了，教师也有了成长的动力。

从"戏剧童年"看学校课程的研发与实施

青岛普集路小学　林立春

在课程内容开发中秉持"拓宽学生学习的渠道""增加多元文化的积淀""开发

每位学生的语言潜能"等理念总体设想整个课程,设定课程目标,细化螺旋上升的课程内容,有序安排,层层递进。

"戏剧童年"课程是在教育活动里引入戏剧理念、元素、方法和手段等,以提高教育教学效果,促进学生知识、能力与品格等充分发展的教学活动。

一、课程的实施

1.多元主体,强化管理

戏剧学校课程以管理团队、语文组全体教师和音乐美术教师、家长共同参与,负责戏剧课程的开发与实施工作,聘请戏剧表演专业教师研发教材并授课。

课时落实。戏剧课程覆盖全校所有班级和学生,分两步实施。一是在全课程年级设置必修课,每班每周一课时,由专职戏剧教师担任;二是在 3 ~ 6 年级开设选修课。

研发教材。以全课程教材为蓝本,研发了一套基本教材,戏剧教育在海逸分八个教学主题,由教学目标、教学内容、教学实施、舞台展示四个环节构成。随着学校"主题探究、课程整合"课程改革的不断深入,自本学期开始,"戏剧童年"课程进一步研发了"恐龙"主题系列教材,让戏剧成为海逸课程体系中璀璨的明珠。

培训师资。采取请进来、走出去的方式,邀请专业戏剧老师驻校教学,同时培训本校师资,让担任戏剧课的老师尽快掌握戏剧教学的基本技能,定期外派骨干教师参加各级教育部门组织的戏剧教师培训活动。

2.活动推进,品质提升

搭建平台,给学生提供表演的机会是推进课程实施的重要途径,也是对教师授课和学生所学进行评价的有效方式。

(1)。目前,学校成功举办了两届戏剧节展演。活动学生全员参与,剧本全部原创,家校全程合作,学生多方面素养得到全面展示,反响强烈。

(2)学校 OM 戏剧社团连续参加世界头脑奥赛中国赛区总决赛,获得三等奖、二等奖、一等奖等好成绩。孩子们运用戏剧课上所学的技能,分析解题、撰写剧本、制作道具,最终把妙趣横生的皮影戏、神秘莫测的黑幕戏演绎得惟妙惟肖,为成绩的取得奠定了基础。

(3)将戏剧的理念结合到学校"全课程"当中,将所有课程内容设计成游戏关卡,寓教于乐的闯关活动,让学生在不知不觉中巩固了知识,提高了能力。

二、课程评价

"戏剧童年"课程满足学生发展的多元需求,在教学领域的开发与实施意义深远:提升学生的表达能力,培养学生团队合作精神,强化学生的社会意识,培养健全的人格。

课程评价包含两个方面。首先是面向学生个体的过程性评价、终结性评价,设计了"参与合作态度""解决问题能力""舞台表现水平""语文学习能力""交流沟通意愿"五个维度的评价表进行多元评价。其次是面向班级团体的综合评价,设计了多样化的展示方式,如课堂观察、作品展示、现场表演、对话交流、档案袋等。

几年来,随着"戏剧童年"课程的深入开发与实施,我们真切的感受到戏剧课程是多学科的融合,是全人教育的有效途径,使我校"从儿童立场出发,培养核心素养,育全面的人"这一育人目标落地生根。

以研促教　提升质量

青岛淮阳路小学　袁海涛

在新课标理念全面深入课堂的今天,我校以规范教学管理为保障,通过抓团队的教研、科研建设,加大对课改的探索和研究,不断提升教师的教育教学水平,推动学校长足发展。

一、专题教研重学习,交流反思促提升

学校规定教研组教研活动定时间、定地点、定主讲人,形成横向"学习—研讨",纵向"备课—磨课—辩课"特色。一是发挥教研组作用,有目的、有针对性的开展专题学习,共同辨析课程改革之真谛。二是实践课堂教学,结合名师带动、师徒结对、岗位双促等常规工作,校级以上名师每学期一节示范课全校观摩,骨干教师每月一节开放课徒弟学习,教坛新秀每周一节研讨课师傅指导改进。三是及时总结形成教学锦囊。教研组辩课结束后,由授课教师总结教材有效拓展点、课堂有效提问点,学生思维拓展点,撰写教学锦囊,供本教研组传阅学习。

二、主题教研重导向，切磋探讨想对策

主题教研是以问题为驱动、以课例为载体、有着鲜明主题、人人参与互动的教研方式。我校重点落实主题教研，将教师平常教学中遇到急于解决的、大家感到困惑的问题，由各教研组经过整理、归纳、提炼，筛选出具有典型意义和普遍意义的问题为主题开展研究活动。本学期我校语文教研组以问题为导向分段进行目标梳理，先后打磨了低年级书写、中年级阅读、高年级写作三个层次的教学略。数学组结合磨课中授课教师的共同问题，重点研讨了高效合作学习模式、探究性学习内容设计、全脑科学在数学教学中的应用三个主题。老师们收集、整理和学习相关的文献资料，了解所研究问题的症结和关键，制定行动实践计划，采取案例评析式点对点讨论，研究教材、交流智慧、切磋教法、研讨最佳教学设计的有效方式。英语教研组围绕单元整体设计、课外资源拓展、师生口语交流三个主题进行了研讨，在名师引领下，加强集体备课，落实"最优化、最有效"的教学设计，不断创新教学手段，呈现出个性化、有效性的课堂，提高课堂教学效率。

三、课题教研重实效，推广应用促发展

学校坚持把把校本教研与课题研究有机结合形成常规。一是推行科研三进，科研进备课、进教研、进课堂，提高教学效率。二是坚持把课堂教学作为实施课题研究的主渠道，抓住教师怎样教、学生怎样学这一关键，自主确定课题，大胆实践探索。三是教学研讨与课题成果交流相融合。本学期我校基于"学习＋品格＋思辨"的课堂教学模式融合了全脑科学的因脑施教进行了大胆的探索，进一步提升学生自主学习能力。组织教学研讨会，会前教务处已将本次研讨点告知全体教师，力求每位教师有备而来，有料可谈，让课题推广更有实效，有推广价值。

科学、务实、高效的教研活动是教师专业发展的领航标，在扎实有效的研讨氛围下，我校老师分别代表各教研组出市级公开课，多名青年教师出区级公开课。

和雅课程：让每个孩子更精彩

青岛南仲家洼小学　王　健

　　建设具有学校特色的校本课程体系是现代化学校建设和发展的重要内容。我们一直在努力探索构建真正基于学校特色、基于学生发展需求的学校课程，用课程为孩子打开自主发展之门，让每个孩子都精彩闪亮！

　　青岛南仲家洼小学，地处市北区的老城区，有着 70 多年办学历史。目前有 12 个班级，34 位教师，450 余名学生，其中外来务工学生占到 70%。

　　2015 年，结合学校的历史文化底蕴和多年来积淀形成的绿色生态环保特色，重新梳理确立了学校的文化理念——站在关注儿童健康成长、尊重儿童和谐发展的高度，在继承中创新，凝练了"和雅育人"办学理念，努力践行"宽和立天地，兴学尚自然"的办学目标。确立了以绿色生态教育特色发展为切入点，以创建"国际生态学校"为目标，遵循"尊重个性，激励发展，和谐共生"的理念，通过开展丰富多彩的生态教育实践活动，彰显"和雅育人"的学校特色文化。

　　如何让学校的办学理念在学生教育中落地生根呢？构建多元化特色化系统化的学校课程体系，就是最佳的路径。特别是教育部正式提出"核心素养"这一概念，直指"培养什么样的人"这一教育的关键问题。由此，学校以"和雅育人"为引领，凝练了"宽和为怀，言行致雅"的和雅育人目标，"关注儿童视角，让每个孩子更精彩"这一课程理念，努力培养学生具备六大素养。

　　在已往开设的十多门学校课程的基础上，我们逐步进行了一系列的精简、筛选和厘清。改变以往重数量，轻内涵的做法，重新构建了凸显学校"和雅育人"特色的课程体系。以国家课程为基础性课程，同时贯通学校自主研发和国家课程二次开发，建立"一主两翼"的校本课程框架，即以特色课程为主体，体现学校的生态环保特色；以"和"系列主题课程和"雅"系列拓展课程为两翼，即培养学生心胸宽和、知识融通的"和系列课程"和培养学生行为儒雅、志趣高雅的"雅系列课程"。这些课程不仅可以突破学科中心，打破单纯地强调学科自身的系统性、逻辑性的局限，关注学生的兴趣经验，密切知识与学生生活以及现代社会、科技发展的联系，还可以拓展社会资源,弥补国家课程、地方课程的不足,发展学生综合运用知识的能力,增强学生探究和创新意识。综合、多元的培养方向,也与国家提出培养学生"核心素养"的精神相契合。

在"和雅"课程体系之下,最能凸显学校特色的是第二板块"特色校本课程"。这也是我们这几年重点在不断完善的课程内容。我们强调"拥抱绿色,与大自然和谐共生"。开发了"绿色种植"、"多样生物"两大课程。

"绿色种植"课程——我们与国家课程中的劳动教育和综合实践课相结合,组织教师二次开发,编写校本教材,建立了由浅入深、螺旋上升的课程内容。这门课程,在知识学习的同时,更重要的是能够动手实践。学校利用校园中的一处闲置空地,特别打造了以绿色种植为主要功能的课程实践基地,孩子们为它取名"百草园",旨在引导每个学生能像鲁迅先生的文章中所描绘的,从知识学习的"三味书屋"走向敢于实践的"百草园",在这里获得探究的乐趣,童年的欢乐。在百草园中,设有蔬菜区,瓜果区,花卉区。我们让"每班认领一棵树、每班种植一块地",春天的蓝莓、油菜。夏天的草莓、菠菜等,秋天收获玉米、土豆,还有冬天的大白菜。孩子们利用综合实践课和早晨午间等时间,跟随老师开展种植、观察、记录瓜果蔬菜的生长情况;开展给花坛命名、创作花坛警示语和定期给花坛除草、修枝整叶活动,每到收获季节,还能品尝自己的种植成果。在这里,孩子们种下绿色的种子、悉心照料绿色的生命,见证生命的成长。在这个播种、栽培的过程中,有对爱的理解、对自然的热爱、对生活的情趣,对生命的尊重和关照,一点一滴地渗透到学生的成长过程中。

"多样生物"课程——我们借助"国际生态学校"的创建,重点开展"生物多样性"课题研究。在每个级部设立小主题,如一年级研究叶子,带他们去中山公园观察落叶;二年级研究花卉,去崂山花卉基地;三年级研究昆虫,就去农大的昆虫馆,四年级研究贝壳,到西海岸的贝壳博物馆;五年级研究植物,到植物园、八大关;六年级研究海洋动物,去海底世界一探奥秘。我们还邀请市区环保局的专家,到我们的课堂中,给孩子们讲解专业知识;期末举行"多样生物 美丽家园"——迷你摄影展、作文大赛、现场绘画赛等,让孩子们留住"今天呵护地球生物,明天建设美丽家园"的环保印记。

伴随着课程建设一路走来,我们感觉:学校课程开发使学校从内部实现了系统性的变革;学校课程开发所倡导的"参与"理念为教师专业化发展开辟了新的道路……课程,带给孩子的是知识,是方法,更是一种生活方式,是一种文化之旅……"回到教育的原点做课程,让每个孩子更精彩"是我们学校的办学追求,溯本求源,我们将以学校课程改革为契机,不断探索,努力推动我校更好更快地发展。

"五角枫"课程　助力学生个性化发展

青岛市实验小学（原青岛嘉峪关学校）　胡繁华

青岛嘉峪关学校作为一所"全国文明校园"，依据"美·嘉"文化育人理念，建构了多彩的"五角枫"课程，发展了学生综合素养，助推了个性化发展。

一、靶向立德树人决策，建构"五角枫"课程

学校确定了以立德树人，培养全面发展和个性发展的人为育人目标的课程理念，由于学校坐落在八大关景区，校门口的嘉峪关路是一条枫树大道，我们将美丽且个性化的枫叶寓意为个性迥异的学生，由此建构了"五角枫"课程。

二、整体架构课程体系，绘制育人新蓝图

"凡事预则立不预则废"，课程建设与实施亦是如此。我们首先从顶层设计入手，统筹思考、全面规划、架构课程体系。

（一）制定"五角枫课程"目标

通过"五角枫课程"的实施，不断探寻的"学为中心"的有效策略，促进教师的专业发展，铸就一支学习型、研究型和创新型教师团队。培养具有高尚品行、健康体魄、底蕴深厚、卓尔不群的全面＋个性发展的学生。

（二）设置"五角枫课程"图谱

"五角枫"课程。从"责任担当、人文底蕴、健康生活、科学精神、实践创新"五大领域入手，以"学会学习"这一核心素养为核心，通过"基础＋拓展＋个性"三个层次以及五大领域，落实课程目标，育真的种子，绘美的叶子，铸善的嘉园。

（三）明确"五角枫课程"特点

三层次具体指：基础课程、拓展课程、个性课程。

五领域课程分别用"红、绿、橙、蓝、紫"五色表征,每一领域课程都有其特点及功能定位。

这五种颜色成为师生砥砺前行与书写奋进之笔的创新之色,也汇聚成了学校五彩斑斓的绚丽图景。

三、进行课程创意实施,助推个性化发展

在建构了"五角枫"课程之后,学校便从多个维度、不同层次有创意地进行了实施。

(一)基础性课程,进行校本化"整合"实施

基础课程,学校在落实国家课程时,将学科课程予以重组与整合。并在校本化实施过程中,以信息化为引擎推动课程建设堂教学等全面创新,促进学生学习方式的变革和核心素养的提升。

一是进行学科课程重构。我们经常进行跨学科重组与整合,设立"专题"进行校本化实施。

二是重构综合课程。每学期我们都设置"童行途中"的综合研学周课程。此课程主要基于项目或基于问题综合学习,将课时进行调整、整合,以问题为导向,充分利用地域、季节特色,挖掘家长、社会等资源,用一周时间开展主题研究性学习,通过不同课题的实践研究,综合运用所学知识,在生活中解决实际问题,提高综合能力。

(二)拓展性课程,进行多维度"特色"实施

我们从五个维度全面进行了五角枫课程实施。

第一维:实施红色德润课程。"五角枫"课程体系的核心是立德树人,学校注重德育一体化构建,将德育与学科教学相融合,形成育德课程群,实现全员育人、全科育人、文化育人、实践育人。

第二维:实施绿色人文课程。开展阅读课程群的开发与实践研究。设置"嘉童大阅读课程"。通过"嘉童晨读""课堂读写""每日家读""游学实践"以及班级特色读书活动等进行了全面实施。

第三维:实施橙色活力课程。促进学生身心健康、体魄强健,培养学生良好的审美情趣和人文素养是学校课程的重要目标之一。学校设置了美育课程群,涵盖项目有模块课程、赛事模块课程等。课程依趣而生,因材实施,满足了学生个性化发展需求。

第四维:实施蓝色海洋课程。学校重点打造"走向深蓝"海洋品牌,并已形成学

校"蓝海嘉园"海洋特色。以课程为依托,建构"海洋+"系列课程。以开展海洋科普和实践为重点,多线并举,融汇资源,初步形成独具特色的海洋教育课程体系。

第五维:实施紫色科创课程。科创课程注重培养学生的创新思维和实践能力,学校以项目式的学习方式,通过"数学＋科学＋综合"的方式进行了学科拓展课程的研发;通过开设"stem+"创客类课程,促进学生个性化的创新发展。

（三）个性化课程，进行多样化"分层"实施

我们还设置了41门社团选修课程和六大学院课程,进行了分层实施,满足了每一个学生的个性化发展需求。

通过构建课程与个性化实施,学生的思维品质、综合素养、尤其是创新精神与实践能力都有了明显提升。通过探究实践,学生的质疑能力、解决问题能力、团队合作能力等综合能力有了较大提高。

关于学生自信心的培养

青岛西海岸新区董家口小学　李振来

自信心是肯定的、积极的自我认识和自我评价。作为教育者,培养学生的自信心,应从以下几个方面着手。

一、培养学生自信心的基本前提是培养学生正确的思想意识

只要有了正确的思想意识才能形成正确的价值观念,才能形成正确的世界认知。我们应该从学生的养正教育着手,培养孩子端正的心性和行为。作为教育者我们心要端正、慈悲,一举一动都要如理如法,做出榜样给学生看,学生所禀受的是正气的熏陶。我们还应该在教学过程中多以肯定和赞扬的方式来激起学生的自尊和自信,使其在潜移默化中形成正确的的学习态度和学习认知。

二、培养学生自信心的基础是德行的培养

《大学》云:德者本也,财者末也。没有德行,学的越多,只会增长孩子的贪心、傲

慢、嫉妒。所以教育首先教的是德行,其次是知识。有一位教小学五年级的老师,每天早上到教室读诵《弟子规》,当看到老师正襟危坐在读书时,学生们立刻坐到自己的座位上,把书拿起来跟着老师一起读诵,通过《弟子规》的道德教育在潜移默化中培养学生的德行,他的班级在成绩和品行方面有了很大的进步。

三、培养学生自信心的重要保证是立志

《曾国藩家书》指出:士人读书,第一要有志,第二要有识,第三要有恒。所谓学贵立志,我们作为教育者应该引导学生从小立下志向,有志气,才有动力。没有志气,就没有办法提升。我们要把培养学生的志气作为引导学生努力学习,积极向上的突破口,培养学生对自己人生的自信心,对国家未来的自信心。把自己的人生价值与国家未来的发展联系在一起。

四、培养学生自信心的基本要求是有耻

有了羞耻心,就不敢做坏事。在大庭广众,人人都能够看得到的,人人都能听得到的、接触到的,光明正大,这个事情可以做,见不得人的事情决定不能做,这叫知耻。所以,如果我们教育学生能遵守礼义廉耻,这个国家一定和平强盛,而且人民一定安乐。

安身立命,教学为先;礼义之邦,教学为先;稳定和谐,教学为先;国丰民安,教学为先;中国古人所说的太平盛世、天下大治,是人人都守礼、守规矩,人人都懂道德,守道德,这样社会安稳平定、繁荣兴旺。所以现代社会,最需要的就是长善救失,我们把培养学生的自信心放在教育的重要位置,把培养德行兼备的受教育者作为教育的基础,这样的教育是实现人类和平的希望。

校长如何领导教学

莱西市杭州路小学　刘春娜

学校的中心工作就是教书育人,深入课堂,加强领导,是优化校长办学行为的关键。对于校长到底是教学和课程建设方面的领导或专家,还是巧于平衡学校各项工

作的"经理",我觉得,校长应该加强对课程建设的领导,尤其应该深入课堂,并以课堂为轴心,加强对教学工作的领导,实现办学行为的优化。

一、深入课堂

（一）深入课堂，有利于校长的正确决策

校长进入课堂,可以深入了解教师的教育理念、教学行为、教研文化、经验和不足、困惑和困难以及改革要求与教学现状的差距,先进理念与传统行为的落差,了解学生的学习现状和需求,了解学校管理的运行现状等,掌握来自一线的真实情况,以便站在新的高度,从新的视角,对学校工作作出调整,形成新的规划,从而对学校教学不断发展作出及时、科学、正确的决策。

（二）深入课堂，有利于校长的科学引领

课堂教学中有具体的、活生生的、情境化的教育事实,校长通过对教学现场的观察,获得课堂教学领导的话语权,并从事实层面（教什么）、技术层面（如何教）、价值层面（为什么）作出指导和引领。其中,价值思想的引领是首要的和最为重要的,价值思想缺席,教学工作就会缺乏灵魂。鼓励和指导教师用先进的理念在课堂中进行创造性的教学活动,科学地引领学校的教学工作。

（三）深入课堂，有利于校长的有效管理

现代教学管理中最活跃、最重要的要素是人,校长唯有走进课堂,才能真正走近教师、了解教师,才能真切把握教学中的问题、困惑和需求,找出制约课堂教学有效性的因素。充分运用管理手段,提高课堂教学的有效性,提高教学质量。

二、听课

听课是校长了解教师课堂教学,优化学校管理的重要途径。然而长期以来,由于受认识水平、操作方式等方面的影响,它往往被很多校长当成了一种监查和督促的手段,而忽视了它在引领教师成长和提升个人素养方面的作用。"校长一定要带着问题走进教师的课堂",每次在听课之前,我们要首先想一想自己听这节课的目的是什么,应该重点关注哪些方面;听课之后要及时反思一下,通过听课自己都学到了些什么,对自己今后的教学管理有哪些启示等。有问题才有目的,有思考才有进步。只要校长能听好每一节课,其价值绝不亚于上的一节课。

三、议课

每个学校每年都会搞很多听评课、集体备课等活动,这些活动即是教师提高专业素质的重要方式,也是校长提升教学管理能力重要途径。在活动中,来自不同年级,不同层次的老师交流困惑,碰撞着思维,分享着收获。作为校长,以普通教师的身份积极地融入教师的研讨活动中来,和大家共同探讨一下教育的热点,交流一下教学的困惑,不仅能在这桌智慧盛宴中汲取到自己需要的营养,同时还能够收获很多有利于改进和完善教学管理的讯息。当然,校长还可以将议课的方式引入到自己的日常工作当中,利用工作空余,经常走进办公室,走近教师,与老师们探讨一下课堂教学的问题,以实际行动提升教师的研课兴趣。

四、读课

所谓读课,就是从专业教学杂志或网站(或者其它书面材料)上阅读课堂教学设计或者课堂教学实录。它相对于校长"上课"来讲,由于其不受时间和地点的限制,应该说是一种更适合于校长采用的研课方式。在教育教学上,很多校长并不缺少教育理论,最需要的就是课堂教学实践。一天当中,校长可能没有时间去上课,但是一定有时间读课。每天茶余饭后,读一两篇教学实录或者品一两个教学片断,体验一下别人的教学过程,感悟一下同任的教学智慧,同样是一种经历,同样会有收获。读课,能让校长在没有学生的情况下也能"上课";读课,校长在不走进课堂的情况下也能"听课"。

五、试课

苏霍姆林斯基曾说过:"一个好校长首先应当是一个好组织者、好教育者和好教师,不仅对上自己的课的孩子来说,而且对全校学生和教师来说都应如此。"作为校长,要想更有效地提升自身的专业素养,必须要有站在前台的勇气,要敢于在亲身实践中检验自己,在以身示范中影响他人。虽然没有很多名教师、名校长那样高超的教学技艺,但是凭自己平时的积累,尽自己所能,每学期能够在老师们面前尝试着执教几节具有一定水平的公开课,对于校长自身的教学水平和群体教研积极性的提高都会有很大的帮助。

以标准为引领,明确课改方向。我们在全校教师中开展了"好课标准"讨论,并以此为抓手,促进教师不断明晰、内化、落实有效教学的理念。提出了提升课堂教学效益的七条途径:对学生的调查分析——知道学生的发展点;课堂的严格管理——管得好才能教得好;教材的选择使用——没有最好只有适宜;师生的交流互动——

碰撞冲突激发智慧；媒体的适当使用——拓展信息流通渠道；有效的学习测评——发现问题反馈解决；适时的个别辅导——扬长与补短共同发展。

综上所述，提高教学质量的关键点在课堂，提高办学水平的突破点在校长的课堂教学领导力。校长唯有深入课堂、研究课堂、服务课堂，才能提高教学领导力，从而整体优化办学行为，促进学校办学水平的整体提高。

"幸福教育"学校课程开发与实施

黄岛小学　王卫杰

黄岛小学的"幸福课堂"是以学生的兴趣为纽带，以学生和教师自主双向选择为原则，以提高学生综合能力为目的，将教师个人专长与学生兴趣特长培养相结合。教师申报最擅长教的项目，学生选择最爱学的项目，真正实现双向自主选择，既能挖掘教师的专项特长，又能培养学生的兴趣爱好。

一、"幸福课堂"的开发

在开发与实施"幸福课堂"前，学校进行了充分的调查。学校先对部分教师进行了"对话式"访谈，了解他们的爱好和特长，随后学校根据教师的特长、学校课程目标和预设课程内容设计一份教师选修课申报表。这份申报表是对全体教师特长的"摸底"调查，也是学校掌握课程辅导教师资源配置的指标。学校通过审核确立活动课程"菜单"，三至六年级学生依据自己的爱好、特长自主选择辅导教师和活动小组，最后教导处根据上报情况编班，同时制定各种管理评估制度。

初期"幸福课堂"活动课程设置为4大类（即文学类、科技类、艺体类、手工类）18项，随着活动课程的开展，目前学校开发的"幸福课堂"学校课程，开设了艺术素养、人文素养、科技活动、综合实践活动、体育活动五大类60多门选修课程，课程以人为本，深受师生喜爱，获得青岛市教育科研优秀成果奖。

二、"幸福课堂"的实施

"幸福课堂"在实施时，坚持四大原则。

（1）坚持教育性、科学性、趣味性原则，即课外活动要坚持育人的宗旨，遵循教育规律和不同年龄段小学生身心发展特点，寓学于乐，寓练于乐。

（2）坚持全面性原则，即课外文体活动的内容与形式力求丰富多彩，能满足不同特长、不同兴趣、不同层次学生的发展需要，促进小学生的身体素质、心理素质和审美素质的全面提高，并形成在普及与提高的基础上良性发展的局面。

（3）坚持自主自愿与积极引导相结合原则，即教师根据自已的实际情况自主自愿申报选修课活动课程，学生打破年级界限，依照自己的爱好、特长自主选择社团辅导老师和活动小组。

（4）坚持与综合实践活动课相结合的原则，即以学校课程、综合活动课为教育主阵地，充分挖掘学校内部教育资源，促进校内校外教育的有机结合，密切配合家庭教育和社区教育，努力创建良好的课外教育环境。

在实施"幸福课堂"时，"过程"与"结果"同样重要。每次开课，学校都要及时巡视，了解活动开展的情况和教师与学生的需求，关注教师和学生的情绪，做到准确把握，及时反馈。在每学期结束时，"幸福课堂"课程进行展示，在展示时，各个社团根据自己活动课程特点选择不同形式进行展示。展示过程既是社团展示一学期成果的过程，更是学生认同自我，激励自我，实现自我的过程，更是学生感受成功和幸福的过程。

三、 "幸福课堂"学校课程带来的幸福"聚变"

在"幸福课堂"实施以来，教师、学生的幸福点滴汇聚，逐渐变成学校的幸福，学校的特色。在实施"幸福课堂"以来，我校学生的幸福指数明显提高。我校学生对学校满意度明显提高。我们的"幸福课堂"还在潜移默化中影响着学生的生活态度，帮助他们变得更加积极与乐观。我们的教师也更加主动成长，他们乐于在不同的平台展示自己、证明自己，自我价值也在多元的课程中得到实现。

我校的"幸福课堂"从最初的每周一节课到现在的每周两节课，从最初的摸索尝试到现在的学校特色，"幸福课堂"一路走来，成长了学生，成就了教师，让我们在收获学生、教师双重幸福的同时，走出一条属于自己的特色课程之路。

"感恩教育"学校课程开发与实施

通济小学　王治国

为落实立德树人的根本任务,促进学生德智体美全面发展,通济小学尝试了德育课程一体化的摸索实践。学校确立了"感恩教育"的主题,在课程育人、实践育人等方面深入探索,以学校常规活动为载体,创新教学资源;以校本选修课程为辅助,深入挖掘德育资源,从而实现课程理念和课程体系的再造。

一、课程确立的初衷

感恩是一种生活态度,是一种美德。感恩应该是社会上每个人应该有的基本道德准则,是做人的修养,也是人之常情。

现在的孩子都是家庭的中心,他们心中只有自己,没有别人。让他们学会"感恩",就是对别人所给的帮助表示感激,是对他人帮助的回报,实质是让他们学会懂得尊重他人。当孩子们感谢他人的善行时,第一反应常常是今后自己也应该这样做,这就给孩子一种行为上的暗示,让他们从小知道爱别人、帮助别人。所以,感恩更是一种责任意识、自立意识、自尊意识和健全人格的体现。

学会感恩,是一种处世哲学,也是生活中的大智慧。

二、课程实施的过程

(一)通过课外活动,增强学生体验,让感恩由行入心

学习的最终意义是对知识的融通和应用,所以感恩教育要由课堂的认知感悟延伸到课下,以活动为载体,让学生从活动中体验感恩,并回归现实生活,从点滴做起,在生活中实践感恩。

我们借助学校的各项活动平台,把感恩教育落到实处,深化学生体验,引导学生践行。比如,学校每个学期开展的"一日当家"活动,就是学生当家理事,体验父母辛劳的好机会,我们要求学生留存照片、视频,写下感悟、实践体会,深化对父母的感恩

之情；我们还开展了感恩父母、生命体验系列活动。首先组织同学们进行了负重体验怀孕准妈妈的活动。活动前学生在家长帮助下每人准备8斤的沙袋在活动当天带来，绑在肚子上，带着沙袋进行在校一天的日常学习生活，坚持6个小时。活动结束后，回家询问妈妈怀孕时的感受和心情，与妈妈一起回忆发生在自己身上最难忘的事情，并完成生命体验的感动与感动问卷反馈。

（二）借助校本选修课平台，让感恩教育情理交融，由心导行

我们利用校本课程选修课的机会，在选修学生中开展了《目标》《我们是一家人》《我相信我能》《一路走过》等主题，帮助孩子全面和客观的了解自己，有效的塑造自己，通过《牵手你我他》《沟通从心开始》《相逢是首歌》等主题，引导孩子们学会与同学、家人交往，在学校展示活动上进行了手语操学习，我们精心挑选了飘洒着月光般的母爱光辉的歌曲《天之大》。在展示现场，孩子们的手语动作准确到位，流畅整齐，队形变化自然顺畅，演出过程中会场的气氛难得的安静下来，孩子们的表演感情到位，较好地表现出了歌曲的情绪和意境，展现出手语表演的现场感染力，让学生在学习中更深刻的领悟母爱及由此而生的天地大爱。

三、课程实施的效果

通过一系列感恩教育的实施，学生的学习积极性、课堂参与度有了明显提高，感恩意识逐步提升，学生在处理亲子关系、同学关系、师生关系方面都有明显的进步。特别是学生待人接物的礼貌修养有了根本性的转变。课程实施也促进了教师教学理念的转变，使课堂教学的面貌大为改观，个人教学艺术得到提升。

赏矿石精髓　立君子少年

赵仁贵

莱西市南墅镇地处莱西市西北山区，矿产丰富：石墨矿石闻名于世，另有金矿、银矿、铁矿、透辉岩矿等多种矿石。矿石开采、加工、研究一直是学校的隐性课程，依托丰厚的矿产资源和丰厚的矿石文化，组织学生开展以矿石研究为主题的综合实践

活动,建设具有地方特色的学校课程,逐步形成以"矿石精神"为特色的校园文化。

一、走进矿场,赏石之美

学校经常开展"矿产研究"综合实践活动,组织学生到各矿区参观,收集矿石标本,调查矿石的开采的历史、了解矿石的开采、加工工艺流程,查询矿石的用途……从制定研究考查方案开始,到实地参观,再到形成考察、研究报告,进行交流展示,在教师的指导下,学生经历完整的考察研究过程,在了解家乡矿石的同时,自主研究、合作探索的能力得到极大提升。

二、建设课程,识石之用

在学生实验研究的基础上,学校开发了学校课程"家乡的矿石",展示学生的研究成果,引领学生的研究过程。教材共计10篇,开篇系统介绍矿石之后,重点介绍石墨、透辉岩、金矿、银矿、铁矿、钾长石、云母、大理石、玉石9种南墅本地矿产;每课教材分赏石之美、识石之用、学石之品、社会实践四大版块来介绍一种矿石的特点、用途、开采历史以及现状,以校本课程的形式,向学生普及矿石知识,介绍矿产文化,传承矿石精神。

三、创建环境,以石为友

学校建成了矿石标本展室"石头记",收集展示了各种矿石标本、矿石加工半成品、成品,配以有关的矿石特性、作用、开采历史介绍的文字,供学生随时参观、学习、研究。学校在矿石展室中,还经常举办学生实践活动、研究性学习成果展示,在激励学生自主学习的同时,实现成果共享。建成以"矿石文化精神"为特色的校园文化环境。形成矿石文化长廊,让矿石知识、文化、精神成为学生每天相伴的朋友。

四、提炼精神,升华育人

开展矿石研究的教育的最终目标,要要提升学生的品性,促进学生的发展,但怎样定位"矿石精神"? 学校经过反复讨论研究,最终界定为"朴实无华、内涵丰富"。教育学生要像矿石一样朴实无华,知书达礼;更要不断丰厚知识,培养能力,成为像矿石一样富含宝藏,造福社会的人。

学校围绕"矿石精神"开展了各种教育和教学活动,例如,"我眼中的矿石""矿石给我的启示"等一系列少先队活动,更重要的是把"矿石精神"渗透到日常学习生活的各个方面,例如:积极参加各种体育活动,养成良好的体育锻炼习惯,成为体魄的人；努力学习科学文化知识，养成乐于学习的好习惯，成为知识丰厚的人；严以律己，宽以待人，养成助人为乐的好习惯，成为品德高尚的人；积极参加各种实践活动，广泛开展研究性学习，成为能力出众的人……这些已经成为师生共同践行的教育目标。

经过努力，矿石文化精神教育，已经逐步成为学校新的课程特色。

以生为本　创造性打造特色校本课程

青岛西海岸新区兰亭小学　孙传香

一、背景分析

《国家 2020 中长期教育改革和发展规划纲要》指出：树立以提高质量为核心的教育发展观，注重教育内涵发展，鼓励学校办出特色、办出水平，出名师，育英才。建立以提高教育质量为导向的管理制度和工作机制，把教育资源配置和学校工作重点集中到强化教学环节、提高教育质量上来。

校长课程领导，是校长充分发挥主体性、统筹各类资源、统领各级各类课程创造性实施和积极主动建设的实践活动，它在一定程度上构建了学校独特的育人模式。

二、典型做法

兰亭小学以"书馨"文化为统领，五校区秉承"写好人生每一笔"的核心办学理念，以"生本愉悦、轻负高效、提升内涵"的理念为引领，以"铸幸福根基，绘七彩人生"为主题，严格落实国家、地方义务教育课程设置标准，确保开齐课程、开足课时。在此基础上，推进国家、地方和学校课程的校本化实施，实现"三个统合"：一是将语文课与书法、习作、阅读、演讲等活动、课程进行统合；二是将音体美、科学、综合实践等学科内容与校本课程进行统合，实行动态运行机制，做到了明确分工、责任到人，实行统一领导、分级管理、逐级负责的管理体制；三是将课程实施的过程性评价与终结性评价进行统合。使国家、地方课程得以个性化、特色化实施，教学质量不断得到提高，教师素养也不断得到提升。

（一）立足实际，打造特色，创造性实施学校课程

兰亭小学在课程实施方面注重发挥学校的资源优势和人才优势,在规范办学行为、全面落实课程标准的基础上,根据学校特色积极开发校本课程,从三个层面打造学校亮点、特色。一是抓"学雅养正"德育活动课程和品牌建设,将传统文化、心理、道德等主题教育活动融为一体,取得明显的成效。二是以"构建多元课程,筑就七彩人生"为主题,开展"七彩课程,快乐周四"活动。每周四下午开展学生全员参加的特色课程选修走班活动,如花样跳绳、快乐陶笛、科技梦工厂、金笔杆、小巧手、小明星模特队、英语模仿秀等校本课程 27 门、45 个社团,让师生在课程超市中绽放生命的亮色。其中,《硬笔书法习字教材》《数学思维训练课》《国学经典启蒙读本》《流动的沙痕——沙画》《教你学写字》等已成为学校特色课程。三是高水平普及书法课程,创建山东省王羲之书法学校和国家级兰亭小学。根据区政府和教体局的统一部署,统筹安排有深厚书法造诣的书法专家执教,面向全体师生进行硬笔和软笔书法的全员普及。在此基础上还成立了四个软笔书法社团和三个硬笔书法社团,并于每周四下午第二、三节开展书法社团活动。

（二）以生为本，高效愉悦，扎实推广自主课堂六段教学法

为改善课堂生态,实现从"学有所教"向"学有优教"的跨越,我校立足学情、校情,探索、实施了自主课堂六段教学法,即目标定向—自主探究—小组合作—全班交流—达标测评—总结提升。提出了"多讲不如少讲,少讲不如精讲"的理念和"兵教兵、兵练兵"的小先生制的教学策略,初步取得了成效。一是以"一节好课的标准"大讨论为契机,积极推动自主课堂六段教学法;二是以"三标"活动为抓手,着力推广自主课堂六段教学法。学期初,骨干教师示范课,引领课堂教学,开展立标活动;学期中,"周周精品课,人人展风采"活动,反思课堂教学,开展学标活动;学期末,精品课堂教学展示过关课,确保全员会用,开展达标活动。三是以小课题研究为切入点,不断完善自主课堂六段教学法。改革总是与问题相伴而生的。面对推广教学法的过程中出现的新问题,我们多方学习、全员论证,进一步优化升级原有模式,提炼创生"五步三查"小组合作教学模式,即"独学、对学、群学、展示、检测",进一步引入积分制评价,使学校质量发展迈入快车道。

二、主要成效

学校《硬笔书法习字教材》获青岛市精品课程,"合作求智　共赢未来"课程改革模式在全区经验交流。

课程改革是学生核心素养培育的关键之笔

青岛西海岸新区太行山路小学　肖焕盛

近年来,在新课程改革的感召下,太行山路小学在"太行养中华正气,书香育世界情怀"的文化引领下,以中华正气奠定品格,以世界情怀走向国际为重要目标,不断探索以"中华韵,世界情"为主题的校本课程,以此推动学生核心素养教育的落地。

一、课程开发与校园文化有机结合,孕育了"中华韵,世界情"校本课程

校园文化是一所学校发展的命脉,是学校发展的根基所在。以"太行养中华正气,书香育世界情怀"为主题的校园文化,承载了我校全部的办学追求,我校要实现以传承中华传统文化为根本,树正气,培养孩子们的爱国情怀,勇担责任,强身健魄,学好知识,学好本领,让孩子们走出国门,走向世界。结合这一文化特色,我校教学团队不断探索以"中华韵,世界情"为主题的校本课程。

"中华韵"从中华正气出发,以传统文化为底蕴,它的内容从百家姓到汉字故事,再到诗词欣赏,木琴,礼仪等达到了 20 多个版块;"世界情"以世界情怀为中心,以外国经典文化为视野,其内容包含了俄语、日语、英语剧社、模拟联合国、外国诗歌、外国小说等,也达到了 20 多个版块。这套教材既有浓郁的中华传统文化味,又有开放大气的国际范儿,厚厚的 12 本书将中华文化的博大精深和世界情怀的深奥精微尽囊其中,它带给学生的是多元化的思维冲击与文化熏陶。

二、教学配置与校本课程教学相互配合,保障了校本课程的有效实施

为了扎实实施学校课程,太行山路小学积极建构"以学生为中心、以活动为主线"的自主性课堂。在教学中,为了保障有效地开展校本课程教学,我们首先做到了一精二强三设。

一是精配置教师团队。学校精选了一批非常优秀的教师精英团队参与了教学,这批老师不但教学经验丰富,极富责任心,而且他们在校本课程的研发和实施方面有着较强的驾驭和创新能力。

二是强现代化教学技术。目前我校拥有着一流的现代化教学技术,智慧校园网络智能管理、电子书包试点运行,等等。智慧校园智能管理系统的使用,它实现了真正意义上师师通、班班通、生生通,实现了校园的信息化、数字化,为校本课程的实施提供了优越的条件。

三是设特色课程专用室。首先是古香古韵的国学大讲堂,一间"古色古韵"的教室,桌椅的摆设都是仿照古代私塾的样子,两边靠墙的书架上,摆放着各种古文古籍,孩子们置身于此,就会油然产生一种求学的冲动。其次是处处彰显国际特色的国际教室,墙壁上五大洲的图案赫然在目,教室的两侧陈列着各式各样的英文书籍,同学们每周都会在这里和来自不同国家的大学生进行交流。

三、"兴趣花园"课程实施,实现了中华传统文化与国际特色完美融合

每周五的下午,同学们都会格外热闹、忙碌,大家都称这是他们的"兴趣花园"时间。这时候的他们卸下了肩上沉甸甸的书包,轻轻松松地走进了自己喜欢的教室,自由选择自己喜欢的课程,校园中呈现出一片欣欣向荣的学习景象。除此之外,每周一的下午各班都会开展文明礼仪课,同学们在老师的带领下,通过读礼貌小诗歌或是表演礼仪剧等形式学习各种文明礼仪。在每周的国际同步课堂上,伴随着不同语言的简单而热情的问候,中俄国际同步课堂在太行山路小学成为现实。家长的学识、智慧、阅历是一份宝贵的教育资源,学校开设"老爸老妈开讲啦"活动,一学期下来同学们不出校门就能学到很多的特长。

正是有了如此一流的校园文化和百花齐放的校本课程,太行山路小学迎来了大踏步向前发展的春天。学生们在课程中徜徉,核心素养一天天得以夯实,一支精诚团结、努力拼搏的教师团队也不断成长,太行山路小学内涵式发展之路越走越宽。

基于学卡支撑的课堂教学的实践与思考

胶州市北京路小学　张坤霞

　　课堂教学实践中,我们发现实施合作学习存在这样一对矛盾。即充分地"放",往往会带来效率的降低,某种程度上影响了教学的进度;过度地"收",往往又打击了学生合作的积极性,背离了合作学习的初衷。如何调和这对矛盾,解决这一难题呢?长时间以来,我们也在苦苦的探索,经历了试验—否定—完善—否定—再完善升华,直至找到成功法门,这一漫长过程。最终形成了以"学习指南和学习卡片运用"为支撑的小组合作学习新模式。

　　什么是学卡,首先得厘清概念。所谓学卡,就是指学习指南和学习卡片。

　　"学习指南"是将某一阶段的学习内容以流程图的形式,以简洁准确的语言呈现给学生,让学生从整体上把握学习方法、学习目标以及学习进程。通俗地说,就是教会学生学什么和怎么学。

　　"学习卡片"则是教师提供给学生关于学习内容的工作单,体现了教与学的统一,同时兼具了教科书、题卡、作业单、记录单等不同的功能,实现了教材、教师、课件、习题等多种学习资源的一体化,成为学生学会学习的方向盘。

　　以学卡支撑的合作学习并不是一蹴而就的,而是经过了不断的实践与思考,在迷茫中反思,在困惑中顿悟,最终将合作学习与学卡有机的融合在一起。

　　第一阶段,问诊疑点,探询学卡的盲点。

　　刚接触学卡时,不同学科的教师则出现了不同的反应。数学老师先是喜悦,觉得很容易,有了学习指南和学习卡片,封口和放手就不再是问题了。语文老师则先是迷茫,不知如何设计。很快在课堂的实践中,发现孩子们的学习并没有我们预期的效果。甚至有的孩子不知所从,这让很多老师开始反思问题的症结。由于学生识字量少,读学习指南很费劲、费时,而且读第二条时,第一条指南要干的事已经忘记,所以要反复地读,并理解学习指南的意思,很浪费时间。学生在合作交流环节,不是交流自己的想法和做法,而是用大量的时间在互相商量组间交流时,谁先说,说什么,用时多、效率低,等到组间交流后,一节课快结束了,根本做不了几道题。使用了学习指南和学卡,感觉太浪费时间,课堂效率低。

学生的种种不良反应,教师的各种困惑,这就是问题的节点。解决这个节点就是要搞清楚"怎样写指南、设计学卡",最终让学生有法可依。

第二阶段,重锤节点,为学生搭建脚手架。

学生的学习应像呼吸一样自然,如何让学生"自然"而非"人为"地进行探究呢。学习指南在某种程度上能够代替教师向学生提供直接的教学和指导,在设计的过程中,要重点研究教与学方式的转变。指南的内容要用学生看得懂的语言,描述出课堂上将要发生的学习活动。指南的设计力争达到目标明确、内容清晰、方法可行、评价有效。指南的内容包括学习的内容、要求、方法、交流的方式等。通过阅读学习指南,学生能够明确学习任务,知道要学什么,怎么学,怎么用,做到步步有方向,时时有目标。

比如,低年级学习指南的语言要符合他们的年龄特点,尽量用他们认识的字、易懂的语言或图来描述。教师设计语言时,要置身于和每一个学生一对一交流的语境中,站在学生的角度描述。如,"借助小棒摆一摆",改成"用小棒(小棒图)摆一摆"。学习指南设计两条就行,多了学生读不过来,理解起来也费劲。刚开始使用指南时,教师要敢于说,要引导学生理解指南中表达的意思,时间长了学生就学会看指南,并理解指南,在指南的指导下自主学习。

我们又集中进行各学科学卡的开发。各学科以级部为单位,按专题进行研究,集中精力打磨 3 张学卡,用集体的智慧让每个教师经历开发的全过程,以期触类旁通,以研代训。学校组成评委团,分学科进行了评价、点拨。同时,我们又召开了学卡应用阶段经验交流会,会上充分肯定了学卡带来的教师理念与学生学习方式的深刻变革,也交流了探究与合作高耗时造成的课堂低训练,是立足于学生眼前目标的达成还是着眼于学生长远改变,低年级识字、阅读障碍带来的应用困难等现实困惑,为学卡的后续研究推进理清了思路。

第三个阶段,围绕课眼,设计指南和学卡,为学生深度思考预留空间和时间。

正如文有"文眼",课也应该有"课眼"。"课眼"可以是学生的学习疑点,可以是教材的盲点,可以是知识的连接点,也可以是数学思想的聚焦点,课眼常常都是钻研教材的着力点。品读教材,分析学情,找准课眼,让学生在这层层递进、互为补充的学卡活动中拾级而上,隐隐约约触摸到学习的实质。课堂上,学习指南和学习卡片借助 PPT 进行展示,学生通过独立思考进行探究,通过组内交流、组间交流对学习卡片进行展学,最终实现学习的深度合作目标。

使用学习指南和学卡后,课堂上师生角色发生了实质性的转换,教师能够走下去、静下来、坐下来,学生则站起来,走上去,动起来。教师真正把课堂还给学生,充分释放学生的天性,深刻挖掘学生的潜能,使课堂成为学生生命生长的田园、享受的乐园、创造的学园。

让学生成为最好的自己

青岛莱西市泰安路小学　　滕立人

新课程大背景下,莱西市泰安路小学秉承"为学生未来发展做准备"的办学理念,围绕"做身边人的榜样"的校训,努力打造一所有特色有温度的学校。现在,"润课程""润少年""润家长""润教师"活动开创着学校"润"特色发展的新篇章。

"四润"之首——"润课程"成为我校第一张靓丽的名片。

在"润"课程开发的实践中,我们学校以多元智能理论和建构主义理论为支撑,将视野从"学科本位"向"儿童本位"回归。科学地把握"面向全体"与"关注个体"的关系,进行课程设计与实施,以尊重差异、鼓励特色、释放个性。

一、定位课程目标

学校地处市区,学校内部、家长和周边培训有着优良的师资力量。基于对学校、教师、社区资源的充分调查,结合学生的需求,学校确立了校本课程开发的思路:充分调动学校、家庭和社会的资源,开设丰富多彩的学校课程,在全面发展的基础上,开发学生潜能,促进学生个性发展。经多次研究,学校把校本课程的总体目标确定为:让学生成为最好的自己。

二、确立课程内容

我们把核心智能培养作为基础性内容。首先是开发核心智能培养所需的课程。进过不断的探索,目前,学校已经成功开发出《可爱的家乡莱西》《思维训练》《数独》《电脑编程》《小主持人》《思维导图》等语言智能和数理逻辑智能的教材。其中,戏曲课程和思维导图课程成为青岛市特色课程。

戏曲课程。校本教材《我的戏曲我的梦》获青岛市精品课程。经历了近 11 个年头的学习,取得了不少成绩。戏曲学习班的同学,先后参加国家级、省级、市级等比赛演出,均获奖项。

思维导图课程。2015 年,学校就邀请北师大附小的杨艳君校进校指导。经过几年的学习探索研究,积累了丰富的经验。学校先后承办青岛和莱西市现场会 20 余次,并于 2019 年 5 月 18 日至 19 日成功举办了"山东省第二届中小学思维导图与课堂教学重建实战观摩会"。

此外,泰小少年研学课程、纸艺术课程也已经成为了我们学校课程的亮点。

三、采取自主选课

学生根据自己的兴趣爱好、优势智能和劣势智能,依据老师的建议,与家长商定后,自主选择课程

四、实施多元评价

根据多元智能理论,我们对学校课程实施了基于学生能力的进步评价——《我的成长足迹》多元评价。《我的成长足迹》强调的是对学生积极正向的强化,让孩子发现自己的闪光点和每一个小进步。每个孩子无论在哪个方面只要有了进步,就可以得到一个微笑奖章,20 个微笑就可以奖励一个大拇指奖章,2 个大拇指奖章得到 1 封老师的表扬信并亲自送到学生家长手中,累积 3 封表扬信就可以在每周的升旗仪式上得到校长的表扬。多元的课程评价,让学生的素养提升在课程中扎实落地,个性飞扬起来。

夯实课程建设,领航学校发展

——"领导课程教学"专题实践

莱西市洙河小学 王闰生

近年来,随着课程改革的深入,课程建设领航学校发展在教育人的观念中达成共

识,在诸多名校发展历程中得到印证。在教育实践中,我始终把做到"三个融合",夯实课程建设,作为领航学校发展的大计。

一、课程建设与学校文化相融合,促进学校内涵发展

学校文化是学校精神所在,是学校发展的基石,课程建设与学校文化互相融合促使学校的发展焕发生机和活力。近年来,针对香港路小学青年教师多,学生家庭条件优越的特点,学校创建了"以爱育爱"的文化理念。在这一背景下,我们打造了爱生活、爱生命、爱阅读、爱探究、爱艺术的"五爱"课程,将"以爱育爱"的文化理念融入课程。鉴于洙河小学因优越的地理环境而创建的"水育文化",我们打造了水之善、水之慧、水之韵、水之勤的"水润"课程,将"行尚善教育,育如水学生"的文化理念孕育其中,文化与课程的相互融合,让文化有了内容,让课程更具特色,两者的融合促进了学校内涵发展。

二、课程建设与学校活动相融合,推动学校特色发展

"活动是学生成长最好的载体",本着活动即课程的理念,我们将学校活动作为学校的综合性课程,按照课程的理念进行实施和评价。读书节、艺术节、跳绳节、运动会等学校大型活动每年一次,活动内容力求丰富,读书节设立读书成果展示、飞花令、读书小明星颁奖、图书淘宝等内容;艺术节设立绘画、书法、音乐专场演出等;运动会有每个年级的运动成果展示,全校大课间展示、体质监测、田径等。学校特色的形成要经历时间的积淀,每项活动从准备到组织历时一个学期,活动的开展渗透在日常学校活动之中。活动作为课程的延伸,课程作为促进活动的载体,推动了学校阅读、体育、艺术特色的发展。

三、课程建设与学生发展相融合,实现学校全面发展

学校的发展以学生为中心,让学生站在学校的正中央,就要为学生提供需要的课程。在课程建设过程中,我们坚守学生发展观,在课程设计上面上全体,突出个性,为学生提供丰富的课程内容。面向学生全面发展,我们设立以国家课程为主体的基础性课程,涵盖所有学科,针对学生个性化发展,我们设立旨在发展学生特长的社团课程,满足学生个性化发展的需要。形成了以国家课程为主体,地方课程和学校课程为两翼的"一主两翼"课程体系,做到了课程内容的全覆盖,促进学生全面发展的同时,带动了学校的全面发展。

构建教研新生态　提升课程教学力

胶州市第五实验小学　赵建华

学校以立德树人为根本任务,聚焦"核心素养",深化"课程改革",构建"五味课程",打造"五味"体验式教学特色,全面提升教学质量。

一、抓好"党建"这一航线,聚起干群教育的正能量

学校以"党建教育课程化、党建管理制度化、党建活动系列化"为研究策略,开展党建"进校园、进讲堂、进课堂"活动。党员干部总是深入一线,参加集备教研,参与上课示范,指导听评课,和老师们一起俯下身、静下心查摆问题,寻求策略。全校在平等互助、和谐融洽的氛围中凝聚起了一股能干事、会干事、干成事蓬勃向上的正能量。

二、抓实"学训"这一导线,掀起干群教研的新热潮

"思想有多远,人就能走多远!"这是校长给老师们读书笔记的评语。她带领大家坚持六年如一日的读书、写作,积淀了研究的底气。学校推进"5553"学训工程,即"五轮"赛课:个人亮相课、专题研讨课、同上一节课、精品课、示范课,人人出课、听评课成为常态。"五步"观课:理论学习——学情调查——课堂观察——实证分析——效果反思,提倡"坐到学生中间"观课。"五项"微技能过关测试:三笔字、演讲、说课、写作、信息技术应用。实现"三能"目标:能有过硬的教学基本功,教学成绩名列前茅;能研发属于自己的校本课程;能写出一手好文章。正是有了专业、专注的力量,才有了教研共享的热情。

三、抓牢"五味体验式"教学这一主线,构建课堂教学力

五味体验式课堂教学环节:"导中入味(创设情景——问题导入)——学中寻味(自主学习——合作交流)——展中品味(精炼重难——迁移应用)——练中出味(小

组展示——分享体验）——思中回味（归纳提炼——内化巩固——拓展迁移——学以致用）。我们构建了"五味"合一、"多滋多味"而又充满魅力的体验式课堂，让"安静地倾听、独立地思考、自信地表达"成为课堂文化。

四、抓稳"寻根之旅"教研活动这一标线，提升课堂精准度

"老师人人上课、人人上研究课，全面开放课堂，一直走在寻找课堂根脉的路上，六年连续开展了8届课堂"寻根之旅"教研活动，听评课的参与度为100%。让学生有了看得见的成长。从2015年春季开始，先后举行了"弘扬教坛工匠精神，深化课堂寻根之旅"教学研讨活动，其过程为三个阶段：第一阶段，选课、磨课阶段；第二阶段是课例展评；第三阶段是总结回顾阶段。让研究走向精准，让教师在磨砺中提升了自己，练就了匠气，课堂上有了生长的气息。

五、抓常"五项常态"教研这一恒线，落实教研常态化

我校以"五味课堂"为突破口，以学科教研组为基本研究单位，每学期围绕一线教学有序开展五项主题教研活动。

1. 期初教材解读专项教研

学期初，各教研组共同制定教学计划，通过学课标，研教材，梳重点，进行全面的"教材解读"活动，梳理"教材关键知识点"，落实"一课一得"。开学初，围绕"习惯养成、读书写字、课程建设、体验式评价"四方面做足真功，让孩子们经历体验成长的历程。

2. 周周常态式教研

我们有专用的集备室，每周一集备，主讲人将教学设计思路和课件设计逐一与大家交流，集体探讨教学中随时遇到的问题。

3. 阶段质量专题教研

针对教学情况完善和调整教学计划，针对阶段质量检测中存在的问题，通过"数据分析与比对、经验分享与引导、质量监督与追踪"等有效策略来解决实际问题。

4. 机动教学巡诊教研

我们做到"推门课"与"预约课"相结合，重点关注薄弱学科、薄弱班级、薄弱教师，进行驻班、跟踪听课，探讨解决问题的途径。

5.期末质量成果教研

任课教师自我分析、教导处学科整体分析和学校教学质量总分析,不仅分析"质量检测三率、命题情况、存在问题和改进措施",还进行大数据分析,进行数学结构图的比对,反思教学中存在的问题,找准改进策略。

让优秀传统文化在学校课程中活起来，传下去

青岛重庆路第三小学 林 霞

作为山东省首批传统文化体验教育实验学校 、"春秋课堂"教学基地,几年来,我校始终致力于将优秀传统文化教育系统融入课程与教材体系,统筹考虑国家课程、地方课程、校本课程之间的关系,用统整与跨界的眼光来重设课程、创生课程、实施课程,构建起学科课程与活动课程一体化的特色传统文化育人体系。

一、体验进课堂——国家课程校本化

课堂是实施传统文化教育的主阵地,国家课程的教学内容和各科教材中都蕴藏着丰富的传统文化教育素材,把这些素材通过改编、整合、补充、拓展等方式,进行再加工,再创造,使之更符合学校传统文化特色和学生需求,实现国家课程校本化。主要落实在以下三个字。

"增"是在原有教材和教学内容的基础上增加传统文化教学内容。在音乐课中增加腰鼓、葫芦丝等民族器乐的学习;在美术课中增加剪纸、国画、篆刻、画脸谱、扎染等传统艺术的学习;思想品德课中增加了入学礼、开笔礼、毕业礼等仪式教育;科学课上增加了造纸、活字印刷、指南针等体验项目,让学科教学增加了浓浓的中国风、民族情。

"拓"指由挖掘教材中的传统文化知识,引导学生由课本走向课外,走向生活。例如,我校编印了1～6年级《童心悦读,精彩无限》阅读存折,每学期结合语文课本内容,向学生推荐必背20首古诗、国学经典书籍、名言警句,同时发布年级阅读评价标准,学生根据完成情况积分记入阅读存折,定期评选阅读明星,予以表彰。

"融"指选择同一主题跨学科的渗透整合。通过学科知识的整合、扩展视野、加深对优秀传统文化的理解。语文教材《草原》通过引导学生反复朗读,体会草原的美丽与草原人民的热情好客。音乐教材《草原就是我的家》,通过打节奏唱歌曲的形式,感受那达慕大会摔跤、骑马、射箭的场面,进而了解蒙古族的风情、风貌;美术课《美丽的草原》,引导学生用画笔创作以草原为主题的作品,表达对少数民族的传统文化的热爱。在综合实践课上开展课题研究,各个学科教师采用不同的方式,互相补充,合力引导学生走向深入研究。

二、传承新六艺——校本课程特色化

对于校本课程的理解,我们认为是两个层面,一是将国家课程和地方课程校本化,二是学校独立开发的具有学校特色的新的课程。校本课程必须能够彰显学校的办学特色。以我校命名的"重三杯"师生现场书法比赛,已连续举办了14届,每年春季,来自全区80所学校1000多名师生汇集我校进行现场比赛,该赛事成为我区中小学书法爱好者交流展示的盛会,也让学校的书法教育在区域内享有较高的知名度和影响力。我校从单一的写字教学,发展为"墨香怡情,习字育人"的书法教育品牌,并建构了"起笔-运笔-收笔,笔笔生辉"的书法教育模式。在这一特色基础上,我们借鉴了孔子要求弟子掌握"六艺"课程,立足学生核心素养的培养,构建了"1+x"为主要内容的"新六艺"课程体系。"1"即书法必修课,"X"则为"礼、艺、体、技、数"五个领域,整合国家课程、地方课程和学校课程,将传统文化体验教育融入于师生的学习、生活和工作中。

三、指尖新传承——特色课程精品化

《指尖上的传承》精品课程体系涵盖了《中华文字》《纸上生花》《方寸篆刻》《丹青国画》《中华建筑创意搭建》《世外"陶"源》《"章"显快乐》等学校课程,将艺术与书法、篆刻、国学经典、研究性学习浑然一体,充分发挥学生想象力和创造力,让学生近距离感受民间艺术熏陶的同时,创作出各具特色、妙趣横生的作品。在"青岛市书法家进校园"工作推进会和市北区"重三杯"书法比赛中进行了《书写新六艺,指尖新传承》现场展示,令与会专家、领导和同行们惊叹不已。

我校立足学校传统文化办学特色,依托全市的文化遗产、自然资源和红色教育资源,着力打造《行走中的课堂》传统文化研学体验课程,倡导学生用自己的眼睛观察社会,用自己的心灵感受社会,用自己的方式探究社会。该课程分为"寻根中华文化""博物馆里知天下""触摸大自然的脉搏"三大版块,在研学中,我们坚持"三有三融合"原则,即"研学前有备无患、研学中有的放矢、研学后有感而发",研学活动主题和教育目标与学校传统文化特色相融合,研学课程目标要与综合实践活动相融合,研学内容要促进书本与大自然的相融合,让学生在研学旅行中感受祖国大好山河,感受中华传统美德,感受革命光荣历史,学会生存,学会做人做事,形成正确的世界观、人生观、价值观。

同时,我们自编了研学教材,并为每名学生配备了《研学地图册》,通过文字、图画、照片及导图等多种形式,记录研学的经历、感悟及体会。

《班级传统文化体验课程》的实施主要依托"四个一"即每班每学期一个传统文化主题,(传统艺术、传统老游戏、经典传唱等),每周升旗仪式上一次展示,每年六一举行一次课程体验大集,每年一次特色班级评选。做到班班有特色,人人受教育。

《传统节日微课程》一是充分利用春节、元宵节、端午节等传统节日,开设"传统节日微课程",使学生深入了解节日的文化内涵和家乡生活习俗变迁,提高学生对传统文化的认同,二是充分利用校园节日、节庆纪念日开展丰富的体验活动。

让课程牵动发展,为成长植入自信

青岛广饶路小学 李红玉

学校位于老城区,面对日益紧缩的本地生源和比重越来越大的新市民子女,如何能够更好地为学生创办适合他们的教育,是摆在学校面前的一个难题和亟待突破的问题。新课程实施以来给了学校更多的空间,学校对课程的二级开发、学校课程的实施,既能够更好地践行办学理念,同时借助课程为师生的全面、特长发展提供了更广阔的空间。

一、选择,让课程建构起的空间,使师生的成长更具自主性

课程的设立要尊重学生的兴趣、爱好。教师为传授者,要促进学生的兴趣发展。本着这一原则,学校先对教师进行摸底。

(1)课程的设立,为师生的兴趣发展创设平台。拉丁舞、电脑绘画、科学实验、七巧游戏等课程不仅丰富了学校课程资源,同时也使教师的个人兴趣得到认可和发挥,使教师的业余兴趣有了施展的空间。有了师资的保证,学校紧接着又向家长、学生进行问卷调查,掌握学生的选择需求。随着一张张问卷,家长、学生的兴趣发展需求,成为学校课程设立的依据。乒乓球、围棋、足球……这些学生喜爱的课程,成为我们的首选。

就这样,建立于师生共同需求的课程构建起来。

(2)课程的选择,为学生的兴趣发展提供空间。基于师资的保障、学生发展的需求,学校最终确定艺术类:拉丁、街舞等3门课程;体育类:足球、乒乓球等6门课程;学科类:书法、七巧游戏、科学实验等9门课程。共计21个班,这极大丰富了学生的校园生活。为了尊重学生的个性发展,在建立健全学校课程资源的基础上,采取周一下发集中授课、学生自主选班的方式,打破年级界限、班级界限,使有共同爱好的孩子进行学习、交流。

二、兴趣,让课程助力兴趣发展,使师生的成长更具个性化

学校课程的设立及实施,在尊重师生个人选择的基础上,为其发展注入新的活力,促使师生个性发展。

学校的小袁老师个人生活兴趣广博,自己利用课余时间去学习了拉丁舞,在教师课程自主报名的时候,小袁老师报了拉丁舞。课程开始实施了,拉丁舞成为学生报名的首选。鉴于拉丁舞的特点,也为了追求更好的教学效果,学校果断为小袁老师聘请具有专业资质的、优秀的男拉丁舞老师,小袁老师作为辅教,既协助专业老师授课,又通过教学使自己的拉丁舞得到更大的锻炼和提高。每节课前,小袁老师都带领学生们换好自己的服装、鞋子,认真做着准备活动,等着老师的到来。拉丁舞的课堂,不仅成就了一批孩子的梦想,也成为小袁老师的学堂。

美术姜老师在申报课程时,选择了自己大学电脑绘画的专题,就像她自己说的:没想到三四年级的孩子用起 Photoshop 软件来,竟有模有样!课程进行半个学期后,学生的作品竟让姜老师小小骄傲一把,并将学生的作品通过微信大大秀了起来,得到大家的一致好评!学生的进步同时促进了教师的热情及专业汲取渴望,学校课程成为师生个性发展、兴趣积累的加油站。

三、成长,让课程促进个性发展,使师生的成长更具持续性

学校课程的实施,成为学生、教师自我发展的一个平台,通过课程教学,发现学生的特长,促进学生将爱好向个人专长发展,促使其自信成长。

通过学校英语口语课程的学习,学校发现了一批发音标准、口语流畅的学生,这

些孩子中大部分没有拓展发展、外面继续学习的规划。鉴于此实际情况,学校聘请外教进课堂,对这些学生进行系统训练,通过口语发音指导、情景对话训练等专业指导,促进这些孩子在英语口语上有提高、有促进。

通过课程的实施,学校通过家长、学生问卷等形式,遴选出优秀的课程教师,作为奖励,为其配备专业书籍、工具,或为题提供高层次的培训、学习,使教师专业发展、课程发展的良性循环。

每次走进各个教室,看到孩子们参加各项活动的身影,都会引发思考:学校教育给予学生的是什么? 也许,孩子们舞蹈的身形不够伸展和优雅;也许,参与其中的大多孩子此外再没有继续发展兴趣的机会;也许,这些对于他们成长之路只是一个插曲,甚至于他们的一生能促成改变的机会微乎其微,但我们要做的是什么?

面对这些质朴的孩子,也许家庭更多是解决生计上的问题,往往不重视孩子的特长发展。基于此实际情况,学校将课程建设赋予新的内涵:特别是这样的拓展兴趣与培养特长的,更多的是通过课程,使学生拉近自己与爱好的距离,使其通过一周一次的走班学习,通过相对专业的授课,使这些学生感受不一样的学习内容,为他的成长开拓视野,触摸到更美好的自己,使孩子在学习中各美其美:找到张扬自我、自信成长的基点,使他们的童年同样充满色彩和快乐!

教育是双向的,在施教的同时,不应该忽略教师职业幸福的获取。通过课程开发、教师成长,使个人的特长带动学校发展,让教师的个人价值得到认可和肯定,从中获取认同感。

教育应该是公平的! 不应因地域有差异! 这也是对学校提出的要求。

"四个基于"和"四个不止步于"
让课堂教学力蕴厚发

青岛西海岸新区嘉陵江路小学、安子小学　李晓丽

近几年来,青岛西海岸新区嘉陵江路小学抓住机遇,转变思想,以提高学生的核心素养为突破口,以精细化管理落实为抓手,以激发教师内生力为重要"生发器",通

过"四个基于"和"四个不止步于"扎实有效的开展课堂教学改革,学校的教育教学水平稳步提高,学校形象逐步提升,学生的综合素养有了质的飞跃。

一、"基于管理、不止步于管理",走向机制

(一)基于管理

为了使学校教学管理科学、高效运行,取得实效,学校以做好精细化管理落实为抓手,细化教学管理,强化过程管理,通过构建精细管理框架,建立精细的教学管理制度,打磨精细的课堂教学环节,强化过程管理,向管理要质量,向常规要质量,把教学过程的每个环节落到实处,提高管理效能。

(二)不止步于管理

为了使学校管理由制度管理逐步向机制建设发展。学校以服务对象为中心,建立精细的教学管理机制,在管理机制上,实行年级组长负责制,将教育教学以前的"分线负责"变为"条块结合,以块为主"的年级组负责制,将工作重心下移,将教学管理权下放;在教学流程管理上,建立了流程管理机制;在教学评价中建立奖励机制,确保评优向教学的一线教师、优秀人才、骨干教师倾斜,激发教职工工作积极性。以教师为本,构建主动发展的文化管理机制,打造"嘉小最美教师"服务名牌。加强学校教师评价制度的改革,构建多元激励性评价体系。坚持"从起点看提高,从基础看进步,以评价促发展",重视总量评价、重视基础评价、重视过程评价。

二、"基于课堂、不止步于课堂",走向课外

(一)基于课堂

教育教学的主渠道、主阵地在课堂。学校的课堂教学做好"三达标""四重点",努力探索规律、完善课堂教学,提高教学的效果。三达标:一是教学改革实验的指导思想要明确。我们提出了面向全体,夯实课堂教学的指导思想。二是树立新的教育观由统一教育向差异性转变,由重结果向重过程转变,由教学模式化向教学个性化转变。在课堂上,改变传统机械的"授-受"师生关系,逐步达成"情-情"师生交融,重视学生在实践活动中主动参与的程度,通过学习提升参与度。三是课堂学习的方法要达标。尊重学生个体差异和程度差异,使每个学生获得成就感,关注学生整体人格发展。四重点:一是重点做好常规,学校强化校本教研;二是重点注重教学方式上的转变,建构"绿色活力课堂";三是重点进行课堂教学质量评价改革;四是注重学

生学习方式的转变。学校充分利用"互联网＋教育"的形式开展多元的学习方式。

（二）不止步于课堂

教学不应止于课堂，应将课内的教学延展到课外，融入学校的育人文化中，才能使学生的综合素养得到全面提高。为此学校注重学科间的整合，积极开展社团活动促进全校学生综合素养的提高和发展。

三、"基于课程，不止步于课程"，走向体系

（一）基于课程

课程建设是教育教学的丰厚的土壤，学校及时地走入课程改革，构建了"红、橙、黄、绿、青、蓝、紫"七彩课程体系，共开设了特色课程 15 个，选修课程 57 个。涵盖了人文社会、自然科学、艺术审美、身心健康四大领域的课程。学生在课程建设中学会了选择，学会了自主发展。

（二）不止步于课程。

课程建设的最大问题就是不能以碎片化的形式来进行建设。学校从思想中提炼核心理念，通过将"育人目标根植课程，用课程目标涵养育人"的策略，将理念落地，形成"五层面贯通"：教育思想——核心理念——学校规划——课程体系——课堂教学五层面一体化。

四、"基于教师，不止步于教师"，走向评价

一所学校的教育教学质量提升的核心是教师专业发展水平的提升。学校对教师的成长不能搞"一刀切"，应多设个案发展模式，构建教师发展的分层发展模式，让教师分层发展、多层发展。课堂教学中评价是激发学生学习内生力重要手段。学校构建了"星光"评价体系。我们的评价标准是多元化的，针对不同年龄段，不同特点的学生制定了不同的评价标准。既有面向全体学生提出统一要求，又关注学生的个体差异，提出个性要求，在课堂教学中关注学生情感、态度与价值观以及知识与技能方面的指标，实行分层次评价、增量评价。

做好校本课程建设，助推学校内涵发展

青岛西海岸新区台头小学　李淑红

课程是实施素质教育、落实教育目标的重要载体，是学生个性成长、教师专业提升、学校特色发展的重要阶梯。多年来，台头小学秉持"以人为本，为学生的幸福成长奠基，为教师的持续发展铺路"的办学理念，"和睦相处，和衷共济，上善若水，止于至善"的"和善"文化理念，以校本课程建设为载体，积极转变人才培养模式，大力发展办学特色，形成了比较科学完备、具有鲜明学校特色的课程体系。

一、德育为先，学生活动课程实现育人常态化

著名教育学家陶行知先生指出："全部的课程包括全部的生活，一切课程都是生活，一切生活都是课程"。为此，学校引入了学生活动课程化的教学理念。我校的活动课程分为入校及离校课程、班队活动课程、国旗下讲话课程、节日活动课程、大小课间活动课程、午间活动课程、阳光一小时活动课程、快乐十分钟活动课程、主题教育活动课程、家庭及社会活动课程等。

我校的活动课程主要由各班班主任利用班队会实施。凡是学生自己的事情都让学生自己管理；凡是学校重大事情都让学生了解；凡是学校重大活动，都让学生唱主角。学生在自我管理中展现自我，规范自我，升华自我，逐渐形成以我为主、自我管理的学生管理机制。

二、传承文明，"和善"系列课程弘扬民族文化

中华民族有着五千年悠久的历史，正是在这历史的长河中，我们的祖先给我们留下了源远流长、博大精深的中华文化。大部分学生对祖国与民族的优秀传统文化知之甚少，仅靠学科课程很难满足中华优秀传统文化的教育。

基于此，学校从实际出发，以"和善"文化为切入点，结合《弟子规》的诵读与实践，组织骨干教师，利用节假日进行实地调研，搜集素材，共同研讨，编写了《和

善文化读本》《孝亲故事读本》两套教材,在一至六年级实施,每周0.25课时,通过"读"——"品"——"悟"——"行"这样一个过程,在"孝悌""谨信""仁爱""学文"中领会传统文化的精髓,更指引学生在今后的人生道路上"树信、铸诚、立志",达到培养"自信、阳光少年"的育人目标。

三、发展个性,社团课程培养学生特长

每个学生都是独特的,学校根据学生发展需要先后组建各类社团20余个,编写《丝网花教程》《小小科学家》《象棋入门》《写字与人生》《活力啦啦操》《布贴画》《铅笔屑画》等近20门社团教材、讲义。

社团课程的实施,我们历经了多次的思考、修改,才形成了如今每个周四下午的全校走班制开课模式。

首先是调查、自主选择。发学生问卷,让学生自主填写感兴趣的社团内容,学生根据自己的兴趣爱好选课,学校对学生选课结果进行汇总。其次是课程调整。取消学生选择人数太少的课程,分解人数过多的课程,适时开发新的课程进行补充。三是学校调剂。学校根据各班上报情况,对于空项和过分集中的校本课程进行限定人数,各班进行了相应的调整。四是再生课程。学校对于课程实行动态管理,学生可以将自己喜欢的新的课程随时上报校长信箱,学校努力争取再生出新的课程。比如第二学期,我们应部分民乐爱好者的要求,开发了古筝、笛子、琵琶、二胡等校本课程。

校本课程的开发与实施,使课程资源、教育形式和手段更加丰富了,学生个性和特长得到了发展,综合素质得到了提高。校本课程的建设彰显了学校的办学特色,为学生的终身发展和教师的专业成长搭建了平台,为学校的持续发展积淀了丰厚的文化底蕴。

建构"三图"课堂模式,悦动核心由形至神

青岛天山小学 卢华丽

在落实市南区悦动课堂项目的过程中,我和教师团队创新提出"思维悦动是悦动课堂的灵魂"的教学理念,并设计"疑—思—行"的三图课堂模式,由形式上的悦

动转向对悦动内涵的发掘。

一、确定一个核心，为和悦课堂寻根

课堂教学是践行课程理念的主阵地。大概念引领下的单元教学，重在促进学生把学科知识转化为解决具体问题的思路与方法。知识是思维的载体，知识是一条明线，思维则是一条暗线，我们以大概念为视角分析教学内容、围绕大概念系统规划进阶式教学目标、确定教学结构，突出发展思维方法，形成相应的思维能力。

在课堂教学中，老师和学生的核心活动是思维，从教学情境中发现问题是思维，做出解决问题的各种假设是思维，用什么方法解决问题也是思维。只有思维悦动的课堂，才能吸引更多的学生主动参与到学习活动中来，真正成为学习主人。

学校开展了"思维悦动"三轮培训活动，在专家的面对面指导下，深入理解深度学习。将思维导图工具与互助跟进式教学模式有效结合，最终确定"一核心"是提升学生思维品质，这是教学设计的归宿。

二、选定思维导图，为和悦课堂塑形

以大概念为视角来梳理相关内容，形成结构化的知识整体。课堂教学中，我们充分借助思维导图让学生思维可视化的优点，选定思维导图作为工具，具体操作如下：

第一步：利用导学感知图提出问题——学生在课前按照老师的导学要求完成自己导学感知图，并将疑问处标注出来。这样学生每节课都做到从生活中的问题导入，培养学生善于发问、敢于质问的品质。

第二步：通过合作精细图建立联系——课上，在老师提供的学习支架下，通过小组交流补充完善自己的感知图，将疑问逐一解决，形成合作精细图，让深度学习在每个学生身上真实发生。

第三步：立足深入凝练图习得方法——教师通过四级题目落实学生知识掌握情况下进行凝练归纳完成凝练图，从全面到凝练的思维产生过程，让学生在掌握知识的同时习得学习方法。整个过程能够看见学生的思考角度、思维过程，提供给学生体验"发现问题 - 探索问题 - 解决问题 - 发现新问题"的深度学习的路径。

三、进行文化凝炼，为和悦课堂铸魂

在"同创共享"深入开展教学研究的基础上，以"三图"为抓手，学校提炼了教学设计的"五有"理念，即有序、有趣、有效、有情、有用。通过清晰课堂环节，引领思维节奏，让课堂有序；设置思维动点，激发学生求知欲望，让课堂有趣；注重对问题的研究,加强思维训练,让课堂有效;增强师生互动,提升思维品质,让课堂有情;延展思维路径,链接现实生活,让课堂有用。至此,"一核三图五有"的课堂文化内涵形成,学校通过不断学习和强化,使其成为全体教师课堂教学的理论共识与行动纲领。

四、深入实践评价,为和悦课堂提质

学校进行了专题教学展示活动,将和悦课堂的理念由来、目标设计、突破点以及学习素养在课堂教学中转化等方面进行深入浅出的阐述,我们完善了"学校和悦课堂观察量表",教研组长论坛、教研员、家长代表参与课堂教学评价活动,精研细化学校的"和悦课堂"观察量化。

以学校英语教师郑杰樱执教的"Go to bed early"为例,课前,学生根据老师提供的导学图,预习本课内容,梳理与本课有关的知识点,并将疑问处标注出来,独立绘制出导学感知图。课中,郑老师引导学生从整体感知课文内容,学生以小组为单位讨论解决问题,根据小组建议修改感知图,形成精细图。每个小组都画出了不良的生活习惯可能导致哪些疾病,以及产生疾病后应该如何解决。郑老师给予纠正、延伸、点拨,引导学生总结并绘制凝练图。通过前后导学图的对比,学生的思维变得可视化,能够看到学生思维的过程。

老师们表示在"一核三图五有"和悦课堂教学模式下,学生学习的主动性变得更强,参与度也随之变高,许多中等偏下的学生逐渐参与课堂交流。此外,学生思维也更加成熟,起初是对词句等基础知识的交流、展示,现在更多的是对解题方法、学习方式的总结。思维悦动是天山小学落实悦动课堂由形至神的点睛之笔,作为一校之长,我把自己定位于师生成长的服务者和推动者,对课程的研究和引领下,教师团队通过磨课、教研,不断创新思维导图,并将其应用到社会实践和PBL等课程中去。例如,六年级学生即将进行小初衔接,老师以参观中学这一具体场景为任务驱动,引导学生运用所学知识进行中学与小学生活的对比。学生通过动手动脑绘制"三图",在讨论学习中进行思维碰撞,一幅幅集结师生智慧的作品应运而生,这样的教学模式让学生对小初过渡有了深刻的认知。

我们学校提交的"一核三图五有"和悦课堂教学模式刚刚荣获市南区第三届优秀教学法。追求师生高质量成长,学校实践悦动课堂永不止步。我们学校将完善悦动课堂的细节,以教师的深度学习带动学生更加深入持久自觉的深度学习,促进学生的可持续发展。

建构美好课程　奠基幸福人生

青岛莱芜一路小学　　卢华丽

青岛莱芜一路小学在原有美术特色的基础上,提出让优秀传统文化通过美术教育、美术课程进行有效传承的课程建构思想,丰富了美育的人文内涵,进一步提升了办学品质。

学校秉承"让每一个生命温润美好"的课程理念,确定"培养身心健康、雅言美行、艺智双馨美好少年"的课程建设目标,整体规划包含美体课程、美心课程、美智课程和艺美课程四大类课程的美好课程体系。

学校的美体课程分为四个部分即国家课程、引进课程、社团课程、特色课程四大部分。国家课程主要落实体育基础目标,让学生在体能体质上得到提升;引进课程面向全体,在不同年级进行不同的设置(武术、游泳、击剑、足球、篮球等),让学生在六年中掌握不同的体育技能;社团课程作为前面两种课程的补充,针对有素质有潜力有特长的学生开设的课程,通过学校教师和高水平教练的合作教学,为学生提供高水平的平台,挖潜培优;特色课程主要是我们学校的花式跳绳课程,在1～6年级进行不同级别的教学,通过达级的方式来落实跳绳运动的体质目标。四个课程相互融合,相互补充,形成比较完善的美体课程体系。

学校美心课程是通过心理健康课程、沙盘游戏课程、小团体辅导课程、大团体拓展课程以及每周一德育大课、升旗美＋少年说、道法课程、志愿者课程等来落实。优化"道法课程",培养学生生活常识、社交礼仪、处事原则;加强心理健康系列"幸福课程",培养学生做一个阳光心态的健康人;深化志愿者课程,与文明办携手注册,达成每学期一次集体志愿行动,每年一次亲子志愿行动、脚尖上的博物馆课程,让学生拥有美好的心灵品行。

美智课程是以资源融入带动国家课程的校本化实施,课程着力挖掘国家课程的广度和深度,通过开发国家课程中某一方面的知识与技能,把不同的知识与校本拓展课程连结在一起的开发思路,使学科资源融入校本课程,在此基础上带动国家课程的校本化实施。

美好课程美好课程是将国家课程、地方课程、学校课程等因素相融合的的课程，学校以学科为作为理论指引，在此基础上将已经开发的课程进行"学科内整合、多学科整合、跨学科整合"。

艺美课程依托基础性课程音乐美术课程培养学生的艺术素养和高雅情趣，结合引进课程（竹笛、快乐合唱、剪纸、国画等）在每个年级进行实施。

美好课程的实施，学校结合学科特点选择突破口，探索有效课堂教学模式、教学策略以及学习方式，按照计划、行动、反思、调整的过程展开行动研究，在单元设计、学时设计、规划和细化教学，通过信息整合分享教学资源，促进教学过程和学习过程的融合。

莱芜一路小学美好课程的开发与实施，为学生铺设一段美好的生命旅程，也为教师搭建提升研究能力、教学能力的舞台。

开展"类型化"教学研究，深度开发学科育人价值

青岛市崂山区石老人小学　于新良

针对日常教学研究中存在的效率低下、主题不明确、碎片化研究多等问题，为使教学研究更加聚焦与精准，崂山区石老人小学在于新良校长的带领下，以"类型化"教学研究的方式推进学科育人价值的开发。

一、"类型化"教学研究的主要目标

通过"类型化"教学研究，发展学生学科核心素养，形成各学科"类型化"教学研究的基本策略、经验，形成学科教学品牌，育人质量整体提高，同时实现教师学科专业素养的提升。

二、"类型化"教学研究的基本策略

（一）系统化思考

整体把握学科育人价值和学科核心素养，对学科知识体系有清晰的认识，将学科

核心素养的培养融通于学科教学过程中,确定学科教学品牌创建方向。

(二)长程化设计

探索学科育人价值"类型化"专题研究框架。依据教材编排体系、教材内容内在逻辑关系,各学科重新梳理教材,长程设计,形成类型化教研覆盖下的专题研究框架,每学期各学科重点研究 1 ～ 2 个专题,在三年周期内完成相关专题的研究。

如英语学科确定了以"浸润式多元体验英语学习研究"的 3 年长程设计总课题,包括 6 个学期研究子课题。数学学科确定了"数认识、数计算、形认识、形计算、数量关系、探究规律、解决问题策略、式与方程、统计、概率、计量单位、综合与运用"等 12 个研究领域,教师根据学期研究专题在学科组内进行集备、课堂教学展示,学期末形成研究报告,在研究中凝练经验,积累成果。

(三)专题化研究

确定各学科学期教研的主题,在大课题下,低、中、高年级分别确定子课题或分课题;组织节点活动推进,确定每个主题的出课人、中心发言人等,全员参与,同时发挥学科骨干教师的示范引领作用。

数学学科开展了数运算和形概念教学两个领域的研究。围绕数运算研究主题,李静老师执教了"两三位数小数加减法"、曲雯雯老师执教了"异分母分数加减法"、陈秀叶老师执教了"一位小数加减法"、王海燕老师执教了"两位数加两位数"。四节典型课例带动专题研究,引领老师们更好地理解数运算的知识结构,递进关系,深入挖掘了数运算的学科育人价值。形概念领域举行了"认识长方形和正方形""认识面积和面积单位"等课例研究,引领老师们明确了学生对形概念的掌握要由具体到抽象,再由抽象到具体多次往复。这样一个主题一个主题的突破,不断形成新认识,积累经典课例。

英语学科组进行了以"绘本分级阅读"为主题的探索尝试,丁晓、林瑜等老师带领学生们举办了绘本课教学研究,初步形成了学生自读、观察图片、分析肢体动作、分析人物情绪、表演、续编等绘本教学路径。

(四)序列化推进

研究低、中、高年级"类型化"教学发展学生学科素养的不同任务、策略,注意各年段不同类型教学的衔接,把低段的研究成果作为是高段研究的起点,形成知识序列、方法序列等。

本学期,语文学科组以提高学生的语文素养为导向,围绕"类型化"教学研究推进读写融通有效策略的总课题,开展了"写人记事的习作"和"整本书阅读指导课、推进课和总结课"的实践研究。以"写人记事类"习作专题研究为例。二年级康凯老师结合绘本《母鸡萝丝去散步》,指导孩子抓住母鸡的动作、神态展开大胆想象,补写故事,为低段的"看图写话"指导课开辟了一条新途径。三年级陈娜娜老师通过抓住人物的外貌特点、性格特点指导孩子们写"我的朋友",五年级吴洪婵老师聚焦人物的心理活动,以"小确幸"为题目引导学生把人物心理写具体、写详细,从而凸显人物的特点。通过不同年段同一主题的聚焦研究,形成了写人记事类习作教学的基本认识,提升了语文教师明确目标、聚焦专项、落实高效课堂的能力,促进了孩子们表达能力的提高。

（五）日常化实践

日常教学中运用"类型化"思想,各学科广泛运用思维导图辅助教学,探索了思维导图辅助教学的多种模式,包括课前预习如何运用思维导图、课堂教学中思维导图的运用、如何运用思维导图梳理总结知识体系形成知识树等,组织学生进行类型化练习,培养学生举一反三、触类旁通的意识和能力。

三、"类型化"教学研究的价值

经过一个阶段的"类型化"教学研究实践,石老人小学教师深度开发学科育人价值的意识明显增强,能够对教学内容进行创造性重组,聚焦类型化专题研究,关注学段之间的衔接,通过教结构、用结构,充分发挥学生学习主体地位,提高课堂教学效率,推动了各学科课堂教学的深入研究和推进。

对学生而言,"类型化"教学引领学生学会系统思考,帮助学生建立知识与知识之间的联系,帮助学生形成知识体系、方法体系、能力体系,学会知识、方法、规律的迁移、转化、运用,通过引导学生主动发现、主动转化、创新迁移,在教学实践中让学生掌握寻找"类型"的方法和运用"类型"的能力,提高学生在具体情境中运用所学知识提出问题、分析问题、解决问题的能力,从而实现提高学习品质、发展核心素养的目标。

PDCA 模式让教学管理走上快车道

青岛台湛路小学　张淑世

PDCA 最早是由美国质量管理专家戴明提出来的一套质量管理的基本方法。我们把 PDCA 引入学校教学管理,通过"P(Plan)计划——D(Do)执行——C(Check)检查——A(Action)改进"四环节的循环往复,阶梯式上升,引领大家"以思促行",学校焕发出勃勃生机。

一、PDCA 促进教研管理,打造"善思"的教研文化

学校着力架构三三式校本教研机制,通过"学校—学段—年级"三级教研网络,将课堂教学改革的实践落实到每个年级每个学科每位教师;通过"基础性—提高性—主题性"教研将教师质疑与教学所需有机的结合在一起。学校将 PDCA 管理在教学中合理运用,围绕教学、检测、分析、改进教学四环节,在不断反思的基础上对教学进行改进。学校还通过"读、研、写、评"四个环节把课题研究与教学结合起来,教、研、训一体化,通过"引教师上路"、"扶教师上马"、"送教师一程"的"三步走"策略引领老师且行且思,以思促行。

学校编撰出台了《青岛台湛路小学文化育人指南》,以此作为师生教与学的行为准则,对"善思"加以推广。读书从师德、教学、教科研、作业布置与批改、学生活动等各个方面对干部教师加以引导,指导干部教师将各种工作建立在思考与反思的基础上,在日常工作中正确运用 PDCA 流程。学校通过"干部工作月反思"、设立"自评问题改进档案"、开展"PDCA 管理交流反思会"等举措推进 PDCA。不断地反思改进,提高了管理效能,"善思"充盈在学校教学管理的方方面面。

二、PDCA 促使专心教研,打造生本智慧课堂

在我区打造"生本智慧课堂"的教研精神指引下,我校课堂教学坚持以学生学会学习为核心,以主体性教研为抓手,促进学生学科素养的发展,打造充满生机与活力的生本智慧课堂。学校相继开展了"三有"课堂研究、"夯实学科素养,提高学习能力"

主题教研、"有效教学,活力课堂"课堂改进实验汇报展示、把握"四环节",提升"学习力"专题教研、"零起点"教学专题教研、"一师一优课,一课一名师"等主题性教研活动。

在以"有意思的环节设计、有效率的课堂提问、有价值的课后反思"为内容的"三有"课堂研究中,我们秉承学校"以思促行"的文化引领,通过自查——解决——评价三大环节的教研活动来完成。全体老师先进行"课堂提问"问题梳理,自查课堂提问中存在的问题,思考问题出现的原因并进行分析,为后面开展教学研究提供了富有现实意义的鲜活的素材。之后,通过骨干引领课、师傅示范课、徒弟汇报课、课例研修课等不同的课型,深入开展了课堂教学研究。课堂实践展示结束后,学校开展了"PDCA回头看暨有效提问的同伴评价"活动,以课堂观察的形式从旁观者的角度审视自己的课堂,检查一学期主题教研的成果。在"夯实学科素养,提高学习能力"主题教研中,学校通过"明确教学目标——课堂实践改进——反思促进成长"的三部曲来落实。学校还通过教学质量分析会、"什么样的微课是好微课"大讨论、"研读教材——教学的第一基本功"教材解读分析会等举措提高教学质量。系列化、连环式教研活动,改变教师的教学行为和学生的学习行为,提高教师的教学技能,发展学生的学习技能。

三、PDCA护航尚军课程,建设富有特色的课程文化

着眼于学生的健康和谐发展,学校以PDCA护航,深入开展海防教育,加强尚军课程建设,打造"尚军明德"特色品牌。学校深入挖掘特色品牌内涵,构建基于课题、依托教材、根植课堂、突破传统、延展特色的五维立体式课程体系,深入实施尚军课程。主要包括尚军育德课程、尚军启智课程、尚军健体课程、尚军求美课程四大版块内容。2016年、2017年分别立项的山东省基础教育科学规划课题"尚军课程开发与海防特色办学关系的研究"、青岛市"十三五"规划课题"海防教育特色学校建设的行动研究",为学校教师提供了理论学习和行动研究的广阔平台,促使学校长足发展。学校开设了海防教育课程,编写了《国防教育教材》,将海防教育渗透于各学科教学之中,利用教材固有的知识性和思想性,有意识地渗透海防教育。学校的《国防教育》课程被评为青岛市优秀学校课程。课程实施过程中,注重按照PDCA的流程,做到计划明确,各负其责,不断改进。以学校统一印制的学生课程手册来说,经历了征求任课教师意见——各年级教师上交初稿——对照课本进行修改——征求学生意见——再次修改——试用一学期——再次修改——形成定稿,8个步骤走下来,收到很好的效果。

四、PDCA 凸显学科特色，提高学生的学科素养

"能说会写"是我校语文教学的一大品牌,围绕这一品牌建设,学校坚持开展随文练笔、文章不厌百回改活动,成效显著。好的习作是定格生活的影像,是心灵奏出的乐章。学校专门印制了"文章不厌百回改""随文练笔"的册子,教师进行精心的批改,引导孩子反复修改,再进行批改,日常的习作训练扎实有效。阅读是语文教学的生命支柱,更是提升语文素养的关键。学校深入推进阅读素养提升工程,"全民一起学说话"读书节、"逐渐流失在我们身边的民俗文化"主题班会、"我把故事讲给你,我把美文读给你"阅读实践活动、"读文明经典,创特色校园"主题氛围建设,让每个学生沉浸在墨海书香中,在"能说会写"中提高了语文素养。

在不断地摸索与改进中,PDCA 管理与学校特色不断融合,促成了学校管理愈加的科学、规范,促进了教师和学生的成长,提升了教育质量,使学校焕发出勃勃生机。PDCA 终将成为具有学校特色的管理模式和教师的教育意识,它将在"以思促行"的文化引领下,在学校发展的进程中展翅高飞,不断绽放光彩。

聚焦深度学习　打造生本智慧课堂

青岛敦化路小学　刘艳华

深度学习,是学生高品质学习的一种状态,一种方式。在课堂教学改革过程中,我校聚焦深度学习,以"市北课堂"着力打造的四个特色"发出声音、激活思维、打开视野、动手实践"为导向,深化"生本智慧课堂"教学改革研究,彰显深度学习下的"大德课堂"特色,有效实现了核心素养"生本化",提升了课堂品质和课堂效能。

一、深入学习，更新教育教学理念

为了推动"深度学习"课堂的构建进程,探讨以"深度学习"撬动课堂转型的新思路,我校通过期初通识和学科培训以及教研活动等形式,组织教师学习了关于"深度学习"的相关知识与理论。培训中,老师们交流思想,分享收获,从教学、教研、实例等方面,精辟诠释了"深度学习"的理念,引人深思。

同时,在教师中全面普及全科阅读,制定基于全科阅读的阅读评价标准,通过阅读促进深度学习研究,关注学生阅读后学习能力、实践能力、表达能力的提升。

二、深练策略，引导学生合作创新

（1）确立教学目标,引导学生深度理解。教学中,我们将学生高阶思维能力的发展作为教学的首要目标,并以此为主线伴随课堂教学的始终。同时,关注学生问题意识的培养,用问题进行有效追问,逐步推进问题的深化,让学生思维的触角主动触及知识的本质,使学习从表层走向深层。

（2）整合学习内容,引导学生批判建构。深度学习的内容特点是基于问题的多维知识整合,在进行教学内容分析和设计时,需要教师全面地分析教材、深入地挖掘教材、灵活地整合教材,引导学生将他们的知识归纳到相关的概念系统中,建构属于自己的新的认知结构。因此,学校通过组织教师"解读教材"和"学情分析"开展专项研究活动,提高教师灵活运用教材、融合课程的能力。

（3）创设学习情境,引导学生积极体验。教师根据学习内容的特点、教学目标的要求、学生思维的发展状况适时创设能够促进深度学习的课堂情境,并引导学生积极体验,最终达到将所学知识与情境建立联系并实现迁移的目的。

（4）关注学习评价,引导学生深度反思。教师一定要重视形成性评价在学生学习中的价值,关注学生的学习进展并及时给予反馈,进而引导学生根据自己的学习状况调整学习策略。我们以《青岛敦化路小学学科课堂教学评价表》为载体,建立了多元课堂教学评价机制,科学使用课堂观察量表,以学生表现作为评价主体,有效提高了学生的课堂深度反思能力。

三、深融技术，助推教学方式变革

由于学校近年来办学条件的持续改善,原来许多不能在现实情境中进行展示学习的内容,现在完全可以借助多媒体技术手段来达到理想的教学效果。因此,在互联网＋的大背景下,我校充分发挥了现代信息技术手段的优势,用信息化助推教与学方式变革,使学生获得最直观的学习体验,并以最佳的状态投入其中,主动参与获得发展。

为了提升教师的信息化水平,我校依托教师培训,充分利用学校的希沃电子屏和软件,培训教师在掌握基本操作的基础上开发新的功能,助力深度学习和课程开发,成为课堂上的魔术师。

实践验证,在小学开展深度学习意义重大,核心素养是教育的最终目标,而深度学习是实现目标的路径。因此,我校在今后的课堂教学改革中,通过深度学习的整体推进,探索新型课堂教学模式,推动"深度学习,思维课堂"走向深入,走向精彩!

文化内生下的校本课程开发与实施

青岛市城阳区第二实验小学　万　莉

校长是学校课程教学的引领者。课程教学实施于学校,不同的学校又有着自己独特的地理位置、办学情况等,因此,课程的实施就不得不考虑这些情况。城阳区第二实验小学万莉校长在偏远的乡村小学做过校长,也在区直实验学校做过校长,每到一所学校,她都亲身实践,参与课程教学改革,她深刻意识到:唯有把课程与学校文化有机结合起来,才能真正推进课程教学实现有效的实施。于是她总结出了校本课程开发四部曲。

一、没有调查就没有发言权

通过学生需求调查问卷、教师座谈交流、现场听课等方式了解目前校本课程开发与实施的现状。通过分析现状,得出这所学校校本课程开发存在的问题:①老师们对校本课程与校本教材认识不清。学校课程建设不是简单地编教材,而是要根据学校实际与特点,进行分析和评估,从而制定出校本课程开发计划或者校本课程开发实施方案。②校本课程开发忽略了人的需求。校本课程开发实施的根本目标是为了满足学生的实际发展需求,丰富学生的学习方式,形成和体现学校的办学特色。但是,有时停留于行政指挥式的操作多一些,并没有关注学生真实的学习需求,也不注重教师愿意做什么,能做什么,忽略了教师的真实需要。

二、没有培训就没有立足点

教师在开发校本课程时,往往只有课程内容,缺失课程理论。所以培训重点有两个方面:一是对教师进行课程理论的培训,明确课程目标、课程内容、课程实施、课程评价等基本理论,为课程开发提供理论依据;二是对教师进行专业知识培训,不断拓宽其知识面,重新构建教师的知识结构,为校本课程的开发提供知识和智力上的支持,这是校本课程开发的前提。

三、没有设计就没有生长点

学校文化建设的重要内容是校本课程开发的起点。虽然国家对于各级各类学校的培养目标和培养规格都有统一的规定。但是,这些规定只能是最基本的原则性要求,几乎不可能照顾到各地各类各级学校的具体特殊性。而且,千人一面、千篇一律的培养目标和培养规格也很难满足当今时代丰富多样的社会发展和个人发展的需求,这就要求学校要根据具体的师生特点、教育资源和学校传统以及教育者办学宗旨,确立自己学校独特的发展方向。如此就要求校长明确几个基本问题:理想学校是什么? 根据学校教育资源的实际情况应该把学校办成什么样子? 这就要进行顶层设计,要有一个学校发展的总蓝图,明确学校的远景追求的现实取向,使所有教师都能在学校文化的引领下朝着同一个方向努力,校本课程的开发更有目的性。

四、没有评价就没有创新点

科学课程观指导下的课程评价,不应当是传统单一的"考试"评价。我们的课程评价就应该强调评价学生在课程学习中学习能力的改进,学习兴趣的提升等全面发展的水平,更要评价教师在教学过程中的表现,如成长记录袋、学习日记、情态调研等注重过程的评价手段,这样课程评价的过程性得以体验。我们在实施评价时,就应当从注重记忆水平、结果正确性的传统卷面笔试,走向关注个性化发展、关注创造力提升的多元内容与形式的评价。比如,对于某些特定的学习内容,可以让学生创造一个作品,撰写一份研究报否,或者为所学知识设计一个知识体系思维导图,学生自助建构下的评价更能体现其综合能力。

强化课程意识　让海洋教育成为
素质教育的重要引擎

青岛西海岸新区海军小学　毕许彬

党的十九大提出"加强海洋强国战略",《青岛市中长期教育改革和发展规划纲要(2010—2020)》提出蓝色海洋教育成为青岛教育改革和学校特色发展的品牌。海军小学充分发挥区位优势,积极探索以海洋教育为载体的创新人才培养机制和与实践育人相结合的有效模式,取得了突破性的成果。

几年来,学校围绕"融、容、赢"核心文化,海洋教育特色日益鲜明,办学活力不断增强,学校荣获全国海洋教育科普基地、全国海洋意识教育基地、山东省规范化学校、青岛市十佳德育品牌等五十多项市级以上荣誉称号。中央教育电视台、搜狐新闻、青岛电视台、《青岛日报》等多家媒体对学校的发展进行了专题报道。

一、厚实文化，打造海洋教育环境课程

为了营造蓝色氛围,校园整体规划立足"三种境界",即确立书韵楼大厅立足学校、墨香楼大厅立足中国、博慧楼大厅立足世界与未来。

突出"四个主题",即教学楼文化一楼是初识海洋,二楼是智慧海洋,三楼是海洋强国,四楼是和谐海洋,并分别悬挂了孩子们自己制作的具有海洋文化代表性的实物展示——沙画、标本、剪画和贝壳。

二、优化三级课程体系，完善海洋教育框架

立足发展学生的核心素养,建设形成海洋特色课程体系,即"基础型课程 + 拓展型课程 + 实践型课程"三位一体的海洋课程。基础型课程即国家课程;拓展型课程目标在于从兴趣出发、开阔眼界,为课题研究做准备,主要包括专家讲座、海洋课程超市;实践型课程目标在于激发兴趣,培养实践能力和创新精神,学校以《蓝色海洋教育》为凭借,生成了《知海、爱海、探海》《标本制作课程》《沙画课程》《贝壳课程》

等系列教材,获得青岛市教科院专家的高度评价,荣获省级优秀教育资源评选二等奖、青岛市级优秀教育资源评选一等奖。

三、丰富活动,开发海洋教育校内外综合实践课程

日常教学中,学校结合"世界海洋日"等开展系列宣教活动,教育和引导学生进一步走进海洋、认识海洋、关心海洋、爱护海洋,形成了科学用海、生态用海、依法用海的良好氛围。

学校拟定每年 7 ~ 9 月为校级海洋节。期间,校级社团依据学生兴趣,分级分层组织丰富多彩的蓝色活动。

每年暑期,学校发起"我和大海有个约定""拥抱大海"等倡议活动,呼吁孩子们走进社会、拥抱自然,倡议同学们用自己喜欢的方式,去记录大海的亲密接触,培养了小学生探索海洋、情系海洋的意识。

四、创新制度,形成海洋教育师资培训课程

学校制定实施了《海洋实践活动实施方案》《海洋专家走访制度》等十多项培养保障制度,形成了比较完整的海洋教育制度体系。还建立"教师发展专项基金",用于参加海洋教育创新力培训。同时学校还聘用校外专家,采取校内外结合的培养方式给予学生更高层次的指导。在引导教师海洋教育专业提升的同时,实现教师的"个性增值"发展。中国海洋大学、国家海洋局北海分局、海军 91480 部队、青岛水族馆、青岛明月海藻集团等单位,均为我校海洋教育实践基地。

五、海洋教育,成为学校素质教育的重要引擎

扎实富有成效的海洋教育活动,使学校品牌效应不断扩展提升。青岛市教育科研"十二五"规划重大课题"海洋教育课程开发与实验的研究"开题会议在我校召开,2015 年 10 月青岛市"充分挖掘近海资源 实施海洋生命教育的研究"课题顺利结题,"海洋意识教育对青少年成长的影响研究"正在申报中国教育学会课题。2015 年 3 月,学校承办了青岛西海岸新区第一届海洋教育论坛。2015 年 12 月成功承办了青岛市第四届海洋教育论坛。学校多次在全国海洋教育会议上做经验介绍。2017 年,学校承办全国第七届青少年海洋教育论坛,2019 年 6 月 22 日,学校成功承办山东省中小学海洋教育现场会。学校的乒乓球、舞蹈、帆船、书法、读书工程、研究性学习等都在区、市、省、甚至国家屡次获得大奖,学校全面教育质量稳居高位,师生素养全面提升。

海洋教育是一项系统工程,我们将在实践中深入挖掘蓝色海洋教育内涵,精心提炼海洋教育精髓,形成课程。使学校海洋教育工作再上新的台阶,让海洋教育成为素质教育的重要引擎。

吟诵切入,传承优秀文化

青岛西海岸新区崇明岛路小学　宋云健

习近平总书记指出"中华文化积淀着中华民族最深沉的精神追求,是中华民族生生不息、发展壮大的丰厚滋养。"2017 年,中共中央办公厅、国务院办公厅印发的《关于实施中华优秀传统文化传承发展工程的意见》中要求:"丰富拓展校园文化,推进戏曲、书法、高雅艺术、传统体育等进校园,实施中华经典诵读工程"。国家对传统文化更加重视,要求越来越高。我校以吟诵切入,构建优秀文化的特色课程。

一、以吟诵为切入点,构建国学经典课程

我们通过走出去学、请进来讲、网络上学的多种方式,让老师们亲近国学经典,培养能够胜任国学吟诵教学的老师。

2014 年,省课题"书香校园建设理论与实践研究"结题,学校又承担了市课题"以经典诵读为支持的校园文化构建研究",研究了诵读经典的方式,可以朗诵,也可以吟诵,使文化的传承方式更加丰富。

2015 年,学校成为区图书馆尼山书院分院,促进了国家课程校本化的进程,实现了校内外阅读教学的一体化。2016 年,学校被授予山东省传统文化体验教育实验学校,尝试把中华优秀传统文化教育和谐融入当前课程体系,使青少年从中华优秀传统文化中生欢喜心、增亲近感、发文化力。

为促进国学课程的落实,学校开展系列活动。如"每周一诵"、每学期开展经典诵读大赛等活动。2016 年儿童节,学校举办第一届吟诵节目,极大地调动了全校师生和家长对传统文化的热情。传统节日期间,我们带领学生诵读经典古诗文,体验民间风俗,培养家国情怀。学校以《弟子规》教学为主线,在学校突出抓好"文明礼仪养成教育",在社区开展"弯弯腰"活动,在家让孩子学会"孝"道。

我们努力探索学习传统读书法——吟诵。一是以点带面地推广。各班推选五名学生,组建起雅吟诗社,每天校长利用晨诵时间带学生吟诵经典,这些学生成为各班的领读"小先生"。二是学习吟诵方法。目前,我们学习了唐调、流水调等十多个传统吟诵调。教室里时常传出这样的声音:"学而时习之,不亦悦乎""朝辞白帝彩云间",师生们边走边哼的小调是这样的:"关关雎鸠,在河之洲""云对雨,雪对风,晚照对晴空"。传统经典以传统的方式悄然入心,自然出口。孩子们都说,这就是校园好声音。

2015年,三个国学节目参加区大型国学交流汇报演出;2016年,我校参加了区教体局组织的国庆传统文化节目展演;学校排练的吟诵《橘颂》和京剧《贵妃醉酒》选段,被区局、区文明办推荐参加由省委宣传部、教育厅、山东电视台主办的"国学小名士"经典诵读电视大赛。

2015年学校被评为区"民族文化传承与教育"特色学校,山东教育电视台以《国学经典融入小学教育》为题,做了专题报道。

二、让民乐为学生成长助力

我们三个学段分别选用口风琴、竖笛和陶笛,通过乐器进课堂、独奏展示、合奏比赛促进落实。学校开设了京胡、琵琶、古筝、扬琴等民乐课程十三项,参加选修的学生有二百多名,民乐学习形成了三级梯队。

为保证学习效果,学校成立了领导小组和指导团队。除正常课余时间外,还利用周六上午和节假日,由音乐老师陈金辉主要指导,青年教师程树娜协助指导,班子成员参与,组织学生进行训练,并把各种乐器的演奏整合起来,训练成队,以备演出。学生演奏技艺不断提高,也锻炼了做事持之以恒的毅力。

我校音乐老师将京剧名段名曲改编成合奏曲目,也做为京剧进课堂的演唱曲目。高年级学生已经学唱了《萧何月下追韩信》《贵妃醉酒》等。

我们以"以赛代练、以赛促练"的理念,让学校民乐队参加各个层面组织的比赛和演出。

综上所述,由吟诵切入,校长主动参与,共同建设学校的国学课程。

优化校本教研活动　提升教育教学质量

平度市仁兆镇仁兆小学　高华军

教师是立教之本、兴教之源。教师的授课水平直接关乎一所学校教学质量的高低,因此提高教师的业务水平是学校工作的重中之重。为进一步提升教师业务水平,仁兆小学将周二周三周四下午分别作为学校语文、数学、英语学科的教研活动时间,并积极协调汲取多渠道优质资源,以问题为导向,开展主题式实效多样的教研活动,提高教师的业务水平。

校本教研是提升教师专业素质、促进内涵发展、提高教学质量的有效途径。我校以立足学校实际为出发点,以引领教师在教育教学中发现问题、研究问题、解决问题为主线,以教研提升——层次管理——多彩活动——打造名师——带动团队为教研理念,以提升教师科学研究素养和学校教学质量为目标。在具体实践中,学校通过青年教师培养、专家型教师上示范课、互动交流课、学科组集体备课、听课评课等形式,促使教研活动落到实处,取得成效。

通过教研活动的开展,可以说教师在教育理念、教学方式、培养目标等方面发生了巨大变化。几学期的教研之路,我们在探索中前行,也得到了收获。这些收获体现在对校本教研的思考,对校本教研的管理,对校本教研的探索和展望;还体现在教师个体素质的提升,教研团队的整体发展,教学质量的全面提高。

一、聚焦校本教研　演绎精彩课堂

我校通过开展多彩实效的教研活动,为老师们搭建实践的场地,展示的舞台。鼓励教师深入课堂教学改革,积极探索自主、合作、探究的教学方式和学习方式,实现把教材变成学生火热的思考,努力提高教学效率和教学质量,构建理想课堂。一年来,学校与青岛市教科院校长教师发展中心以名师工作室为载体莅临指导教研2次,交流展示课9节;与青岛市顶尖学校青岛大学路小学跨区域合作协同教研2次,交流研究课6节;参与青岛市张宏群名校长工作室活动3次,交流研究课6节;邀请名师团队青岛支教岛同课异构3次,交流展示课6节;依托市教学研究指导中订单式教研,与联盟内组长单位实验小学协同教研 2 次,交流研究课 4 节;"他山之石,可以攻玉",学校力求每一次教研都有平度市级乃至青岛市级名师专家指导参与,让老师们能及时接收到最新的教育教学方法,这些行之有效的教研活动激发了教师饱满的热情,他们参与着、思考着、改变着,在超越中变得卓越。

二、多维校本管理 释放智慧潜能

工作中,为了促进教师专业素质的提升,我们对教师进行多元评价:首先以自我评价促进教师的专业反思。其次以教研评价提升教师的专业水平。第三以目标评价提高教师的专业能力。在教师专业发展的道路上,我们立足教师未来发展,帮助教师确定发展目标,促进教师专业发展达到预定的目标,使他们在成熟中变得更加灵透、睿智。

三、拓展校本培训 探寻发展之路

思想有多高,路就会走多远。校本培训是校本教研的基础和保障。为打造学习型学校,实现新的跨越,我们提出:建有文化的学校,塑有智慧的教师,育有个性的学生。首先抓班子,树形象。用学习引领,用思想影响,用智慧启迪。使班子成员加大服务意识,提升管理水平,形成一支思想有活力,专业有能力的新型领导集体。其次以师为本,专业引领。采取深度会谈、多维开放的形式,培养教师三个养成:抓学习行为习惯养成、抓课堂教学能力养成、抓专业技能与反思的养成。通过专家引领,同伴互助,个人反思,打造了一批过硬的"骨干梯队,名师团队"。通过学习交流,行为跟进,研讨提升,使教师在科研中发展,在发展中突破。富有实力的教师队伍为教育教学提供了强有力的保障。

四、智慧的探索 丰硕的成果

成长释放个性,和谐铸就发展。几学期来,我们实现了从个人到团队的跨越,从单赢到多赢的跨越,从才能到智慧的跨越。呈现出四提升局面:教师的专业化素养得到提升;良好的教学习惯进一步提升;研究反思能力明显提升;他们的课堂教学水平迅速提升,并形成各自独特的教学风格。学生良好习惯逐步形成,综合素质明显增强,个性特长得到张扬,教学质量稳中求进,各项参赛成绩优异,硕果累累。学校的各项工作得到社会家长的一致认可。

多彩实效的教研活动让老师们也收获了丰富的成果,在 2019 年度平度市一师一优课活动中有魏秀群、张倩倩等 16 人获平度市优课,李凯开、杨彬、于瑞强 3 人获得推送青岛参赛资格；2019 年 6 月,史南南主任在教科院送教活动中出示公开课"传统游戏我会玩"、2019 年 5 月,李江波老师经过英语教研组四次打磨后出示平度市小学英语公开课"Unit 5 Dinner's ready Let's learn &Let's talk";2019 年 4 月,彭雯靖老师在联盟校协同教研中出示公开课"公仪休拒收礼物"、2019 年 3 月,代婷婷老师在支教岛送课同课异构中出示展示课"加法的结合律和交换律"、2019 年 1 月,赵海洋、彭雯靖老师在青岛名校长工作室活动中出示展示课"莫高窟""九寨沟"。

冰心老人曾说过:"教师的现在,就是学生的未来",就这样,一节节展示课、研究课因专业的授课评课而精彩,参与上课的老师因专业的评课而茅塞顿开,听课者因专业的评课而豁然开朗,教师专业素养在授课、听评课中得到迅速提升。

悦动课堂 "乐"享美好教育

青岛莱芜一路小学 金 颖

"悦动课堂"是 2019 年市南区教体局在积极推进教育内涵发展攻坚行动中提出的工作项目之一,现将学校校本化实施情况总结如下。

一、 "悦动课堂"的校本化思考与解读

我们学校认为悦动课堂的内涵有三个方面:活跃的自主学习行为;活跃的教师教学行为;活跃的课堂形态与空间。达成的目标有三个维度:教师找到适合自己专业发展的提升路径,获得职业幸福感;学生得到满足适宜成长需要的发展空间,收获成功的喜悦;学校建构适宜学校办学特色课程体系及课堂教学策略。

我们学校根据坚持开展的合作学习研究和"构建'美 + 课堂'"的科研课题,将本学校的学校教学研究主题确定为"探究悦动课堂中合作学习策略",以此推进各个学科悦动课堂教学研究。

二、提炼悦动课堂的核心理念和原则方法

更新教学理念,提升教师行动自觉性。改变课堂教学行为的首要条件是更新教学理念,理念先行提升教师教学研究行为的自觉性,为此学校确定了美好课堂要求

和课堂文化理念。

（1）确定"五自"美好课堂要素：学校根据科研课题,确定了"五自"美好课堂要素。即"自然、自学、自探、自悟、自行"五自要素突出学生自主学习的学习方式改变;自然就是心中有学生,遵循学生发展的自然规律和心理学习规律;自学就是强调课前、课中、课后的自主学习;自探就是用自己喜欢的方式学习,自主、合作、探究;自悟就是会学习,掌握学习方法,学有所悟,学有所得;自行就是将学到的方法举一反三,突破纸上的学习,强调实践行动学习。

（2）提倡和谐美好课堂教学文化：将十二字课堂教学文化理念。即"尊重发现激励,理解欣赏期待"贯穿在每一个课堂教学文化中,以提高学生素养为目标,让课堂成为孩子成长的主渠道,引导学生多参与、多质疑,多鼓励,多探究。

三、建立两个机制，推动教学研究发展

机制是行动的保障。首先是教研机制,其次是评价机制;教研机制中,学校主要力推以悦动课堂为策略的主题教研。通过组长负责制和同课异构协同制,以及理论与实践相结合的双轨培训机制,让教研活动生动起来、务实起来。同时通过评价机制的建立,在课堂评价、课后评价、作业评价几个方面进行多维度的研究,在语言、方式、内涵、动机等方面进行深入探讨研究,来推动悦动课堂发展。

四、研究三种对话，活跃师生教与学行为

学校各个学科每月开展课堂教学展示,通过观测量表重点研究三种对话,活跃课堂中师生教与学的行为。

（1）建立三种对话。学校提倡各科教师在课堂中建立三种对话,一是教师与学生的合作对话。课堂上教师运用有效的教学策略,通过各种教学手段,充分调动起全体学生的学习积极性,激发其分享的欲望。课堂上学生可举手发言;情到真时也可即兴与教师对话;对于不敢举手发言的学生,教师更可以创造条件与其随机对话,以形成快节奏、大容量的高效课堂。二是教师与学习小组的合作对话。教师课堂上及时深入到小组内,参与小组合作学习,即兴点拨、随时发现、及时矫正学生学习中遇到的各种问题,实现师生间有效学习对话。三是学生与学生的合作对话。通过学生小组内分工、合作、自主学习交流,形成学生与学生之间的有效学习对话,激发自主学习欲望,促其自主研究与发现知识,获得个人发展的成功体验。

（2）量表精确分析。在每月各学科展示中,听课老师带着学校设计下发的悦动课堂"三种对话"观察记录表听课评课。表格中要求听课教师具体统计三种对话在

课堂中实施的数量,分析评议三种对话实施的有效性,依照三种对话的数量和实效性,详细分析教与学行为,课堂教学策略是否恰当,提出具体改进措施,引导下一步教学研究进展。

让弹性课时成为孩子快乐学习的一个理由

青岛福州路小学　赵　妤

十余年课改后的今天,我们已经步入一个全新的课改时代——后课改时代。随着深度课改的进行,不但课堂教学有变革,课时也从有限的教学时段,转向无边界的流程改造。教学不再局限于 40 分钟的课堂之内,模糊了时空边界的教学流程,不再以让所有学生一起学会什么知识为起点和目标,而是更加适应随时随地的不同学习方式和不同学习程度的新流程。从心理学的角度来看,小学生的特点是活泼好动、好奇心强、摹仿能力强,儿童的长期记忆能力差,集中注意持续时间短,大脑会出现一段时间的疲劳,形成"思维低谷"。因此,通过化零为整、长短课结合、课内外配合等弹性课时的安排,可以营造宽松的学习环境,有利于学生在人格力量、个性张扬和能力的发展,更重要的是可以把时间还给孩子,赋予孩子一张快乐的课程表,同时也让弹性课时成为学生快乐学习的一种理由。

一、弹性课时我们的主张

1. 主题课程日让课时化零为整

分析目前国家、地方、学校等三级课程的现状,存在课程教学质量的主次分明,差距明显。因此,学校基于师资状况、课程设置规定与目标追求,本着"规范、整合、有效、特色"的原则,大胆突破传统课程分散实施模式,构建起灵活的"六大主题课程日",即:周一的品德教育日;周三的安全环境行动日;周四按单双周为学校课程选修日、传统文化诵读日、海洋科学探索日;周五为综合实践活动日。

在实际操作中,我们主张:①将综合实践、海洋教育、安全与环境、传统文化、学校课程等零散课时进行合并整合,延长学程;②将品生(品社)、安全教育、环境教育等课程统一授课时间、集中教学。例如,在综合实践课程中,学校遵循《综合实践活动指导纲要》,兼顾四大领域三条主线,将3～6年级综合实践课程的课时合并,采用轮课的方式保证课时量不变的情况下,每月最后一周周五3～6节课推出各种研究性实践活动。由于活动主题是期初面向学生的兴趣和需求而征集的,所以学生的参与热情特别高,研究性学习的成果非常明显,切实推进学生对生活、对自然、对社会和对自我内在联系的整体认识和体验。

在师资配备上,我们采取专兼职互补的方式来充实。以品德教育课为例,每周三课时的教学任务以"2+1"的方式组建专任教师,2课时由专职教师按教材施教,1课时固定在周一品德教育日由全体班主任在本班任教,结合各班实际,开展主题教育和班队活动。

主题课程日的确立实现了"三个确保":课程的统一集中,确保了课程落实与课程管理;课程的化零为整,确保了课程与教学的有效与创新;课程师资配备的增加,确保了课程的教学研究。主题课程日的推行不仅对三级课程的校本化实施进行了有益的探索与实践,让综合实践、环境教育、安全教育、传统文化、海洋教育等门类的课程不再成为"边缘课程",还课程以初始面目,同时也在模式创新中构建出学校品牌课程,助推了学校的内涵发展。

2. 跨学科主题整合让课时自主灵动

我们把"弹性课时"贯穿于学校特色的主题课程中。在具体的实行过程中,我们更加注重跨学科整合,将不同学科的同一主题归为一个大课时,交叉进行,加深学生对主题的理解。即围绕同一个主题,选择相同或相近的内容,对不同侧重点学科的课程进行组合创新,根据主题的不同进行教学设计,通过灵活安排不同小节课程的时长进行联动授课,促进学生对某一领域知识深而广的理解,进而达到省时、高效、提质的目的。例如:四年级在课程主题周中,围绕"保护家园"这个主题,将环境教育、科学、信息技术、音乐、美术、传统文化、语文、数学、英语等近10门学科,进行有需求的跨学科整合。其中,科学课15分钟的短课为语文课"沙漠中的绿洲"的拓展科普知识;信息技术课"我们一起来跳舞"与美术课"生命之源——水"整合成50分钟长课,用PPT技术和美术技能一起将沙漠变成绿洲……开展主题课程,上课时间灵活化之后,教师们会有一个比较大的课程观,进行跨学科教研,不再拘泥于自己单门课的知识,同时也造就了学生前置性学习的主动性,成就课堂育人的灵活性,让学生乐学。

3. 长短课时让课程张弛有度。

长短课相结合是一个整体的设计,并不是课堂时间的简单加减法。在这个过程中,具体的课时根据学校不同的文化来进行调整,科学的谋划。我们主张:在有特别需求的课程上进行课时调整,同时抓住了晨读、午活动等小段时间,适切的做课程外延。我们在学校课程上采用长课时(60分钟);在知识拓展的阅读分享、数学故事、创客奇思妙想等课程上,采用微课时(10～15分钟);在学科主题整合课程上,采用单元整合教学的方式缩减课时,充分利用剩余的课时进行课沿知识的拓展。长短不一的课时,让孩子们体验到了不同的课堂氛围。

二、多力撑起弹性课时/课程

1. 跨学科班组群大教研为弹性课时护航

过去,我们常常批评应试教育重知识轻能力,而实行长短课时则开启了培养学生能力之道,可以很好地解决这一坡脚问题。不过实行长短课时后,对老师的要求就更高了,需要老师不断创新教学方法,并根据新的课时安排和教学内容,制定出学生能力的培养目标,这样才能让长短课时落地,发挥长短课时的教学作用。由此,跨学科班组群大教研就显得尤为重要。

我们主张:班级教研组主要由本班跨学科任课教师组成,中心工作是研究"学情",解决"育"的问题。班级教研组可针对群体或个人进行集体会诊,研究学生学习动机、兴趣、习惯、方法等学习品质,还要重点研究学生的文明礼仪、行为习惯、思想道德、觉悟、修养等"成人"问题,即从研究教学拓展到研究教育,形成育人合力。

2. 课堂学习方式的变革为弹性课时护航

弹性课时的课程实验,不仅能留给学生充足的时间消化老师授课内容,在长课时课程上,还可在老师的指导下围绕教学重点、难点进行讨论,增强学生的思辨能力,激发学生的学习兴趣,最大程度地挖掘学生的潜能,同时对课堂学习方式的变革也是一种挑战。

因此,我们主张:把生本智慧课堂与学校幸福分享课堂有机融合,以问题解决为核心、以对话分享为形式、以思维产品为成果,突出"对话分享""动感课堂"的特点,实现与媒体对话(微课、信息手段)、与同伴对话、与教师对话,分享课堂上的个人理解、经验教训和情感。通过举行前置性学习的探究、教学智慧的片段分享、小组合作策略的研究、生本智慧课堂学科研讨推进会等形式,推进并落实弹性课堂中学生学习方式的变革,让师生"爱教爱学、会教会学、教会学会",真正体现课堂生命活力的教学活动。

时间弹性化,课程弹性化,也是开放式办学的一个理念。打开时间、空间、学科间、教学间、教师间、学校和社区间的墙壁,解决学生学习和活动的主体性和实效性,把最适合孩子的,给予最需要的孩子,让弹性课时和弹性课程成为孩子快乐学习的一个理由。

"1+2+N" 阅读教学模式

胶州市香港路小学 孙 慧

当今,阅读已成为社会的新时尚,习近平总书记在不同地点多次提倡全民阅读。学校做为教书育人之所大力推进学生阅读工作更是责无旁贷。但是经调查发现,绝大部分老师实际的阅读教学还是停留在课本上,其他阅读任务基本上都是当家庭作业布置进行的。这种固有的阅读教学模式操作性弱,实效性差,针对这个现状,我们提出了"1+2+N"的阅读教学模式,主要指向课堂40分钟的阅读教学,引导老师充分利用课堂时间,寻找现行教材与相关阅读材料的关联点,点燃学生拓展阅读的欲望,从而激发学生阅读的兴趣,增加学生的阅读量,提高学生的阅读速度和能力。

一、"1+2+N"阅读教学模式的内涵

苏教版、人教版这两套教材是目前国内使用范围最广的,我们将苏教版定为"1",将人教版定为"2",而"N"就是我们的校本教材和老师们精心选择推荐的儿童读物。包括每个年级固定的《每日一诵》《每日故事》和《银杏树下诵经典》,以及根据不同年级推荐的优秀绘本,课外书等。

"1+2+N"阅读教学模式的课堂上,我们要求至少必须完成的是"1+2",阅读量基本达到平日课堂的3倍。

二、"1+2+N"阅读教学模式文本的选择

要进行以一带多的群文阅读,阅读文本的选择是教学的基础,有目的地进行甄选才能更有利于课堂教学目标的达成,因此文本的选择非常重要。我们选择时主要侧

重于具有以下关联点的文本,进行课堂融合。

1. 相同表达内容的群文

相同的内容可以是同一个人、同一处景,同一类物,同一个话题。如我们在学习《找春天》一文时,拓展了人教版的《春雨的色彩》《柳树醒了》和北师大版的《春天的手》《一粒种子》。在读过如此丰富立体的有关春天的文本后,孩子们眼中的春天是丰满的,是散发着生命力的。

2. 相同主题思想的群文

如苏教版的《蚂蚁和蝈蝈》,人教版的《小白兔和小黑兔》《松鼠和松果》,"每日一诵"中的儿歌以及练习中的读读背背,都是因表达了"只有劳动才能创造美好生活"这一相同主题而整合在了一起。这样的归类阅读,使学生对同一主题思想,进一步加深了认识。

3. 相同表达方式的群文

为了进一步强化学生对某种表达方法的理解与掌握,我们把一些写作方法相同或类似的文本整合在一起。

如五年级苏教版下册《音乐之都维也纳》和《水城威尼斯》这两篇文章都是介绍了一座城市,文章都采用了"总分"的写法,都是从不同的侧面突出城市的特点。我们将两篇文章同时呈现给学生,引导学生阅读,让学生去发现文章的共同点,在对比思考中,发现、学习这类文章的谋篇和构段的方法,从而使这一写作技巧给学生留下深刻印象。

三、"1+2+N"阅读教学模式的实施策略

"1+2+N"阅读教学模式的实施主要侧重于课堂的40分钟,但基于各年级的学情和课堂教学的需求,也需兼顾课前和课后的结合应用,需进行课前、课中、课后教学策略一体化实施。

1. "1" 与 "2+N" 的课堂并行

"2+N"与"1"课堂并行是"1+2+N"阅读教学模式的主要方式,是课文和群文同时呈现于课堂的40分钟内,学生一堂课阅读多篇文章,或是精读与略读结合,或是导学与自学结合,或是同步对比阅读,或是重点穿插引入,实现引导发现、强化学习、丰富积累、阅读量的增加和阅读速度的提高。

课堂并行的方式还有很多,如一详多略式课堂并行、同步归类式课堂并行、点对

点式课堂并行等。

2.“2+N”的前置铺垫

“2+N”前置是指在课文学习之前,先呈现部分群文文本,激活已知、形成铺垫,或引发期待,主要起到融合前期积累和提前初步感知的效果。

3.“2+N”的课后拓展

“2+N”后拓,是指在“1+2+N”的课堂阅读教学之后,继续进行“2+N”的相关群文文本阅读,通过更大量的文本阅读深化课堂认知,加深理解,也使学生的阅读量更大化,同时通过举一反三进行延伸学习。

“1+2+N”阅读教学模式的实施,开启了多文本群读模式,打开了阅读的空间,也使学生对阅读乃至语文的学习更加兴趣盎然。

厚植和韵文化，课程引领学校内涵发展

青岛镇江路小学　　张晓迎

镇江路小学在“和韵文化”理念的引领下,秉承“让每个童年洒满阳光,让每个生命自然成长”的办学理念,以“沐浴传统文化阳光,培育现代文武少年”为学生发展目标,着力“和韵课程”建设,以提升学生核心素养为目的进行课程架构,有机整合课程资源,因材施教,努力为学生提供更广泛的个性发展的空间,培养提升学生综合素养。

一、课程目标彰显核心素养的价值本质

镇江路小学多年级形成了教师团结合作的学校文化氛围,在此基础上积极构建和韵文化,我们对和韵的理解就是和衷共济,团结合作,具有海纳百川的胸怀,同时和而不同,彰显个性。

(一)学生发展目标

通过课程建设,润泽孩子们的心灵。注重将核心素养框架的建构根植于本民族的文化历史土壤之中,同时注重培养学生的国际视野。也就是既注重中华传统文化

教育,同时积极关注现代化发展所需求的人的现代化、信息化素养的培养,从而培养具有中国情怀和国际视野的现代人。

(二)教师发展目标

引导教师参与课程建设与开发,激发教师成长与发展的内驱力,建立不同类型教师的"研究共同体""学习共同体"和"发展共同体"。着眼于研修,着力于课堂,着重于发展,多措并举,强师德提师能,培养一支有智慧、乐研究的教师队伍。

(三)学校发展目标

通过构建和韵课程体系,不断提升学校办学品质,培养高素质人才。

二、课程架构指向学生核心素养的有效落实

镇江路小学有着底蕴深厚的校园古诗文化,在此基础上,学校从育人目标入手,引入围棋、象棋、中阮等传统文化项目,也积极发展手球、足球以及信息化的机器人、3D打印等课程,形成"文韬""武略""棋奕""琴韵"中华民族传统文化传承以及现代素养相融合的的文化体系。

围绕着育人目标,结合国家课程、地方课程、校本课程三级课程体系的构建,求形成国家课程适度拓展、地方课程适实融合、校本课程适性开发等多元并行的课程体系。

(一)国家课程校本化适度拓展

在学校进行国家课程校本化实施过程中,确立了适度拓展的原则。以学生发展为本,细化课时分配、课时目标。加强学科教研,依据学生的基础与能力,进行多版本教材融合,对课程资源和教学过程进行合理调整和适度优化,促进学生思维品质、学科素养提升,满足学生个性化的学习需求。

学校在语文、数学、英语、体育、音乐等各学科进行了国家课程校本化的实施探索,如学校语文学科对加强阅读素养提升做了初步研究,本学期重点进行了读整本阅读探究,指导学生养成良好的阅读习惯,提高学生语文整体素养。

数学学科进行多版本教材的对比分析,适当拓宽知识的外延,融生活化数学、艺术化数学、趣味化数学三位为一体,以全脑思维导图模式向各方向延展,初步架构既有传统数学精神的滋养、又有现代数学文化理念渗透的校本化体系。

英语学科以绘本阅读、自然拼读、一起作业网的运用、思维导图辅助为抓手积极优化国家课程的教学内容,营造浓厚的英语文化氛围,为学生终身学习打下坚实的

基础。同时,英语学科还结合学校的海防特色开展了英语＋海洋的绘本阅读课程。外教老师与英语老师共同带领学生阅读英语海洋绘本,学习与海洋相关的词句,拓展英语知识,培养学生热爱海洋的情怀。

音乐学科注重培养和提升学生艺术修养,在2017年底引进古琴课进入五、六年级音乐课堂。体育学科的手球运动进课堂已经成为镇江路小学的特色名牌,2018年还让鸳鸯螳螂拳走进了六年级体育活动课的课堂,二年级下学期还将继续在二年级开设滑冰课,激发学生参与冰雪运动的热情,让阳光体育真正落实到每个孩子。(红色需要照片)科学学科从学生的认知特点和生活经验出发,让他们在熟悉的生活情景中感受科学的重要性,了解科学与日常生活的密切关系,逐步学会分析和解决与科学有关的一些简单的实际问题。道德与法制学科将课程的研究拓展于学生的日常生活、学科的内容整合、社会实践的活动体验、节庆日的主题特色,上一年度二年级的道德与法制课堂进行了中国传统文化《弟子规》的专题学习的研究。综合实践信息技术校本化充分体现"六性一原则","六性"即趣味性、实用性、科学性、开放性、灵活性、可操作性。进行了3D打印和机器人知识拓展以及VR技术的学习和探究。下学期学校还将进行无人机进课堂和基于计算思维培养的人工智能课程探索与研究。

针对校舍不足,没有科学教室专用教室的难题,学校开展了小牛顿科学实验与学科整合活动,进行STEM学科整合探究培养了学生的审美情趣,将科学与艺术、创新有机融合。

(二)地方课程适时融合

通过组织与课程内容相关的体验活动、实践探究以及研学等形式不断丰富地方课程的内容,促进学生综合素养的提升。

在上好"安全教育""环境教育""传统文化"等课程基础上,丰富教学内容,整合教学资源,形成具有镇江路小学特色的地方课程体系。通过广泛开展安全逃生演练安全教育体验活动、安全主题班会、专家讲座、法制教育活动等,强化安全意识,充实"安全教育"的教学内容与素材;组织开展研学活动,走进青岛市规划展览馆、中山公园、八大关等,领略城市的变迁和发展建设的诸多成就;开展文明志愿公益活动,认识家乡、热爱家乡,树立保护环境的意识,适时将"环境教育"课本知识转化为学生的实际生活能力;利用中午十分钟时间开展"文润墨心,语韵童声"活动,周一"赏美乐",学生古诗、诗歌歌曲学唱。周二"诵诗书",学生古诗文诵读、背诵。周四"写美文",学生诗词歌赋、文化经典书写……丰实"传统文化"课程内容,丰厚学生的文化底蕴。

（三）校本课程适性开发

在校本课程的开发过程中，我们追求"不唯多，只唯实""兼容并蓄，取舍得当"的建设目标。

在国家课程总目标和学校"和韵文化"理念引领下，进行"双线、两层、四类"的课程总体架构。

双线即"文武"课程体系。"文韵"整合传统文化、诗情纸艺、中华阮乐等课程；"武韵"涵盖手球、足球、篮球、武术、鸳鸯螳螂拳等运动类课程。依托这些课程，培养学生兴趣，发展学生能力，提高学生体质，完满人格。

两层分别是面向全体学生的必修课程（主题类、拓展类、整合类课程）、面向分层的选修课程（特长课程）。

四类即通过主题类课程、拓展类课程、特长类课程、STEM+ 课程的实施，探索适合小学生的认知规律和身心发展规律的校本课程，培养具有智慧之脑、健康之体、审美之眼、创造之心、责任之肩的镇江学子。

学校目前开设了主题课程包括如下几类：仪式课程有"始业课程""成长课程""毕业课程"；校园节日课程包括：在"体育节""手球节""足球节""科技节""艺术节"的基础上，2019 年还计划增加冰雪运动节课程。

教师自主研发以及聘请相关人员参与开发的课程包括：1～6 年级开设"宋词欣赏""趣味手球""扇伞画""扎染艺术"等走班课程 38 门以及班本课程合计 50 门。本学期还进行了德育教育微课程、卫生习惯教育、劳动教育专题课程的初步探索，下学期还将对这三类课程特别是劳动专题课程进行进一步充实，加强对自我服务性劳动、家务劳动和公益劳动课程的设计与开发，全面加强劳动教育。

特长类课程包括在原来手球、足球等课程的基础上增加了京剧、古琴和滑冰三门课程。

作为青岛市海洋特色学校，我们不断挖掘家庭教育资源、军民共建资源的基础上，开启了"走向深蓝"海防系列特色校本课程研发和探索。组建了"走向深蓝"海洋国防课程研发团队，聘请国家海洋局第一海洋研究所、海军潜艇学院教研室等专家共同指导学校的海防特色教材的研发和工作的深入开展。在专家和潜艇学院科研学术处指导下，学校海防课程研发团队开发了走向深蓝海洋国防校本教材。

在此基础上，学校架构起以"蓝色启蒙—海防知识扬帆课程、蓝色畅想——海防研学课程、蓝色梦想—海防情境实践课程"为内容的三级课程体系。

（1）蓝色启蒙—海防知识扬帆课程就是在一至六年级实施扬帆计划，整合海洋课和安全课进行海防知识普及。目的是通过扬帆课程学习，为每个孩子普及海洋国防知识,提升海洋国防意识。

（2）蓝色畅想——海防研学课就是通过走出校园参与研学拓展视野,丰富知识。根据课程规划有计划的组织一至六年级学生每学年定期进行海洋国防场馆参观,通过走入海军博物馆、青岛炮台山、潜艇学院等基地,开阔的视野,增长见识。同时,学校积极利用信息化设施设备,购买了高清 VR 设备,由信息技术老师、海洋教师带领学生进行 VR 体验,并将 VR 运用到日常的海洋国防教育教学中。

（3）蓝色梦想——海防情境实践课程就是通过学生动手制作,参与体验,激发学生关心国防的意识。

组织"指尖上的海防世界"巧手制作活动;"队列训练展风采"军训成果展示;舰船模型动手做竞赛;军事游戏一二三比拼;旗语操学习等形式全面展示海防情境实践成果。通过情境实践课程,引导学生在实践中了解国防知识,关心国防建设。

本学期三四年级开设了海防走班课,每周四下午邀请潜艇学院的海军军官走进学校为学生讲解海军常识、海防技能、海洋文学以及高科技的各类武器装备。充满新鲜感的课堂深受孩子们的喜爱,激发了孩子们的爱国热情。

三、课程特色促进学校品质提升

丰富多彩的课程,异彩纷呈,促进了学生全面、和谐发展;开放、动态的课程可供学生选择,也能促进了学生的个性化发展。参与课程研究,也激发了教师团队不断成长的内驱力。"和韵课程"引导学生们自主发展、快乐成长,特色课程也成为学校的亮丽名片,促进学校的不断发展。

阮语雅韵—目前学校开设阮乐社团课程已有 9 年,9 年来培养阮乐特长生 600 余人。 目前在校阮乐社团八个,学生 120 余人。在乐团顾问朱教授的指导下,采取专业老师上专业课,学校阮乐负责教师上辅助练习课的授课形式。阮乐团弹奏的《心中的刘胡兰》荣获山东省中小学生校园艺术节器乐舞蹈专项比赛一等奖,《丝路驼铃》获得省六艺展一等奖,市南区中小学生文艺汇演一等奖,2018 年底作为唯一的学生民乐伴奏参加了"市南区合唱节"演出。

国粹京剧—学校聘请京剧院的教师带领学生进行京剧知识和唱功的学习。从京剧的唱腔、身段,到进行"手、眼、身、法步"的基础培训,从它的精神内涵、文化内核、舞台的精湛表演感受到中华民族的气节风貌,优秀的传统文化会悄无声息的进入孩子们生活当中,陪伴他们的成长。

古韵飘香—学校聘请古琴协会专业古琴教师授课,从古琴的形态构造、琴谱等各个方面为同学们进行了古琴文化的普及,使学生受到古琴文化及中国优秀传统艺术熏陶。在青岛市班级器乐大赛中，六年级五班的古琴演奏《沧海一声笑》获得一等奖。

炫动手球—作为"中国手球传统学校"，学校继续遵循"以球促德、以球增智、以球健体、以球审美"的原则，以"手球伴我成长"为主旨，通过开展丰富多彩的活动体验，让小小手球为孩子们的童年洒满阳光，为孩子们一生健康发展积蓄能量。

悦动足球—校园足球也是学校的特色之一，作为"全国足球特色学校"、"青岛市首批足球特色学校"。校园足球以足球为载体，以健康成长为目的蓬勃发展，达到了"文明其精神，健康其体魄"的实效。

学校以全面的课程变革推动学校特色文化的内涵提升，让镇江路小学的师生更阳光、更快乐、更自信、更富担当。

让学生在课程的润泽下幸福成长

莱西市香港路小学　周　旭

莱西市香港路小学自建校以来，秉承"以爱育爱"的办学理念，以促进学生全面发展、幸福成长为目标，着眼学生、学校、社会发展需求，致力于学校课程的开发与实施，打造促进学生全面发展的学校课程。

一、"四个"步骤研发课程，构建"三级五类"学校课程体系

学校课程是国家课程和地方课程的补充和延伸，旨在满足学生个性发展需求，促进学生全面发展。为此，我们研发了"三级五类"课程体系。"三级"，即学法指导、心理健康教育、阅读、书法等面向全体学生的普及性学校课程；文学、话剧、趣味科学等兴趣性社团课程；舞蹈、主持人、田径等提高性社团课程。"五类"，即以学校"五爱"课程体系为背景，将学校课程分为五大类别：体育与健康、艺术与审美、品德与生活、语言与人文、数学与探究。

二、"三条"途径开设课程，拓宽课程实施领域

我们通过"整合课程、打通课时、走班选课"三条途径开设课程，保证了课程实施的效果。

（1）整合课程。一是与国家课程整合,拓展了学校课程的实施领域。二是与班队会整合,课程得到了落实,也提升了班队会的质量。

（2）打通课时。根据不同课程的特点,打通了部分学科的课时,尝试大小课时的方式来落实课程。

（3）走班选课。对于兴趣性社团课程我们采取自主选课,级部走班的学习方式进行落实,满足了学生的兴趣,发展了学生特长。

三、"三种"特色课程实施,促进学校内涵发展

我们着力打造品德生活类—崇礼尚序德育课程,语言人文类—阅读课程,体育健康类—足球课程,为学生一生发展打好底色。

1. 打造"崇礼尚序"德育课程,为孩子良好品行打好底色

一是以校训为引领,定目标,引领学生做到知行合一。二是研发"崇礼尚序"系列校本教材,明要求。三是抓实课堂实施,促行为。通过开学第一课向学生进一步解读课程的内涵;通过每周一次的班队会提出要求;通过改进课前、下课后铃声,将基本要求落实到课堂每一环节。四是完善课程评价,强习惯。利用"代币制"评价,将崇礼尚序课程的基本要求纳入评价体系,促进学生良好习惯养成。

2. 打造阅读课程,为孩子终身学习打好底色

我们着力构建"331"的阅读课程模式,即"开好三个课堂、落实三项引领、开展好一系列活动"。

一是开好三个课堂。第一课:早读课。利用学生到校后到上课前10分钟,通过讲故事、读书交流、好书推荐等方式引领学生多读书。第二课:阅读课。每周一节,由语文老师进行课外阅读指导。第三课:社团课。开设了话剧社、文学社和课外阅读社,让学生在演话剧、勤练笔、拓展读的过程中激发学生阅读兴趣,丰厚人文底蕴。

二是落实两项引领。第一项:读书自愿积累引领。第二项:搭建发表平台引领。

三是开展系列活动。每年学校都要举行大量的读书活动,激发学生阅读兴趣,促动学生多读书、读好书。

3. 打造足球课程,为孩子健康体魄打好底色

为了推动体育特色的形成,我们将足球纳入学校课程,科学规划,有效组织。

一是引进专业指导。采取外聘专业球队教练的方式,保证了足球课程的师资。二是普及足球课程。将足球课纳入体育课内容,学习足球基本技能。三是研发校本教材,保证足球课堂教学的连续性、系统性、科学性。四是成立专业球队,利用活动

课、每周的社团课以及晚学后参加专业训练,发展了学生特长。五是组织多彩活动。通过编排足球操、举行班级足球联赛等活动,激发了学生参与足球课程的热情。

学校课程的研发和实施,满足了学生多样化的学习需求,为学生的创造性发展开拓了更为广阔的空间。我们也将本着丰富、发展、提高的原则,理论上求"新",实践中求"真",方法上求"活",让学生在课程的润泽下幸福成长。

努力提升教学领导力

莱西市姜山镇中心小学　赵　明

教学是学校的中心工作,是实现育人目标的关键。为适应时代发展和国家教育改革尤其是课程改革的要求,推进学校内涵发展和质量提高的需要,为提升学校的教学水平,我们着重做好如下方面的工作。

一、关注教学的规划设计

围绕学校的发展目标和办学定位,我们确立了"合和众智,成就和美人生"的办学理念;"崇德立本,合和守一"的校训 ;"合众合志,和异和通"的校风;"合度合变,和爱和融"的教风;"合群合距,和谦和乐"的学风,并将学校的文化核心定义为"合一"文化。

教师要恪守师德、依法治学,宽严有度。从教的过程中还要"合变",即随机应变,依材施教,教学方法要懂得变通、革新。教师是知识的引领者,不是灌输者,应把寻求知识的阵地交还给学生,让课堂教学从"时间 + 汗水"的传统教学走向"智慧 + 艺术"的现代教学,真正"让学生动起来、让学生问起来、让学生活起来、让学生乐起来",以"一棵树摇动另一棵树,一朵云推动另一朵云"的姿态,促进学生综合素质的提升。建设以教学为中心的学校文化,统筹国家、地方、学校三级课程,重视课程的多样性和选择性,根据课程标准设计教学的各个环节。

二、关注教学的指导协调

强化教学的常规管理、过程管理和制度建设,加强教师的团队合作,重视教研团队建设,加强集体备课活动。教研组长提前制定出初步的集体备课安排表,每次研讨都要有负责人,要精心准备,确保效果。新学期教材梳理以单元为单位,先从整体上分析单元的主要知识点以及重难点,然后再细化到每节课、每个信息窗。特别注重以活动为载体加强新教师培养,充分发挥教学师傅及教研组团队的"传帮带"作用,促使新教师在最短的时间内尽快成熟起来,提高课堂教学水平。促进教师的不断反思,提高教师对于教学的研究意识与能力。

三、关注教学的资源开发

为教学的有效实施,学校在充分挖掘与整合校内资源的基础上,积极加强校际合作,努力争取社会资源的广泛支持。我们与爱学堂教学平台合作,为每位教师设置一个账号,教师随时可以登录爱学堂浏览海量资源,服务于教学。

四、关注教学的评价诊断

深入课堂指导教师备课,围绕参考书,检查备课要和推门听课结合起来,主要评价备课的实效性,真正做到每一节课不走形式,认真备课,杜绝"备课上课两张皮"的现象。加强推门听课。听课的形式、时间更加灵活,主要观察学生习惯培养在课堂教学中的落实情况以及教师备课情况,进一步引领教师用心研究学生习惯培养、研究教材,从教师和学生两层面提高课堂教学效益。指导开展专业的听评课,并不断提升教学指导水平,以更好地改进教学。

传承红色基因,构建德育实践活动课程

胶州市第六实验小学 张淑红

课程是学校的核心工作。学校课程的设置基于国家课程计划和课程标准,更源于学校管理者和教师对课程的理解、对教育基础的把握和对育人目标的憧憬。学校也清醒地认识到,处在中国人民为实现中华民族伟大复兴的中国梦而努力奋斗的新时代,学校应当做好红色基因传承,构建和实施好独具特色的德育课程。正是基于以上认识,学校根据少年儿童的年龄特征和认知规律,积极开发德育校本课程,创建

"体验式"德育模式,构建起德育实践活动课程体系。

一、传承红色基因,开发"立体化"德育课程

为落实核心素养,香港路小学扎实推进课程改革,着力构建"1+2"幸福课程体系。具体来讲,"1+2"即"一个指向,两个维度"。"一个指向"是以核心素养提升为指向,"两个维度"分别是横向五大课程领域和纵向三个课程层次。五大领域包括语言与人文、思维与探究、运动与健康、艺术与审美、道德与公益;三个层次包括基础课程、拓展课程、体验课程。有明确指向和纵横维度的课程体系,打通了学段与学科的壁垒,对学校所开设的 50 多门课程进行了有机整合、多元构建,既有利于整合一切课程资源,同时又便于目标落实,为每个孩子的成长发展提供了平台。

1. 聚焦习惯培养的修身课程

心理学认为,21 天可以形成或改变一种习惯。学校着眼于学生良好习惯的培养,创建了青岛市首家"好习惯银行",编写了校本教材《好习惯银行训练手册》,从道德、学习、生活、礼仪等方面培养学生的 40 个好习惯。每个习惯针对不同年级有不同层次的训练内容和评价标准,每周训练一个好习惯,每学年轮回一次。银行发行HAPPY 币,让学生在集币、兑币过程中,寓教于乐,潜移默化地养成良好行为习惯。好习惯银行被评为"青岛市十佳德育品牌"。现在学校又将 40 个好习惯压缩到 20 个,并按教材的要素进行了改编,每个习惯下面都包括:读一读、悟一悟、辨一辨、演一演等环节,增强了实践性。

2. 唤醒乡愁意识的乡土课程

2017 年暑假,学校在前几年实践的基础上,按照教材的体例进行了修订和完善,形成了包括《吃在胶州》《玩在胶州》《胶州文化》《青岛印象》等系列乡土教材;根据年级段特点,利用传统文化和综合实践活动课时,进行跨学科、跨领域的教学。在此基础上,衍生出大量的主题活动,让学生从活动中内生出对乡音、乡貌、乡情的眷恋。

3. 树立远大志向的红色课程

针对当前"网红"和"追星"盛行的社会风气,学校加强了对学生的革命英雄主义精神教育。从 2008 年开始,每年春天都会举行"长征路、民族魂"的徒步拉练活动。自 2017 年开始,学校从课程的视角,赋予了它更加丰富的内容,包括长征诗词、长征歌曲、长征影片等,与语文、艺术、社团、综合实践活动等学科融合,让学生在"道德场景"重现中,获得英雄主义精神的体验和感悟。

二、突出实践特色，创建"体验式"德育模式

《中共中央国务院关于进一步加强和改进未成年人思想道德建设的若干意见》指出：加强未成年人道德建设要"坚持知与行相统一的原则。既要重视课堂教育，又要注重实践教育、体验教育、养成教育，注重自觉实践、自主参与。"要增强德育的实效性，就要重视德育生活化，创设一种"身临其境"或"心临其境"的体验氛围，有效地促进学生道德认知向道德行为的转化。

1. 参与社会实践，内化感悟体验

习近平总书记说："一种价值观要真正发挥作用，必须融入社会生活，让人们在实践中感知它、领悟它"。香港路小学持续开展了以革命传统教育、爱家乡、爱祖国为主要内容的"精彩大课堂，体验无极限"系列社会实践活动。一是《长征》活动。每年组织学生进行了"长征徒步拉练"，全体师生和家长志愿者每人一瓶水，两个小馒头，一块咸菜，徒步走完18千米路，体验伟大的长征精神。二是节庆活动。组织庆祝中国人民抗日战争暨世界反法西斯战争胜利70周年歌咏比赛、故事比赛、书画展等爱国教育。三是专题实践活动。组织学生到青岛海洋世界、海军博物馆、上海世博会、青岛世园会、即墨市青少年活动中心等，开阔学生眼界，增强实践能力。四是社会实践活动。组织学生走进三里河公园、少海湿地、胶州产业新区、杜村万亩生态林、柏兰食品、玉皇庙红色教育基地、九顶莲花山等，让学生感受到家乡的巨变。

2. 开展公益活动，固化道德情怀

学校自建校以来，就形成了扶贫救困的优良传统：每年走访困难师生，组织对灾区捐款捐棉衣、对西藏手拉手学校捐书等活动。在"四德"工程和"尚德胶州"建设中，学校及时将"四德"内容引入"好习惯银行"中，与胶州市慈善基金合作，吸引学生争做"慈善少年"。2014年"六一"儿童节，学校成立了"幸福天使公益服务队"，通过报纸义卖、旧物交换、图书大集等筹款11多万元，为校内外的贫困学生开展精准救助。几年来，已经累计筹集善款近30万元，救助贫困学生10多名。学校有4名学生被评为首届"青岛市公益小明星"，1名学生被评为"青岛市公益小达人"，1名学生荣获"全国红领巾十佳公益小天使"，学校被评为"青岛市公益明星学校"。

3. 讲述经典故事，强化向善动机

柏拉图讲过，谁会讲故事，谁就拥有世界。近年来，学校坚持开展"感动校园人物"评选和"我讲我的教育故事"风采展示活动；先后发掘并总结出了情洒教坛的美丽教师徐春霞、感恩孝亲的美德少年高嘉诚、助人为乐的三姐妹集体、热心公益的美

德少年丁齐淼等先进人物和感人事迹,通过宣传牌、校园网等途径广为宣传;开学典礼聘请英模人物讲述感人故事。事实证明,让每一个学生都能从身边甚至是自己身上找到这种伟大精神和集体人格的影子,往往更能激励学生积德向善的动机,固化学生的美德行为。

春风化雨,润物无声。我们的德育实践探索得到了上级部门的充分肯定和社会各界的广泛好评。学校被评为"青岛市未成年人思想道德建设先进单位",校长张淑红被全国文明委命名为"未成年人思想道德建设先进个人"。我们相信,只要我们长此以往地坚持下去,定会在传承红色基因、养成民族高尚品格、实现中华民族伟大复兴的历史征程中做出积极的贡献。

以红养正促发展

青岛西海岸新区红军小学　王新华

课程设置是实现学校发展远景规划的具体步骤和重要载体。严格执行国家课程,有始有终落实地方课程,扎扎实实探索学校课程是我们一直以来的课程观。

为切实贯彻落实《基础教育课程改革纲要》的精神,我校以打造"扬红润德"品牌为主体,形成了"知红明史40讲、颂红致远三层面、传红养正四结合、承红怀德八品行、学红慧智九方略、思红健体双结合、扬红育美三做到"七大文化长廊和兴校育人艺术性统领纲目,开发了"一根红线穿明珠,红星闪闪放光彩"的红色课程体系。

一、以别致环境来外显,潜移默化,润物无声

"孩子所处的环境,应该召唤他向往某种事物,教给他某种东西。"教育家苏霍姆林斯基早就指出,校园环境是一门隐性课程,是一本活的教科书。学校结合"以红养正、立德树人"品牌创建工作,打造以传承"红军精神"为主题的学校环境文化,以巧心匠思描绘了一幅立体生动的"红色画卷"。

校内建设了"一墙、两室、七长廊"红色文化宣传阵地。"一墙"是操场墙。墙上将击剑、举重、划船等运动项目与红军长征途中发生的可歌可泣的故事融合在一起。学生们在运动的闲暇,欣赏着墙壁上一幅幅生动形象的图画,讲述着红军战士"翻越

夹金山、强渡大渡河、飞夺泸定桥、巧渡金沙江、激战腊子口、彝海结盟"的故事,跟随战士的脚步去感受他们长征途中的艰难困苦,体会他们"胜利大会师"的喜悦心情,克服自己在运动场上的畏难心理。"两室"是红色教育活动室和少先队队室。两室内展示了师生参加活动的资料及图片。"七长廊"是校园文化的核心部分。一为知红明史长廊,主要介绍红军的发展历程;二为颂红致远长廊,主要介绍歌颂红军的歌曲(词)、文章、诗篇;三为传红养正长廊,主要介绍学校的红色教育活动;四为承红怀德长廊,引导师生将红军精神内化为自己的品行;五为学红慧智长廊,引导师生将红军精神与教育教学紧密结合;六为思红健体长廊,让师生在体育锻炼过程中发扬红军精神;七为扬红育美长廊,让师生通过欣赏涉红艺术作品的艺术性和思想性,进一步体会红军精神。

二、以特色课程来内化,滋养心灵,张扬个性

(一)结合学科巧渗透

任课教师根据学科特点在教学中巧妙渗透红色教育。语文教师组织学生读背红色诗文,开展红色诗词朗诵、红色故事演讲会、红色诗文征文比赛等;音乐老师教学生唱红歌、跳红舞,组织红歌、舞蹈比赛;体育教师在每节课前按照革命军人的标准对队员实施队列、跑步、形体、仪表、速度等训练……如此,红色教育融入学生的学习和生活之中,达成了细水长流的长效教育效果。

(二)循序渐进促提高

学校不失时机地向学生进行队史、团史、党史教育,让他们认识党、了解党,增强对党的深厚感情。低、中、高年级分别开展"识党旗、认党徽""明党史、感党恩""知党恩、跟党走"教育活动,通过答题、演讲、参观、听报告、社会实践等,队员们把自己的成长同爱党、爱国紧密结合起来。

(三)拓展延伸天地广

学校积极利用当地资源,拓展红色教育外延。

每年的 3 月 5 日"雷锋纪念日",我们都会走进"雷锋纪念馆",通过听讲解、温誓词、助老行动等让雷锋精神根植每个红军娃的心中。

清明扫墓、"小红军"体验节、参观红色教育基地、开展颇具学校特色的主题观摩队会等是学校活动的"套餐",有效的把红色文化教育延伸到课外……

学校编写的《红星在我心中》受到了全国红办领导的高度评价,在 2017 年青岛

市中小学、幼儿园精品校（园）本课程评选活中被评为精品课程。学校创办的《红星校刊》，为红色教育提供了良好的载体，倍受家长、学生、老师的好评。学校开发的《根植大珠山 孕育红军娃》获市级校本课程评选一等奖。

三、以系列活动来升华，发展特长，提升素养

为赋予红军精神更鲜活的时代气息、更强大的生命力，红小以学生的兴趣为切入点，形成了以"红"贯穿七字诀：即"知、颂、传、承、学、思、扬"，突出对学生"读、写、诵、讲、演"习惯的培养，从而将红军精神切实内化为学生的人文素养，使他们"明史、致远、养正、怀德、慧智、健体、育美"。

"一读"：利用早晨集中读、课后自主读、回家亲子读的形式，学生阅读了大量经典国学、红色教育等读物，培养了良好的读书习惯。"二写"：培养写作兴趣，通过各种征文活动和手抄报、日记展评等，让学生喜欢写作，提高语言文字的运用能力。"三诵"：开展"诵读中华古诗，做优秀少年"活动，举办古诗大擂台，组织节日经典诵读等，弘扬国学文化和红色文化。"四讲"：每天语文课前2分钟演讲，为学生提供展现自己才华的机会。"五演"：举行课本剧、古诗词表演活动等。

在红军小学，红色教育是一个完整的体系。除上述举措外，学校还建立了以"红星在我心中"为主题，以争做"五星教师、五星少年、五星教研组、五星中队"为抓手的评价考核机制，使学生变"要我做"为"我要做"，促进其全面而有个性的发展。

有效推进课堂教学改革

青岛明德小学　袁　云

宏观着眼，求真务实，建立有效地教学管理机制。采取有效措施，推进课堂教学改革。

1. 引导——找准课堂教学改革主攻方向

通过教师会、校本培训、校本教研、专家讲座、外出培训等方式引领干部、教师转变观念准确把握课堂教学转型的方向，即：

（1）课堂观的转变——从"知识的课堂"到"能力的课堂"再到"创新的课堂"。

（2）学生观的转变——改变以往以教师为中心、以教科书为中心的课堂进行以学生为本、"以学定教"的变革。

（3）教学观的转变——教学出发点和着力点应从教师如何"教"转变为学生如何"学"；注重因材施教、开发学生多元智能、为学生提供多类型的课程和个别化的教学。

（4）教法观的转变——构建学生"学"和"练"的课堂教学模式，真正的体现学生的主体作用，从而实现课堂教学的高质量、高效率，又减轻学生负担。

试行思索：选准切入点，牵引课堂教学改革。

阅读习惯培养——学生语文学科成绩不理想，阅读、写作得分不高，老师们总是埋怨其基础不好，可是到了高年级还用这句话做借口，就不对了。因此，要改变这种状况，唯有先转变教师的观念：语文成绩的提高不是单纯依靠课后的补课得来的，应当从入学开始的阅读习惯的培养入手，通过课堂引导、氛围营造、活动促进形成一个良性循环，才能最终实现作用于阅读上的深刻理解，写作上的言之有物。我们的课堂要给我们的学生群体创造适合他们家庭情况的阅读习惯培养空间，而不是去埋怨学生回家不读书，家长不配合。因此语文课堂教学我们要从学生阅读习惯的培养作为一个探索点，引起整个课堂教学的思辨，摸索出规律，放眼长远，着手实施。

注重提高计算素养——我校部分学生数学成绩不理想，其中一个很重要的愿因就是基础知识不扎实，特别是计算能力比较薄弱，这一现象在有些级部比较突出，如五年级级部，从前面的质量调研中我们发现，部分学生对小数乘除法及四则混合运算的正确率比较低，影响了学生数学成绩的提高。本学期将以切实提高学生的计算能力为突破口，进一步加强对计算教学的研究，改革口算、估算、笔算、简算等计算教学的课堂教学模式，使枯燥乏味的计算教学更加贴近学生的生活，更加符合学生的心理特征，引导学生会算、爱算、善算、巧算。

单词阅读过关——学生英语学科大面积的待达标现象，其中有语言学习的规律所在，但是我们应当立足学生现状，以背单词多诵读强化积累为切入点，课堂上设置合理的期望值，校园中营造浓厚的英语氛围，改变教师一味依赖补课的做法，做到课内外有机互动，探索有效地课堂教学模式。

2. 实践——尝试建立有效课堂教学模式

在中高年级的新授课课堂教学做好先行试点工作，加大开展"以学定教"的实验力度。拟提出：

互动共进"三环节"课堂教学模式：课前，教师先教给学生自学的方法，让学生学会解读信息、捕捉信息、研究信息、运用信息；课堂上让学生先讲，如果学生讲对了,教师不再重复;讲不完整的,教师再补充;学生在自学后,将产生的问题与小组内的同学讨论交流,在合作探究中悟出道理、得出结论;弄清楚问题后带领学生做教材和同步中的习题当堂训练,减轻学生课后学习负担。

（1）自主交流环节:20分钟时间。

课前教师精心备课,设计好自主学习卡,提前发给学生,学生在家充分预习,完成学习卡;课堂上,先检查学生预习情况,然后开展合作学习,共同探究。

（2）释疑点拨环节:10分钟时间。

组织学生讨论、探究教案中设计的问题（重点难点易错点）,加深学生理解。

（3）检测反馈环节:10分钟时间。

针对学习卡中的习题进行当堂训练,最后教师进行点评总结,课后将错题记录在错题本上。

3.助推——量身"定做"教师培养途径

我们以教师发展的双线并行模式,来助推教师的专业发展。

（1）"双线并行"发展模式。

抓名师 → 带骨干 → 建团队 → 成梯队

我设计 → 我发展 → 我反思 → 我成长

采取以下措施:

1）"专家把脉":邀请各级教研员和教学专家到校指导教学,对教师课堂教学进行"零距离"互动,解答教师疑惑,指导教师专业成长;

2）"外出取经":为教师争取外出学习培训机会,帮助他们提高专业素养,开阔视野;

3）"校际联动":与兄弟学校展开教学交流活动,通过互相听课、评课、交流、研讨提升教师的专业能力,达到资源共享;

4）"梯队管理":对教师进行分层培训管理,采取"青蓝互动""观常态课""模精品课""上创新课"等措施,加强对教师的教学能力的诊断、指导。

5）"自我成才":鼓励教师将每天的课堂当作研究性实践阵地,并把教学得失记录下来,形成《"山鹰"手札——教学火花集》。

4.拓展——精细打磨校本教研模式。

拟提出"多维空间、立体教研"的教研模式,更好的促进学校教学工作的开展。

老办法中有新意:我们将在落实以往采取的大教研组分段教研、研训教一体化、以研带训上,用"集备式""对话式""案例式""以课带研式"赋予新意,发挥最大功效。

新办法中有实招：提出"思考即是教研时，争论即是教研时，疑惑即是教研时、发现即是教研时"的"四时并举"教研方法。引导教师积极主动的参与教研，解决教学中的实际困难，共享教学中的实际收获。

三层面交织互补：

学校专项教研每月一次，专家引领，突出一个"深"。

教研组式教研每周一次，中心发言，突出一个"细"。

"以课带研"随时进行，小处着眼，突出一个"实"。

网络教研求拓展：学校设立教研平台"e研堂"，通过推荐台、百家

让学生爱上阅读

青岛人民路第二小学　初春燕

"孩子喜欢读书，就是语文教学最大的成功。"我校引导教师努力激发学生阅读的兴趣，唤醒学生自读的愿望，教给学生自读的方法，让学生学会阅读，爱上阅读，提升核心素养。

一、营造氛围，激发兴趣——想要读书

（1）巧用故事：故事是学生最喜爱的一种文学形式。课堂上，随着教师声情并茂、娓娓渲讲，引领孩子们情不自禁地进入情感世界里。教师要学会课堂留白，在学生意犹未尽时，悠然而止，不失时机地向学生推荐相关的读物，孩子们会迫不及待地去寻找答案。

（2）借用媒体：新媒体的迅猛发展也有助于营造阅读氛围，激发阅读兴趣。午休时间，学校播放的一段文学作品介绍；课余时暇，电视上热播的一部电视剧；实践活动中，参观的一个名人故居；手机微信朋友圈里好书推介、读书感悟等，皆可成为师生、生生相互间激发阅读兴趣的新途径。

（3）提供资源："让书籍垂手可得"有助于引导学生从"无意阅读到有意阅读"的过渡。在班级里建立一个图书角，把学生个人钟爱的图书汇集在一起；提高学校图书室的使用率，让书库的魅力吸引学生灵动的心；在文化长廊里散放些各类读物；

鼓励学生到城市图书馆办张借书卡。

（4）以身示范：首先在课堂上，教师应该用自己高深的阅读教学技巧直观演示、旁征博引、巧设悬念，点燃学生阅读的热情和欲望，使他们在课堂上争先恐后，在课后也能够意犹未尽。其次在生活中，教师应该和家长一起做热爱读书示范者。这种示范熏陶作用，会让学生认同读书这种生活方式，久而久之自然会爱上读书。

二、尊重需求，淡泊"名利"——爱上读书

兴趣是阅读的原动力，阅读应该不带功利性、强制性，是一件按需所取、身心愉悦的事情。我们应该从尊重学生需求开始，支持他们随心而选的阅读选择。无论难易厚薄，只要内容健康；无论文体类别，只要适合阅读水平；无论速度快慢，只要真正读进去；无论阅读方式，只要保持阅读兴趣；无论读书姿势，只要读有所悟。

当学生由心而发的与他喜爱的作品或作者产生交集和共鸣的时候，读书就成为了一件自然而快乐的事情，那样的阅读才是真正的阅读。

三、有效指导，掌握方法——学会读书

"读书不得要领，劳而无功。"因此教师要指导学生学会阅读方法，培养良好的阅读习惯。

（1）选：我们指导学生学会甄别，自主选择读本。选择知名作者、正规出版社、信誉高的销售点、或者伙伴、家长、老师交流推荐的书目。

（2）读：阅读方法众多，浏览性的泛读、品味性的精读、探求性的速读，还有圈点符号法、摘录批注法、边读边思考的方法等。

我们借助教材中的课例，指导学生感悟、学习各种阅读的方法。得法于课内，用法于课外，我们把课内阅读延伸至课外阅读。一是向"作者"延伸。学习了某位作者的文章后，再阅读他的其他作品。二是向"主人公"延伸。让学生课前阅读有关描写文中主人公的文章，从而深刻体会主人公的品格。三是向"疑问"延伸。针对课堂中的疑问，阅读相关的自然、历史等资料。四是向"相似"延伸。学习了课文后，再读读相似主题的文章。

（3）说：说出来，是实践语言的过程，也是阅读后整理的过程。同一篇文章，不同读者所悟所疑并非完全相同。我们搭建各种平台，鼓励学生分享交流自己的感受。师生耐心倾听，适时点评补充，评价鼓励，让每个学生思想得以碰撞，情感得以深化，个性得以发展。

（4）写：阅读，是学习，是积累，是模仿，也要形成自己的特色表达。"言为心声，

书为心画"。初读文章时的标圈勾画,深读作品后的情感抒发,都是很好的动笔的习惯。

一位青年教师开展了"男女生 pk 作文"的活动。每天都会有神秘的男女生匿名各写一篇文章,由老师批阅后读给同学听,师生现场点评、投票。每次写前,同学都会认真拜读前面的文章及点评,取长补短,相互切磋。慢慢地,孩子们开始在文章的选材构思、布局谋篇上下起了功夫。老师因势利导,又引导他们主动扩大阅读量,积累素材。最终学生们由最初的简单"抄写"慢慢走向原汁原味的"撰写"。

阅读是快乐之事,但让学生爱上阅读并非是易事。我们要给学生创设一点读书的乐趣,传授一些阅读的方法,开创一片阅读的空间,搭建一个分享的舞台,才能让学生爱上阅读,学会阅读,并让学生在读书的道路上一路欢歌笑语。

仲村小学的校本课程建设

城阳区仲村小学 栾国锋

城阳区仲村小学在 2015 年改建之前是一所农村薄弱学校,改建后办学条件大幅提升,硬件设施水平迈进了城市化学校行列。但在学生素养能力、教师专业水平、教育教学质量等方面的软实力依旧相对较低。为快速弥补软实力短板,提升育人质量,仲村小学围绕核心素养能力培养,在落实好国家课程的基础上,推进校本课程建设,实现学校办学水平的新变革。

一、面向全体,开设"生命有根"主题基础课程,促进习惯持续发展

良好习惯、健全人格、公民素养是基础阶段教育的重要目标。结合学生现状,该校开设了"生命有根"主题系列课程,主要有家政课程、植物课程、棋艺课程等。每项具体课程,都确立了具体内容、培养目标与实施策略,并融合国家课程和地方课程,确立集体教育的课时安排,实践体验的活动安排。例如,家政课程的实施,培养了学生的劳动意识、感恩意识、责任意识、养成了良好生活习惯。

二、多元培养，开设"文化有魂"主题整合课程，促进文化传承发展

"文化有魂"主题课程是基于学生的成长需求和发展愿望而开发的，主要有社区文化课程、书法课程、陶艺课程、古琴课程、古诗诵读课程等。他们把这些课程与国家课程、地方课程整合，促进了国家课程的校本化实施，真正的让课程定时间、定内容、定目标、出实效。

课程的实施，引领学生逐步形成了优秀的价值取向、文化信仰和情感态度。同时，学生在学习、思考的过程中自主学习能力、探究实践能力、社会交往能力得到广泛发展。该校被评为山东省王羲之书法特色学校。几年来，全校共有 168 人次的学生在"童星杯"全国少儿书法大赛中获金银铜奖。在首届全国中小学生书法大赛中，一名学生进入全国十强，获得奖金 1 万元，一名学生获得银奖。山东省教育厅厅长左敏、邓云峰以及青岛市教育局局长刘鹏照先后到他们学校调研均赞扬并鼓励他们做好书法教育。

三、面向未来，开设"教育有人"主题成长课程，促进身心健康发展

教育有人主题课程，主要有花样跳绳课程、形体训练课程、足球课程等。目的就是帮助孩子们真正成为会学习、会思考、会探究、会运动的能够面向未来发展的现代人。

课程实施，引领学生养成了健康运动习惯，强健了学生体魄。在连续两年的全国跳绳联赛中，学校学生均取得优异成绩。在全国跳绳联赛总决赛中，取得一金两银一铜的优异成绩。学校跳绳获得城阳区大课间比赛第一名。省内外 60 多所学校到学校观摩学习花样跳绳。

四、尊重差异，开设"人生有梦"主题特长课程，促进个性充分发展

为满足不同层次学生的教育需求，引领每个孩子走上梦想实现的道路，他们开设"人生有梦"主题课程。"人生有梦"主题课程既有面向全体的科技体验课程、3D 创课课程、国际理解课程，又有个性化的机器人课程、无人机课程、舞蹈课程等。这些课程最大可能为学生个性发展提供机会和空间，引导他们筑梦、追梦、圆梦，成为最精彩的自己。例如，科技体验课程的实施，为学生打造了学科学、用科学的科技乐园。他们在玩耍中学习体验，在探究中放飞梦想。几年来，共有 93 人次在各级各类科技比赛中获奖。机器人两次获全国比赛一等奖。在青岛举行的首届中国 3D 打印节上，该校学生受邀参加了比赛和展览。

为更好地落实校本化课程的实施效果，他们还建立了"集卡争娃"多元成长课程评价策略，激励学生勇于实践，养成习惯，个性发展，品质成长。

校本课程实施和多元课程评价涵养了学生优秀品质和核心素养。四年来,全校学生共有 950 人次在各类比赛中获奖,党员干部教师在课程建设的破与立中课程领导力全面提升。开发的花样跳绳和科技体验课程获青岛市精品课程。青岛市教科院在该校举行了全市学校课程建设研讨会。并遴选推介该校分别在全国 TAEM 教育与学校课程建设论坛会、山东省首届好课程研讨会、青岛市小学课程建设与质量监测研讨会上进行了校本课程建设经验交流。

打造风雅课程　培育慧爱少年

城阳区国城小学　郝玉芹

学校课程文化重在内生与系统建构,这是学校办学的根基与长远发展的脉络。城阳区国城小学重视课程建设,通过专家引领、团队打磨使学校办学方向逐步清晰,使学校在传承、创新中融入新内涵。

在保证国家课程目标全面落实的基础上,我校以实施"风雅课程"的理念为指导,课程设置力求让每一个学生在多元的课程中学有所得、学有所长,促进学生最大化的可持续发展。学校把风雅课程按照课程功能细归为"六雅",分别为学雅、卓雅、趣雅、精雅、博雅和润雅。

学雅课程—以陈如平所长提出的"整体育人、文化内生、课程再造、系统建构"为着力点,开足开齐并认真落实国家规定的课程目标内容,基于课程必须超越于学科的知识、能力,指向于核心素养,促进完整人的发展的指导精神。

去年,我校进行第一次主题式跨学科整合课程的研讨活动。我们在此计划中从三个方面进行整合:一是语文、音乐、美术、学科之间的整合;二是学雅课程和卓雅课程、精雅课程的整合;三是与学科课程与生活的整合。今年 1 月底,我校 6 位教师赴深圳学习主题阅读系统教学。6 天的学习中,老师们深入课堂,团体协作,体验主题阅读教学的魅力、智慧成长。阳光 5 月,李晨红教授再次走进国城指导青年教师上课,与全校语文老师做了深入交流,相信我们在李晨红教授工作室的引领下,国城的语文教学会向着美好的远方前行。

学校在开足开齐并学雅课程的基础上,开设了十几门"卓雅课程",面向每一个学生，让他们在学习中培养技能、熏陶体验。在外教、自然拼读和大猫分级阅读课上，学生能近距离的与外教交流，在对话和阅读馆中不断"磨耳朵"，即激发了学习兴趣，又规范了英语发音；七日诵读课为孩子们提供了广泛的经典诵读内容，孩子们在诵经典的同时，了解了祖国的传统文化；足球课上，孩子们绿茵逐梦，如奔跑的小鹿，追逐着梦想，追逐着希望。

兴趣是最好的老师——"趣雅课程"的设置恰恰关注和尊重孩子们的个性发展。周五下午是孩子们拥有趣雅课程的时间，能够根据自己的兴趣走班上课，每一个孩子都无比喜悦。学校有诵读、器乐等40多个趣雅课程。在进行趣雅课程的过程中，我们发现许多孩子在某些方面天资聪颖，特长突显。于是，我们进行了精雅课程的设置，结合学校的情况，配备专业老师，针对体育、艺术、科技、英语等学科开设了近20门精雅课程，虽然建校只有4年的时间，但学校的特色已逐步彰显，精雅课程中涌现出来的舞蹈团已登上了央视的舞台，并多次在全国、省、市、区的各项比赛中荣获嘉奖；科技、体育团队也已多次在全国赛事中崭露头角。

我们还围绕节日、升旗仪式、主题探究等多种活动设置了"博雅课程"。写字节、体育游戏节、艺术节、读书节、科技节、歌唱节等校园节日已成为学校人人知晓、人人参与的传统节日。

润雅隐性文化课程是以校园文化自身建设为内容的环境熏陶课程和师生行为文化课程。以"慧爱"理念为引领的文化氛围风雅备至，创建充满浓郁的风雅校园文化气息，把国城学园建设成为每一处景致都能说话，每一个角落都能润德，每一分气息都能熏陶的文化殿堂。

走进慧爱楼大厅，学校的核心办学理念映入眼帘，让每一位走进国城的朋友感受浓浓的爱意；蕴德楼里每一层的名家书屋，让孩子们随时随地都能嗅到书的芳香。

传承"非遗"版画，我们行走在路上

平度市胜利路小学　赵　艳

中小学生每人都要学会一项体育技能、掌握一项艺术才能。青岛市2018年11月发布《促进中小学生全面发展"十个一"项目行动计划》，旨在通过实施"十个一"

项目,让每一位学生立足基础,培养戏曲,开发潜能,养成习惯,受益终身。胜利路小学积极践行"十个一"工程,"生命关怀"教育实施多年,积累了众多的经验,形成了学校有特色、教师有特点、学生有特长的办学格局,学校在落实"十个一"项目上有先天优势。

近年来,胜利路小学以"生命关怀"教育理念为核心,以师生健康主动发展为目标,着眼于培养学生的核心素养,挖掘资源,致力于艺术、手工类校本课程建设开发,把优秀文化传统有机融合于课堂和丰富多彩的实践活动中,创建富有特色的传统文化教育课程体系。版画是其中最为亮眼的课程。版画已经成为胜利路小学社团特色的代名词,这是我们优秀的版画团队共同努力的结果。

一、专家引领,传承"非遗"版画

时代的发展呼唤新型的学校教育,教育改革的背景催生富有创意的学校教育实践。在新的历史时期,我校以"教育是一种生命关怀"为办学理念,确立了"由办学条件改善转向学校内涵发展,由规范办学转向学校特色打造"的新定位。

在这个过程中,各级领导、专家给予了学校大力支持和精准指导。经过多次考察和反复研究,学校确定了对平度宗家庄木版年画(2006年入选"山东省首批非物质文化遗产目录")进行挖掘,聘请宗成云老先生做指导,把版画引进学校多彩活动,传承传统艺术,逐步打造学校活动类课程融合特色。

二、脚踏实地,创新"非遗"版画

1.加强师资培训,提高版画教师师资水平

要更好地开展版画传承活动,必须确保师资水平。为此,我校成立了以美术教师为主要力量的版画研究团队。学校领导多次带队到宗家庄,虚心向宗先生学习,如何拿刻刀,怎样让线条流畅……面对面地交流,手把手地传艺,让老师们大有收获。之后,学校组织师生到蓝树谷体验学习版画,去潍坊杨家埠向木板年画国家级"非物质文化遗产"传承人杨洛书的儿子杨福涛学习版画刻板及印制技巧,一次次的学习、实践,让教师们对版画艺术有了更多的认识和理解,自身的专业素质也得到了提高。

2.传承中创新,发展多种适合学生的版画形式

宗家庄木版年画,材质主要是梨木。刻板需要很大的力度和巧劲。以教研组长张敏为主的研究团队,先引导高年级学生尝试木板刻印,

在实际操作中,因为小学生的年龄、臂力以及安全等情况,我们的版画团队老师

们在木版刻印基础上,又开始了其它形式的实践探索。他们经常在课余,在周末,甚至在家里,上网查找资料,一起研讨,实际操作试验,探索出多种操作性强又适合学生年龄特点的版画形式。如胶皮版画、石膏版画、漏印纸版画、对印版画和树叶等。其中,漏印纸版画是本学期师生们采用的主要版画形式之一。先设计画稿,以剪纸的形式剪刻,然后在镂空处以刷、涂、喷等方式进行拓印,这种版画色彩鲜艳,形象逼真,孩子们很喜欢。低年级孩子们利用树叶、生活用品等拓印的版画,也是五彩斑斓,极富有生活情趣。

3.版画进课堂,丰富学校多彩活动

为让更多的学生在版画活动中受益,版画研究团队群力群策,开发了以兴趣性、拓展性为主、具有多学科课程融合特色的校本课程"版画与生活"。我们对国家课程进行了校本化调整,一至六年级的美术课每两周上一节版画课,由美术教师根据"版画与生活"课时安排,指导学生了解版画的相关知识,掌握制作方法。学校领导随时推门听课,关注版画上课情况,让更多的学生在传承"非遗"版画的路上,学会技能,培育文化自觉。

同时,为让有特长的学生得到更好发展,学校购置了大量版画制作所需要的工具等器材,吸收了一大批有特长的学生组建了多个校级版画社团,利用每周二、周五下午两节课后的时间开展活动。这样,就做到了课堂授课全面参与和兴趣活动选拔培训相结合,提升学生综合素质,唤醒生命自觉,享受童年的快乐!

三、搭建平台,推广"非遗"版画

(1)利用家长开放日、六一艺术节等活动,学校每学期举办一次版画作品展及比赛活动。争取全体同学人人参与。在班级推选的基础上参加学校比赛,优秀作品进行展示,按时更新、替换。这样,既给孩子们搭建了展示才能的平台,也培育了孩子们的文化自信。

(2)校园文化建设和版画作品相结合,让版画特色深入到教师、学生、及家长的心中。如今,走进校园综合楼,你所看到的就是版画作品所营造的文化氛围。

(3)在平度市组织的寒、暑假作业展评中,版画作品作为综合实践类特色作业推介,助推我校作业评比城区片第一名好成绩。

(4)2017年和2018年学校成功举办了"创生课程,点亮孩子的世界"—平度市多彩活动现场观摩会和"赓续传统 感念家国"—青岛市"我们的节日"主题活动暨平度市"端午"经典诵读展演活动会,版画手工坊作为学校重点、特色展室,作品丰富多彩,社团学生现场刻板、印制技艺娴熟,受到与会领导、老师的一致赞叹。

四、春华秋实，谱写"非遗"长歌

"涓涓细流汇成大海，点点星光点亮银河。"传承"非遗"版画，一路走来一路歌。学校在青岛市版画展上做经验交流，"版画与生活"被评为青岛市第二届中小学精品校本课程。在青岛市经典诵读现场会和平度市多彩活动现场观摩会上，版画作品惊艳全场。学校被教育部评为"全国中小学中华优秀文化艺术传承学校"（在平度属唯一），被青岛市评为全国第五届中小学生艺术节优秀组织单位等。结合市委、市政府倡导开展的"非遗传承进校园"活动，今后，我们学校将继续开展好版画传承活动，并利用各级艺术节及各类艺术比赛机会，走出校园，走向社会，扩大影响，让更多的人在感受传统文化丰厚底蕴的同时，积极参与保护和传承，让传承版画之路更宽更广！

构建"yue 课程"体系　助力学生生命成长

青岛市崂山区第三实验小学　王秋霞

《国家基础教育课程改革指导纲要》指出新的基础教育的课程结构应体现课程的综合性、均衡性和选择性。基于学校的全新发展与学生六大核心素养的培养，崂山区第三实验小学以"教天地人事，育生命自觉"为办学宗旨，提出"yue·动每一天"的核心理念，培养学生"乐学明礼，灵动阳光"，打造"悦纳缤纷、动静相宜"的优良校风。学校在"yue·动"理念的引领下，以培养"全面发展的人"为价值取向，按照基础教育的定位、人的成长和发展规律及我校学生的特点，设置"越、阅、跃、悦、乐"五种类型的学校课程，依据学生发展需求开设必修课与选修课，使学生全面发展。我们将国家课程、地方课程、校本课程融通整合于"yue·动"课程，yue 是"内容"，是促进学生全面发展的具体"抓手"；"动"是"目标"，促进孩子手、脑、身、心和谐发展，是五育的校本化体现。

课程构建的总体目标是发展学生核心素养，培养能够适应社会变革与需求，积极参与社会变革的未来人才。具体目标一是形成第三实验小学学校课程体系，实施校本必修课程和个性化定制选修课程，满足学生个性化需要，在严格落实国家课程标准的基础上，大力挖掘课程价值与资源，形成完善的具有学校特色的"yue"课程体系。二是形成一大批具有实践操作与指导能力的教师队伍，通过引进专业教师以及对在校教师的教育观念、创新思维、课堂教学、教育科研等方面的系统培训与提升，打造教师队伍。三是形成一整套落实学校课程实施的制度与机制，深入学生培养途径与方法的研究，建立相关的激励机制，形成良好学校课程学习和培养氛围，为学生全面发展搭建平台。

为了有效推进课程实施，课程设计突出了实践性、自主性、综合性和开放性的特点，充分优化和整合学校资源、社会资源、教师资源与学生资源。例如"阅·动课程"属于必修类课程，引导学生动脑、动心、动口、动手，内化为积累、外化为表达。为保证学生口语训练时间和课外阅读内容分享，开设"课前三分钟演讲"微课程，于每天早上第一节课前实施。为保证学生识字量便于开展阅读，在低年级开设"识字拓展"课程，为阅读做好知识积淀。针对学生阅读方法指导和阅读欣赏能力的提高，在三至六年级实施"阅读指导"课程，教给学生读书方法，进一步加强学生口语表达能力的训练。通过亲子共读、阅读考级、班级好书推荐交流、期末口语测试、故事大擂台等多样阅读活动将课程常态化。引进成套"国家地理课程"，通过音像与图文为孩子打开"自然"的窗口，开阔视野，增长见闻等。再如拓展类课程，有面向全体学生开设的悦木课堂，引进北美先进的4H教育理念，强调"手，脑，身，心"的和谐发展。聘请专业教师指导孩子进行木工创作，掌握基本的劳动技能，并将木工与美术、科技进行整合，鼓励孩子们在实践中创造，进而在生活中创建积极的人生观。

学校课程的管理反映在对学生过程性评价与发展性评价的科学与规范，丰富评价的方式方法才能有效地保障学生的个性发展。学校课程既注重了终结性评价，更关注了过程性评价，真正发挥了评价引领的积极作用，保护、发展学生的个性特长，促进学生全面发展。例如加强对学生课堂表现力的考察，由指导教师在课程实施中根据学生学习态度、学习水平对学生进行考察，并依据考察效果对学生进行"yue星"奖励，学生可持"积分"得到物质与精神的双重奖励。

yue·动课程的开设，使学校的教育目标和办学特色得到体现，使学生的个性得到充分发展，同时也为教师专业成长与发展提供了更多的机会，师生共同实现了生命成长。

小种子大力量

——学校特色课程促校园文化建设的实践与研究

青岛重庆路第二小学　邱　涛

近年来,青岛重庆路第二小学在邱涛校长的带领下,本着"尊重生命、尊重规律、尊重个性"的教育理念,积极打造了"生长树"学校课程体系。学校以"让学生健康成长,让教师走向成功,让学校和谐发展"作为办学理念,以期实现"培养具有扎实基础、身心健康、有所特长、有持续发展能力的时代少年"的教育目标。

"种子的力"主题探究课程是"生长树"学校课程体系的一部分内容,它的开发顺应"生长教育"的办学理念,发掘、梳理和整合校内外优质教育资源,丰富学校课程资源,探究生命生长系列知识;从学生个体的差异着手,把学生身心全面发展和个性潜能开发作为核心,关注孩子在校一天的学习生活,为每一个孩子提供丰富的学习经历,探索并形成与"生长教育"教育相匹配的学校课程体系。

学校课程的开发基于学校生长教育办学特色。学校课程委员会提出了"建构生长树课程群"的课程规划开发策略,制定了学校层面的《学校课程规划方案》,以"生长树课程"为主干,生发出若干个微型课程,形成以"尊重生命、尊重规律、尊重个性"为维度,以"国家课程、地方课程、学校课程"三大领域为主题,以"少先队活动课程、主题探究课程、特色社团课程、经典吟诵课程、多彩微课程、早安物语课程、午间休闲课程、爸妈课程秀"八条精品课程为渠道的学校课程架构。"生长树"学校课程体系以显性教育的方式,填补学生的内在需要,引导学生进行自我完善,将各学科、各类别教育内容系统整合、渗透纳入到总的"生长教育"体系中。

我们的特色课程需要多科老师的通力合作,以三年级"生生长长有力量"主题探究课程为例,从"杨柳青青"社团的美文诵读《种子的力》为教学起点,让学生认识到"种子的神奇力量"引起浓厚兴趣,从而生成探究,通过综合实践的开题课,引发学生提出问题,梳理出有价值的问题作为子课题,引导学生通过多种渠道搜集资料,掌握其基本方法和策略后确立主题,制定计划;后期的一系列活动开展就需要我们各科老师的汇力了：综合实践课我们重点培养学生的问题意识、探究意识和教给学生基本的探究方法；在数学课上让学生了解统计表的妙用，学会简单的数据整理的方法；在科学课上让学生了解种子的结构，初步学习用对比试验的方法去发现种子萌发的条件；而美术课上让学生用简笔画描绘从一颗种子到植物的生长过程；语文课上学习观察的基本方法，并在老师的指导下习作《种子种植观察日记》；另外可以在少先队活动中通过实践体验种植的乐趣，等等。然后通过资料分享交流、日记的习作来深入探究。

在长期的办学实践中，我们对学校文化的理解逐渐加深，学校全方位、多途径地培育校园文化建设，使之成为全体师生共同具有的思想观念、价值取向和行为方式。一方面，我们从日常教育教学行为中去培育，如我们开展"小导游"活动，引导学生了解校园每一处景观的文化含义；我们成立了学生的"智慧苗苗文化社团"，教师的"智慧书院"，研发了"生长树"学校特色课程模式等，从课程与教学的角度显示学校文化的品格。另一方面，我们从生长教育思想中去发掘。生长教育以育人为目的的教育观、以学生为主体的学习观、以服务为宗旨的教学观、以激励为原则的动力观等，都为重庆二小的学校文化注入了丰富的内涵，推动了学校文化建设。

学校特色课程的开发为学生提供了丰富多彩的活动，促进了学校文化建设的发展。学校成立了"智慧苗苗"社团，包含"苗苗艺术团""小小义工社团"和"少年消防团"。学校大约90%的学生参与其中，社团活动带动了学校文化的蓬勃发展。学校特色课程促校园文化建设的实践与探索，让我们欣喜地看到，校园里充满了生命拔节的灵动，师生成长地更加舒展和自由，学校的育人本色变得更加丰厚，育人特色更加鲜活，也收获了社会各界的高度赞誉。

青岛新昌路小学以课题研究推动
课堂变革与课程创新

青岛新昌路小学　薛　燕

青岛新昌路小学具有非常好的教研文化。近年来，在薛燕校长的带领下，锐意改革创新,把研究融汇在学校日常教育教学实践中,积极推进学校课程及课堂教学的深度变革。他们以"点滴尽致"学校的核心文化,以"成就最好的自己"作为办学理念,着力于打造以实现学生自主成长与教师专业发展为核心的精致化学校。

他们以"基于深度学习的课程资源整合"课题研究为依托,立足课堂,通过学研做一体化的基本研究方式,从课程标准的再研读做起,深入进行学情分析,广泛挖掘和利用课程资源,在各学科教学中有效地促进了学生的深度学习。在日常教研活动中,以课程目标的细化为主要着力点,通过个人、小组、集体的磨课研究,流程化操作,逐步形成了学校"三次集备六步研"的特色校本研修路径。此研修路径的形成,不仅让教师个人教学研究水平得以持续提升,也使整个教研团队的研究能力再上一个新台阶。同时,教师不断提高的研究能力反哺于学生课堂实践,给学生带来了不一样的课堂体验,促进了师生的共同发展。

在课程建设方面,他们积极推进学校课程的深度建构。以深入推进国家课程的校本化实施为基本着力点,丰富完善学校课程体系。通过英语和美术两个学科"以点带面"的示范引领,带动各学科的校本课程开发。国画校本课程被评为青岛市精品校本课程。

同时,学校全面落实立德树人的教育总要求,以科研课题形式推进德育课程的实践研究,结合学校"点滴尽致"的核心文化,基于校情,以班主任为纽带,以班级为单位,科学合理的逐步构建起各班的"学生发展联盟"。秉承"以儿童为中心,尊重差异,激发动力,因材施教"的学生"发展联盟"建构理念,学校改变传统的班级管理、学习、活动的方式充分发挥学生自主管理的优势,优化班级组织管理架构,将班级放手给学生,使其在合作、交流、反思的过程里实现"做中学",变"被动"为"主动",依托"联盟"合作互助学习模式,着力打造一批优秀的发展联盟团队,以点带面,促进全体学生的共同成长,成就最好的自己,从而为学生的终身发展奠基。

他们总结完成的《点滴尽致——以课题研究推动课堂变革与课程创新》一书,基于干部教师深入教学一线的真实践,体现着对当今教育改革新思想的把握与理解,既有研究学习的路径探索,又有实践体验的深刻反思。2019年2月,《中国教育现代化2035》印发,提出了推进教育现化代的八大基本理念;青岛市积极推进"聚焦教育现代化建设,构建高水平、有特色的教育体系";市南区提出"走向学科深处的课程变革",青岛新昌路小学在这些先进理念及教学思想引领下所进行的课堂变革与课程创新的研究,作为区域课程深度建构研究的一个重要组成部分,无疑具有重要的探索性意义。

近两年来,学校以课题研究为引擎,通过课堂变革和课程创新促进了学校的可持续发展。学校荣获市南区教育和体育局 2018 年度先进单位称号、市南区"以海育人"领航学校称号；荣获青岛市文明校园、青岛市家庭教育服务站、青岛市语言文字工作达标学校等荣誉称号。学校业务干部在市南区区域层面进行了"试点制度流程化，实施精致管理""英语绘本校本课程实施方案""以"发展联盟"的推进，成就新昌致美少年"等七次管理、教学、德育等方面工作的经验介绍；学校"基于深度学习的课程资源整合研究"课题阶段总结发表在《市南教育》科研专刊中；学校近 50 篇关于学校特色管理、教育教学创新举措等信息被大众网、青岛电视台、《齐鲁晚报》《半岛都市报》《青岛晚报》等各大媒体报道；教师中有 5 人次被评为青岛市教学能手、市南区学科带头人、市南区优秀教师，50 余人次在各级各类教育教学比赛、活动中获奖；有 700 余人次学生参与全国、省、市、区各级各类比赛，获得佳绩；由 100 多名学生组成的校管乐团，在市南区国际管乐节展演活动中进行了精彩展示。

快乐五步法，引领课堂教学

胶州市正北小学　梁　健

经过近年来的累积和提炼，胶州市正北小学初步形成了快乐五步引探教学模式。这一模式是以快乐学习为出发点，以提升学生素养为落脚点，以探究性学习为主要特点的教学模式，这一模式在实施过程中要将教师的"引"与学生"探"的有效融合，让教师的"引"更好地服务于学生的"探"，从而让学生的学习有深度，探究有价值，课堂有乐趣，彰显数学课堂的内在魅力。

一、问题的提出

学习最为重要的两个因素是兴趣与习惯，随着课堂改革的不断深入，各种各样的教学模式在不断地冲击着我们的课堂。如何让模式走进咱们教学一线，以其实用、接地气的方式，真正给我们的课堂带来实质性的变化呢？

二、做足课前文章，为精彩课堂蓄力

我们知道，课堂的精彩源于学生的精彩表现，良好习惯与学生自主探究能力的呈现是实现精彩课堂和快乐学习的两大法宝。具体习惯培养的模式为三实工程:一是突出实效,二是抓实细节,三是落实到位。以数学的审题习惯和计算习惯为例,我们采取的方式:突出实效,集思广益,梳理审题习惯培养的关注点;二抓实细节,明晰审题要求;三落实到位,严格要求,评价激励。

三、实施快乐五步,舞动"引探"课堂

快乐五步,舞动课堂! 快乐五步引探教学模式的基本流程:

启航——创设情境,激发探究兴趣

探究——引探结合,经历探究过程

展示——互动交流,分享探究成果

提炼——挖掘本质,提升探究成果

应用——回归生活,体现探究价值

(一)启航——激趣导入,激发探究兴趣

兴趣是所有自主探究活动的源动力所在。在这一环节教师首先引出问题情境和探究素材。问题情境和素材的选择都要关注三味:生活味、趣味和学科味。通过有趣的问题情境,激发学生的探究兴趣,为学生做好心理准备,有欲望,想探究;关注知识间的联系给学生提供探究素材,为学生做好素材准备,有抓手,能探究。

(二)探究——引探结合,体验探究过程

实践证明,经历探究获得知识的过程,比机械记忆更重要。在这一环节主要是通过自主性学习、合作性学习等方式,让学生体验知识生成的过程。好的问题可以给学生一个明确的探究方向,所以在这一环节,教师首先做好问题引领,启动探究任务。

(三)展示——互动交流,分享探究成果

展示环节是学生探究成果的呈现与分享。在这一环节,我们首先做好展示形式的引导,给学生明确的交流策略,充分发挥小助教的辐射带动和引领作用,这样学生在分享探究成果的时候就能做到有法,有序。第二就是引发智慧碰撞。

(四)提炼——挖掘本质,提升探究成果

这一环节是在学生互动交流,尽情分享的基础上,在老师的引领下组织的自主建构这种建构更多的是透过表面挖掘知识的本质,关注方法的梳理,积累经验。

（五）应用——回归生活，体现探究价值

这一环节就是应用探究成果。在这一环节，教师首先引出有层次有趣味有价值的练习，让学生在解决问题的过程中学以致用、举一反三。有层次，就是有一个循序渐进，不断提升的过程。有趣味，是从题目的形式到内容，要有助于激发学生的兴趣。

引探教学，引：合理、合适、有趣、有效；探：探之有法、探之有趣、探之有果。长此以往，引探教学必会逐渐让学生学有法、探有能，自主学习的能力也会逐渐增强，增强的是学生的能力，更是我们追求的数学素养。

青联希望小学创造性运用大集备精品教案

青岛市青联希望小学　郭光辉

胶州市小教室为了实现优质资源共享，同时进一步提升教师的学科素养，实现教学质量可持续发展，教研室集中胶州优秀教师的力量开发编写了各个学科的《精品教案》。2018 年暑假，教研室教研员分别组织各科老师们进行了集中培训，让老师们利用好手头的教案进行教学。

拿到教案，如何用教案开展自己的教学，成为老师们最关注的问题。因此在校长的号召下，青联希望小学各学科教研组长带领组内教师进行了热烈的讨论，最后总结出如何创造性的利用大集备的方法。

一、把握框架

老师们普遍认为精品教案之所以称为精品是因为它的实用性与适应性很广泛，但这样的精品教案难免缺少灵魂，因为它适应性的广泛反而造成了它的不精致，因此没有一份教案是可以完全复制的，我们要把精品教案不断的完善，不断的让它接近完美，与使用者完全黏合，所以我们需要先把握住精品教案的框架，也就是这节课的设计环节。这就像一个人的骨骼一块不能少，才能保证这堂课的完整性。

二、丰富肉身

有了骨骼,我们再需要丰富肉身。肉身就是这节课的主要内容。学生需要掌握的基本知识需要在教学的各个环节里面教授、渗透。教授的方式方法可以参考精品教案里面的,也可以用我们自己生成的、更贴合自己学生学情的。肉身营养丰富看上去才会更健康。

三、填充灵魂

独一无二的灵魂形成了有形形色色的人。所以所谓灵魂就是这节课的点睛之笔。也是指老师自己对这节课的理解与认知,最终让这具行尸走肉成为一个有感情的人。这就需要根据自己所执教的班级人员的情况去赋予它感情,让这个"人"真正的活起来。

（一）用心是基础。

如果想要教好一门功课,用心是必须的。因此平日要不断提高学科素养,把教学当成自己喜欢的事情干,用热爱的心感染孩子们,他们有了激情有了兴趣,就会主动学习。

（二）立足学生是关键。

不同年级不同班级孩子的特点不同,把教案中不适合本班孩子的内容删掉,多准备她们感兴趣的话题、情景、图片、视频、实验等,体现自己的风格和特色,在教学方法上努力创新而不是千篇一律,让孩子们在兴趣中学习。

四、教学反思。

心理学家波斯纳曾经提出:教师成长 = 经验 + 反思。教学反思既要反思成功之处,又要反思不足之处,尤其是在课堂教学中,随着教学内容的展开,师生思维的活跃性往往因此得到激发,产生一些瞬间灵感,很好的解决了问题,完善了教学设计。最后对比《精品教案》和自己的教案,找出自己的不足和优点,加以改进。

总之,《精品教案》应该有选择地去应用,学习他人的长处,规避自己的短处,改正自己的问题,使教学能力不断提升。

核心素养视角下的童心课程的构建与实施

青岛市崂山区汉河小学　李传锋

一、抱定宗旨，不忘初心——"童心课程"理念的提出

我校地处城镇化进程中的农村，学生身上显现的"健康、快乐、向上、向善"特质是我校童心教育之"创造适合儿童发展的教育"教育理念的初心。然而，在实际的教育过程中，我们深切地感受孩子的童年承载了来自家庭的茫然、社会的焦虑，其童心无法得到一种自然的、有机的滋养，其自然的生命活力没有得到张扬。

如何实现"使人成为人"的美好教育追求？在多维度的自我诊断后，我们认为：课程是面向未来的引擎。在全面深化课程改革的当下，推进课程建设是培养学生核心素养、落实立德树人的有力抓手。

鉴于此，我们从学校层面主要作了以下思考：

（1）对课程的再思考。始于世纪之交的新一轮课程改革，它强调课程整体育人的功能和价值，注重学生核心素养的培养，关注学生的生命质量和生命成长，而不是以延长时间、增加学习强度等为代价。

（2）对儿童的再思考。儿童作为课程的直接参与者，他们的学习是怎样发生的？他们最喜欢学习哪些课程？如何在有限的校园生活中实现课程的多样化？所有的这些追问，都必须回到对学生学生认知与思维规律的遵循中。

（3）对课时的再思考。传统的40分钟课制虽然可以顾及课程内容的深度和广度，且方便教学管理，但是，这种单一的课时安排也显露出其局限性。

在对以上三个课程建设本源性问题进行深入思考基础上，我们认识到：课程即生活，生活即课程。将所有的环境"存在"都作为课程资源，为每一名儿童提供适合的、有温度、有情感的教育。，从而"读懂儿童"、"滋养童心，"这就是我校"童心课程"创建与建构的核心理念与价值追求！

二、砥砺前行，玉汝于成——"童心课程"体系的建构实施

（一）课程目标

核心目标：身心健康　品德高尚　头脑科学。

具体目标：一副好口才、一手好文字、一篇好文章、一门好外语、一项好才艺、一身好体魄、一生好品德。

（二）课程实施

1. 课程体系（三级课程）

底色课程优质化。底色课程主要指国家课程，课程的实施强调和保证了课程实施的基础性。底色课程强调以课标为指导，立足学生实际，重视学生学习习惯的培养、基础知识的掌握、基本技能的提升，为学生可持续发展夯实根基。

润色课程特色化。润色课程强调课程的延展性。学校将润色课程拓展为方法课程、拓展课程、节日课程。

从课程实施的具体方面看，"润色课程"体现了国家课程的立体拓展。例如，以学科学习方法引领为主的方法课程；以口风琴、陶笛、石头画、螳螂拳等美育课程普及实施为主的拓展课程；为孩子搭建展示自我的戏剧节、体育节等节庆活动的节日课程。这些课程都通过与国家课程的衔接与拓展，形成与国家课程之间的深度关联，力促学生更加完整的知识经验之生成。

亮色课程个性化。亮色课程强调课程的融合性。儿童文学院课程、儿童科学院课程、儿童国学院课程和俱乐部课程，是儿童的课程诉求、个性需求的"内发式"融合，体现了亮色课程让儿童的个性"亮起来"的核心追求。

2. 课时优化

为适应整合后的课程内容，学校在保证课时总量不变的前提下，调整了课时比例，将原来固定的"一刀切式"的每节课 40 分钟调整为 80、40、35、20、15 分钟的大、中、小、微课时等。

根据课程性质和教学内容配以不同的课时，体现出课时的灵活性，而且长短课时相间，也使学生的学习生活张弛有度，富于变化。

3. 课程评价

底色课程评价按照学校有关制度执行，润色课程、亮色课程主要从教师、学生两方面进行评价。教师评价侧重从学生评教、成果积累、课程开发三方面评价教师课程

实施的质量、激励教师课程实施的创新。学校分别制定了儿童文学院、科学院、国学院的章程和小院士的评选方案,主要从学习过程、成果展示两方面进行发展性评价,学校每学期举行童心课程汇报演出和小院士的评选活动,为孩子们搭建成果战士的舞台。

三、累足成步,硕果颇丰——"童心课程"实施的成果

"童心课程"的实施成果在显性层面体现为学生学习的热情以及在各级比赛中获得的奖项,但在更深层的层面上,则收获了孩子们兴趣的萌芽、探索的火花和实践的种子。童心课程,串起了儿童的完整生活,让儿童乐享其中、自由成长!

海洋教育课程的研究与实践

青岛西海岸新区海之韵小学　赵炳梅

海之韵小学自建校以来,立足"立德树人"的根本任务,着力打造悦海文化,围绕"悦海立德、悦海启智、悦海健体、悦海尚美、悦海长技"五大领域开发悦海课程,努力构建"悦纳自我、悦纳他人、悦纳社会、悦纳自然"的海课程体系,用蓝色课程点亮学校,照亮学生美好人生。

一、细化课程目标,实现课程价值

我们确立的课程目标分为:课程建设总目标、学生培养目标、教师成长目标。

1. 课程开发总目标

通过国家课程的校本化实施与校本课程的开发:使学校课程结构更合理,学校特色更鲜明;使教师的教学理念进一步更新、教学手段进一步优化;使每一位学生在德智体美劳各方面得到充分发展,为在未来社会"善良做人智慧做事"奠定基础。

2. 学生培养目标

(1)重在"四个学会"。学会做人——养成良好的行为品德,树立远大的理想,锻炼强健的体魄,形成健康的心理,做新时代好少年。学会学习——培养浓厚的兴趣,

培养学生良好的学习习惯,掌握适合自己的学习方法。学会合作——友好与人相处,善于与人合作,在合作中体验快乐、在合作中体验成功。学会创造——对世界充满好奇心,善于观察,乐于质疑,富于想象,勤于实践,具有较强的创新意识、创新能力。

（2）培养具有海德的人。学校充分挖掘海洋品质,通过悦海课程的学习与实践,让学生接受海德的孕育、洗礼,体验海德的魅力,最终养成"阳光、进取、包容、博雅"的海洋胸怀。

3. 教师成长目标

加强课程团队建设,培养教师课程开发能力;加强悦海文化理念渗透,提升教师的课程执行力;加强悦海文化研究,提升教师科研能力,促进教师由经验型的合格教师成长为科研型的专家教师发展。争取在未来几年,培养一批在区内有一定知名度的海韵骨干教师。

二、完善课程内容,深化课程内涵

学校的悦海课程主要分为三大类:一是探究海洋知识,掌握海洋生存技能,激发热爱海洋情感的认知类课程。为培养学生建设蓝色海洋家园的志向,开发了《黄岛海韵》读本。为提高学生海洋生存技能,开设了"游泳"技能课,为激发学生热爱海洋情感,开设"海韵水鼓"展示课;二是培养动手实践能力的技能类课程。围绕着海洋生物、海洋探秘方面内容开发了"海洋标本""贝雕工艺""海洋石彩""海洋生物剪纸""海洋沙画""贝壳画""海洋主题绘画"等动手实践课程;三是培养海洋保护意识,孕育科技兴国蓝色使命的创造类课程。学校结合海洋科技发展的指导思想,开发了《帆船》、《航海模型》《3D打印》《海洋创客》等科技创新校本课程。

三、研究课程评价,促进课程发展

学校采用分科评价、分类评价、分层评价三种评价方式,形成了过程性结果、形成性结果、终结性结果,促进学生全面发展。在课程实施过程中,通过教师评价、自我评价、小组评价等方式对课程开发、课程实施、学生学习进行评价。

1. 对开发课程的评价

学校成立课程开发审核小组。对每学期申报并开发的学校课程实施过程与终结性评价。主要从选人数、学生问卷调查喜欢度、教师授课水平等方面实行量化考评,综合考虑分析,形成对课程开发教师的终结性评价。校本课程评价要强调教师对自己教学行为的分析与反思,以自评为主,校长、教师、学生、家长共同参与,研究校本课程的可操作性和实用性,不断提高校本课程的开发水平。

2. 对课程实施的评价

学校周期性地对学校课程执行情况、课程实施中的问题进行分析评估,调整课程内容,改进教学管理,形成校本课程不断革新、不断适应学校学生学习需求的机制。

3. 对学生学习的评价

校本课程中对学生的评价主要采取等级制。重点考虑三方面的因素:一是学生参与学习的次数,教师对每一次学习进行考勤量化,根据出勤率不同给出不同等级;二是记录学生在参与过程中的表现,由任课教师根据课堂表现记录表进行汇总分析,给出不同的等级;三是对学生取得的成果通过比赛、展演等方式进行评价考核,最后综合三方面的考评结果给出合适的评价等级。

校本课程的评价更多地依靠学校进行自觉自律的自我评价,不断反思课程开发过程中出现的各种问题,自我批评、自我激励、自我改进,保证校本课程开发的健康顺利运行。根据学校课程的不断修订,评价办法也会越来越完善。

悦海课程的深入实施,为师生的成长撑起了广阔的发展空间,学校也一步步向更高的目标迈进。相信我们的课程建设之路会越走越宽!

浅谈小学语文课堂教学的有效评价

青岛西海岸新区龙泉小学　王　朋

在我们的课堂中,仍然存在评价形式单一、评价语言单调和评价过分重于形式等问题。如在一些课堂中,"好""你真棒""你太聪明了"等赞美之词不绝于耳;"五角星""小红花"以及各类卡通形象作为奖励满天飞;在教师"引导"下,整齐划一的学生掌声和"嗨,嗨,你真棒""表扬他,顶呱呱"的口号声在课堂上此起彼伏。课堂上老师如果总是用这种简单、模糊、笼统"放之四海而皆准"的浮泛空洞的语言来评价学生,久而久之,带给学生的将是麻木和索然寡味,使学生无法看清努力的方向和前进的目标,不利于学生的学习,也许还会使学生在错误的道路上越走越远。在我们的课堂教学中,教师对于学生的评价语非常重要,起着不可估量的作用。

一、贴近心灵的评价可以激发学习兴趣

教师对学生的评价语不一定要多么的华丽,不一定要用多么高调,但是一定要真诚,并且要让学生感受到。教师发自内心的评价和肯定,会让学生感到教师离自己很近,可以贴近心灵,也会使学生感受到教师对自己的尊重,会有一种成就感,从而使学生更有信心、有兴趣去学习喜欢的老师的课,因亲其师才能信其道。开启了学生积极学习的心智,因为兴趣是最好的老师,这样学生才能迎难而上,勇往直前。当学生读书习观特别好的时候,我们可以评价"读书有三到:心到、眼到、口到,你做到了!"当学生读书特别有情感的时候,"你已经走进了作者的内心世界,或者说,你就是作者,你在向自己的母亲倾诉。"这样的评价更嫩易于调动学生的兴趣,让他在被鼓励中更自信更有方向地继续努力。

二、有深度的评价可以调动学习思维

教师的课堂评价语往往可以激起学生学习的激情,引导学生与文本展开对话,引发了学生的思考,引导他们不断去发现、尝试和探究,让他们寻觅到了一条优化解读文本的"最佳路径"。比如《长相思》这一课,学生在诵读"风一更,雪一更,身向榆关那畔行"时,评价"你的身向榆关"读得特别有感情,你觉得,他的"身"在哪里,在何方?学生就会联系上下文说出身在山海关内外,身在高高的山上,身在船上,身在营帐里,身在风雪中。这样的评价,会将学生浅层次的认识引向更深,对作者内心的孤独有了更深的体验,更能走进诗人的内心。

三、有导向的评价可以增强语文内涵

课堂教学的主体是学生,具有导向性的课堂评价,不仅可以活跃课堂气氛,而且还可以打开学生的思路,增强语文内涵。比如《小溪流的歌》一课:"你觉得这是一条怎样的小溪流呢?"学生分别找完之后,需要教师总结评价"这是一条快乐而又开心的小溪流。第二自然段紧紧围绕这样一句话来写,我们把这样的句子叫做重点句,也叫中心句。"这样的评价就是对学生回答的引导提升,这样的理答可以增强语文内涵。《三打白骨精》一课,学生对于课文人物的评价,更需要老师提高评价理答的导向作用,因为关系到学生的情感和价值观。在学习《钱学森》一课时,在学生充分朗读的基础上适当补白,师生互动评价就更有层次性,调动了学生的学习兴趣和积极性,给了学生展示积累的机会,增强了学生的自信心,更对其余的学生起着导向作用,更传递着大语文观的理念,极赋语文味儿。

语文课本中的一篇篇文章无非是培养学生学习语言,掌握语文学习方法的例子。

大量的阅读积累要靠学生的课外学习,仅仅靠书本上每学期的二十多篇文章是远远不够的,调动起他们课外阅读的兴趣,至关重要。《清平乐 村居》一课,对于描写儿童童真童趣的交流,展开背诵交流《池上》《小儿垂钓》《宿新市徐公店》大家边诵读表交流诗中孩童的可爱之处,诵读声笑声在课堂飞扬。这种方式不仅鼓励了学生,更重要的是调动了全班学生课外阅读的兴趣,让学生注重加强对课外古典诗词的积累,通过让学生试背几句乃至整首词来激发学生自己积累的兴趣,同时传达给学生了一个信息:课外要多背好诗好词。

教师的有效评价,会使学生在鼓励中享受成功的喜悦,在鞭策中得到上进的力量,所以德国教育家斯多惠说:"教育的艺术不在于传授本领,而在于激励、唤醒与鼓舞。"

用什么课程统整艺术与人文学科
——对中小学电影及戏剧课程的价值与行动思考

青岛汾阳路小学 仇立岗

暑假利用闲暇翻看了自己参与编剧的三人行课改舞台剧以及十多年前自己编剧并拍摄的几部短片,让我突然联想到现在比较"时髦"的统整课程。如果说 STEM 课程解决了以科学、数学为代表的理科课程的统整学习,那么是否有一种课程可以将艺术与人文学科统整?我又联想到今年火爆假期的电影《邪不压正》中的彭于晏,他用身材惊艳观众的同时,背后的故事引爆了朋友圈,因为他在挑战一个又一个不同角色的同时,学习和掌握了一个又一个的行业知识,挑战和历练了一项又一项的特殊技能。这不禁让我思考到,能否用电影或戏剧课程的形式,将人文与艺术学科统整起来,艺术和人文教育做成学生喜欢、社会接受、专家认可的教育载体呢?这么做的价值和行动路径该如何确立?带着这两个问题,我展开了思索和探究。

一、中小学电影及戏剧课程的价值

如果说要找一种课程可以展现和体验人类从古至今所有的智慧成果,可以兼顾和表达人文与科学两大教育主题,我想恐怕只有在电影或戏剧中模拟了。面对中小学分科课程的设置,开展电影及戏剧课程确实是一种艰巨的挑战,但这种挑战的本身恰恰隐含了巨大的价值,或许能够在实践中回答综合性人才培养的问题。如果给中小学电影及戏剧课程定个位,可以表述为"刻画人物、理解生活、演绎未来"。

刻画人物的价值在于让学生通过对经典剧目的观看、扮演,身临其境般的体验作品中人物所处的情境,充分展开文本的内容与表达,深入感受和体验应有的知识和心理状态,让书本和经典活起来。

理解生活的价值在于将生活的多样性展示给学生,将视角的多元化传提给学生,甚至将跨越文化、国界、职业、性别的特殊体验带给学生,这是一种立体的、饱满的、充满挑战和情趣的生活体验。可以让他们理解真实的社会并对将来的职业规划和选择做出铺垫。

演绎未来的价值在于可以更好的培育学生对自由、自信、想象和创造的掌控力。即达成学生核心素养所指向的全部维度。因为在影片和戏剧中,学生可以发挥全部所学进行创新,可以大胆塑造他能想到的一切。

同时由于角色的多样性,每一名孩子都可以找到自己的位置,甚至是挑战自己的性格局限,去演绎别样的自己。甚至可以让内向和拘谨的学生,在参与"群演""剧务"等全科学习中融入集体,开启学习之旅。

二、中小学电影及戏剧课程实施的行动路径

为了方便表述,暂且将中小学电影及戏剧课程的行动路径分解为"台前"与"幕后"。

台前,我们可以将原本独立的表演、器乐、歌唱、舞蹈、美术等艺术技能进行组合应用。采取课本剧、名著翻拍(演)、即兴主题表演、舞台剧同主题 PK 等多样的形式为学生综合展示提供一个出口。家长方面,让有兴趣的志愿者既当观众也当评委(影评人),通过微信公众号、抖音、剧场演出等新媒体和传统媒体等模式进行推广,让学生感受成功、体验成就。

幕后,用剧本创作串起经典著作的阅读以及写作课程,理解目标、结构、冲突、趣味、叙事、情节的文学及艺术意义。用分镜脚本理解画面与空间、局部与整体的关系。用拍摄剪辑理解技术与艺术的关系。用布景布光体验环境与生活的联系。用群演和剧务体验服务意识与大局观念。

在技能方面的培养更是多方面的,涉及编、导、演、摄、剪、美、服、化、道、光、音等诸多门类,如布景中各种设备材料的选择和制作,以头脑奥赛的形式征集和自制,等等。

三、中小学电影及戏剧课程的研究点

（1）我认为在开展中小学电影及戏剧课程的研究时，研究点之一应着眼于学生在"此情此景中的所说所做所思所想"，采取质性的观察研究的方法，确定在不同情境中学生的反应，为系统地了解学生的思想状况、身心状况、兴趣特征、文化背景、学习偏好、家庭影响等信息。以此为探索影响学生学业质量的多因素分析提供可能的视角。

（2）剧本特别是原创剧本是电影和戏剧的灵魂。如何选题、如何制造冲突、如何塑造人物、如何表现结局都是中小学生在编写剧本中的难点，都应该作为中小学电影及戏剧课程相关研究的研究课题。

（3）在教学中如何组织协调不同专业教师的力量，采取何种学习形式才能确保中小学电影及戏剧课程的教学质量和现场实施的效能，也是极为必要的研究课题。

（4）戏剧与电影首先是生活思考的重现，然后才是舞台技艺的表达。如何将艺术教育和人文教育的内核与现实生活关联起来，让学生能够对现实生活有所思考和创造也是我们得研究方向之一。其中尤为重要的是让城市长大的孩子理解和体验不同生存状态下的多样态生活。

综上所述，中小学电影及戏剧课程不同于职业艺术专业的学习。电影和戏剧只是沟通起学生已有知识与社会不同情境关系的桥梁，是学生体验不同生活状态，创造性的思考现实问题，处理内心冲突的一个窗口。开发好这两种课程，在教学实践中往往会收获意想不到的价值。

基于技术　面向未来　探索"品·智"
教学新生态

——《信息化背景下小学"品·智"课堂教学模式研究》中期报告

青岛大学路小学　张文龙

当今世界，丰富的现代信息技术手段深刻改变着人类的思维、生产、生活、学习方

式,深刻展示了世界发展的前景。正是在这一背景下,青岛大学路小学立项开展了青岛市十三五规划课题《信息化背景下小学"品·智"课堂教学模式研究》。现将课题研究的阶段性过程与成果汇报如下。

一、研究进展

（一）统筹管理，建构现代"品·智"校园环境

始建于 1933 年的青岛大学路小学,拥有 47 个教学班、2000 余名学生,先后获评山东省文明单位、规范化学校、电教示范学校、青岛市智慧校园等称号。学校以课题推进现代"品·智"校园建设,专门成立了课题领导小组,形成了领导管理——技术保障——培训策划——学科教研——组织实施的良好机制,不断优化育人环境。

（1）"品·智"校园数字化管理系统。学校不断优化教师和学生的管理系统。教师的远程学习、学时学分随时可见;学生的学籍、成绩随时可查。学校联网安全教育平台、教师教育平台,开发学校考勤、课程表、照片管理系统,以便捷化应用更好地服务于学校的教育教学。

（2）"品·智"校园数字化宣传系统。学校开发建立校园网,开通 FTP 服务空间,鼓励教师将教育教学过程中的数字化资源,分类建夹,校内共享。学校开通了微信订阅号和企业号,及时发布校园资讯,第一时间家校互动,成为宣传学校的良好媒介。

（3）"品·智"校园数字化学习系统。学校配有功能先进的录播教室、微机室、平板教室、VR 教室;所有教室及功能室均配备了中控、投影仪、希沃白板、视频展台、音响,千兆光纤接入实现了无线网络的全覆盖。

（二）培训贯穿，打造现代"品·智"教师队伍

学校组织教师学习电子书包、微课、班班通、VR、3D 打印等技术,开展《翻转课堂》《围观十大案例》《"品·智"微课制作》等培训,95% 的教师熟练运用青岛教育资源公共服务平台,开展微课教学。80% 的教师能使用电子书包授课。学校组建了VR 项目研究团队,以 Zspace 平台现有的素材为蓝本,探索 VR 课程。学校组织全体教师参与山东省"互联网 +"教师专业发展工程,时刻走在教育教学革新的最前沿,教育理念与时俱进。

（三）激发活力，深化融入式海洋教育研究

学校彰显区域特色开展融入式海洋教育研究。一是融入学科,根据教材已有的海洋素材确立融入内容,邀请区学科教研员深入课堂,探索切实可行的教学策略。二

是融入书香,实施师生海洋"悦"度,开设海洋阅读策略指导课、海洋阅读分享课。三是融入实践,实施春秋两季《"海洋+"综合实践课程》。四是融入家校,成立海洋家委会,开设家校课堂。学校还不断完善《青岛大学路小学海洋教育积分卡》,评选了海洋小学士、小硕士、小博士。

二、阶段性研究成果

(一)各学科初步形成信息化背景下 "品·智"课堂教学模式

学校以项目工作室的方式,努力探索符合学生需要的"品·智"教学模式,如图所示:语文阅读"课前选读——课中精读——课后博读"模式;数学"创设情境提出问题——依托情境解决问题——精讲点拨内化提升——练习巩固反思评价"模式,以及英语的师生联动、信息技术"激趣——促思——建构"、音乐生活化教学、美术信息化背景下"趣美思动"模式等。这些教学模式具有以下共同的特性。

1. 以不断升级的信息化设施丰富教学手段提高教学效能

在"品·智"课堂上,电子书包为学生提供了更加丰富多元的文字、图片与视频素材,使得小组合作有了良好的资源基础;希沃白板可以随时切换到学生展示的界面,统计反馈学习的结果,为教与学的互动提供了更多可能;VR/AR技术的运用,使得教学宏观上有了身临其境的感觉,微观上能放大和缩小,操作上能分解和观察。

2. 以不断优化的技术重新认识并打造会流动的学习资源

信息化背景下的"品·智"课堂崇尚在技术支持下构建起以合作对话为主要方式的开放、多样、动态的教学系统。这种流动的学习资源拓展了学习的时空,激发了学习兴趣,提高了学习效能。

3. 以学生、技术和学习之间的有效联系重塑教学

信息化背景下的"品·智"课堂不是"我教你学"的课堂,也不是"先学后教"的课堂,而是"导学一体"的课堂,是以自主式学习为主线的前置预热课堂,以互动学习为主线的课中核心课堂,以自省式学习为主线的后置外延课堂,信息化技术的应用贯穿于课前、课中和课后,是用最合适的设备、最佳的使用时间、最好的软件或数字媒介实现的最优化学习。

4. 贯穿于信息化课堂始终的"品·智"教育

信息化背景下的"品·智"课堂通过师生共同的品味、探新、智慧涌现,将传承知识、培育能力、涵养品性、助长生命的理念落实到教学过程中,达到在知识增长的同

时启迪智慧、涵养品德、健全人格、润泽生命的教育目的,既是一个主动愉悦的学习场,也是一个关注人人的德育场。

(二)多途径探索保护学生表达和阅读深层次知识的能力

学校阅读研究项目组深入研究纸质阅读和数字阅读的优势,以海洋类书籍的阅读为依托,通过阅读实体书籍,学会慢慢品味书中的思想和内容;通过接触数字设备,学会从网上获取所需的信息和资源。学校以微信推介、故事发布、演讲征文等方式激发学生互动交流,来引导学生面对不同的媒介采用不同的阅读与表达方式,保护学生表达和阅读深层次知识的能力。

(三)依托"小品·小智"课程,实现学习资源共享

学校充分发挥骨干教师的作用开发"品·智"微课,主要包括两部分内容:小品课堂,以孩子的行为习惯为主题,旨在帮助孩子养成良好的学习及行为习惯,掌握简单的生活及学习技巧,如《小小家长在模仿》《老孙叫我来巡班》《如何整理书架》等;小智课堂,以学习为主题,旨在帮助孩子轻松且深刻的了解相关方法,突破难点、丰富知识,开阔视野,如《共同学习阅读的方法》《进位的三位数加法》《认识音符朋友》等,让学生平等、有效、健康地使用信息技术,培养学生自主学习、终身学习的能力。

三、主要创新点

(1)课题系统性地探索了信息化背景下不同学科"品·智"课堂的初步模式和"小品·小智"课程,力图以信息化教育生态的重构实现学生主动的愉悦的有效的学习。

(2)课题以项目教研组为单位,针对教师数字化课堂中存在的问题,积极研究对策,教师的教学实践能力和科研水平都有了很大程度的提高,学校被评为青岛市首批教育信息化应用创新示范校。

(3)数学组在单元整体设计方面进行了比较系统的探索,形成了独特的教学经验在全区分享。

(4)学校以课题为依托进一步完善了具有大学特色的"品·智"教育文化。

四、存在问题

(1)信息化背景下的"品·智"课堂,教师讲的时间更少了,但对教师的学科以及技术素养的要求其实更高了,由于教师发展的不均衡,其成效还有待进一步细化落实。

（2）由于前期研究中的理论性支撑不足，课题研究的成果还处于比较浅显的经验层次，还没有一个具体的数据进行支撑说明。

五、下一步计划

（一）聚焦课堂教学要素与教学模式的精准研究

学校将继续强化单元整体设计，努力让教学过程成为课内与课外、校内与校外、长课与短课结合的新时空；探索 AR/VR 课程，让学习环境更加注重虚与实的合理搭配；开展脑科学研究，探索让学生积极学习的"101 种有效教学策略"，最终形成适合我校学情的"品·智"课堂教学模式。

（二）着力信息化背景下教师角色的重构与提升

学校将加强每一阶段有针对性的理论学习、加强现代技术培训，并在模式的探索研究中努力实现教师角色的五大重构，让教师成为学生自主学习的引导者、课堂教学与信息资源的整合者、协作学习与小组学习的组织参与者、学习时间的管理咨询顾问、课程与教学的创新设计者，学生人生的引路人。

（三）不断探索基于智能化的教育变革

学校将根据社会与技术发展的趋势、区域教育发展的态势，不断调整和丰富课题研究的内容与方法，努力让每一节常态课堂都成为有"品·智"的信息化课堂。

人才决定未来，教育成就梦想。在课题研究的路上，我们将砥砺前行！

从"我"到"我们"

——在与教师互动中提升校长课程领导力

青岛北山二路小学　高先喜

孙向阳认为，校长的课程领导力是一个合力的体现，它的组成可以用这样一个公式表示：校长的课程领导力＝追随者的能力－阻力。从这个公式中我们不难看出，所谓校长课程领导力很大程度上表现为他(她)的影响力,也就是在学校课程建设中的凝聚力。校长的课程理念越是能够得到教师的认同就会有越多的追随者,校长对于本学校的课程领导力就越大。

如何让富有校长个人色彩的课程理念提升为全校的自觉追求呢?在"男生女生品格塑造课程"的建设中,我努力地由点及面、由面到体,在与教师相互磨合和彼此适应中实践课程领导力。概言之,就是要从"我"到"我们",校长需要引导教师共同参与建构课程理念、开展课程实践、进行课程反思。

一、在和教师共同建构课程理念中提升领导力

校长要和教师一起不断学习、内化、创生课程理念,只有参与了课程理念的架构,才能在实践中中不断创生新的智慧。所以,基于"男生女生品格塑造课程"的开发,我们一起进行了深入的思考和讨论,明确了课程开设的可行性和必要性。基于现实的思考,教育需要尊重性别差异,因为男孩与女孩天生就是不同的,从生理到心理都有着先天的差异;小学阶段的"阴盛阳衰"现象和"阳刚教育"缺失逐渐成为社会关注的热点问题;统一的课程内容和评价标准从一定程度上遏制了学生的个性张扬,性别"平等"几乎变异成了性别的"等同"。

二、在和教师共同开展课程实践中发展领导力

理念达成一致,紧接着就要和老师一起参与课程规划、设计、实施与评价。我们向学生下发了学校课程需求调查问卷,根据自己的性格特征和兴趣导向,填写自己希望参与的课程活动。女孩们喜欢的是灵动艺术、极具美感的课程,男孩们更喜欢充满活力、挑战自我的内容。在充分尊重男孩女孩意见的基础上,首批推出男生课堂 15 个,包括炫舞师团、动感轮滑、攀岩极限、极速飞车等;女生课堂 18 个,包括茶艺社、发艺社、烘焙小厨、百变公主等。为了增加课程的吸引力,我们完善"一得方寸间"评价体系,通过集邮的方式增加课程的吸引力,根据开设课程内容设计了适用于女生的粉色系列和适用于男生的蓝色系列,学生只要按要求完成同一课程规定的学习任务,就可以得到本门课程的"邮票"一张。过程性评价以"集邮戳"的方式进行,通过自评、同学评、老师评等多元评价,鼓励学生专心于同一门课程的集中学习;终结性评价通过"邮戳"换"邮票"的方式进行,每增加一张新"邮票",代表了孩子们一项新技能的掌握。

三、在和教师共同进行课程反思中创生领导力

反思课程实践和课程理念是校长课程实践能力形成的重要环节。一方面要反思课程理念本身的科学性和适切性；另一方面，要反思课程实践对课程理念的发展和创新。我们以"个性化课程体系建设研究：以性别差异为视角"为选题，基于学生的性别差异，从男生、女生不同性别特质的维度进行学校个性化课程体系开发与建设，成功立项为山东省教育科学"十二五"规划重点课题并顺利结题。在"男生女生品格塑造课程"的管理上，我们打破班级界限，突出了"课程分类体系化、年级走班自主化和师资选择多元化"三大特点。学校课程研发小组有机整合课程内容，形成了礼仪、技能、文化、生理卫生四类课程体系，体现男孩女孩选择学习内容的差异性。为体现课程的有序性和递进性，我们尝试开展了以级部为单位的版块式课程分配，根据不同年级段的学生开设适合的学习内容，以推介会的形式向学生做好课程宣传，学生按年级走班上课。为了创造性地开设"男生课堂·女生课堂"，保证学校课程的授课质量，学校尤其注重师资的选择和配备，坚持多元选择，从教师、家长、社会专业机构三个层面进行了协调，盘活了师资。"男生女生品格塑造课程"荣获山东省首届特色课程三等奖、青岛市基础教育教学成果三等奖、2018 年青岛中小学精品课程奖。

从"我"到"我们"，实现了校长课程领导力专业化方向的立体建构，与教师的良性互动成为提升校长课程领导力的最有效策略，校长引导教师共同参与建构课程理念、开展课程实践和进行课程反思，很好地实现了课程对于促进教师能力与水平发展的价值。

提升课程领导力　提高学生素养

青岛长沙路小学　康彦华

校长对课程教学的领导力是一所学校发展的软实力，将决定一所学校学生培养的层次和学校发展的水平。主要是指校长领导教师团队根据新课改的教学方案和学校的办学目标，创造性地设计、编制、开发、实施新课程，从而全面提升教育质量、办出学校特色品牌的能力。作为学校课程教学的领导者，校长肩负引导全体教师尽力

完成新课程教学目标的重任,必然应该走在新课改的前列。校长应如何在实践中不断超越自我,提升对学校课程教学的领导力呢?

一、增强课程教学领导力的意识

校长是学校课程教学的领导者,但由于教材、认识、政策、措施、队伍、教育的模式和理念等,均是在新课程实施过程中逐步形成、完善与发展的,并没有一次性成熟、设定的模式,因此校长一定要把自己从烦琐事务堆中解脱出来,静下心来,好好学习、与时俱进,不断捕捉课程教学新动态,留意课程实施与完善的新方法,正确把握对新课程的理解,把学来的理念通过内化,转变成自己的理念,从而使先进的理念贯穿在学校课程教学管理工作的方方面面。

二、提高课程教学领导的技能

提升校长课程教学领导力的核心是提高课程教学领导技能,因此,校长应提高课程教学领导的几种技能。首先,校长要提高课程教学决策能力,即构建一个整体的课程教学愿景,包括课程教学规划、设计、选择等。我校积极探索基于性别差异的学生培养途径和方法,开发出体现男女生性格不同特质的特色课程——"男生课堂·女生课堂"。其次,校长要提高课程教学资源的统整能力,即不仅要充分利用、发掘校内优势课程教学资源,还要积极整合、开发校外资源,取长补短,争取课程教学资源的合理分配。近几年,为使学生接触更多更好的课堂资源,学校多方寻求,邀请社区中,社会上的文化人士到学校里来送课。例如,邀请于永章老师到学校传授面塑技艺,多次在省市比赛中获奖的桥牌老师粟劲为高年级学生开设了桥牌课,家长中的手工达人为学校送来了"创意气球"课……更多有趣的课堂资源,使课程建设更加完善,也更有生命力。再次,校长要提高课程教学评价能力,即通过对课程教学实施状况及时进行监测、评价,发现和反思问题,不断完善和优化课程教学体系。学校每年精心设计家长调查问卷,通过家校合作平台,及时了解学生和家长对课程的评价和意见,组织专门会议向老师们反馈,同时研究改进具体方案。

三、加强课程教学实施的领导

校长要用正确的教育思想引领教师实施新课程,要深入课堂教学第一线,分析教学动态,抓住主要矛盾,摸清课堂真实情况;要抓住教学环节中的问题,研究如何改革教学过程、教学方法;要充分关注课堂中的疑难问题,关注教师教学中的困惑,引导和指导教师改进和完善教学改革的策略技能。我校一直实行干部包年级,进行蹲点巡课指导。每个学期开学前两周包年级干部完成所有任教教师的课堂听课,了解教学常规情况,及时发现问题,逐步使学校教学工作管理走向精细化、科学化,使教学常规要求内化为教师的自觉行为。

四、建设课程教学研究的团队

教研组(即课程教学研究团队)是教师从事课程教学研究的组织,也是学校行政领导课程教学的有效形式。教研组建设的强弱,将在很大程度上决定学校课程教学的成败。教研组建设应以课程教学研究为中心,以促进学校课程教学质量提升、促进教师专业发展为目标。学校每个学期为课堂交流搭建平台,以学校研讨会为主渠道,坚持三种课型,分层提高。一是"特约课":学校业务干部、青年教师通过相互约请听课,结合课例分析式的研讨,落实教学环节研究,也为青年教师提供学习观摩的机会。二是"骨干教师提升课",为骨干教师、课题组教师搭建锻炼、展示的平台,相互学习,共同提高。三是"青年教师亮相课"作为培养青年教师的主途径,青年教师开放自己的课堂,在听评课中不断提高业务水平。校长要亲自深入教研组,参与教研组活动,以自身关注教研组活动的热情,来鼓励教师积极投人;不断加强对教研组建设的领导,要求各教研组每学期活动要有计划、步骤,从而为教师提供探讨和反思的机会。正是在参与这样一些教研活动的过程中,"逼着"老师反思课程教学经验,提高教学实践水平,最终增强整个教研团队的实力。

总之,作为基层教育管理者,校长要在专业发展之路上不断探索,努力提高课程教学领导力,不断实现学科课程教学质量、教师团队专业能力的提升,从而办让家长和社会都满意的教育。

打造高效活力课堂,让学生的生命更加多彩

西海岸新区辛安小学校长　赵德明

为全面贯彻落实《中共中央国务院关于深化教育教学改革全面提高义务教育质量的意见》,全面提升教育教学质量,我们立足学校优势,在充分论证的基础上,将课堂教学变革作为突破口,决定把课堂教学改革的重点放在打造高效活力课堂上,

构建全新教学模式,助推学生生命成长,让学生的生命更加多彩。

一、指导思想

全面贯彻教育方针,全面提高教育教学质量,把"立德树人"作为根本任务,以新《课程标准》为标尺,在新课程理念的指导下,扎实有效地开展新课程改革,切实转变教师的教学行为,以学生为主体,实现教师教学方式和学生学习方式的变革,使素质教育取得突破性进展,开创教育改革和发展新局面。

二、高效活力课堂教学改革的目标

(1)基本目标:转变教师的教学方式和学生的学习方式,建立灵活的课堂教学基本模式,以小组学习为组织核心,以教学评价为主要手段。打造活力课堂,提升教育教学质量。课堂教学模式要按照活力课堂的要求,每堂课学生的练习不少于十分钟,学生参与面不少于 90%,当堂达标率为 90% 以上。各班按要求建立学习小组,体现"自主、合作、探究"的理念。

(2)总体目标:全面落实素质教育,落实"立德树人",面向全体学生,使每一个学生都能得到全面和谐的发展。

最终目标:提高课堂教学的有效性,打造生本愉悦高效课堂,真正实现学生乐学、教师乐教的目标,构建活力幸福教育。

三、成立高效活力课堂教学改革工作小组

(1)成立打造高效活力课堂领导小组。
(2)成立打造高效活力课堂研究小组。

四、生本活力课堂的内容

高效活力课堂,就是让教师、学生和办法都活起来,多个层面解放学生,让学生成为活力四射的少年儿童、多种方法激活学生,让学生拥有活力持久的发展动力、面向未来,有力提升学生的学习力、创造力、合作力和核心素养。

(一)高效活力课堂教学流程

(1)(学)自我初探(5 分钟)。
(2)(研)互动探究(15 分钟)。
(3)(练)思维训练(5 分钟)。

（4）（测）课堂检测（10分钟）。

（5）（评）情感升华（5分钟）。

（二）高效活力课堂教学五条基本原则

（1）尽量减少教师讲课时间的原则（减）。

（2）增加所有学生动笔时间的原则（增）。

（3）所有学生都参与课堂的原则（参）。

（4）立即落实、反复落实的原则（落）。

（5）科学评价贯穿整个教学过程的原则（评）。

（三）高效活力课堂的四个关键字

突出四个关键字：评、学、点、讲。

"评"指"评价"。包括"硬评"和"软评"，采用"两评两用"评价办法。

"学"指学生的学习形式。按照"导师制、捆绑式"合作学习策略进行学习。"讲"指学生的讲解（课内课外）。大胆参与，大方讲解，语言简练，声音洪亮生生互动。

（四）生本活力课堂的两个落脚点

一是愿学，解决学生学习动力难题"要我学"变成"我要学"；二是学会，解决学生知识落实问题，力争高分和满分。

（五）高效活力课堂小组建设

（六）高效活力课堂小组的评价和考核

1.评价的原则

（1）以激发学生学习动力，教会学生学习为根本。

（2）"硬评"、软评〃并用的原则。

（3）评、用结合原则。

（4）公平、公开原则。

（5）多元评价、全程评价的原则。

2.评价办法

对小组成员和小组的评价是生本活力课堂教学的亮点，是生本活力课堂教学不可或缺的重要组成部分，评价包括"硬评"和"软评"

第三部分

中学教育

完善校本课程建设给予学生五彩斑斓的学习生活

莱西市城北中学　仇洪财

随着基础教育课程改革的不断完善深入,我校在实施国家课程、地方课程的同时,结合自身的传统和优势,以"让每一个生命更加精彩"为指导思想,以独特性、兴趣性、可操作性为原则,充分挖掘资源,构建符合我校实际的学生课程体系,目的是使学生通过认识、体验、发现、操作等多种学习和活动方式,培养对知识的综合运用和创新能力,发展实践能力,让学生形成对自然、社会等内在联系的整体认识。学校课程设置为学生提供了满足不同需求的学习内容,搭建了发展个性的平台。

一、加强领导,规范学校课程开发与实施工作

自学校课程开发实施以来,为了切实将学校课程落到实处,我们加强学校课程的管理,建立了领导组织,实行校长负责制,组建了学校课程开发领导小组,制定了相应的管理、考核和评价制度,形成了学校决策把关、课程教师组织实施、家长委员会监督的管理体制,为学校课程有条不紊地开展奠定了坚实的基础。

二、以课程开发为载体,促进学生个性发展和教师专业成长

努力做到学校课程的开发科学化、开设制度化、实施规范化,初步形成具有学校特色的学校课程体系,进一步优化学校的课程结构,使学校课程建设成为学校教育教学质量提高的新的增长点。形成与学校课程的开发实施相适应的组织管理体系,充分挖掘现有的课程资源,开发一批高质量的学校课程;不断丰富学校课程的内容和形式,初步形成富有成效的学校课程的教学模式与学习方法,以及与之相适应的评价和考核方式。加强学校课程与国家课程、地方课程之间的关系研究和课程综合化、信息技术与课程整合的研究与实验。

通过学校课程的开发和实施,增强课程结构的均衡性、综合性、选择性,增强课程对学生发展的适应性,促进学生学习方式的不断改善,满足学生的兴趣爱好,促进学生个性特长的培养。努力使全体教师全面把握课程改革的精神实质;通过选派优

秀教师参与学校课程的开发实施,形成一支学校课程开发实施的积极分子和骨干队伍,促进教师队伍课程建设总体水平的不断提高。

三、科学安排,规范学校课程的开发和实施流程

1. 开发流程:调查→申报→审核→培训→实施→督查

教导处征集教师的意见,确定学校课程开发实施的具体标题及内容。并就即将开发实施的学校课程征求学生及家长的意见,考察所开发的课程是否符合学生及家长的意愿与需要,而后提交《学校课程开发申报表》,学校学校课程开发实施领导小组对教研组提交的《学校课程开发申报表》根据科学性、可行性等标准进行审定。学校通过有效的校本培训帮助教师提高专业素养,引导他们逐渐胜任课程的开发工作,最后,经学校学校课程开发实施领导小组审定通过的学校课程,由教导处列入学校课程实施计划,列入学校课程表付诸实施。教导处负责校本课实施检查,包括教案、授课、课后反思、建议意见等,汇总后作为下一轮校本课开设的经验材料和决策依据。

2. 实施流程:选课→排课→上课→考核

教导处在每学期开学前一周,公布每个年级开设的学校课程方案(即专题)及授课教师,供学生选择。学生根据自己的兴趣爱好,填报选课志愿表。教导处对学生的志愿表进行统计汇总。为提高教学效益,一般情况下,凡选择人数不足 10 人的课程暂不开设。

教导处制订各年级学校课程开设计划,每个年级的学校课程除正常的 2 节地校课外还安排每周周四活动课及地校 2 共 2 课时,一学期按 13 周安排。在公布课表的同时,公布授课教师、学习地点。

教师根据学校安排,在指定地点组织开展教学活动。教师要精心备课,认真上课,并根据实际情况,及时完善课程内容,调整教学方式;学生根据教师的要求,严格遵守学习纪律,积极参与学习活动,认真完成学习任务。

在每次授课结束时,教师要组织对学生进行考核,并向教导处提交课程实施总结。对学生的考核可采用多种方式进行,考核成绩纳入学生学期综合测评和学生个人成长档案。

四、安排教师,精心组织,开发和实施学校课程

依据《国家基础教育课程改革指导纲要》和我校实际,结合学生发展需求的调查,

从我校办学特色和育人目标出发,依靠本校教师、学生和家长共同开发学校课程。学校课程开发的目标是促进学生优势潜能得到充分发挥,个性得到全面和谐发展,拓宽学生知识面,开阔学生视野,进一步培养学生的创新精神和实践能力。在学校课程设置过程中,我们向每位学生发放问卷调查,了解学生所需,征求家长意见,经过商讨与反复研究,我校目前已经形成了:电脑制作、文化艺术、科技创新、语言文学、体育运动等五大类共16门学校课程,为让每一个生命更加精彩搭建了发展的平台。我们在活动中不断挖掘学生的潜能,让学生在生活和学习中相信自己,珍爱生命,拥有健康的身心和灵活创新的思维,积极快乐的生活。

五、学校课程的评价

1. 对学生的评价

学校建立了完善的评价机制,从学生出勤,上课表现,学习效果、参入实践等多角度对学生进行评价。学生上课节数,课堂学习效果,课后时间,课程展示成绩综合评定的等级,作为学生学习的成效的过程记录都填写在学生的成绩册中。通过学校课程的学习,培养了学生的探究精神,提高了学生获取新知,分析解决问题的能力,以及交流合作的能力。学校课程成果展示就是对学习成效最好的检验,学生们主动参入,乐于探究善于思考,勤于动手,全面展示了学生们精彩的一面,为学生的终身发展奠定了坚实的基础。

2. 对教师的评价

(1)教师应有计划、有进度、有教案、有考勤、有评价记录。

(2)教师应按学校整体教学计划的要求,达到规定课时与教学目标。

(3)教师应保存学生作品及在活动中、竞赛中取得成绩的资料。

(4)教导处通过听课、查阅教师记录、问卷调查等形式对教师考核,记入校本业务档案。

(5)对校本教材开发好、学生评价高的开课教师给予表彰奖励,评议在前二分之一的老师优先推荐参加各级地校优质课、公开课和教学能手评选。

(6)加强学生管理和评价。学期末,开课教师根据学生总体考评确定学分等级,学校负责汇总并记入学生成长档案。

"生生协同、互助相长"课程模式实施计划

莱西市河头店镇中心中学 王晓东

根据新课程改革的具体要求,结合我校实际,确立"生生协同,互助相长"课堂教学模式。经学校研究,特制订本具体实施计划。

一、指导思想

动手实践自主探索与合作交流是学生学习的重要方式,学生的学习活动应当是一个生动活泼的、主动的和富有个性的过程",初中课堂教学模式的改革迫在眉睫。从"教堂"转为"课堂",让学生真正成为课堂主人,让课堂成为学生个性张扬和生命涌动的舞台。通过课堂教学方式改造,使学生在文化知识、基本技能、学习能力、学习习惯、情感态度等各方面都得到和谐发展。让学生与学生合作,学生与学生互教,共同成长,提高课堂教学的效益,唤醒学生沉睡的潜能。开展"生生协同,互助相长"课堂教学模式,势在必行。

二、组织领导

学校成立"生生协同,互助相长课堂教学模式"活动领导小组,设立办公室,领导小组成人员如下。

组 长:王晓东

副组长:江学波

成员:李霜 郭光明 孙云峰 李延强

联系人:李 霜

办公室设在教导处,李霜同志为办公室主任,负责信息的传达及有关资料与数据的收集整理。

三、主要活动及时间安排

(1)宣传发动(2018 年 9 月中旬)召开专题工作会议,在教师、学生中做好宣传,

增强师生开展活动的主动性和责任感。

（2）活动实施(2018年10月上旬—2018年12月底)拟定"生生协同,互助相长"实施方案,部署实施,将实施情况汇总交办公室,并组织实施。

四、具体实施办法和标准

师友划分(前提)师友培训(关键)建立规则(保障)激励评价(保障) 师友文化(动力)

（一）师友划分

1. 划分原则

（1）公平性原则：公平是小组活动的关键,小组基础基本一致,生生协同,互助相长才能真正开展起来,生生协同,互助相长的生命力才能得以持久。

（2）竞争性原则：既有师友小组之间的竞争,也有师傅与学友之间、师傅与师傅之间、学友与学友之间的竞争,让师傅与学友、师友与师友之间开展学习、纪律、思想等各个层面上的竞争,以竞争促发展,以竞争显活力。

（3）合作性原则：师友两人要充分发挥小团队作用,避免强势单兵作战,让学生的创造性得到共享,两人要共同合作完成目标任务,因此要注意性格上的搭配,让师友能够合作互助,乐于合作互助。这里也有师友小组之间的合作。

（4）互补性原则：师友之间要取长补短,互相学习。寻找互补需求,促进互助高效运转。

（5）采取小动大不动原则：师友尽可能稳定,但是学生都在发展变化,所以也要根据需要可以进行适当调整,实施动态管理。

（6）学生自愿组建与教师指定相结合的原则。

（8）班主任整体安排与任课教师微调相结合的原则。

2. 划分标准

（1）根据学生的智力水平、学业成绩、认知基础、学习能力、学习习惯、心理素质、兴趣爱好、性格因素、性别搭配、交往能力等综合情况确定师傅。只通过班主任用心搭配,让每个学生都打到适合自己的师傅。

（2）优化组合、优势互补、相互促进,按照优秀——一般,良好—较弱的均衡标准,避免优质资源浪费。

3.产生方式

（1）指定式：谁是师傅，谁是学友，不是单凭入学考试成绩来确定的。通过观察、交流等措施对学生的知识基础、学习能力、学习习惯、性格品行等方面逐一进行了解，把学生粗线条地划分成四大类：优秀、良好、一般、较弱，然后找个别谈话以指定的形式来确认那位同学为师父、为学友，即从这四类中进一步划分为两大类：师傅、学友。这样的方式直接简便，一般不会出现大的差错，但同时也有弊端，这样做不利于调动其他学生的积极性，你的任命也不容易被其他同学接受。

（2）自荐自选式：在学生考虑的基础上自荐自选，自由进行师友搭档组合。然后教师调整指定产生，这一过程中学生热情很高，大家的积极性也得到空前的调动。弱点是随意性较大，缺乏民主的过程。

（3）民主式：由全班民主推选，民主产生人选的方式。学生热情比自荐式更为强烈，但缺乏计划性，很容易导致人员的过分集中，不利于人人参与。

（4）综合式：在师友建立阶段，教师可以根据学习内容的不同、学生的特长、个性差异进行直接分工，也可以采用自荐式、民主式。

（二）师友培训

1.责任认领

（1）师傅也是老师的助手，是决定和谐互助学习效果的关键人物，因此要求师傅不仅学会做题，还要学会如何分析题，如何理清解题思路，如何把例题（习题）和更多同类的题、相应的知识点和拓展点联系起来，如何梳理知识结构形成系统，等等。师傅的主要职责是教会这个学友学习，督促、管理学友学习常规，培养学友好的学习方法和技巧，帮助学友创新思维，激发灵感，对学友的思想、行为、学习、纪律等方面全面管理。课堂课下要会讲，善讲，成为名副其实的师傅。

（2）学友接受师傅的全面管理，及时向师傅汇报情况，不但要接受师傅的学习指导，更重要的是要和师傅共同学习，共同探究，形成好的学习习惯，增强学习的信心。同时发挥自己的特长，将自己的优势显现出来，将自己的不足及时弥补，不断提升自己的能力和素质。

2.强化培训

（1）课堂集体培训：①思想意识培训：教育学生明确合作互助的重要性，领悟到两人是一个"动力组"。让师友两人明白互助学习过程中履行职责的好处和必要性，让他们愿意履行职责。通过角色采访、角色轮换、经验介绍等各种方式让学生明白以身作则、理解别人、诚信待人、互助共赢的必要性。②教学方式培训：集体培训一般是老师示范,学生模仿。通过讲解互助学习的职责分工、具体规则和机制,明确如何互助。或者学生当堂讲题,其他同学补充、纠正、点评,统一认识后,再给自己的学友讲。教师要教给学生教的方法和应注意的事项。

（2）课堂个别培训：是老师与学生一对一或一对几的培训。在学生互助学习过程中,老师要不停地巡视,细心观察每一个学生的表现,对师傅进行个别指导,不仅要让师傅学会做题,用正确的方法和恰当的语言指导、帮助学友理解和掌握知识,还要让他们学会如何分析题,解题思路,把题和更多的相类似的题、相应的知识点及拓展点联系起来,从而掌握一定的教学技巧。

（3）专题培训：老师利用课间或自主时间对学生进行集体或个别的专项培训。课后不仅要统计优秀学生和后进生的情况,还要统计进步的师傅,进步的学友,共同进步的师友,以便于掌握师友情况,针对这些情况进行处理。还要针对课堂上生生协同,互助相长合作中出现的问题,及时分析原因,做学生的思想工作,对于方法不到位的师傅,教给他正确的方法;对于自信心不足或者是思想有波动的学生加以鼓励。同时,还要及时总结自己在实践中的经验教训,不断反思,力求改进。

（三）建立规则

（1）倾听插话：倾听是一种最基本的素质,是互助交流的基础。努力听懂别人的发言,记住要点,善于捕捉对自己有利的信息加以整理。别人发言时要虚心倾听,适时插话。学会换位思考,确认两人意见不一致后,不要急于做无为的争吵,而应设法拿出事实来证明自己见解的正确性。

（2）荣辱与共：老师提出问题后,只有师傅举手回答,而学友不会,那么,老师绝不会找这位师傅回答,必须是师友二人都举手,才有资格回答问题。这样,就要求师傅必须教会学友。

（3）不懂就问：经过独立思考还不会的问题,要及时向师傅或学友请教,只要能从别人的回答中,捕捉到"智慧的火花"与"灵感"就达到了提问的目的。

（4）不包办代替：课堂上要做到让每一个学生都发挥主观能动性,要能针对学生的不同情况,尤其要针对学生的知识基础、思维水平与能力、行为习惯等差异让学生进行自我教育、自我提高、自我反馈,也就是做到"我的课堂我做主""我的命运我掌握",使课堂成为学生自主提高的课堂。

5. 交流规则

学会用两种声音说话：生生协同,互助相长交流时声音要小,听起来应该像蜂巢,而不应该像田径场;全班交流时,声音必须洪亮,口齿清晰,要展现出对问题的理解透彻度。交流程序:学友→师傅→学友→师傅→教师。规范用语:交流过程中用语要规范,不仅要说明答案,而且要说明解题思路,解题方法,应该注意的问题及该题中得出的规律等。解决问题:能独立完成的问题,就不要交流,需要互助交流的问题,尽最大可能在师友间解决,不是疑点、难点、重点的问题,尽量不在全班进行展示。四步交流法:一看。先自学课本,查阅相关资料。二问。师友把自学过程中出现的问题互相提出。三助。师友间互相帮助,在合作中想法解决疑难问题。突破重点难点。四提。师友交流中还不能解决的问题提交全班交流时解决。

（四）激励评价

（1）评价意义:调动学生参与度。

（2）评价原则:激励、赏识、公正、发展。

（3）评价方式。师友自评:每节课总结自己的收获,特别是思想、学法方面。师友互评:每节课、每天放学前、每周末师傅和学友间互相指出不足,说说长处,定出符合双方实际情况的奋斗目标。师友共评:每月利用主题班会的形式,让师友谈谈其他师傅、学友的表现,总结出值得全班推广的做法。教师评:教师当堂评价,课后指导,作为评选优秀师友、优秀师傅、优秀学友及其他评优选先的重要条件。学校评:校级、市级先进的推选,学生素质评定等级的考核。

（4）评价方法。（1）相互激励措施:①拇指激励法。一个拇指或两个拇指,不能用小指。②语言激励法。这节课你进步了,这节课我从你身上学到了……这节课在某方面你要注意……可以当堂,可以在班会上。③电话激励法。每周师友互相给对方的父母打电话汇报本周的进步。④评语激励法。在单元测试卷上写下鼓励的话语或感谢的话语。

（2）外在激励措施:①当堂激励法。为了激发学生的学习热情,引导课堂教学朝着理想的方向转变,要求老师在课堂上善于鼓励表扬,对学生的优点点评到位,学生体验到了成功的愉悦,课堂上一直处于亢奋状态。②课后激励法。教师定期召开师傅或学友座谈会,介绍优秀的经验做法。③作业激励法。教师在作业本上印笑脸标记,试卷上的激励性话语,鼓励师友进步等。④喜报短信激励法。向家长发报喜短信或发放喜报的形式进行激励。⑤评优激励法。班主任协调任课教师对师友课堂表现和学习进步情况进行量化考核,严格按照《师傅考核细则》、《学友考核细则》、《师友考核细则》等考核办法,采用"日汇总,周总结,月评比"的方式,考核成绩作为评选先进的依据之一,每月评比班级优秀师友、优秀师傅、优秀学友、优秀师友、班级名师等。级部。开展评选级部和谐互助之星活动,每学期中评选出级部优秀师友、优秀师傅、优秀学友、优秀师友等,将开展的评比过程作为教育过程。学校。每学期末评选全校的和谐互助之星,评选出学校优秀师傅、优秀学友、优秀师友等,学期末评选校级三好、优干等学友要占一定数量(20%)。

(5)监督检查机制。课堂上:互相监督纪律、及时笔记和当堂掌握情况。课间:师友间交流思想,查缺补漏。休息日:师傅电话抽查学友利用时间情况。班干部:班级学习委员记录典型事例,由课代表具体掌握生生协同,互助相长情况。教师:及时与班主任沟通协调,反馈生生协同,互助相长情况。班主任:班主任每天放学时对班级生生协同,互助相长典型事例进行总结,每月公示"优秀师友"。家长联系本:班主任、任课教师充分利用好家校联系手册,做到学校、家长联合监督。

五、活动总结(2020年1月)

活动各阶段各级部、各班讲征集到的信息进行归类整理,并将整理情况报教导处汇总。学校领导小组针对收集到的意见和建议进行专题研究,制定 整改措施,提出整改落实的目标、方式和时限要求。活动基本完成时,学校对活动开展情况进行认真总结,形成总结报告,同时,做好有关资料的整理归档工作。

如何让课堂教学更有效

平度市冷戈庄中学　辛绪照

虽然每所学校都提倡构建高效课堂,但大家都清楚,真正的高效课堂永远只是一个吃不到的饼,实际的则是让自己的课堂教学变得更高效。什么样的课堂才是高效的,相信每一位教师都会讲出若干条原则出来,但这些原则之间很可能会冲突不断;但如果把重点放到如何让课堂教学变得更高效,这时候得出来的结论,应该更具普适性。

一、接受教师才可能接受教师传授的知识

在没有教师的情况下,学生也是可以学习知识的,但这样的学习状态比较缓慢,

我们希望通过教师来加速这个过程。但是,当有了教师之后,如果教师在学生面前是清澈透明的,那学生自然可以透过教师来学习知识;当有了教师之后,如果教师在学生面前是捉摸不透的,这时候教师很可能成为学生掌握知识的障碍。对教师来说,总是希望学生能够更好地接受自己传授的知识,在知识掌握上学生和教师的目标是统一的;但对学生来说,虽然他们也想掌握知识,但当教师成为知识的化身或者代言人的时候,学生首先看到的并不是知识,而是作为知识化身或者代言人的教师。虽然学生对知识是没有选择性的,接受是他们唯一的选择;但当教师成为知识化身或者代言人时,学生对教师就有了选择性。当学生接受这位教师时,他也就顺理成章地接受了这位教师传授的知识;当学生无法认清这位教师,或者认清了这位教师却无法接受这位教师时,他也就很难接受这位教师传授的知识了。

因此,要让自己的课堂变得高效起来,首先需要老师做的事,并不是考虑如何把知识传授给学生,而是如何让学生能够认清自己,也就是如何把最真实的自己呈现给学生,并进而赢得学生的喜欢与接受,从而为后期知识的传授奠定坚实的基础。教学中最大的困难,并不是我们是否掌握了需要传授的知识,也不是我们是不是掌握了传授这些知识的方法与技巧,而是老师是否愿意把最真实的自我、把最完整的自我呈现在学生面前。对于这个选择,并不是一个技巧的事情,也不是一件多么富有智慧的事情,它需要的是勇气。要把真实的、完整的自我呈现在别人面前,这是一件多么勇敢的事呀;而且,需要老师呈现自我的对象,居然是那些自己看起来并不成熟的学生,这更是加大了老师做这件事情的难度。可是,相对于课堂教学效果来讲,让学生了解老师,可能比让老师了解学生更加重要。因为让老师了解学生,只会提高知识的传授效率,这是一个工具功能;但让学生了解老师,却决定着学生是否接受老师传授的知识,这是一个前提条件。

在我们的课堂教学中,往往把真实性用在传授的知识上,也就是知识讲解中的准确性。可是,对学生学习来讲,他们真正需要的并不是知识的准确性,而是老师的真实性。老师总是觉得在知识上讲得越真实、越透彻越好;但在生活上并不认为有真实而又透彻地呈现给学生的必要;殊不知,尽管老师可以很容易地把知识传授和日常生活区分开来,但学生却很难做到这一点,而且学生总是通过对老师在日常生活中的表现,来判断他传授知识的真实程度和可接受程度。

二、需要清晰而非高深的教学目标

只有有了明确的教学目标,才可能清晰地知道,一堂课究竟有效还是无效。在教学目标都没有得到明晰的情况下,我们就无从判断一堂课是有效的还是无效的,我们只能判断这堂课是好玩还是不好玩的,是现场感觉好的还是感觉不好。因此,如何选择教学目标,成为课堂教学有效与否的重要条件。要让课堂教学目标变得清晰起来,最重要的两件事:一是明确哪些教学目标是无法实现或者不需要实现的,哪些教学目标是可以实现而且是必须实现的,也就是说在教学目标的选择上要坚持"有所不为才有所为"的原则;另一是在可以实现的教学目标中,哪些教学目标是需要重点实现的,哪些教学目标是可以一带而过的。

高明的老师,他做的第一件事并不是如何设计课堂,而是为课堂教学腾出空间。看着那么多的教学内容,他首先想到的是把教学内容进行加工,把教学内容中需要重点掌握的知识挑出来,把课堂教学需要重点完成的教学任务挑出来。于是,这样的教师就把自己从具体的教学内容中解放出来了,他就可以用多种多样的形式来展示和解读需要学生重点掌握的知识;他也就有了足够的时间和空间来完成需要重点完成的教学任务。这样的一堂课,既不缺乏教师的精彩讲解,也不缺乏教师对重点知识与重点任务的强调;当学生听完这样一堂课,既能够感受到课堂教学的现场情趣,又能够捕捉到应该掌握的学习内容,还能够完成这堂课的学习目标。因此,真正高明的老师,并不是如何一字不漏地把每个知识点都当重点教给学生;而是在众多知识点中能够明确教学重点,在众多教学任务中能够明晰任务重点的人。

三、要真知学生而不是熟知学生

判断一节课有效还是无效、高效还是低效,不是看教师在课堂上讲得怎么样,而是要看学生是否在课堂上掌握了应该掌握的知识,是否培养了应该培养的兴趣与能力,是否完成了应该完成的学习任务。很可惜的是,我们眼中容易看到知识,容易想到兴趣与能力,也容易感受要学生完成学习任务的压力,但却容易忽视主体的作用,那就是学生。

要真正了解学生,还需要我们走近学生的日常生活。只有把我们的课堂教学建立在学生的日常生活之上,才最真实,最高效。但是,要让教师走近学生的日常生活,这就需要教师克服两大困难,一是不得不花更多的时间接触学生,而且这些时间往往是教师的非工作时间,你要了解他的日常生活,自然也得占用教师自己日常生活的时间,这对教师来讲,实在是一件困难的事;另一困难是教师要走近学生的日常生活,就意味着教师也要让学生走近自己的日常生活,用"将心比心"的方式,才能够换来学生日常生活对自己的真心。

四、知识的"前因后果"胜过"形式多样"

不管怎么说,要让课堂教学变得高效,肯定离不开老师对教学内容的讲解,从而帮助学生更高效地理解和掌握教学内容。对老师来说,要么通过对教学内容进行形式多样的个性化解读,要么通过对教学内容进行前因后果式的联系或者还原,从而让学生能够更高效地理解和掌握教学内容。从目前的课堂教学实践来看,老师们更关注的是前者,一提到课堂教学,首先想到的就是用什么样的方式和语言来重新解读教学内容,尤其是如何用学生喜闻乐见的方式来重新讲解或者重新编排教学内容,甚至用学生自己都意想不到的方式来呈现教学内容,似乎这样的教学更具有吸引力。

要帮助学生高效地理解和掌握教学内容,只是把教学内容进行形式上的解读和重组,可以让学生暂时的理解和掌握教学内容,但不管老师用多少种方式来重新解读和重组教学内容,学生都只能把教学内容理解到教材的层次,很难把教学内容理解到更深的层次,很难把教学内容应用到更自如的程度。

让课堂变得高效起来,不仅对老师的课堂教学行为提出了要求,对老师如何定义课堂教学,如何清晰课堂教学目标,如何系统规划课堂教学过程等更宽泛的课堂教学思考和设计也提出了更高层次的要求。

目标导学与学案教学的有机结合

平度市旧店镇祝沟中学 耿军强

祝沟中学是平度东北山区的一所农村中学,学生的流失特别是优质生源的流失特别严重,使学校的教学质量出现了一定程度的下滑。为了抑制这种现象,我推出了目标导学和学案教学相结合的教学模式,取得了比较不错的效果。

一、立足于学生的学习目标

这里所说的"目标"指的是学习目标,而不是教学目标。教学目标是衡量教师教学任务完成与否的标准;学习目标是学生通过学习最终实现的目标。由于优质生源的流失,留给我们的是中等或最差的学生。小升初摸底考试,一个班级 30 个学生,语文、数学和英语三科总分不到 100 分的每个班级有 5 人,最低分数 17 分,约占班级人数的六分之一。经过调研我们发现班级成绩下滑的主要原因是学生上课不知道学什么,教师在黑板上讲的滔滔不绝,下课后学生脑子里一片浆糊,教师让他背学生却不知道背什么。鉴于此,我们以教研组为单位,由校长亲自参与,制定了每一章节的具体学习目标并打印成册,这样学生就有了学习的方目标,知道了学什么,学成成绩自然也就提高了。

二、立足于生情的学习目标

由于学生的智力差异较大,如果使用完全统一的学习目标,教师的教学任务很难完成,特别是对于学困生来说,很难完成全部的学习目标。为此我们将学习目标进行了分类,分为一类学习目标和二类学习目标。二类目标就是对基础知识的掌握,是特困生能够达到的学习目标。由于我们使用小组合作积分制管理,每个学习小组 4 人,每小组的四号就是二类学习目标的主体。这种分层次教学的学习目标的实施,使所有学生才能在原有的基础上取得进步,既能培优又能托底,班级的学习风貌焕然一新。

三、立足于学习目标的学案导学

导学案的实施可以检验学生的学习目标的达成情况,体现了小步子快反馈及时订正的教学思路。以前我们使用的大多是名校的现成导学案,虽然比较省事但效果并不理想,因为我们的生情、学情、师情等与其他学校大不相同,尤其与一些名校相比差别更大,因而造成了外来的导学案“水土不服”的局面。学校花费了大量的资金印刷导学案,教师们却普遍反映导学案并不好用。为了使导学案发挥最大的作用,我们摒弃了原先的导学案,语文、数学、英语、物理、化学以年级组为单位,历史、地理、政治、生物以学科为单位,一年内编写出本学科的导学案,导学案的编写依据要完全符合学习目标。在导学案的使用过程中全校资源共享,没有参与本学案编写的教师要提出改进的意见和建议,三年一个循环,进行完善和定稿。

在使用学习目标教学和导学案的作用过程中,学习目标和导学案的编写主要是针对绝大多数学生,对于个别特优生来说可能出现“吃不饱”的现象。所以这就要求教师特别关注一下特优生的发展,采用课外辅导和追加课外作业等形式,让优等生真正的“吃饱”。

加强课程领导，回归教育初心

平度市古岘中学 李宝进

课程在学校教育全程中有着巨大的意义和价值。优秀的课程当从优秀的课程建设尤其是课程设计中来。所以，校长的课程设计领导力，将决定一所学校学生培养的层次和学校发展的水平。校长的课程设计力主要体现在学校课程的价值确定、整体规划和系统建构等诸领域。

确定学校课程价值是课程设计的核心。不论什么学校，其课程的核心价值自然体现为教育的目的。为孩子终身发展奠基，这几乎是所有学校教育课程孜孜以求的共同目标。因此我们学校确定了"为明天奠基"的办学理念。

在这样的通识和共性追求下，我们学校致力于学生素质素养的培养。我们追求道德和人文素养和审美素养的培养。我们根据学校发展历史和具体情况，根据教师素质特点以及整体水平和能力，做出了客观分析和精准判断，从而确定学校的课程价值追求——做有温度的教育。

课程整体规划是课程设计的主体。我们意识到学校课程从价值观确立到建构、实施和评价，是一项宏大的工程，必须要有站位高端的总体构想，要有符合教育规律和逻辑的框架结构，要有保障推进执行到位的环环紧扣的制度设计和机制安排。

课程体系建构是课程设计的关键。我们尤其强调教师课程意识、课程开发能力的培养和增进。近些年来，我们开发了《家乡记忆》《心灵港湾》《文明礼仪》等系列校本课程，实现了指向明晰、重点突出的"育人"功能。我们以"为了自信、从容、优雅和更有尊严的未来"这一学校文化内核和价值观为核心元素，整合国家课程、地方课程和丰富多彩的校本课程，构建起基于学校历史传统、体现教育教学个性的课程体系。

对于教育特别是学校教育价值我们重新进行了科学的认识和理解。教育人最需要的是理性回归教育"初心"，深思"什么是教育""孩子为什么要接受教育""孩子应该接受什么样的教育"这样一些教育"本源"问题。通过这样的思考获得自我觉醒，实现"启蒙"和引领，从而推动教育的顺利"转型"。

　　多年来,各类教育观念、课程理念、教学模式纷至沓来,往往一个口号方才唱罢,另一个理念又忙着登场,校长与教师疲于应付,逐渐失去理性和科学判断,陷入了永无休止的关于"学习者中心课程""社会中心课程"和"知识中心课程"的扯皮纷争中。殊不知,这三类课程各有其特点,各有其价值。对于学校教育而言,应该是兼收并蓄、互补长短。学校引领教师认真辨析清楚,从而在课程设计中综合权衡。就具体课程设计与建设的总体目标而言,就是要在学生全面发展的基础上,"尊重和满足学生的差异性特点和多样化需求",提供选择,彰显自主,达成学生个性和创造精神的更充分、更主动的发展。

　　就一所学校而言,文化是其"精神"和价值观的集中和凝聚。学校课程设计和课程建设应该紧紧围绕学校文化内核而开展。有什么样的学校文化,就应该有什么样的课程,进而有什么样的学生。因此,我们学校课程设计和课程体系的建构,与学校文化建设同步进行。文化的充实和完善,课程的设计和建设,上下联动,左右逢源,共同推动学校内涵和品质提升以及教师能力和素养发展,从而使丰富多彩的课程满足所有学生既全面又个性的发展需求。

融合创新　智能引领　面向未来

——用信息技术构建学校教育新生态

青岛第二十六中学　张艳

　　青岛第二十六中学背依京山,面朝黄海汇泉湾,坐拥人杰宝地。近年来,在"青岛市"互联网＋教育"行动计划"和市南区教体局"十三五"课题"互联网＋背景下的优质学习资源建设与应用研究"的引领下,紧紧围绕"建设崇尚人文的现代化示范学校"的办学目标,确立以教育信息化建设推动教育现代化的学校变革理念,把教育信息化摆在支撑、引领教育现代化的战略地位,构建学校教育新生态。学校先后荣获山东省规范化学校、青岛市数字智慧校园、青岛市创客教育十大名校、信息学奥林匹克竞赛金牌学校、山东省信息化发展试点学校、青岛市智慧校园等称号,并且承担全国信息化大会、青岛市信息化大会分会场任务,在 2017 国际教育信息化大会期间迎接教育部副部长杜占元莅临我校调研信息化教育工作。

接下来我将从学校在变革教与学的方式、研发特色信息课程、完善学业评价系统、构建开放学习空间等方面,开展的积极探索和实践来向大家介绍学校的工作。

一、由翻转课堂到网络课堂，教师 get 职业新技能

（一）技术升级、科研引领，提升发展理念

2010 年学校成立信息化建设领导小组,负责规划、组织协调和统筹管理数字校园建设工作;2011 年学校完成全校互动式多媒体教学平台升级;2014 年完成了校园无线全覆盖;2015 年建成高清微课录播教室,实现了优质教育资源的师生网络共享,最大化地实现了课堂开放,为基于大数据的智慧课堂教学模式实践探索提供了硬件保证。在教育和技术不断融合、创新发展的趋势中,学校先后申报了"山东省翻转课堂教学的理论与实践""基于翻转课堂理念的教学设计研究"等省级重点课题,成为省教育科研规划实践基地。随着实践的不断深入,课堂的变革对教师传统的"内容知识＋教学知识"的二元知识结构提出了变革的要求,需要老师们将技术知识这个新要素,融入课堂,构成未来教师的基本知识框架。

（二）实践研磨，教师新技能升级新课堂

学校以教研组为单位,分析各自学科的特征,按照不同课型研究相应的翻转课堂教学模式、网络课堂模式。老师们在教研、磨课、学习过程中具备了五项新技能。

（1）数字化学习能力。传统的方式已经不能适应知识迭代更新的速度,亦无法承载其近乎爆炸的海量内容,运用信息技术开展学习和基于技术的知识管理将成为教师与时代同行并持续优化自身知识结构的重要能力。

（2）网络研修和社群协作的能力。开展基于网络的备课与研修,进行资源传递、知识分享与思想交流,将帮助教师从个体劳动走向群体联合与协同。

（3）课程设计与开发能力。与校本课程开发不同,信息化时代将更加强调数字化教学设计与网络课程开发的能力。

（4）混合式教学能力。学生的一部分学习已经在网络上发生,教师只有具备"线上＋线下"的教学能力才有可能变"堵"为"疏",取得双赢。

（5）数据分析与数字化评价能力。如同医生手中的 X 光片和 CT 报告单,基于大数据的可视化报表将越来越多地呈现在教师面前,但如果不具备数据分析的能力,可能会影响到今后的教学。

在教研中,基于录播的自诊式教学观察,能更有效的助力教师反思教学。课堂是

教师教学的主阵地,也是教师提升专业能力的重要平台。在录播教室日益普及的今天,学校教研组有计划地组织教师开展基于录播教室的自诊式教学观察,每位教师每个学期至少完成2次录播教学观察,基于可见的、真实的教学行为进行更为有效的教学反思,不断磨炼和提升自身教学水平,为课堂进行教育理念和技术新升级。

（三）转化成果，激励师生成长

适切的改变像春风化雨,滋润着学生茁壮成长,每年高中学校的自主招生考试都是26中学子腾飞的舞台,适切的课程,适切的学习方式培养了学生们综合运用知识的能力、创新思维的能力和良好的心理素质,让他们独领风骚。点滴的成长都会得到领导的激励和专家的引领,在市南区教学工作会上,学校以"风顺正好扬帆时,勇立潮头向未来"为题,汇报了学校开展信息化建设与教学融合,创新研究与实践的收获。学校多为教师荣获信息技术与教学融合课程评选全国一等奖,教学团队成果获评山东省教育教学优质资源。

现如今,在网络中有海量的教学资源,但资源良莠不齐,找到满意的资源要耗费宝贵的时间成本,因此,对教师来说,建设一个具有自身特色的资源库便显得尤为重要。 面对这一现实情况,数学教研组围绕中学数学教与学的主题,从教学实践、教学研究等视角进行资源上传、整理和分享,形成特色资源空间。每当要进行公开课、优质课比赛时,老师们常常自豪的宣称"我们有自己的资源库"。根据学生知识掌握程度和综合素质发展情况开展针对性教学和个性化学习,让泛在化教与学成为一种新常态。在这样的课上,教育更多关注的不是知识,而是对学习能力、价值观的人文关怀与培养。

二、构建创客教育生态系统，以思维创新助力师生人生理想

在当前人工智能、物联网、大数据到来的时代,全球创客运动的蓬勃发展为教育的创新改革提供了新的契机。创客教育融合信息技术,秉承"开放创新、探究体验"的教育理念,以"创造中学"为主要学习方式和以培养各类创新型人才为目的的教育模式,为我们培养创新人才提供了最适合的平台。

我校在开展创客教育的过程中,以培养学生的综合实践能力及创新能力为目标,以创客师资团队为动力,整合知识内容、整合技术研究、整合多学科师资队伍,构建适合师生发展的创客教育生态系统。经过近3年的发展,创客教育已经成为我校特色发展的教育新名片。

（一）注重"做中学"的创客社团课程，激发了学生学习新动力

实施创客课程，我们加强了对学生信息素养和"自主学习能力"的创新培养，物联网技术的生活智能化受到创客爱好学生的追捧，学生们注重教育内外的紧密联动，在"做中学"。

学生们以学科知识为依托，生物创客爱好者创设了自动浇花系统，进而要进一步了解指导现代农业；地理创客爱好者建立了 DRY 气象站，正在探究温度和湿度的关系；物理创客爱好者制作了六足成虫机器人，正在研究他们翻越障碍的能力，将来为现代战争做参谋等等，在信息技术的推动下，学生们用双手实践了自己的创意想法，促进了学生的跨学科学习。

语文教学《中国石拱桥》一课，有一个传统课程内容，要求每个学生尝试做按比例缩小的赵州桥，今年，学生们用创客的方式，准确模拟了赵州桥，并设计了更多种的五花八门的拱桥。网络平台大大便利了学生们交互查看其他同学的作品，当学生们辨析和评价同龄人一些令人吃惊的作品时，这比老师布置的任务更激发了他们的兴趣。由此，创客课程引发了学习方式的转变，学习新动力的产生，老师们慢慢地改变了课堂评价方式的内涵，学习的变革也在悄然中进行。

（二）实现人工智能的机器人社团课程，提高了学生创新素养

我校机器人社团筹备于 2010 年暑假，乐高创意项目、灭火项目、FLL 工程和 Botball 工程挑战赛等竞赛项目多次参加区、市、省和全国各项比赛，并屡获山东省和全国一等奖等好成绩，被评选为青岛市十佳明星社团。创客教育联盟青岛市中小学十佳创客社团。

今年 5 月，我校机器人社团成员参加 Botball 中国公开赛取得联队赛冠军和淘汰赛一等奖的好成绩；暑假作为中国代表队赴美国印第安韦尔斯（Indian Wells）参加 2018 Botball 国际教育机器人大赛，凭借平日里刻苦的训练和赛场上出色的发挥，参赛队荣获优秀展示奖，并以全球排名第 11 的优异成绩荣获淘汰赛一等奖。

自学校开展创客教育以来，学生中有 300 多人次获得竞赛奖项，从区市到全国，从国内到国外都有 26 中学子驰骋赛场的身影。近年来，青岛 26 中被评选为青岛市初中综合实践活动课程实验基地、中青创奥活动实践基地、柴火创客创新教育实践基地和青岛创客教育十大名校。

学生们获得的成绩可喜，更令我们欣慰的是我们已经将科技梦想的种子播种在了孩子们心中。在一次青岛市创客教育经验交流会上，我校一位创客教师曾这样感慨过："在与学生相处的过程中，经常有学生问我，老师：大学里有没有机器人专业？

我想上大学也继续研究机器人，参加比赛为国争光！每当这时，我都觉得自己的努力特别有价值。

在去年还有一个喜讯，就是我校 2014 级毕业生、机器人社团队长韩雅婷同学受益于机器人工程设计的特长和参加竞赛的经历，使她得到了美国 Carnegie Mellon University（卡内基梅隆大学）的青睐，被录取，现已在美国学习智能控制专业。

（三）勤奋耕耘，相伴成长，创客教育成就创客教师的教育梦想

学校创客教育工作的开展不但需要学校领导的准确定位和高位引领的引领，更需要教师团队的深度参与。选择创客项目的关键是学校及师资队伍的优势，学校的优势条件可以为创客项目的开展提供必要的物质基础，师资队伍的水平能够保证学生参与创客项目的深度和广度。我校创客教师团队在努力促进学生成长、为学校争得荣誉的同时，也为自己开拓出了快速成长与发展的通道。目前青岛 26 中创客教育教师团队有 6 人，分别从事 3D 打印设计、c 语言编程、机器人竞赛和开源硬件创新设计等项目的钻研与教学。教师们以科研为抓手，通过十二五课题和十三五课题的研究，积极进行课程开发和探索，以研究的方式解决问题。不仅多次获得全国和省级优秀指导教师荣誉，还多次在市、区范围内举行公开课、进行经验交流。在第二届全国创客教育高峰论坛创客名师评选活动中，薛晓军老师被评为全国创客教育名师。创客教育的机遇，给创客教师团队带来了新的发展动力，教师们在勤奋耕耘中离自己的教育梦想越来越近。

三、依托大数据分析，完善学业评价系统

基于数字化平台下的教育大数据分析，对教师教学能力和学生学业水平的评价，起着重要的改进功能。

（一）学业数据采集与分析系统的即时性、过程性

学校将"学业数据采集与分析系统"应用于教学中，主要采集常态、高频、知识面覆盖全的日常纸质家庭作业数据，从中，我们看到了基于大数据的学习分析技术对教学的帮助。

对于教师而言：①减负提效；②反馈及时；③自动统计分析；④数据可追溯。

对于学生：①自动沉淀错题本；②即时了解成绩；③有的放矢。

对于管理者：①基于数据优化教研活动、改善教研氛围；②基于数据精准定位问题、针对性分层教学；③基于过程性数据追溯，进行教学行为分析和教学效果评价。

（二）网上阅卷系统的可操作性、实效性。

学校自采用网上阅卷系统,提高了老师的工作效率,加强了教学反馈,评价更加及时有针对性,有利于教师及时调整教学策略,提高教学成绩。

四、打造数字化校园，构建开放学习空间。

青岛 26 中学是市南区第一所"国际准二代"现代化学校,借力信息技术和教育素材的数字化结合,学校尝试将诸多"互联网+"的元素加入校园环境建设,充分挖掘数字化手段,在校园一隅,我们建设了"五大"数字功能教育区。

"和乐坊"音乐教育区:搭载了民乐知识介绍墙、DIY 音乐创作室、学生活动全息看板、世界名曲视听区、艺术活动精彩回顾廊等内容,广受学生欢迎。

"创智空间"信息教育区:PAD 教室、录播教室、北极星创客、机器人爱好者工作室,信息技术室等。

"视界窗"大学教育区:呈现了国际视野、大学梦想、校友成长三大板块。

"乐体汇"体育教育区。

"怡心阁"心理咨询区。

桃李无言,下自成蹊,从某种程度上看,教育环境建设也是学校的静态课程建设,这为数字化时代下,为学生学会通过网络从全世界获取有用的信息资料,与世界开展沟通、合作与分享提供了可能,学校的每一个角落都有可能成为学生们的泛在学习场。

几年的建设和研究,我校融合信息技术构建的教育新生态已初具雏形,并产生了令人欣喜的变化。我们学生的学习呈现两大转变:一是思维方式的转变,遇到问题不是第一时间找老师,而是学生先自我探究,再同伴合作研讨,最后与老师讨论求证的思维模式;学习方式的转变,从以书本课堂为主题的学习转变为数字化环境下开放学习空间自主探究。老师从权威的传道授业者转变为师生共同学习的引领者。从学生在校学习的管理者转变为学生成长的助力者。学校从一个让学生接受教育的场所变成学生全面成长的平台。

"互联网+"是全面深化课程改革,落实立德树人根本任务的必然要求,"互联网+"能够撬动学习流程的再造,能够撬动学习时空的延伸,能够撬动学习方式的转变,能够撬动学习新动力的发生。为持续推动信息技术与教育深度融合,构建一体化的"互联网+教育"新生态,整合各级各类教育资源公共服务平台和支持系统,逐步实现资源平台、管理平台的互通、衔接与开放,融合众筹众创,实现数字资源、优秀师资、教育数据、信息红利的有效共享,助力教育服务供给模式升级和教育治理水平提升。

我们努力着,我们期待着,"互联网+"环境下的教育新生态拥有更高质量、更加公平和更加美好的未来。

开拓国际视野 理解多元文化
——国际理解教育的学科渗透和课程建设研究

青岛第二十六中学 张 艳

习近平总书记在党的十九大报告中指出"不忘本来、吸收外来、面向未来",这为我们在经济全球化背景下做好教育国际化工作提供了强大思想指引。

教育国际化有一项非常重要的内容,这就是国际理解教育。近年来,平度实验小学、青岛第二十六中学等八所学校,结合自身工作实际,认真研究规划国际理解教育发展方向,学习借鉴国际先进教育理念,在课程建设上聚焦孩子终身发展,积极探索国际理解教育理念的学科教学渗透,取得了一些成绩和经验。

一、适当拓展学科知识,丰富学生国际理解认知

国际理解教育涉及的内容很广泛,可能包括一个国家或民族的许多文化现象。我们课题组以"国际理解教育的学科渗透研究"为方向,开展国际理解教育学科教学渗透的研究和学校课程建设。我们以学科教学为载体,潜移默化地开展国际理解教育,在学科教学中重新审视教材,以案例和资料丰富教学内容、拓展理解深度,让学生更多地感受国际理解教育理念。

青岛26中的英语学科,注意介绍外国文化,包括英语国家的历史地理、风土人情、文学艺术和价值观念等。该校的"读者剧社"活动,有意识地提高学生的文化意识,培养跨文化交际能力;以"京山论坛"为载体的"我眼看世界"活动,通过对国际节日、涉外礼仪以及世界文化学习方法的介绍,让学生初步了解国际交往极其应注意的方式方法,拓宽了文化视野。

青岛国基外语学校,在英语教学中渗透国际理解教育,持续提升学生对国际理解教育的认识。例如,在讲解表示"颜色"的英文单词时,分享不同民族对颜色的不同

喜好,发现不同的审美情趣,体味单词背后的文化内涵。在讲解"red"这个单词的时候,让学生知道,在西方观念中,红色往往表示冲动、革命和动乱,而汉语中的"红"则蕴含着"喜庆、吉祥、成功、革命"等意思,进而让学生联想到党旗国旗的红色,唤起他们的爱国情怀。

青岛宁夏路小学的语文课,在介绍语言文字的同时,还关注文学作品中所表达的风土人情;他们的音乐课,不仅讲授音乐知识,还介绍外国歌曲的来源和文化内涵;他们的美术课,注重探讨美术的时代特点,拓展了学生的知识面,增进了对多元美术文化的理解。

二、充分挖掘学科主题,找准国际理解教育学科教学渗透点

国际理解教育的学科渗透是以学科教学为载体来实现的,因此要充分挖掘学科教育与国际理解教育的交汇点,在突出学科教学内容的同时,体现国际理解教育理念,实现两者的有机渗透,避免"两张皮"和生拼硬凑。

莱西四中的英语教学,注重以尊重、理解、包容的态度看待英语文化和国文化。他们以七年级下册《Unit 8 I'll help to clean up the city park》中的"志愿活动和慈善"为主题,既讲解中西方相通的志愿服务意识,又介绍中西方慈善和志愿服务的不同。在讲授《Unit7 Why do you like pandas?》时,以"描述动物和表达喜好"为主题,深度挖掘背后的情感态度,通过大量图片和视频等直观材料,介绍泰国大象的有关情况,让学生感受许多野生动物濒临灭绝的现状,明白"没有买卖就没有杀害"的道理,引导其关注国际意识和国际问题,呼吁保护动物、与动物做朋友。

平度实验中学在数学、语文、历史、地理等多学科教学中融合国际理解教育,凡涉及国外文学作品、风土人情、发展历史的章节,都会事先安排学生在课下搜集相关资料,作为课堂教学的延伸。老师们也会适时讲解相关知识作为课本内容的补充。比如:数学老师在讲"勾股定理"的时候,会介绍古希腊数学家欧几里得的生平以及他在几何领域的杰出贡献,使学生在掌握数学知识的同时,感悟国外科学家的非凡人生。

青岛26中的语文教研组老师,重新审视初中三年的课文,挖掘国际理解教育的内涵。在语文课堂上,既有针对性地讲解人类共同的价值追求,也关注民族精神的差异性,在传承中华文化的同时,理解和宽容异族文化。比如:在讲解《热爱生命》时,引导学生体会生命之脆弱,珍惜生命的美好,形成积极的人生态度;在讲授《丑小鸭》时,倡导在逆境中坚守对美好生活的追求;在讲授《列夫·托尔斯泰》时,倡导追求精神世界的完美;在讲解《威尼斯商人》的戏剧冲突中,引导学生体会民族宗教矛盾,

关注现代社会的人权与平等；在讲解《生物入侵者》时，体会人类活动带给大自然带来的影响；等等。

三、借助恰当的情境和视角，提升学科教育的人文价值

我们以为，国际理解教育是尊重理解不同民族文化，树立文化多样性的价值观教育，它是隐性线索，有助于提升学科教学的价值。学科教学则是显性教育内容，是国际理解教育的平台。我们尝试以多种方式在学科中渗透国际理解教育，提升学生素养。

青岛26中地理课堂，帮助学生开阔视野，摒弃以自我为中心的狭隘观念，以宽容的态度对待异质文化。七年级地理课上，老师们在介绍地图基本知识的同时，向学生展示不同民族、不同时代绘制的地图，让学生们看到，有的世界地图是以太平洋为中心，有的则是以大西洋为中心，启发学生思考本民族与世界的关系等人文问题。不仅开阔了学生的眼界，提高了学习兴趣，也找到了国际理解教育与地理课程的共同主题——培养全球意识，升华地理教学的人文价值。

四、开发精致学校课程，丰富学生感知体验

我们根据学生的不同认知水平，设计开发国际理解教育学校课程，合理确定课程目标，突出课程资源建设的开放性、多元性，服务于学生的体验学习和探究学习，让学生在社团活动、仪式感悟、互动交流中理解多元文化。

莱西四中学校课程《含英咀华》中的情景剧表演和英语美文欣赏等，以国际理解教育为主题，结合学社会实践活动，让学生在主动参与中较为全面地了解世界多元文化，形成全球概念。

平度实验小学注重社团文化健康发展，着重发展围棋、民乐、西洋乐、国画、书法、古诗词吟诵以及象棋、歌舞等，既有民族特色又体现国际理解的社团组织，并进行社团课程化探索。

平度市实验中学的"国际文化宣讲团"，定期用英语向全校师生宣讲不同国家的历史文化、发展现状，既营造了浓厚的学英语氛围，又让师生了解了其他国家，增强了全球命运共同体意识。他们的"模拟联合国社团"，聚焦国际妇女儿童权益、难民保护以及战争与和平等热点问题，以英语表达观点、商讨办法，培养国家思维和公平正义之心，增强了对不同国家、不同民族的理解与包容，也提高了解决实际问题的能力。

青岛国基外语学校，组织韩国留学生参加中韩诗歌朗诵比赛，增长了学生的见

识,加深了两国学生间的理解,丰富了文化艺术交流。

青岛宁夏路小学的美术课增加了陶艺项目,体育课增加了游泳、击剑、柔道、手球等项目。他们开设"雅韵生活"必修课程,渗透礼仪教育、合作教育,有利学生感受更广阔的学习领域、更丰富的学科知识。他们还开设"创客生活"选修课,全校学生周四下午统一走班上课,强调动手实践、创意思维,显著提高了学生的创新能力。

青岛26中积极开展综合实践社团课程建设,开设了"看电影学英语""听歌学英语"等学校课程;完善"英语剧社""模拟联合国""3D打印""北极星创客社团"等一批社团组织,激发学生兴趣,开阔国际视野;以"遇见美好""HELLO朋友"为主题,开展新生入校仪式课程,点亮孩子生命中最为重要的时间节点,让学生以更为开阔的眼光接纳自己沟通世界;"感动十四岁""感悟青春辩论赛""感谢成长"等活动,帮助学生感恩父母,体会竞争与合作,也让他们在回顾成长中思考自己的未来。

平度实验小学关注中国传统节日,在清明、端午、冬至等节日,组织开展踏青、包饺子、包粽子等实践活动,让学生感受和传承中华优秀传统文化。在"母亲节""父亲节"等世界性节日开展特色活动,讲解世界各国不同的庆祝方式,感受不同文化、不同信仰、不同种族的人民,对美好情怀的共同追求。

以上,就是我们几所学校在国际理解教育方面的一些尝试,不当之处敬请领导和同志们批评指正。今后,我们将继续探索国际理解教育的方式与方法,弘扬中华优秀传统,坚定中国文化自信,倡导多元文化学习,为培养担当民族复兴大任的时代新人,做出更大的贡献。

让校园外的精彩亮丽孩子们的世界

西海岸新区实验初级中学　李　颖

习近平总书记在全国教育会议上指出,教育的根本任务是培养德智体美劳全面发展的社会主义建设者和接班人。这是我们作为基础教育必须完成的光荣使命,又是学校高质量创新发展的紧迫课题。如何破题?近年来,我校将研学旅行作为一条重要途径,进行了有益探索。

实践告诉我们,不管以何种方式、渠道培养人,教育目的最终要通过课程来实现。

没有科学规范的课程体系,研学活动就容易流于盲目的旅行。为此,我们积极打造具有国际对话能力、符合学校文化精神、基于学生身心特点的研学旅行课程体系。

我们把研学旅行课程按班级、区内、国内、国际分为四个层级,每个层级遵循"自主·体验·力行"原则,分别开设爱国主义、传统文化、团队拓展、学科素养、公民意识、国际理解等不同主题。每一次研学,包括"给家长的一封信""研学背景""研学行程""研学课程"等11个要素,涵盖从组织管理到成果检验、展示的全部内容,达到了研学过程与目的的无缝链接。

打造班级课程,满足个性需要。每一个班级在班主任和全体同学的共同磨合和努力下,按照自己独特的班级文化、管理模式、个性需求,以及家长建议,合力自主研发班级研学课程。学校研学领导小组就班级研学课程方案、研学安全预案、研学活动手册给予个性化指导,与班主任、家长代表提前实地勘察研学路线,全程参与或跟踪研学过程,确保研学课程高质量实施。目前,我们已研发出新华书店读书研学课程、唐岛湾徒步课程、养老院感恩课程、海尔工业园实践课程等1000多门班级研学课程,满足了学生个性化发展需求。

打造区内课程,体验乡土文化。借力区教体局遴选出的研学资源丰富、主题特色鲜明、教育功能突出、组织接待成熟的200余个研学旅行合作基地,结合学校育人目标,根据学生身心特征和发展需求,研发出传统文化体验、科普创新教育、人文景观考察、社会体验、现代化工厂考察、国防教育、安全教育等50余门系列区内研学课程,学生全员参加。

打造国内课程,培育家国情怀。为增强学生爱国情怀、汲取中华文化精髓,引导学生为中国特色社会主义奋斗终身,我们研发了系列国内研学课程,让学生领略祖国大好河山,感受国家繁荣昌盛,追寻历史足迹,体悟博大文化,增强团队协作、实践能力和创新精神。目前我们已开发出"踏寻红色足迹,传承沂蒙精神"沂蒙红色之旅研学课程、"驰骋广阔草原,领悟大美中国"乌拉盖研学课程等20余门国内研学课程,学生自愿报名,近10000人次参加活动。

打造国际课程,引领世界眼光。为培养学生国际理解与国际交流能力,我们积极引进国际优质教育资源,研发系列国际理解课程,让学生站到世界的舞台,实现国际课程校本化。目前我们研发出韩国姊妹学校研学课程、加拿大友好学校研学课程、日本工匠精神研学课程、英国贵族文化研学课程、美国现代教育研学课程等10余门国际理解课程,以更高远的历史站位、更宽广的国际视野、更深邃的战略眼光,培养高素质创新人才。

青大附中的课堂教学研讨活动

青岛大学附属中学副校长　彭念东

课堂,就像战士守护的阵地,像医生救死扶伤的手术室,像话剧演员钟爱的舞台一样,是教师实现生命价值的地方。它既是学生收获知识、培养品格的地方,也是教师实现教育理想、获得自我成长的主阵地。课堂教学,不仅仅是知识的传递与接受的过程,更是师生共同成长、实现健康生命样态的过程。

近几年来,为调动每位教师积极参与课堂教学改革,加强学科教研组的教研集备,有效改进教学方式,提升课堂教学质量,青大附中每学期均开展以"构建和合课堂精神,增强生态课堂活力"为主题的教学研讨活动。主要开设三种课型的展示课。

(1)骨干教师引领课:教研组长组织组内有经验的骨干教师开展基于学科知识与能力,突出学科素养的示范课、引领课和微课题研究课,让组内老师共同研讨,共同分享,共同进步,引领每位教师都能规范上课,有效上课,驾驭不同课型。

(2)新教师亮相课:为充分调动新教师的教学积极性,帮助其快速融入青大附中教师团队,更好地理解和践行成全教育理念,提升专业素养,针对本学年新入职的教师开展亮相课,为其搭建展示自我的平台。

(3)智慧课堂展示课:学校自2017年开始在初一学生中使用智慧课堂,到2019级新生入校的时候,智慧课堂教学系统已在全校普及,人工智能与大数据时代正式到来。各年级、各教研组基于动态学习、数据分析和云、网、端的运用,实现课前、课中、课后全过程应用智能,丰富了课堂表现形式,提高了学生的学习兴趣与效率。

每学期,全校教师开设各级展示课的数量在100节以上,开课人数达全校教师总数的60%以上。每堂展示课,都凝聚着教研组集体打磨的力量和最高的学科智慧,不仅有组内教师参与,还有很多老师是跨学科听课。课后针对本节课的课标落实、重难点突破、双边活动、问题设置等一系列问题,大家会进行进一步地评课与交流,分管领导亲自参与评课,真正实现"一人开课,多人提高"的合作双赢局面。

同时,围绕全面实施素质教育,立足学科核心素养,提升创新实践能力,学校继续系统整合必修课程,着力开发选修课程,打造具有学校特色的校本课程。

初一年级共开设了 31 门兴趣选修课,内容涵盖科学技术、创新实践、体育竞技、人文社科和艺术鉴赏五大板块,由外聘优秀师资力量和我校学有专长的教师共同承担授课任务。首次将头脑奥赛的基础赛项纳入兴趣选修课程,与学生社团活动充分整合,尊重学生个性,发挥学生潜力,关注学生创新思维和实践能力的培养,全面提升学生综合素质。

我校还与河南嵩山少林寺武术馆合作,将《武蕴和合中华武术》校本课程引入体育课堂。全校体育教师与武术教练统一集备,一起教研,将武术校本教材与体育健康课程标准紧密结合,让每一名青附学子通过校园体育课感受学习武术文化、体验获得武术精神。

为了贯彻落实《国务院办公厅关于全面加强和改进学校美育工作的意见》和教育部、省市教育部门关于进一步加强学校艺术、体育教育工作的通知要求,全面落实青岛市中考改革新方案,我校对体育、音乐、美术学科的评价方式开展了进一步的积极探索与尝试。除将体育学科纳入期末统一测试之外,首次将音乐、美术综合素质测评纳入期末检测当中,并随年级统一开展质量分析。体育指导中心和艺术指导中心分别制定了《青大附中体质健康目标效果测试实施方案》和《青大附中学生艺术素质测评实施方案》,为中考改革后的体育、艺术过程性评价提供了重要依据。

学生是课堂教学的主体,而教师则是课堂教学研究的主人,如何做学生学习和发展的促进者、引导者,如何成为教育资源的开发者、设计者,需要我们每一位教师都能扎根课堂,坚持问题即课题,心动就行动,潜心研究,才能更好地立足课堂。

提升课程领导力,增强学校软实力

青岛西海岸新区外国语学校　薛秀花

近年来,我们行走在新课改的前列,汇聚学校教师智慧特长,传承学校优秀传统,充分挖掘各类课程与教学资源,优化学校课程体系,推动学校特色发展,增强学校软实力,提升核心竞争力。

一、落实国家课程的校本化实施

薛校长多年坚持参加青岛市名校长工作室,坚持深入课堂教学一线,听课、评课、召开课堂教学评估会议,摸清课堂真实情况,分析教学动态,抓住主要矛盾,研究如何改革教学过程、教学方法。此外,还实施一系列措施,全面引领教师落实国家课程方案。

(1)深化课程改革,实行领导挂科制度。认真落实"三级课程"管理体系,开齐开足并整合国家课程,创造性实施地方课程;挂科领导全部深入教学一线,参加座谈、教研集备、随堂听课;推进"自主研修、合作探究"课堂教学模式和"1+1互助合作教学"模式,打造优质高效课堂。采取日清周结、联合检查、视频查课、现场办公、分层作业等一系列措施,保障国家课程得以高效实施。

(2)加强教研组建设,提升课程团队能力。学校实施科研兴校工程、青蓝工程、骨干教师培养工程、青年教师培养工程;成立名师工作室、名班主任工作室,加大校本培训和外出培训力度,进一步实现教师发展和教学质量双赢局面。

(3)实现互联网+教育计划。学校建立开放的教育资源公共服务平台及内容丰富的教学资源库,加强教案、课件等教研成果的收集和上传,丰富校园网络内容和内涵;着力提高教师应用信息技术的水平,优化学科课程与信息技术的整合,要求达到并超过学校五年发展规划目标要求。提高学生利用现代信息技术手段主动学习、自主学习的能力。

二、强化校本课程的开发建设

学校遵循"课内内容整合化,课外内容课程化"的思路,充分挖掘学校课程潜力,开发校本课程和选修课程,形成完备的、既能体现基础性又能针对不同学生发展需要的具有学校特色的多元化课程体系。

(1)完善校本课程体系。学校充分利用社会资源和校内空间,优化课程结构,开出了40余门比较成熟的校本课程,学生参与率达100%。除模拟联合国、一带一路、包括日语、法语、德语等小语种在内的第二外国语课程等国际理解教育课程外,还开设包括科学探索、机器人、计算机编程、生涯规划、各种实验探究、艺体特长等课程在内的科技创新课程、人文教育课程、实践体验课程、社会考察课程;进一步完善学校课程的师生评价制度,全面推进学校特色发展。

(2)构建"大阅读"课程体系。落实《青岛市"十个一"项目工程计划》和《青岛西海岸新区大阅读活动方案》,据此制定学校的实施方案,开展单篇经典阅读、群文阅读、整本书阅读三个系列课堂教学研究,两周一次主题阅读研究课及课前3分钟读书心得分享,保证学生有足够的阅读时间;学校每学年开展一次"校园读书节"活动。读书节期间,结合自主阅读、经典诵读、主题演讲、征文、故事、手抄报、读书卡片制作等周主题活动,评选出"书香少年"和"书香班级"。

学校成立"青年教师读书班"。每月举办一次青年教师读书会,以座谈沙龙、集会演讲、故事分享、美文诵读等方式,分享阅读心得,形成师生共读的良好氛围,全面扎实深入地推进大阅读工程。

(3)践行"活动即课程"理念,搭建综合实践课程平台。每学年结合学校各类活动的开展,给学生搭建相应的综合实践课程平台。如新生入学课程、国防教育课程、青春仪式课程、毕业季课程、心理健康教育课程、科技活动课程等,全面提升学生综合素养。

只有着眼于课程领域的改革,才能突破学校发展的瓶颈,增强学校软实力,办人民满意教育。而这,正是校长课程领导力的目标所在。

平度市西关中学建立学习中心

平度市西关中学　张国锋

西关中学张国锋校长对以学定教,建立学习中心有自己独到的见解与措施,他亲自指导教师研究目标导学、制定学习清单、研究高效课堂,正像他在云南沧源讲学时提到的,高效课堂的搭建除要抓住关键人物、关键环节外,还要抓住关键内容,而目标导学、学习清单就是张国锋校长说的抓"关键内容",他的做法主要有以下几点。

(1)确立"领头雁",先是进行骨干教师的培训,在西关中学"动——静六环节"合作教学模式的基础上,针对新中考政策,推进目标导学,倡导积极研究教材,研究课标,研究中考题,确定重难点,督促教师做到对教材的精准把握。

(2)对40岁以下教师进行精准指导,积极听课、评课,深入教研组一线参与教研活动,针对发现的问题,对学科集备中出现的关于目标导学的困惑,及时作出讲解与指导,并集中进行讲学、案例展示,亲自引导;再从年轻教师成长的角度出发,引导教师加深研究教法学法,走专业成长之路。

(3)建立教与学清单,确保落实。在备课组统一制定一周学习清单的基础上,教师个人针对自己班级的实际情况,量身定做一个个性化学习清单。从学生最需要学习的地方学起,从课堂重难点学起,从考试经常用到的知识点学起,做好课堂检测。在认真学习的基础上,教师精新研究课堂检测题,争取当堂目标当堂完成,学生明确学习内容和目标要求,切实提高学习的高效;同时采取"统一命题、统一时间"的方式,组织组教师开展晚间作业和周末作业的研究,以此检验学习效果,实现"以练促学、以学促教"的目的。

(4)每周拟定问题整改清单,对照本周每节课存在问题,建立针对性强、确保"能落地"的整改作业,明确存在疑惑的内容和标准,实行逐个问题"挂号",逐项内容"销号",切实做到带着问题学,针对问题改,把解决本周留存问题作为检验"高效课堂"是否取得成效的落脚点。确保每一条知识点都梳理的清清楚楚,明明白白,切实做到"对症下药",形成了精准化推进学生学习、老师教学工作、标准化提升课堂高效的良性工作机制。

(5)智慧教育时代的来临,学习方式也在不断发生深刻的变革。从传统书本黑板的你讲我听,到希沃白板、线上微课、人工智能等多维互动,学生学习手段变得更加多样,学习途径有了更多选择,教育也因此面临更多元化的挑战。张国锋校长除了课堂进行精准指导,做到堂堂清、周周清之外,还深度挖掘课内外可利用的一切资源,积极推介课后网空中课堂名师在线,组织一线骨干教师统一授课,推介乐教乐学等媒体资源,让老师和学生在工作中能持续更新自己的知识储备和结构,成为一个勇于挑战、不断超越的新时代的智慧学习者。

在合作中探索,在交流中领悟

——"小组合作学习模式"初探

崂山五中 陆典民

自我校跟南师大合作办学以来,南师大为我校带来了先进的教学理念,"合作对话探究"小组合作教学模式一直在探索,结合近几年的实践,我对于合作学习进行了一些梳理。我认为要有效地开展"小组合作学习模式",必须建立一套科学而全面的操作体系。下面我谈一下我在我们班开展的小组合作学习。

一、小组的建立

1. 合理分配小组成员

要充分发挥小组学习的功能,分好小组是前提。首先要根据学生的基础知识、学习能力、智力状况、性别、心理素质、兴趣爱好等各个方面进行综合评定,然后按照"异质同组、同组异质"的原则进行分组,每个小组5～6人(5号和6号)。依据学习基础,每组有两名优等生(1号和2号),两名中等生(3号和4号),一到两名学困生(5号和6号)。这样做既能保证小组内各个成员之间的交流和学习,也便于各个小组间开展公平竞争。除了考虑学生的学习成绩外,还需要考虑每组成员的性格差异和人际关系,争取让每个小组成员间形成性格互补和团结和谐的关系。今后在学习过程中,还应该根据学生的学习情况适当进行人员调整,以保证小组间学生竞争的活力,增强小组内学生合作的凝聚力。

在实践中我们一般分为6个小组,在平时的学习中,1号和2号自学并教5号和6号学习,3号和4号互相学习。分好组后,让各小组发挥集体的智慧,给该小组起名,设计组徽和口号。并制成组牌,摆在桌子上,时刻提醒学生是改组成员,要为小组争光,从而在无形中培养了学生的集体荣誉感。走进我们班会看到五颜六色的组牌,那是我们的六个小组"曼巴科比、奇思妙想、超越自我、风华正茂、扬帆起航、英雄联盟"六个小组。

2. 明确小组成员责任

建立了合作学习小组后,明确小组中每一个成员的责任,要突出每个个体的作用,使每一个人不仅要对自己的学习负责,还有帮助他人进步的义务,要为所在小组中其他同学的学习负责。一个小组,只有在一个好的小组带头人的带领下,才能始终如一地围绕某一个中心议题开展讨论、探究,开展有效的学习。同时,组长又是教师的得力助手,是联系教师与全班学生的纽带。因此选好组长,直接关系小组学习活动的效率和成败。小组长要选择有一定的号召力、责任心、协调能力强的学生。6人小组内,除了组长外,还设置了一名副组长,小组长主要负责讨论过程中的组织和裁判,检查本组同学对所讨论问题的掌握情况;副组长主要帮助组长整理讨论过程中小组成员发言,特殊情况下能准确而快速地记录本组讨论成果;就目前来看,原来不愿学习的学生,也能认真参与小组讨论,并积极为本组集体展示而表现自己。组内分工落实后,要引导学生懂得"分工不分家"的道理,对每一个同学所担任的角色可根据教学情况定期作适当的调整或轮换,以增强学生的责任感和学习的积极性。

二、合理进行小组评价

（一）小组成员的评价

（1）学习过程评价与学习结果评价相结合,侧重于学习过程的评价,体现"不求人人成功,但求人人进步"的理念;

（2）对合作小组集体的评价与对小组成员个人的评价相结合,正视学生的客观差异,侧重于对小组集体的评价;

（3）评价的内容包括小组活动的秩序,组员参与情况,小组汇报水平,合作学习效果等方面进行;

（二）班级小组合作具体实施

在班级里对学生个人和小组进行量化,包括纪律、卫生和学习三部分,采用加减分的形式,由纪律委员负责。每周一小结、每月一大结,及时对学生的表现进行总结,进行诸如最佳学习小组、最佳小组长、最快进步奖等评选活动。

（三）学科小组合作学习具体实施

在评价方面包括上课表现课后作业以及平时的检测。在课堂上,对于重点难点的问题,会让小组开展合作学习,从 6 号开始,每一个同学都要表达自己的意见,其他小组提出改正意见。然后指定每组同号学生起来回答,根据回答的情况给予加分。课后作业,对于没有及时交作业以及作业不认真的给予减分。平时检测,公布个人以及小组分数,并公布各组总分以及平均分,进行排名,然后根据名次情况加减分。这样大大的调动了学生的学习积极性,及时那些不愿意学习的学生也必须要学习,因为他一人的学习成绩不仅仅是他个人,更重要是关系到集体的荣誉,一荣俱荣,一损俱损。这样把整个评价的重心由鼓励个人竞争转向大家合作,使每一位学生树立学习的信心,激励学生不断提高小组合作活动的水平,从而达到由个人目标的达成促进小组团体目标的达成。

三、当前取得的效果和存在的问题。

例如,在七年级一班,进行小组合作学习模式已经将近两个多月的时间,通课堂观察,发现本班分组前后的语文学习状况发生了这样的变化。

课堂上,每个组的学生基本上能紧跟学习的思路,很少出现开小差或者不动笔不学习的现象。在组里进行活动时,学生能认真对待,听写字词,谈论问题,合作读书,都进行得有条不紊。连那些学困生,也能改正原来置若罔闻的学习态度,参与学习。

在交流中,学生能挖掘到解决问题的方法。从学生回答的质量看,合作交流从一定程度上提高了学习的效率。因为增加了小组间的竞争意识,积极发言机会和展示机会的现象比原来好很多。

但是,由于这样的探索刚刚开始,学生和教师都还不能完全灵活运用和驾驭"小组合作学习模式",也发现了一些需要重新考虑的问题。

(1)如何激发每一位学生积极参与小组讨论。在组里,有很多学生只是听众,还不能积极大胆发表自己的理解,原因是学生还不习惯这样讨论,多年的拘谨依旧影响着他们的学习方式,另外,可能有的学生对问题缺少必要的感悟和领会能力,面对问题,他们感觉无话可说。

(2)如何加强组之间的合作与竞争。每个小组不能孤立于整个班级学习之外,组之间如果能适当进行合作与竞争,应该对课堂浓郁学习氛围的营造起到推波助澜的作用,同时也能保持学生开展"小组合作学习"的长久热情。这个方面,还需要一个恰当的管理引导机制。

(3)个别组开展的讨论还显得简单和肤浅,甚至互相看看参考书,偶尔交流几句就应付了。这样的学习状态,和小组成员的关系以及组长的协调能力有关,要加强正确引导,对组长进行单独培训,逐步让组里的活动走向正常化。

没有任何课堂改革能轻松打开陈旧的局面,也没有任何课堂改革不需要持之以恒的努力。在小组合作的路上,尽管遇到了艰难险阻,但是经过老师和同学们的齐心协力,相信我们的小组合作学会为我们的课堂教学带来优势。

有教无类,学生为主体

——潮海中学构建和谐、高效课堂几点做法

即墨区潮海中学　黄祖润

课堂教学是学校实施教育的主要形式,是学校教育教学的主阵地,是学生健康成

长的主阵地。但长期以来,课堂教学却存在着一个严重的问题,即学生在课堂上缺乏创造力得以发展的学习空间,缺乏一种关系和谐、能力发展的教学氛围。表现:在课堂上教师的权威高于一切,理性霸权横行,学生成了老师的附庸。教学活动变成是一种我讲你听的"灌输式"和"训养式"的活动,学生成为接受知识的"容器",教师缺乏对学生人格的尊重。

课堂的和谐与否对学生的全面和谐发展起决定性作用。因此,如何构建和谐高效的课堂结构,促进学生和谐发展,就成为学校教师要解决的问题。

为了能让学生在轻松和谐的课堂氛围中完成学习任务,潮海中学在实际教学中主要做法是主要有以下几方面。

一、面向全体,有教无类

我们的课堂提出的口号是:不让一个学生掉队。所以不管学习能力强弱,成绩好赖我们都全力以赴教好。而能做到面向全体就是摒弃功利心,对学生有爱心。有一份调查表明,无论是学生,家长还是教师自己,在对教师素质的重要性进行排位时,都将"热爱学生"放在首位。大教育家孔子就提出"有教无类"的主张;我国近代教育家夏丏尊认为,教师没有爱,就像池塘没有水;在国外,夸美纽斯主张在"和蔼可亲和愉快的气氛中喝下科学的饮料"。众多教育家都提到师爱的重要性,因此,充满师爱的课堂才是高效课堂的基础。师爱是"泛爱",而不是"偏爱",这种爱是无私的、公正的、是面向全体学生的。无论学生的成绩优劣、素质的高低、也不论学生家庭的贫富,教师都应一视同仁,坚持平等的原则。师爱是"严爱",而不是"溺爱",教师的爱应"严慈相济",这就要求教师态度上和蔼严肃,行动上细心关怀。

二、大胆放手,培养合作

我们真正正常的课堂不是靠教师在讲台上的精彩表演,不是靠几个好学生的呼应,而是靠全体学生的共同参与。所以,我们主张课堂精讲多练,大胆放手,把课堂时间给学生,让学生忙起来,动起来。课堂上教师是引路人、点拨者,而真正动脑筋、想办法的是学生。

在课堂教学中往往成绩好些的同学比较主动积极,成绩稍差的同学时常表现得比较被动。如何调动起这部分学生的积极性,让学生与学生之间互助学习,这就是我们老师在课堂上主要应该做的事情:培养学生合作能力。以好带差,以强带弱,从而提高课堂效率。

新的课堂教学理念要求学生间的关系应体现:平等、互助、合作、竞争,其中最重要的就是合作,我们要求教师重新审视自己的教学,重点关注学生之间的互助与合作。课堂上,学生充分经历想一想、比一比、看一看、摆一摆、量一量、说一说、议一议等过程,从而获取知识,提高技能,发展思维。

三、分层测评，当堂巩固

课堂精讲,加大练习,最后测评,当堂巩固。测评内容按难易分档,分必做题和选做题两大类,让每个学生都尝到收获学习成果的快乐。当堂测评,及时反馈总结,课下作业布置有针对性,真正做到查漏补缺。

总之,为了促进学生全面健康的发展,教师要让课堂变得更活泼、更自主、更和谐、更高效。

"和谐互助"课堂改革探索感悟

青岛市即墨区第二十八中学　李志刚

自2004年起,山东省青岛市即墨第二十八中学研究推广"和谐互助"教学策略,这些年来不断完善、不断发展,成功在全国范围内引起强烈反响。

一、教育智慧诞生在一线，教育思想成长在一线

本校的办学传统和课堂实际是构建愉悦课堂的最佳土壤。2004年,我到任即墨28中校长时,学校已经是区里的品牌学校,无论是办学条件,还是教师素质都位于前列,承载着当地社会对初中教育质量的最高关注与最大期望。如果按照老套路,通过严抓教师来提高教学质量,学校还会有一定的提升空间,却不会很大。于是,我将目光转向学生,并将研究重点定位在课堂。即墨二十八中40多年来坚持"学雷锋",早已成为一种学校文化。一位青年教师尝试让学生在课堂上"学雷锋",即让学生教学生、学生帮学生,其班级教学成绩在全年级异军突起。这让我们看到了课堂改革的契机,借助改革课堂来调动学生学习的积极性,对教学质量的提升具有非常大的作用,这就是"和谐互助"教学策略的萌芽。从一个人的尝试到一个教研组的研究,从教

研组到一个级部的实验,最后再到全校推广,这样自下而上地历时三年,我们建立起"和谐互助"的雏型。这三年的摸索研究过程不仅是改革的历程,更是转变教师观念与行为的过程,是在课堂改革中必不可少且至关重要的。虽然这种课改形式在刚开始不久时举步维艰,但是它来自教师一线,其推广比我们照搬一套理论更容易让师生接受,因为扎根于本校实际,更具内在的生命动力。

二、模式是一个悖论,可以学习模式,却不能迷信模式

我们要清醒地认识到,课堂改革不是打造出一套模式,而是要落实课改精神,回归教育本质。不管是我们建构一种模式,还是学习名校的一种模式,都不能仅仅打造其形式,而要将模式中所蕴含的精神研究透彻。"和谐互助"教学策略原来在即墨二十八中被称为"和谐互助"模式,因为我们也将课堂设计成"五步十环节"的模式流程,便于教师们熟练操作。"模式"容易让老师们只关注课堂的流程形式,而"策略"则暗示教师要关心教学技巧。在"和谐互助"教学策略的"五步十环节"流程中有两个核心精神:一是学生多学,教师少"教",我们在每大步的两个环节里必须设计一个学生活动环节,用这种形式强制教师少讲,这是改变教师传统授课习惯的有效手段;二是学生互助,在课堂的"五大步十环节"里,不管是学生活动,还是教师点拨环节,都是在同桌师友的二人互助中完成,这既是为了高效学习知识,也是为了在潜移默化中达成德育目标。我们在操作过程中要求新教师严格按照课堂流程来组织课堂教学,而终极目标却是要求老师在脱离这个模式后,还能熟练地达成两个核心精神的要求。

三、一个人可以走得很快,一群人可以走得更远

教师是课堂的第一资源,组织、激励教师投入课堂改革是成功的关键。无论校长有多么先进的教育理念,多么高超的教学技巧,都只能通过教师作用到学生身上。在研究推广"和谐互助"教学策略的过程中,我们也曾遇到老师的不理解,甚至抵触。我们只有通过反复的培训与激励,才能不断改变教师的观念与习惯。例如,我们通过拓展外出学习机会,邀请专家做专题讲座,冲击教师观念,坚定教师决心。我们用"和谐互助"示范课、汇报课、过关课来锤炼教师本领,鼓舞教师信心,用不断深化的"和谐互助"课题研究来吸引教师参与、理解,用不断提升的目标要求与量化评比来促进教师成长。至今仍记得,我们第一次派出两位老师到外地送课,我们第一次整理完13门学科各类课型的五步十环节流程,第一次召开全国性课堂改革现场会,第一次组织全国教导主任培训班……在这些第一次中,一部分老师迅速地完成了自己的专

业成长与价值实现。

在研究推广"和谐互助"教学策略的十五年中,我深深地感悟到,课堂建设不是一蹴而就的事情。只要我们以学生的成长、教师的发展为目标,用坚定的决心引领,用科学的理念设计定位,以集体的智慧创新开拓,相信我们的课堂会越来越完美!

分层教学探索

山东省青岛第四中学　卢宝山

分层教学是按照学生学习情况进行分层次学习,这样可以按照学生的学习情况进行准备授课内容,做到因材施教,教与学更加适合,更有针对性。

我们现在三个年级三种模式。

初一入学按照总成绩进行了划分:分成了 ABC 三层,为了防止家长不安定,前任校长将 AC 层放在一起,最优秀的学生与最弱的学生在一起,正如冰火两重天,我们很快将语数外学科进行分层,A 层在一起,C 层在一起,为了避免最弱的学生扎堆不好管,大家又将 C 层分成两个班。B 层分成了平行三个班。因为 C 层分成了两个班,这样 AC 一起相当于三个班,这样多占了老师,一个班的老师可能只教 A 不教 C。

初二是平行分班。

初三是数学、化学、英语三科分层走班,其他学科在原来行政班上课。这种分层的优势是让这些容易拉开差距的学科进行分层学习,做到了有针对性。弊端是老师觉得教了两三年的学生突然不教了从内心的情感上难以割舍,同学之间难以割舍,老师一下子面对六个班级的学生需要进行熟悉。还有一个问题是回到行政班后如何辅导和收作业?经过磨合,大家收作业的时候在分层班级收,以班级为单位。课余时间老师辅导采取走班的方式进行辅导。一模过后,大家都熟悉起来,安定下来。周一初二驻校家委会主任巡视,他们惊奇地发现初三是分层的,开始她们抱有情感的顾虑,后来她们思考还应该以学业为重,应该进行分层。课间他们采访了一个男生和一个女生,这是一个 B 层的班,这两个学生都认为这样分层教学很好,自己学习起来舒服。当家长为他们愿意不愿意去 A 层?他们说不愿意,因为去了根本跟不上。

初一的模式相对固定,为加强管理,我们准备让初一 AC 层老师用一套老师教。

B层经过了一年学习也产生了较大差距,他们也想分层走班,这样B层的三个班级可以进行分层分科走班。

初二马上就要进入初三,对他们如何分层?

综合这些分层方法,最好的方式是分为两层AB,A层配备最强的师资,冲刺中考的普高,B层侧重素质主要进职高。这样班级打乱充分,学生重组,老师重组,一切是全新的开始。这样可以固定下来,各科都实现了分层。

弊端是老师需要重新认识学生,学生从头认识老师,开始的不适应,会影响成绩,也可能会导致家长的反对。

如何操作?

(1)做通老师工作。让老师认识分层的意义,让已经分层的老师将分层的优势讲出来。对马上分层的老师进行指导沟通。

(2)做通家长工作。让初二各班家长委员会到初三参观分层,让家长感受到分层的好处,这样家长会积极支持分层,减少阻力。

(3)做通学生工作。有了老师、家长工作的先行,我们在做学生工作就好做了,让学生意识到初三就是以学业为中心,减少其他活动,以中考为目标,以毕业升学为出发点。

分层教学就是适合的教育,只有教育适合学生,才能让每个学生自然生长,才能顺势而为。

让课程教学引领教师专业发展

胶州市第十九中学　罗济京

就当前的教育实际来看,教师的发展需要"专业化、规范化、精品化",近几年来,胶州市第十九中学注重对课程与教学的研究与创新,实现了学校教育教学质量的稳步提升。

一、注重校本课程的开发利用

把学校开展的各种活动,开发的各种校本课程,纳入学校课程计划中。根据学校实际情况和办学特色,以内涵发展为目的,制定学校的课程计划,优化学校课程结构。在校本化课程实施中,形成学校特色,提升内涵发展水平。鉴于学校的学生大部分生活在墨河两岸,一方水土养育一方人,为突出乡土文化,弘扬墨河文化,成立了校本课程开发小组,经过调研、论证、实践,开发了墨河史话、墨河文学、墨河创客、墨河人、墨河气象观测、等系列学校课程。在校本课程开发过程中,注重与国家课程和地方课程进行有机整合。如开发《墨河气象观测》时,把国家课程——地理与地方课程——环境与安全有机地整合在一起,学生十分喜欢,争先恐后地选修这一校本课。

二、课程规划与实施

对学校课程设置、课程内容、方法管理和评价手段等可操作性措施进行整体规划,尤其对国家课程的校本化实施予以集中攻坚,研制出富有学校特色的课程计划。为了促进课程改革的各项内容落到实处,全校教师以学校课程文化建设和课程设计、开发,实施、评价等为载体,以提升质量、促进学生、教师、课程、学校文化的发展为目标,在学校教育教学的过程中不断进行课程理解、规划、实施、自控、评估及创造等的探索和实践"。在探索与实践之中,学校不仅发挥总有的管理职能外,还对课程与教学改革进行关注,并不断提升在相应领域的专业水准和课程视野。"用课程办好一所学校",学校管理团队就像是设计师,不但在规划学校的课程,也在规划学校的未来发展。

三、让教师走进课堂

在学校的引领下,胶州市第十九中学的教师都可以不打招呼地走进任何一个教室听课。通过看别人的课堂,说别人的课堂;看别人的课堂,说自己的课堂;看自己的课堂,说自己的课堂。教师的心态开放了,教研氛围浓厚了,课堂效率有了显著的提高。但在取得成绩的同时,审视课堂,发现大量讲授、大量训练还是课堂的基本形态,课堂没有真正意义上还给学生。教师教得累,学生学得苦。学校经过反复思考后,最终决定进行直指课堂教学本身的改革。学校组织分管领导、部分有经验的教师和困难教师外出学习考察,拉开了课堂改革的序幕。一是限制教师讲授时间,要做到少讲精讲多练。一课堂讲课不能超过 30 分钟。二是从预学突破,没有预学不准上课,预学不好不能上课,预学单导学、助学,强化学生自学能力的培养。三是为加强课堂诊断力度,开展包科干部及骨干教师组成的教学质量督导小组深入课堂,听课严格落实"两个 1"和"课堂清单制"(第一个"1"是查备课是否与讲课一致;第二个"1"是当堂巩固 10 ~ 15 分钟)。对教师的课堂教学进行打分,不合格的教师将重新准备,督导组再次听课;如果再不合格,教师将作出书面说明,每周教案上交教导处检查。让老师打开教室大门,相互听课,这种改革是"为学生发展而设计的",从更长远的眼光看是着眼于学生的学习成就",是为学生终身学习而奠基的。这样的改革同样也成就了老师,老师虽然很辛苦,但却乐在其中。

通过活动的开展,深化了"高效魅力课堂",变革了老师教与学的方式,提升学校教师团队的课程理解力和执行力,学校课程建设不断深入。

做好托底工作,助推教学质量提升

平度市杭州路中学 姜 涛

在教学实践中,学困生培养一直是一个比较棘手的问题,下面从三个方面谈一下平度市杭州路中学如何进行学困生的托底教育工作。

一、对托底工作的认识

要做好学困生的托底工作,主要应该在以下四个方面下功夫,理念转变、合理规划、制度保证、落实到位。平度市杭州路中学从理念上说,一直希望做到尊重每个孩子的未来,做适合每一个孩子的教育。杭州路中学是一所城区公办初中,学困生相对来说比较多,针对这种现状,学校制定了切实可行的工作计划,我们认为做好学困生的转化工作,首先要做好全体教师的思想工作,让老师们充分认识到托底工作的重要性,做托底工作的关键是要实现三个不放弃,既老师不放弃,家长不放弃,学生不放弃,只要不放弃就有希望。我校要求全体教师转变观念,充分认识到升学只是教育的一个方面,不是教育的全部,教育的最终目的是育人,提高人的综合素养,坐在教室里的每个孩子都是一个家庭的全部希望,每位教师都要上升到师德和情怀来看待托底工作,尊重每个孩子的发展。教师的思想转变是做好托底工作的前提和保证。

二、做好托底工作的具体措施

做好托底工作需要对学困生进行精神鼓励和学业帮扶,主要措施有教师帮包、学生结对、榜样引领、分层备课、分层作业、分层家长会、分层激励。根据期中或期末考试成绩,将每个级部的约150名学生作为帮包对象,召开专门的学困生家长会和学生会,建立专门的家长微信群,保证每天、每节课都能对他们的表现情况及时反馈;教师在每周集体备课时,要专门针对学困生培养进行交流研讨,准备好适合学困生学习的内容,每学期召开后30%占比较大的班级和学科的托底调度会,明确要求,狠抓落实;对后30%的学生实行帮包制,语、数、英、理、化教师每人每班帮包两名学生,政、史、地、生老师每班帮包一名学生,音、体、美教师帮包特长生,帮包教师主要负责思想引领、心理疏导、学科知识指导、学法指导等。学校将帮包效果纳入教师业绩考核。各年级不定期组织班级班教导会、会诊会,针对学困生存在的问题及时诊断,及时研究制定调控方案并在教学中及时解决。学校每学期召开两次分层次家长会,由学校领导给学困生及家长进行指导,学校搜集了本校的优秀毕业生事迹,特别是通过职业教育成功的案例,制成宣传片,让学困生观摩学习,认识到只要不放弃成功就有希望。

三、对托底工作反思

托底工作是我校提高教学质量的重要抓手,已经引起了学校领导的足够重视,也初步制定了相关制度,作了一些探索,取得了一些成效,但目前仍是我校的短板工作,今后我校将进一步加强托底工作的研究,尤其是做好教师、家长、学生三方面工作,形成共识,让托底工作落到实处,助推我校教学质量提升。路虽远,行则将至,事虽难,做则将成。

如何领导课程教学

青岛大学城阳附属中学 牟 兵

一、重视青年教师的培养

学校搭建平台,通过青蓝工程教师结对活动,关注年轻教师的成长;积极组织青年教师参加各级各类的青年教师大比武活动,组织开展青年教师的汇报课、一人一课、优先安排教学共同体青年教师"同课异构"出课、行政听课等活动,通过各种方式促进青年教师的成长。

二、重视学科组建设

进行教研组"横向沟通、纵向衔接"的教研模式改革,按照"分管领导牵头、教研组长负责、备课组长协助"的思路,建立教研组长学科负责制,"让专业的人干专业的事",教研组长负责学科组内教师的评价、校内外的教研活动、教师的外派培训安排、学科资源库建立等工作,最大限度发挥教研组长的学科领导力和执行力,以此助力学科教师的成长与发展,提高学科教育教学质量。

三、多形式教研活动

(一)共同体教研活动

坚持"请进来、走出去"的做法,开展形式多样的校际教研活动。与合作学校举行青年教师同课异构暨课堂大比武活动、学科同课异构活动、集体备课活动,等等,提高学校教研活动的针对性和实效性。

(二)集体备课

三个年级各个学科,按照期初上报的集备时间,定点、定时、定人进行说课式集备,教导处安排专人负责检查,每天反馈、坚持不懈。制度能否落实的关键在于督导和检查,长期坚持就会形成各学科的学科特色,落到实处才会有好的成效。

(三)课堂展示活动

各学科开展的"一人一课"活动,同学科组大部分老师都能积极参与听、评课,要求青年教师多人次参加跨学科听课,多举行校级示范课注重引领作用;学校坚持行政听课,课后及时评课,一定程度上促进了教师的课堂教学。

(四)学科组研讨会

重视学科组建设,召开教研组长会、备课组长会、各学科研讨会,共同研究和解决学科组发展中遇到的问题,打造学科组合力,想方设法提高各学科的教育教学成绩。

(五)教学资源库整理

打造教学资源库,建立各学科的资源库,解决"有没有"的问题。学校真正需要的是每名教师的共同参与,高质量、实用、内容丰富的资源库。

（六）修改各类手册，编印读书笔记

根据学校实际需要，学校应不断修改和完善各类手册，重点是教师备课手册。

四、教学常规检查

经常组织教学常规检查各学科的问题并及时纠正。要求教师全部按要求手写备课，并将检查结果及时反馈。教学常规是学校教学工作的核心，是学校的立足之本，更是教师份内的本职工作。通过教学常规的检查会发现很多问题，这对提高我校的教学质量能起到积极的推动作用。

从 STEM 到 SMETH，以生为本计深远

青岛李沧区实验初级中学　李雅慧

"为学生的终身发展奠基，为国家建设培养人才"是学校教育的最重要目的。那么，怎样的教育才能培养出符合时代发展和未来需求的人才？作为教育者，这是我们必须关注的问题。青岛李沧区实验初级中学在校本课程开发过程中坚持以学生为本，为学生的终身发展奠基，取得了丰硕的成果。

一、从 STEM 到 SMETH，世界潮流与校本特色

上世纪 80 年代以来，美国为继续保持经济领域全球领导地位，富有创见地提出了科学 (Science)、技术 (Technology)、工程 (Engineering) 和数学 (Mathmatics) 集成教育战略，这就是 STEM 教育。STEAM 是由美国弗吉尼亚理工大学的学者 Yakman 首次提出，在 STEM 的基础上又增加了艺术 (Art) 的因素，由 STEM 到 STEAM 的发展，意味着艺术教育受到人们的重视，人们已经意识到人文素养是未来人才不可或缺的品质。

因此李沧实验初中在进行学校课程体系构建的过程中提出了"SMETH 课程"的理念，将"STEAM 课程"中的艺术 (Art) 进一步拓展为人文 (humanitiy)，我们以"SMETH 课程"的理念作为李沧区实验初中课程建设的基本依据。围绕"科创＋人文"

的主题来进行校园基础设施建设，来构建我们的课程体系。

二、硬件设施，基于"SMETH 课程"需要的"推倒"与"构建"

李沧实验初中位于李沧东部新区，前身是始建于上世纪五十年代青岛六十四中。2015 年 10 月启动原址重建工作，在规划设计之初，李沧区委区政府就决心要建设一所高质量、高标准的现代化学校。"一定要留足创客教育的空间，一定要突出学校的人文特色。"这是新校在规划设计和建设过程中的一个重要原则。2018 年 9 月 1 日，实验初中新校园正式启用。以"人文教育"奠基，以"科创教育"展翼，"科创 + 人文"的 SMETH 课程理念，在的校园建设中得到了最好的体现。学校在科创教育楼——创智楼上建设了科技长廊和四大创客教育工坊，作为对学生进行科创教育的主阵地。

科技长廊是依托创智楼二楼走廊打造的一个科学文化综合体验科普区，整个长廊将以"探索—发现—创新"的认识实践观为主线，由经典物理科学领域的知识支撑整个长廊展示，所有展项将采用动静相结合的展现方式，让学生们可以体验科技的美妙与神奇，启发学生们去发现并获得开启科学大门的钥匙。

四大工坊分别是闯客工坊、智能工坊、虚拟工坊、乐学工坊。

闯客工坊是复旦大学在本系统之外开设的第一家创新实践训练教室。这个实验室通过开设以传感器应用为主要内容的电子技术类社团课程，开创全新的学习和探究模式。

智能工坊以 aduino 工业套件为基础，重点培养提升孩子的科技素质、想象力和创造力，激发学生的创新和实践欲望。工坊的设备基本上涵盖了市面上智能家居所拥有的各种传感器，内容丰富，上手简单。

虚拟工坊主要包括 VR 虚拟实验体验室、多功能实验室，同时又可以进行课程标准内的声光力热基础教学与实验，通过 3D 成像展示出教学内容，全景教学体验。

乐学工坊是学生快乐学习的场所，是学生自主体验的地方，将动手体验和快乐学习完美地融合在一起。在这里学生可以观察到许多妙趣横生的物理现象，在浓郁兴趣的引导下，深度探究其中的科学原理，在探究中进一步获取科学知识。

创智楼里还设置了版画工作室、动漫工作室、书法教室、心理沙盘室、英语情景场等人文类的专业教室，为 SMETH 课程体系的实施奠定了硬件基础。

三、课程实施，培养未来人才的"科创能力"与"人文精神"

学校不仅有了优秀的硬件设施，在创客教育的人才方面的条件更是得天独厚。

学校与青岛国际院士港驻地距离很近,与院士港二期工程仅一路之隔,诺贝尔化学奖获得者、以色列院士丹尼尔·舍特曼是学校的签约合作院士,他定期对学校的科创教育进行指导。学校还根据学科内容和社团特色,定期邀请专家给全体学生讲座,这些都为 SMETH 课程的实施创造了良好的条件。

"尚善通慧,守正出新"是李沧实验初中的校训,SMETH 课程体系正是遵循这一校训而进行构建的,人文精神的培养就是要培涵养孩子们"善"的本性,就是要守住人性中最美好、最正义的本分,科创能力培养的目的也正是要让孩子们通达智慧,学会创新。唯有如此,我们才能为祖国和民族的未来培养出真正的栋梁之材,我们才没有忘记教育者的初心!

好风凭借力,奋进正当时

——青岛广雅中学开展合作学习案例

青岛广雅中学　范磊

青岛广雅中学始建于 2015 年 8 月,是经青岛市教育局批准,由青岛市市北区教育局与青岛实验初级中学联合创办的一所全日制公办初中学校,是我市"加快办学模式改革,扩大优质教育资源"的一项重要举措。因此"合作"就是我校发展的一大主题,"合作学习"是我们从建校伊始就不断探索尝试的学习模式。借由实验初中的优质资源,我们广雅中学开拓了一条联合办学之路,也在这条路上

一、优化合作学习"四策略",探索合作学习之路

(1)优化课前预习,为合作做准备;

(2)捕捉有效落点,为合作定方向;

(3)课本剧展演,为合作寻发展;

(4)结合整本书阅读,合作贯穿始终。

二、突显学生本位，让合作更灵活

（1）基于学情,分层次合作学习;

（2）整合学习内容,细化问题设计;

（3）灵活应用合作学习形式;

（ ）合理应用现代化教学手段。

三、合作学习助力"一生一策"

在落实学业水平考试后30%学生的"一生一策"工作中,我们充分结合合作学习模式开展这部分学生的帮扶。在近两年里,我校先后多次召开了"一生一策"各学科组长、班主任会等,将在 200 分以下的学生落实到班级,落实到小组,以班主任为第一负责人,组建合作学习帮扶小组,重点跟进这部分同学。在帮扶小组中,不仅有同组同学带动后进生,在组内学习时帮扶他们,更有帮扶老师、家长入组参与,全方位的对这部分学生进行指导。

我们根据这部分学生的实际情况,为他们设计拿分学科,将他们擅长的学科挑出来,为他们量身打造拿分方法,由小组内老师、家长、学生成员轮流进行跟进落实。在九年级,通过小组合作学习,组内成员共同对中考考点学习,一起为低分学生找得分点,帮助他们找到答题技巧。

通过各种努力,不仅我校"一生一策"工作取得了良好效果,中考成绩也连创新高。在 2018 年中考中,200 分以下学生 0 人,各学科 E 率均在 3% 以下,其中数学 E 率仅为 1%。2018、2019 年中考中,我校普高达线率稳居区域内前列,今年共有 8 人被 2 中录取,8 人被 58 中录取,还有一人考入 58 中大学先修班,近 70% 的毕业生升入各类高中学校。

四、德育课程中的合作学习

广雅中学重视以"合作研学"为载体,积极挖掘周边社会资源,为学生社会实践搭建平台和舞台,整合校内外资源,倡导学生合作探究,共同成长。

（1）红色基因代代传——走进党史纪念馆。我校毗邻青岛党史纪念,是共建单位,因此将党史纪念馆作为校外活动基地和爱国主义教育基地。多年来,广雅的每届学生,每个学生都到过党史纪念馆接受过革命传统教育,红色基因在广雅学子中代代相传。每逢清明节,胜利日,国家公祭日,我校学生都主动以班级为单位,以小组合作研学的模式,分批次参加党史馆纪念馆活动,特别是我校还成立了志愿者合作小组,经常参与党史馆的义务讲解员等工作。

（2）博览世间万物——走进青岛博物馆。习近平总书记说：历史，总是在一些特殊年份给人们以汲取智慧、继续前行的力量。我校历史组将青岛市博物馆纳入研学名录，定期组织学生去博物馆参观，至今"博览世间万物，学活历史知识"系列活动已经进行三届，同学们建立历史学习合作小组，通过亲临博物馆感受文物，小组确定研究课题，分工研究，形成研究成果。通过合作研学，大幅提升了我校历史学科成绩。

（3）学活地理知识——走进青岛气象台。每年3月23日都被定为世界气象日，我校是第一个与青岛市人工影响天气办公室签订共建协议的初中学校，也是唯一一个连续四年坚持派学生参与由市气象台举办的世界气象日活动的初中学校。作为合作研学的重要内容，我们邀请青岛市气象专家到校做讲座，成为地理学习小组指导员。学生在这些活动中学识得到扩展，做到了"读地理书，行实践路"，落实了习总书记提出的"理论性和实践性相统一"。

通过深化合作学习模式的探索，青岛广雅中学正在逐渐走出一条适合学校学情的合作学习之路，在这条路上，我们有着很多实践的艰辛、困难，也有了属于开拓者的一点点成绩，我们感到合作学习对我们的帮助巨大，它正是助力广雅中学不断前进的一股"好风"，送我们青云直上，高奏凯歌。

学校课程建设如何从理念转化为行动

——以 STEM 课程为例

青岛大名路小学　　周韫轶

在全国上下倡行国家课程校本化的今天，课程管理的重心不断下移，学校有了课程决策和实施的权利，成为课程的最重要、最关键的管理者。而在中小学课程改革过程中，如何有效地促使课程建设的理念转化为教师的课堂教学行动？可以说是教育改革领域的难题。以改革过程当中的课程理念向教学行动转化为焦点，透视学校课程建设的现实困惑和问题解决，不仅对学校课程建构和实施有实践价值，也可以为更宽泛的基础教育改革提供本土经验。

面对时代选择和政策要求下的学校课程改革是国家教育方针和素质教育主题的

校本化表述和个性化实施,是为了培育学生进入未来社会所需要的关键能力和必备品合格做好教育准备的。因此,从理念转化为行动,就是从价值观到方法论,从顶层设计到机制落实。青岛大名路小学以基层学校的实践视角,认为课程改革的理念较快地转化为行动,需要形成以下普适性认知。

课程改革政策的多元化以及权力重心的下移,是我国教育改革和社会发展的实际需要,特别是创新型人才培养的需要。作为基层学校需要在新的教育形势下不断探索中小学课程改革政策在行动环节如何继续得到高效的落实,以利改革再出发。

始终以问题为导向,是课程改革理念在行动中避免被逐步消解的重要基础。课程改革是一个复杂的系统,需要在不断发现问题与解决问题的过程中逐步完善课程体系,必须随时清醒地牢记"我们从哪里来,要到哪里去"。因此,系统梳理推进课程改革理念转化为行为的各阶段的现实问题,是进一步强有力推进课程统整实践的基础与原点。

概括言之,中小学课程改革是基础教育改革最为基本、最为核心的改革,从理念转化为行动,是决定课程改革成败的关键问题。发掘蕴藏在我们基础教育课程改革史之中的成功经验和未成功的心得,以这些丰富的历史经验为基础,砥砺前行,是敦促我们一路前行的动力。

五一三学部

"海陆空"多维语文课程体系

市北实验初级中学　陈庆祥

阅读的力量,能够影响孩子的一生。一个孩子对这个世界的认识水平,如果我们给他积累了、大量地铺垫了,那么他的高度就会超出他原有的特定年龄段。

目前大部分学校语文阅读教学普遍亟待解决的问题是:1.丰厚语文课程内容,推进名著阅读课程化,加大整部书的阅读力度,扩大源头活水;2.打碎阅读枷锁,让学生自由轻松地进入作者所营造的宽广世界,学生的心灵不再被恐惧占领,不再被解题思路、分数、目标所挟持。3.引导学生深度阅读,训练学生说理能力,促进学生批判性思维发展,提高学生语文实践(写作)能力。

鉴于以上认识与思考,我们在五一三学部进行课程整合,构建起一个"陆海空"多维语文课程体系。"陆海空"多维语文课程体系是以落实立德树人、发展学生语文学科核心素养为基本取向,以课程再造、名著阅读、互联网+为实施路径,以培养具有民族情怀(有根),独立人格(有种),心怀天下(有爱)的未来公民为育人目标的一种立体化、多维度的语文课程体系。"陆"为课程再造,以专题阅读为主,通过开放实践性活动的设计,引导学生愉悦阅读,深度阅读;"海"就是海量阅读,扩大学生的阅读量,通过推进名著阅读课程化,将名著阅读与理性写作结合起来;"空"就是拓展阅读时空,互联网+阅读,打造师生、亲子、生生共读的阅读场。

经过近两年的努力,五一三学部"海陆空"多维语文课程体系构建与实施已初见成效,具体体现在以下几方面。

(1)构建了完整阅读体系。将由原来的单篇阅读延伸至专题阅读、整本书阅读,帮助学生建构一个完整的海量阅读场。校本课程《悦读》被评为青岛市精品课程,已由山东教育出版社正式出版发行。

(2)促进了阅读与写作双翼齐飞。在阅读中,通过问题设计,活动助推,引导学生理性深入思考,运用语言表达实践,使阅读与写作教学融为一体。学生阅读成果集《草房子》《童眼看西游》《骆驼祥子》《水浒传》等已经成册,学生们的科幻小说作品集《相遇未知》也已正式在学校发行。

(3)培养了学生思辨能力。通过专题阅读、整本书阅读,为学生提供足够的思考空间,让学生的思维更加广阔和深入。同时在阅读问题设计中,或是项目式学习中,我们通过给学生呈现二元对立甚至是多元的问题组,培养学生思辨能力和跨学科整合能力。

以新课程改革为契机，开展课题研究，改革课堂教学

青岛市即墨区大信中学　刘泽涛

新课程改革的重点是转变教师观念,树立用教材教而不是拘泥于教材的理念。

一、教改的方向和目标主要体现在变"教师带着知识走向学生"为"教师带着学生走向知识"，形成有效的五个"统一"

完成教学任务与实施心理调适的统一,知识教学与创新能力培养的统一,讲授与训练的统一,教法与学法的统一,智力因素与非智力因素的统一,形成一种互相理解和尊重的心境,营造民主愉悦的氛围,不断提高教育教学质量。

二、课程改革的重点是课题试验，这是教改活动的主体内容

在这种形式下我校积极开展教育教学科研工作,大力开展教法改革实践和新课程实验,充分发挥学生的主体作用,形成了浓厚的教改气氛,不断取得新成果。

我校的"30+15课堂教学策略研究"课题获省教育厅立项并顺利结题。学校结合师生自身的实际情况,打造出了适合本校发展的课堂教学策略。思想品德"三段六步"教学策略;语文"三板块五环节"教学策略;历史"六环节"教学策略;地理"先学后教,当堂训练"教学策略。由于学校重视教育教学经验的积累,所以撰写教育教学论文蔚然成风,老师们在各级报刊发表论文30余篇。

三、树立课堂教学是提高教育教学水平的主渠道意识，狠抓教学质量，为学生成才作出贡献

把提高教学质量作为我们当前的首要任务,加强课堂规范化管理,明确和落实课堂教学要求,以提高学生的学习积极性和学习能力为目标,积极进行课堂教学方式、方法、手段等方面的探索、研究、改革。

从经验走向实证——学校课程建设过程

青岛市城阳第十中学　曲新忠

坚持问题导向、主题发展是学校一直坚持的的工作思路,几年来我们分别以团队融合主题文化年、学校精细管理主题文化年、教师发展主题文化年等工作思路,推动学校新发展,以课程建设作为推动学校持续发展的核心工作。

课程建设是问题导向、文化引领、行动研究中表达自己。严格按照各要素:育人目标 - 课程价值 - 内容 - 实施 - 评价。从整合走向融合,从经验走向实证,从优秀走向卓越。学校发展从课程 1.0 走向 3.0。

1. 主要是形成基本框架,解决各项工作归位的问题

我们一直将课程建设作为落实课程改革的核心要素,一边研究课题,一边开发课程。以经典诵读课程为例,我们从 2016 年开始了"经典诵读"的课题研究和课程开发,经过 1 年的实践研究,于 2017 年正式出版了诵读系列校本课程,3 年来,"经典诵读课程"一直在发展的道路上不断完善、创新。

怎样建设校本课程才能不加重学生的负担,这是我们在实践中一直思考并寻求突破的问题。为此,在"诵读课程"建设过程中,学校尝试在传统节日、入团活动、升旗仪式进行诵读展示,发展到后来就有了诗词大会、课本剧等丰富多彩的艺术节项目,形成了纵横交错、点面结合、多维共育的德育实践课程群。此外,我们还尝试打破学科界限,开启了多学科整合的"城墙课程"。在校本课程破壁发展的过程中,我们一直在思考构建学校的课程纲要。学校在三年发展规划中,明确提出"团队""课程"两大核心,以教师团队的研究丰盈课程建设,以课程的不断建设带动教师团队的素养提升。

2. 以实践课程为切入口,通过特色课程建设,寻找、试点、推出学校课程改革的价值追求和实践路径

与单门课程不同,课程群聚焦目标,整合主体相同、内容相近的相关课程,使课程之间由相互隔离转变为相互贯通,由相互重叠转变为相互补充。比如学校的语言文化课程群,就包括了诵读、悦读和英文阅读,这样做有利于理顺课程内容的关系,优化课程结构,提升课程品质。

课程群建设要时时关注学习者身心发展的需求,视他们为一个"完整的人"。为此,学校在制订课程目标时,以学生的情感体验、能力提升和方法习得为主。如"科技课程"分为自主学习、创新培养和动手制作三个专题,其目标为依托信息技术、理化等学科基础知识,融合人工智能等前沿应用,引导学生通过 iPad+互联网、编程、乐高搭建、航模制作等专题内容的学习,让他们了解创客文化,培养他们综合运用学科知识的能力;通过学科知识的深入探究,主动参与发明创造,通过动手制作实现知识的物化,从而提升学生的创新意识和创造能力。

3.围绕学校办学理念,文化建设和育人目标,回顾、反思、诊断之前所做的工作,并以此为魂,进一步将框架系统化,形成自己的话语体系和行为方式

在完善学生的课程体系的同时,学校还将继续探索构建教师成长课程体系和智慧父母课程体系,以学校的课程建设为引领,促进学校的全面特色发展。

崂山区第十中学教育管理提升方案

青岛市崂山区第十中学 尹相京

崂山十中在落实学校发展规划过程中,向管理要质量,以管理促发展,全面提高教育管理水平要求。

一、党建工作

加强党组织建设,发挥党员模范带头作用,强化教师师德师风建设。

(1)持续深入学习宣传党的十九大精神和习近平新时代中国特色社会主义思想,推进"两学一做"学习教育常态化、制度化。通过举办专题讲座、知识竞赛、召开专题组织生活会、发放学习资料等形式,扎实推进学习型党组织建设。

(2)规范党建档案工作。申请入党人员提交入党申请书后要严格按照"一人一档"的方式建立档案,申请入党人员手写材料及时入档,党员签到簿公示留存照片。

（3）创新党建工作。开展"不忘初心、牢记使命"主题教育活动,力求活动具有创新性。

二、德育与学生管理

（1）全面推行全员育人导师制、教师一岗双责制和班级教导会制度。

（2）加强班主任工作,规范班主任工作管理,发挥班主任在学校管理中的特殊作用。

（3）加强学生日常行为管理、加强校风、学风建设,关爱特殊情况学生,严格执行学生评优程序。严格执行《中小学生守则》《中小学生日常行为规范》和《青岛市中小学生处分暂行规定》,严肃校纪,严格管理。

（4）加强团队工作,增强共青团、少先队的凝聚力,规范入团、退队程序,加强团队组织建设,突出团员、大队委榜样示范作用。

（5）完善学校、家庭、社会三位一体的德育体系。完善家长驻校制度,建立驻校家长办公室,让家长驻校办公成为学校常规,参与学校管理,充分发挥家委会作用,畅通家校沟通渠道。

（6）加强反校园暴力、反校园欺凌方面的工作力度。做好常规性的工作,每学期举行一场主题讲座,一节主题班会,宣讲反校园暴力、反校园欺凌。

三、教学管理

（1）树立质量意识,建立目标责任制,坚持目标导向,提高质量内驱力。

（2）以质量目标为导向,建立学科组、年级组、学科分管领导捆绑评价制度。

（3）完善教学管理常规制度,加强精细化管理,强化过程管理监控,提高干部教师执行力。

（4）规范学籍管理,开齐开足课程。

（5）严格控制学生作息时间。学生在校不超过 8 小时,学生每天体育锻炼不少于 1 小时,早晨到校时间不早于 7:30,上课时间不早于 8:00。

四、教师管理

（1）做好教师职业三年规划,充分调动广大教师的积极性、主动性和创造性。所有教师依据《青岛市教学能手评选标准》规划个人三年成长计划,学校对突出教师进行有重点性的打造,引导教师争做学习型、知识型、专家型教师。

（2）落实教师培训制度,做好教师培养工作。实施校本全员培训、教师个性化培训相结合；实施"青蓝工程"加强对新教师培养，为教师提供更多外出培训机会，同时与区内、区外优质学校建立"手拉手"机制，为老师成长搭建更多平台，打造学校骨干教师。

（3）挖掘和打造优秀教师，积极在各级、各类媒体进行宣传，增强职业幸福感。

（4）完善《绩效考核方案》，发挥考核的导向和激励作用；严格执行职称评聘制度，做到公平、公正、公开。

（5）严格考勤管理。根据有关政策要求加强教职工请销假管理，严格请销假审批权限、程序、要求。婚假、丧假、产假、工伤休假按国家、省、市有关规定执行。

五、校务和后勤管理

（1）积极参加上级组织的相关培训，"走出去、请进来"多渠道加强财务业务学习；创造机会参加市、省、国家的相关财务培训，提升业务水平能力。

（2）有针对性加强财务管理的内审工作。

（3）完善固定资产管理和使用。

（4）健全校园安全"双体系"。

以"导学案"引领课程教学的探索

青岛市即墨区通济中学　刘顺德

通济中学的"1+2"教学模式的研究与实践始于"学案导学，互助探究"课题的研究。学校"学案导学，互助探究"课题获得青岛市"十二五"重点课题立项，现在已经顺利结题。"1+2"的教学模式是在前者课题研究的基础上经过提炼和提升而提出的，该课题于2018年4月获得山东省重大课题子课题立项。

"分层、互助、展示、竞赛"这四个词已经成为通济中学课堂教学改革长期坚持的方向和策略，贯穿于以上提到的两个课题研究的中心环节。这四个关键点最终的呈现就是通过"导学案"的编制和使用来得到实现和贯彻的。

一、导学案的编制与优化

教研组长和备课组长着重讨论如何编制导学案、如何使用导学案等。教研组和备课组探索制定出适合本学科的教学模式，并重新进入课堂实践、修订，最后形成该学科打造高效课堂的教学模式。

"导学案"的基本要求：一是导学案要体现教师的主导作用，最大限度地调动学生参与学习的积极性；二是导学案要优化教学策略，恰当灵活地运用有效的教学方法和手段，精讲精练，及时反馈、有效调控，切实提高教学活动实效。

二、导学案的构成与实施

导学案主要分为以下三部分。

（一）课前预习导学，自主探究

预习的方式以"导学案"的形式进行呈现，引导学生预习的思路，使学生有一个明确的学习路线图，通过这个学习路线图，使学生很容易找出自己容易迷惑的地方，然后学生在自己迷惑的地方做好标记，课堂上进行解决。

"预习环节"很关键，对下步的课堂教学起到一个导向的作用。我们设计课堂教学的原则是：学生自己能够学会的，坚决不教；教师只教学生学不会的。预习环节一个最主要的作用就是，尽量自己学会，把不会的交给课堂。

（二）课堂点拨交流，深化提升

学习探究的过程也以"导学案"的形式进行呈现，问题的设计应该符合分层次教学，要始终坚持上课分层次，作业分层次，平时测试分层次，让差生不再为不会做题而完不成作业犯愁，使他们翘一翘脚就能摘到桃子，让他们产生信心，从而产生学习兴趣。

导学案问题的设计与探究应该以路线图的形式进行推进，学生在学习过程中应该是循序渐进，由浅入深，学习研讨 --- 训练巩固 --- 拓展延伸 --- 检测反馈，各个环节应该体现不同的学习和发展的层次，最后在学生知识体系上应该是完整而不是零碎的，把分割的知识完整起来，最后成为一个整体，形成完整的知识体系。

（三）课后拓展延伸，过关检测

检测练习做到团队捆绑式评价：即小组捆绑式评价、师友捆绑式评价，最后以小组得分的形式呈现。

"拓展延伸"环节的要点是让学生自我总结,通过"导学案"练习题的设计,让学生达到"举一反三"的目的,真正能够把知识融会贯通。

"过关检测"环节,要进行分层次,难度较大的题目可以要求等级为 A 的同学来做,难度较低的题型可以有 B 层或 C 层的同学来做。这个环节要充分利用教室内的三面黑板,让一部分同学拿着测试题直接做到黑板上,完成后在下面做的同学改黑板上学生所做的题,这样人人都有上台的机会,之后教师适当点评,回顾所学。

总之,通济中学的"1+2"分层教学的模式真正提高了学生的兴趣和学习的积极性,"兵教兵"的策略很好地提升了课堂教学效率,而导学案在"1+2"分层教学的模式中起到了"核心的引领作用",学生在学习新知识的过程中,能够有迹可循,有路可走,真正实现了"自主合作探究"的目标。

通济中学最近几年的教学成绩一年一个台阶,在历年的中考和会考中,与考学生的优秀率均列全区同级同类学校前列,综合考核也是名列前茅。成绩的取得和学校一直坚持高效课堂的教学模式的研究是分不开的,而导学案的使用则是学校成熟和成功的重要经验,通济中学愿意在今后的实践中,锐意改革,不断创新,取得更好的成绩。

课程引领，成就学生幸福人生

青岛西海岸新区灵山卫中学　宋志红

课程是学校教育的"心脏",是学校培养人才蓝图的基本体现,是教师进行教育教学的基本依据,是学生获取知识的基本来源。课程改革是教育改革的核心内容,是提高人才培养质量的关键。

几年来,我校在遵循三级课程管理的前提下,以增强课程对地方、学校及学生的适应性为目的,着力构建学校课程体系,逐渐形成了"国家课程校本化、德育课程序列化、活动课程全员化、拓展课程多元化"的独具活力、魅力、影响力的灵中课程,使之成为学生幸福学习、快乐成长的沃土。

一、国家课程校本化，成就学生自主和谐发展

国家课程实施是学校教学工作的主要任务，我校严格按照《义务教育课程设置实验方案》和《省地方课程和学校课程实施纲要》，遵循课程的计划节数来编排课程表，开全课程开足课时。同时在教学实践中我们结合本校实际，努力将国家课程通过教学案转化为校本课程，将教材、教辅有机整合，将教教材变为有效使用教材，使课程实施更有针对性、实效性，减轻了学生的课业负担，注重学生实践能力、学习能力的培养，促使教师的教育教学观念发生了根本变化。

二、校本课程多元化，促进学生个性化发展

《基础教育课程改革纲要（试行）》明确规定："学校在执行国家课程和地方课程的同时，应视当地社会、经济发展的具体情况，结合本校传统和优势，学生的兴趣和需要，开发或者选用适当的校本课程"。学校积极引领教师开发适应本校的特点的学校课程，以此构建科学的课程体系，促进学校内涵发展。基于此，立足学校及学生实际，我们加强校本课程开发与使用，进一步开发文体艺术类、传统文化类、社会实践类、人文素养类、探究学习类等校本教材，将必修与选修有机结合，培养学生良好的人生观、道德观、价值观，促进学生的自主和谐发展，提高学生的发展性学习。

三、德育课程序列化，促使学生自主发展

真正的教育"取决于教育和自我教育"，也就是教育要回到使受教育者"自主成长"的原点。学校每月确立一个活动主题组织专题教育活动。序列化德育课程通过黑板报、手抄报、宣传栏、演讲比赛、征文等不同途径、形式，突出"自主"的特点，让学生在活动过程中教育自己、提升自己。通过自主内化，促进学生身心和谐成长。

四、活动课程全员化，彰显学生魅力与风采

以"自主发展"为特点，实施学生兴趣课程化、教师专长课程化，开展面向每一位学生的活动课程。学校充分发挥教师特长，根据学生兴趣爱好，实施了走班的活动课程模式，学生的多元智能得到了充分发展。

我校用课程建设的理念审视活动课，对其进一步规范，使地校课程活动化，将教育的手臂更加延伸。学校不断探索完善了探究生物奥秘、我当环保小卫士、生活中的地理、天文知识知多少、新闻播报、美文欣赏、剪纸、刺绣、十字绣、网页制作、摄影艺术、围棋、舞蹈与健美、书法艺术、航模、建模、3D 打印等活动课程 40 余种。

学生自主成立民乐团、合唱团、舞蹈队、书画队、广播站、校园电视台、文学社等社团组织 20 多个,每周组织丰富多彩的训练、展示活动。通过自主创办《校报》《学习与创新》《携手》、文学社刊《绚》等刊物,拓宽活动渠道。学校年年组织举办十艺节,发展学生特长,张扬学生个性,提升学生综合素养。

课程是学生成长的沃土,在课程的引领下,学生的个性得到了充分张扬和发展,极大地满足了学生的心理需求,激发了学生的学习兴趣,动手能力强了;关注生活,主动学习的人多了;主动合作、探究的意识增强了;知识面拓宽了,且运用知识的能力也有了进一步的提高;在接受传统文化中提升了情感,懂得了做人的道理,促进了学生的全面发展,成就了学生的幸福多彩人生。

青岛超银中学提升课程领导力的实践策略

青岛超银中学(镇江路校区)　张丽梅

在课程实施的场域中,校长的课程领导主要体现在对课程实施过程的监控。保证课程发展的一致性,使校长更多地参与课程活动,做课程的实践者和示范者。 所以在课程实践中,校长课程领导力的提升在一定程度上提高了学校教育教学创新发展的水平。超银中学张丽梅校长在集团各大校区实施扁平化课程管理中认为,校长要成功的领导课程实施,须有以下几方面的行动策略。

1. 策略一:学校对课程资源的整合与开发

超银中学镇江校区的发展,始终重视课程和课堂,张丽梅校长每学期听课二百多节。校长课程领导力的一个重要方面就是加强对课程资源的整合与充分开发利用。现在新课改在课程建设和运用课程资源服务于学校、老师、学生方面留足了课程开发与完善的广阔空间。所以学校在教学过程中开齐了国家课程,地方课程及校本课程等,采取相应的政策管理的方式对待课改课程,加强了对校本教材深入的研究、挖掘、拓展、提炼、总结、提高。学校对国家课程和地方课程的"校本化"加强了研究,深入了对课程资源的有效整合。超银中学镇江校区对课程研发做了有益的探索和实践。郁杨子工作室取得了课程建设方面的骄人成绩,实现了《信息化校本课程》的编撰。语文组的《主题大阅读》和《银星》的语文校本教材编撰成册,包括《超银科创》《家校牵手》等多种校本教材,为学校课程的多元化奠定了基础。

2. 策略二:加快新课程理念的践行与创新

学校校长不仅是新课程理念的引领者,更是新课程理念的实践者。同时,在具体的实践中,才可以验证判断自己新课程教育理念的科学性、合理性和有效性,并予以进一步充实和完善,"实践是检验真理的唯一标准"如何实践?校长在各种关键工作中,特别在教学实践中率先垂范、亲身体验。张丽梅校长亲身参与教学研讨、经常参加教学常规和教学质量督查、深入老师和学生中开展教学效果调查、运用第一手资料对课程教学效果进行分析与评价等。校长积极参与到教学实践中,亲身经历和体验新课程改革,真正成为新课程理念的实践者,对课程的发展方向,对课程领导力的认识就有准确的把握。新课程教育理念便会成为有实际指导意义的教育行为。超银镇江的课程改革已经有了丰硕的教学成果。近年来张丽梅校长进课堂、信息课堂展异彩、课改班成绩斐然、中考成绩列前茅,等等,超银获得省级唯一质量奖就是课程改革的最好明证。

3. 策略三:课程领导力促进教师专业发展

教师是学校工作的核心力量,教师发展也是加强校长课程领导力的目标之一。校长以正确的方法去引导和促进教师的专业发展,并充分发挥教师团队力量来发展学校,是校长课程领导力的重要目标。实践中,校长善于搭建教师成长和专业发展的平台,各学科教师的公开课及各类课题的研究成果等由校长亲自指导。学校创建了助青年教师成长的"青蓝工程"促进教师在专业交流与融合中发展,积极开展校本教研活动,形成富有本校特色的校本课程,为教师专业发展和个人成长创造良好的环境。各学科中考试题集锦、学科专题培训、教师岗前培训等,使学校教师团队建设成为学校取得长足进步与发展的持久和有效保障。校长深入课堂听评课、分析教师所教班级的考试成绩和学生综合素质提高的程度、开展教学情况调查,了解教师教学等方式对教师团队进行有效的管理、指导与提高。校长做到"知师情、用师智、聚师心、顺师意",暑期赴兰州外出研修研学都是凝聚教师团队力量的举措,利用教师团队力量,提高学校民主管理水平,加强了校长课程领导力,保证了学校的长期进步与发展。

引领教师投身基于核心素养的课程构建

青岛市即墨区龙泉中学　朱瑞霞

正如《校长如何提升课程领导力》书中所言,课程改革呼唤学校课程意识的觉知,试行国家课程、地方课程和学校课程三级管理的课程政策,使学校不只是课程的执行者,而且真正成为课程改革的主人。

2016年中国学生发展核心素养正式发布,距今3年,我们仍然面临如何将核心素养落实到每节课的困惑。以我校为例,我们现行课程方案仍然以国家课程为主,地方课程和学校课程实施水平不高,学科内容之间交叉重叠,学科之间壁垒森严。针对以上问题提出,未来2年,学校以课题研究为引领,构建面向全体学生的、提升核心素养的学校课程体系。

我校处于城乡结合部位置,居民以打工和务农为主,收入普遍较低,家长对孩子的教育关注度不高、教育投入少。招生区域内的学生毕业于6处村庄小学,小学普遍存在师资配备不足、学校基础建设落后、规模小(规模最小的小学全校63名学生)等情况,学生普遍学习成绩差,学习力不足,尤其艺术素养非常薄弱,学生中无一人系统学习过乐器、声乐、舞蹈等特长。总之,学生现在的素养水平与教育部提出的核心素养水平存在较大差距。我们期望通过课题研究推动课程建设,结合实际需求,调整学校的办学思路,通过课程培养学生的必备品格和关键能力,让学生"在校三年,受益一生"。

我校教师110人,平均年龄47.5岁,教师群体固定几年没有变动。老师们有一定的研究能力,但普遍缺乏职业发展方向,缺乏工作激情,多数老师出现职业倦怠。教师们对核心素养仅限于了解,在课堂教学中依然存在讲授为主的现象,对核心素养如何在课堂教学实践中落地的研究不足。我们期望通过课题研究带动课程改革,加强教师队伍的建设和管理,提高教育教学质量,以教研谋发展,走科研兴校之路,培养人格健全、全面发展的学生。

基于以上考虑,提出"基于核心素养提升的农村初中课程体系建构的研究"这一课题。今年,区教科室作为重点课题推荐申报青岛市教育科学"十三五"规划课题。

未来两年,学校将在"以课题实验推动课程建设,以课题研究带动课程改革"的总体思路指导下,以教研组为单位进行课题研究,推动提升学生核心素养的课程体系的建设。我校课程实施的基本形态为:基础课程和拓展课程。

基础课程主要关注学生的基础知识,夯实基础,优化教学,提高实效。在国家课程的基础上,整合相关教材内容,以学生为本,提倡教授知识、传授方法、启发思维和引导研究相结合,研究并推进符合学科特点、体现学科规律、具有自主学习特点并适合初中学生学习心理的学科教学。坚持在基础性课程中培养学生良好的学习习惯和学风,提升学生核心素养。

拓展课程多元整合,开发资源。将拓展课程从"零散性主题"到"主题项目群"转换,完成实践活动课与基础学科的整合,从学科综合学习探究中提炼实践活动主题。在课余时间里拓展中学生研究性学习、社会实践和社区服务;特别是结合第二课堂活动,对多种教育资源进行开发和利用。课程的实施平台不仅仅局限于学校和教室,要拓展到社区、实践基地和家庭以及社会文化场所等,形成多元化的课程实施平台。通过自主探究和实践体验的学习方式,提升学生的动手操作和核心素养中包含的实践创新、勇于探究等能力。

示例:教研组层面的课程建设(基础课程、拓展课程)

1. 语文学科

(1)构建语文课程群。基础课程:语文教材 +《论语》《中庸》《大学》+ 经典必读。拓展课程:大阅读 + 口才与演讲。

(2)子课题研究举例:基于核心素养的初中语文阅读教学实践研究。

(3)具体做法。①将《传统文化》中的中华经典诵读等相关内容融入国家课程的语文课堂教学中,实现地方课程和国家课程的整合。②在日常教学实践中,研究形成记叙文、说明文、议论文、文言文等不同类型的阅读高效课堂教学模式,提升学生的阅读兴趣。③设立阅读课精读名著,根据教材要求每学期精读两本书籍,教师指导阅读方法,培养学生主动探究、独立思考的阅读品质。④开展大阅读教学,根据学情特点精选 100 本书籍,学校设置图书角,班级设置读书角,在校园内营造好读书、读好书的氛围,形成"人人读书,时时读书"的良好局面。⑤举行读书报告会、读书心得分享会、中华经典诵读、读后感征文比赛等多种形式的读书活动,进一步增强学生的人文底蕴。

2. 英语学科

(1)构建英语课程群。基础课程:英语教材 + 写作指导。拓展课程:英文名著阅读赏析＋演讲与口才。

（2）子课题研究举例：关于"拓展课程内容，提升学生英语学科素养"的研究。

（3）具体做法。①设立英语学法教程，进行学法指导。优选课本教材内容，设定情境，鼓励学生自选角色，编排课本剧，发展语言技能，强化语音训练，提高学生的口语交际能力和听力水平。②开发英语写作课程，加强英语作文训练。教师进行写作方法指导，并以模块形式，对记叙文、应用文、科普文、日记、热点话题等进行强化训练，提高学生写作水平；鼓励学生创作英文诗，发散思维，培养创新能力。③开设英文名著阅读赏析课程，加深学生对国内外文化、语言的认知。精选英文名著，如《鲁滨逊漂流记 Robinson Crusoe》《十万个为什么 I Wonder Why》，指导学生阅读方法和技巧，培养学生自主阅读能力。④举办学生论坛、美文朗诵比赛、英文演讲比赛、英文模仿秀等多种形式的交流活动，查验学生学习成果，培养学生思维表达能力，提升人文素养。

本课题研究按照"确定课题—制订方案—实践研究—交流总结—申请结题"的程序进行。首先对我校的课程现状作一些全面了解，明确研究的内容、方法和步骤等；第二是组织各子课题组教师学习课题研究的内容、任务和具体的操作步骤。通过一系列的应用研究活动，了解学生核心素养，课程体系构建等相关知识，搜集和整理相关资料，探索形成基于学生核心素养的课程体系。目前我们的研究处于"实践研究"阶段。

课程是学校教育的核心，与学校发展密切相关。必须着眼未来，立足实际，通过对国家课程、地方课程的二次开发和整合，对学校课程的开发和提升，充分落实学校培养目标，满足全体学生的发展需求。

"6+3"如何大于"9"

——青岛启元学校课程改革案例

青岛启元学校　李　东

课程是学校教育的核心，是学校实现育人目标的关键载体，这对于一所九年一贯制学校来说尤为重要。通过课程体系的统筹规划和顶层设计,改革治理结构、评价体系、师资融通等配套政策为课程改革服务。为此,学校紧紧围绕"实施课程改革,促进学生发展"这一中心工作,建构五大系统:生态系统、框架系统、组织系统、资源系统和评价系统。

一、构建课程改革的良好管理系统

基于问题与困难导向,改"九年通治"和"中小分治"为"学部负责制",提出了整分矩阵制管理模式,"整"是指办学目标、教育管理、教学管理、行政管理、财务管理等方面,包括学校的各种活动,整体规划,整体贯彻,统一要求。学校层面成立了4个中心,定位指导、引领、服务功能,统筹全校科研、教师培训、教师队伍建设等工作;"分"是指有的工作分条线、分阶段、分层级、分学部具体管理。该模式以"整分管理"为核心思想,以"矩阵"为表现形式。全校九个年级划分2个学部,1～5年级是小学部,6～9年级是初中部,推行五四学制改革,加大衔接力度;同时又划分为4个微学部,即1～2年级为始业学部,3～5年级为基础学部,6～7年级为衔接学部、8～9年级为毕业学部,微学部的实施,进一步落实五四学制改革的各项措施,为课程改革创造文化和生态环境。整分矩阵制管理的推行中,加大了机构治理,创设了良好的学校文化。

二、构建课程改革的框架系统

依据中国学生发展核心素养和义务教育阶段学生发展的需求,提出青岛启元学校学生核心素养,即人文底蕴、学科精神、创新能力、健康生活、社会参与。在课程体系构建中,将课程统整为德育课程、社会课程、学科课程、艺体课程和创新课程,即学生九年课程体系"元课程"。通过课程体系的建立与实施,完成对学生的教育需求和人生规划。

(1)德育课程:课程目标是完成学生九年品格的基本培养,培养国家认同感。德育课程依据学生年龄特点和发展需要,划分为基础课程、拓展课程、探究课程和实践课程。将学校的特色活动和课程,如校园节日、仪式教育、入校课程、毕业课程、团队建设等纳入其中,赋予主题和内容,让活动更有实效;同时学校还将基础课程类中的品德与社会、历史等学科知识,统整为"人文科学"课程,丰富学生对中国人文知识的了解,深化课程体系。

(2)社会课程:课程目标是完成学生综合实践能力和社会参与意识的培养,培养社会责任感。社会课程,依托社会资源,通过综合实践活动、主题展馆参观等系列主题活动,提升学生对国家和社会的认同与参与感。同时学校还依托国家课程中的有关内容,跨学科统整了"公民素养"课程,制定序列化方案,理清四大关系:即"人与人、人与社会、人与自然、民主和法制"的关系。同时,将各类目标进行分解,按年龄的高低分层推进,螺旋上升。

（3）学科课程:课程目标是完成学生九年的知识积累,形成学科核心素养。除国家课程以外,统整了现有教材,编写了校本课程教材,根据学生年龄阶段,分别开设了1～2年级中文戏剧课程、5～7年级自然科学课程、5～8年级英语素养课程、7年级英文戏剧课程、6～9年级语文大阅读课程、7年级物理引桥课程、8年化学学引桥课程等。

语文、数学、英语衔接课程,统整了6、7年级教材,删除了原有的重复内容,增加了阅读、思维训练等相关内容,以此为中小衔接课程。

"自然科学"课程,对5～8年级科学学科与生物、物理进行了有效统整,本次统整主要以现有小学学段科学课程教材为蓝本,参考生物学等材料,增加实验项目、实践探究内容、更加注重自然科学课程与实际生活的联系,研究生命现象和生命活动规律。

"物理引桥"课程,将学生较为熟悉的与生活有关的声、电等演示实验内容,统整放入七年级学习,即缓解了物理两年内完成课程内容负担较重的情况,也完成了学生七年级对物理学科的入门学习,为未来两年的学习奠定基础。

"化学引桥"课程,在课程内容上,初中化学衔接课程的设计本着趣味性、生活化的原则,结合八年级学生特点,开设趣味化学、像科学家那样操作、像科学家那样研究、像科学家那样思考四大板块。

"元读启行"阅读课程,统整现行语文教材的重点篇目,缩短国家课程授课时间,增加时文材料学习,开展阅读主题学习,提高学生阅读量,编写了语文主题阅读教材《元读启行》。全书分为三个板块,分别是散文、小说和诗歌。精选古今中外的名家作品和畅销书籍的精彩片段编入书中,并给学生预留了写批注的空白,以记录学生个体阅读时的零星感悟、突发灵感或困惑。

四是艺体课程:完成学生九年的特质培养,形成艺体核心素养。学校艺体课程的课程目培养学生良好的审美情趣和人文素养,树立健康第一的思想,提高学习能力、审美能力、创新能力和健康水平。结合九年一贯制学校特点,建立了"1+1+x"艺体课程体系,即通过国家课程的校本化实施、学校课程的开发以及艺体社团、实践活动的开展,提供丰富而适性的课程,满足不同层次学生需求。学校开设了武术、网球、柔道等课程,采取跨年级走班的形式,让一群"兴趣爱好"相同的同学,走到一起,互动交流学习。

五是创新课程：课程目标是完成九年的创新能力培养,初步形成在某个学科领域的个人职业规划。为进一步实现对学生创新能力的培养,在博士工作室、创新实验室建设、信息技术课程统整等方面,做了一些大胆的尝试。"3D"创新能力培养纳入整体课程建设,实现了课程体系的九年规划架构,从信息技术课程建设、"3D"校本课程、NOIP 程序设计课程、"3D"职业规划、"Stem"课程等构建了完整的创新课程体系;依托博士工作室,加强创新实验室建设,并与中国海洋大学、青岛大学等建立学科实验室研究基地,定期组织学生开展创新实验和课题研究。

青岛九联中学校长指导备课

青岛九联中学　解　磊

青岛九联中学校长非常重视备课,他认为一堂课要高效地完成,备课环节相当重要,他经常对老师的备课进行指导,他主要做了以下工作。

1. 指导教师在"备教材"上下大功夫

教师在"备教材"过程中要着重解决好这样几个问题：确定教学目的、任务和要求;明确教材的体系和内容的主次;突出重点、抓住关键;要注重研究和解决教材中的难点,在突破难点时要考虑到学生的实际(知识结构、年龄特点和认识规律)。

2. 指导教师在"备学生"上做大文章

教师要从不同的学生水平出发,因材因人施教,既要面向全体又要分层次提出要求,努力使教学切合学生实际。一要了解学生,教师在确定难点时不但要考虑学生的可接受程度,更要考虑什么样的内容对学生而言是难以理解和掌握的,从中找出一些带有规律性的东西。二要分析学生,针对学生的基础,确定每堂课的讲解进度和难度。课堂上老师不仅要照顾到不同班级上大多数的学生,而且还要照顾到班上后进学生和较优的学生;备好学生,一定要关心、关注学生。在教学过程中,关心、关注学生是我们教学的灵魂,只有关心、关注他们,我们的教学才显得有意义。

3. 指导教师在"备教法"上大求特色

某节课可能只运用一种方法即可达到良好的效果,而另一节课就可能需要运用多种方法。每个教师在选择教法时切忌生搬硬套,而应注重研究所选用的教法是否能更好地体现愉快教育的原则,是否能充分调动学生的积极性和主动性。

4. 指导教师在"备作业"上力求精心

解校长认为作业是教学的重要的反馈形式,备作业应做到"三个清楚"、"两个注重"、"两个指导"、"两个注意"、"一个知道"。三个清楚:一弄清楚作业的训练意图,训练目的。二弄清楚作业在内容上的广度与深度。比如答题,需要回答出几个方面内容,回答到什么程度。三弄清楚作业的格式要求。两个注重:注重留"以少胜多"的作业,注重留能力含金量高的作业。两个指导:备如何指导作业中的难点;备如何指导后进生。两个注意:注意将作业中的有关思考与练习题有机地纳入课堂教学过程中;注意与以前同类作业比较异同,使作业发挥巩固、发展学生技能的作用,避免简单机械的重复练习。一个知道:知道学生完成作业大体需要多长时间,注意分量适当,使学生的课业负担控制在适度范围内。

备课是教学工作中一个极为重要的环节。讲什么,怎样讲,事先都要周密考虑,精心设计。教师只有对教材内容、教学对象、教学方法经过深思熟虑,了然于胸,才能把课讲得妙趣横生、引人入胜。备好课不仅是讲好课的重要前提,是提高教学质量的基本保证,也是教师不断丰富自己教学经验和提高文化水平、专业知识、业务能力的重要途径。

多元课程 多维发展

——为每个学生成才筑基铺路

青岛市即墨区环秀中学 孙福安

多年来,环秀中学在实施多元课程,拓展每个学生潜能和发展渠道等方面,做出了积极探索与实践,取得了良好的效果。学校通过推进多元课程,引导学生多维发展,为每个学生成才奠定了坚实基础。

一、植根学校文化，构建多元课程体系

（一）课程开发背景

环秀中学始建于1996年,2001年原河南联中与三里庄中学合校,2010年学校布局调整,原庙头中学并入而成,外来务工子女占在校生比例近50%,学生基础参差不齐,差异较大。鉴于此,如何办好让人民满意的优质学校？经过多次调研,结合实际,学校制定的办学思想是打造特色学校文化,构建多元课程体系,引导学生全面成长,促进个性成长,大力提升学生综合素质。

（二）课程开发依据

学校依据学生身心特征、认知水平、地域特色等,秉承"追求卓越,幸福成长"办学理念,围绕"不放弃任何一个孩子,坚持从最后一名抓起"的教育理念；突出"关心每一个,关注每一个,发展每一个"的育人理念,开发特色多元课程,将每个学生培养成"志存高远、身心两健、素质全面、特长明显"的优秀中学生。

（三）课程开发过程

学校以整合、优化的课程结构为核心内容,根据学生发展的需求、学生的年龄特点和学校的实际情况以及师资和设施的条件等确立五维多元课程体系,即德育课程、学科课程、学法课程、社团课程和家长课程,保证学校教育能关注每个学生的发展。

二、实施多元课程，铸就多维发展模式

经过充分准备,学校全面实施五维多元课程,为了保证有效性和连贯性,学校以"月月有主题,周周有活动"为载体,开展形式多样、丰富多彩的德育课程、学法课程等五维多元课程,激发了教师创造性,拓宽了教师的课程思路,拓展了学生学习空间,培养了学生的兴趣爱好,构建了学生的多维发展模式。

一是德育课程。注重以活动为载体,引导学生树立正确的世界观、价值观、人生观,在三年初中生活中,学会求知,学会思考,学会协作,学会做人；注重心理健康教育,创办"心灵驿站"校报,发放"心理晴雨表"等,促进学生"身心两健"。二是学科课程。着力"小组合作,师友互助"教学模式的打造和实施,面向每名学生,相信每名学生,分类推进,整体提高。三是学法课程。注重"预习、上课、课外学习"等七个方

面学习方法的培养,提升学生的学习能力。四是社团课程。引导学生自主参加美术、书法、摄影等六大类26门社团课程学习,发展个性特长,完善自我。五是家长课程。针对外来务工子女较多,家庭教育水平亟待提升的情况,我们积极开设家长课程,组织家长聆听专家讲座,征集优秀家训,实施"532"家委会驻校办公制度。定期举行家长开放周活动,让家长及时了解学生学习情况,引领家长和孩子共成长。

三、建立多元评价,推进学生多维发展

学校根据多维课程,积极建立多元评价体系,优化评价主体,建立《学生之星评价标准》《目标完成评价标准》等,依据评价标准,积极开展多种形式的评价活动,利用多元评价,不断激励每个学生全面发展。例如:学校每学期隆重表彰学习标兵、三好学生、学习进步大、优秀团员、优秀值日生、孝悌之星、文明之星等,以学生身边典型教育人,感染人,激励人。为了记录学生成长足迹,促进学生全面发展,学校编印了涵盖立德、社团、课程等四个方面120项评价的《环秀中学学生成长档案》,对学生进行多层次、多类别、全方位的多元评价,有效推进了学生的多维全面发展。

"问渠哪得清如许,为有源头活水来。"环秀中学正是有了"多元课程"这一活水,才给每个学生"多维发展"注入了新的活力,每个学生的品性、灵性和个性,在这里得以浸润、充盈和张扬,每个学生的人生梦想,从这里扬帆起航!

走向专业的听评课

平度市南村镇郭庄中学 侯 刚

由于各方面原因,我校的部分学科教学一直很难跻身前列,针对学校薄弱学科,我校加强了薄弱学科建设工作,从可课堂教学入手实行领导干部包组责任制,并由校长带头,深入课堂大量听课,采用"123"评课法即一条优点二条不足三条建议,组织教研组积极评课,以此来指导教师的课堂教学,并有自己独特的听、评课经验,使领导干部率先走专业的听评课之路。

(1)通过听课找准问题的切入点,从最需要改变的问题入手。针对普遍存在的满堂灌现象听课首先落实课堂结构,即要求老师课堂必须留给学生巩固知识的时

间,有当堂检测环节,推行"小组教学"模式。为落实这一项工作领导干部、党员、班主任先带头执行,即:领导干部、党员、班主任实行包班制,实行推门听课制度,每周领导干部例会进行会进行汇总,然后总计通报,以此督促老师不断优化课堂结构。

(2)通过听课关注教师队伍的建设问题。如我校每学年安排青年教师出示达标课,中年教师出示立标课,老年教师出示示范课,并关注青年教师的课堂结构及对教材的理解把握,同时纵向看学科老中青的结合问题,注意教师的成长。衔接,防止出现断层现象。同时学校还充分利用"青蓝"工程,促进年轻教师的入门成长及中年教师的术业专攻。

(3)通过听课关注教研集备的深入落实情况。高效课堂是建立在充分教研集备的基础上的,从一个老师身上反映出来的突出问题来看整个备课组教教研组,多进行同课异构,让教研组老师都参与听课,引起更多的"耳朵"的听,带动教师们一起听评课。

(4)通过听课促领导干部专业成长。打铁先要自身硬。在评课中领导干部要拿出自己的"绝活"。评课不能仅仅停留在用"耳"听、用"笔"记、用"嘴"说的流程中,它应该是专业上的引领与带动。让教师感觉到你的确有水平,既能有双慧眼发现该教师教学的亮点,又能锐利指出其存在的缺点,并能够准确地解剖盲点。点评十分钟,台下数倍功!

听课促反思,听课促成长,在听课中走向专业成长之路!

强化教学特色与精细化管理

胶州市第二十三中学　刘作星

我校立足实际,深化改革,开拓创新,努力提升学校办学水平,取得了长足进步,实现了学校跨越式发展。

一、实施"小组合作探究式教学法"彰显教学特色

我校推行的"小组合作探究互助教学法",大大提高了课堂教学效率,促进学生主体的回归和学习能力的提高。

成立了以校长为组长,教学领导小组成员为组员的领导小组,指导此项工作的开展并编写了《小组合作探究互助式教学法》校本教材。小组互助合作分为课前的小组合作、课中的小组合作、课后的小组合作,将预习——学习——巩固过程完全贯穿于小组合作中。我校自 2015 学年开始探索"小组合作互助式教学法",吸取外地的经验和方法,通过在校内举行小组合作互助式教学法的示范课、观摩课、展示课等一系列活动,进一步丰富和完善小组合作互助式教学法。在全校推广,形成全校的教改模式,收到了良好的效果。

二、细化教学管理,向"精细化"管理要质量

1. 通过建章立制激发教师积极性

在教学工作方面我校制定了《备课组工作量化实施细则》、《教研组工作量化实施细则》、《集体备课实施细则》等制度。对教备组我们开学有计划、期末有总结,对于集体备课我们有教导处及各级部主任协同检查,在集备时注重课件、导学案相结合,在课堂教学注重落实集备时的"五步教学法",对检查结果随时通报并计入学期量化。通过以上细则的实施对教师考核有依据,明确了教备组长及教师的权利和义务,极大激发了教师们工作的积极性。教学领导小组成员各负起责,做到集备围绕教学服务,教学围绕学生服务,教备组长带头教师人人争先的局面。

2. 加强集体备课,提高教学质量

集体备课的大力推进促使我校形成了良好的教学研究氛围。备课组长组织教师们集中备课,协调好一学期的备课分工计划,让各位教师提前搜集资料,写出教案,然后大家共同评议、修改、完善,形成教案母本,实现教案资源共享。然后教师在主备人的备课基础上适当修改进行二次备课,以适应不同班级、不同学生、不同特点的教学,而且从繁重的抄写中解放出来让教师有更多的时间去钻研教材,学习先进理念,改进教学,提高质量,实现教学资源共享,达到教师备课"常备常新,常教常新,常研常深"的目的。

3. 遵循精细化管理理念,加强课堂监控

全力加强教学常规监控。一是健全管理规定。先后制定了《二十三中教学工作常规》《教学过程化考核规定》《教师集体备课制度》《达标课、模式课活动方案》《班主任跟班听课制度》《干部包级部联班级制度》等规章制度 20 多个,从备课讲课到检查监督,都有具体可行的评价标准,使老师们在教学中有规可循,有章可依。二是强化过程监控。我们抓住常规检查不放松,包级干部深入教研组,组织教研活动,参

加集体备课；包班干部深入班级，深入课堂，检评课堂教学效率；校长和中层干部，每周听课不少于 2 节，而且要做好听后讲评；各项检查做到了有记录、有评价、有总结、有存档。通过这些严格的常规检查，我们狠抓了教学行为的规范与落实，有力的整顿了教学秩序，使全校教学工作目标一致、过程统一、行为规范，克服了"放羊式"教学的随意性、盲目性，走上了有序高效的发展道路。

4. 开展推门听课，加强教学调研

为了推动全校课堂改革和教学质量提高，我校以课堂教学为平台，掀起校本教研新高潮。要求所有学校领导班子走进课堂听课搞调研，教师间互相听课交流，互相学习。要求领导班子每人听课不少于 40 节，教师每人听课不少于 15 节。这次行政领导采取推门听课方式，即事先不打招呼的听课，所听课程确保原汁原味。听课后与任课教师及时反馈交流，评说长短，提出合理化教学建议。在听课调研中，听课人员在常规推门听课的同时，还观察学生在课堂上学习投入状态、小组合作学习、自主学习等情况，并详实记录教学过程。课后，与被听教师共同分析和反馈了学生课堂上的学习状态，组织教师从文本解读、教学组织、教学流程、课堂艺术、教学方法等方面进行了全方位的探讨，进一步明确了课堂教学需要改进的要点，促进了教学效率的提高。

5. 通过赛课提升教师队伍素质

为促进小组合作探究式教学法的实施，学校开展了以提高课堂教学效益为中心的课堂教学比赛活动。内容以教学进度内容为主，分组别、分学科、多形式进行赛课。比赛的重心是考察常态课——随堂听课，提改进措施。

农村中学校长课程领导力的提升

平度市蓼兰镇蓼兰中学　隋有善

校长课程领导力，是指以校长为核心的学校领导团队在明确的课程思想指导下，通过制订和实施学校课程规划，调控课程管理行为，

实现课程目标，全面提高教育质量的能力。新课程管理体制要求学校必须根据自身的实际，将国家提供的课程框架转变成学校的课程规划，以确保课程的有效实

施,因此,制订和实施学校课程规划是校长课程领导的核心工作。

结合本校的办学实际,我认为,提升校长的课程领导力有必要从以下几个方面着手。

1. 提升校长认识课程的理解力

对课程准确的理解表现在国家课程的正确理解、校本实施上。国家课程的校本实施过程,是一个再创造的过程,再创造的水平决定着学校教育教学质量的高低。

对课程准确的理解还体现在对校本课程的准确理解。校本课程是对国家课程的一种个性化补充、拓展、延伸和丰富。根据学校的办学理想和培养目标,通过对学校教育教学资源和本校学生的需求进行客观科学的评估,充分利用学校的课程资源和社会课程资源,开发多样性的、可供学生选择的课程。它强调的是国家课程的指导性、学校的主体性、资源的多样性和学生的选择性。

2. 提升校长对课程现状的判断力

分析判断主要从以下方面进行:一是学校的课程文化形态,主要是指学校管理层,尤其是教学管理部门的课程意识、课程设计能力、课程管理组织能力;二是全体教师对国家课程的理解力、忠诚度和执行力;三是课堂教学状况;四是学生对课程的需要度与满足度;五是学校课程资源开发利用的广度和深度;六是学校课程结构的合理性、丰富度。这些信息的准确性和可靠度有赖于校长对获取途径的用心设计和实施。最有效的手段是走进课堂,校长可以走进课堂广泛听课,与师生对话,倾听师生的心声;可以与师生、家长及其他相关人员面对面地交流;或直接参与学校教学管理部门的某些课程管理工作。

3. 提升校长对课程氛围的营造力

首先,校长应该致力于营造民主、开放和合作的氛围。校长在广泛征求教师和其他成员的意见前提下,在对学生进行深入调查的基础上,拟定学校课程建设与实施的规划,公开地、经常地加以阐述和说明,让学校全体成员对学校课程建设与实施的目的、构想和操作方案有全面、深入和一致的理解,从而达到情感认同和目标集合的目的。

同时,校长要通过培训或其他形式,让全体成员感受课程实施与教师自身发展的关系,从而产生紧迫感;让全体成员感受到课程实施是校长对全体成员的一种深层的长远的关心,从而产生信任感;让全体成员感受到课程实施是关及自己更关及学校生存发展的关键,从而产生认同感;通过切实有效的课程实施的培训,支持、服务、引导教师的课程实施,并帮助他们排忧解难,让全体成员产生依赖感;要鼓励尊重教师在课程实施中的创造性劳动,让全体成员产生幸福感。还要作广泛宣传和讲解,赢得学生及家长的认同和支持。

4. 提升校长对课程资源的开发力

学校课程资源主要依赖学校自身的资源开发,其中,教师资源是最需要开发的资源。教师是课程的具体执行者,同时也是课程的创造者。校长要充分认识到这个资源的意义和价值,并按课程建设的逻辑和要求开发好、管理好教师资源。学生是课程开发的受惠者,同时也应该是参与者,有时甚至是执行者。

学校的制度文化、教师的职业道德、人际关系、环境布置等是学校课程建设的非显性环境资源。如果学校能按课程的要素对它们加以整合和利用,让它以课程的形式呈现,就能激活学校对课程的想象力和创造力,形成立体的课程形态,对学生的健康成长起到"润物细无声"的效果。

5. 提升校长对课程实施的规划力

课程实施规划的制定,首先要求制定者有个完整的、多维的课程概念,要考虑到课程目标的确定,课程结构的搭建,课程内容的挖掘,课程实施方案的设定,课程评价方案的跟进,以及课程管理组织机构、工作程序、改进机制的建立等。

在课程规划的制定与实施中,要充分强调构成课程基本要素的必要性和重要性,在课程的设计、开发、整合、执行、评价、反思、修正过程中,校长要特别提醒学校全体成员对构成课程基本要素的重视和遵循。

总之,校长的课程领导力具有综合性的特点,是校长学校管理能力的集中体现。校长课程领导力的形成与发展取决于校长的思想政治素质、教育教学与教育科研素质、专业知识的素质以及学校行政管理和实践决策能力的综合素养。

我们的听评课活动

青岛市即墨区金口中学　苑强先

在听评课活动中,我们关注"三看":一看目标,二看过程,三看效果。

一、看目标

（1）开门见山提出问题和目标：课堂要遵循到学生的年龄特征和认知规律，所以教师需要在最短的时间让学生知道这节课要干什么。如果五分钟过去了，学生们还不知道这堂课要干什么，那么这节课就有问题了。

（2）看目标的依据是否来自学生，来自教材，来自教师。如果教师设计目标时把学生丢掉了，只是根据教材设计目标，那就会有问题。3.看目标的广度：目标既要符合课程标准，又要符合三维目标的要求。

二、看过程

1. 关注教材处理

新课改让我们经历了从"教教材"到"用教材教"的转变。我们提倡的是"用教材教"，不是教材有什么我们就说什么，而是学生需要什么我们才教什么；不是根据教材的结构来选择教学的结构，而是根据学生的心理结构和行为规则来决定教学的结构和规则。具体做法是：第一，搞清楚什么是学生已经懂的，对学生已经懂的内容，教师只作检查就可以了；第二，对于学生自己读教材就可以懂的内容，教师应要求学生进行概括与提炼；学生概括提炼不到位，教师再给予指导和帮助；第三，对于学生看教材也不懂但通过合作学习可以搞懂的内容，教师要组织小组讨论，发挥学生的合作学习能力；第四，对于学生看了教材也不懂、通过讨论还不懂的内容，教师必须讲授和阐明；第五，对于教师讲了也不懂、必须通过实践才能搞懂的内容，教师就要进行活动设计与示范。

2. 关注教师的语言表达

我认为教师的说可以分为三个境界：第一：想得清楚，说得明白，使学生听得懂、说得出，这是对教师的最基本的要求；第二境界：声情并茂，传神动听，使学生身临其境，如闻其声；第三境界：话语有限，其意无穷，使学生充分想象，思也无涯，这是教师语言的最高境界。

3. 关注教学策略的选择

我们现在大量使用的所谓"启发式"教学其实是有讲究的，通过听课活动，我们发现在运用中通常存在如下问题：第一，机械性问答，教师设置的问题根本就没有思考的价值；第二，模式单一，主要是教师问，众生回答。结果，学生很多问题都被遮蔽掉了，让孩子独自回答问题有利于暴露其问题，而课堂的目的就是暴露问题、解决问题；第三，即问即答，教师一提问题，学生马上就站起来回答，我们为什么不能让学生闭上眼睛想一想呢？没有思考的回答，就是低效、低层次的回答，没有思考的课堂是没有生命力的课堂；第四，教师提出的问题引向不当，学生回答思维过于发散，结果导致教师驾驭不了课堂。综上所述，我们要求教师在上课前要把问题的设计及学生可能的回答方法尽可能考虑周全，在课堂上要做到合理引导。

4. 关注旁例和反例

在理科教学中，对于一类题目，有些教师先在课堂分析讲解例题，然后再提供一个和它相关的例题，好像这样学生就全部学会了。而有经验的教师不但会给学生正相关的例子，而且会给学生旁例、反例。如果教师在课堂上根本就没有旁例和反例，只强调共同性，不强调差异性，那么，学生就不可能真正掌握知识。

三、看效果

1. 关注学生学的效果

第一，从认知角度而言，关注学生通过这堂课知道了什么、学会了什么；第二，从情感角度而言，关注学生通过学习喜欢上了什么，看学生学的怎么样，最好看一看学生们的表情，关注学生是否全员参与，是否眼睛都在动，关注他们的情绪状态和交往状态。

2. 关注课堂教学的效果

第一，教学目标达成度（课堂学习讲求效率）；第二，学生的参与度（学习态度积极，情绪高涨）；第三，学习的幸福度（学习愉悦、快乐、健康）。

深入浅出的学习目标、精炼的语言、科学的思维、举一反三的艺术、神采飞扬的表情，这就是在课堂上显得比平时更漂亮的老师——好老师。

加强课程资源整合，构建开放课程体系工作案例

青岛 37 中　邓欣元

　　课程是教育思想、教育目标和教育内容的主要载体，是学校教育教学活动的基本依据，直接影响教书育人质量。学校根据实际，在落实国家课程计划的基础上，加强课程资源整合，构建适合学校文化传承和办学特色的开放课程体系，逐渐形成了以励志教育为主线，涵盖基础性学校课程、拓展性学校课程和探究性学校课程三大板块的学校课程体系，提升了教师教学思想和教学行为的转变，促进学生全面发展和个性发展，促进特色学校建设。

一、基于课程资源建设和学生发展的需求，学校在"国家课程校本化"建设上成效显著

　　我校倾力打造"激趣导学、合作学习"的教学模式，其中所实施的"学案导学"是以导学案为载体，以设疑激趣为先导，师生共同合作完成教学目标的一种教学方式。目前适应本校学情的导学案已经成功的为"教"与"学"服务三轮 9 年多，学科导学案具有学案、教案、课堂笔记、课后作业四项功能，实现了国家课程校本化的落地，有效地完成"激趣导学、合作学习"的课堂教学模式基本流程，提高了课堂教学效益，促进学生核心素养有效提升。

　　通过课堂教学实践，各学科老师就学习方法指导的流程和导学案的设计不断进行调整，实效性更强。随着教育信息化的发展，学生获取信息的方式也在悄然发生改变，生物教研组经过酝酿、思考、着眼于"学生发展"进行修订，将"导学案"升级为"学生发展方案"，极大地丰富了教学素材，尤其是注重学科分层拓展的内容，使用二维码进行资料重整，二维码成为学生拓展视野的利器，"学生发展方案"的应用拓宽了学生的学习空间，线上线下学习方式更加灵活、多样。与此同时，与《学生发展方案》并行的微信公众号的推出极大地辅助发展方案的实施，微信公众号的内容涵盖科普知识、教学案例反思与实录、学习方法介绍，实现了在线练习与反馈。生物组团队的的开发成果经申报获得青岛市基础教育成果二等奖。

数学组在落实"国家课程校本化"与分层教学上做了大量细致、扎实、有效的工作。从课标研读、集备到课堂授课，都在关注学生的"学"上下功夫，很好的助力学生成长。关注、尊重"学困生""潜力生""优秀生"的差异，讲方法重实效，有目标抓落实。初三数学集备组在 2018 年全市初中教学工作会议上作典型发言。

二、部分国家课程与地方、校本课程整合实施，提高了教学效益

针对地方课程与部分国家课程内容的交叉、重复问题，我们将地方课程《海洋教育》《环境教育》与国家课程中的地理课程整合实施；将《传统文化》与阅读教学整合、实施，七年级语文组制定"阅读周计划"；借助研究性学习方法，结合学生的生活体验，将部分物理知识、化学知识、数学探究内容做为研究性学习内容，通过实验探究、小组合作的形式在初一年级开设科学校本课程，作为物理、化学、数学学科的引桥课程，培养了学生的主动探究精神和解决问题能力。学校整合内容，整合课时，使国家课程育人目标得到强化，地方课程目标得以更好地落实。

三、学科内部课程资源的有机整合，最大限度落实课程目标

学科老师依据课程目标、教材特点、学生基础，在学科内部进行课程资源的有效整合，最大限度落实课程目标。语文组对初一现有教材适当的删减、补充、拓展、整合，加强语法知识的学习，加大阅读和写作教学的力度，更加符合学生的认知规律和学习基础，初二集备组实施单元整体教学策略，删减部分课文篇目，有计划地补充阅读，编辑成册的《语文周阅读计划》共六册，记叙文阅读有 160 篇，说明文和议论文阅读各有 96 篇，文言文课外阅读有 160 篇，优秀作文赏析有 160 篇，极大地提升学生语文素养。同时对语文课外阅读进行有效指导，根据学生的年龄和阅读认知，有计划地进行优秀阅读书籍的推荐，利用各种形式检查督促学生的阅读情况，例如写读书记录、读书笔记，读书摘抄等。还利用课前 5 分钟时间，进行读书的交流活动。与语文教材相结合，老师每个月组织学生进行一次电影欣赏，很好地促进学生的文学鉴赏能力和理解能力。

四、科学规划校本课程，实施学校课程自主选课走班，促进学生个性发展和学校特色建设

1. 开设必修课

它是学校办学目标、核心育人理念的体现，具有鲜明的学校特色。目前学校开设的校本必修课程有：每个班级，每学期开设的四节《励志教育课》；学校承担的蓝色

海洋教育市级教育体制改革实验试点项目的《海洋教育学校课程》和校本化的研究性学习课程《研究与创新》。

围绕学校迁校后的外语特色发展,邓欣元副校长带领教务处、英语组相关骨干教师分三批外出考察了五所外国语学校的课程建设,尤其是在教材的整合、听、说、读、写方面对学生的培养,邓校长主持的《初中阶段打造外语办学特色的调研报告》在2017年度全市教育系统优秀调研成果评选中荣获三等奖。目前在七年级开设了必修的学校课程《英语口语》,引进了外教,拓展了我校国际化办学的视野,下学期学校准备启动德语特色课程,必将对学校产生更积极的影响。

2. 设立选修课。

为充分满足学生多元化发展需求,根据学生需要、教师资源、社区资源等,设立丰富多彩的选修课,实施选课走班。2018 学年就有 61 位教师申报了 63 门学校课程,其中涵盖"学生成长指导课程""语言与文学知识拓展课程""人文与社会知识拓展课程""科学领域知识拓展课程""技术领域实践操作课程""艺术领域活动课程""体育与健康活动课程""学术社团类活动课程"八大类学校课程,课程的开发为我校更好地构建满足学生个性化需求的轻负高效育人模式提供了有力支撑。在青岛市第二届中小学、幼儿园精品小校(园)本课程评选中,林柏权老师及其团队开发的《物理研究性学习课程》、鞠秀燕老师及其团队开发的《海洋科学与研究》课程评为青岛市精品课程;11 月 22 日号在青岛西海岸新区举办的"山东省首届好课程暨青岛市精品学校课程建设与实施现场会"上,我校"见贤思齐志者竟成 -- 以励志教育为主线,构建适合学生个性发展的课程体系"课程展板参与展出;赵秀燕、亓振红、王飞的《课程建设促进教师专业成长与学生综合素养提升的调研报告》获 2018 年度全市教育系统优秀调研成果。

3. 开展社团活动

学校以落实《青岛第三十七中学辅导员龄认定办法》和《青岛第三十七中学加强社团建设实施方案》为抓手,初步建立起技能类、人文类、艺术类、体育类、竞赛类等五大类二十八个学生社团,且成效初显。

4. 社会实践活动课丰富多彩

充分利用社会、家长资源打造多类别的社会课堂,更多的学生走出学校融入社会大课堂,在体验中感悟,实践中收获。2018 年第二学期为例 ,各班在班主任、家委会的组织下开展了形式多样的社会实践活动,如七年级 1 班"生命因阅读而精彩"、2 班"小手拉大手,共筑碧海蓝天"、5 班"血脉相承,珍爱生命"、6 班"学会应急,牢记安全"、10班"护青山绿水,筑生态文明"、八年级4班"'花'点时间、'美'丽你我"、5班"动静总相宜"。学生在这些活动中拓展了视野,增加了社会经验,"活动即课程"的理念进一步得到体现。

近年来37中在教学质量上稳步提升,学生在各类探究性论文评选、创新实验大赛、围棋比赛、科技类比赛中屡获佳绩,艺术类、体育类比赛捷报频传,课程建设与开发为学生的自主、合作、探究性学习搭建了历练的平台,以励志教育为主线的课程建设提升了学生的核心素养,助力学生的发展。

让高效教学在课堂落地生根

青岛开发区第六中学　于福清

"教学有法,教无定法",这句话说明了教学既有一定的规律、原则、方法可以遵循,又有很大的灵活性,每个教师都要根据教学的实际情况选择不同的教学方法,而又不能拘泥于方法和模式,为教学方法和教学模式所困。青岛开发区第六中学从实际情况和教学面临的实际问题入手,逐步形成了"问题导学、自主合作"高效课堂教学模式,实现了教师、学生的共同发展,把教学相长变为现实。

1. 问题提出的背景

大量的课堂观察发现,现实中"有教无学"的课堂普遍存在,教师课堂上讲得很卖力,但学生听得无精打采,课堂气氛死气沉沉,其中数学课最为突出。通过与教师的沟通了解到,教师并不是不想改革,而是普遍缺乏具体方法。因此,探索、构建"以生为本,以学为本"的课堂教学模式,让教师有"法"可依,已成为我校教学改革迫切需要解决的问题。

课堂教学的核心是培养学生能力,引领学生发展。适合学生的课堂才是最好的课堂,改变传统的课堂,让学生由接受型课堂向生成型课堂转变是时代赋予教师的责任,而大多数的教师还没有找到一种高效的教学方法来落实新课改理念。

2. 关键概念的界定

"问题导学"本质是精心设计有价值的问题以引领学生带着问题自主学习。其中的"问题"是指需要解决的矛盾、疑难或需要解答的题目,是在充分研究学生的基础上,整合课程内容而形成的引导学生自学的任务,是联结学生的最近发展区与课程目标的纽带,是推动学生自主学习的内驱力。所谓的价值就是指"问题"必须有驱动和引导双重作用,能吸引学生静下心来深入思考,能引导学生自主学习并且直奔课程目标。"自主合作"是贯穿课堂始终的学习方式。自主学习是核心,是在"问题"引导下,让学生与课本的直接对话,是自我的学习。合作学习是自主学习后遇到困难时的相互交流、表达、展示与帮助。问题与合作都是辅助学生自主学习的手段,问题是自主学习的开始,合作是自主学习的延伸与提升,最终让学生在问题解决中完成自学、学会自学,在合作中完善自学、丰富自学。

3. 研究结果及其分析

坚持"以学为本"的理念,立足实践研究,逐渐形成了"一个核心、两个原则、三个必须、四个环节、五个步骤"的基本模式。一个核心,即以自主学习为核心,让学生愿意学习、学会学习的同时,形成自学的能力和自我发展能力;两个原则,即坚持问题引导下的自学,坚持以练为主的自学;三个必须,即自学必须从问题开始,问题的设计必须有驱动与引导双重功能,自学成果必须展示交流;四个环节,即创设情景、引入新课——问题导学、自主合作——达标测评、拓展提升——课堂小结、布置作业;五个步骤,即出示导学问题——自主学习——合作交流——知识梳理——针对性练习。此模式使课堂教学以学为核心,由"问题"开始,遵循了学生认知与发展的内在规律,让教学回归了本真。问题引导下的自学,加强了自学的针对性。自学成果的交流与展示,把课堂变成学生的舞台,使学生的成就感不断强化,使学习成了他们的内在需要。四个环节、五个步骤的基本框架,使教师落实满意度显著,以学为本的教学理念有了具体的操作程序。

学生对课堂的满意度显著提高。实验前后学生的问卷调查结果显示,"问题导学、自主合作"的课堂深受学生的欢迎。这一模式让学生感受到了"尊重"与"平等",从教学的设计到上课都是站在学生的角度思考问题,充分尊重了学生的情感与认知,从根本上改变了以知识灌输为主的课堂教学结构,由此引发教师的教学方式和师生互动方式的深刻变化,真正做到了"把课堂还给学生,让学生成为课堂的主人",从而改变了课堂上学生的学习状态与生存状态。

学生的学业成绩显著提高。课改以来,我们通过对实验班与普通班的对比显示,新模式下的课堂学习效果提升显著。心理学家研究表明,人们对看到或听到的只能记住在约20%,但对他亲身经历的却可以记住80%。学生的学习活动同样如此,在"问题导学"的课堂环境里,表面上改变的是课堂结构和师生互动方式,实质上改变的是学生学习的心智模式,突出了学生的思维经历,让学生亲身去经历学习的全过程。

教师的工作热情、工作业绩显著提高。教师由原来的不愿意"听课"与"被听课",变得主动邀请同伴到自己的课堂听课以帮助诊断问题,主动听同事的课来进行对比分析。听课、研讨成了工作中的新常态,课改改变了他们的观念与态度。教师的成绩与能力获得逐步提升,近年来,有 8 人次在区级教研活动中上过课改示范课,1 人做过课改经验介绍;在中国教育学会举办的"我的模式我的课"课堂教学比赛中,有两名教师分获一等奖和三等奖。教师在研究中、在学生的发展中,得到了发展,把教学相长变为现实。首先,此模式下学生的积极变化,直接促进了教师对教与学的思考,改变了教师的学生观。新模式下把课堂还给了学生,学生的积极表现、学生的精彩生成,不知不觉中让教师改变了对学生的看法,让教师总能及时发现、放大学生的闪光点,强化学生的成就感,形成良性循环,师生关系越来越融洽,教与学和谐统一。其次,新模式下的课堂,学生成了主角,课堂教学不再是教师单调地重复教案,而是崭新地探索与思考,课堂教学充满了期待,期待着几十个学生、几十个心灵、几十种思想的交流与碰撞。精彩的生成,激烈的争论,美丽的错误,使新模式下的课堂教学富有情趣和吸引力。

4.存在的问题与后续研究

研究实践表明,"问题导学、自主合作"课堂教学模式简单易操作,扎实有效。它遵循了学生认识与发展的内在规律,让教学回归了本真,能够有效解决我校课堂教学中存在的主要问题,基本实现了我们对课改的设想。当然此模式也有局限性,例如。对于抽象的数学概念课,难以设计问题引导学生自主学习;对于有关几何公理的学习,有关定理的证明,有关动手操作类型的课,让学生自主学习效果不够理想。另一突出的问题是教师的观念难改,在习惯思维驱使下,不知不觉中就会站在教师教的角度设计教学。其原因是"以学为本"的教学理念没有真正变成教师的自觉行为。"问题导学、自主合作"教学模式使教师面临更多的知识挑战,学生各式各样的发问,对教师提出了更高的要求,教师除了不断学习,更应不断反思,及时总结得失,才能在课堂教学中"驾轻就熟",构建高效课堂。

东风夜放花千树 ——浅谈作业改革教育

崂山八中 肖世强

关于作业,《教育大辞典》中的定义是"根据教师的要求,学生在课外时间独立进行的学习活动,在教学活动总量中占有一定比例。它是课堂教学的延伸,有助于巩固和完善学生在课内学到的知识、技能,并培养学生的独立学习能力和学习习惯;古代教育文献《学记》主张"时教必有正业,退息必有居学"。其中,"居学"即课外作业。当今的教育体制,作业更加成为教学工作不可或缺的有机组成部分。

作业是指学校教师依据一定的目的布置给学生并且利用非教学时间完成的任务。对学生发展:理解、巩固和应用学习内容、获得学习方法、提高学习能力、促进思维发展、养成学习习惯、激发学习兴趣、提高自我管理能力。对教师教学:作业是教师诊断学生在学习中存在问题、反馈教学效果、调整和完善教学内容与方式的重要依据。对师生关系:调节师生关系的主要途径。对课程标准:解释矫正课程标准基本内容与要求。对家庭社会:学生、家长、学校间联系的一种中介。现从以下几个方面进行分析。

一、我校作业情况现状分析

（一）作业量

基本符合要求,各学科均按照学校对作业量的要求布置作业,语、数、英三科每天书面作业时间不超过 30 分钟,其他学科每天不超过 15 分钟,当天无课的学科不布置作业。

（二）作业类型

（1）预习作业:是在老师指导下,学生自主学习过程,有助于学生对教师讲授内容做到大致了解,为学习新知识做好铺垫。现状是部分学科给学生提供预习提纲或学案导学,目的比较明确,而有的学科只给学生布置预习内容,没有具体的引导。

（2）口头或书面作业：从近几周对语文、数学、英语三科课外作业统计中发现：目前教师布置的课外作业，主流是以读、背、写形式呈现，作业来源于教材、教辅等，其内容比较固定，其目的是对所学知识的复习与巩固。

（3）实践性作业：由学科特点决定，物理、化学、生物三科的课外作业涉及到实验、观察、测量、标本制作等，教师会根据教学进度，布置相应的实验性、探究性作业。

（4）自主、创新型作业：受传统思想观念的影响，教师、学生目前的认识不到位。

（三）作业要求

（1）作业保质保量。教师布置课外作业，要在课程标准规定的范围内，紧扣教材，要与课内作业保持一定的联系，使课内、课外的学习相互促进，掌握知识与发展能力互相结合。

（2）布置分层作业。贯彻因材施教的原则，让不同层面的学生都得到发展，既要关注学困生、中等生又要关注优秀生。作业设置一般分为基础作业、应用能力作业、拓展作业或必做、选做作业。让不同层次的学生感受到成就感，提高学习积极性，发展学生持续学习能力。

（3）作业评价多样化。不同层次的学生布置不同内容的作业，采用不同的评价方式。如个别评价、与小组捆绑评价、家长群评价等方式来激发学生的学习兴趣，激发其主动参与的欲望。

（四）问题与不足

（1）阅读、预习作业：由于缺少具体的指导，导致学生目的性不够明确，达不到预期的效果，基本流于形式。

（2）书面作业：大部分作业停留在对课内知识的巩固练习层面，难免出现知识的机械重复。

（3）分层不够细化。教师设置的分层作业源自课本、教辅，虽然是分层作业，但作业的难易程度无法把控，不一定适合每个层次的学生。

二、作业改革方向、措施

（一）方向

把学生从过多、过滥的作业中解脱出来，使学生作业以趣味训练、体验成功、探索创新、自主选择为主，让学习知识在作业中升华，能力在作业中培养，思维在作业中发展。学生的情感、意志、兴趣、习惯、方法在教师精编作业训练中得到培养，学生能够自主地发展。爱因斯坦说过：教育应使提供的东西让学生作为一种宝贵的礼物来享受，而不是作为一项艰巨的任务要他们负担。

（二）措施

（1）利用好作业联盟示范校这一平台，进行一次解放思想大研讨，成立课外作业改革领导小组，由分管教学副校长任组长，成员有教务处主任、教科室主任、教学委员会主任、各级部主任组成的领导小组，拟定《崂山八中课外作业改革三年发展规划》，制定具体的改革方案，组织各学科集备组长进行课外作业改革。

（2）云平台特色作业

借助海大智慧云平台实施有效的分层布置作业，推行靶向作业。随着数字化进程的加快和新媒体的崛起，环保、互动、数字化成为教育教学的新需求，以智慧云教学平台为工具的信息化教育成为发展趋势，个性化教学是教育发展方向，而智慧云教学平台为个性化教学带来新的活力。"智慧云"教育平台是一种全新的教学辅助平台，它吸收与发展了移动教育成果，将分层次、个性化、共享、协作、大数据分析等理念落实到了日常教学行为中，是移动网络技术与个性化教育服务的完美结合。在"智慧云"教育云平台的支持下尝试个性化教学，增强作业的针对性，减少学生作业重复训练，形成个性化错题集，从而减负增效，提高教学质量。

如何借助网络平台实现作业个性化，提高教学效率，我们做了积极地探索，现把我校在网络平台下的作业个性化的教学尝试做些归纳，希望与各位一起探索个性化教学。

（三）以分层为前提，推进作业个性化

1. 评估学业能力，学生合理分层

为了使作业能符合学生个性水平，减少厌学情绪和学业负担，我们班主任、教师、学生一起组建学习小组，根据学生不同学科的学业水平、思维品质和个人兴趣，班级学习小组六组左右，每组大约六人左右。学习小组以异质组合为原则，大致分成 A、B、C 个层次，一般每层两人，A 为两个组长，B 为中等生，C 为潜力生，实行分层作业，可以在网络设置上做出一定的限制。

在较长的学习阶段后，可以根据学生成绩水平、能力状况的变化，学生层次可有弹性变化，尤其在学生提出要求后更应有变化，甚至调整小组成员。

2. 整理作业资源，作业科学分层

整合学校内部作业资源，引进外部优质教学资源，努力做好作业分层和资源共

享。每门学科都有其知识系统,在拥有大量的作业资源后,第一要紧的是备课组给这些作业分层。

我校根据作业的难易程度分成三类:①基础性作业。该类作业重在落实课堂教学内容的基本知识点,提高学生基本技能,难度不大,要求每个学生完成;②补差性作业。该类作业主要针对数学、英语学科,对后20%学生进行强化训练,旨在学业上促进后20%学生的转化;③拓展性作业。该类作业主要针对数学、语文学科。各年级以备课组为单位,收集、编辑与授课进度同步的拓展性题目,对前30%学生进行训练(一般每星期两次),由任课教师批改,达到培优的目的。

当然备课组还必须整理好课前预习作业、单元试卷,做好录课、微课,帮助教师实现检测、辅导。

(四)以作业个性化为抓手,提高教学有效性

1.课前预习作业,以学定教

预习是课堂的前奏,是学生提高四十分钟的学习效率的可行方法;而了解学生的预习,是教师以学定教的最有效途径。

通过智慧云平台,教师可以在课前了解全部学生的预习作业情况,甚至可以具体统计人数和名单,这样可以帮助教师了解大部分学生的知识的最近的发展区,以便进一步确定当堂课的重难点,取舍课堂知识容量,调整教学进度,改变了传统的模糊教学模式,真正做到有的放矢,为每一个学生的发展提供合适的土壤,有利于教师设计科学合理的个性化教学,尤其在设计重难点的教学时,教师要选择一种更有效的教学方法和形式来教学,这样,在课堂中让更多的学生真正成为学习的主人。

2.反馈当堂作业,调整教学

反馈就是把系统输送出去的信息作用于被控对象产生的结果再输送回来,并对信息的再输出发生影响,起到控制和调节的作用。

课堂作业是检验教学质量的有效途径,尤其数学、英语、语文等学科,课堂训练或检测是必不可少的。利用智慧云教学平台的教师,学生当堂作业的反馈是"即时"的。学生递交作业通过扫描后,作业的对错人数的比例、具体学生名单都会瞬间统计并显示在屏幕上。同时,教师既可以把典型的错题进行分析讲解,也可以把正确的答案进行展示,让大家一起学习分享,这样大大缩短黑板上板书时间,提高教学的时效性。而且教师可以随时在课堂上进行一对一指导,教师完全可以根据学生反馈的信息,随机应变,因势利导。当然,教师要不断地从学生的信息反馈中随时掌握教学过程的进展与达成情况,及时调整自己的教学策略。

传统课堂教学中,常常会发生教师上课讲答案,而不知学生错误的实际情况,而且当堂作业的反馈费时而不准确,尤其是教学节奏比较快的时候,学生的错误很容易沉积下来,当教师发现问题再进行补救时势必延误教学进程,降低教学效率。

3. 批阅课外作业，交流互动

课堂外的作业,在传统教学中是无法实施批阅的,而利用智慧云教学平台的教师只要在有网络的环境中,可以通过家庭端进行布置个性化作业,学生在有网络的环境中可以及时递交作业,然后教师实现网上批阅。

在批阅过程中,教师通过学生作业信息查询,及时、全面掌握班级学生和班级整体的作业状况,甚至可以了解学生做作业的时间和用了多少时间。教师可以通过网上集体或个别交流,对共同错误进行集体纠正,对个别错误进行个别指导,做到作业点评有针对性。并对学生提出的问题及时梳理、解答、互动。

4. 自动收集错题，有效复习

收集错题可以培养学生良好的学习习惯和态度,能有效训练学生解题思路和方法,尤其在复习阶段可以实现事半功倍的效果,然而实际生活中,初中学习负担过于繁重,学生很难做到收集和整理错题,而且传统纸质摘录错题效率太低,又容易丢失,很不方便。

在智慧云教学平台中,在大数据的帮助下,只要是学生曾经做错过的题目都会自动保存在网络平台的数据库里,只要学生需要,可以马上呈现在出来,这样的智慧云教学平台可以节省学生大量的整理时间,而且是本人个性化的错题集,如果学生能真正查漏补缺,那么学习成绩自然就提高了。这样可以帮助师生摆脱题海战术,也有助于教师实施个性化辅导,真正的达到减负增效。

"尝试－合作－体验－成功"在初中课堂
教学中的实践探究

青岛 65 中　林中先

　　著名教育家苏霍姆林斯基曾说过："在人的心灵深处,有一种根深蒂固的需要,希望自己是一个发现者、研究者、探索者。而在儿童的精神世界中,这种需要更强烈。"

　　尝试教学是由江苏特级教师邱学华经过多年探索实践后提出的。课堂主要特点先练后讲,突出三个为主:学生为主、自学为主、练习为主,达到四个作用:充分发挥教师的主导作用、学生的主体作用、教科书的示范作用、学生间的相互作用。它的核心理念简而言之,就是学生变被动为主动,尝试教学法不是教师先讲,而是让学生在旧知识的基础上先来尝试练习,在尝试过程中教师指导学生自学课本,引导学生讨论。在学生尝试练习的基础上教师再进行有针对性讲解。

　　自 2013 年 12 月成为全国"尝试教学"实验学校以来,在不到两年的实践中,学校以"生本智慧课堂教学"理论为支撑,以尝试教学理论为研究重点,在课堂教学组织结构、课堂教学教师示范、课堂教学学生主体作用发挥、课堂尝试教学评价等方面进行了大胆的实践与探索,积累了较为完善的研究资料和经验,取得了可喜成绩,全体教师以极大的热情,踏上了"尝试教学"的探索之路。

一、改革课堂教学结构,优化课堂教与学的过程

　　从学懂教学理论到实际应用,有一个转化过程。因此,学习尝试教学理论不能停留在一般的原理和原则上,而应该以教学模式作为中介,在教学实际中加以应用。每一种教学理论都应有相应的教学模式。没有一定的教学模式,不能成为成熟的教学理论。教学模式,它是在一定的 教育思想观念或教育理论指导下建立起来的,它有较为稳定的教学活动的结构框架以及教学活动的安排。它是多种教学方法的组合,也不是简单组合,而是教学方法的系统化,教学理论的具体化。

　　（1）学校与江苏省常州市湖塘实验中学联系,让一线任课教师去参观学习。此外我校还创造条件派教师赴上海、杭州等地学习,参加尝试教学的各级教学研讨活

动,回来后教师要进行经验交流、课堂展示等,努力探索一条适合我校发展的教改之路。8月,邀请了全国尝试教学创始人邱学华老师走进我校,对我校展示的尝试教学展示课进行现场指导,并再次深入的剖析了尝试教学模式。现在全体老师已经统一思想、提高了认识,在教学过程中基本能运用"尝试教学"模式,真正做到轻负高效,让学生全面发展健康成长,让学校成为学习生活的乐园。

尝试是学习的基本形式,"先试后导,先练后讲"又具有结构性的特点,因此我们开始运用的是尝试教学的基本模式。

准备阶段——准备练习——发挥就知识的迁移作用,以旧引新,为学生解决尝试问题铺路架桥。

出示尝试问题——根据教学目标要求,提出尝试问题,以尝试问题引路,引发学生进行尝试

自学课本——是为学生尝试活动中自己解决问题提供信息,课本是学生获取知识的重要载体。

尝试练习——这一步是学生尝试活动的主体,大胆放手让学生自己尝试解决问题。

学生讨论——这一步是确保学生掌握系统知识,也是对学生尝试结果的评价。

教师讲解——这一步是确保学生掌握系统知识,也是对学生尝试结果的评价。

延伸阶段——第二次尝试练习——一堂课应该有多次尝试,通过不同层次的尝试活动,逐步逼近教学目标

（2）教学模式具有相对的稳定性,是教学模式的基本特征之一。但是,如果把教学模式的稳定性理解成刻板、一成不变,这是片面的。在运用尝试教学基本模式的同时,我们还结合不同学科、课型、学生的特点,在注意稳定性的同时更加注重教学程序的灵活性。教学法的灵魂在于灵活,而固定不变,搞绝对化就没有生命力了。增加一步或减少一步,几步相互调换或合并均可以。但万变不离其踪,"先试后导""先练后讲"的基本精神不能改变。

二、改革传统教学案模式，促进学生学习方式改变

尝试教学法是根据数学教学的特点和儿童的心理特点设计的。

尝试题引路,诱使学生自学课本,这样就能充分发挥学生的自主性,练习后,引导学生讨论,发挥学生之间互相作用,要求学生用语言表达自己的想法,并作为形成概念的基础,最后教师讲解完整的系统知识。因此,只有改革传统教学案模式,精心设计适合尝试教学模式下的尝试习题,才能促进学生学习方式改变。

1. 结合尝试教学课堂模式和特点，我们采用的教学案基本模式如下：

页眉：学校，学年度第　学期，学科教学案，编号：

页脚：学科的学习名言

学科 _____，课题 _____，执笔者 _____，时间 _____

A：学生任务

B：上课重点：

难点：

C：课前自主学习：

（1）自学提纲（为阅读课文内容而设计）

（2）尝试解题（为初步应用知识，让学生体验成功而设计）

（3）提问与质疑

D：课内互动学习：

（1）检查与建构（2）拓展与延伸（3）训练与反馈（4）小结与反思

E：课外巩固练习：（逐步取消此项作业）

（1）普及基础题［全做］

（2）巩固提高题［绝大部分学生做］

（3）创新加深题［学有余力的学生做］

F：总结与反思

（1）不同学科或同一学科的不同课型的"教学案"应该有各自的特色和灵活性，有关科目可增、删。

（2）以每课时为单位进行编写，教师上课学生学习都与此同步。

2. 教师使用"教学案"的要求

（1）原则上不允许再布置课外作业。

（2）用"教学案"进行课堂教学时，做到以下几点：

新知识放手让学生主动探索；课本放手让学生阅读；重点和疑点放手让学生议论；提出的问题放手让学生思考解答；结论或中心思想等放手让学生概括；规律放手让学生寻找；知识结构体系放手让学生构建。

（3）用"教学案"进行课堂教学时，要拓展学生的思维。

（4）使用"教学案"，要关注学困生。

3. 学生使用"教学案"的要求

（1）（根据"教学案"内容认真进行课本预习。所有同学必须自行解决"教学案"

中基础题部分,学有余力的同学可以做提高题,碰到生疏的、难以解决的问题要做好标记,第二天与同学交流或在课堂上向老师提问。要求学生在使用"教学案"时坚持三原则:自觉性原则、主动性原则、独立性原则。

（2）在课堂上注意做好学习方法和规律的笔记以便今后复习。学完一课后,要在"教学案"的空白处写上"学后记"（学后心得）。

（3）每隔一段时间后,学生要将各科"教学案"进行归类整理,装订成复习资料。

三、改革教研集备形式，发挥骨干教师示范引领作用

教学改革与教学模式的形成,并不是一蹴而就的,总要经历学习、实践、反思甚至再实践、再反思的过程。在探究过程中,学校还通过多种渠道搭建各种平台推进学校课堂教学改革进程。

1.统一思想，更新理念

两年来,学校共安排了7批共60余人次的外出培训,走进湖塘实验。

中学参与教研集备观摩,深入课堂教学听课,参与全国各地的尝试教学主题会议,其中英语组华栩老师参加了全国尝试教学赛课并获一等奖。在"尝试教学"模式推广过程中,我们发现一些骨干教师领会得快,运用得好,课堂效果特别明显,便通过开展"汇报课""展示课"（学校统一安排讲课日程,集中听、评课）,从学案设计、学法指导、小组合作、当堂检测、二次备课、研讨交流、评课反思整个过程,给教师示范引领,也使骨干教师辐射带动作用更加凸显。

学校还通过每周集体业务培训和教研组学习,学习现代教育理论,学习尝试教学的理念、结构、基本教学环节等,用新的教学方式加大教师培训力度,更新观念,统一思想,达成共识,为我们"尝试教学"模式的实践探索提供理论支撑和思想保障。

2.构建团队，深入教研

在教学改革中,我们也遇到了阻力和障碍,这些阻力和障碍有时源。

自于教师参与教改自主性不强、积极性不高。于是我们通过研究小组开展"尝试教学展示课例研究"、听评课报告、反思性教研等丰富的教研活动,学校让教师在课例研究中增强合作、加强交流,教师间主动互帮互助,教研教改全面开花。

在推行"尝试教学"模式过程中,我们没有强行要求教师执行学校统一的教学流程,而是采取民主式、开放式推广方式。教学模式总体思想的引领下,教师根据自己学科及课型确定不同教学环节,再与"尝试教学"模式对比,吸纳、内化外校成功经验。通过多种形式教研活动,反复实践、逐步完善,才形成了现有的个学科教学流程。

教研组能根据学科特点,将本学科分成若干课型,不同课型有不同的教学环节,在这个过程中,教师发现了自己的潜力,感受到了探索成功的乐趣。学校还以尝试教学为主题进行教研、集备评比展示,最终评选出优秀教研、集备组各四个。

3. 全面提升,整体推进

两年来,我校以"尝试教学"探究为主题,进行了 10 余节骨干教师主题展示课,30 余节青年教师尝试教学比赛课,英语组华栩老师参加了全国尝试课堂教学比赛并获一等奖,4 人被推荐为青岛市"一师一优课"优秀课例,2 人获市北区优质课评比一等奖,2 人获青岛市优质课评比二等奖。不仅如此,学校的课堂教学效率大大提高、成绩显著,学校初中部两个采用尝试教学年级的历次成绩,均在市北区公立学校中名列前茅。

2015 年 6 月,我校还承办了"全国尝试教学与有效教学策略实践专题论坛",来自成都、广州等地的校长、教师代表参加了此次会议。本次论坛为期两天,邀请了当代教育领域老前辈、"尝试教学法"创始人邱学华、江苏省特级教师,全脑语文教学专家王红梅及我市开发区教科所所长刘永春等一线名师分享各自在有效教学实践探索中积累的宝贵经验,我们学校还向与会代表介绍了学校两年来的尝试教学课堂教改情况,名师们的有效课堂和学校的课堂教学经验吸引并震撼了来自全国各地的上百名教育工作者。

四、改革课堂教学评价模式,提升课堂教学有效性

有效的课堂教学评价,可以真正确定学生在课堂中的主体地位,这样才能更好地参与尝试,更好地培养学生的尝试精神、创新精神和实践能力。尝试教学基本理念重视学生的主体主动参与、行为和思维改进,重视教师对学生引导与点拨,主张学习的每一个过程都是在原来经验的基础上尝试、调整、改进与创造,这样尝试教学基本理念与"学生自我反省、自我调整和学生之间互相交流、建议、督促以及教师对学生行为的过程性指导"等等是一致的,因此我们也试图通过改变课堂评价模式,探索适合在尝试教学基本理念指导下的学习评价方式,从而提升课堂教学有效性。

尝试教学基本理念重视学生的主体主动参与、行为和思维改进,重视教师对学生引导与点拨,主张学习的每一个过程都是在原来经验的基础上尝试、调整、改进与创造。由此,我们采用的与之对应的评价方式:学生自我反省、自我调整和学生之间互相交流、建议、督促以及教师对学生行为的过程性指导等等都与尝试教学基本理念是一致的。教师对学生整个学习过程和成效的观察、描述、沟通、指导与判断的过程,再根据一定的教学目标和内容对学生量化测试的成绩,由此探索出了学生自评、学

生互评和教师对学生的学习评价模式,也大大提高了学生的学习兴趣和学生能力。

搭建平台促成长，深化管理提质量

青岛西海岸新区滨海初级中学　陈瑞尧

办好一所学校,关键在于拥有一支高素质、稳定的教师队伍,这是提高学校办学水平的基本保证。近几年,我校坚持以人为本,立足学校实际,认真抓好教师业务培训,不断加强师德建设,努力促进教师专业化成长,涌现出了一批优秀的老师,他们努力学习,不断进取,教育教学水平有了较大提高,在默默地奉献中迎来了一次又一次的春华秋实。我们的做法主要有以下几方面内容。

一、积极搭建平台，为教师提供学习提高的机会

（一）坚持实施教师读书工程，多读书，读好书

"问渠哪得清如许,为有源头活水来",学习是教师的终身必修课,在信息化时代,只有坚持不断的学习,才能适应时代发展的需要而不致于落伍,要给学生一杯水,教师必须要有一桶水。从2013年我区实施教师读书实践工程以来,我校就利用各种途径让教师参与到读书当中来,每学期向教师推荐必读书目,组织教师进行读书活动,每个教研组定期进行教育教学名著的交流,每学期评选"读书先进个人"并进行表彰。在读书活动中,受益与提高最大的是董欣娟、曲怀香、韩玮、陈华、李霞等老师,她们都在全区教研活动中进行过经验交流;逄洪洁老师通过读书活动对李吉林老师的情境教学产生了浓厚的兴趣,在语文课堂教学中积极践行情境教学的理念,反复尝试,大胆创新,收到了很好的效果,所执教班级的语文教学成绩总是名列前茅,她也以"情境教学的实践与创新"为题在我校语文教研组作了典型发言,引起了大家的共鸣,在语文教学方面起到了良好的示范带动作用;丁瑞才、封晓明、张济云、逄洪洁等老师指导的三名学生在青岛市中学生"学国学、诵经典、传美德"竞赛中过关斩将,闯进决赛,代表黄岛区参加了青岛市的比赛;李霞老师、郭秀英老师把读书当成了每天学习生活不可缺少的一部分,她俩近几年在《人民教育》等刊物上发表多篇文章,

通过写文章来分享她们的读书心得。爱读书,爱学习成为我校越来越多的教师的自觉行为,他们的进步与提高与学校一直坚持的读书是分不开的。

(二)组织外出观摩学习,在学习反思中不断提升

我校尽力提供和创造教师外出观摩、学习的机会,让教师从中汲取新的教学思想和教学方法,并及时学以致用。组织骨干教师到济南稼轩中学学习他们"教育是服务"的全新教育服务理念,要求全体教职员工把为学生提供优质的教育服务作为学校工作的目标之一,并奉行用心做事、爱心育人的准则,使每一个孩子在学校都感受家的温暖,享受高质量的教育服务;组织班主任和教备组长到昌乐二中学习,让老师们认识到"快乐地工作,幸福地生活"以及"把工作和事业内化为生命和生活的必需"的身心两健的工作原则;组织班主任们到斋堂岛参加室外团队合作拓展训练,让班主任们更加凝聚力量,提起精气神参与到学校管理当中来……在这些学习与实践活动中,我校涌现出一大批优秀教师,数学薛苏娥老师就是一个典型,她带领九年级数学组的几位老师在学生基础较差的情况下,一丝不苟搞集体备课、扎扎实实抓课堂教学、聚精会神忙作业批改、无怨无悔抓课后辅导,一年时间的努力,在中考的时候我校数学成绩跃为所在学区第一;张店新老师腰椎病严重,依然坚持教两个班的物理课并担任班主任工作,实在坚持不住了他就站着批改作业,连续三年送初三毕业班,成绩卓著;张济云老师身体一直不好总是坚持上完课再看病,从没有因病耽误学生一节课,她治学严谨、爱生如子、勤于评改、狠抓落实,所教班级成绩在本校无出其右者。还有封晓明老师的兢兢业业;刘瑞华老师的默默奉献;张宗义老师的的勤勤恳恳;王波老师的每天不抬头的批改作业等等,越是优秀的老师越是平凡,他们日日坚持着自己的认真、执着、勤奋、进取,实践着我校的"为心灵播种希望,让生命更加精彩"的育人目标。

(三)组织各种论坛与比赛,在交流中学习与提高

每学期我校都会组织"班主任论坛",让班主任老师把工作中的经验分享出来,马成玖、刘增强、刘兆建、徐正全、刘润谭、董欣娟等优秀班主任的交流总是给人带来很多收获;组织"教备组长论坛",让教备组长们交流他们的收获与困惑;组织"读书论坛",让老师们分享他们读过的好书,郭秀英、曲先慧、李霞等总有自己独到的见解;每年组织"我做学生的良师益友"或"师德在岗位上闪光"等演讲比赛,老师们或深情或自豪的讲述了自己是如何做学生良师益友、如何在自己的岗位上奉献自己的青春热血的,军嫂李媛媛是青岛市国防教育讲师团的成员,她在青岛市国防教育优质课比赛中荣获一等奖,她的演讲让老师们潸然泪下;定期组织"硬笔书法或粉笔

字比赛",我校非常注重教师基本功的提升,为了让老师们写一首漂亮的粉笔字,学校给每位老师制作了一块小黑板,要求老师们天天练习,并且每天摆放在大厅里展示,老师们都非常认真,天天练习,一方面提高了自己的书法水平,另一方面也给学生潜移默化的影响,提升了教师在学生心目中的地位,很多老师的书法受到全校师生的一致好评。如周垂刚老师的字潇洒自如,李守鹏、董治亮老师的字遒劲有力,付莉莉老师的字规范认真……

二、积极组织各项活动,让教师在活动中锻炼与提高

(一)课堂比武,展示风采

为了提高教师的业务水平和教育教学能力,我校每学期都要开展基于课堂研究的各类教学活动。在这一学期的课堂比武中,所有教师以生本高效课堂为宗旨,在教材挖掘方面都非常细致,教学活动设计比较有创意,课件制作精美,注重了师生互动和生生互动,用自己独特的教学方式,从不同角度展现了自己的教学风采。特别是张翠燕老师的课,深入浅出,贴近实际、贴近学生、亲和力强,引人入胜。还有苏永红老师以创设轻松的情境引入教学,联系学生生活实际,学生学习兴趣浓厚,获得了现场教师的一致好评。通过这一活动的开展,增进了教师间的相互了解,并在听课中提高了自己的业务水平,有力地促进了我校教师的课堂教学登台阶、上水平、提质量。

(二)师徒结对,共同提高

从2013年开始,我校不断调入青年教师,为帮助新教师尽快适应教育教学工作,掌握先进的教育思想、教学方法,促进青年教师尽快成长,我校制定了"青蓝工程",充分发挥优秀骨干教师的引领作用,采取师徒结对的方式,以老带新、以新促老、共同提高,进一步提升我校教师教师队伍的整体素质。我国著名教育家陶行知先生提出了"千教万教教人求真,千学万学学做真人"的教育思想,我们要求结对教师首先就要树立教人求真的思想,知道自己的角色位置,并认真当好这个角色。一是老教师作为"首席"就要作好表率作用,在各方面给新老师起到模范带头作用,二是新老师要加强学习,虚心好学,注重个人道德修养,提高个人道德素质。在实施过程中,刘瑞华、牛秀娇、逢洪洁等老教师履行培养青年教师的职责,毫无保留地向青年教师传授知识、教学经验和方法,尽职尽责地帮助青年教师提高教学水平。刘瑞华老师每年待在初一级部,负责培养每一位到校的新教师,付本超、宋郑旺、刘玉敏、孔鹭等新教师都是刘老师带出来的,牛秀娇老师负责翟晓燕的培养,逢洪洁老师带领青年教师殷超,他们从备课开始,如何编写教案、学案,如何确定教学的重点、难点、如何制作

课件,事无巨细,毫无保留,新教师们很快就适应并能胜任自己的教学工作。在新老师的成长过程中,刘瑞华、牛秀娇、逢洪洁起到了很好的传、帮、带的作用。

(三)课题带动,研究提高

教育工作是一项常做常新,永无止境的工作。针对我校实际,我们重点做了"高效课堂教学策略"的研究以及"生本愉悦课堂"的实践,在这项活动中,我们一边进行课题研究,一边进行课堂实践,收获颇丰,董欣娟老师和张玉香老师分别代表学校展示了青岛市的课堂公开课,为我们的课题研究成果增添了一份亮色。董欣娟老师在青岛市优质课比赛中荣获一等奖,2018年1月又被评选为青岛市教学能手。学校结合实际,承担了省级课题"校本课程的开发与研究",让更多的老师参与课题的开发与研究中,王秀菊老师的《走进大珠山》系列,封晓明、逢洪洁、曲先慧主持编写的《国学荟萃》系列分别获得了黄岛区一等奖,张济云、郭秀英、封瑞花、张焕兰、韩玮等都在编写过程中表现突出。课题研究让许多老师从教学的实施者变为教学研究者、指导者。

三、狠抓常规管理,使教师做细做实平凡的工作

我校每学期都会对教师进行教学常规检查,检查的内容包括教师的教案或学案、学生的作业及批改记录等,有时是每周一次检查,有时是不定期抽查,对发现的问题及时反馈公布,以便老师们及时改进。将平凡的工作做细做实就是不平凡,在检查批改作业时经常会看到许多教师二次批改或三次批改的痕迹,他们之所以教学成绩突出,与他们平时的付出是分不开的,是成正比的。他们往往把功夫放在课前,坚持精研教材,将独立备课与集体备课结合起来;把力量放在课内,通过集中讲解、个别辅导和合作学习,将教师的明白变成学生的明白;把补困加在课后,通过个别谈心,精准辅导,将后进生的心稳下来并促其进步。

总之,为了打造一支优秀的教师团队,鼓励更多的优秀教师脱颖而出,我校采取了一系列措施,开展了多种多样的活动,并且成效显著,正所谓一份春华,一份秋实。今后,我校将努力学习先进学校的做法,培养出更多更优秀的教师,为西海岸新区教育事业的发展做出更大贡献。

构建高效课堂　营造活力校园

——青岛西海岸新区信阳初级中学高效课堂探寻之旅

青岛西海岸新区信阳初级中学　王玉存

山东省青岛西海岸新区信阳初级中学在"一切为了师生的发展"办学理念的引领下,紧紧围绕"培养自信阳光、博学善思的文明中学生"的办学目标,致力于课堂教学的优化改革,总结提炼出了"自信自主自省"高效愉悦课堂教学模式,注重对人的价值关怀,取得了良好的成绩。

一、大胆改革　开启破冰之旅

从 2012 年 9 月新学期开始,青岛西海岸新区信阳初级中学就开始大刀阔斧地进行课堂改革,提出"自信自主自省"高效课堂的构想。全体教务干部就此曾多次召开碰头会,研究讨论课堂的细节问题。随后,先后前往潍坊、临沂等地考察学习,借鉴潍坊外国语学校、潍坊三中等名校的成功做法,这更加坚定了学校实施"自信自主自省"课堂教学模式的决心。学校认真梳理名校名家的教育思想和课堂教学模式,立足本校师生实际,于 2012 年 11 月中旬正式提出了"自信自主自省"课堂教学模式。

所谓的"自信",就是要求教师要明确告知本节课的分层学习任务,让不同层次的学生都"够得着",以增强他们的自信心,形成"人人自信,阳光成长"的课堂氛围。所谓的"自主",就是在学生知道了本堂课的学习任务后,根据任务展开自主学习活动,使每位学生均有所提高,让他们体会到成功的快乐,强自主学习的乐趣。所谓的"自省",就是师生均能根据各个环节的具体落实情况,及时进行反思,找出差距和不足,调整"教"和"学"的策略,不断提高自己。

高效课堂构想的提出,使学校的教育教学迈上了新的征程。

二、立足"自信自主自省"　打造高效课堂

学校在践行"自信自主自省"的过程中,主要从以下几个方面开展工作,着力打

造高效课堂。

（1）预习检测。学校通过由教师听写、学生背诵、学生做几道检测题等方式，检测课堂教学内容的巩固情况，或对教师布置的预习内容进行检测。教师可以当场评阅检测的内容，也可以课后评议。

（2）明确目标。在课堂上，教师先要跟学生明确学习任务，让他们知道本节课需要学习哪些内容、完成哪些任务，做到有的放矢，从而增强学生学习的自信心和学习动力。

（3）自学指导。课堂上，教师可通过屏幕展示或教师简述，让学生知道四个方面的内容：学习的内容、学习的方法、完成的时间和达到的要求。在这期间，教师要流露出关心，给予学生高度的信任和热情的鼓励。

（4）自主学习。不是让学生泛泛地、单纯地看书，而是在教师的精心指引下，心怀目标，奋勇争先，带着问题在规定的时间内，认真阅读学习，当发现疑难时就用不同的符号做出标记。当学生在自主学习时，教师要给学生营造一个认真读书、悉心思考的学习氛围。

（5）解难答疑。主要是教师针对学生不会的、容易出错的地方进行解答，通过辩论、讨论，让"不会"的"变会"。学生讲不明白的，教师才能出面讲解，只要学生有能力解决的，教师尽量"靠边站"。这一环节既是"补"的过程，又是"拔"的过程，使不同层次的学生都有所提高。

（6）训练自省。通过前面的学习，学生都会发出这样的省悟：我的目标达成了吗？我还有哪些疑惑？为什么会存在这样的错误？这一系列的问题，也是一个教师自省的过程。本节课目标达成的怎样？哪些学生还需要个别辅导？从而明确自己今后教学的侧重点。学生通过练习，反省自己的知识掌握情况，明确课后需要进一步巩固的方面。

青岛西海岸新区信阳初级中学的教师们通过对以上六个环的践行，努力打造高效课堂，取得了优秀的成绩。

"三自"课堂的实施，仅仅是学校课堂改革进程中的一小步，生命课堂的营造还有许许多多的工作需要全体教职工去完善，还有许许多多的困难需要去解决。但我们深信，只要学校全体教师不懈努力，大胆探索，学校一定会很快走到"高效课堂"的目的地。

莱西七中创新教研组建设管理机制

莱西市第七中学　赵树斌

　　课堂是教育改革的核心,这一点毋庸置疑。但如何有效推进课堂教学改革,有效提高教育教学质量,促进学校内涵发展,特别是在一些较大规模的学校,如何避免把学校办成"大而不强"、没有内涵的"空心"学校,确是一个非常重要的课题。青岛市莱西七中赵树斌校长发表在2018年5月30日《中国教育报》上的文章《教研组建设:治愈学校"空心病"》介绍了他们的经验。主要做法有以下几方面。

一、让专业的人干专业的事

　　一个有经验的校长,应当首先关注课堂,应当经常性地深入课堂,坚持听评课。但是,对一所较大规模的学校而言,单靠校长的力量是无能为力的,何况要求一名校长听懂甚至精通所有学科也是不可能的。因此,莱西七中加强教研组(备课组)建设,切实降低教学管理重心,激发每个教研组的内生动力。落实责、权、利,充分发挥发挥教研组长作用,让专业的人干专业的事:集体备课,准确把握课程标准;根据学科特点,科学设计教学环节;精选习题,提高课堂检测质量、课后作业质量和学科教学质量,通过教师的"加负"来实现学生的"减负",从而实现"减负、增效、提质"的绿色发展目标。

二、加强教研组建设

　　首先是教研组组建。每个年级学科组按照老、中、青年龄结构以及学科能力强弱等合理搭配组建。其次,在此基础上,各年级学科组实行民主选举,产生各年级学科组长;然后,选出的几位年级学科组长作为候选人,再由全体同学科教师进行民主投票,选举产生大学科教研组长。这些程序和步骤不可或缺,这是各教研组长顺利开展工作的基础。确保选拔思想品德好、教学水平高、科研能力强、有一定组织和协调能力、能团结群众的骨干教师担任教研组组长。教研组长实行聘任制和任期制,定期更新和调整。三是加强教研组长的培养、培训、提高。给他们提供更多的培训学习机会,不断开阔视野,提高认识,增强工作能力,充分发挥教研组织的领头雁作用。

三、完善对教研组（长）的考核评价

出台相关制度,按照责、权、利统一的原则,合理确定每个教研组的工作目标,明确教研组长的工作职责,赋予教研组长相应的权利。教研组长的教学工作量酌情减少,确保在教研组领导、管理工作上的精力投入；对每个教研组工作实行"捆绑评价",教研组的整体工作绩效与教研组长利益紧密挂钩；教研组长在评优指标分配、新学期人事安排等方面,都负责拿主导意见；积极吸收教研组组长参与学校有关教学工作的研究、决策和管理,充分调动他们的积极性和创造性。同时,也鼓励各教研组创造性地开展工作,对其取得的成就和研究成果及时予以表彰。

加强校本培训，构建高效课堂

胶州十八中　姜　新

紧紧围绕"加强校本培训,构建高效、愉悦、魅力课堂"这一主题,开展全员业务培训,转变教师教育观念,提高教师业务水平,大力构建高效课堂,提升课堂活力,促进学校内涵发展之路越来越宽广。

一、加强校本培训，提高教师业务能力，为高效课堂奠定基础

把校本培训作为学校常规工作来抓,与平时教研活动相结合,与业务学习相结合,与青年教师的培养相结合,使校本培训工作形成制度化、常态化,开展全员业务培训,提高专业水平。

教师业务培训工作遵循全员提高、典型带动、培养个性的原则。一是名师带动辐射。学校聘请了山东省特级教师到校举办理论讲座、授课,借力"名师连家乡活动"邀请胶北籍名师到校授课,为教师提供与名师近距离接触学习的机会。二是开展丰富多彩的教学比赛活动。让教师通过比赛、参与听评课,学人之长,补己之短,不断提高自身的授课艺术和教学水平。三是业务学习具体化。以教研组为单位,教研组长根据学科特点精选学习内容进行学习,使业务学习更具针对性。四是倡导教师"定

向自主学习",每位教师根据自己的学科特点及兴趣爱好选取学习内容,并完成学校规定数量的学习摘抄或学习体会。

二、构建高效课堂,提升课堂活力

1. 抓实集体备课,发挥群体效应

将集体备课作为教学工作的重点来抓,以集体备课促进教师的团结协作,促进教师教学业务水平的提高。制定了关于集体备课的"五统一""四要""五环节"等备课细则及要求。作为农村学校,我们教师的整体水平有一定差距,为将集体备课抓实抓细,学校安排每学科由一名中层干部挂靠并全程参与集备,教导处抓检查,抓落实,确保最大程度的发挥群体效应,共享资源,缩短教师把握教材、驾驭课堂、个体成长的时间。

2. 推行学案导学,促进教与学方式转变

推行学案导学,实行"一课一案",经过多年的实践探索,各学科初步形成了具有学科特色的学案模式,实现了教师课堂教学与学生学习方式的彻底转变。

3. 开展学习竞赛,提高课堂活力

以开展不加重学生负担的学习竞赛活动为课堂教学注入"活水",成效显著。一是周竞赛。每周或每两周组织一次学科竞赛,每次每个班级不同层次的学生代表参加,并定期轮换,对竞赛成绩从班级学情、学生学情层面进行比较分析,为任课教师了解所任教班级及学生个体的学习情况提供依据和参考。二是月竞赛。各级部每月或两个月组织学生进行一次各科综合性学习竞赛,对竞赛成绩从班级、教师、学生三个层面进行分析总结,并召开会议表彰优秀生,鼓励进步生,鞭策学困生,为班主任检验班级管理水平、教师掌握教学情况提供参考和改进依据,让学生在品尝成功喜悦的同时,了解到学习中的薄弱环节,有的放矢的进行查缺补漏。

4. 致力于校本课程的研究开发

鼓励教师根据社团活动开展需要和学校"养成教育"特色开发学校课程,教师积极参与。

三、实施教学精细化管理,提高教学质量

1. 教学规章制度的有效重建

学校相继出台完善了一系列规章制度和办法,使教学管理有章可循、有据可依。

2. 加大对教学常规管理检查的力度，发现问题及时反馈、整改，不断规范教师的教学行为

每天值班干部对教师集体备课、课堂教学、课后辅导学生等情况及时进行检查并公布情况，每周通过校会进行总结点评。教导处对教师的教案、学案、听课记录、作业批改记录、业务学习记录等业务材料，采取定期检查与随机抽查结合，划分等级，每学期对优秀的业务材料进行展评，形成了教师业务上"学、赶、比"的良好氛围。

3. 实行"捆绑式"评价办法，促进同备课组教师团结协作

改革教师教学业绩评价办法，实行捆绑式评价，评价时突出年级同备课组全体教师整体的成绩，这样各备课组的集体备课实效性更强，同备课组教师合作教学的氛围更加浓厚。

一花独放不是春，万紫千红春满园

——胶州市第二初级实验中学校本课程建设

胶州市第二初级实验中学　李　疆

胶州市第二实验初中经过不断学习与积极探索，以源于让每一个生命都绽放光彩的理念，有力推动了学校校本课程扎实推进和蓬勃发展；以基于打造独具地方特色的品牌校本课程的教学实践，使学校校本课程在实施操作中不断完善和优化；以归于择善而从不善而改的反思，建立了适合学生特点，关注学生全面发展的校本课程体系。经过三年多的努力，学校建立起了"三类五层"一体化课程体系和三级课程评价制度，初步实现了社团活动校本化、校本课程特色化、实践课程多样化以及课程评价多元化的目标。

一、源于一种理念：让每一个生命都绽放光彩

建校以来，经过不断地外出学习与积极探索，我们对校本课程理解有了自己独特的感受。

一是以学校的教育理念为依据。为此我们提出了："快乐学习,幸福工作,健康成长"的口号,"让每一个生命都绽放光彩",因此,我们的校本课程的开设从发现学生的闪光点,培养学生的自信为出发点,使每一个学生阳光、健康、快乐地学习和生活。二是以本校的学生需求为前提。针对校本课程的开设情况,学校每学期会定期设计和发放调查问卷,对课程开设满意度、课程开设的效果等方面进行调查摸底反馈。三是以课程资源的多样化为方向。结合我校实际和教学特色,开设了校园秧歌等二十多门校本课程,形成门类多、涵盖广、内容精、效果佳的"校本课程超市"。四是以学生选择的自主性为要求。每届学生入学后,学校都会将"校本课程超市"里的"商品"推介给大家,让学生根据自己的实际情况和发展需求进行自主选择。这样,满足每一位学生的个性发展需求,有力推动了学校校本课程扎实推进和蓬勃发展。

二、基于一种实践：打造独具地方特色的品牌校本课程

我校以新课程改革为主线,围绕学生发展核心素养,以"合作学习、分层教学"为突破口,积极构建"自主、合作、分层、高效"的课堂教学模式,有效提升了学校的教育教学质量。

一是以需求评估作为校本课程设计的科学依据。我校的校本课程围绕学生的特长培养,与注重学生的全面发展、终身发展、个性需求相结合,成立我校独具特色的学生社团,并将其转化为校本课程。为此,学校每学年开学初都会进行需求评估,对学校资源和社会资源进行摸底调查,在此基础上,经过反复地推敲和论证,我们建立了三类五层"学校一体化课程体系""三类"是指基础课程、扩展类课程、探索类课程,"五层"是道德素养、人文素养、科学素养、健康素养、艺术素养。二是以师生为主体,以自主为状态,实行必、选同行。学校立足实际,在开展校本课程的过程中,采取选修和必修两种方案。每周三下午最后两节活动课作为学生社团活动选修课程的的统一时间,利用每天的大课间、体育课等作为必修时间。

三、归于一种反思：择善而从，不善而改

我校校本课程的开发与实施已经渐成体系,同时也存在很多问题与不足。因此,我们始终遵循"择善而从,不善而改"的校训,在今后的课程实施的过程中,将从以下几点进行发展改进。

一是进一步提升教师的校本课程开发的水平,提高校本课程教材质量。学校将帮助每一个教师制定个人成长发展规划,为教师搭建展示才华的的平台,为教师的学习发展提供强有力的基础。二是完善评价体系,改进评价方法。在课程的评价方

面,进一步完善"三级评价制度",在"自评、师评、组评"的基础上,充分发挥我校的小组合作的作用,形成学生成长管理档案,更清晰、更准确地反映学生的发展事实。三是充分利用社会资源,争取家长的支持。积极做好家长的思想工作,并争取家长参与校本课程的开发与实施过程中,家校合作必将助推学校工作的顺利开展。

我校校本课程开发和实施,在全体教师的共同努力下已经初成体系,在今后的校本课程开发过程中,我们将继续更新观念,大胆探索,实现校本课程开发的制度化,校本课程的网络化,建立关注学生全面发展,师生欢迎的校本课程体系。

校长在课程建设、教研指导领导力的主导作用

城阳六中　刘方明

一般而言,校长领导力,包括研究教学的能力、诊断和分析能力、策略指导能力。

一、课堂是校长领导力的发力点、成就点

没有课程和教学,再好的理念也无法落地生根,因为课程教学是教育理念与现实的契合点。

2016年1月我校的"三六三教学模式"获得青岛市基础教育教学成果创新奖,邹传龙老师参与的我区教研室的"问题引导式教学研究与实践"获得了一等奖,这些成绩的取得让我深刻领会到教育就是唤醒,就是陪伴,就是引领;教学领导力是一种源于校长理念、发于教师和学生合力,通过课程建设、课堂教学研究、教师队伍培训、教科研的开展实现学校办学特色,最终成就学生成长、教师专业化发展。

我校有国家、省市区课题若干项,已结题或正在研究的课题层出不穷,我会与分管领导参与到课题的立项、研究、结题过程中,与老师学生共同研究探讨的过程中,不仅提升了我个人的专业修养,也激发了老师们向上生长的力量,其引领力领导力也由隐性逐渐变得显性。

另外学校每周都有骨干教师示范课、青年教师汇报课、老师展示课,我会在行政工作之余立足课堂,深入课堂,听课后参加评课,在评课中我会把新的适合我校教学的课堂理念传递给老师们。在"小组合学展学悟学评学""导学案""教学评一体化"

等方面，我引领老师们做了深入的研究，这些课堂教学的宝贵经验如同提高教学质量的双翼，使我校的教育教学一直走在全区前列，同时也带动出一大批优秀老师。到目前为止，我校已有 1 名省优秀教师，3 名市优秀教师，2 名市教学能手，区优秀教师若干，区教学能手若干，区学科带头人 3 名，有若干骨干老师出过区市公开课、优质课，3 人参加过省优质课比赛。由此可以看出，专业水平的教师队伍是校长教学领导力的终结者。

二、课程开发是校长领导力的契合点、生长点

课程承载着一所学校的教育思想、目标和内容，是内涵发展的核心，也是发现学生潜能的试金石。

在平日工作中，作为校长，首先进行分层次因校制宜做好顶层设计，围绕学生发展核心素养构建课程体系，实施高效课堂建设。其次在课改进程中将各项具体行动形成统一性的体系，提升核心竞争力。

2019 年，我校的学校课程"二十四节气"被评为青岛市精品课程。开发这门学校课程时，首先需要一支精干的团队，因为二十四节气设计到气候、风俗、饮食、农事、诗词歌赋，所以该团队由语文、道法、历史、地理老师组成。为了让学生成为核心受益人，我们在开发过程中查阅了大量的资料，深入到村民中调查农事、风俗习惯、历史传说，于是形成了接地气的课程。在上课过程中进行小组汇报的形式进行学习，授课老师进行小组评价。课后搜集整理了大量的一手成果材料。

现在我们还借学校开发的"养成教育"进行学生习惯、品质的内化与提升，将我校的青岛市德育品牌发扬光大。

"创客""智慧课堂""人工智能""腰鼓""剪纸"等课程也日渐完善，学生参与其中，乐在其中、获得感成就感一日日见长。

由此可见，课程里的生命千姿百态，丰富而具体。优秀的校长不仅仅是一所学校的守望者，还是研究者和创造者。

认真实施课程建设，全面提高学生学习力

山东省青岛第三十三中学　王明强

良好的育人文化对培养学生的发展成长有着积极的意义,我们的做法主要有以下几方面。

一、发挥课堂主渠道作用，建设生本课堂

学校推行"动享课堂"的理念(即思想理念动起来,学校享受发展的快乐;教学实践活起来,教师享受课堂成功的快乐;学习思考动起来,学生享受学习成功的快乐。)树立"以生为本"观念,重视学生学习兴趣,学习方法,学习习惯和创新思维能力的培养。向四十五分钟要质量,通过学生质疑→自主建构→达标巩固,课堂教学体现学生主体性、自主性、生成性,有效地培养学生的学习兴趣,不断地培养学生的学习能力。学校教师积极探讨"动享课堂"理念下的教学流程,采用"二目七环节"(出示目标——知识讲授——独立思考——小组合作——交流展示——目标小结——强化巩固(当堂检测))进行课堂知识传授,形成符合三十三中特点的教学方法。此教学方法特别强调目标的设置和检测,要求课堂上师生能共同确定适合自己的学习目标,并在课堂结束部分进行量化检测,明确自身是否已完成设想的目标,确保实现"堂堂清"、"日日清"。该方法要求小组合作学习前一定要安排固定的时间由学生对自己的学案学习情况进行反思性学习,引导学生形成"问题解决"意识,而不是仅仅进行简单的参与交流,通过此种方式让学生在核心素养上有所成就。同时,学校也提倡在此基础上的"一科多模,一模多法",凸显学科组及教师个人的特点,向立体的课堂文化迈进,推动课堂教学改革向纵深发展。

二、重视学习策略使用，激发出会学的欲望

学习策略的养成是学生取得良好学习效果的基础,面对学生的学习状况,我们积极开展了学法指导活动,满足了学生的学习需求。三个年级全部开设心理课,对学生的学习心理进行积极调控,同时,利用心理课进行小组合作能力的训练,学校还开

展以"中小衔接"、"我的过去、你的现在,我们共同的未来"、"助跑、腾飞"和"我在名校等候你"为主题的系列学法指导交流演示活动,加大对小组合作讨论的角色安排以及课上展演的研究力度和培训,发挥小组评价的作用,开发学生的合作和展演能力,让学生爱上合作、爱上学习,引导学生实现由学习知识到习得能力方面的转变。

三、促进教师专业发展,创设学生"乐学"源头

亲其师,信其道。学校每学期都要开展"动享课堂"模式下的一人一课活动,积极落实"听、评、思、学、改"五个环节的要求,校内赛课一学期一个目标,一个追求或者是有一个切入点。2016年,学校围绕动享课堂的研究开展了高效课堂过关课活动。经过了吹风——酝酿——讨论——探标——汇标——验标——立标——示标——用标等9个环节,采用全校大评课的形式集思广益修订标准,在验标、立标环节邀请督导室专家进行了跟进评价。各个教研组的老师心态开放,能够积极参加各种教学观摩、教学比赛等活动,在活动中树立了信心,增长了见识。教师的全力以赴,为各个层面的学生创建了"乐学"的环境,师生乐在其中。

四、实施多元评价,享受进步快乐

学校注重多元评价、分层评价,积极建设不同形式的学生评价体系,完善对学生的多元评价。学科评价:形成了当堂达标反馈—周竞赛诊断——单元检测落实——区片联动提升的质量检测体系,通过不同的形式在不同的范围对学生及时评价,如数学的星级评价,地理的地理名人堂,语文的等级制,体育挑战吉尼斯等。体育"挑战吉尼斯"活动,由学校制定详细相应的达标等级,每月全校性分年级开展星级测试,依据数量评选月度跳绳达人,公示所有学生当月的星级达标情况,评选出了该月份跳绳达人并颁发证书,极大地鼓舞了同学运动的热情,也为我校学生的身体素质提高提供了有力帮助。数学"星级评价"活动,由教师编制星级试题库,学生随机抽取,根据正确率确定学生星级,学生自动提出升级申请,达到标准上升星级,同时建立随机抽查监督制度,确保后退者给予相应的退级。地理"名人堂"活动则仿效NBA名人堂的方式,挑选地理方面的特长生与检测中一直领先和进步最大的学生进行捆绑式推介,展示其地理学习方法和窍门,让所有学生借鉴。

班级评价:班级评价体现在仁爱盈心星级评价,日常内容细化,每日及时反馈,将班级学生参加活动的情况折算分数计入总分后评比,每月前四名的班级为"仁爱盈心 五星班级",奖励明星年册。

学生品质评价:学校每月定主题,评选学生身边的(好学、诚信、爱国)"好少年",

现代校长的专业智慧
领导课程教学篇

组织全校范围的表彰,以此来促进"学生学榜样,争做学生榜样"的校园氛围。学校将在今后的时间中,开展更多样化的星级达标活动,让学生能够们在乐趣中健康成长。

沽河中学校长的教学领导

莱西市沽河街道中心中学　闫圣渊

教学是学校的中心工作,校长领导教学也有多种方式,莱西市沽河街道中心中学闫圣渊校长是这样做的。

一、听课

听课是校长了解教师课堂教学,优化学校管理的重要途径,他每次在听课之前,都会首先想一想自己听这节课的目的是什么,应该重点关注哪些方面;听课之后要及时反思一下,通过听课自己都学到了些什么,对自己今后的教学管理有哪些启示等。有问题才有目的,有思考才有进步,所以他听课要求,课堂不能只停留在知识技能的训练上,更应创设氛围情景,注重学习的方法传授,思维的过程展示,给学生体验和领悟的机会看教学是否促进了发展并是否引发了继续学习的愿望,让学生在潜移默化中受到高尚情感的熏陶和感染。

二、评课

听评课、集体备课是教师提高专业素质的重要方式,也是校长提升教学管理能力重要途径。闫校长能摈弃以往那种只作为旁观者和监督者的做法,以普通教师的身份积极地融入到教师的研讨活动中来,和大家共同探讨教育的热点,交流教学的困惑。他说,新的教学理念要求教师要转换角色,要成为教学活动的组织者、指导者,要成为合作伙伴,要引导学生自主学习,探究学习,以教师"讲"为中心的教学,使学生处于被动状态是不利于学生的潜能开发和身心发展的,鼓励大家用现代教育思想来看,要从学生如何学这个基点上来研究怎样教。此外,他还将议课的方式引入到自己的日常工作当中,利用工作空余,经常走进办公室,走近教师,与老师们探讨一下课课堂教学的问题,以实际行动促进教师研课兴趣的提升。

三、研课

当我们在探索实践新课程的策略的时候,总是要把现行的新课程和传统课程进行对比,力求教学实践与新课程理念相匹配。在原来以静态的预设为追求的传统教学,向当今以动态生成为理想追求的教学转型过程中,如何正确处理预设与生成的关系,如何提高预设的能力和促进情境生成的能力,已成为一个重要的课题。

传统的课程强调预设与控制,因此课堂通常由于抑制学生不同的声音和新异的思想火花而缺乏应有的生机与活力;新课程强调生成与建构,因此是从生命关怀与生存质量关注的高度,在追从学生生命的活力和成长的气息,有效的生成往往会使教学演绎出意想不到的精彩。每天茶余饭后,他会观摩研读一两篇教学实录或者品一两个教学片断,体验一下别人的教学过程,感悟一下同任的教学智慧,同样是一种经历,同样会有收获。研课,能让校长在不走进课堂的情况下也能"听课",为磨课、评课打好坚实基础。

让每个人成为最好的自己

平度市实验中学　耿金堂

学校发展走向深度化、体系化的关键与核心,是构建学校课程体系。平度市实验中学秉承"让每个人成为最好的自己"的办学理念,以"聚焦核心素养,实现跨界衔接"为课程理念,基于"课程必须指向学生核心素养的发展、必须符合学生的认知发展规律"两条基本原则,加强各学科的横向配合和纵向衔接,从"人文与道德""数学与科技""体育与艺术"三大领域,构建"基础课程""融合课程""拓展课程""个性课程"四大课程体系,培养"有灵魂、有梦想、有智慧、有品位"的四有卓越少年。

一、融合课程，打好学生成长的根基

学校教师利用自身学科知识,打破学科界限、融通学科知识,以不断提升学生素养为目标,引导学生综合、延伸、重组学科知识。美术教师独立开发《写一手好字》校本教材,培养学生良好的写字习惯和书法欣赏能力,落实该校"六个一"工程之"写一手好字";英语老师开发口语听力课程,利用每天英语时光,提高英语素养,实现学生"说一口流利的英语"的特色目标。语文老师编写经典读本《孔子与论语》,诵读"论语100章",提高文化素养和道德修养。此外,学法大讲堂、培优课程等,根据不同潜力学生,安排个性化的课程内,匹配多样化的学习方式,实施差异化的分层教学,设置进阶化的课程体系,打好学生成长的根基。

二、社团课程,让学生遇见最好的自己

按照"自主招募,自由选择"的形式,成立了舞蹈、书法、篮球兄弟、武动青春、合唱、巧手坊等19个校级社团和74个级部社团,涵盖了艺术、人文、体育、武术等十多个领域,艺术审美与体育锻炼融为一体,学生在众多的课程中进行选择,尊重个性,培养特长,让每个人成为最好的自己。该校学生参加很多活动,取得辉煌战绩:获得2019年平度市田径运动会冠军、平度市篮球比赛获十连冠、足球比赛三连冠;2019年青岛市中小学生篮球赛获得初中组男子冠军,创造了平度历史;武术团体操——太极扇在2019年青岛市中学生运动会上成功展演。

三、仪式课程,塑造学生健康的心理

学校依据初中不同学段的学生,在规定的时间节点,定期举行三大仪式课程:初一"入校仪式"、初二"14岁青春仪式"、初三"毕业典礼",注重学生全程参与,增强仪式育人的实效性。仪式课程与时俱进,年年有创新、有特色、有改进,让仪式入眼、入脑、入心、入行,强化了学生的集体认同感和归属感,培养了团队意识、感恩意识。

四、科技课程,提升学生科学素养

机器人社团、无人机社团、物联网、信息学奥赛、3D打印、STEM创客、科技创新大赛、头脑奥赛、奇点论坛、世界物联创新创客等科技课程,激发学生科学兴趣和探索欲望。该校参加了第六届全国科学表演大赛、全国头脑奥赛、第七届山东省机器人大赛、第十五届头脑奥赛山东赛区、青岛市科技创新大赛、青岛市微视频等很多比赛,使学生亲身经历了科技创新过程,提升科技创新素养,打造校园创客文化并喜结硕果。

五、研学课程,在行走的文化中成长

最好的课程在路上,学校每个班级都有自己的研学实践项目,有的走进敬老院、儿童自闭中心,开展爱心公益;有的走进社区、公园,共建美丽家园;有的走进驻大

泽山某队、走进平度旧店"一大"旧址，追寻红色记忆，传承革命传统；有的走进青岛博物馆、崔家集老物件展览馆，感受当地深厚文化底蕴。全员参与、多样化的研学课程，培养学生自我管理与协作精神，提升生存技能和实践能力。

学校始终坚信，有活力、有生命力的素养课程，一定能让孩子终身受益，最终让每个人成为最好的自己！素养教育，追求卓越，永远在路上！

打造精品课程，走个性发展之路

莱西市实验中学　刘本帅

课程建设是学校的核心力和竞争力，制定和实施学校课程规划是校长课程领导的核心工作。实验中学注重理念先行，优化顶层设计，让课程成为学校自主发展的主要载体，包括书法、足球、围棋、合唱、舞蹈等等。我们力求使课程基本适应学生发展的需求和生命成长。

近几年来，实验中学开展了语文大阅读活动。做法：开设走进名著、经典品读、阅读与写作、演讲与口才四大活动模式。专人负责，制定活动目标、活动教学流程、切实可行的措施，把每一项活动落到实处。走进名著：确定适合学生阅读的书目，每本书配备足够的数量，指导阅读方法，开展同读一本书活动；经典品读：编印经典品读校本教材，每班每周一节阅读课，开展经典诵读比赛、诗词大会、好读书笔记展评等丰富多彩的活动；阅读与写作：注重集体备课，注重方法的指导，注重序列的训练；演讲与口才：查阅资料，编写教案，请进名师。

语文大阅读只是学校课程改革的一个缩影，学校秉持"务本求实"的精神，重视挖掘办学特色，彰显"和而不同"的个性品质，努力创办具有实验性、辐射性、示范性的优质初中。

一、重学习，转理念，构建和完善适合学生个性化、多元化发展的课程体系

课程是学校教育与学生学习的桥梁和纽带，是教育教学活动的载体。课程决定着学生素质发展的方向，是一所学校办学水平的重要标志。加强学校课程规划与实

践,将国家课程、地方课程、校本课程高度融合,并把课程的选择权还给学生,使之真正为学生的学习服务,已成为目前课改的当务之急。作为一所实验初中,我们正全力以赴地开展课程建设,力求构建切合我校实际的、提升学生学习力的"幸福教育"课程体系。

我们开办了创客基地,设置器乐、舞蹈、唱歌、电脑绘画、网页制作、散打、球、足球、书法、数控机床、航空模型、3D打印、创意机器人、剪纸、国画、机器人、陶艺等共计23个活动菜单,供学生自主选择。老师凭特长而教,学生因兴趣而学。

二、重实践,抓落实,顶层规划和设计基于学习力提升的学科课程

学校开发并合理利用校内外各种课程资源,整体优化课程资源和课程实施过程,构建富有时代精神、体现多元开放、充满生机活力、多层次、可选择的课程体系,我们将国家必修课程校本化(优化重组、拓展、删减等),并与选修课程打通整合,从学科的角度进行高位设计和规划,使之为我校学生学习和学校发展服务,成为适切本校学生成长的有效载体。

在课程校本化方面,国家课程、地方课程必需走校本化之路,优化课程,整合课程,使课程的设计更适合每一名学生的发展。学校在语文大阅读、趣味数学、英语沙龙、百家讲坛、走遍天下、人与自然、时事讲座等方面做了大胆的尝试。开发、设置了学科扩展类、艺术特长类、动脑动手制作类、实践活动类11个模块22种校本课程,采用了"四不动一动"(教学时间固定、教学地点固定、授课教师固定、每门学校课程选学学生固定、学生走读)的校本课程授课模式,逐步形成了具有特色内涵的校本课程体系。

三、重挖掘,承优势,全力打造主题化、序列化的精品选修课程

在课程开发过程中,我们继承和发扬了学校原有的特色优势项目,我们将这些课程主题化、序列化,并扩大其优势和品牌效应,使之在市直学校乃至全市、全省都具有一定的影响力。部分选修课程在省市分别获得了一、二、三等奖,硕果累累。

学校丰富多彩、独具特色、适合学生发展的课程教学如一渠清泉滋润着学生的心田,使每位学生沿着"身心健康、个性飞扬的创新型学子"的培养目标不断前行!

领导课堂教学

和美教育集团　张　颖

结合学校工作实际,在深入领会课改精神的基础上,创建"自主式"课堂教学模式,着重在课堂教学中体现一个重点、一个核心、一个关键。培养学生自主学习的习惯和能力是课堂教学的重点;培养学生的"双基"水平、创新精神和实践能力是课堂教学的核心;让评价贯穿课堂教学始终,激发学生自主学习的兴趣,最终形成习惯、提高能力,是课堂教学的关键。

为实现这样的课堂,开展以下的工作思路:①实施理念先行策略;②建立并完善课堂教学模式;③骨干教师典型引领;④人人上好教学课;⑤深化各类型课的研究;⑥形成教学风格和教学特色;⑦提炼经验,总结成果,形成课堂教学的理性思考。

学校光靠校长一个人抓课堂教学,显然是不行的。要紧紧依靠教学指导、管理团队——主管教学校长、教导主任。这支队伍精干了,有专业水准了,课堂教学质量自然提高了。

(1)充分了解他们各自的特点,对他们的要求不整齐划一。不同的资历和经历,不同的要求。在新的课堂教学模式建立和探索的过程中,允许慢进,给时间摸索,也可以有失败,但是不允许原地踏步、没有长进和收获。对他们的要求一个学期,一个重点,循序渐进。

(2)搭建舞台,创造展示平台,让教师们体验成功。学校召开的课堂教学、校本研修、经验介绍、资料展示,都是对指导、管理团队每个成员的锻炼和考验。这样的活动,是他们辛苦付出的时候,也是他们自我提升的时候,更是他们收获成果体验成功的时候。这样的经历多了,他们也逐渐成熟了。

(3)重点参与,幕后指导,培养他们自主、创新、独立工作的能力。有重点地参与他们组织的各种课堂教学活动并经常对他们进行工作前、过程中、完成后的指导——工作前:你的工作思路是什么? 有没有自己的想法和打算? 过程中:问题是什么? 阻力在哪里,怎么更好地解决? 完成后:成功的经验是什么? 失败的教训又是什么？今后怎么做？

（4）树立典型，建立优势，达到团队合作共赢的目的。团队的每个成员，都有自己的优势和风格，也有自己的弱势和不足。如何让这支团队"人人争先"，又"和谐共生"，始终走在教改的前沿，走在教师的前面，高效地保证课堂教学质量是校长抓好课堂教学不能忽略的问题。经常深入课堂，参与他们的活动，从中发现他们好的做法和经验及时推广、交流和互相学习，帮助他们分析自己的工作，建立自己的优势和工作风格。有了任务，大家协同配合；有了成绩，大家共同分享；有了问题，大家共同分担，从而保证了这支指导、管理团队中既有典型、有榜样，也有"各领风骚，人人能干"的良好态势。

（5）校长深入课堂教学第一线，通过听评课，能够摸清课堂教学的真实状况，分析学校教学的动态，抓住主要矛盾，研究如何改进教学。校长的听评课应该着眼点学校发展的大局。着眼学校发展的听评课，对课堂教学的归因要做调整，不能一味地从教师身上挖掘根源，而要有意识地从学校的角度思考；着眼学校发展的听评课，不能只关注个别教师，而要识地关注教师成长的规律；着眼学校发展的听评课，不能只关注教师的专业知识、技能，还要有意识地关注教师的工作态度、职业情感、精神生活等方面；着眼学校发展的听评课，不能只关注个别教学细节，而要有意识地关注普遍现象；着眼学校发展的听评课，不能只从学科的角度思考，而要有意识地从教学论的角度思考，全面领导学校教学。校长听评课，要为教师的课堂教学提供专业支持。

依托智慧校园　推进信息化教学发展

青岛滨海学校　陈祥波

青岛滨海学校建校两年时间，依托智慧校园建设，在信息技术与教育教学融合方面进行了有效地探索，积极推进学校教学信息化发展，已被评为山东省人工智能试点学校，成功举办全国性会议。

一、顶层设计规划发展蓝图

学校成立人力与资源中心，将其职能"负责学校教师、学生信息管理，教育教学资源管理……为全校教师运用现代教育技术进行教学提供支持,评估督导学校各项工作,为不断提高管理和教学水平提供数据和技术支持……"写进学校章程,从学校的运行机制和根本制度上保障了信息化建设在学校工作中的整体地位。

二、硬件配置提供设备保障

学校在建筑设计时,整个学校就做好了网络布局,做到了全校网络全覆盖。作为新建校,除了教室中配备触摸一体机外,学校还多方筹措资金配备了无线互动微录仪、电子班牌、手环等终端设备,为整体规划分布设置终端储备。

三、制度评价提供机制保障

在学校章程的引领下,学校各部门进行了制度建设,以制度规范各部门工作职责和工作流程,形成管理机制。如校内一日督导制,是学校每月一次对一个级部开展的教育教学和管理全方位指导的一项常规工作,由人力与资源中心主导,在一日督导中,对网络学习空间、现代教育教学装备的使用有专项督导指标,以引导教师合理、正确使用信息技术。学校还将教师使用网络学习空间以及现代教育教学装备进行课堂教学列入绩效考核中,对于充分使用效果好的教师在年终期末奖励中予以体现,激发教师积极使用、适当使用的积极性。

四、活动实施保证互联网教学落地

学校在顶层设计、保障设备的基础上,依托"青岛教育资源公共服务平台",通过开展课题研究、教研等活动,让网络学习空间和学校的现代教育教学装备能更好地为教育教学服务。

1. 课题引领互联网教学

学校立项了中国教育技术协会"十三五"规划重点课题子课题,和全国教育科学"十三五"规划课题子课题《现代教育装备与各学科教学深度融合的研究》,成为了山东省课题实验学校,进一步促进了技术在教育教学中的应用。依托课题,学校聘请专业的讲师为老师们开展了各种教育装备在课堂教学中使用、网络学习空间使用培训,然后通过集备和教研寻找最适合的使用方式,充分发挥现代教育装备和网络学习空间在课堂教学中的作用,学校通过案例征集、微课大赛等方式,让老师们对自己的课堂教学进行反思,不断提高课堂教学效率。学校的研究也获得了专家的认可。2017年11月学校承办了中国信息技术协会"十三五"规划重点课题全国课题研讨现场会。

2.教学活动落实互联网教学

（1）培训加比赛，夯实教师技术基础。学校新教师和外地调入的教师比例偏高，学校有针对性地对教师进行设备和软件使用专项培训，培训采用现场培训和翻转课堂两种形式。学校的培训采用以赛促学的方式，每次培训后，学校都会搞一次针对培训的比赛以赛促练、以赛促用，不但提高了老师参与学习的积极性，也促使教师在课堂教学中积极使用，提高了课堂教学效率。

（2）PAD进课堂，让教与学更精准。学校将教体局配备的PAD一对一发放给学生，并将充电器放到了老师办公室，方便学生、老师随时领取使用，学校将PAD进课堂作为智慧课堂建设的重要手段，提高课堂教学效益。

（3）网络教研，共享优质教育资源。滨海学校与新疆建设兵团第十二师第一中学五一分校建立了"校际联盟协作共同体"，成校际合作、区域联动、优势互补、师生共赢的立体教研网络。我们使用网络平台上的"网络教研"模块，与远在新疆的老师们开展互动教研活动，就连网上签约仪式，都是通过平台实现的，一条网线联通了滨海和边疆，每周两地的老师都利用"网络教研"开展互动课堂、教学研讨活动，通过青岛教育e平台的网络教研让远在两地的教师能够面对面交流、研讨，同时也促进了优质教育资源的共享。

未来已来，互联网教学我们置身其中，从初期的适应，到逐渐得心应手的运用，我们一直在砥砺前行。

和乐课程引领 教研细密扎实

——青岛市城阳区第二实验中学校长矫伟课程教学领导

青岛市城阳区第二实验中学　矫　伟

提升教学品质对打造一流校园有着重要意义，本校一直重视抓好课题研究、课程开发、课堂建设，以课标为引领，加强教师间资源共享，以交流促进步，细密扎实地进行教学领导。

在教研方面，校长带领教师们以课题为引导，构建科研新常态。一方面，加强对各级各类课题的管理与调控,注重课题过程性研究资料的积累,将研究成果落到实处。另一方面,创新课题研究形式,开展小课题研究。确立"问题即课题,教学即研究,课堂即实践"的意识,本着"发现真问题、开展真研究、收获真成果"的研究态度,发挥小课题"小、活、实、快"的特点,使每位教师以自己教学实践中的问题、困惑为内容,开展小课题研究,形成人人有研究课题、个个课题有人研究的良好局面。

在课程开发方面,为了实现学生的快乐健康发展,校长带领全体教师围绕中学生需要的核心素养,科学设计课程体系,精心选择课程内容,推进基于核心素养发展的教学改革,落实以人为本的素质教育理念,建立了由心灵课程、文化课程、艺体课程、思政课程、实践课程组成的以学生发展为导向的"和乐"课程体系,为学生的发展提供多样化的平台,引领学生在课程认识、实践和体验中养成现代公民必备的素养,促进他们成长为最好的自己。

在充分的教学实践积累和与一线教师保持常态化交流的过程中,矫伟校长总结出自己针对和乐课程建设的经验心得:课程设计既要关注不同学科的教学特点,也要关注课堂上人的因素,以学生为主体,明确学生的学段特点、心理和思维发展特点,为学生量身打造心灵课程;艺体课程要充分挖掘学生潜力,以"适性发展"为理念调动学生的积极性;实践课程是学生养成良好学习习惯、严肃学风、增强组织纪律性的重要平台,要注重给学生更多动手的机会,如通过手工艺社团课、学农实践活动等促使学生将学习和生活更好地结合起来。

通过研磨"和乐"教育特色课程,可以认识要上出一节好课不仅需要充分的课前准备,还要聚焦课堂,关注实效,把保障课堂教学效果作为提高教学整体质量的关键。为此教师们对"学案导学,三学合一"课堂的模式进行深度推进和校本化落实,做好"四课":夯实常态课。建立学生探讨的平台,创设学生思考的空间,强化师生、生生间的互动合作交流;打磨精品课。通过课题引领、专题研究、主题活动等形式,聚焦课堂,扎实教研,逐步形成各学科的课堂基本样式和同一学科不同课型的不同范式;创新示范课。开展"骨干教师示范课"展示,扩大学校"学案导学,三学合一"课堂文化的效应;录制风采课。每名教师录制一节风采课,通过集备组观课、评课及教师个人反思活动,提升课堂教学水平。

课后,督促教师们落实反思和改进工作,着重强调取长补短、相互学习也是提升课堂质量,打造优质课、精品课必不可少的环节。在矫伟校长的带领下,城阳区第二实验中学在全校范围内开展了教师课堂教学能力"大比武",并以网络为平台,以教育信息化促进课堂教学改革,建立了课堂教学录播室,在录播室对优质课进行全息实录,并通过远程网络直播,实现了优质教学资源的共享利用。

另外,矫伟校长注意尊重教师的主体地位,听取一线教师的考量与想法,适当补充,循序渐进地引导教师畅所欲言,充分讨论,营造合作共赢的热烈局面;提醒教师重视积累、梳理和整合,既要有"同课异构"横向比较,也要有不同学年同一课程的纵向对比,从中捕捉学科发展思路,对应课程改革的不同程度、具体进展,形成大局意识、全局观念。

问题导向　打造生本愉悦课堂

田横岛省级旅游度假区中学　陈懋庆

田横岛省级旅游度假区中学近几年中考成绩优异,教学质量得到全面提升,成绩的取得,得益于我校"问题导向,打造生本愉悦课堂"教学模式的探索和实践。

一、立足现状　找准问题

根据部分教师教学观念落后、方法陈旧、传统的教学惯性依然存在等现象学生学习兴趣缺失、学习能力低下,课业负担过重,厌学情绪加剧,这给我校提出了课堂教学变革新要求。

二、问题导向　对症下药

让课堂焕发出它应有的生机和活力,是实现素质教育的必由之路。结合我校当前和今后发展的实际,我们提出了"以问题为导向、在活动中建构"的教学理念,初步形成"1-1-1——五环节"课堂教学模式,为打造"生本愉悦"轻负高效课堂注入活力。

1. 注重校本课程的开发拓宽生本愉悦课堂形式

在保证国家课程的前提下,我校立足度假区实际,开发丰富多彩的系列学校课程,突出实践,使其成为打造生本愉悦课堂的试验田。

2. 改革课堂结构提高愉悦课堂效率

我们将 45 分钟课堂分为三段,按 1：1：1 时间段比例划分为 3 个 15 分钟,严格控制"讲"不超过 15 分钟,留给学生充分时间的思考、消化、互动。"师生、生生互动"

不少于15分钟,启发学生思维,注重学法指导。"练"不少于15分钟,引导学生回味、质疑、拓展。在此基础上,我校开始在教师中提倡"教师走下来、学生走上去的"新思维教育理念,并严格控制课堂教学实践中教师、学生的角色。

3.创新课堂教学流程营造愉悦课堂氛围

打破旧有步骤,我们创造性的设计了45分钟课堂教学基本流程:即以"导—学—探—讲—练"为表现形式的"五环节"。

导——目标导学,整体感知。本着"先学后教、自主探究"的原则,积极推广"导学案",让学生在学习中真正"动"起来。

学——自主学习,疑难梳理。学生建立在问题导向下的自主学习、思考并进行自测。教师及时发现共性问题,适度调控自学时间。

探——合作探究,成果展示。学生"带问题"同桌互探、组内互探、组间互探,自主尝试、思考,自主解决问题。

讲——精讲点拨,能力提升。教师对"困惑点、重难点、易错点"进行精讲点拨、归纳总结并适度拓宽知识的深度和广度。

练——训练测评,反馈矫正。即以基础知识、基本技能为主,对不同的学生开展分层训练、达标活动,让每个学生拥有自信和成功。

"导、学、探、讲、练"五环节,前一个环节是后面环节的前提和基础,后个环节是前面环节的延伸和深化。"合作探究"是在自学思考基础上生教生、生生互动、思维碰撞的过程,是五环节最重要的过程。

三、强化制度保障优化校本教研深度

作为教学活动中起主导作用的教师专业水准的高低直接关系到教育教学的成败,由此我校把提升校本教研制度化、规范化提升到关乎学校未来发展的高度,逐步形成了具有我校实际特色的校本教研模式。

第一"且学且行且思,教学研训一体化",一方面开展系列论坛,从畅谈《思想是课堂教学的风骨》学习体会入手,逐步转变教学理念。另一方面,教导处每周组织学习统一编印的《度假区中学有效课堂技能培训手册》《度假区中学教师教学常规要求标准》《度假区中学学科课堂规范及优秀教学法》等校本培训教材,坚持学思结合,促进教师掌握驾驭课堂的技巧。

第二 制定"各备课组年度发展规划"。坚持教研组"每月一主题"活动:对教师专业发展实施"学分制",引领教师自主发展。

第三 组织备课组每周举行"一节研究课、一心得交流、一问题会诊"三个一活动,建立教师间交流研讨机制,提升教师教研能力。

第四,在数、理、化学科以学案为载体,将"导"和"学"两环节置于课前,课中打造"探、讲、练"三环节的"问题质疑式"课堂。

自我校愉悦课堂教学模式实施以来,学校教育教学工作取得了初步成效。一是学生素养得到了明显提高。二是教师的专业素养得到稳步提升。

学校课堂教学改革依然任重而道远。但紧紧抓住"培养学生自主学习能力"这个核心,不断打造轻负高效的生本愉悦课堂课程改革一定会在度假区中学结出硕果。

转变教学理念　构建高效课堂

平度市明村镇明村中学　董希平

明村中学绝大部分教师是敬业的,大部分的课堂有这样的现象,整节课教师激情飞扬,讲完后感觉良好,且觉得重难点讲得很透,学生好似听得也很认真,但令教师苦恼的是讲得很透、讲了多遍而学生却掌握得一般。问题就是,学生在整节课扮演的角色主要是听众,教师是演讲者,知识的深度加工发生在教师大脑里,而不是在学生的大脑中。如何改变这种现状,构建高效课堂成为亟待解决的问题。

一、转变教学理念——以学为中心

教师必须转变观念,必须在备课、上课、辅导等教学活动中,把学生放在中心位置,以学生的学习效果为中心,教师只是参与、指导、协助学生的学习。例如变教学目标为学习目标、变教会为学会、变教师讲透为学生学透、变讲解例题步骤为讲解思路等,所有围绕课堂的教学活动变为学生的学习活动。重难点知识再强化,选择讨论、小组合作、独立完成、在教师的启发下完成等适合学生对知识深度加工的学习策略。学生是学习的主角。课堂的终极目标,是学生享受到了知识经验形成的过程。

二、改变教学行为——问题驱动、学案导学

我校实行"问题驱动、学案导学"的课堂教学模式,改变大部分教师独霸课堂,满

堂灌的行为,以探索问题来引导和维持学生的学习兴趣和动机。引导学生的学习过程。制订导学案,问题设置时我们要求教师做到以下几点。

1.要有明确的目标

问题设计必须紧紧围绕教学目标,教师要了解课程标准、教材和学生的具体情况,设计的问题要明确,让学生知道学什么。

2.问题设置层次化,由浅入深

在设计问题时,要给学生以清晰的层次感,由易到难,以便增强学生的自信心,促使学生积极思考。问题设置难度符合课程标准。

3、学生的学习过程有反馈、有小结反思,让学生知道学到了什么以及掌握程度

在学生的学习过程,要有反馈时间(学生的练习巩固自我评价),也就是学生有深度学习的时间,一步一个脚印(常说的小步子、快反馈),教师要准确的即时点评、本节课即将结束时的小结,是对学习目标的强化,小结过程是教师总结、还是学生总结、或是学生讨论完成小结,据情而定。课堂即将结束时的小结、学习中、学习后及时反馈、都是课堂必不可少的环节,可以帮助学生夯实学习成果,养成总结梳理的良好习惯,进一步培养学生的思考、判断与表达能力。

灵山中学备课听课评课的三个环节

即墨区灵山中学　陆金祥

备课听课评课三大环节是学校教学教研活动的重要组成部分。只有抓好这三大环节,学校的教学质量才会有所提升。灵山中学逐步完善和坚持备课听课评课制度,形成了自己独特的风格。

在资源配备方面,学校专门拿出两个办公室,分别作为备课室和评课室,采取圆桌会议的形式,在教研组长的带领下,由备课组长主持,分级部、分科目进行集体备课活动。在集体备课时,研究教材和课程标准要求,研究教材中重、难点,研究教学过程中容易出现的问题。由各位教师讨论解决,并由备课组长作好记录。

在听课环节,学校规定,每名教师每学期必须出一堂校级公开课,各科挂靠领导、同科目教师必须全员参加听课,且在听课前认真熟悉教材和学生实际情况,以便听课时抓住重点和关键。教导处定期检查教师的听课情况,并记入教师的量化考核成绩中。校长、副校长、教导主任和各科挂靠领导实行推门听课制度,不事先通知,随时到教室听课,同时参与评课,提出课堂教学建议。

课堂中,实施小组合作竞争的模式。各班级分成不同小组,每组4～6名同学,组与组间、组员之间在课堂表现、学习、纪律、好习惯等方面进行竞争。并根据各班和各组情况,每月对优胜班级、优胜小组进行表彰。这一模式,培养了学生的合作意识、团队意识、竞争意识与竞争能力。

在布置作业时,采取分层次布置作业的方式。任课教师就所教学科和所教学生进行潜力分析,针对不同层次的学生布置不同的作业,进行不同层次的辅导。分层不是一成不变的,教师会根据当天的课堂表现和家庭作业情况来界定,在全面了解学生的易错点和全班学生的掌握情况后,将掌握情况分为 A、B、C 三种。根据 A、B、C 层次分别布置相应的作业。

每次听课以后,当天安排时间进行评课。评课主要从 5 个方面入手:教学内容是否符合课标要求、教学过程是否完整、教师专业素养是否具备、评价性语言是否妥当、教学中的优点和缺点。所有听课的教师都需要参与评课,教研组长要做好评课记录。评课,要重在过程,要让所有参与评课的教师感到有收获,要通过听课评课,推广优秀的课堂教学模式。

此外,学校定期召开教学质量分析会,进行学情分析,整顿学风,并对下一步的备课听课评课三个环节提出要求。

灵山中学通过完善这备课听课评课三大环节,便于学校领导对教师教学存在的问题给予反馈指导,优化了教师的课堂教学,又使教师互相学习,取长补短,总结和推广了教学经验。

聚焦课堂教学，落实课堂"五要"

青岛市即墨区七级中学　孙元兵

　　为了进一步优化课堂设计,提高教学效益,打造高效课堂,实现有效学习。在理科教学中,我们借鉴洋思中学的"先学后教,当堂训练"的教学模式和杜郎口中学的"兵教兵、兵练兵、兵强兵"策略,大力倡导"自主尝试与合作展示"教学模式。

　　在文科教学中,我们推行学案导学,其中在政治、历史学科中举行了校级研究课,探讨学案在新授课、复习课、讲评课等不同课型中的应用。结合新课改要求和我校课堂教学实际,我们提出了课堂"五要"。

　　一要给学生创设自主学习的空间和时间,因为在考场上学生处于绝对自主的情况,自己读题,自己分析,没有教师点拨,没有同伴互助。我们要经常给学生创设这样一种机会。即使要讨论交流,也要在个人有了自己初步观点的基础上进行,课堂上我们提倡先自主尝试后讨论交流,这样才能使讨论交流不流于形式。

　　二要注意在教学中运用尝试教学,学生自己能解决的要放手让学生解决。让学生暴露思维过程,不要怕出现错误,课堂是动态生成的,课堂也是允许出错的地方,把错误当成一种教学资源加以利用。

　　三要在课堂教学中加强对学生思维能力、归纳能力及语言表达能力的培养,让学生参与到课堂教学过程中,多让学生发表自己的观点。

　　四要提出挖掘有思维含量的问题,引导学生思考、探究。问题的设置要注意这几点：①问题要有适当的难度。用前苏联心理学家维果茨基的话来说,就是问题的难度要与学生的"最近发展区"相适应。②问题要有针对性。问题要针对教学内容的重点和难点。在理解教材的关键处设问,在认知矛盾的焦点处设问,在教材前后的衔接处设问。③问题要有启发性。具有启发性的问题才能培养学生的思维能力。⑤供讨论的问题要有探讨性和开放性。让学生在质疑、探究、发现中获得知识和经验。

　　五要加强小组合作学习。各班要建立合作学习小组,培养好组长,建立一对一的帮教制度,引入竞争机制。教师要有意识地提供小组合作学习的时间和空间。班主任要象对待班级常规一样,每日必问,及时了解小组情况,集思广益,发挥小组合作学习的最大效益。

积极构建高效课堂

蓝村中学　王高洪

一、问题的提出

蓝村中学是一所农村学校,位处经济强镇,外来人口多,生源复杂。经济条件好的家庭,多把孩子送到外地上学。我们在教学过程中发现,学生分化严重。在七年级有 20% ～ 30% 优等生,40% ～ 50% 中等生,10% ～ 20% 学困生,到八、九年级,学困生比例增多甚至出现辍学生。每次质量分析,有的分数段没有学生,导致中等生优化困难,老师们因之困惑。俗话说,困则思变,惑则求智。

课堂是学生心智成长的主要场所,他们在这里欢乐地探索,健康地成长,聪明才智得到最大潜能的挖掘。而现阶段我们大多数课堂是教师板着脸在上面教,学生苦着脸在下面听;或者是教师讲得天花乱坠,学生听得昏昏欲睡,出现厌学思想,导致学生分化严重,或因成绩差而辍学。传统的教学模式已经不适应当前教育新形势,它成为学生主动获取知识、形成能力的桎梏。要想让学生愿意学习,就必须改变现在的教学形式,必须建立学生自主参与,自主探究、自由表达观点和情感的新型课堂教学组织形式。让课堂成为充满师生灵气与活力的精神家园。

二、构建高效课堂策略。

如何革新这样的课堂,作为一校之长,我认识到自己肩负的责任和工作的价值,我校经过深思熟虑,决心改变当前的教学形式。自 2017 年起,学校先后外派教师 300 多人次,到 28 中、实验中学等本市优秀学校,外市的有昌乐二中,四川德阳外语学校参观学习。先进的教学理念冲击着我们的思维,解除了我们多年来的困惑,坚定了我们课改的决心。

2018 年 4 月 13 日,我们成立了高效课堂工作室;开始课改实验。可改组一边实验,一边总结教学得失,并不断撰写文章,王德欣、吴义达等发表多篇论文,并撰写《蓝村中学学生课堂评价方案》。王晶华撰写数学教学思路;李艳撰写《合作小组的划分》;姜付科总结物理课教学环节。刘志欣老师自行研发《蓝村中学学生过程评价》软件。经过半个学期的实验,总结,我们确立了"三段六步一评价"高效课堂教学策略。

三、课堂教学的运作过程和方法

（一）划分学习小组。

根据蓝村中学学生生源特点(乡镇中学),我们将合作小组按 6 人组合,按照学生智力因素和非智力因素搭配。智力因素一般指成绩好,智商高;非智力因素一般指性格、爱好、脾气、品德以及性别等。一个合作小组分为三个梯队:第一梯队为 1 号、2 号;第二梯队为 3 号、4 号;第三梯队为 5 号、6 号。座次按 1 号对 2 号坐中间,左右 3 号对 4 号,5 号对 6 号。

值得说明的是:第一梯队比较好划分,一般看成绩就可以。而第二、第三梯队可不好划分,要根据智力因素和非智力因素搭配,这对班主任是个考验,需要动一番头脑。

合作小组的划分是动态的,灵活而有层次,便于分层教学。

（二）运作方法。

合作小组的运用形式也是动态的、多样的。

基本程序是:自主—合作—探究。

课堂结构按照"自主学习、小组互查和互助、大组讨论和汇报、教师点拨"的程序,循环进行。

学生根据导学案,自主学习。教师组织学生合作互动学习。以期达到在短时间内求得最高的学习效率。我们在实践中逐步形成了我校"民主、开放、激情、生成"课堂教学特点。

"三段六步一评价"教学策略遵从"先学后教,以学定教"的教学理念,深受老师、学生的喜爱。实验过程,得到领导、老师、家长的大力支持,我和老师坚持每周听七节课,学校组织课改经验交流会;课改实验优质课比赛等形式促进教改的发展,使课改实验迅速蔓延到其他班级、级部乃至整个学校。老师们热情高涨,管崇福老师开玩笑地说:"累并快乐着。"

弘文 弘德两校实现教育均衡一体发展

青岛西海岸新区弘文学校 王金奎

青岛西海岸新区弘文学校创建于 2013 年 8 月,青岛西海岸新区第一所九年一贯制学校。弘德学校于 2016 年 8 月投入使用,是青西新区第二所九年一贯制学校,11 月 29 日与弘文学校实施一体化办学,管理实行"一长两校制"。一体办学,弘文弘德实现了资源与经验的共享,义务与责任的共担,围绕共同的发展规划,坚持"三统一"原则,推进师生活动"五同步",实现了两所学校共创共荣的"双提升",实现了真正的融合发展!

一、"三统一"推进文德"一体化"

一体化办学要落实"三统一"原则:共同的文化凝聚、共同的制度约束、共同的评价导向,使弘文、弘德共享智慧、同创经验。

共同的文化凝聚:弘文"和合"文化催生了弘德的"和美"文化,确立了"以德立校,和美育人"的办学理念,激励弘德人"和而不同、各美其美、美人之美、美美与共、成就最好"的不懈追求,凝聚起学校共同的发展愿景,"民主、包容、开放"的管理文化凝聚了教职员工的向心力,合力创建"教育生态和美的新优质学校"。

共同的制度约束:弘文,弘德,共同的章程,共同的制度,使弘德各项工作实现了"凡事有准则、凡事有程序、凡事有负责、凡事有监督"的闭环式管理,实现了"制度规范行为,行为养成习惯,习惯积淀文化,文化润泽制度"的良性循环机制。让学校步入健康发展快车道。

共同的评价导向:共同的考核制度,共同的个性化评价,科学考核,榜样带动,弘扬了学校正能量。

二、"五同步"加速教师"提师能"

师能的高低,是学校发展的决定性要素。

德,坚持各项教研教学活动"五同步",即教育科研、教师培训、课程建设、课堂改革、质量监控同步进行,在培训与活动中,促进两校教学常规工作在高位运行成为常态,也加速了师能的提升。

教育科研同步:半日教研同步进行;同研九年一贯制学校教育教学共同课题;同研教学困惑"草根式"微课题;同读书同感悟活动。组织以教育难题解决为导向的"头脑风暴",分类举办专题论坛,共同承办教研活动。

教师培训同步:共享名师,培训专业成长;共享专家,引领高位成长;共享优质校,观摩高标发展。学校邀请众多省内外专家高端引领的同时,借助弘文学校青岛三名工作室,开展全员与骨干培训,共享智慧与资源。派出骨干教师到普育、赴衡水,观摩全国优质学校;观摩学习弘文的管理与教学,提升了弘德人的专业素养。

课程建设同步:同研小初衔接课程、小初各学科"一科一品"课程、养成教育课程、序列化班会课程,德育一体化课程、家长优教课程。三年来,在和美文化引领下,围绕学生核心素养,学校建构起美德、美智、美能、美艺、美劳为核心的"和美"课程体系,建设了乡韵课程;研发"我们幸福(快乐)的一天"课程、家课程、种植课程、比如世界课程,实施适才课程。

课堂改革同步:同上一课题(同课异构,接力同课),同听一节课,同评一节课;同台竞技,同步提升。

质量监控同步:统一时间,统一试题,统一考试,统一标准,统一分析。

经过一体化办学实践"三统一"原则,师生活动的"五同步"促进了弘文弘德干部教师同心协力、一体发展,两校的干部一体述职、教研一体进行、课程的一体编写,壮大了教育教学研究团队的力量,增强了九年一贯制学校诸多课题的解决力度,加快了两所学校共同的前进步伐。尤其是弘德学校,依托弘文现成的经验和优质的资源,降低了发展成本、成长风险,却收到了最高的办学效益,巧妙地避开了各种弯路、岔路,有效地省略了探索与摸索的程序,沿着九年一贯制学校健康发展的轨迹直奔办学目标,实现了新建学校的高位起步、快速发展。

"精彩教育" 课程助力学生开启幸福的人生之旅

平度国开实验学校　石伟娟

　　课程改革的价值是为了每一位学生的发展,以培养学生健全的个性和完整的人格。基础教育课程力图培养"整体的人"的目标;构筑具有生活意义的课程内容;恢复个体在支持生成中的合法身份;创建富有个性的学校文化。办好一所学校,校长应有效统筹国家、地方、学校三级课程,确保国家课程、地方课程的落实,推动校本课程的开发与实施,为学生提供丰富多样的课程教学资源。

　　我们结合小学生年龄特点,开发了适合不同学段的"精彩教育"校本课程。

一年级生命安全教育课程

主题一:校园安全	主题二:家居安全	主题三:交通安全	主题四:疾病卫生与健康	主题五:天气变化、消防安全	主题六:网络安全、预防溺水
课间活动的安全	用电及家用电器的安全	你了解交通信号灯吗	购买安全食品需注意什么	野外遇到困难会自救	毒品的危害
宿舍生活的安全	乘坐电梯的安全	行走的交通安全	预防食物中毒	天气变化与安全	文明上网
危险游戏不能玩	独自在家的安全与防范	乘车(汽车、火车)的安全	哪些食物不能随便吃	预防地震从小做起	网络安全
爱护我们的身体	接到骚扰、恐吓诈骗电话,怎么办	乘车(公交车、地铁)的安全	为什么要勤剪指甲勤洗手	预防家庭火灾	游泳(自救)安全
保护隐私防侵害	防盗安全	乘船的安全	流行性感冒预防	消防安全	游泳(救人)安全
体育锻炼与安全	在家也要防意外	乘坐飞机的安全	传染性疾病预防	突发事故会自救	外出游玩安全

二年级国际礼仪课程

主题一：形态礼仪	主题二：个人修养	主题三：节日礼仪	主题四：家庭礼仪	主题五：社交礼仪	主题六：出行礼仪
得体表情	送出、收到礼物	中国节日	处理个人内务的修养	"国际礼仪"概述	候机候车
身体语言	接听电话	饮食文化1	见面礼仪	做客礼仪	游园排队
挺拔站姿	仪容仪表	饮食文化	拒绝礼仪	邻里交往	行车交通
标准坐姿	遵时礼仪	各国禁忌1	待客礼仪	见面及问候礼仪	探望病人
气质走姿	语言表达修养（称呼）	各国禁忌2	拥抱礼	守约礼仪	观影礼仪
鞠躬礼	语言表达修养（礼貌用语）				公共场合文明交谈

三、四年级中华传统美德浸润课程授课

主题一：仁爱	冯谖焚券	孔子尽礼（一）	李后严明	安世不妄（一）	文本乞恩（二）
老莱斑衣	主题三：义与廉耻	孔子尽礼（二）	主题五：礼	安世不妄（二）	文本乞恩（三）
曾参养志	楼护养吕	董奉治病（一）	孙暠温恭	安世不妄（三）	文本乞恩（四）
主题二：忠	李勉葬金	董奉治病（二）	尹陈童训	安世不妄（四）	主题八：友爱互助
李秀忠烈	隐之饮泉	董奉治病（三）	德言对经	子仪见苗	元震济窆
滂母无憾	彦谦官贫	董奉治病（四）	伯禽趋跪	主题七：热爱劳动	汉宾惠人
王旦荐贤	主题四：谨与好学	赵抃告天	主题六：诚实守信	文本乞恩（一）	查道博施

五年级世界公民课程

主题一：了解地球村	主题二：漫游地球村	主题三：地球的呼唤	主题四：人类发展的困境	贫富差距	主题六：世界公民必备素质
课程简介、蔚蓝色的地球	我们的左邻右舍	重负的地球	生态破坏	主题五：全球化时代	道德修养
只有一个地球	与邻居交流	当自然灾害降临的时候	能源短缺	我们更近了	礼仪修养
认识经线、纬线、赤道、大洋和大洲	环游地球村（一）	董奉治病（二）	尹陈童训	安世不妄（四）	主题八：友爱互助
亚洲、欧洲、非洲	千疮百孔的地球	粮食危机	商品无国界	责任意识	元震济窀
世界上的国家	环游地球村（二）	战争风云下的苦难	水资源危机	教育全球化	合作意识
不同肤色的居民	风格迥异的文化交流	放飞和平鸽	核威胁	文化全球化	法治意识
有趣的文化现象	多彩的节日	我们能为地球做些什么？	人口急剧增长	携手合作	身体与心理健康

六年级成长规划课程

主题一：生命	道德健康讲诚信	安全知识	节俭与浪费	人生角色	认识国内大学
人生未来早规划	和睦家庭	学习自救与互救	理财计划	休闲生活	认识国外大学
我是谁	走进社会	知识的力量	行为习惯的培养	主题四：生涯	探索职业世界（一）
环境与生命	面向世界	兴趣的培养	学习习惯的培养	自信心与个性	探索职业世界（二）
生命与死亡	主题二：生存	思维能力训练	我的好朋友	目标管理	设计我的成长规则
身体健康好做事	学习与压力	创意的力量	团结与合作	时间管理	
培养积极乐观好心态	生存与压力	主题三：生活	人生财富	行动与自我控制	

生活的世界保持着目的意义和价值的世界。生活世界的理念对于教育的启示在于：教育是发生在师生之间的真实生活世界中的社会活动，生活世界是教育发生的

场所,学生的体验和经验的构成了学校教育的重要内容,生活世界也是教育意义得以构建的场所,教育只有向生活世界回归才能体现教育意义的真谛。回归生活的课程就是要实现课程的丰富性、回归性、关联性和严密性。

校本课程本着结合学生生活实际的原则,成为国家课程和地方课程的有益补充,使课程具有多层次满足社会发展和学生需求的能力。

开发新课程　补足素质教育短板　办一所好学校

山东省青岛第五十中学　张文革

2019 年 7 月 9 日,在《关于深化教育教学改革全面提高义务教育质量》的意见新闻发布会上,教育部副部长郑富芝表示,"我们历来对智教育是很重视的。这次关键是要强化德育、体育、美育以及劳动教育的育人功能,特别是把劳动教育的短板补起来。"

进入新时代,面对社会主要矛盾的变化,人民群众对教育的高质量需求正在加速提升,办好人民满意的教育迫在眉睫,习主席提出了五育并举的教育要求,全面发展素质教育已势在必行。

随着高考改革制度的不断推行,对人才需求的标准越来越转向市场化,创新型科技人才,为教育提出了新的发展要求。培养什么样的人? 怎样培养人? 为谁培养人的目标越来越清晰,单纯以书本知识为考核内容的应试教育,将逐渐被多元化,新知识领域不断扩延的考试形式和内容所取代。学校适时调整课程结构和目标定向,才能不负社会的需求,不断提高教育质量。

青岛第五十中学自 2018 年 9 月起改变过度重视国家课程的教学模式,从社会人才需求的角度积极研发新课程,新课程主要侧重于科技创新、艺术、体育、国际化人才的专项培养以及劳动和社会实践能力的培养。针对科技创新开设了,互联网的机器人编程设计、航模、赛车、3D 打印创意,七巧板拼图、以及 steam 创新等科技类课程。艺术类课程包含了动漫设计,国画,素描,水粉画等绘画专业,以及舞蹈、健身操、啦啦操、合唱、古琴、吉他。体育课程,包含了篮足排三大球和乒乓球,跳绳,长跑,散打等项目;国际化的课程引进了新加坡的数学,通过英语教学完成数学的思维拓展。新概念英语的加入,拓展了学生对英语基础知识的掌握,为学生将来接受国际化教育奠定了基础。针对劳动教育,学校开设了烹饪课程和校园花圃的种植课。掌握中国传统面食的制作以及花卉的种植和成长过程研究。每年的寒暑假和大小节日,都是家长委员会承担的研学旅行课程,敬老院,博物馆,展览会都是他们的课堂。课程的内容和、是因人而异,因年级而异。七年级的课程是以普及推广为目标,以个人的爱好兴趣为出发点,参与率要求 100%。特别是在体育和艺术类课程的选取当中,要完成每学期,体育加艺术等于 2+1 的基础技能培养模式。兴趣成为学生学习最好的动力源。八年级的课程设置内容,围绕着各项竞赛展开,创造让学生成长展示的平台,鼓励专项表现突出的孩子参与各种比赛。引导取得优秀比赛成绩的孩子们确定每个他们发展方向的起始定位,将兴趣转化为爱好并适度的提高训练专项技能的水准。九年级完成特长专业定向的初步阶段,通过一定的专业课程的培训,完成个人的特长目标发展定位。有些学业成绩优秀的孩子,科技创新就是他们起飞的双翼;学业的成绩较差的孩子,尽可能在自己的艺术和体育方向有所专长;或者是通过实践劳动课程,在社会服务性人才需求方面有技能傍身。通过优势智能的不断的提升,促进其他智能多项的提高。学校在自身资源不足的情况下,引进了足球俱乐部,啦啦操俱乐部,和古琴俱乐部这些社会教育机构,加盟学校的教育。通过一年多的时间,科技创新,健身操啦啦操,武术这些项目已经在全市小有名气。通过孩子们的成长,我们看到了"五育"并举,全面发展在每一个孩子成长历程当中的重要性。

德智体美劳五育的发展,不是互相矛盾的,而是相辅相成的,同时也是不可割裂的。经过我们的改革,通过新课程的开发,补充了国家和地方课程的不足,因材施教,多样化办学,为不同性格的学生提供适宜的教育。不拘一格育人才,体现了全面培养,全面发展的原则,我们正在用实际行动去努力实现培养德智体美劳全面发展的社会主义建设者和接班人的教育目标,通过素质教育的全面实施,办好人民满意的教育,实现一座好学校的蜕变。

让学生核心素养在课程中落地

青岛滨海学校 李全慧

学校作为学习共同体,旨在通过国民教育的正式课程来铸造未来国民的核心素养。课程承载着把学生培养成为什么样的人的使命,要探寻课程与学生的深度交互关系,学生核心素养就是嫁接这一关系的重要纽带。青岛滨海学校以核心素养为轴心和主线进行了"滨海课程"的设计与构建。

一、顶层设计目标系统——构建学校课程体系的"导航"

《中国学生发展核心素养》对学校培养"全面发展的人"具有指南作用。滨海学校遵循坚持科学性、注重时代性、强化民族性、体现校本性四个原则界定了学校育人目标的核心素养——弘其毅、启其智、健其身、雅其性。

学校借助课程对学生实行核心素养教育,就要建设以核心素养为目标的课程架构。核心素养要贯穿整个教育活动,渗透到各个学科,把核心素养的价值追求和目标框架落实到课堂教学中,真正体现知识、能力、态度三个方面的有机整合,做到结论与过程的统一,认知与情意的统一,构建体现核心素养要求的课程目标体系。

设计课程目标体系时力求纵横交错,上下贯通。横向明确学科素养内涵,科学确定课程目标,并从素养发展的角度进行课程结构的设计和学科内容的遴选,实现核心素养与课程领域、具体学科的融合;纵向根据具体学科需要落实的核心素养在不同教育阶段的表现特点,从小学到初中垂直连贯的角度,修订各领域或学科的课程目标,完成核心素养与课程目标在不同学段的纵向衔接。

二、科学规划内容系统——构建学校课程体系的"载体"

学校围绕弘其毅、启其智、健其身、雅其性的核心素养,确立人文与品德、数学与科技、体育与健康、艺术与审美四大课程领域。每个课程领域根据课程内容分层设计,又分为基础性课程、拓展性课程、选择性课程和综合性课程四个层次,形成立体化的课程结构。

"人文与品德"课程指向人文科学,培养学生的政治素养、道德修养、民族精神、公民意识、国际意识和领导能力,为促进学生的社会化提供课程支持;"数学与科技"课程指向科学学问基础,培育学生学会求知,学会做事,为学生将来能够成为一名服务社会、创造价值的人奠定必须的知识能力基础;"体育与健康"课程指向健康生活、积极心态和意志品质的养成,使学生拥有健康的身心,坚强的意志,为成为合格的公民奠定坚实的基础,促进学生的可持续发展;"艺术与审美"课程指向艺术学科的学习和运用,旨在培养学生的高雅情趣和艺术情操,为学生拥有幸福人生提供课程支持。

基础性课程夯实基础知识,选择性课程体现个性化和术业有专攻,综合性课程以主题的形式对课程资源进行整合。四大类课程综合四领域课程内容,相互联系、互为拓展,形成既注重全面素质,又注重个性发展和创新能力培养的立体化课程体系。

三、着力探索实施系统——构建学校课程体系的"抓手"

学校课程体系实施的基本途径就是课堂教学,教学方式不转变,课程就将流于形式,教学改革将是一场更持久的、更复杂的攻坚战。

强调教学与课程整合,突出教学改革对课程建设的能动作用;强调师生交往,构建互动、互惠的师生关系、教学关系;注重开放和生成,构建充满生命活力的课堂教学运行体系;突出学习方式变革,切实加强创新精神和实践能力的培养。

以学生核心素养体系引领和促进教师专业发展,指导教师准确把握各学科教学价值定位,从有效促进学生素养发展的角度,改革教学方式方法,特别是转变知识学习方式,创设与现实生活紧密关联的、真实性的问题情境,构建旨在培养创新精神和实践能力的学习方式及其对应的教学方式。

四、尝试架构评价系统——构建学校课程体系的"杠杆"

核心素养是检验和评价教育质量的主要依据。根据学生发展核心素养体系,明确学生完成不同阶段、不同年级、不同学科学习内容后应该达到的程度要求,建立基于核心素养的学业质量标准,将学习内容和质量要求结合在一起,使考试评价更加准确反映地人才培养要求,实现对学校教育教学行为的有效反馈。评价过程就是学习的一部分,每一次测验搭建了学习的支架,评价的结果构成学习的轨迹,通过不断地调整与选择学习和评价内容,促进真正有效学习过程的生成。

信息技术可以有效解决学生综合素质评价当中材料多、评价效率低以及标准无法统一的问题。信息技术可以实现命题方式的转变,将难以用纸笔测验的学生跨学科的综合能力展现出来。核心素养提出了学生应该具备的适应未来社会的多方面能力和素养,而信息技术的飞速发展,为测试学生核心素养落实情况提供了技术支持。

五、亟待建设改进系统——构建学校课程体系的"补丁"

课程的改革永远没有终点,学校课程体系的建设是一个精益求精的过程。课程的改进离不开准确到位的诊断,需要专业的视角才能保证课程运行评估的准确性和有效性,从而确保指向实践改进的"处方"的针对性。而当下亟待课程专家的指导与帮助,建设起学校课程体系的改进系统。

在实际的学校课程诊断和实践改进过程中,从发现问题到诊断原因,再到实践改进,可能不是一条简单的流水线,有可能是一个循环往复、螺旋式演进的过程,因为在解决业已出现的问题过程中往往又会出现新的问题,从而使问题变得复杂化。

核心素养的培育是一个师生相长的过程,教师在培育学生核心素养的同时,学生也在用他们的行为表现、反馈信号不断锤炼、深化和砥砺教师自身的核心素养。所以说,承担起学生核心素养形成的,不是每一位教师,而是整个教师团队;不是每一间教室,而是整所学校;不是每一所学校,而是整个社会文化。

打造"生本愉悦课堂"

青岛西海岸新区铁山学校　吕献志

青岛西海岸新区铁山学校以提高课堂教学质量为中心,以课堂有效教学为主线,打造"先学后教,自主互助,当堂达标"教学模式。有效课堂教学模式促进学校教学质量提升,铁山学校由以前的落后学校跃变为现在的先进校,连续七年获评"黄岛区教育工作先进单位",中考成绩位居镇处学校前列。

一、认真学习打造教学模式

学校组织全校教研组长赴杜郎口观摩学习"10+35"课堂教学模式,先后研究了山东昌乐二中的"271"模式、江苏灌南新知学校的"自学·交流"模式、山东平邑一中的"学案导学"模式以及安徽铜陵铜都双语学校的"五环大课堂"模式,在广泛学习基础上把"先学后教,自主互助,当堂达标"作为铁山学校的基本教学模式,其主要内容就是以培养学生的自学、质疑、解难、创新能力为主,课堂教学大容量、快节奏、高效益。

二、教学模式提高课堂效益

"先学后教,自主互助,当堂达标"教学模式的教学过程主要包括前置预习——自主学习、质疑问难——合作探究、展示点拨——理解识记、拓展延伸——达标检测、当堂反馈——巩固落实等流程。该教学模式在不同学科的具体应用不同,学校教师探索出政治学科的"三导一测一评五步教学模式"、语文学科的"精讲精练,以练为主教学模式"、数学学科的"自主探究,小组合作教学模式"、英语学科的"任务型课堂教学模式"、物理学科的"小循环—勤反馈教学模式"、化学学科的"'五点法'课堂教学模式"、历史学科的"先学后教,合作探究,当堂训练教学模式"、地理学科的"'情—导—探—评'教学模式"、生物学科的"先学后教,当堂达标教学模式"……学校多次召开教备组长会,探索符合各学科教学特点的有效模式。

铁山学校以"先学后教,自主互助,当堂达标"为基本教学模式,打造"生本愉悦课堂",以"四课三比二展示"活动为主线,开展课堂教学研究。"四课"即达标课、研讨课、跟评课、示范课,"三比"即教学基本功比武、四同比武和优质课比赛,"二展示"即每学期期末展示优秀教师的备课上课、展示所有教师一学期的优秀教育教学成果。

三、教研活动挖掘课堂潜力

学校开展了七项大型课堂教学模式实践研讨活动。开展"一师一优课,一课一名师"活动,全员参与、全程评价、全力推广;定期开展七八年级薄弱学科研讨课及九年级所有学科的课堂教学达标课活动;每月举办一次教学专题讲座,每月推出两期《铁山学校教师学习文摘》,每周一期《教师学习材料》;开展推门听课月活动,开学一个月内,分管和挂靠干部要听评完所有分管教师的课;每年9～10月份举办校内"生本愉悦高效课堂"教学比武活动;每年组织开展教备组长论坛,提升教备组长组织开展学科教研的能力;组织骨干教师轮流到南京师范大学、北京师范大学、华东师范大学进修学习。

此外,学校举办第五学区教研组长论坛,考察学习烟台一中、烟台十中的课堂教学管理模式;开展第五学区三校基础年级"生本愉悦高效课堂"主题周活动和"生本愉悦高效课堂"区片交流活动;开展第五学区三校九年级各学科骨干教师优质高效课堂教学模式展示活动。区片教研整合优质教育资源,丰富和拓展了课堂教学思维模式。

青岛胶州英姿学校 STEAM 课程建设的实践与探索

青岛胶州英姿学校 王金玺

青岛胶州英姿学校成立于 1998 年 6 月,是胶州市改革开放以来第一所九年一贯制寄宿制学校。学校以"面向未来,使每个人都成功"为办学宗旨,以"创名校、出名师、育名人"为办学目标,实施个性化小班额导师制教学模式,形成了教育教学八大优势及教育"球形多维"培养体系。

建校之初,学校提出了"外语 + 艺术 + 能力"的办学模式,引领学校课程建设与发展,建校 21 年以来,学校着力进行课程体系建设,取得了一系列的成绩,先后被确立为全国"十五"期间重点课题"合作学习"实验基地、胶州教育科研重点实验基地、胶州市教学质量优胜学校、山东省外籍教师口语教学实验基地、全国国际跳棋特色学校、中国陶行知研究会创客教育专业委员会理事单位、全国教育科学"十三五"规划教育部规划课题"益智课堂与思考力培养的实践研究"实验基地等。

2018 年 3 月份以来,学校在原有的课程体系基础上,开始了 STEAM 课程建设的实践与探索。提出了"做有工匠精神的教师,做有创客精神的学生"的口号,以期用课程的丰富、底蕴的丰厚培养学生的出"彩"。

一、STEAM 课程理念,深入理解促发展

STEAM 教育的精髓融合了科技、技术、工程、艺术、数学五大学科的知识,淡化了理科和文科的学科限制。而未来,需要的就是这样综合性的处理问题能力的全方位人才。在实践中,我们发现,STEAM 教育有三点值得借鉴和学习:一是注重学习与现实世界的联系;二是注重学习的过程,而不是体现在试卷上的知识结果;三是注重学生动手实践能力和创新思维能力的培养。具体来说,STEAM 教育更提倡的

是一种新的教学方式：让学生们自己动手完成他们感兴趣的、并且和他们生活相关的项目，从过程中学习各种学科以及跨学科的知识。

在课程实施过程中，我们将 STEAM 课程理解为可以应用于学科课堂的教育理念和教育方式。本质上来说，我们要改变传统的教学观念，敢于让学生们犯错，让他们尝试不同的想法，让他们听到不同的观点。与考试相反的，我们希望孩子们创造能够应用于真实生活的知识。

二、STEAM 课程实施，务求实效抓落实

STEAM 课程实施以来，丰富了学校课程体系，推动了学校教育科研的发展，学校面向全体学生开设了机器人编程、无人机、3D 打印、木工坊等创客课程，建设了创客空间，有课程、有内容、有计划、有评价，课程表变了，学生们的学习状态也变了。为丰富 STEAM 课程建设，学校参加了全国教育科学"十三五"教育部规划课题益智课堂与思考力培养的实践研究，在校内建设了益智实验室，构建创新型学习情境，以真实的问题情境为起点，培养孩子的动手实践能力和创新思维能力。2019 年秋季开学以来，学校增设了"益智实验室"，购置了大批益智器具，以及相关的"益智器具教师指导用书"，通过教学，学生已逐步熟悉并且掌握了一些基础性的思维技巧与方法，逐步形成了相应的思维习惯。

三、STEAM 课程氛围，拓展延伸靠活动

为配合 STEAM 课程的实施，营造"科技助力梦想"的校园氛围，学校先后多次组织师生参加全国科普日活动、组织科普进校园活动，邀请了青岛市公益科普人陈祖骥教授、台湾力瀚科普团队等个人或组织对全校师生和家长进行科普宣传，成功组织首届"上合之城"科普进校园活动，撒播科学的种子。通过系列科普活动的举办，引领广大师生爱科学、学科学、懂科学，为学生梦想之旅打下坚实基础。

四、STEAM 课程评价，各类大赛展风采

学校开设 STEAM 课程以来，为学生们搭建了体验成功、个性发展的平台，一大批爱好科学的青少年燃起梦想火焰，参加各级各类比赛成绩卓著：获得第三届全国中小学生创·造大赛智慧创客分项赛获团体铜奖；获得第 20 届全国中小学电脑制作活动电脑绘画项目一等奖；获得第四届青岛市创客大赛趣味编程项目一、二、三等奖各 1 名，智能电子项目三等奖 1 名；获得青岛市青少年创意编程与年创意编程与智能设计大赛编程项目二等奖 2 名、三等奖 1 名；获得山东省青少年创意编程与智

能设计大赛编程项目二等奖 2 名、三等奖 1 名。

实践引领未来,智慧点亮生活。和而不同,汇聚小的成功走向大的成功。学校将进一步挖潜 STEAM 课程的理论和内涵,拓展实践的平台和途径,进一步做好课程建设,为学校成功教育的内涵发展铺平道路。

实施分层教学，促进整体提高

即墨区普东中学　王霄业

素质教育的原则是,既面向全体学生,又要承认学生个体差异。经历了六年的小学生活,到了中学阶段,由于知识基础、学习习惯、个性品质等原因,学生之间的差距会越来越明显。要让不同层次的学生都能积极参与教学活动,教师在教学实践中就要兼顾不同特点的学生,让每名学生都能学有所得、学有所乐。

在日常教学中,我们制定并实施"分层教学、整体提高"的策略,使不同层次的学生都建立起信心和兴趣,进而喜欢学习、主动学习,形成自我发展的能力,大面积提高学生的学习成绩。

在这个过程中,我们着重抓好下面几个环节。

1. 以人为本，合理分层

教师在教学过程中,充分了解学生的实际情况,结合各种测试手段,将学生大致分成三个层次:A 层:基础知识较弱,接受能力不强,学习积极性不高;B 层:知识基础较好,学习比较自觉,有一定的上进心;C 层:基础扎实,接受能力强,学习自觉。在编排座位时,我们是 6-8 人(2 个 A 层、2-4 个 B 层、2 个 C 层)为一个学习小组,便于辅导、讨论、交流、竞赛,体现"优势互补"。分组是相对的,并非一成不变。经过一段时间的学习后,由学生自己提出要求,教师根据学生的变化情况,引入适当的竞争机制,做必要的层次间的升降调整(一般是半个学期或一个学期一次),激励学生上进,最终达到 A 层逐步减少,B、C 层不断壮大的目的。

2. 因材施教，分层备课

教师根据教材和课标的要求及各层次学生的水平,制定不同的教学目标。对 A

层学生的目标是：放低起点，弄懂基本概念，掌握必要的基础知识和基本技能；对 B 层学生的目标是：重视双基教学，培养分析、归纳问题的能力，巩固并扩充知识；对 C 层学生的目标是：培养综合运用知识的能力，提高解题的技能技巧。对学习目标进行分层是实施分层教学的关键，对不同层次学生有不同的要求，同一知识点、不同层次的学习目标也有差异，而且目标之间要配备拾级而上的"台阶"。

3. 全面参与，多层互动

课堂活动要符合学生的实际情况，既有统一要求，又有区别对待。问题设计上要有梯度，能够让不同层次的学生都参与到教学活动中来，都能体验到成功的喜悦。授课中，实行问答分层次，提问注意让不同层次的学生参与。有三种方式：第一种，简单问题由 A 层到 B、C 层。这种方式可以唤起低层次学生的参与意识，回答得对，自己受到鼓舞，思考问题的积极性得到更大激发；回答得不全面或不对，还有其它同学补充、纠正。第二种，有难度的问题先 C 层后 B、A 层。C 层次学生示范性回答，B、A 层次的学生尝试回答。第三种，有争议的问题各抒己见。

4. 作业分层，激发信心

学生作业分必做、选做两类。必做作业是依据教材的基本要求设计的基础题，选做作业主要指拔尖提高题。尽量做到，A 层学生：低起点，补基础，解决一无所获现象；B 层学生：稳双基，勤练习，多反馈；C 层学生：小综合，多变化，侧重知识迁移能力的提高。总的原则是：少而精，难易适度，富有选择性，适合不同层面学生的需要。

5. 辅导分层，整体优化

学生训练时，教师做好课堂巡视，及时反馈信息，利用早读、自习或课间加强对 A、B 层次学生的辅导。对学优生的辅导，注重知识之间的联系和区别，注重思维的培养，充分开发其学习的潜能；对待优生辅导，重在分析和解决问题能力的培养；对潜能生辅导，重点放在最基本的知识点的掌握和最基本的题型的解决上，以打好基础为目标。在辅导形式上，除采用教师个别辅导外，我们还充分利用小组合作形式，开展组内互帮互学，使学生整体优化。

6. 因人而异，分层评价

在作业批改、学期总评时对不同层次的学生采用不同的评价标准。对后进生主要是表扬，寻找其闪光点，及时肯定他们的点滴进步，调动他们学习的积极性；对中等生采用激励性评价，既揭示不足又指明努力的方向，促使他们积极向上；对优生采用竞争性评价，坚持高标准、严要求，促使他们更加严谨、谦虚，不断超越自己。

在 2019 年中考中，我们的"分层教学、整体提高"策略显现出显著成效，中考成绩总评列全区镇街第一名。

领导干部兼课，促进教学质量提高

平度市崔家集镇中庄中学 袁书慧

教学质量是学校的生命线,而学校的所有工作和管理都要回归班级管理和教学,喊破嗓子不如做出样子,我校要求领导班子身体力行,深入教学一线任课。

一、兼课要求

我校领导干部全部任课(并且是自己相关的专业课),有的任两个班的语文、数学,有的还承担班主任工作,同全体老师平等任课。学校组织的集体备课,各分管领导必须参与研究,并带头发言,提出修改意见和建议,组织课堂实施。

二、兼课的好处

(1)消除攀比心理。干部带头兼课,参与各项教研活动,促进教师教学的积极性,同时也能促使领导干部提高自身的教学水平,舍身处地地体会教师的辛苦,有的放矢也抓好教学,提升学校的总体教学水平。人人都有惰性,都有职业倦怠,如果领导带头任课,工作起来朝气蓬勃,倦怠的人、懒惰的人就有可能被带动起来,至少心理会平衡一些。

(2)能更好地引领教学。榜样的力量是无穷的,行政会上的安排部署、教研会上的研讨、教学工作中的落实,只要有领导干部的身影,完全能够防止工作拖泥带水和打折扣。

(3)能更好地管理教学。只有用教学来管理教学才符合逻辑,如果用行政命令的方式来管理教师、管理教学,就很有可能导致干群矛盾,管理难度大、效果差。领导只有当教学的内行,才有威信,表扬、批评才能有针对性,才能真正提高广大教师工作的积极性。

(4)能更好地指导教学。只有通过实际的教学工作,才能拉近领导与教师们的关系;只有通过教学,才能讲到要点处,话才有分量。

（5）领导任课就是要与教师、学生经常在一起，可以发现真正的优秀教师、优秀学生，真正了解他们好的教学方法、学习方法，好的地方及时发扬光大，差的地方及时校正处理，形成快速反应机制，良好的校风、教风和学风才能真正形成，学校才能朝着健康有序的良性轨道上发展。

三、取得的实效

通过采取领导兼课，参与教研活动，老师们的干劲更足了。学校在此基础上制定了相关的政策，如"中庄中学教师晋升职称加分项"，就是真对教学成绩的衡量的。对优胜的领导教师，颁发校级的教学优胜荣誉证书，上面注明考试的时间，取得的名次，应该加的分数，晋级时以此证加分。以此来调动教师教学积极性。这也是我校考试成绩稳步提升的一个重要原因。制订"中庄中学托底培优实施意见"，实现教育教学评价机制的科学性，公正、公平的对待每一位教师的成绩。每学期结束后，按期中占 40%，期末占 60%，将此二数据相加即为本学期该教师的教学成绩积分。按绩效考核方案规定所占的权重进行计算，记入该教师的业绩考核档案。并按比例折合成相应分数用于教师晋级、晋档。

信息技术与学科教学的深度融合创新实践

崂山三中副校长　周　健

一、教师理念的转变是融合创新的先决条件

在"互联网＋教育"的大趋势下，传统教育教学需要紧随时代潮流，顺势而为。因此，青岛市崂山区第七中学把信息化作为教学改革的突破口和学校发展的必由之路，重视并鼓励教师将信息技术运用到教育教学中，以教育信息化带动学校教育的现代化，提高教学成效，2014 年，我校成为山东省第一批教育信息化试点单位。

二、完善信息化资源建设是融合创新的必备保障

学校利用"数字校园云平台""微视频"实现资源共享，在全校各学科教师中推

广微课的制作。目前，学校多学科已建成"微视频"资源库，应用于课堂教学及学科整合，学校先后被评为"青岛市教科院微视频课程研发学校""山东省翻转课堂与微课程开发实验基地"。学校将信息技术与学科教学设计恰当地进行融合，运用"希沃班班通"设备的实时互动、即时评价等新技术，向大家展示了不同学科的课堂魅力。

学校将"海大课堂教学云平台"请进校园，学校先后为老师们进行多次应用培训，老师们在实际的教学过程中不断探索运用信息技术手段，把信息技术手段完美的运用到本学科教学中，课堂像呼吸一样自然流畅。在日常教学中，教师们将 RTX、班班通设备、VR 教学和微课程视频与我校的"三点六步教学法"进行深度融合，同时鼓励学生走上讲台使用信息化设施展示学习成果，努力打造高效课堂。

三、将信息化活用到教学中是融合创新的实践基础

我校注重提升教师信息技术使用能力，已形成丰富的信息化培训课程，教师100% 都能使用教育信息化设备进行教育教学工作，能够通过学校教育云平台、崂山区网络教研平台进行网络备课，已形成地理学科"基于微课的地理课堂教学模式"、语文学科"自主学习卡使用展示及翻转课堂教学模式"、数学学科"任务单引领下的翻转课堂教学模式"、生物学科"对话 - 互动翻转课堂教学模式"、"采用智学网阅卷系统进行成绩分析"等多个信息化案例，通过这些实践活动，老师们完美地将信息技术融合到学科教学中。

利用云平台，学校教师轻松实施生本课堂、课堂反转、差异教学、学习小组、分层教学等一系列教学模式。课堂中轻松完成讲授式课堂、启发式课堂和小组讨论式课堂。学校各学科教师在课堂内实时完成检测分析，大幅度提升了课堂容量和课堂效率。

海大云平台在学校大面积推广，除了提高课堂质量，也有利于家校之间的沟通，摆脱微信群单一的形式，有助于分层次教学；更方便地推行分层作业、靶向作业，微观上使不同学习水平的学生都能进行"私人订制"般的练习，宏观上让每一位学生都得到关注，取得最好的进步。

海大云平台不仅覆盖全部学科，而且资源更新很快捷。由于今年初中语文、历史等学科使用了部编新教材，云平台资源库能保证及时更新，方便各学科教师浏览最新题库，选题组卷且题目质量较高。

"课堂用、常态用、普遍用"的教育教学云平台，大大提升了我校信息技术与教育教学的深度融合。但作为教师而言，"不能指望现代媒体可以代替一切，现代化手段并没有包容全部。很多生动的东西以及教师与学生的情感交流，是任何东西都替代不了的"。

搭建学习共同体，实现学生优质均衡发展
——基于校情的品质课堂研究与探索

青岛沧口学校　张　伟

今年李沧区正在申报创建国家级义务教育优质均衡区，也就是说，优质、均衡应该是今后学校教育的一个重要的发展方向，李沧区不仅追求在外延发展上的优质均衡，更要在内涵发展上追求优质均衡。在品质课堂的建设中，我们应该如何实现优质均衡这个目标？为实现这个目标，我校积极探索为综合素质不一、学业水平不同、接受能力快慢不等的各类师生搭建起了学习的共同体，从而为每一个个体寻找适合的学习方法。

一、研究背景

（一）我校生源素质不均衡

我们李沧区外来人口较多，学生的先天禀赋和家庭教育环境一般。这样的一种环境下的生源往往是优生有，但数量少；同时学困生也会较多，也就是说"好的很好，但数量很少，差的很多，数量较大"。如何让学优生更优，学困生变优，实现优质发展，是我校、我区共同面对的课题，也是品质课堂的使命。

（二）课堂上难以实现学困生和学优生的同步提高

现行的一些课堂模式很容易造成"优生吃不饱，差生消化不了，老师照顾不过来"的局面。一位学者根据长期的课堂观察制作了这幅教师行走路线图。从老师的课堂行走轨迹可以看出，老师很难关注到全体同学，这种状况与我校的情况比较吻合。而且还有的老师上课时只站在讲台上，不与学生互动。这就就更关注不到学生，尤其是学困生。

这样学困生就很容易进入一种恶性循环的模型"投入学习——遇到困难——发

求救信号——无回应——未能完成学习任务——受到负面评价——失去兴趣——直至放弃"。

老师关注不到，学生又很难通过自身的力量打破这个"学困生的死循环"。同时，他们还要承受来自教师、家长、甚至同伴的批判或惩罚的压力，不堪重负的"学困生"越来越难以承受，直至最后放弃。为了配合老师的进度也为了自己的面子，学困生还常常会在课堂上假装学习。

再来看学优生。大多数传统的课堂是以教材和教师为中心的，并有着明确的进度要求，老师对学情关注的少给予学生自主学习、求异思维的时间少，课堂预设的多、生成的少，超纲和超出教材的往往不是老师关注的。在这样的课堂学优生学习的内容变窄，学习的途径变少，学习上的挑战性不强。这实际上是控制了学优生的发展，使得学优生很难获得更高层次的发展和提高。综上所述，在这样的课堂上学困生很难被挽救，学优生很难再提升。课堂没有带来均衡反而是加剧了不平衡的进程。

（三）学生的内心世界不和谐

我们再来看一下学生的内心世界是否和谐平衡，来看他们的困扰来自哪里。2016 年，青岛日报做了一份题为"青岛孩子的困扰"的调查。结果显示，当下青岛的孩子最大的困扰为同伴关系困扰和学习困扰，分别占比 33.8% 和 24.6%，两项加起来超过 50%。好的课堂不仅是效率高，而且愉悦度也要高，还应该不断激发学生向上的进取心。

为化解以上这些问题：好的很好，差得很多；学优生难以更优，学困生越来越困；学生内心的困扰等，我校通过品质课堂的研究逐步形成了：班内以小组为单位的共同体，级部内用走班形成的共同体，教师专业发展共同体来实现师生优质均衡的发展。

二、研究过程

（一）依托"三人行"活力课堂，在班内形成若干个学习共同体

1. 学习小组的形成

成为提高学生学习效率一种有效形式已经在学界达成共识，但小组以多少人为宜呢？我们曾经尝试以 2 人为一个小组，可这样组内可供交流的资源有限，经常存在"你不会，我也不会"的情况，而且刚才我们分析我校优生少学困生多，一拖一，前面的一（也就是学优生）不够。我们也曾经探索着以 4～6 人为一个小组，人数多了可

供分享的资源很多,但是由于小组成员过多。一拖三,一拖五,后边的数太多(也说是学困生太多)拖不动,学习的过程中常有成员游离于小组之外状况出现,同时还会加大小组管理的成本,不利于小组成员学习的发展。所以我们的小组是三个人。我们先把全部同学分为学优生、学困生和中游生三部分,然后有学困生去各挑选一名学优生和中游的同学。赋予学困生组阁权、优先权,形成小组。

2. 组内成员的座次排列方

我们曾经考虑过采用对坐、围坐方式,有老师说,这种方式有利于合作和讨论,有合作和讨论的课堂显得课堂比较热闹。但我们认为,没有充分的自主学习和独立思考,没有形成自己的认知和观点,就急于去交流、去互助就没有基础和必要的。所以说,对坐、围坐有利解决的合作和讨论不是学习过程中最基础最必要的。当学生没有自己思想去合作和讨论,表面看似热闹,其实学生的思维并不热烈,常常是浮于表面的空洞。因此我们三人小组采用整体向前的座位方向,而不采用对坐、围坐方式。这样更有利于学生注意力的集中,更有利于学生独立自主地学习。这从督导要求角度上讲也符合学生左侧采光的要求。那么,在充分的自主学习过程中,一些地方是顺畅的,但在一些地方学生会产生认知障碍和认知冲突,他们自身又无法解决这些问题,就有了合作互助必要。在这一次的合作互助学习中会解决掉一部分问题,但也会有意见不同的时候甚至会产生新的问题,在这个过程中学生的思维在激烈的碰撞、思维异常的活跃,有的问题在讨论中取得了共识,但也有一些问题,不能取得统一意见的,这时,他们会去寻求更高层次的帮助。所以,座次排列必须既有利于自主学习还要考虑到合作的方便,同时还应该是一个开放的组织,以便于更高层次的探究学习。我校经过慎重思考和多次实践,在座次排列上采取了嵌入式的方式,即凹凸结合式,凹凸的点即是组长即学优生。

这样的座位排列首先保证了小组内成员享有独立学习、思考的空间和机会,又保证了组内有足够的资源共享,利于开展合作学习,同时这种方式也有利于组与组之的间交流。

3. 学习小组的评价

教师在课上根据"三人行"小组的表现通过以小组为整体的捆绑式评价、对成员分级错位赋分的方法激励学生互学、共享成果。所谓错位赋分,就是每个小组中,如果由学业水平高的同学来展示则得分相对较低;同等问题如果学业水平较低的学生能够积极参与课堂,踊跃回答问题,则给予小组更多的分数,以此来激励学困生学习的积极性和同学间的互助。在评价过程中,我们只采用加分的多与少,不采用减分,通过这种容错的机制,让同学们大胆发言、畅所欲言。小组积分使用的是专门为"三人行"互助小组量身制作的"电子积分班牌"。它的面积接近一个平方,显示直观。并且采用触控式操作,简化了赋分操作流程。除了实时记录数据,还可以阶段性导出后台数据,对各班各学科的课堂表现做大数据分析。这个分析成为了班主任、各科任教师、家长了解学生课堂学习参与度、思维活跃度的一个重要抓手。这一发明也获得了专利奖。

4. 分级错位赋分的方法激励学生互学、共享成果

我们对优胜的三人行小组实行的是专门开发的 VIP 课程进行奖励。这些课程有的是对课堂教学中的一些探究点、难点问题的进行专门的研究和探索;有的是对课堂教学中学生兴趣点进行的拓展延伸;有的是对需要进行亲身体验、实践感悟的地方让学生去践行的综合实践;有的是一些整合了各门学科研究性学习。我们之所以不用物质奖励,是因为物质奖励主要激励的是学生的外部动机,长期使用物质奖励容易将学生的内部动机弱化,容易破坏了学生对学习本身的兴趣。所以我们使用课程来奖励学生,保护和提升了学生的内部学习动机,并且让课程成为学生爱上学习的理由。

这种奖励方式,发动了小组内的自主学习和合作,学困生在自己的努力和同伴的帮助下实现了从厌学到学会的转变(厌学——想学——督学——助学——导学——体会学习的乐趣——乐学——学会)。这和我们青岛的中考改革很吻合,到学会这个层面,基本上接近新中考中的"C"等级了。再来看学优生,他们比较容易达到学会,同时通过指导、帮助学困生学习实现了由学会到会学的转变,在给学困生讲解的过程中,学优生也实现了"思维的可视化"这个过程,实现了从"C"等级到"A"等级的发展。(学会——会教——教会——会学),会学也是有益人一生的竞争力。这样的过程促进了每一名同学的进步。

（二）基于单元目标达成度的自主选班,形成动态分类的共同体

尽管我们推行了分组教学,使各类学生受到了关注,得到了互助。但毕竟是在固定的班级内授课,还是不能满足认知水平和学习方式不同的孩子的发展需求。为了更好的促进每一个孩子的差异化发展,让每一个学生都能够获得适合自己的教育,我校打破原班级界限,在同一级部内进行了"基于单元目标达成度的自主选班"的教学探索。分为五步走:①每个学习大单元结束后,教师调研学情、测试情况,以大单元为单位整合出适合几种不同层次的学习群体的,不同学习类型专题资源供学生选择(例如:基础班、拓展班、探究班;专题类)。②充分利用电子班牌、QQ、邮箱、微信公众号、全学通等信息技术平台定时推送学习资源,先让学生实现线上线下同步预习。③学生通过查看不同学习资源的学习目标,预习内容、选择适合自己的学习资源,然后根据学习资源选择班级,实现同质构班。④教师从后台能清晰的看到学生报名情况,一方面调整一些报名不合适的同学,另一方面根据学习资源进行重新分工,每位教师负责一种课堂,再进行二次备课。⑤利用信息化手段生成学习效果测评。

这种走班突破了传统走班按总成绩分快慢班、高低班的做法。克服了按等级贴标签、再一次固定和控制学生的弊端。使学生能自我诊断、自主选择最适合自己的学生内容,并且能够阶段性的自我调整班级和挑选学习内容模块。比如两名同学数学都是得了 70 分,过去可能都分到 C 班,而现在要分析他们是计算不行还是做图有差距,然后再去选择相应班级。这样真正做到了以生为本、因材施教,高效务实。基于单元目标达成度的自主选班是对"三人行"互助小组的学习方式的丰富和延展,是活力课堂的重要组成部分。

在三人行的分组学习和自主选班的个性学习中,学生的情绪高昂,课堂上思维活跃、深度学习自然发生,学生能够自由、流畅地表达自己的观点。

(三)依托课例研究,形成教师专业发展共同体

以上这些学习方式的推进,打破了一本教材、一本教参,包打天下的局面,逼着老师去改革教学的方式方法,为了适应这一情况,并为了提升课堂授课质量和学习成绩,我校建立了课例研究制度,设置课例研究室,拿出了专门的时间,规定了专门的流程。

学校采用课例研究"六步操作法",在实践的过程中,针对教学中出现的问题进行持续的研究并改进。

第一步,确定研究专题。包括教学重点:本学科知识体系中最重要的概念、定理、技能等;教学难点:本学科中最难教、最容易出现教学问题的内容单元等教学的难点;教学的兴奋点:本学科教学中自己最饶有兴趣探究的问题或大家普遍关注的问题。

第二步,选择执教内容。选择最能体现教学的重点、难点和兴趣点、热点的内容、单元进行探究型的试教内容,并进行基于原型经验的教学设计。执教教师完全可以按照自己的教学设计进行教学,让问题充分而自然的表现出来。

第三步,带着目的的观察。参与专题研究的所有成员一起进入到执教教师的课堂,基于研究的专题开展课堂观察,获得真实而丰富的课堂教学信息。

第四步,畅所欲言发言。参与专题研究的所有成员在经历课堂观察活动之后进行集中的基于研究专题的课堂教学研讨,在研讨中,所有成员针对课堂观察过程中

的发现,知无不言,言无不尽,一起围绕专题把课堂教学中的问题研讨彻底。

第五步,着眼达成改进。执教教师综合教研会上的各种意见与建议,进行反复的教学设计与课堂实践,直至基于专题研究的的课堂教学取得比较满意的的教学效果。

第六步,理清主线观点。基于反复的几次教学设计和课堂实践,清晰的梳理研究演进的主线或脉络,全面的总结提炼研讨过程中林林总总的结论与观点,最后形成思路清晰和观点鲜明地研究报告。

通过上述课例研究的六个步骤可以看出,集体的研讨和总结非常重要,他直接关系到问题诊断的准确,直接影响研究结论的可推广性。因此,不仅需要每一次观课后头脑风暴时的研讨,还需要课堂教学改进的目标阶段达成之后的系统梳理与结论提炼。

实践中我们逐步探索出课例研究的组织形式:①同一内容＋同一教师＋连续改进。②同一内容＋不同教师＋接力改进"接力赛"。③同一内容＋不同教师＋对比比较"同课异构"。④同一单元＋不同教师＋循环改进。⑤不同内容＋不同教师＋借鉴改进"紧扣研究专题,团队的其他成员也要紧紧围绕要解决的共同问题来思考、实践"。⑥不同内容＋多对教师＋接力改进课例研究的方式,将提升教学质量和教师专业发展很好的结合了起来。同时,学校每学期开展团结协作奖的评选,就是激励教师以课例研究为依托,协同作战,不让一人掉队,实现备课组共同进步。苏霍姆林斯基曾说过,如果你想让教师的劳动能够给教师带来乐趣,使天天上课不至于变成一种单调乏味的义务,那你就应该引导每一位教师走到从事研究这条道路上来。课例研究使老师们充分体会到了研究带来的职业幸福。同时课例研究,为处于成熟期的老师及时补充能量,促进了老师们专业成长。因为现实管理中我们比较重视教师第一次成长,但对教师的第二次成长措施上比较乏力,而研究表明课例研究有利的促进了教师的二次成长和成熟。

教师第一次成长与第二次成长有效性调查表

调查情况	第一次成长	第二次成长
听课评课	非常有效	无效
开公开课	非常有效	无效
集体备课	非常有效	无效
在校内师徒结对	非常有效	无效
在大学或教育学院脱产学习	一般有效	一般有效
读书	无效	非常有效
参与由专家组织的课案研讨	无效	非常有效
教学反思	一般有效	非常有效

续表

调查情况	第一次成长	第二次成长
听专家报告	一般有效	非常有效
由专家个别指导	一般有效	非常有效
撰写论著	无效	非常有效
参加校外学术组织	无效	非常有效
开展课题研究	无效	非常有效
参加名师工作室培训	无效	非常有效
撰写教师教育日记	一般有效	一般有效
制定个人发展规划	一般有效	一般有效
参加教学管理活动	无效	非常有效

不管是三人行小组、走班、课例研究还是传统的教学方法,我校都不会不顾实际地一刀切推进,而是摸着石头过河,逐步推行。同时,我们也体会到任何方法没有扎扎实实的常规管理,效果都会大打折扣。所以我校狠抓教学常规的五大环节落实:备课、上课、批改、辅导、考试,每一个环节都至关重要,一关都不能放松。通过教学常规严检查这个抓手,我们对老师严格要求,督促教师队伍不断成长。例如,每位第一轮上课的教师必须手写教案详案,干部“推门听课”要验证听备是否一致,定期的常规资料检查,定时的质量分析,经常的研讨课互听互评等。长期的严格要求,慢慢使认真成为一种习惯,加之课例研究中老教师的引领,学校成长起了大批优秀中青年教师,形成了一个锐意进取、扎实肯干的教师发展共同体。

三、研究成效

依托品质课堂研究形成的这样的几个共同体,优生走向卓越,学困生得到有效帮扶,同伴之间的关系更加友好,正在走上实现了优质均衡的发展康庄大道。

我校的教学成绩也取得了明显进步:初中今年毕业班普高达线率比年提高了9个百分点,小学教学成绩也有大幅提高。老师们的课改理念课改意识明显增长。

四、问题及努力方向

“三人行”是一个小组的概念,是学习中的基本单位,凹凸结合的座次排列为为六人中组建设提供了铺垫。待“三人行”基本成熟之后应积极推进中组建设。中组是一种基于竞合关系的课堂,再往后就是一种选择关系的大组建设。我们将会在这个方向上继续探索,以利于品质课堂的研究和推进。

推进"三人行"的课堂方式、学教导引单的使用，VIP 课程的开发，走班学习资源的制定催生了课例研究制度，把老师们带进了研究，提高了成绩，但同时也给老师提出了更高要求和带来了新的工作量。如何协调教学改革和新增负担的矛盾，我们要在二者当中找到一个平衡点，这是我们努力的方向。

四维度下综合实践活动课程校本化实施探索

青岛沧口学校 赵玉刚

教育部在 2001 年 6 月发布的《基础教育课程改革纲要（试行）》明确规定，从小学至高中设置综合实践活动并作为必修课程。而在具体实施过程中，各校又面临着许多现实的困难。不少学校由于种种原因，综合实践活动课程教师一般由其他学科的教师兼任，而这些教师往往把综合实践课上成了自己本专业的课，影响了课程实施的效果。

为开展好综合实践活动课程，近几年来，山东省青岛沧口学校探索出"校级牵头、部门联动、学科协同、分类推进"的课程实施策略，从主题体验、社区服务、研究性学习和手工制作等四个维度进行综合实践课程校本化实施，取得了较好的效果。

一、树立正确的课程理念

教育部在《关于推进中小学教育质量综合评价改革的意见》《中小学综合实践活动课程指导纲要》和《义务教育学校管理标准》等文件中明确指出了综合实践活动课程的性质和地位。综合实践活动课程是国家义务教育和普通高中课程方案规定的必修课程，与学科课程并列设置，是基础教育课程体系的重要组成部分。认真实施综合实践活动课程既是学生发展的内在需求，也是时代发展的要求，每个学校开展好综合实践活动课程责无旁贷。学校应该树立正确全面的课程理念，着眼于学生未来发展的需要，培养学生受益一生的良好品质。

二、建立课程实施的基本制度

1.成立综合实践活动课程领导小组

鉴于学校领导在课程开发与实施中所起的重要作用,青岛沧口学校成立以校长为组长、分管校长为副组长的综合实践活动课程领导小组,从学校领导层面重视并努力推动课程的开发与实施。

2.构建工作机制

基于综合实践活动的跨学科、跨部门特性,青岛沧口学校建立了"校级牵头、部门联动、学科协同、相互借力"的工作机制,防止出现多头管理、推诿扯皮或不成体系的现象,保障课程顺利进行。

3.开展教研培训

深入的教研培训是促进综合实践活动课程长久发展的重要保障。青岛沧口学校利用学校制度促使教师积极参与各级综合实践培训活动,学习其他学校的优秀做法。同时,又邀请市、区教研员到校指导工作。

4.制定综合实践活动课程专职教师评价办法

在青岛沧口学校,专职综合实践活动课程教师每学年要对一年来的工作进行述职,学校领导和教师们会根据其述职情况,对其进行民主评议。如果专职教师工作出色,会受到学校的表彰。

5.确保充足的师资和课时

青岛沧口学校采取多种措施,确保专职综合实践活动课程师资充足、课时充足。学校各班级每周1节研究性学习、1节信息技术课、2节多彩课程;每学期开展各种主题教育活动;根据市教育局的统一安排,每学期进行为期一周的学工、学农活动。学校的综合实践活动课程教师并不担任其他学科课程的教学工作,这就避免了综合实践课程被占用的现象。

三、依照四个目标维度进行综合实践课程校本化实施

1.以主题体验强化价值体认成效

(1)开展主题体验式教育活动。著名教育家陶行知先生指出,一个完整的德育过程,应该是体验者认知活动、体验活动与践行活动的结合。中小学时期是学生价值观形成和确立的关键时期。为此,青岛沧口学校充分挖掘和利用各种资源与各种机

会,开展了一系列主题体验式教育活动(如革命历史体验教育、法制公德体验教育、生存技能体验教育、职业体验教育等),让学生在活动中感受,在感受中提升。

（2）创立"学校＋基地"劳动实践模式,拓展职业体验课程。依据青岛市教育局的统一安排,学生初中三年分别到青岛市中学生学农实践基地、青岛市中学综合实践教育中心各学习一到两周。这两处基地提供了大量的职业体验课程,学生可以从中自主选择在学校无法实施的课程。对于每年一次的学工学农劳动实践,学校综合实践活动课程领导小组都会及时作出部署,提前与基地的领导沟通,与基地的教师对接,把握难得的时机。"学校＋基地"这种劳动实践模式,使学校与基地相互借鉴,取长补短:基地借助学校的优势教学资源,来弥补基地师资和劳动实践理论方面的不足;学校利用基地的一些设施设备,来弥补学校在劳动实践方面的不足。

（3）开展"家庭＋学校"合作式游学。为了更好地引导学生形成在游玩中探究、在探究中学习的习惯和能力,学校结合结合实际情况,开展了"学校指导、家庭实施"的家校式游学。学校根据阶段性教育目标,给学生家长提出寒暑假的游学主题建议,指导家长带领学生进行游学研究,最后由学校教师指导学生撰写游学报告。游学实施初期,教师先设计一个简单的表格,让学生填写游览的基本信息以及感兴趣的事物,然后进一步引导学生对这些感兴趣的事物进行研究性学习。一些学生的游学报告尽管很浅显,但他们已经初步具有了"游中学"的意识。此外,学校还邀请专家为学生作专题报告或讲座,增强学生在游中学的意识。如,学校邀请了中学特级教师陆安为学生作了"揭开一个悠远王朝的面纱"等博物馆游学报告。

2. 以社区服务强化责任担当意识

学校开展各种志愿者活动,如"礼让斑马线"小交警志愿者、公园清洁工、老年之家志愿者、福利院爱心使者、小翻译、牵手笔会等活动。在这些活动中,学生体验了不同职业的性质,在帮助他人的同时,提升了"服务他人、快乐自己"的社会责任感。

在综合实践活动中,如果只注重体验活动中的那种"兴奋感和新鲜感",而不通过这些活动去总结、反思、交流,价值体认的效果就难以达到。每次活动后,学校都要求教师指导学生写出个人感悟,以此促进学生情感的回归、道德的升华,并把学生的感悟发在各班的家长群或学校的公众号上,让家长能够了解学校综合实践活动开展情况以及孩子对活动的感受。此举得到了家长的支持。

3. 以研究性学习提高解决问题能力

让学生带着问题去求索是综合实践活动课程的基本追求。而研究性学习就是要把学生引向广阔的学习场域,让学生在真实情境中进行探究学习,提高学生的创新实践能力,培养学生的参与意识和社会责任感。

青岛沧口学校实施研究性学习"两点一线三 E"教学法。所谓"两点",是指根据兴趣和问题确立的课题研究点,以及经过研究所生成的结题报告点。所谓"一线",是指各组在选题后,围绕着所选的课题进行的一系列社会实践活动的过程。在课堂上,综合实践活动课程教师以案例的形式,带领学生学习问卷法、访谈法、实验法等,逐步教会学生如何进行数据收集、分析与整理,如何设计制作调查工具等。学生会利用周末或者节假日,在教师的指导下和家长的陪伴下进行社会实践。所谓"三 E",是指研究性学习的三个活动流程——探究(Explore)、表达(Express)、交流(Exchange)。在研究性学习过程中,学生学会了怎样把问题转化为课题,怎样开题,怎样开展社会实践调查,怎样撰写研究性论文。学生还可利用这些技能进一步开展自己的课题研究,如对当地某村落的调查研究、历史名人的研究、周边山川河流的相关研究等。

据统计,近五年来,在青岛市举行的研究性学习论文评选中,青岛沧口学校每年获奖数量占青岛市每年获奖总数量的 10% 左右,获奖率历次是青岛市所有学校中较高的。这些获奖论文形成了人与社会、人与自然、人与自我三个系列的成果集,学校已交付印刷厂印刷。

4.以手工设计制作提高创意物化能力

青岛沧口学校主要开展了环保主题的酵素制作课程,传统文化主题的灯笼制作课程,生活技能主题的烘焙课程、咖啡课程和茶艺课程,艺术创作主题的电烙画课程、陶艺课程、衍纸课程,信息技术运用主题的电视节目制作课程、动漫课程和未来家园设计课程,等等。下面以环保酵素制作课程为例进行说明。

环保酵素由环保人士提倡,受到世界各地环保公益人士的广泛推广。环保酵素制作过程简单,制作材料随手可得,节省金钱,用途广泛,还有助于减少垃圾量,对环保起着很大的作用。教师通过带领学生算一算、查一查、试一试和传一传,进行环保酵素的理解、制作和宣传工作。环保酵素制作课程的开设,让学生了解了酵素的作用,增强了环保意识,学会了制作酵素,回家和家长一起制作酵素、用酵素;密切联系了学校和家庭,并促进了良好亲子关系的形成。如今,几乎全校每个学生家庭都制作环保酵素和水果酵素,每个教室都有一个展示各自班级特色的酵素制作瓶。

四、创新课程评价方式

青岛沧口学校每学期都对学生的研究性学习论文进行评比和大会表彰;把学生的手工作品放在专门的展览室展出,或在走廊内展出;对于其他一些综合实践活动,会在学校微信公众号或班级微信群内宣传展示。这些评价方式让学生们得到了肯定,提升了学生们的自信心。每学期末,学校会以《青岛市初中学生综合素质发展评价手册》为抓手,对学生参与综合实践活动情况进行写实性评价。

根据安德森(L.W.Anderson)修订的"新版教育目标分类学",分析、评价和创造是"高阶认知能力",而综合实践活动课程在培养这些高阶认知能力方面有着很大的优势。为更好地发挥这种优势,有必要对综合实践活动课程教材进行优化,促进活动主题整合和学科整合,减少课程实施的随意性和碎片化,提高学生进行跨学科实践的综合素质。同时,要完善评价手册,及时、全面地记录学生的实践内容和成果;争取建立综合实践电子评价系统,与手机 APP 对接,方便快捷地进行评价。

青岛沧口学校"三人行活力课堂"研究与探索

青岛沧口学校　张　伟

课程教学是学校工作的中心,是学校的主要工作内容。作为学校最高管理者的校长,必须抓住课程教学工作这个中心,取得对教学的驾驭权,才能有序高效地管理好学校。坚持以教学为中心,把课堂教学作为实施素质教育的基本途径,对课堂教学提出全方位的改革,重视教学管理,强化制度建设,倡导"改革心要热,改革的头脑要冷静,要理智"。青岛沧口学校在实践中以教育科研为先导,重调查研究,在大量探索中形成了"三人行活力课堂"的教学改革做法。

一、背景

近年来,我国的教育教学改革做法大多是借鉴和学习西方国家的一些理念,可当去这些国家考察学习的时候,却发现人家并没有这么多的名目、名堂,反而培养了更多科学人文大师、大家,为人类做出了更大的贡献。为什么会这样?

在我们的中小学课堂上至少我们存在以下问题。

(1)班额太大,课堂管理难度较大。我们都认为三分教学、七分管理,管理消耗了我们太多精力。而国外大多学生数在 20 左右,课堂管理相对轻松。

(2)学生的学业水平差异较大,教学的进度不好统一、难以调控,但我们又层层规定了明确的教学进度和考试内容,使得教师必须以进度为中心,忽视差异。

（3）学生学习的内驱力缺少,也就是学生本人为什么要学习的问题,他本人比较模糊。仅靠民族振兴、国家复兴的远大理想,和家庭幸福、个人成长的责任不足以驱动这个年龄阶段的孩子。

所以,我们需要在班内缩小学习的单位,进行分组教学,促使形成一个个自治的学习组织。在这个组织里要想办法,让先知教后知,先学教后进,这样就能变学生间的差异为一种教学的资源,实现互相促进。但这种互助不会自发产生,需要一种评价和奖励方式去激发它。这就是学习的内驱力也就是学习的动机,这个动机是经常化的、可亲可感、可体验的,所以是最有效的。

因为有组织、有目标、有运行的方式,所以我们叫他学习的共同体。我校的这个共同体叫三人行小组。三人行小组是以自主学习、独立思考为前提,以讨论交流、互帮互助为特点,将来我们还会发展到以竞争和合作为特点六人中组,以决策选择为特点的多人大组。

二、具体做法

（一）依托"三人行"活力课堂，在班内形成若干个学习共同体

1. 学习小组的形成

成为提高学生学习效率一种有效形式已经在学界达成共识,但小组以多少人为宜呢？我们曾经尝试以 2 人为一个小组,可这样组内可供交流的资源有限,经常存在"你不会,我也不会"的情况,而且刚才我们分析我校优生少学困生多,一拖一,前面的一（也就是学优生）不够。我们也曾经探索着以 4 ～ 6 人为一个小组,人数多了可供分享的资源很多,但是由于小组成员过多。一拖三,一拖五,后边的数太多（也说是学困生太多）拖不动,学习的过程中常有成员游离于小组之外状况出现,同时还会加大小组管理的成本,不利于小组成员学习的发展。所以我们的小组是三个人。我们先把全部同学分为学优生、学困生和中游生 3 部分,然后有学困生去各挑选一名学优生和中游的同学。赋予学困生组阁权、优先权 ,形成小组。

2. 组内成员的座次排列方

我们曾经考虑过采用对坐、围坐的方式,有老师说,这种方式有利于合作和讨论,有合作和讨论的课堂显得课堂比较热闹。但我们认为,没有充分的自主学习和独立思考,没有形成自己的认知和观点,就急于去交流、去互助是不必要的。所以说,对坐、围坐有利解决的合作和讨论不是学习过程中最基础最必要的。当学生没有自己

思想去合作和讨论,表面看似热闹,其实学生的思维并不热烈,常常是浮于表面的空洞。因此我们三人小组采用整体向前的座位方向,而不采用对坐、围坐方式。这样更有利于学生注意力的集中,更有利于学生独立自主的学习。这从督导要求角度上讲也符合学生左侧采光的要求。那么,在充分地自主学习过程中,一些地方是顺畅的,但在一些地方学生会产生认知障碍和认知冲突,他们自身又无法解决这些问题,就有了合作互助必要。在这一次的合作互助学习中会解决掉一部分问题,但也会产生观点不一、意见不同甚至会产生新的问题,在这个过程中学生的思维在激烈的碰撞、思维异常的活跃,有的问题在讨论中取得了共识,但也有一些问题,不能取得统一意见的,这时,他们会去寻求更高层次的帮助。所以,座次排列必须既有利于自主学习还要考虑到合作的方便,同时还应该是一个开放的组织,以便于更高层次的探究学习。我校经过慎重思考和多次实践,在座次排列上采取了嵌入式的方式,即凹凸结合式,凹凸的点即是组长即学优生。

这样的座位排列首先保证了小组内成员享有独立学习、思考的空间和机会,又保证了组内有足够的资源共享,利于开展合作学习,同时这种方式也有利于组与组之的间交流。

3. 学习小组的评价

教师在课上根据"三人行"小组的表现通过以小组为整体的捆绑式评价、对成员分级错位赋分的方法激励学生互学、共享成果。所谓错位赋分,就是每个小组中,如果由学业水平高的同学来展示则得分相对较低;同等问题如果学业水平较低的学生能够积极参与课堂,踊跃回答问题,则给予小组更多的分数,以此来激励学困生学习的积极性和同学间的互助。在评价过程中,我们只采用加分的多与少,不采用减分,通过这种容错的机制,让同学们大胆发言、畅所欲言。小组积分使用的是专门为"三人行"互助小组量身制作的"电子积分班牌"。它的面积接近一个平方,显示直观。并且采用触控式操作,简化了赋分操作流程。除了实时记录数据,还可以阶段性导出后台数据,对各班各学科的课堂表现做大数据分析。这个分析成为了班主任、各科任教师、家长了解学生课堂学习参与度、思维活跃度的一个重要抓手。这一发明也获得了专利奖。

4. 分级错位赋分的方法激励学生互学、共享成果

我们对优胜的三人行小组实行的是专门开发的 VIP 课程进行奖励。这些课程有的是对课堂教学中的一些探究点、难点问题的进行专门的研究和探索;有的是对课堂教学中学生兴趣点进行的拓展延伸;有的是对需要进行亲身体验、实践感悟的地

方让学生去践行的综合实践;有的是一些整合了各门学科研究性学习。我们之所以不用物质奖励,是因为物质奖励主要激励的是学生的外部动机,长期使用物质奖励容易将学生的内部动机弱化,容易破坏了学生对学习本身的兴趣。所以我们使用课程来奖励学生,保护和提升了学生的内部学习动机,并且让课程成为学生爱上学习的理由。

这种奖励方式,发动了小组内的自主学习和合作,学困生在自己的努力和同伴的帮助下实现了从厌学到学会的转变(厌学——想学——督学——助学——导学——体会学习的乐趣——乐学——学会)。这和我们青岛的中考改革很吻合,到学会这个层面,基本上接近新中考中的"C"等级了。再来看学优生,他们比较容易达到学会,同时通过指导、帮助学困生学习实现了由学会到会学的转变,在给学困生讲解的过程中,学优生也实现了"思维的可视化"这个过程,实现了从"C"等级到"A"等级的发展。(学会——会教——教会——会学),会学也是有益人一生的竞争力。这样的过程促进了每一名同学的进步。

目前,我们刚刚完成了三人行小组的全校建模,还没有推行到结合各个学科课型特点的学科建模,没有推行到以教师个人风格为特点的个人建模。到了那一步,就实现了教有法但无定法,有模式但非模式化。

(二)基于单元目标达成度的自主选班,形成动态分类的共同体

尽管我们推行了分组教学,使各类学生受到了关注,得到了互助。但毕竟是在固定地班级内授课,还是不能满足认知水平和学习方式不同的孩子的发展需求。为了更好的促进每一个孩子的差异化发展,让每一个学生都能够获得适合自己的教育,我校打破原班级界限,在同一级部内进行了"基于单元目标达成度的自主选班"的教学探索。

(1)每个学习大单元结束后,教师调研学情、测试情况,以大单元为单位整合出适合几种不同层次的学习群体的,不同学习类型专题资源供学生选择。

(2)充分利用电子班牌、QQ、邮箱、微信公众号、全学通等信息技术平台定时推送学习资源,先让学生实现线上线下同步预习。

(3)学生通过查看不同学习资源的学习目标、预习内容、选择适合自己的学习资源,然后根据学习资源选择班级,实现同质构班。

(4)教师从后台能清晰的看到学生报名情况,一方面调整一些报名不合适的同学,另一方面根据学习资源进行重新分工,每位教师负责一种课堂,再进行二次备课。

（5）利用信息化手段生成学习效果测评。

这种走班突破了传统走班按总成绩分快慢班、高低班的做法。克服了按等级贴标签、再一次固定和控制学生的弊端。使学生能自我诊断、自主选择最适合自己的学生内容，并且能够阶段性的自我调整班级和挑选学习内容模块。比如两名同学数学都是得了 70 分，过去可能都分到 C 班，而现在要分析他们是计算不行还是做图有差距，然后再去选择相应班级。这样的一种方式调动了各个层面学生学习的积极性，促进了全体同学成绩的提升，也吻合了优秀率、及格率、平均分、后 30%、后 10% 等多个层面提分的要求。这样真正做到了以生为本、因材施教，高效务实。基于单元目标达成度的自主选班是对"三人行"互助小组的学习方式的丰富和延展，是活力课堂的重要组成部分。

三人行的分组学习和自主选班的个性学习中我们把让学生学习过程中情绪高昂，课堂上思维活跃，让深度学习自然发生，解放学生的肢体让其能自由活动，学生能够自由、流畅表达自己的观点作为我们的追求。

三、研究成效

依托"三人行活力课堂"搭建的学习共同体，优生走向卓越，学困生得到有效帮扶，同伴之间的关系更加友好，正在走上优质均衡的发展康庄大道。

（一）学生学习成绩明显提升

我校的教学成绩也取得了明显进步：2018 年初中今年毕业班普高达线率比往年提高了 9 个百分点，中学非毕业班与 mor 比较有明显进步，小学教学成绩也有大幅提高。2019 年中考普高录取总计 177 人，重点高中和录取总数都有很大的进步，超额完成区教研室根据 Mor 成绩给我校制定的目标 122 人。

（二）学生核心素养落到实处

核心素养"自主发展"部分提倡"乐学善学"，在"三人行活力课堂"上，学生们逐渐能正确认识和理解学习的价值，具有积极的学习态度和浓厚的学习兴趣，能养成良好的学习习惯，掌握适合自身的学习方法，能够自主学习，提升了学习能力。

核心素养"社会参与"部分提倡"责任担当"，并具体提到要具有团队意识和互助精神，能主动作为，履职尽责。我们的"三人行"互助小组搭建了学习共同体，优生带动弱生的学习过程，捆绑式评价的机制，都促进了学生团队意识、合作能力的提升。

（三）师教学科研能力明显提升

学校优秀教学模式的推进都是以课题研究的方式,通过课题研究,提升教学改革科学性和规范性,近几年教科研成果显著:2018 年学校有一个市级课题、两个区级课题顺利结题。2019 年有一个省级课题、一个市课题、两个区级课题立项。此外,教师还积极开展小课题研究,2019 年我小校有一项小课题获李沧区小课题优秀成果评选二等奖。

构建特色课程体系,拓展学生多元成才空间

平度市第九中学校长　赵子军

平度九中在赵子军校长的带领下,从学生的成长需求和兴趣出发,树立全面的课程观,结合校情学情构建具有学校特色、促进学生多元成才的课程体系。

一、全面提升教师素养,铺实课程建设根基

为增强教师的课程开发能力,保障校本课程的有序推进,我校于 2014 年启动了《平度九中教师培训三年行动计划》,每年投入 100 万元左右,主要是让教师"走出去",开阔眼界,提升境界。每年暑假选派百余名骨干教师分两批赴华东师范大学、北京师范大学进修培训,促进教师团队的专业成长和整体素养的提升。

2017 启动了《平度九中教师培训新三年行动计划》,学校计划每年投入 150 万左右,主要是把专家"请进来",触摸高度,增加厚度。一是理念培训,使全体教师对国际国内教育教学发展动态获得前瞻理解;二是学科指导,聘请专家定期深入学科组,跟踪指导教师学科教学、课程建设,促进教师专业素养和课程建设能力的提升;三是名师培养,通过三年一对一指导,形成校级、市级、省级、国家级骨干教师成长梯队,培养"双师型"学科领军人物。四是以学校心理中心为依托,通过专家指导、统筹规划完善学校心理中心的职能,使学校心理健康中心成为改善教师职业倦怠、学生生涯规划、学习方法指导、人际沟通(家校、师生、生生沟通等)指导、师生压力缓解的综合服务中心,使教师乐教、学生乐学,家校互动,共建和谐校园,从而为学校发展和师

生成长进步服务。再就是"走出去",每年寒暑假集中组织骨干教师、班主任到北师大进行理念培训,并不定期推荐校级领导和优秀教师到北师大举办的各级各类高端论坛和高级研修班学习培训。

总之,我们力求通过各种渠道全面提高学校教师的人文素养、思想境界,坚持师德、能力、学力三位一体,加快外引内培,优化人才梯队,持续提高教师人格魅力;同时,使课程开发成为教师业务追求和个人发展不竭的动力源泉;在新高考下的课程建设中,形成一支具有创新精神、持续推进创新教育实践、富有教育个性的品牌教师团队。

二、多元化课程建设彰显特色

在高考改革的大形势下,平度九中积极探索多样化、个性化的办学模式和育人方式,建构符合学校学情、学生需求的课程体系,做到国家课程校本化的有效实施,提出了"整体推进,个性发展,多元发力,最大限度提高学生能力"的理念,开设丰富多彩的特色校本课程,对每一个学生进行生涯规划指导,提供广阔的发展空间、铺设成才之路,拓展了办学空间,满足了学生多元化发展的需要,激发了学校的潜能和活力。

1. 开发学校特色课程，积极探索特色培养模式

基础年级在开足开齐国家课程的前提下,从中国传媒大学、中国戏剧学院、山东体育学院等高等院校聘请专家教授开设文化产业管理、体育舞蹈、健美操、摄影及微电影制作等特色课程讲座和模块教学,从基础年级开始培养兴趣,进行生涯规划,在高三开设了美术班、音乐班、体育班、春季高考培训班、文化产业管理培训班等专业班级,每年数百名选学传统音、体、美项目以及体育舞蹈、健美操、文化艺术管理等新专业的学生被一批院校录取,其中不乏北京体育大学、中央戏剧学院、中国戏曲学院、中国传媒大学、华东师范大学等全国知名院校。

2. 开展国际办学，助力多元课程建设

平度九中以中国海洋大学国际教育学院为依托,与美国波士顿科德角地区教育局签署教育合作谅解备忘录,与美国、加拿大等10余所国外学校结成友好姊妹合作学校,引进国外先进的教育理念和优质国际课程,初步形成了信息交流、资源共享的国际教育平台,成为"美中文化艺术交流协会学生活动基地"。

平度九中会不断借鉴成功经验,少走弯路,继续打造平度九中的多元特色课程体系,让更多的学生健康成人,多元成才。

融合创新，特色教学满足学生个性化发展需求

山东省青岛第六中学副校长　刘　霖

因材施教，让每个学生都能享受成长的幸福，实现全面而个性化的发展，这已成为当前教育改革的重要目标。而美术教育是促进学校特色发展、为学生架起成才金桥的有效路径。

山东省青岛第六中学以美术教育为依托，铸"学画先学做人"之校魂，秉承"自尊、自强、求真、求美"之校训，深化教育教学改革，逐步形成了科学、合理、有序的美术特色教学模式，很好地满足了人才个性化发展的需求，为每一名学子架起了成人、成才、成功的金桥。

一、以三大课程体系助推学子全面发展

学校秉承"尊重、包容、开放"的理念，形成了德育、文化、美术三大课程体系，三者互相配合，为学生成长保驾护航。

德育课程：学校树立了"人人都是德育工作者，事事都是德育课程，时时都是德育契机，处处都有德育过程"的德育课程理念，德育课程体系坚持整体设计，高一注重养成教育，高二注重理想教育，高三注重责任教育，逐步递进，与学生成长的需求相契合。

文化课程：文化课程体系高度重视国家课程的落实，在充分考虑学生个性需求的基础上，重在学科内整合，丰富选修课，打破年级，按不同选修模块、单元设置课程，如语文的诗歌鉴赏、历史的十字军东征等，从而为基础兴趣相近的学生提供同班学习的机会，实现多元教育。

美术课程：美术课程将激发兴趣、打好基础作为教学的出发基点。课程设置中既有扎实的基础素描、色彩、设计、速写课，也有摄影、篆刻等十几门选修课，以及意大利、美国、加拿大等国家的西方艺术课程，高三还引进中央美院、江南大学、鲁迅美院等高校的特色课程，全面提升学生的美术专业素养。

"多类、多元、多维、多层"的课程体系，使六中形成了一套完整而系统的美术特

色下的素质教育模式,圆了无数学子的大学梦。

二、以多彩实践活动拓展学生视野

为开阔学生的眼界,激发他们的创作灵感与热情,学校非常注重美术实践活动的开展,已经逐步实现了课程化、系统化、规范化。根据美术课程需要,学校将远足写生纳入学生实践课程体系,将美术课程与社会实践课程相结合,每年组织高二、高三学生赴写生基地写生。此外,每年寒暑假有计划地组织干部、教师和学生到国内外高校游学,目前已与意大利罗马美院、美国罗德岛艺术学院等十几所国外高校建立友好合作关系,国内外高校客座教授也会定期来校讲座。这些实践活动在拓宽课程内容的基础上,陶冶学生的情操,提高学生的综合素质,同时又为学生走进社会、体验另类生活提供了新的途径。

三、以特色赛事展示学生风采

为提高学生的绘画热情及艺术表现力,增强其热爱家乡的意识,学校每年都会与时事结合举办一次全员参与的以大地彩画、速写、书法国画为内容、有主题的传统项目比赛——美术三大赛活动。此外学校不断推陈出新适时举办各类特色比赛,如"我笔下的青岛"城市风景画大赛和"我眼中的青岛老建筑"写生,此类活动既是比赛,也是美术教学的特色课程。学生的研究性学习作业、各类主题教育活动也会与美术特色紧密结合。这些实践活动的开展有效提升了学生的专业技能、人文素养、科学素质、创新精神和实践能力。

四、以社团活动为学生涂抹靓丽青春底色

学校的社团建设以学生为主体,文学艺术、体育健身、科技创新、理论专业四大类三十几个社团活动开展得有声有色,极大地激发了学生的学习热情,提升了他们的专业素养。服装社、舞蹈社、科技社、脑洞社先后被评为青岛市教育局"十佳明星社团";科技社的同学连续三年获得青岛市头脑奥林匹克竞赛一等奖,2018年获得全国一等奖并代表国家赴美国参加世界中学生头脑奥林匹克竞赛活动。

金色的校园涌动银色的畅想,五彩的风帆满载智慧与力量。青岛六中人追求美好、创新教育的脚步也永远不会停歇。

抓住课程核心　提升学生素质

青岛西海岸新区实验高级中学　张宏昌

俗话说：种瓜得瓜，种豆得豆。有什么样的课程，就有什么的学生。只有高水平地加强课程建设，才有可能高水平地实施素质教育。新课程实施是素质教育的核心，自然也是学校教育教学工作的核心，学校就要牢牢把握深化基础教育课程改革这个核心，积极开发校本课程，进一步丰富学校课程资源，给学生提供更多的自主选择发展的空间，不断提升学生的综合素质。如何开发好校本课程，可以从以下方面做起。

一、确定校本课程材料来源

自编教材；选编教材；选用优秀教材；拓宽现有教材；挖掘社区资源。

二、规定校本课程的编写要求

（1）按学段进行编写，每个学段的内容以 7—9 课时为宜。可以是一个学段、两个学段，最多不超过 4 个学段。（每学期两个学段，每个学段 10 周左右）

（2）撰写课程纲要。要阐明以下几方面内容。①课程目标：全面、恰当、清晰地阐述课程涉及的目标与学习水平。②课程内容或活动安排。③课程实施：包括方法、组织形式、课时安排、场地、设备、班组规模等。④课程评价：主要对学生学业成绩的评定，涉及评定方式、记分方式、成绩来源等。

（3）设计要求：纸张 A4，整体可进行灵活的艺术性设计。要有封面、目录，正文题目：三号黑体、一级标题小三仿宋加粗、二级标题四号仿宋加粗、三级标题小四仿宋加粗、正文内容小四仿宋。

三、组织评选

学校组织骨干教师、优秀学生组成校本课程评定委员会对上交的电子稿进行评选。评选上的校本课程教材，按学校要求打印，并作为学校共有的课程资源，原则上由开发人开设该课程。

四、组织上课

（1）课时安排：每周 1 课时。

（2）教导处和教科室做好监控、测评。参与听、评课的指导，调控校本课程实施情况，总结经验，解决问题。

（3）任课教师认真备好每一节课，按步实施、教导处随机听课，随时测评。

（4）教师必须有计划、有进度、有教案，有学生考勤记录。

（5）教师应按学校整体教学计划的要求，达到规定的课时与教学目标。

（6）教师应保存学生的作品、资料及在活动、竞赛中取得的成绩资料。

（7）任课教师要认真写好教学反思，及时总结经验

五、做好评价

（1）授课教师的评价。教导处通过听课、查阅资料、调查访问等形式，对教师进行考核，并记入业务档案。主要是四看：一看学生选择该科的人数，二看学生实际接受的效果，三看领导与教师听课后的反映，四看学生问卷调查的结果。

（2）学生的评价。校本课程不采用书面方式的考试或考查，对学生评价主要是三看：一看学生学习该课程的学时总量，作好考勤记录；二看学生在学习过程中的表现，如态度、积极性、参与状况等，可分为"优秀、良好、一般、较差"等形式记录在案，作为"优秀学生"评比条件；三看学生学习的成果，学生成果可通过实践操作、作品鉴定、竞赛、评比、汇报演出等形式展示，成绩优秀者可将其成果记入学生学籍档案内。

六、表彰奖励

制定奖励办法，凡被选中的校本课程的编写人员，在学期的教师评价中进行奖励，还将进行一定的物质奖励。

引领学区种子团队开展项目式教学的实践探索

青岛第四十四中学 张青涛

2019年6月,《中共中央国务院关于深化教育教学改革全面提高义务教育质量的意见》中提出要优化教学方式,探索基于学科的课程综合化教学,开展研究型、项目化、合作式学习。这个意见正切中目前课堂学习存在的问题,表现为虚假学习,学生没有真正的学习主动性;机械学习,学生很少思考知识间的联系与应用。而项目式学习是导向深度学习的重要的学习方式,它要学生学的是核心知识,最终学生实现知识的再建构,创建真实的驱动性问题和成果,用高阶学习带动低阶学习,可以让学生的核心素养真正落地。意见的出台证明我们的探索方向是对的,坚定了我们的信心,给教学变革一个明确的方向。

第六学区有4所初中,11所小学,数量较多,学区整体推进项目式学习,面对着许多的复杂性和不确定性,我们面临着这么多的单位以什么样的形式组织在一起的困惑,如何去寻找资源的困难,如何去破解认知瓶颈和培树典型的困境。怎么办?问题就是机遇。

1. 组建种子团队

学区每学校确立2～3名种子教师,成立了学区PBL种子教师团队,共计55人。其中,小学30人,初中25人,文科24人,理科31人,按照学段和学科共分为6个小组开展活动。种子团队率先学习、率先实践、率先示范,成为学区项目式学习的骨干力量。

2. 寻找学习资源

我们发现青岛39中正和北京师范大学合作进行项目式学习的探索实践,这就是最好的学习资源。我们第六学区和青岛39中签约成立项目式教学研究共同体,这样第六学区就与青岛39中实现了教学经验和优质资源共享。在国内对项目式学习的探索做出突出成绩的当属上海市教育科学研究院普通教育研究所课程与教学研究室主任夏雪梅博士团队,于是我们邀请夏博士来到学区为种子团队做了"学习素养视角下的项目化学习：探索与实践"专题讲座,分享来自上海的经验。

3.破解发展瓶颈

种子团队通过"引导力"来建设团队,形成价值共识,以概念共建和课程开发为着力点,共同探讨中小学项目式教学发展路径。选定夏博士《项目化学习设计：学习素养视角下的国际与本土实践》作为阅读推荐书目,人手一册,仔细研读项目式学习的设计理论和设计思路,初步确定自己的研究方向。各小组组内还分享每个人的项目式学习设计表,从项目名称、项目时长、项目简介、相关资料、核心概念、驱动性问题、高阶认知及预期成果等方面进行了详细的介绍,同时评选出组内最佳项目进行团队内交流。

4.树立先行典型

在对项目式学习有了初步的认知后,我们进行了课堂的探索,小组推荐了杨东广、李慧老师进行了靶向课的展示,杨东广老师的项目是整本书阅读《穿越时空,探寻"钢铁"奥秘》,李慧老师的项目是《青岛潮间带生物多样性研究》。两节课激活了大家的思维。在这个基础上我们又召开了区项目式教学研讨会,会上推出了四节前期小组推荐的项目式学习展示课和四位老师的经验交流。

近一年来,学区项目式学习种子团队收获很多,老师们认真学习项目式学习的相关理论,更新教育观念,人人进行了项目式学习的设计,回到课堂大胆探索实践,已积累了一定的项目式学习案例,不少老师已经开设了项目式教学的市、区公开课,有的老师还开设了项目式教学的区主题班会公开课。种子团队的先行为后面学校的全面推开奠定了良好的基础。

教学常规常抓不懈　打造魅力高效课堂

胶州四中　周华文

胶州四中围绕课堂教学的"三个维度"（接受度、参与度、内化度）,抓住集备、导学案（PPT）、课堂笔记与错题本、学生学习习惯培养四个重点,夯实教学常规活动,加强巡课检查,打造魅力高效课堂。

一、抓集备质量，坚持大小集备相结合，独备集备相结合

落实《胶州四中集体备课制度》，进一步明确备课组长工作职责，强化集备工作。各备课组认真制定备课计划，充分发挥备课组的集体智慧，发扬团结协作精神，落实集体备课程序，提高集体备课实效。推行干部参与制度、人人说课制度、独备与集备相结合制度、大小集备相结合制度，加强教法集备、学生分层研究、习题精选、导学案审核修改等环节，为打造魅力高效课堂奠定基础。

二、抓导学案（PPT）命制，突出分层，注重导学作用

针对不同类型、层次的班级和学生，教师根据学生的知识和能力水平，确定不完全相同的学习目标、学习内容，设计不同的教学方法，设计不同难度的导学案，制定出不同层次的检测与评价标准，在教学方法、策略、手段上进行分类分层指导。

三、探索课堂笔记和错题本的合并使用，提高实效性

教会学生正确使用课堂笔记，从最基本的"选本"开始，到如何记录、如何使用，对学生提出明确且操作性较强的要求，重要的是教师要舍得拿出时间去让学生整理笔记。错题本要从如何选题、整理、分析、纠错等各个方面指导学生合理利用，教师要加强督促和指导；注意学生个体的差异性，因材改错；教师也应主动对学生的错题进行收集与诊断。同时，建议课堂笔记和错题本使用活页本并合二为一，提高使用效率，减轻学生负担。

四、培养学生良好的学习习惯，提高自主学习能力

研究实施 PEP 学习法（过程 Process、效率 Efficiency、落实 Performance），从学习过程、学习效率和学习落实三方面指导学生学习。通过规范学习习惯，指导学习方法，完善学习过程，达到培养学生自主学习能力和提高学生学习成绩的目的。

工作重在落实。加大教学干部与教研组长联合巡课力度，以推门听课的形式发现优质课堂，诊断问题课堂，确定示范课和诊断课，以打造魅力高效课堂。严格执行教学常规双周检查及随时抽查制度，对集备、导学案、电子讲课稿、青年教师纸质备课、作业批改、听课记录等定期进行指导性检查，每次检查有记录有反馈有交流，促进教学常规过程管理精细化。开展不同形式的评教活动，如问卷调查、座谈会、校长信箱、开放课堂等方式，进一步重视学生、家长、社会对教师教学态度、水平的意见，督促有关教师及时改进教学方法，提高教学效率。

干部参与集体备课"四到、四要"

青岛十六中　田广廷

集体备课使学校落实课程教学目标任务及其重要的环节。青岛十六中对这项工作非常重视,每学期都会安排干部参与集体备课的结对关系,并提出"四到、四要"的工作要求,从而为课程教学实施开好头、起好步。

（1）身到、要规范落实。干部参与集备必须身到,提前安排好工作时间,每次都要参加,身到的目的,是让备课组看到干部对此项工作的态度;是为了督促备课组规范落实集体备课的各项要求,重点落实人员是否齐全、环节是否完整、分工是否明确。

（2）眼到、要亮点不足。干部在参与集体备课过程中,要善于发现备课组和教师的亮点和长处。重点看主备人准备工作的完整度和精准度,要看备课组每个人的参与度,课程设计的合理性和逻辑性,练习选择的针对性等等,从中发现优点和不足,为后面交流打下基础。

（3）心到、要效果达成。集体备课重点看效果,一方面要看当节当周的效果,重点是相关章节的准备和完成情况;另一方面要看通过集体备课对所有备课组教师的影响,重点是是通过集备让组内所有教师受到启发,对其专业成长提供帮助,特别是对青年教师产生多少示范和引领作用。

（4）口到、要反馈交流。干部要参与到整个集备过程中去,而不是只做"旁观者",要将参与过程中所见所思与集备组教师进行真诚交流。优点,大张旗鼓;不足,直言不讳。同时将平日工作中发现的优点和问题与教师交流,将集备交流作为和教师沟通的契机和融洽干群关系的桥梁。

STEAM 教学的设计与实现

青岛二中　矫蕾

近年来,加强科学、技术、工程、艺术和数学教育已经成为一个热门话题,如何将这些学科有机结合起来,提高学生设计能力与问题解决能力,正是 STEAM 教育的实质内容。近年来,青岛二中根据自身和学生特点,紧密结合当下学校正在深入推进的创新人才素质培养,提出具有学校特色 STEAM 课程体系与教学设计,并以此为思路,通过实验室以及研究基地的建设提供硬件支持,实现 STEAM 教学的落地。

一、明确实施途径

STEAM 教学的主要目的是打破学科领域边界,加强学生的科学、技术、工程、艺术以及数学的教育,并鼓励学科的融合,因此实现该目的的主要途径则是通过项目式学习方式来实现,提倡学生自己动手完成他们感兴趣的、并且和他们生活相关的项目,从过程中学习各种学科以及跨学科的知识的教学和学习方式。

二、确定实施目标

(1)建立和完善 STEAM 创新人才培养课程体系;
(2)设计和建设支持学生动手和项目式学习的教学空间;
(3)设计 STEAM 课程的教学方式和项目式学习的实施途径;
(4)构建模型化、发展性的 STEAM 教学评价体系和机制。

三、设计具体举措

(一)课程开发

课程开发的内容、形式及流程等根据《青岛二中 STEAM 课程开发规程》中的成立组织—需求评估—确定目标—编制课程纲要—课程申报与审定—课程实施—课程评价等环节开展,并在实践中不断反思修正。

（二）教学空间设计

教室的布局和其中的家具、技术产品会对学生的参与和成绩产生影响，因此需要通过重新设计学习空间，使其兼容更多能够使学生身临其境、自己动手的教学活动，使学生能够进行自主、协作和交互性学习。教学空间的设计中遵循以下原则。

（1）以学生为中心。教学空间的重新设置应当不再以教师为中心进行教学，而是以学生为中心开展学习和项目设计，从传统教室到能够提高学生主动学习的教室。

（2）要具有灵活性、协作性、技术整合性。注意建筑的灵活性，可以使用可移动的墙壁、家具和设备，为每种课程呈现不同的形式。内部设施尽量灵活可调，可移动的家具和设备能保证满足每个班级需要的学习空间。尽可能多地为教育者开展各类实验提供平台。

（3）要注重可持续性。注意学校现有基础设施的可持续设计和构造与建筑和空间设计领域的创新思维的结合。

（三）教学方式

1. 采用情境教学的方式，注重自身经验的意义

STEAM 教学更加强调"自身经验"的意义，而传统教学往往过分强调"他人经验"的传授。经验包括经验的对象和经验的过程，两者不可分割，是一个统一体，而两者间的相互作用可以称之为"探究"，"情境教学"就符合这种"自身经验"的认知过程。

因此，在 STEAM 教学的过程，一定要注重学生自身经验的积累，以学生亲身经历的问题为基础，引导学生运用学科背景知识尝试解决问题，其一般步骤是：①发现问题；②产生想法；③选择情况；④建立课题；⑤评估实验；⑥展示结果。在课程的开发前要想清楚以上步骤的设计，通过这些步骤的学习学生才能真正获得概念的内化，达到"合作内化，点拨升华"的目的。

2. 采用基于项目的学习方式，研究现实世界中的真问题

基于项目的学习（PBL）为学生提供了融入真实情境的体验，这些体验辅助学生学习，帮助学生对科学、技术、工程和数学各领域里的概念形成有力而逼真的理解，而整个过程中都有语言、艺术和社会研究的支持。因此一定要应用各领域的知识来解决真实世界中有意义的问题。

要解决来自现实世界的真问题可能会有一定的难度，我们教师要做的就是为学

生搭建"脚手架",这其中可以包括示范、指导、简化问题等方法,从而达到降低问题的复杂度的目的,让项目的进行有法可依、有迹可循。

3. 注重学生能力的培养,避免知识的堆砌

在设计课程之初首先考虑要提升学生的哪些素养(如探究能力、思考能力、交流能力、敢于冒险、知识水平、原则性、同情心、心胸宽广、全面发展、善于反思等),塑造学生的哪些能力,以此为目的设计项目和教学方案,而不仅仅是以知识的讲授为目的,STEAM 教育不是知识的堆砌,也不是一个简单的拼盘。

因此在实施过程中要着重通过有效的提问来指引学生的学习,支持学生的反思,而不是给学生提供直接的信息和答案。为学生提供回答自己的问题的机会,例如,让学生通过设计并实际操作与自己相关的调查,来优化在起始阶段提出的问题;根据学生的个人理解来评估数据和科学证明;让学生把他们的理论和解释用自己的语言表述清楚;让学生"在思维方面变得更像专家",让他们能更深入地参与探究过程。

(四)评价方式

(1)过程性评价。减少终结性评价占比,增加过程性评价占比。具体方式由各课程教师按照课程实际情况制定。

(2)模型评价。尝试使用基于能力的模型来测量学生对某项具体技能的掌握程度。通过学生在项目实践过程中表现出的具体能力,以及"人文素养、科学素养、身心健康素养、人际交往能力、自我认知和生存能力"五项基本素质和"独特的智能品质、卓越的领袖气质、执着的创新精神、自主的研究能力、开阔的国视野"五项特色素质这十项素质来积极展示学生的综合素质。具体方式由各课程教师按照课程实际情况制定。

四、保障机制

学校提供专项资金支持和家长、兄弟学校、高校等多方的资源支持。已经与清华大学、西安交通大学、哈尔滨工业大学合作共建了 STEAM 教育导师团队,并已经与中国海洋大学、青岛大学、青岛科技大学、海洋研究所、高校软控、海尔集团、海军四零一医院等高校和企业建立了长期稳定的创新人才培养计划,为 STEAM 教学的开展提供丰富的校外资源。

此外,学校还将从三个方面为 STEAM 教学的开展提供保障,一是对致力于 STEAM 创新人才培养教学和评价探索的教师进行鼓励,列入教师业绩评价体系。二是成立由高校专家、学生发展一处、学生发展二处、团委、教师、学生及家长代表组

成的 STEAM 创新人才培养课程建设与实践评价委员会。三是建立 STEAM 创新成果孵化专项,建立学生 STEAM 创新成果档案。

青岛第六十八中智慧课堂建设

青岛第六十八中　郭　俭

为进一步深入课程改革,提高课堂教学效率,我校在高一年级推行智慧课堂建设。以推进学校"以教育信息化带动教育现代化"的目标,保障工作有序开展。

学校智慧课堂创建工作以《国家中长期教育改革和发展规划纲要》为指导纲要,遵循"信息技术支持学习变革与创新"的理念。充分依托教育信息化,以"技术支持创新,思路引领方向"的研究思路,按照学与教的需要,重点探索信息化建设环境下的智慧课堂模式,培育智慧型的教师队伍,提升教师的教育智慧,变革学生的学习方式,提高教育教学质量和学校的办学水平,推动我校智慧校园体系的建设。

一、健全机构，加强领导

青岛第六十八中智慧课堂建设领导小组

组　长:校长

副组长:教学副校长

成　员:教务主任、级部主任、各学科备课组长

领导小组工作职责:

(1)制订智慧课堂建设工作实施方案。

(2)根据智慧课堂建设工作实施方案制订具体操作细则。

(3)统筹组织、协调与落实智慧课堂建设各项具体工作。

(4)按照工作分工分段分学科组织备课组及各班级开展智慧课堂建设工作。

(5)定期组织信息化业务培训与建设工作经验交流。

(6)定期组织智慧课堂建设工作的检查与评估,不断调整与改善建设工作。

(7)安排与做好智慧课堂建设工作档案资源的收集、整理与管理工作。

(8)示范引领,做好帮扶学校的智慧课堂建设引领和指导作用。

二、实施措施和解决途径

智慧课堂教学模式是基于"智慧教育"的理念提出来的。它在教学目标的预设上，体现"知识和技能、过程与方法、情感态度与价值观"的整体要求；在教学程序的设计和运行过程中，"整合各种教育资源，促进学生积极参与和主动探究"的有序运行；在学习环境管理上，"努力实现师生平等交流，合理调控课堂学习情绪"上多项协调；在对学生的评价上，"促进全体学生的个性张扬、智慧发展和健康成长"。智慧课堂教学模式的具体实施包括以下方面。

1. 在学习讨论中领悟智慧课堂的内涵

教师是构建智慧课堂的关键，教师要深刻领会智慧理念实质，转变观念，进一步思考如何落实在教育教学实践中，并逐步形成自己的实践思路。

（1）全体教师交流讨论、学习智慧课堂理论知识。根据学科特点和具体教学内容，建立"智慧课堂"教学实验小组，探讨如何学习单的设计、课堂学习的引导组织以及当堂检测等"环节，稳步、有效、重点突破地推智慧课堂教学实践。

（2）教师创造性地实践，充分体现智慧理念——让学生在轻松、愉快的课堂上，高质、高效地学习；抓住智慧教课堂的实施关键——把主要依靠教转变为主要依靠学；遵循智慧课堂的操作原则——把为教师好教转变为为学生好学而设计教学；掌握智慧课堂的操作技能——"先做后学，先学后教，以学定教，多学少教，及时训练"，尝试改革，寻求改变。

（3）教师边学习，边实验、边思考，勤总结，促反思。通过不断学习，科学创造地实践，反复总结、讨论研究，不断地提炼改进，逐步走向成熟。

2. 推进智慧课堂的构建

（1）智慧课堂教学研究活动。各组每月至少推出一堂智慧课堂教学研究课，组织教师听课观摩，并以对话互动的形式进行研讨分析，不断探索智慧课堂教学模式。

（2）智慧课堂优秀个案和个人随笔评比。每一个教师在学习、实践、思考的基础上不断总结，提炼出成功的优秀的课堂教学设计、案例，或以随笔、论文、数字故事等形式总结自己成功的经验或改进的措施。

（3）智慧课堂实施中将加大学校资源平台的建设，建立备课平台、微课资源库，将师生空间建设实现常态化。

学校将智慧课堂教学实践与课题有机结合，切实做好总结提炼工作，争取使智慧课堂教学成为学校特色项目，并为之成为特色学校不断积淀丰厚的底蕴。

建构多元课程体系 助推学生个性发展

青岛第二中学分校　严贤付

青岛二中分校以国家教育现代化的精神为指导，以"造就终身发展之生命主体"为育人目标，学校在全面深化素质教育基础上进行更高追求，建立全新学习中心，以学生为中心全面建构课程体系，以多元、开放课程为载体推动学生发展。主要采取了以下几方面措施。

一、准确定位课程培养目标

学习中心的活动围绕学生展开，学习中心的课程建构围绕学生发展核心素养要求，以培养"全面发展的人"为目标，重点培养学生的创新精神、创新能力，促进学生的主动发展、个性发展和创新发展，从而推动学生全面发展。

二、围绕学习中心建立适配课程资源

学习中心打破传统的班级授课制与课堂教学模式，构建线上线下相结合的课程适配资源支持学生发展需求。学校通过自主研发、外包、众筹等方式，开发整合出"修身养性、格物启智、通技创新、乐群经世、学院特色"5大类80余门校本课程，并与国家课程进行了有效的融合，其中，学院特色校本课程近30门，公选校本课程50余门；学校的核心办学特色是国家化教育，为此聘请外教开设英语听力与口语必修课，开设德语、法语、日语和韩语等小语种课程，开设国际文化课程，培养学生的国际文化素质；学校还采取购买在线课程资源、通过同步课堂借用二中优质课程资源等方式丰富课程体系；学校还根据不同层次学生发展的不同需求，建立分层虚拟学习社区、为学生制作推送分层课程资源，给学生提供最好的个性发展和学习便利性。

三、学生进行个性化自选课程

学校对所有的课程通过互联网＋教学系统平台进行推介，学生根据兴趣爱。每个学生至少选择一门学院特色课程、一门自己感兴趣的特色课程、一门线上课程。学校每年组织举办体育节、外语节、国际文化节、戏剧节、科技节等十大主题教育节日活动,以及研学、成人礼、蓝心结、志愿者活动等学院特色活动,学生自由选择参与各种活动,在活动类课程中提升素质和能力。

四、以"互联网 + 教学"作为课程主要实施途径

学校对网络升级改造,购买智慧互动教学系统平台,推进基于互联网 + 教学改革,制定"生学为本,合作内化,师教为要,点拨升华"的课堂教学原则。教师根据学生自主学习情况科学定位教学起点、重点,真正体现先学后教,以学定教,提升学生的思维品质。互联网 + 教学颠覆传统的课堂教学价值观,变学生的被动学习为主动学习;互联网 + 教学打破传统的教学时空,在师生不见面的情况下,通过网络教学平台,布置检查自主学习作业、反馈问题、个性化指导答疑;互联网 + 教学调动网络学习资源,为学生自主学习提供支持,实现了学生时时可学,处处可学,学有资源。互联网的数据整理、统计与储存功能将每个学生的课堂互动,课堂检测、课后作业等各种数据信息进行统计反馈,教师据此分析学生成长轨迹和发展特点,为学生的发展提供个性指导。

五、建章立制保障课程实施

学校先后制订了《青岛二中分校校本课程开发与实施方案》《青岛二中分校学生校本课程选课指导手册》《关于推动学生个性发展的实施意见》《学生个性发展评价办法》《青岛二中分校深化互联网 + 教学工作实施方案》《青岛二中分校学生互联网学习操作指南》《青岛二中分校互联网 + 教学评价办法》等规章制度,引导师生树立学习中心学生个性培养的观念,积极开发开设课程,充利用各种校内外课程资源,为学生的个性发展提供支持,走出一条人才培养的高端育人之路。

问鼎未来，赢在规划

——学校开展生涯规划教育的思索

青西新区第二高级中学 张德建

《国家中长期教育改革和发展规划》（2010—2020）已经明确提出，高中阶段教育是学生个性发展、自主发展的关键时期，应建立学生发展指导制度，需要加强对学生的理想、心理、学业等多方面的指导。

事实上，普通高中的学生开始思考学习的目的和人生价值等，需要自主发展的动力，只有清楚地认识自己，了解发展的环境，定位自己的目标以及开始为达成目标而采取行动，才能真正调动起学生内在的发展动力。

目前的情况：高中学生对自我理性分析不足、对外界认识缺少系统性、对行动计划没有科学性指导、一切都表现的很盲目或者不够具体等。同时，我校地处农村，在家庭教育方面，由于家长的认识不足和能力有限等问题，也无法担当这方面的教育和指导工作。

为此，学校应实施生涯规划课程，下面就课程实施谈几点看法。

一、确立目标

确定目标可以成为追求成功的驱动力，俗话说："志不立，天下无可成之事"。立志是人生的起点，反映着一个人的理想、胸怀和价值观，影响着一个人的奋斗目标及成就的大小。所以在进行生涯规划时，首先要确立志向，确定目标，目标可以分为长期目标，中期目标，短期目标。

二、自我评估

自我评估的目的是认识自己、了解自己。只有认识了自己，才能对自己的未来做出正确的选择，才能选定适合自己发展的未来生涯路线，才能对自己的未来生涯目标做出最佳选择。自我评估包括自己的性格、兴趣、特长、学识、技能、思维、道德水准以及社会中的自我评价等。

三、职业的选择

职业选择的正确与否,直接关系到人生事业的成功与失败。在选择职业的过程中要考虑性格与职业的匹配,兴趣与职业的匹配,特长与职业的匹配等。良好的职业选择是以自己的最佳才能、最优性格、最大兴趣、最有利的环境等信息为依据进行的。所以,学生对职业的选择,一方面要从社会需要出发,同时也要考虑自身的实际情况,扬长避短,只有这样才能做到"人尽其才,才尽其用"。

四、职业生涯策略

职业生涯策略是指为实现职业生涯目标的行动计划,一般都是具体的、可行性较强的。在确定具体的职业选择目标后,行动成了关键环节。

五、评估与反馈

影响职业生涯设计的因素很多。有的因素是可以预测的,而有些则难以预料。人是善变的,环境也是多变的。成功的职业生涯设计需要时时审视内外环境的变化,不断对自己的设计进行评估和修订并调整自己的前进步伐,这样才能适应社会和环境的发展变化,真正做到与时俱进。

上下联动构建学校课程体系

莱西市第一中学　　刘同光

近年来,莱西市第一中学从"顶层设计"和"草根课程"两个层面着力构建学校课程体系,为学生的课程选择和个性成长提供了平台。

首先,"顶层设计",是指学校积极推动自上而下的课程建设。形成"面向不同年级层次的德育教育课程"。针对高一同学的军训、生涯规划课程;高二的选课走班、成人礼课程;高三的自主招生指导、励志教育、心理疏导课程。打破年级选课限制,跨年级选课的拓展课程和研究课程,如"逻辑思维培训课程"(竞赛课程)、数学分类思维课程等。针对地方传统,形成地方特色课程建设,如被评为青岛市精品课程的初中部的"剪纸课程"等。学校近年来领导开发了多门有影响力的课程。其中,"南海风"被评为山东省"优秀校本课程"。

其次,学校积极推动"草根课程"的打造。学校专门设立了"教学科研成果奖",对级部、备课组、教师个人等自下而上自发形成的课程进行奖励,极大推动了学校的个性课程的开发与建设。如高三语文组针对学生头疼写作的特点,开发了"墨韵"课程,把学生的优秀作品样本化,辨析化,从"主题立意、题目设计、结构安排、语言搭配"等几个方面对写作进行慢镜分解,极大提高了学生写作的动力和能力。政治组老师针对政治教学困难,对高中政治中的200多个概念进行了详细解释,推动了学校"概念教学课程"的开发。

打造活动型学科课程　引领思政课程改革

青岛西海岸新区第五高级中学　丁纪申

课改之前的的政治课教学是:创设一定的情境(情景),遵循一定的逻辑关系,学生分析、归纳,生成学科知识,落实三维目标。而新课改之后的课堂教学:创设议题,遵循逻辑关系,开展教学活动,培养学生分析(辩证、理性)和解决问题的能力,达成学科素养。这就必须打造活动型学科课程。

活动型课程的基本内涵是学科内容采取基于社会实践活动的课堂模拟活动、探索活动和思维活动等方式呈现,学科内容的展开方式往往是一系列活动的结构化设计。为此,着力点有:一是强化以学习者为中心的活动设计,把理论观点的阐述寓于社会生活和学生活动的主题之中,引导学生在体验社会生活及自身的思维活动中理解理论的真谛;二是强调辨析式学习过程的价值引领,强调通过范例分析表达观点,以期学生在价值冲突中深化理解,在比较、鉴别中提高认识,在探究活动中开阔视野;三是倡导综合性教学形式,注重复杂情境创设,引导学生多维度观察、多途径探究,进行综合分析,更好地解决思想政治教育内容固化、形式僵化、路径单一等问题;四广泛开展系列化社会实践活动,从学生的成长需要出发,将学科内容与社会实践活动相结合,开展丰富多彩的社会实践活动,促进教学内容和形式的有机结合,让学生在践行正确价值观的过程中逐渐形成行动自觉。

如何打造活动型学科课程?

(1)学习《课程标准》中的"教学提示"的安排。作为呈现课程内容的方式,"教学提示"是不可或缺的环节,它以议题为纽带,使"内容要求"的知识性提示与相关活动建议的提示有机结合起来,从而在课程内容呈现方式上,为活动型学科课程的课程框架勾画出了基本轮廓。

(2)进行"活动型"的教学设计。教学设计应以适合活动型学科课程实施为着为点,力求让学生主动体验探究过程、获得社会实践经历。为此,课程标准特别建议围绕议题展活动设计,包括提示学生思考问题的情境和路径、运用资料的方法、共同探究的策略,并提供表达和解释的机会。这种活动设计将贯穿于课程实施的始终,从而使活动成为承载内容目标的基本方式。

(3)实施"辨析式"的学习路径。在范例分析中展示观点,在价值冲突中识别观点,在比较鉴别中确认观点,在探究活动中引申观点,都是教师引导学生相信、信服、确信、坚信价值标准的过程,这一过程,就是学生自主经历由建设性批判思维主导的辨析过程。唯其经历如此路径,才能通过思维和操作活动的过程真正实现思想政治教育的价值引领。

(4)采取"综合性"的教学方式。课程的"综合性",需要综合性的教学方式:既强调课程内容的跨学科,又关注议题情境的复杂性;既重视观察对象的多维度,又注重探究路径的多样性。综合性学习就是在教师的引导下,学生依据学习目标,综合运用自主、合作、探究等方式,评价学习结果的一种能动的、创造性的学习方式。

领导课程教学　彰显专业精神

青岛市即墨区第二中学　迟　永

"校长专业精神"的涵义很丰富,其实践途径、呈现方式、价值体现也很多样。校长"专业精神"应该回归到领导课程与教学这一原点上来,在领导课程与教学过程中,彰显校长的专业精神,实现校长对学校发展的专业引领。

在以领导课程与教学为原点,锻造校长专业精神的过程中,重要的一点是始终秉持对教育真理的信仰,信守一个"真"字,练就校长领导课程与教学的真追求、真情怀、真行动、真境界。

1. 理念求真,愿景召唤

领导课程与教学,并以此为原点,规划学校的发展愿景,描绘师生幸福的校园生活图景,营造育人文化,引领教师发展,这一切都必须求真。"求真"意味着实事求是,结合学校的办学实际,尊重学校的文化传统,体现全体师生的共同意愿,脚踏实地,循序渐进,提出学校具体的远景、中景、近景发展目标,确立学校的特色发展方向,寻觅学校文化的精神内核,用学校精神和发展愿景召唤师生。"求真"意味着确立正确的课程观与教学观,构建自己学校的课程体系以及课程实施方式,构建富有校本特色、生动高效的课堂教学模式,并以此为原点,延伸到学校文化、内部管理、德育工作等方面,形成良好的教育氛围,创新教师发展模式,让师生在课程与教学改革中,体验到教与学的快乐,从而解放身心,自主发展,焕发生命活力,实现自我超越。

2. 学习求真,阅读致远。

领导课程与教学,创新学校教育,打造校长专业精神,还需要有学习求真的品质,有阅读致远的胸襟,有崇尚学术的情怀。课程与教学的创新,需要有国际视野、本土行动,需要融汇百家、自成一家,在这样一个过程中,需要不断地学习新的课程理念,学习课堂教学改革的前沿知识,汲取和融合种种先进的教学理念和成功经验,最终整合创新成自己的课程与教学特色。领导课程与教学,还需要有大阅读的视野和胸襟,并引领教师过阅读生活,使教师获得大视野,建构大格局,使其形成开阔的、完善的知识结构,让阅读成为教师发展的不竭动力,成为校长专业精神的丰富源泉。

3. 实践求真,专业引领

校长领导课程与教学,需要体现专业性:①具备丰富的课程与教学知识和技能:要想取得领导课程与教学的话语权和主动权,校长必须成为课程与教学的专家。作为一名初中校长,不仅仅是要精通自己任教的学科知识,还要通晓初中各学科的基础知识及其内在联系,跳出学科界限,关注学科本质,渗透学科思想,建构以基本概念为核心的学科知识体系,形成综合贯通的认知结构,使他们成为既是本学科教学的"专家",又是博识多学的"杂家"。②建构富有校本特色、具有普适价值的课程实施路径与课堂教学模式。校长领导课程与教学,要引导教师树立育人为本、动态生成的课程资源观,树立课堂为本、活动为主的课程实施观,构建立体多元的课程体系,确立以课堂教学改革为核心的课程改革思路。要坚持"教师少教而学生可以多学"

的教学观,研究高效课堂的基本特点和实施策略,具备高效课堂的设计和实践能力,把最具迁移价值的知识和技能教给学生,构建富有生命活力的创新课堂教学模式。③研究推进课程与教学改革的实施策略,建树学校的课程与教学文化,引领学校课程与教学的未来发展方向。

　　作为一名校长,在领导课程与教学中的一个重要职责,就是把理念转化为行动,把个体放大为群体,把当下拓展为未来。要确立以人为本、科学规划、有序推进的策略,把校长个人的教学创新转化为教师群体的自觉行动,从一门学科的变革走向所有学科的变革,把当下的教学创新行为提炼引申为一种教学文化,并延伸到学校管理领域,积淀形成学校的文化传统和校园精神。

以课程规划建设为依托,办一所多元智能学校

山东省胶州市第一中学　王抟九

一、时代发展和教育改革呼唤多元智能学校

　　我们处于社会主义建设新时代,知识更新不断加快,社会分工日益细化,新技术新模式新业态层出不穷,社会发展和需求的多元化,决定了教育的多元化。

　　《国家中长期教育改革和发展规划纲要(2010—2020年)》要求大力推进普通高中的多元办学、多样培养与特色发展。随着新高考和新课程改革向纵深发展,我们越来越多地思考:如何创新育人模式? 如何满足学生多元发展的需求,重构教育生态?

　　美国著名发展心理学家、哈佛大学教授霍华德·加德纳博士提出了多元智能理论:人类的智能是多元化而非单一的,主要是由语言智能、数学逻辑智能、空间智能、身体运动智能、音乐智能、人际智能、自我认知智能、自然认知智能八项组成,每个人都拥有不同的智能优势组合。多元智能理论的核心观点是尊重学生的差异性,正确认识、开发和评价学生的多元智力,促进人富有个性地全面发展。"多元智能"理论引领我们重新审视过往的教育思维,我们决心要以课程规划为依托,办一所多元智能学校。

二、构建多元智能教育生态体系

（一）办学思想多元化

我们经常告诫老师："思路决定出路，方向比努力更重要"，学校改革从思想转变开始。胶州一中秉持"适合学生的教育才是最好的教育""不让一个学生掉队"的办学理念，为各具禀赋的学生搭建多元化平台，"尊重个性，终身发展"。为了更好地贯彻办学思想，学校通过"一周五会"即升旗集会、班主任会、备课组长会、班级协调会、班会，讨论解读、交流完善，使师生解放思想，统一认识，为落实多元化教学实践奠定了基础。

（二）教师发展多元化

教师是教育发展的第一资源，教师的多元化发展才能推动学生的多元化发展。我们倡导老师用多元化的观点、主体独立性的观点去对待每一位学生，使用多样化的教学手段，实行分层提问、分层辅导、分层作业、分层考试，让学生通过尝试发现、实践体验、独立探究、合作讨论等形式探索知识。教师为多元智能而学，我校通过反思教学实践、建设共同学习体、加强专业培训和交流、开展专业阅读等多种途径，帮助老师主动建构PCK。

总之，我校着重打造"智慧型""多元化"教师队伍，教师不仅是传道授业解惑者，更是学生个性发展的引领者，学生学习的合作者，课程建设的开拓者。

（三）课程建设多元化

课程是最重要的教育载体，学生多元化、个性化的发展主要通过学习丰富多彩的课程来实现。在新高考"3+3"的新模式下，我校20个组合全部开齐，积极推进选课走班。除此之外，我校根据多元智能理论中的八项智能确立了"科普教育、综合实践、人文教育、体艺素养"四大课程领域，开发出了校本"特色课程"，使每一个学生的智能强项有机会得到充分发展。

新时代新高考，乘风破浪潮头立，扬帆起航正当时。胶州一中将继续弘扬"追求卓越、敢为人先"的一中精神，担当尽责不忘初心，深化研究多元智能办学，科学谋划，真抓实干，把我校办成学生喜欢、人民满意、政府放心的齐鲁名校！

加强课程资源整合，构建开放课程体系

青岛第三十七中学　周　强

一、基于课程资源建设和学生发展的需求，学校在"国家课程校本化"建设上成效显著

青岛第三十七中倾力打造"激趣导学、合作学习"教学模式，其中所实施的"学案导学"是以导学案为载体，以设疑激趣为先导，师生共同合作完成教学目标的一种教学方式。目前适应本校学情的导学案已经成功的为"教"与"学"服务9年多，学科导学案具有学案、教案、课堂笔记、课后作业4项功能，实现了国家课程校本化的落地，有效地完成"激趣导学、合作学习"的课堂教学模式基本流程，提高了课堂教学效益，促进学生核心素养有效提升。

二、部分国家课程与地方、校本课程整合实施，提高了教学效益

针对地方课程与部分国家课程内容的交叉、重复问题，我们将地方课程《海洋教育》《环境教育》与国家课程中的地理课程整合实施；将《传统文化》与阅读教学整合、实施，七年级语文组制定"阅读周计划"；借助研究性学习方法，结合学生的生活体验，将部分物理知识、化学知识、数学探究内容做为研究性学习内容，通过实验探究、小组合作的形式在初一年级开设科学校本课程，作为物理、化学、数学学科的引桥课程，培养了学生的主动探究精神和解决问题能力。学校整合内容，整合课时，使国家课程育人目标得到强化，地方课程目标得以更好的落实。

三、学科内部课程资源的有机整合，最大限度落实课程目标

学科老师依据课程目标、教材特点、学生基础，在学科内部进行课程资源的有效整合，最大限度落实课程目标。例如，语文组对课外阅读进行有效指导，根据学生的年龄和阅读认知，有计划地进行优秀阅读书籍的推荐，利用各种形式检查督促学生

的阅读情况,例如,写读书记录、读书笔记,读书摘抄等。还利用课前5分钟时间,进行读书的交流活动。与语文教材相结合,老师每个月组织学生进行一次电影欣赏,很好地促进了学生的文学鉴赏能力和理解能力。

四、科学规划校本课程,实施学校课程自主选课走班,促进学生个性发展和学校特色建设

开设必修课。它是学校办学目标、核心育人理念的体现,具有鲜明的学校特色。目前学校开设的校本必修课程有:每个班级,每学期开设的四节《励志教育课》;学校承担的蓝色海洋教育市级教育体制改革实验试点项目的"海洋教育学校课程"和校本化的研究性学习课程"研究与创新"。

设立选修课。为充分满足学生多元化发展需求,根据学生需要、教师资源、社区资源等,设立丰富多彩的选修课,实施选课走班。2018学年就有61位教师申报了63门学校课程,其中涵盖8大类学校课程,课程的开发为我校更好地构建满足学生个性化需求的轻负高效育人模式提供了有力支撑。

开展社团活动。学校以落实《青岛第三十七中学辅导员龄认定办法》和《青岛第三十七中学加强社团建设实施方案》为抓手,初步建立起技能类、人文类、艺术类、体育类、竞赛类等5大类28个学生社团,且成效初显。

社会实践活动课丰富多彩。充分利用社会、家长资源打造多类别的社会课堂,更多的学生走出学校融入社会大课堂,在体验中感悟,实践中收获。

近年来青岛第三十七中学在教学质量上稳步提升,学生在各类探究性论文评选、创新实验大赛、围棋比赛、科技类比赛中屡获佳绩,艺术类、体育类比赛捷报频传,课程建设与开发为学生的自主、合作、探究性学习搭建了历练的平台,以励志教育为主线的课程建设提升了学生的核心素养,助力学生的发展。

青岛天龙中学自然分材"五环节"教学

青岛天龙中学　何丽君

青岛天龙中学积极实践自然分材教学,提高课堂教学实效,让不同学习层次的学

生都得到发展。"自然分材教学"的课堂实施主要有"反思诊断、普读求是、补读帮困、总结建网、因人作业"几个基本环节,我们称为"自然分材教学五环节"。

反思又叫"反思诊断"。目的是让学生复习上一堂课,为学生新知识的学习扫除"障碍",以保证学生具有学习新知识的知识基础和基本技能。这一环节,往往是在导入新课后进行,学生先交换作业本互批,同学之间在互批过程中,针对上次作业中的问题,相互点拨。反思诊断的内容可根据学科的不同有所不同,但大致有以下几种方式:①就上一堂课留下的课外作业进行反思;②教师可根据上一堂课或上几堂课所学内容设置诊断补尝练习;③可根据上一节课的学习重点设置几个问题让学生讨论。

自学又叫"自主学习"。自学时,教师应给学生提供自学提纲或编制"指导自学书",学生凭借教师的"指导自学书"先自行学习教材,或圈点勾划或填空解答或查阅资料。 总之,凡学生能自学解决的内容尽可能让学生自学解决。这一步是"自然分材教学"的关键环节之一。因为,学生没有自学,全靠老师讲授,其学习程度就无法分化,而只有学生有了自然状态下的分化,才能有效地针对学生的分化实施教学。在这一过程中,教师要精心编制"指导自学书",解决学生"学什么"和"怎么学"的问题,以防止学生放任自流。

互帮又叫"合作互助"。学生在自学过程中自己解决不了的问题,可通过小组互助的形式讨论解决。这也是合作学习共同提高的具体形式体现。实施这一步骤时,要注意以下几个问题:①要有相对稳定的互助群体和得力的负责人(小先生);②要有具体的互帮内容和明确的互帮目标;③时间上要予以保证,不能浅尝辄止;④教师要介入学生的讨论,及时发现学生讨论中不能自行解决的问题,为下一步释疑做准备;⑤必要时可让学生借助"互帮显示板"(即事先准备好的小黑板)。

释疑又叫"点拨答疑"。就是针对学生自学与讨论中提出的带有普遍性的问题有重点地讲解,启发学生自解疑难。在释疑的过程中要注意以下几点。一是清晰。教师用明确的语义、适中的语速、清晰的层次、流畅的表达给学生解惑。二是恰切。讲解的深度难度要适应当前学生水平。三是"分材"。允许"知者加速",也要给"补读生"以集中"补读"的机会,以防止他们积重难返,进而由"补读生""变为"差生;四是点拨。做到要言不烦,"导而弗牵,强而弗抑,开而弗达",举一隅而以三隅反也。

练习又叫"练习巩固"。它包含总结和练习两个部分。总结主要是构建知识网络,使学生更 清晰地把握要点,进而巩固所学内容。练习可分基本练习与拓展练习。基本练习以巩固知识为主,拓展练习则主要以形成能力为主。

在以上诸环节中,"反思诊断"通过作业互批发现上一堂课学习中的问题,然后将问题记录下来,以备后续进一步解决;"普读求是"通过当堂练习找出本堂学习中的问题,然后实施补读;接下来"因人作业"环节又为进一步了解学习问题作了铺垫。值得一提的是,"自然分材教学"并没有就此止步,而是以"问题"为线索,实施"档案跟踪"。这里分学生自己和教师对学生的学习问题进行双重跟踪。前者即学生自己定期翻阅问题记录本,不断思考并纠正错误,直至能够将错误独立解决。后者则是教师通过收缴学生作业本,了解学生作业情况并建立"学生问题档案",教师依据"学生问题档案"定期对学生进行个别辅导。总之,问题跟踪让学生自始至终盯着自己的问题,从而有效地避免了学习上贪多求快、欲速不达的现象。

作为一种教学"模式",我们要求教师根据五个环节的规范和教学实际,不恪守每一步、每一段、每一环,而是有变通、有跳跃、有取舍,从而不断超越、不断完善,最后形成自己的教学个性,达到"无模之模,乃为至模"的高超境界。

课堂教学的"六导范式"

青岛六十七中 施宝书

为更好地实现课堂立德树人主渠道作用,提高课堂效率,学校实行了课堂教学创新行动,与信息技术融合,逐步探索出了高品质课堂教学的"六导范式",进一步提高了课堂教学的思维含量,增强了针对性和艺术性,使老师的教和学生的学有效地链接,发挥出更大的效能。

(1)"六导范式"的主要环节:课堂"导入",情境设置——课堂"导读",自主探索——课堂"导学",合作探究——课堂"导练",检测提升——课堂"导思",构建网络——课堂"导法",总结方法。

(2)"六导范式"的相互关系:核心是"导与学",依托是学案,教师主导,学生主体,基地在课堂。问题探究是"六导"教学的关键,自主阅读是"六导"教学的根本,知识整理是"六导"教学的重点,巩固练习是"六导"教学的着力点。信息技术、智能化的手段是"六导范式"的重要工具。学生是课堂的主体,实行"学生分组互助合作学习模式",目的是调动起全体学生学习的积极性,促进全体学生共同进步,培养学生做学习的主人翁意识,不断提高学生自主学习、自我完善和独立分析判断问题的能力。

（3）为确保"六导范式"的质量,对于依托的学案设计和"学生分组互助合作学习"的组织实施都提出了明确要求。学案设计的要求是:要体现"立德树人、授人以渔";严格审核,确保质量;要有效利用学案,提高学生学与练的积极性和有效性;课后注意引导学生对教学案进行整理归类,装订成复习资料;不另外布置作业;根据教学内容需要,每两课时就安排编写一个学案。在组织实施"学生分组互助合作学习"上,提出:学生要合理分组,使每一小组基本能够在同一水平进行竞争;教师课上充分调动每一位同学参与课堂、主动学习的积极性;做好对每一小组的检查、评价记录,并及时把记录和观察到的情况进行反馈和交流;充分利用信息技术辅助评价落地,并与学生综合素质评价相结合,加强对学生的学习全过程的管理;使用管理评价过程更加精准,更加详实;制定并实施小组奖惩方案。

（4）探索"六导范式"的体会与反思。①落实到位,不搞表面形式,真正做到"学生参与进来、措施落实下去、成绩提高上来"。②班主任和老师都要坚持对学生以小组为单位进行集体评价,集体创优,先进帮扶后进,后进学习赶超先进。充分发挥小组长的作用,把班级的管理化整为零,促进全体同学的共同发展。班主任和任课老师注意引导好学生,既要保持各小组在学习等方面的竞争性,又要注意维护班级的团结,推动良性竞争;既要调动起学生学习的积极性,又不能出现"为了加分而学习"的现象,不能出现学习上的浮躁。③该模式实施的重点是教与学的前置工作,需要加强对各科作业量的控制,把各科的作业量降下来,同时针对学生的学习基础,进行分层作业布置,保证学生的课前预习顺利进行。

构建支撑学生个性发展需求新人文课程体系

青岛实验高中　苏延红

青岛实验高中实施的"新人文课程体系",呈现"五板块,四层次"立体结构,根据课程培养目标,将课程横向分为五大板块,分别是人文素养课程;科技素养课程;艺术素养课程;国际视野课程;身心健康课程。根据学生参与课程的程度以及所研习的深度,纵向分为四个层次,分别是基础类课程,全部学生必修课程;行知类课程,学生全员参与,体验类课程;拓展类课程,学生根据兴趣选修课程;人文勋章类课程,部分学生特长类课程,达到专业学术水平。

人文素养课程。以"养善"为核心,培养学生正确的世界观、人生观和价值观,处理好自我与自我、自我与他人、自我与社会的关系,成为一个自立于社会、有用于社会的大写的人。包括语文、英语、历史、地理、思想品德课程,自我认知课程、人生规划课程、励志课程,中国传统建筑欣赏课程、汉学馆课程、古琴馆课程、二十四节气课程、国学课程、阅读中心课程,公民课程,人文大讲堂等——人文课程。

科技素养课程。以"求真"为核心,培养学生科学精神,提高独立思考能力,怀疑批判能力。同时增强科学研究的执著力以及甘于寂寞、淡泊名利的品质。包括数学、物理、化学、生物课程,科创课程、奥赛课程、STEAM 超级课程,科学史普及课程、科学家致敬课程、人文大讲堂等——科技课程。

艺术素养课程。以"育美"为核心,提升学生的审美能力,激发学生发现美,感知美,进而创造美。在人工智能新时代,人不能够被 AI 代替的能力之一就是审美能力。在创新经济时代,艺术与科技的完美融合,是创新创意的不尽源泉。包括美术鉴赏课程,音乐鉴赏课程,艺术俱乐部课程,人文大讲堂等——艺术课程。

国际视野课程。以开阔学生国际视野,增进学生国际理解力与沟通力为核心。在建设人类命运共同体的今天,学生的国际视野决定学生的胸襟气度,国际理解力与沟通力决定学生未来融入世界的能力。其实,这已成为学生新时代必备的素养。包括英语课程,剑桥英语课程、英国 ESL 课程,美国 ACT 课程、蓝带第二外语课堂,德国 PSP 课程,法语、西班牙语、意大利语课程,以及法国、德国、韩国、澳大利亚、美国和台湾地区研学课程等。

身心健康课程。以"健全人格,身心健康"为核心。提高学生面对挫折,抵抗压力的能力。同时,辅助学会一项或两项可以终身锻炼的技能,养成终身锻炼的习惯。包括体育课程、体育俱乐部课程、远足课程等。

每一个板块形成不同的课程群,不同课程群里不同课程的组合,同一课程群里不同层次的区分,定位了不同学生的个性化选择,支撑了学生的个性化发展需求。整个课程体系涵盖课程近 300 门。体现出对学生的个性尊重、差异尊重,并最终定位于学生个性发展,特长发展。

关注生命课程　追求教育本真

城阳三中　葛永信

多年来,学校不断探索生命课程新思路,建立起了以生为本、以立德树人为主题,以社会主义核心价值观教育为主线,以养成教育为主体,人生规划教育、"修身·成才"、"四德"教育工程一以贯之,家校共育的立体育人课程体系,全面推进素质教育,引领学生提升生命价值,养成良好品质。

一、道德教育构筑学生生命课程底色

"四德教育"工程从三中道德誓词宣誓、学唱四德歌、开设道德讲堂等道德认知——为厚德人生奠基开始;然后寓道德教育于各种活动之中,引领参入道德实践、体验——为成功人生奠基。学校还以政教处、团委为引领,级部为辅助,班级为主线,为学生提供了七个选择性探讨、践行的课题:"荣誉高于一切;忠诚是一种义务;没有任何借口;无条件执行;停止空谈,立即行动;细节决定成败;永不满足于现状。"结合新版《中小学生守则》继续深化四德教育。

二、全员育人助力学生全面发展

学校始终坚持全员育人导师制,从学习、生活到德育的各个环节形成对学生教育的整体性和一贯性,对被指导学生的思想、学习、生活等各方面进行全面了解与关注。学校给每一位优秀学生和问题学生都配上了导师,每一名教师至少承包一名优生和一名后进生,对承包学生的学业学习、思想变化、日常生活等进行全面关注和全程指导。全员育人导师制为学生成才搭建了高效的实践载体,成为学校开展生命教育的重要支撑。

三、动手实践激发学生个性发展

教育不仅是课堂教学,更重要的是实践、研学。每周一早晨由学生主持升国旗仪式,每年九月自主举办校园文化艺术节;推行学生德育成长日记,探讨实施"荣誉申报制度",使同学们既能明确奋斗目标,又能自我加压,自我反省;既能够张扬个性,还能体会到成功的喜悦;加强学生各类社团建设,促进学生多元化发展。每年举行军事化军训,穿插人生规划教育和生命教育内容,让学生既能养成科学的学习、生活习惯,更能形成合理的人生发展规划。

四、文化氛围引领学生领悟生命要义

我们精心设计学校育人景点,科学规划学校布局,使校园既能满足正常的教育教学需求,更兼具突出的艺术审美效果。开辟了包括礼仪文明、传统国学、诗歌鉴赏等九大系列的文化长廊,定期开展"读书月"、优秀读书随笔评选等活动,学校成为了广大学子思考人生意义、追求人生更高境界的书香校园、精神乐园。

五、法制教育为生命护航

学校对每一届新生都会举行法制教育启动仪式,讲解法律常识,夯实新生的法律知识基础。每学期修订完善法制校本课程,介绍学生身边的法制案例,实现了学校法制教育课程化;不定期开展法律主题宣讲活动,激发学生对法律的兴趣,让学生们感受法律的威严、人生失足的伤痛;利用"法制教育活动月"收看警示影片,让学生时时绷紧法律之弦,坚决不碰"高压线";通过广播站、校宣传栏、横幅标语、校报和各班黑板报等多种形式普及法律常识。开辟心理咨询室,开设心理健康课程,定期举行法制主题群体开放课堂,编订心理健康教育校本课程,介绍青春期容易遇到的心理困惑和正确的应对措施,从心理源头上解除心理压力。

创建生命教育特色学校是我们追求的目标和前进的动力,也是学校实现可持续发展的载体。学校将坚持不懈地打造生命教育课程,实施生命教育,为推动学生全面发展、个性发展、健康发展做出积极贡献。

打造生动课堂

莱西二中　郑文波

"生动课堂"中的"生动"是基于对"立德树人"的党的教育方针的理解，倡导以生为本，让学生获得终身发展的能力。"生"就是以学生为主体，注重教学中的动态生成，尊重生命，让其鲜活灵动；"动"就是不仅有老师的适时引导，更是让学生能够"动"起来。情绪涌动，语言灵动，交流潺动，从而让课堂成为真正的学堂。"生动"是生动活泼丰富多彩，是课堂呈现的效果。

一、课堂调动

任课教师通过硬性的课堂要求，调动学生在课堂上学习积极性，提高学生学习参与度与课堂规范性。

（1）课堂笔记与错题整理的研究与指导。根据学科特点，对学生课堂笔记和错题整理提出明确要求，督促学生不断改进，使学生在课堂上达到口动、手动、心动。

（2）思维导图运用研究。设计适合学科教学和学生实际的思维导图或者知识体系，帮助学生进行课堂知识学习。

（3）课堂检查任务与安排。探索课堂检查的方式，创新个体检查、默写、当堂检测等形式，提高课堂检测的吸引力。

（4）课堂纪律要求与落实。对课堂纪律、卫生、坐姿等方面做出明确要求，并研究落实相关的方法和手段。

（5）课堂学习习惯养成与学习方法培养。基于课堂存在问题，对学生进行习惯养成和学习方法的指导，探索学生习惯养成与学习方法培养的周期、做法、特点。

二、讲授带动

任课教师潜心个备，积极参与集备，不断修改完善教案和导学案，使自己的课堂生动活泼，能够引发学生积极响应，带动学生进入有效的学习状态。

（1）知识问题化。根据学科知识,设定问题,组织学生分析问题、研究问题,最终解决问题。以问题引发学生思考,提高学生学习兴趣,培养学生质疑能力和创新思维。

（2）导入情景化。情景教学模式是以案例或情景为载体引导学生自主探究性学习,以提高学生分析和解决实际问题的能力。情景化运用领先的信息技术创设情景,图文并茂,能调动学生的多种感官,寓教于乐,加快对知识的理解,从传统教辅工具的"静态学习到动态学习"的飞跃,让学生消除学习疲劳,激发学习兴趣,提高学习效率。

（3）讲解生活化。生活化教学是将教学活动置于现实的生活背景之中,从而激发学生作为生活主体参与活动的强烈愿望,让他们在生活中学习,在学习中更好地生活,从而获得有活力的知识,并使情操得到真正的陶冶。

（4）目标素养化。以核心素养统领教学目标,由学科教学逐步转向学科教育。引导学生由学习知识向理解知识和运用知识转变,由关注考试能力和考试分数向综合素质发展转变。

三、课堂活动。

任课教师在课堂上设计生生互动方案,让学生在自主探究基础上进行相互交流学习和合作学习。

（1）交流合作。任课教师研究交流合作方案,由2-6名能力各异的学生组成一个小组,以合作和互助的方式从事学习活动,共同完成小组学习目标,在促进每个人的学习水平的前提下,提高整体素质。

（2)互问互答。抓住课堂教育时机,设置课堂互问互答环节,适当开展学习竞赛,提高学生课堂学习积极性、主动性。

（3）活动引领。教师应想方设法的引导学生通过听说读写、练议试尝、做唱画演等多种活动方式,调动学生多种感官,强化知识形象记忆,做到活学活用。同时,教师根据教学需要和学生认知状况变换活动的内容和方式,让活动贯穿整个课堂,使学生快乐学习。

四、师生互动。

针对学生存在学习积极性不高、专注度低等问题,任课教师采取课堂和课后措施,开展师生互动,或解决学生学习和生活存在困难,帮助学生不断进步。

（1）课堂互动。教师在课堂适当与学生进行互动和交流,使学生摆脱千篇一律的课堂教学模式,拉近与教师的距离。

(2)课后辅导。对学习困难的学生进行课后辅导,对学生学习方法、学习思想、学习习惯进行指导和纠正,分层分类促进学生发展,帮助学生树立信心。

五、课后牵动

通过安排适当的学习任务,使学生在课后能够自主地进行学习,提升学生自主发展和自我规划的能力。

(1)作业布置。革新作业形式,明确作业要求,完善批改、讲评环节,提升作业的实效性、实用性,以作业牵动学生课后学习。

(2)练习考试。安排适当的考试和练习,对学生答题格式做出明确要求。利用讲评课对学生进行的答题训练和指导,提升学生考试素质。

六、课前启动

通过预习和课前二分钟,促使学生做好学习前的思想、资料、疑问等准备,及早进入学习状态,提升课堂教学效果。

(1)预习安排。指导学生进行预习,安排预习任务,及时汇总学生预习状况,并根据预习情况进行针对性备课。

(2)课前二分钟。抓好课前二分钟,对学生思想状态、学习用品准备等方面做出要求和检查,让学生做好听讲准备,随时进入课堂学习。

七、目标驱动

任课教师设计长期目标、短期目标、即时目标,落实学生达成情况,使学生在目标引领下不断进步。

(1)长期目标也就是学科学习目标,根据国家课程标准,分解目标,讲解目标。帮助和指导学生制定目标达成方法、步骤和计划,引导学生实现学科学习目标。

(2)短期目标也就是一月、一周的目标。督促学生树立短期目标,指导学生对短期学习目标进行规划,帮助学生实现目标。

(3)即时目标也就是课堂目标。设定课堂教学目标,制定目标实现措施。引导学生按照目标来安排课堂学习任务。

八、评价鼓动

以学生综合评价为指导,坚持"微成功"原则和个性化评价原则,以评价结果来激发学生的上进心。

（1）课堂评价。对学生课堂表现进行即时评价,形成评价档案。及时反馈评价信息,发挥课堂评价的功能。

（2）作业评价。对学生作业进行及时讲解和评价,研究能够激发学生的评价形式和评语,提高学生作业积极性。

（3）考试评价。研究试卷批阅的流程和程序,科学分析学生成绩,建立学生个性化评价模式。让学生在肯定成绩,发现不足,不断纠正,不断进步。

（4）综合评价。对学生德、智、体、美、劳等各方面做出评价,按照多元多维评价原则,使学生能够清楚自身发展轨迹,发挥评价对学生的促进作用。

青岛六十六中生涯规划教育的构建与实践

青岛六十六中　李世杰

2017 年秋季,山东省进入新高考改革试验行列,新高考背景下学生生涯规划教育的需求更加凸显。为了进一步配合选课走班和新高考落实,青岛六十六中开始深入探索学生生涯规划教育。

一、规划阶段

在新高考实施前,各地探索生涯规划教育的做法主要针对高中阶段的学习适应教育、学习方法指导、高考升学志愿填报等一些内容。新高考实施后,因为选课需要进一步明确学生未来发展目标,因此了解自我、职业规划、认知的教育内容就自然成为了高中阶段的生涯规划教育内容的一部分。

基于上述情况,结合学校实际和以往生涯规划教育的实践,我们开始尝试规划生涯教育的实施办法并进行落实。我们的做法是按照"自我认知"——"职业认知"——"大学、专业认知"——"学业规划"这一课程主线思路来展开。

在明确生涯规划教育的目标和路径后,我们建立了"青岛六十六中融合式学生生涯发展导师制项目团队",构建了"领导团队""核心团队""执行团队"三级团队,确立了年级导师、班级导师和科任导师三级导师制度。

二、实施阶段

针对2017级学生,首先以团队成员为主要培训对象,加强了教师的生涯规划教育能力培养,先后四次送教师到北京、上海、江苏等地进行骨干教师培训,骨干教师回校后通过校内二次培训来推进整体生涯规划教育专业知识的普及。首先要从理论层面解决教师困惑,为教师开展生涯规划教育提供专业技术的支撑。

按照实施方案的要求,加强了三级团队的交流研讨,制定相关推进目标,形成了课程体系框架,利用校本课程、班会课落实生涯规划教育中的理想信念和学科发展方向等内容。发挥心理教师的专业优势,开展以"性格、兴趣、能力、价值观"为主要内容的"自我认知",让学生厘清"自我"。随后开展"职业访谈""职业体验"等内容,让学生明确未来行业方向。在确立行业方向后,进行了大学专业适配认知,明确了学生的专业选择方向,从而帮助学生落实和解决了选科这个问题,确立了学生的发展目标,做出了基本学业规划。进入高二开始深入进行学业规划,开始就等级考有关内容进行学习方法指导。进入高三后,为学生进一步确立了大学专业目标,后期进入高考志愿填报等指导环节。

三、完善阶段

针对2017级和2018级的生涯规划教育实施过程,我们积累了一定经验,也初步证实了整体方向的正确性,初步构建了学校生涯规划课程资源库,推动了生涯规划教育的不断成熟。

通过两年的实践,我们的课程建设已经初具规模,但还存在教师能力差异大、教育随意性、对学生教育的结果差异性较大等问题。2019年暑期,对方案进行了优化,完善了生涯规划教育课程,目前已经在2019级学生中实施。单独设置了专门的生涯规划教育课时,由团队核心成员教师进行教学,解决了教学的随意性和教学标准不统一的问题,学生的反馈效果要好于以往的年级。

通过两年多的探索和实践,我们在摸索推进中不断改善,目前已经产生的成果有:开出局属学校公开课一节、开出青岛市市级公开课一节、编写《青岛六十六中家庭教育指导课程:家庭教育导航》、校本课程参评青岛市精品课程;《生涯规划教育:让幸福远航》校本教材修订版正在进行试验和改进等。

在坚守中实现创新发展

—— 58 中课堂教学改革的探索与实践

青岛五十八中 袁国彬

教育改革是一个复杂且缓慢的过程,每一个教育研究项目的实施,如果没有一段时间的积淀,很难看到其效果和价值。

教育规律与人的身心成长规律是相契合的,在教育思想层出不穷的年代,更需要教育工作者拥有定力和平静的心态。多年来,58 中在坚守中创新,在变革中深化,走出了有 58 中特点的课堂教学改革之路。

一、问题的提出——在坚守中寻求超越

1. 学校课堂教学变革之路

学校 2008 年起推行学案导学、以学定教的教学模式,揭开了 58 中新一轮的课堂教学改革的序幕,此后几年中,学校紧紧围绕这一教学模式,深化"以学定教"理论、逐渐渗透尝试教育思想。

学案导学、模式的提出——学案导学模式推进——蔡林森"以学定教"、邱学华"尝试教学"思想——对学案导学模式的深化

通过学习蔡林森及邱学华老师的教学思想,形成了 58 中的课堂"六宜":解放思想宜从备课时开始;"讲"宜放在对"先学"的监控之后;"先学"与"后教"之间宜增加"交流更正"的环节;课堂上宜再强化教师对学习的"引导与组织"职能;学习目标的表述宜在贴近课标和学情的基础上,叙述任务化;导学语言宜指令化,力求简洁具体。此后,通过推进生本愉悦课堂的建设,形成了构建 58 中大气而又精致课堂的思路。逐步建立了互动、尊重、严谨、合理的课堂文化。

在课堂教学改革中,"学案导学、以学定教"的教学模式没有变,而导学案的形式和内容在变化、课堂的思想内涵在变化、教师的和学生的观念在变化。

2.问题的提出及追问

随着课堂教学改革的深入,学生的知识体系构建的越来越清晰,知识基础越来越厚实,教师的授课能力日益得到提高,但是老师逐渐发现在课堂教学中似乎碰到了瓶颈期,主要表现有:一些事情在不断的重复,业务上很难再像以前一样有快速的成长,授课的模式相对固定,创造的激情被弱化了。教学效率维持在一定水平,很难再有质的提高。教师渴望超越,却没有清晰的方向。

如何寻求课堂教学质量的超越? 课堂教学改革新的增长点在哪里? 如何解决学案导学模式下的趋同现象? 如何能够促进教师的二次成长? 如何引导老师找到自我突破的点? 如何实现继承基础上的创新? 在一系列的追问中,老师们开始思考,我们感受到老师们渴望超越的热情,逐渐在行动中找到了变革的方向。

二、追求课堂品质,在坚守中创新

教育不能只有追问,没有行动;只有思想,没有实践。我们引导教师在教学研讨中、在教育经典中、在教学实践中寻找突破。

1.回到教学原点,认识学科价值

学生出成绩的方式有多种方式:可以通过加班加点,延长学习时间;也可以通过提高效率实现。如果没有好的方法,我们会选择前者,但那是不可持续的。作为一名既教书又育人的教师,我们选择后者,以让我们的教育可持续发展。然而,提高效率,需要观念的转变更需要科学的方法。观念的转变先于科学的方法。首当其冲的就是要增强教师对所教学科的再认知。

苏霍姆林斯基说过,"教师对自己所教的学科要有深刻的认识,他应当能够分辨清楚这门科学上最复杂的问题,能够分辨清楚那些处于科学思想的前沿的东西"。

在经过充分的调研后,我们决定选择"学科价值的讨论"为突破口,引导教师重新认识学科价值。其中包括学科的德育价值、学科的迁移价值、学科的认知价值。

首先,通过教研活动组织教师进行讨论。其次,通过教师的实践(导学案编写、上课)加深教师对价值的再认知。最后,学校通过教师论坛,引导教师进行分享。

通过教学实践,形成了构建具有58中特色的大气而又精致的课堂的课堂改革思路。大气主要有三个维度:一是有"宽阔视野",二是有"时间",三是有"耐心"。所谓精致:一是关注细节,二是关注策略,三是关注语言。在一系列教研活动中,老师们逐渐找到了课堂教学水平提升的新的增长点,教师对学科认知的深刻带动了学生对学科认知的深刻,学生在课堂上的思维更加活跃,教师的教学层次得到了提升。

2. 改造导学案形式，关注学习过程

反思我们的教学,也经历过了过度关注结果(以成绩体现)的时期,时间久了,教师、学生压力倍增,教学质量到达一定程度就停滞不前,无法取得突破。比起目标的达成来讲,过程更重要,过程追求精致,结果才能完美。

站在一颗幼苗之前,可以看出它旺盛的长势(潜力及可持续发展),却感觉不到它的成长,只有隔一段时间才会发现它的变化。"教育是农业而不是工业",(叶圣陶)教师的教与学生的学都是这样一个道理。

为了更好的关注学生的学习过程,学校通过《青岛五十八中课堂教学低效无效行为的排查与对策》《影响学生学习效率提高的因素》等课题加强对影响学生学习的教育教学行为进行反思。通过《青岛五十八中学生学习习惯培养手册》《时间管理大师》等工具引导学生对自身的学习行为进行元认知监控。从教师教的过程和学生学的过程两个方面进行改变。

导学案是关注学习过程的最直接抓手。我们对导学案进行了思维上的再改造,以此来推进对学生学习过程引导和监控。

在先期的推行过程中,我们对导学案做了如下定位:导学案应该是有保存价值的,能够区分预习、学习、检测、反馈环节;导学案中的问题应该是开放的、导学案要留白;教师应该指导学生可以同时使用错题本。

在研讨的基础上,我们每学期进行两次导学案的大规模的常规检查,并对优秀的导学案进行展示交流。形成了青岛五十八中导学案使用流程的学生版和教师版。导学案的制作开始展示出各组的不同特点,学科价值开始在导学案上体现,各种课型的导学案也不断被开发出来,并形成了电子资源。

在推进过程中,我们逐渐发现了一些问题:

(1)导学案整合了教师的思维,但教师的授课模式单一了;

(2)导学案的整合了教学流程,但学科的特点弱化了;

(3)导学案注重了学,但没有注重"导"。

发现问题后,学校开始组织教师进行研讨、修正,经过研究,我们确定了突破学案的"导"的功能,以此带动教学设计的个性化,以突破授课模式单一及学科特点弱化的问题。

老师们逐渐认识到,导学案应该成为引导学生形成思维、引导学生参活动、引导学生自我反思的载体。经过不断的研讨,在原有的基础上,对导学案增加了以下的定位:导学案应该成为学生展现思维的"场所";导学案应该充满学科的味道(价值);导学案应该是体现教师教学思想的舞台;导学案中的环节要成为课堂教学环节的文字化表达。

陈述性知识的退出，代之以程序性知识——学生在旧有知识的基础上，根据导学案之"导"，一步步地深化延伸，最终学得新知识。于此过程中，学生可以体验自主学习之乐，且新知识建立于旧有知识之上，易学难忘。

我们的体会：课堂中的教学环节正如同企业中的工作流程，改善流程就能提高效益。基于导学案的教学环节的改变，改变的是导学案的形式，实则改变的是教师的教育理念。

3. 提升教研内涵，打造团队力量

学校通过推进日集备、先行课、听评课活动给教师校本研修提供平台，倡导研究的文化、合作的文化、分享的文化，渗透教学设计思想，改进教学行为。

（1）推进日集备、先行课的制度的内涵发展。

学校最初的的日集备、先行课制度是为了解决教师发展不均衡的现象，通过集体备课、听课促进教师水平的同步提高。一直坚持下来，在不断的推进过程中，我们也发现了一些不足，如在集备的过程中，出现了以下情况。

指定主讲人——其他教师毫无准备——被动听主讲人叙述——不加深刻思索地发表一点看法。

集备是为了减少低水平的重复劳动，而不是造就思想的"懒汉"。"懒汉"的出现，原因有多方面，缺乏"个人钻研"最值得关注，这是一个环节的缺失，也是理念的缺失。于是，学校在制度上细化了对集体备课的要求，并将检查结果纳入年度优秀备课组评选项目中；在行动上结合先行课对集体备课的环节进行了调整，并对组长的职责和集体备课内容、先行课的运行进行重新定位。

集备流程：个人钻研——集体研讨——先行课——议课——推广——反思（个人钻研）

（2）从听评课到观议课—创新教师磨课行为。

听、评课活动对提高教师的教学设计水平具有积极的意义。但是无目的、无组织的"听"课活动却会让听评课陷入乏味，从而成为形式，其次，教师在"评"课过程中的个人主观色彩会使被评教师处于从属地位。

我们在基于学科价值的讨论的基础上，开发了不同的观课观察量表，并把听和评的行为转化为"观"和"议"的行为，"观"即是用观察量表进行记录，"议"即是以观课主题引领教师研讨。听评课到观议课是行为的改变，更是观念的改变。这样的改进能让教师有的放矢的进行课堂教学研究。改变了以往听评课过程中，被评者的失语现象及只说优点，而忽视缺点的现象，有利于教师将关注点放在问题本身，从而

在大家的议中取得共同进步。在过去一年中,学校通过组织了"一组一课"课堂展示活动及基于"微课题"的课堂观议课活动,促进教师专业成长。

4.开展体验活动,关注个性发展

培养教育人和种花木一样,首先要认识花木的特点,区别不同情况给以施肥、浇水和培养教育,这叫"因材施教"。

随着新课程的展开,教学的有效性也越来越受到重视。对学生个性发展的关注是促进教学有效性的重要维度。经过认真调研,我们以教师体验活动及学生成长指导为抓手,推动全员导师制,促进教师从关注集体到关注学生个体的转变。

2012 年,我校启动教师体验活动之"当一天学生"教师体验日活动,通过缜密的组织,让老师进行为期一天的体验,陪伴学生听课、自习,跑操、就餐等。在教学实践中,引导教师将心理学知识用于课堂教学,教师的专业成长与学生的健康发展有机的结合起来,使得教育更符合人的成长发展规律。学校又邀请家长进入课堂,与学生共同听课、就餐,体验学生一天的生活。

在举行三年之后,我们又于今年将这一活动升级为教师体验 2015 版——"心灵相约 - 教师教育教学体验周"。在一周时间内完成四部分活动:听课活动、谈心交流、解决问题、分享成长。

教师体验活动只是个引子,重要的是活动过后在教师和学生中产生的持续影响力。教师在心理上关心学生,在学习上指导学生,在生活上帮助学生。进而更全面了解学生的学习情况,并从学生的视角观察课堂、反思教学,使课堂教学更好的为学生发展服务。在关注学生共同基础的前提下,引导教师关注学生的个性特长,在一定程度上实现了学生的差异发展。

打造共同的课程观,领导课程教学

青岛市即墨区实验高级中学　王崇国

围绕"教师第一、学生中心、课堂至上"的核心价值观,在教师中统一思想,建立共同的课程观,共同制定具有普遍认同感的学校课程规划,在开设现有校本课程的基础上,着手开发新课程,为学生量身打造适合个性发展的成长路径。

一、提升以课程领导力为核心的专业领导力

（1）对专业领导力和课程领导力有正确的认识和定位。从学校的实际出发,立足学生成长和发展,在课程研发、管理、实施过程中发挥旗帜作用,让师生感受到专业的引领,进而推动学校工作持续、全面、和谐发展。

（2）变革教育教学观念,提升课程素养,建构科学的课程观。对课程的概念、研发、编制、实施、评价等各个方面有精准的认识和把握。有效加强课程建设,建立起适合学生发展的课程体系。

（3）强化课程统整能力。制定完备的学校课程计划,建立起完善的学校课程管理体系,构建起完善的教学管理、教学资源管理、教学人员管理、教学评价管理等一系列课程实施和教育质量保障体系,对课程研发、建设、管理、实施有一个全景式的把握与有效地操作。

（4）建构完善的课程领导共同体。把教师队伍的专业发展需求与学校课程发展结合起来,建成一支研究型、学习型、拥有共同认可的课程观、有较强研发和实施课程能力的教师团队,共同落实好课程的实施,不断实现教学质量的提高和教师专业能力的升华。

二、教育教学团队实现共同成长

校长不是孤立的课程领导者,只有当校长和教师共同成长,思想和观念高度统一,才能真正实现校长的课程领导力。组织引导教师从学校的学情、师情出发,共同参与课程规划制定,结合学习、培训和研讨,进一步明确学校课程目标、结构、内容以及课程实施的途径与方法,增强教师对课程的理解力和对课程规划的认同感。学校、校长的理念转化为教师的共识,学校的规划目标为师生广泛认知,并具体分解为教师个体规划目标,转化为教师教书育人的行动。在共同课程观的指导下,教师自觉跳出固守传统教材和课程的圈子,立足学生成长发展,开发、实施课程——学生需要什么课程,我们就开发什么课程;学生想学什么课程,我们就开设什么课程。

三、办学水平在更高层次上实现持续、稳定提高

建立完善更加适合学生成长、发展的课程体系,促进教师专业发展能力、课程执行力不断提高,关注每一名学生的成长和发展。通过课程因材施教,以学定教,分类推进,不拘一格培养人才。在课程的引领下,使学生的学习兴趣更加浓厚,学习习惯

进一步优化,学习积极性和学习效率进一步提高,实现基于个性、兴趣、特长的个性化成长和发展。

四、成长措施

（1）坚持读书、学习。认真学习、领会课改精神和课程政策,转变思想观念。立足当前课程改革与发展形势,深入学习、研究课程改革政策和理论知识,积极参加课程改革培训和学术活动,虚心学习名校长经验,博采众长,在教育理念、办学思想以及学校管理等方面实现质的飞跃。将学习与工作实践密切结合,不断提高业务素养和课程理论及实施水平,熟悉课程计划、课程标准、课程类型与课程内容等,成为课程开发、实施和教学的研究者,有效引领教师进行课堂教学改革,实施新课程。坚持实施"智慧教师、书香校园"行动计划,举办读书节、读书沙龙,推动全校性"图书漂流",提升干部教师的文化素养和专业水平。

（2）不断反思、改进。课堂教学是课程的主阵地,课程能否有效落实取决于课堂教学质量。要坚持深入教学第一线,深入课堂,通过听课、评课、教研活动、座谈等途径,了解学情和教育教学的瓶颈,及时对教学活动进行反思,从普遍问题中寻找一般规律,不断提高对课程实施的认识,确定课程目标,改进课堂教学和课程实施,在"反思—实践—反思"的螺旋式上升中,提高课程实施水平和课程领导力,实现学校教书育人的愿景。

核心素养培育与学校课程建设

青岛五十八中 吴 峰

国家课程是落实核心素养培育的重要课程组成部分,国家课程最优化实施的唯一途径就是国家课程校本化。国家课程与校本课程形成互补,共同成为核心素养培育的重要载体。

一、基于核心素养培育的导学案研究

导学案是国家课程校本化的载体,学校自 2008 年开始推行导学案教学,通过重组、取舍、替换对教学内容、授课顺序等进行适当的处理,使之更符合我校学生的实际,更符合学校育人目标。学校导学案的研究主要经过了以下过程:学案导学、模式的提出—学案导学模式推进—蔡林森"以学定教"、邱学华"尝试教学"思想—在课堂教学中明确提出渗透德育及学科价值教育—对学案导学模式的深化。

随着核心素养研究的深入,学校将导学案中知识的价值与呈现作为重要内容进行研究,主要涉及知识的育人价值、学科价值、迁移价值,学校先后组织了学科价值大讨论、体悟学科价值论坛、德育渗透系列展示课等。通过引导教师参与,构建"大气而又精致"的五十八中课堂教学生态。在过去一年中,组织各类校级研讨课 96 节。倡导在教学中,以学习者为中心,既有视野、又有关怀;既有规范,又有个性;力图做到教学设计与课程相匹配,由教师引导转向学生独立应用、说明和解释,发展批判性思维和问题解决能力。

二、基于核心素养培育的微课题研究

学校围绕核心素养开展"教师个人微课题教学研究"。让"组组有课题,人人搞科研"不仅落地,而且要更接地气。主题是"围绕核心素养改进教学方法""围绕核心素养选择教学内容""围绕核心素养改进教学评价"。

学校通过个人"微课题研究"中期培训会、"对话微课题"的专题培训。引导教师围绕学科核心素养选择教学实践中的"真问题"作为课题,如高一英语的"如何在课堂上提高英语口语"、高一化学的"化学必修 1 中化学史料的教学应用案例"、高二语文的"如何让小组讨论实现全员参与"等,过去一年,学校微课题立项 30 个,通过开展基于微课题研究的观、议课活动,让理论落实在具体的教学实践中。

三、基于核心素养培育的教师素养提升

学培育学生的核心素养,教师必须具备必要的专业素养,以提升国家课程的校本化水准。为此,必须加强教师培训。我们的教师培训需要整体变革,根据学生核心素养培育的要求,重新建构教师培训的目标、课程、模式等。学校采取国内、国外培训相结合;国家培训与校本培训相结合;集体学习与教师个体研修相结合;行政引导与个人规划相结合多种方式促进教师素养的提升。

学校引导教师制定、落实个人发展五年规划、组织"一组一课"课堂展示活动及"教师论坛""信息能力提升"等集体培训,并分批、分次派教师参加国内外高端研修,提升教师素养和国际理解力。

知识是力量,但知识不是唯一,能力、思维、价值观、人格等"核心素养"在当下和

将来将有更加重要的作用。课程是学生核心素养培育的主要抓手,我校也将继续深化课程改革,不断推动学生综合能力的提升!

课程实施新样态，教学质量创新高

青岛第二实验初级中学　战志蛟

提高教学质量是每个学校的重要任务,如何提高教学质量,则是仁者见仁、智者见智的课题。提质路有千万条,但归根到底是要"抓""真抓""抓到点",那就至少需要好好考虑两个问题:抓什么? 怎么抓?

我校从学科组教研管理的维度,实施以"主题式"教研为主线的学科研讨模式取得明显成效。

学科组建设是学校管理的重头戏,我校学科组建设的总体目标是打造"有学科文化底蕴、有研究方向主张、有精耕细作品质、有方法策略绝招"的精英团队,我们认为教研管理的核心在于学科组用什么样的方式进行日常的教学研究,即教学研究的运作模式,这点很重要,因为它直接决定了学科组能不能"长的好",与学科组的教学成绩也有直接关联。

我校日常教学研究活动主要采用"主题式"教学为主线的研讨模式,归结起来主要有以下三条实施途径。

1. 串起学科教研组的研究主线

本着"长程设计、整体构架"思路,教研组以学年为单位确定研究主题,每学年的研究主题可以确定 1 ~ 2 个,可以是学科教材研究专题,课型研究专题,课堂环节专题,也可以是教学问题专题等等,研究专题全组教师共同确定好后,各组确定实施步骤,细化到每个周的工作日程。"主题式"教研的优点是主攻方向清晰,减少了零散式教研内容带来的随意性,集体攻关易出成果,形成学科特色。

以英语组为例,"阅读教学"一直是我校英语组近几年的重点研究主题,之所以选择这个主题,是为了解决"学生阅读零散化,不能从整体上建构文本,文本综合分析能力不足"的问题,这与新中考改革的变化不谋而合,几年坚持不懈的静心研究,英语组在崔丽华老师的主持下,形成了"生本多能英语整体阅读教学"这一省级教学成果,目前广泛应用于我校英语阅读课,正因为教研抓住了核心问题,正中学生英语学习的软肋,我校英语成绩稳居青岛市前列。

2. 以集备组为单位的主题式课例研讨

集备组是教学研究的最基层单位,集备的形式要"静动结合",既要有常规集备的研讨,也需要有走进教室的实战演练和学习观摩,后者是落实集备思路的必由之路。从这个角度来讲,我校在集备组主题式课例研讨下的功夫是很多的,并逐渐形成我校主题教研的一大亮点。

从备考任务的角度我们会把七八年级和九年级作为两个团队进行。

七八年级每个集备组根据组内教师业务发展需要自行确定研究主题,研究内容可以是专题,也可以是某种课型。先进行一人一节集备组内交流研讨课,然后每组推荐一节进行校内展示,这节校内展示课要凸显组内研究主题成果。

九年级上学期进行"难点内容"课例研讨,下学期进行"专题复习"课例研讨。"难点内容"课例研讨流程是集备组确定两个难点课例进行组内集备,之后两位老师进行课堂执教,对难点课例进行突破。"专题复习"课例研讨是集备组确定一个专题的教学内容进行组内集备,之后每位老师承担该专题的一个子内容进行课堂执教,同组教师全部参与听评课。区学科教研员参与听评课过程,对难点课例进行突破,为复习备考提供高效策略与途径。

3. 以集备组为单位的主题式学科特色活动

学生学习成绩的提高需要全方位的培养,从学科学习的角度来看,要关注课堂教学的实效,也要关注学生学习方式的优化。基于此我校各集备组开展了大量主题式学科特色活动,提高学生的学科综合素养。

以正在进行的九年级语文组为例,名著导读是中考必考内容,从期中考试大数据分析发现学生得分率并不是很高,所以以九年级语文组老师为学生量身定制了以中国古典名著初中阶段必读篇目为主的知识卡,每一张卡上图文并茂,既有相应的人物图像或故事情节,又有与之相关的人物性格特点及概括介绍的情节。接下来开展了"读名著赢奖励"活动,制定了奖励知识卡的具体办法,让每个学生都有机会拿到奖励卡,每次发完之后都会把照片发到家长群以示鼓励。每到课间,在语文老师的身边都会围上一群学生,有的在互查,有的在背诵,有的在朗读,有的孩子为了集成套的卡片而努力,有的孩子为了得到自己心仪的卡片而加油。这些活动引发了学生积极学习语文的热潮。看着九年级的孩子,我们会有两点感触:一是不能完全把九年级孩子看成大孩子，小奖励这些"小把戏"也是很管用的；二是九年级不能只看成绩，老师们和孩子们心中还是要有"诗和远方"，学生的备考才有活力和激情。

"三三五"导学式高效自主学习模式的探索与实践

即墨区第四中学 刘元君

课堂教学改革是一场教育思想、教育理念、教育方式和教育行为的深刻变革，对学校工作提出了新的挑战，也为学校的发展提供了难得的机遇。为此，我校以"优化课堂教学，提高课堂效率"为重点，科学实践，积极探索，扎实推进，打造适应新课改要求的"三三五"导学式高效自主学习模式。

一、统一课改理念，让教师思想达成共识

面对一项新的改革，教师中不愿参与者有之、抱着应付差事、走走过场的亦有之，怕吃苦、怕受累的更有之。为此，我们做到逢会必讲教改，逢人必谈教改，采取会议渗透、宣讲；分年级组召开座谈会；领导深入教研组、备课组与教师交流；召开教改实验动员大会等多管齐下的办法蓄势造势，统一了全校教师的认识，形成了合力。

二、定义课堂模式，让老师手中有个标准

认识是先导，行动是关键。围绕高效课堂，学校出台了《即墨四中课堂教学改革实施方案》和《即墨四中关于达标课的要求》等意见和方案；对导学案的编写、学习小组建设、课堂环节、预习时间和复习时间等方面进行指导部署；通过骨干教师"示范课"、中层干部"课堂观察课"、校长"课堂走访制"、教研室诊断等对课堂教学进行引领、跟踪、督查与推进。经过全校教师的反复实践研究，最终形成了我校的高效课堂教学模式——"三三五"导学式高效自主学习模式。

（一）模式内涵

学校"三三五"导学式高效自主学习模式教学改革的立足点是：以学案为平台，以学生为主体，以科学的检测为措施，以小组合作为抓手，通过小组合作、探究，实现生生互动、师生互动，让学生在自主、合作、愉悦的氛围中实现高效学习。

（二）模式解读

"三三五"即"三案、三测、五环节"，具体内容表述如下："三案"指三类导学案的编写与使用，即课前预习案、课堂探究案、课后巩固案。"三测"指预习自测、当堂检测、巩固检测。"五环节"指课堂学习的五个环节：一是目标导航，激情导入；二是自主学习，合作探究；三是交流展示，点拨释疑；四是当堂检测，反馈落实；五是总结评价，巩固提升。

（三）课堂五环节具体要求

（1）目标导航，激情导入。在每一堂课的起始阶段，教师充分激发学生学习的兴趣，引导学生明确学习目标。在整堂课的学习过程中，学习目标始终是学生学习的灯塔，师生的整个活动就是要逐步接近并努力实现这个目标。

（2）自主学习，合作探究。学生在自学前，教师通过预习学案，为学生提供一些思考题，以指导学生更好地自学。在学生自主学习的基础上，组织学生以小组为单位，交流自主学习成果，对探究内容进行讨论，共同探究，教师巡视观察课堂，了解学生基本情况，并及时给予引导。

（3）交流展示，点拨释疑。基于上一环节，教师组织学生进行成果展示，同时，教师穿插点拨，帮助学生拨去心头的迷雾，达到有效帮助学生提高与发展的目的。

（4）当堂检测，反馈落实。为更好地检验学生对课堂知识的掌握程度，设计一定层次的练习题，进行当堂检测。

（5）总结评价，巩固提升。要求培养学生自主总结的习惯，以提高学生知识梳理和运用表达的能力，在时间允许的情况下，学生之间可以进行相互补充，教师要做必要的强调说明。

三、做实校本研修，引领教师走进一片天地

学校每学期初都要举行课堂教学改革总结会议，对前一阶段的课改工作进行总结，同时，学校举行了"三三五"导学式高效教学模式——子课题研究启动仪式，学校总计30多个备课组均开启了课题立项研究工作，通过课题研究的方式引领课程改革

深入推进。

目前学校的课堂改革仍在继续推进,全校师生已充分认识到深化课堂教学改革的重要意义。今后我们仍将把思想和行动统一到学校课改的工作部署上来,团结奋进,开拓创新,力争在高效课堂的构建上取得新成效!

青西一中的德育特色课程引领

青岛西海岸新区第一高级中学　吕怀文

习近平总书记强调,教育首先要解决的问题就是培养什么人,为谁培养人的问题。立德树人是教育的灵魂和方向。德育是教育的生命,十几年前青西一中就确定"立德为先 全面发展"的办学理念,德育是我校在教育教学各方面的成绩的基础。

学校制定了《青岛西海岸新区第一高级中学德育实施纲要》,以此为统领,构建了方向正确、内容完善、年级衔接、载体丰富、常态开展的德育工作体系,逐渐形成全员育人、全程育人、全面育人的大德育工作格局。

1. 道德讲堂课程

习近平总书记说,核心价值观,其实就是一种德,既是个人的德,也是一种大德,就是国家的德、社会的德。国无德不兴,人无德不立。

几年来,学校不断创新德育工作,道德讲堂就是学校打造的一个接受道德教育的重要场所。它围绕经典养心、美德润心、沟通交心、美育净心、辅导护心、践行修心的形式开展工作,引导学生学习、传承传统道德文化。青西一中道德讲堂是青岛市首批道德讲堂示范点,开发了一系列课程,从传统儒家思想仁义礼智信,温良恭俭让课程,到爱党爱国、理想信念、励志担当、诚实守信、孝老爱亲、静以修身,俭以养德课程,2012 年,中共十八大正式提出二十四字社会主义核心价值观。学校相继开发了社会主义核心价值观道德讲堂课,使得我校的德育更加具有时代性。

道德讲堂课程主要分为六个环节:看视频、诵经典、讲故事、谈感想、唱歌曲、行善举。

2.学雷锋课程

雷锋的一生并不长,只有不到 22 年,但雷锋精神却在影响着一代代中国人。习近平总书记在 2018 年参观抚顺雷锋纪念馆时讲:雷锋是一个时代的楷模,雷锋精神是永恒的。它是五千年优秀中华文化和红色革命文化的结合。实现中华民族伟大复兴,要不断闯关夺隘,也需要更多的时代楷模。积小善为大善,善莫大焉,这和我们党"为人民服务""做人民勤务员"是一脉相承的。我们要见贤思齐,把雷锋精神代代传承下去。学习雷锋精神,就是要把崇高的理想信念和道德品质追求融入日常的工作生活,在自己岗位上做一颗永不生锈的螺丝钉。

青西一中自 2002 年建成雷锋纪念馆,是青岛市首批雷锋学校,学校建有雷锋雕像,学雷锋特色鲜明,每年都有周边学校来校参观,学生组成志愿者服务团队,讲解雷锋事迹。学校也逐渐形成了成熟的学雷锋系列课程。

"学雷锋"课程目标:①提高文明素养,树立正确的世界观、人生观、价值观,做中华民族传统美德的传承者、社会主义道德规范的实践者,良好社会风尚的创造者。②教育学生学习雷锋的钉子精神,崇尚科学、勇于创新;学习雷锋的奉献精神,热爱集体、助人为乐;引导他们争做具有远大理想、勇于拼搏进取,"学""做"统一、诚实守信的美德少年。

3.特色活动课程

以德立人、以文化人、活动育人,我校经过多年实践,建立了精彩纷呈的节日文化活动课程体系,习近平总书记提出"六个下功夫"。

在坚定理想信念上下功夫,在厚植爱国主义情怀上下功夫,在加强品德修养上下功夫,在增长知识见识上下功夫,在培养奋斗精神上下功夫,在增强综合素质上下功夫。紧紧围绕六个下功夫,精心设计各种校园节日活动和主题教育活动的主题及活动内容,每年组织 60 多项丰富多彩的活动,潜移默化,悄然给了学生一笔终生受益的财富。

节日活动课程,每个节日持续时间 10 到 30 天不等,除了最后举行充满仪式感的仪式之外,还要举行一系列紧紧围绕主题的活动。

青西一中的德育活动贯穿学生整个高中生涯,《幸福人生从这里起航》入校课程开启精彩的"织梦""筑梦""追梦"之旅,有计划的校园节日活动始终陪伴学生,而高考后学生重返母校,由终生难忘的离校课程迈向美丽人生的新起点。

第四部分

职 业 教 育

多维度落实"十个一"，全面提升学生综合素养

平度师范学校　王启龙

为加强农村基础教育师资队伍建设,平度师范学校(青岛市中小学教师培训中心)认真结合教育教学工作实际,致力提升在校生未来从教综合素养,充分发挥百年师范"综合培养＋一专多能"的培养优势,以让每一个学生都"能说会道、能写会画、能唱会跳"为目标,探索建立了"课程＋活动"的一体化长效培养机制,多层次、多维度、立体化践行落实《青岛市促进中小学生全面发展"十个一"项目行动计划》,取得了较好成效。

一、课程建设落实"十个一"精神,凸显全科教学特色,锻造"一专多能"人才

在贯彻落实"十个一"过程中,我们全面发扬百年师范"全科教育,综合培养"的优良传统,构建"全面＋立体"的课程结构,推进"十个一"课程化、常规化。通过科学设置课程,强化专业学习,夯实文化基础,多方锤炼技能,力争每个学生都能成长为"能说会道、能写会画、能唱会跳"的全科人才。

具体工作中,我校以"全科"课程支撑学生知识结构的"面",以艺术特长引导学生的"趣",以技能课程强化学生的"能",从根本上夯实师范生未来从教基础。在此基础上,将"十个一"相关的各类课程统整为"必修课、选修课、活动课、实践课"四大板块,构建了全面、立体的课程结构。特别是注重课程与"十个一"项目的紧密结合,如开设书法、简笔画、国画、手工、钢琴、声乐、舞蹈、视唱等丰富多彩的艺术课程,凸显我校美育优势;开设篮球,足球,排球,乒乓球、健身操、啦啦操等形式多样的体育课程,提升学生的身体素质和体育素养;开设晨读、两唱、午练、晚讲等校内实践课程,从而使"十个一"项目与日常课程实现了无缝衔接,让学生在潜移默化中熟练掌握从教的基本技能。秉承百年师范"立德树人"的深厚文化底蕴,以"丰富生命内涵,成就精彩人生"为育人理念,用内容丰富、寓意深厚的活动作载体,从育人与教学两

方面,为学生搭建全面立体的成长与发展平台,真正做到落实"十个一"行动计划的要求。

二、课程活动践行"十个一"要求,以"文德修身"品牌为引领,教育教学多点开花硕果累累

在全面落实践行"十个一"过程中,我校以"文德修身"品牌为引领,注重传统文化的濡染,我们先后创建了"踏歌追梦"合唱比赛、"乐海之声"器乐大赛、"翰墨飘香"书画大赛、"平师好声音"歌手大赛、"金色年华"朗诵比赛、"戏融师苑"情景剧展演、"奇思妙想"手工制作展、"激扬青春"啦啦操大赛、"青春飞扬"体育节等十余项德育微品牌。同时,辅之以独具特色的校外社会实践活动:"紫丁香"志愿服务队、假期社会实践、劳动德育作业、基础教育见实习以及集体外出研学等。各类活动丰富多彩、贯穿全年,并注重参与面,让每个学生都有登台表现的机会,为学生的个性发展创设了良好的空间。

得益于我们在课程建设与日常活动中的系统规划及扎实落实,学生各项技能水平得到了较大提升,在国家和省市各级各类比赛中捷报频传。青岛市青春校园健身操大赛,我校代表队连续六年奖,特别是在 2018 中国校园啦啦操锦标赛中,我校首次参赛即斩获全国一、二名;在今年 10 月份举行的全国啦啦操(青岛站)比赛中,我校代表队获自由舞蹈自选动作项目冠军;"学宪法、讲宪法"大赛中我校选手拔得头筹,代表山东省参加国赛并获一等奖;山东省国防知识竞赛代表青岛队参赛获二等奖;山东省中小学生经典诵读大赛获高中组一等奖;山东省中学生书法联盟笔会获一等奖;在 11 月份结束的青岛市中小学生乒乓球比赛中我校获得团体总分第一名,诸多单项也获得了第一名的优异成绩;中学生体质监测连续四年位列青岛市第一名。

通过校内外活动彼此融合、课程与活动互相结合,学生综合素养水平最终体现在《平度师范学校学生综合素质评价手册》中,使"十个一"项目真正实现源于校园、走进社区、走进家庭、显于社会、纳入评价、提升素养、促进成长。

基于技能大赛成果转化教学模式改革

山东省轻工工程学校　李祥新

为促进技能大赛成果转化,我校实施了"基于技能大赛训练模式的教学模式"改革,从赛题中提炼专业技能点,融入日常教学实践,把技能大赛的"小众受益",变成面向全体学生的"大众普惠",把大赛成果转化为教学成果,切实提高学生的技能水平和综合素养方面,取得了较好的成效。

一、职业技能大赛的优势

工科类技能大赛赛题内容与企业一线实际生产的零件紧密结合,技能大赛的赛题汇集了行业、企业、高校、职教等各方专家的智慧。多数学校针对大赛的培训方式是理论与实践相结合的模式,问题导向,边讲边练,是典型的理实一体化教学。工科类技能大赛的评价标准与企业的生产标准紧密结合。

二、构建"基于技能大赛训练模式的教学模式"

1. 整体规划,搭建教学模式改革框架

学校成立了教学模式改革工作组,明确了教学模式的改革思路,梳理各专业的全国职业院校技能大赛项目,总体规划,分步建设,突出重点,以点带面,构建了教学模式改革的运行机制。

2. 从技能大赛题目中提炼核心技能点

将近五年的大赛赛题进行梳理,提炼出赛题考核点;根据产品的生产工艺,从产品成型倒推,提炼出适应于教学的若干个技能点,每个技能点均是可细化、可操作的小项目,将这些技能点按大赛训练模式重新组织编排,相关理论知识穿插于项目中,融入专业课程内容,理实一体进行教学。以模具专业为例,大赛项目要求涵盖模具企业生产的全过程,包括设计、加工、装配、调试等环节。我们根据专业培养目标,结合近五年全国技能大赛的考核点,提炼出课堂教学所需要的 8 个模块 17 个项目,合计

180课时,构建了项目化课程。目前,我校已对机电、数控、模具、生物制药等4个骨干专业所涉大赛项目进行了赛题分析和项目化课程构建。

3. 采用"技能大赛训练模式"组织教学

采用项目教学的形式和技能大赛的规程组织教学,按照技能大赛的标准进行考核。教学采用项目训练方式,学生按照大赛规程分工协作完成生产和学习。项目先由教师示范操作,强调注意事项及技巧,然后由学生做单个项目练习直至短时间内达标,再进行下一个项目。由浅入深、由易到难。如模具专业涉及CAD绘图、零部件三维建模、模具结构设计、数控铣削、模具钳工、注塑工艺、测量检测等内容。依照职业素养标准和企业岗位能力需要,结合课堂实际,采用计时通关、挑战极限、组间协作等方式,严格控制每个项目训练的完成时间,通过重复强化训练,不断缩短比赛时间,极大提高了学生的工作效率。

4. 创新评价方式,注重过程考核

课程评价标准体现职业能力为核心,全面评价课程三维目标的达成情况。注重过程考核,每个教学项目完成后,均实施技能抽测。制定《职业素养检测标准及检测记录表》,按照与技能大赛相同的检测手段、技术要求和评分标准进行考核,在教学过程中对每一个教学环节都进行评价,最终汇总出各个项目的分数,评价贯穿于学生课程学习的全过程。

三、教学模式改革成效明显

教学模式改变后,课堂状况有了明显改变,学生自主学习的内需力明显增强。学生的日常行为习惯也有很大改善,课堂秩序良好,实训场所卫生整洁、设备保养及时、到位。更多的学生分享到了大赛成果,积极参与技能竞赛,成为技能竞赛的骨干力量和后备人选,学生技能水平、综合分析和解决问题的能力及团结协作、注重效率的职业素养大幅提升,教学质量逐渐平衡。

加大课程建设力度，有效开发专业教材

青岛综合实践教育中心　张　春

课程是教学的载体,中职学校必须加强专业课程建设,开发适合区域经济社会发展的专业课程。学校坚持"以服务为宗旨,以就业为导向"的办学方针,面向市场设专业,面向岗位开课程,以培养青岛市餐旅行业需要的中、初级专业技术人才为目标,形成了"校企合作、订单培训、工学结合"特色鲜明的课程模式体系。

一、加强领导，精心组织，确保课程建设工作顺利开展

1. 设立工作机构，确保课程实施工作顺利推进

成立以校长为组长,教学校长为指导,教务处主任抓落实的课程实施领导小组,做到领导成员职责明确到位,分工合作。定期召开工作例会,分别以公共文化基础课和专业课为专题,开展有指导性的教研活动。

2. 抓好教学常规管理工作。

领导小组成员随堂听课、参与学科教研活动,学校领导坚持随堂听课,能了解真实的课堂教学现状,掌握课程实施情况,提高教师实施课程的能力。课程评价小组全员听课,全过程跟进、听课、反馈,为全面有效地实施课程工作打下良好基础。

二、加强课程实施理念的培训

根据学校提出的"教师第一""培训就是教师最大福利"理念,采取"请进来、走出去"的方式,对老师进行有计划地培训。邀请了教科院及行业高校等专家来校作专题培训,提升教师的专业素质。同时,每年都会派大量教师赴国内外境内外发达地区培训,五年来学校派出近200人次的基础课教师和专业课教师赴外地学习。

三、抓好课程建设与改革

1. 课程体系建设

成立了课程体系建设工作小组,深入行业企业、对口高职进行调研对接。以课程改革为抓手,构建了文化基础课程、专业课程、拓展课程"三位一体"的课程体系。构建了以行业标准为依据,以岗位人才能力需求为出发点,立足中职学生实际情况的以"文化素质、专业基础和专业技能、专业生产实践和职业素养"为模块的"学训一体"校外实训课程体系。

2. 积极进行校本课程开发

根据行业和企业的需求,有针对性开发实用性的校本教材。学校成立了由行业、高校、职教研、家长、教师组成的专业建设委员会,对学校专业建设、课程进行管理和指导;与世界烹饪联合会、世界厨师联合会、中国烹饪协会加强交流,及时了解行业新知识、新技术、新工艺、新方法,积极开发教学资源。开发了《西式烹调综合实训》《中式面点综合实训》《厨房英语》等市级精品网络课程,《中餐烹调综合实训》《西餐烹调综合实训》《酒水实务》《中餐烹饪实训标准》《西餐烹饪实训标准》《面点实训标准》等校本课程,编写了六本现代学徒制课程获得青岛是特色课程。主编的国规教材《烹饪营养与配餐》《中式烹调综合实训》《宴席设计实务》《中式烹调技艺》《烹饪安全与操作》《酒水实务》由重庆大学出版社出版发行。

3. 抓好课程资源建设

凭借专业联盟及专业集团化的有利条件,共享课程资源。由我校和广州市旅游商务职业学校、扬州市旅游商贸学校、四川省商业服务学校共同发起成立了"全国中职烹饪专业教学校际联盟",共同研究,抓好课程资源建设工作。同时,积极引进国外课程资源,丰富专业教学内涵。先后与法国古然德职业学校、迪纳尔餐饮学校、新加坡博伟国际学院、新西兰北岸酒店管理学院缔结友好学校。

4. 积极进行课程改革

语文学科重点进行说写改革;数学学科实施了课堂量化改革;英语学科强化了口语教学;体育学科进行了模块化教学改革,打破传统班级授课模式,学生可根据自身条件和兴趣爱好,自由选择自己喜欢和希望学习的体育项目课程。举行了青岛市体育课程改革观摩课,全市22所中职学校的领导教师进行了现场观摩。专业课推行模块化、理实一体化和行动导向教学方法,突出以能力为本位,以任务为核心,提高了专业教学实效性。

四、严抓校本课程实施

制定了《课堂教学常规》等6项教学管理制度,加大教学常规管理力度,建立教学反馈制度,教学过程管理严谨、规范。建立实践教学"教做学一体"教学模式。建立了学校、行业企业、家庭、社会共同参与的多元评价体系。学生的综合技能教学实施了顶岗化、轮岗化、课题化、项目化的管理要求,荣获"教育部的优秀示范学校"的称号。

五、抓好课程建设实效性研究

科学制定课程建设方案,严格课程管理,提高课程实施水平。几年来教学成绩逐年提高,参加教育局专业技能抽测中通过率都达100%,优秀率达95%。参加国赛,累计获得28枚金牌、26枚银牌、14枚铜牌。以课程建设为抓手,加大教学研究力度,近几年许多课题获得国家省市奖励,教育部课题"基于行动导向理论的中职烹饪专业人才培养模式的优化与实践"(CYHZWZD003)"中职烹饪现代学徒制研究""现代学徒制区域性统筹实施的研究"都获得好评。

小组合作　双分激励

胶州市职业教育中心学校　刘元福

中职学校提高办学水平和教育质量的主渠道在课堂教学,课堂教学的主角是学生和教师,中职学生的文化基础、理解能力、学习方法、自信程度、学习目标等决定了教师在组织教学过程中,要重组教学内容、实践新的教学方法和教学组织形式,改进评价方式,提高课堂教学的活力和效率。胶州市职业教育中心学校为此于2012年开始探索实践"小组合作 双分激励"的教学模式,他们的做法有以下几点。

一、建立小组合作机制

(1)科学分组。按照"组内异质,组间同质"的原则将学生固定划分小组,每组选出一名组长,学生的座位以围坐形式排列。

（2）学生准备。为让学生对教学内容有大概的了解,每堂课都设置一个"独立准备"环节,学生只有独立准备了,才能投身到"小组讨论"环节中去。

（3）技巧训练。小组讨论环节开展过程中,教师对学生进行诸如倾听、注视、说话、遵守规则、发言等培训。

（4）讨论设置。学生对教学内容进行讨论除了问题本身,重要的是对学生基本沟通技巧进行训练,教师设置的讨论内容要符合学生实际,要有易懂的指向明确的引导语言。

（5）学生展示。采取推荐、轮流、抽签、指定展示等方法,督促学生大胆展示。

（6）组织评价。对学生课堂各环节的表现进行认真的评价,评价的目的不单是为了量化,更是对学生行为的一种引导。开始时教师点评示范,最终形成学生自评、互评和教师评价,促进学生更快地成长。

（7）教师作用。教师认真设计课堂的每一个环节,安排学生开展哪些活动,时间怎样分配,哪一部分内容由学生来完成,设置怎样的引导文,在哪个关键点上进行讲解,哪些需要示范、单独指导,怎样发挥小组合作的主渠道作用等。

二、落实双分激励措施

（1）记分表格的设计。将记分工作分两部分,教师主要对学生的学习态度、纪律、小组代表的回答等进行记录,学生主要对学生的出勤、快速轮流回答、抢答情况来进行记录,新的措施使课堂进行的有条不紊。

（2）学生得分的标准化。教师每节课对分数进行记录,每周进行汇总并形成标准分,标准分的计算办法:将班级小组按照一周活动的分数平均值并从高到低排列,前 30% 的小组为优秀等级,记标准分 5 分;中间 50% 的小组为良好等级,记标准分 3 分;最后 20% 的小组为一般等级,记标准分 2 分。

（3）小组得分的计算。将个人得分完全与小组得分挂钩,即小组得分为主。教师每周五都要对本周学生成绩进行汇总,计算小组成绩平均值,按照比例确定小组等级。

（4）个人得分的计算。在小组得分的基础上增加个人独立得分项目。当小组整体合作意愿降低或有成员拒绝参与小组学习时,及时采取措施,如举行阶段知识竞赛,得分计入个人得分。或者组织小组成员按照贡献度重新分配个人得分,实现多劳多得。

（5）双分激励措施的展示。教师将每周汇总的学生得分发给班主任,由班主任汇总后在班级张贴。

三、形成模式

探索与实践使课堂教学的氛围出现了极大地转变,对过程进行梳理形成了成熟的操作流程:教师布置任务——学生独立准备——进行讨论——形成结论——交流熟悉——小组展示——互相评价——教师总结。

这种操作流程的核心特点是重视学习过程,通过小组合作,采用小组得分和个人得分相结合的双分激励措施,调动学生参与教学过程,促进学生职业能力发展。我们将组织样式总结为"小组合作、双分激励"的教学模式。

四、主要成效

(1)教师的改变。教师看到了课堂教学中发生的细微变化,不自觉地投入课堂教学的变革,亲身体验变化带来的震撼,课下会不自觉得讨论教学问题,探讨解决办法,备课更细致,设置的问题更有梯度性,更贴合学生的实际,成就感更强烈。

(2)学生的变化。现在90%以上的学生能主动参与课堂教学,知道按照怎样的流程去学习,表现也更活跃;学习更有目标性,会有意识地锻炼跟人交往的技巧;课余时间表现的更有亲和力,更注重礼仪。

(3)社会的认可。

青岛市教育局对我校的小组合作双分激励教学模式给予了很高的评价。

青岛商务学校课程改革探索与实践

青岛商务学校   马素美

青岛商务学校课程改革在著名教育家陶行知先生"生活即教育"的思想指导下,逐步确立了"活的教育"理念,探索出"STAM"教学模式,走出一条创新兴校之路。

一、改革课程功能,激活教师课改理念

学校的课程改革从"激活"开始。校长亲自挂帅,成立了课改小组,通过专家引领、多方调研、考察培训、实践反馈,探索出以"学(Study)、训(Train)、评(Apprise)、

创(Make)"为主导元素的"STAM"教育模式。"学"指能学、会学、活学活用。通过"学",培养师生终身学习的意义,学会学习;"训"指实训、训练、动手实践。通过"训",使师生教、学、做合一,学会做事;"评"指自评、互评、师评激励。通过"评",让师生团结协作、反思进步、完善成长;"创"指创新、创业、创客教育。通过"创",培养师生的创新意识和创新能力,学会创造性地工作和学习。学校在课堂教学、课程开发、社团活动、顶岗实习中,校企联手,共建课程,全面实施"STAM"教育,全力提升人才培养质量。

二、改革课程结构,灵活满足多元智能

在"活的教育"中,学校强调"以人为本"的核心教育价值理念,以加德纳的多元智能理论为支撑,科学绘画课程,建立必修课、选修课、社团活动等多元课程体系。由统一化、单一化向多元化、多维度发展,体现课程的科学性、均衡性、综合性和选择性。

三、改革课程内容,源自生活用于生活

学校秉承"开发校本课程,让应用能力活起来;渗透创客教育,让创新精神活起来"的理念,加强校企合作,与鼎商集团整合开发"电子商务"课程,共同编写《电子商务学习评价手册》,共建淘宝美工实训基地和电商人才培养基地,引进企业一线优秀电商导师团队,理论与实战相结合,对学生进行电商人才技能培训。学校作为青岛市首批创客教育试点学校,相继建成"蓝之梦"创客教室、商务蓝天无人机创客空间、沙盘模拟实训室、3D创意设计工作室等,让功能教室的影响力辐射整个校园,吸引更多的学生主动参与到创客教育实践中,点燃其创意、创新、创业的星星之火。

四、改革教学方式,小组活动自主探究

通过引领学生自主探究,让其思维活起来;通过提高信息技术,让学习方式活起来。学校率先在英语学科中启用翻转课堂教学模式,将传统课堂中教师讲解的内容转为学生家中自学,学生根据自己的接受能力调整学习进度,构建起"时间活、任务活、环境活"的自主学习方式。在物流学科中,利用平板电脑、ipad移动终端,让"未来课堂"模式成为了可能。学生利用手中终端时时与老师互动,教师可以在后台监督,实时反馈,针对薄弱环节及时讲解,大大提高课堂效率。

五、改革课程评价，多元动态促进发展

学校作为首批评价改革试点学校,率先尝试从共性评价转为共性与个性评价结合;从结果评价转为结果与过程评价结合;从师评转为自评互评师评结合的多元化评价。教师们积极行动制定合理有效的评价方式及配套评价量表,形成各学科《学习活动评价手册》,对学生的学习过程多一把尺子,量出不同的精彩。《评价手册》对各学科每个单元的学习内容都从贴近生活和工作实际设计了精彩的小活动,真实地记录了学生日常学校的每一步足迹,堪称是学生校园生活的成长册、成果册。有了评价手册,同学们喜欢在语文课上吟一首短诗,博得满堂喝彩;数学课上"案例引领 - 同伴互助 - 多元评价"教学模式不断完善;英语课上,模仿一段经典电影片段,制作一份精美的英文邀请函,送上一份热情洋溢的英文贺卡……让学生养成了活学活用的好习惯;创新与创业课上,师生一起"做中教、做中学、做中求进步"。

"活的教育"对职业教育而言,如水中之鱼,林中之鸟,春光雨露之花草,相信我们的课堂必将随着课程改革的深入思考和不断实践,焕发出新的生命力!

从地方课程开发做起，切实提高课程领导力

青岛西海岸新区滨海中学　吕恒杰

日本学者左滕学在《静悄悄的革命》中说:课程领导是课程实践的一种方式,是指引、统领课程改革、课程开发、课程实验和课程评价等活动的行动总称,它的目的是影响课程改革与开发的过程和结果,实现课程改革与开发的目标。包括课程思想的领导力、课程规划的领导力、课程开发的领导力、课程实施的领导力、课程管理的领导力、课程评价的领导力。其中就课程开发的领导力而言,要求要从学校的办学实际出发,独立自主地带领教师开发国家课程、地方课程和学校课程中的教育教学资源,以丰富课程建设的内容,拓开课程建设的视角,使课程开发成为教师和学生共同成长的推动力。

编写《我的家乡》,旨在认真挖掘保护乡土文化资源,提升新区文化内涵,青西新区通过走访民俗专家,了解风土人情,为乡土文化创造永久传播载体。丛书分历史

篇、手工篇、人文篇、老游戏篇、山水篇、岛湾篇和新区发展篇七篇,内容包括千年琅琊、古迹探寻、剪纸、泊里红席、村落乡愁、民间工艺、乡村游戏、山水风貌、岛屿海湾、啤酒节、拉网节等,让 1～6 年级的孩子在家乡历史变迁中探寻本土文明,刻下乡土记忆。

编写地方课程,是贯彻落实中共中央办公厅、国务院办公厅《关于实施中华优秀传统文化传承发展工程的意见》的具体行动,是挖掘和保护新区乡土文化资源,是提升新区乡土文化内涵的非常有实际意义的重要举措。在教育教学中注重传统教育和乡土教育可以让孩子们更好地了解新区、热爱新区,以家乡为荣,汲取传统文化的精髓,培养学生的文化自信的创新行动。通过学习乡土文化,挖掘本土的历史遗迹,将会培养新区学生的地域气质和民族自豪感,了解家乡地理位置、地形地貌、自然气候,知道家乡的物产,领略家乡的山、滩、湾、岛的特色与美丽;知道"啤酒节""金沙滩文化节""拉网节"等独具特色的节日庆典,了解茂腔、年画、泊里红席、剪纸等"非遗"文化,留下家乡的老建筑、老味道、老物件等乡土记忆;让孩子们了解从千年琅琊、卫城遗迹、人物春秋,到近现代的红色岁月,从家乡历史的几度变迁中探寻本土文明,记住家乡那些熠熠生辉的历史人物;了解新时代家乡的大交通、军民融合、蓝色经济、美丽乡村,为家乡的快速发展而自豪。

基于青年教师培养的改革制度

即墨区第二职业中专　金积善

学生的进步依赖于教学,教学的支撑依托于课程,而课程的发展离不开教师。为促进课程建设,增强教学效果,全面提升教学水平,即墨二专特别注重对教师队伍的建设和培养,而教师队伍中青年教师占比犹高,因此,基于对青年教师的培养,制定了学校长期执行、不断创新的青年教师培养制度。青年教师活力足,讲课激情澎湃,能与学生拉近距离,也有创新的意识。然而,青年教师身上也有很多不足,如教材把握不精准,课标理解不透彻,课堂掌控能力不足,全局意识不强等。针对这种情况,金积善校长带领学校教师进行了一系列的改革和探索,而其中最重要的一项是着重提高青年教师的授课水平。

一、确立"青蓝工程"，引领教师发展

学校的"青蓝工程"自建校初就已初步形成。总体要求是围绕"一年出徒、三年、五年成材"的目标加强对学校35岁以下青年教师的培养。具体措施如下。

（1）师徒结对互助。每名新入职的青年教师都配备一名有经验的老教师作为师傅。在今后的教学过程中，师徒一对一定向结对，师傅带徒弟，传授授课经验，指导教学不足。

（2）师徒互听互评课。新教师每周要听师傅的课，师傅每周也要听徒弟的课，听完课后要有评课。师傅针对徒弟的课，进行优缺点点评，徒弟发扬优点，改正不足。徒弟根据师傅的课，学习精髓，快速成长。同时，徒弟身上的活力和闪光点也能激励师傅。

（3）以教学比赛促教师发展。每学期，举办一次青年教师讲课比赛，每名青年教师准备一堂优质课进行展示，学校组织评委打分点评，评选优秀教师进行表彰。

（4）以基本功比赛增教师技能。每学期，举行一次青年教师基本功比赛，包括钢笔字、粉笔字、教案设计、信息化教学设计等。

二、严把"青蓝工程"落地生根

制度制定得再完美，最后还是要落实到执行上，因此，学校对"青蓝工程"更看重实施的效果，而不只是形式。

（1）在听师傅的课问题上不仅仅是看重数量，更看重质量，要求师傅的课必须经过精心研磨，是一堂足够成熟的课时才可以展示给徒弟听。徒弟如有不同意见，也可以提出，特别鼓励青年教师大胆创新，在青年教师赛课活动中展现出的一些新的教学思路和教学亮点会在全校范围内推广。

（2）定期组织教学反思会，每一次大型比赛结束后，要举行一次专门的总结会，对比赛暴露出的教师讲课的缺点进行有针对性的整改，如教师"讲"的过多，留给学生的时间不足，没有很好地启发引导学生等。

（3）抓教研促教学。如果没有形成一种系统的教研机制，有些在教学实践中展示出的新思路、新方法就会夭折流失，不利于长效地促进教学。因此学校狠抓教研，鼓励教师积极探索，学校图书室为教师们特别是青年教师提供了大量地教育教学理论书籍，学校也会督促青年教师多读书、多反思，定期举办读书交流会等，交流知识，拓展思路。在这种氛围的影响下，教师的学习热情高涨，在教学中涌现的新思路新方法得到了更好的完善。

三、形成党员先锋引领机制

学校青年教师比重高,而青年教师中的党员教师比重也高,因此,学校充分发挥党员教师的模范带头作用,党员教师工作勤奋带动全体教师勤奋工作,党员教师备课认真带动全体教师认真备课,学校每年的优质课选拔赛中,青年教师特别是党员教师的课堂准备工作往往是最全面、最优秀的,课堂呈现的效果也是比较完善的。除此以外,在日常的教学活动中,对党员教师也是严要求、高标准,提醒党员教师时刻注意自己的一言一行,不迟到、不早退、爱学生、敬同事、有担当、敢作为。加强对党员教师的思想教育,通过理论指导课、视频观摩课、行为反思课等课堂,提高党员觉悟。

好的制度推动好的教学,好的引领铸就好的教师,而好的教师才能教育出好的学生,只有形成良性的组织架构模式,良好的教书育人氛围,学校的教学发展才能不断向前。

"合作能力生成",推动课堂教学模式
改革稳步前行

青岛华夏职业学校　侯　蕾

改革课堂教学模式,倡导"合作能力生成",是学校特色化、精品化建设的重要内容。"合作能力生成"教学模式以"学生是学习的主人"为教学理念,以"学生的主体发展"为宗旨,结合职业学校学生岗位能力要求,在备课过程中,教师间相互合作,达成最有效的教学设计;在课堂学习中,分解能力标准,通过师生间、生生间的合作学习过程,生成学生的课程能力、专业能力、综合能力等的教学模式。

一、以改革教案为基础,变"师本设计"为"生本设计"

教案是教师整合教材、学生、教学情境和教学资源等多种因素而形成教学活动的蓝本,是一种基于人(学生和教师)、情境、多学科课程进行二次加工的课程。一份有价值的教案体现的不仅仅是老师教什么,怎么教,更重要的是学生学什么,怎么学。老师们在学校具体指导和要求下,把如何指导学生学习放在编写教案的首位,重视学生自主学习方法的设计,重视学生课堂问题的自主完成。在全校范围内开展以"回归课堂、经营课堂、创新课堂、精品课堂"为主要内容的"聚焦课堂"活动,每位教师提交"聚焦课堂——我的课堂我做主"任务规划书,在规划书中明确阐释了自己的"学法指导""学生主体参与与设计"学习效果预设"等内容,为课堂教学的有的放矢打下了良好的基础。

二、以课堂教学为主阵地,探索优化教学模式改革

加强课堂教学改革,一是老师与学生角色互换,让学生来做小老师。二是学生之间相互合作,如学习小组合作、同位之间合作、一一结对等。以学生自主学习、互动学习活跃课堂气氛,课堂真正成为学生交流的平台,实现学生学习态度和学习方法的根本改变,提高学习效率,促进个性发展和全面发展。三是师生之间密切合作。老师重视构建和谐的课堂教学氛围,重视构建和谐的师生关系,师生之间相互尊重,以教学的目标过程为师生活动的平台载体,老师密切关注学生课堂的表现,学生紧随课堂教学思路,师生间开展平等的对话与交流。总之,课堂教学的异彩纷呈,学生的"学中做,做中学",使"合作能力生成"的教学模式落到了实处,并得到了优化。

三、以课题研究为引领,实践优化教学模式改革

为切实抓好"合作能力生成"教学模式改革,学校以青岛市中等职业学校教学改革实验项目研究活动为契机,结合学校实际教学情况,要求教师结合自己的研究课题,以"合作能力生成"为核心,进行深入细致的教学研究实践。这样,以教研组为单位,或多人组合,或自行承担地体现师师、师生合作的课题研究工作在我校热烈地展开了。

四、以教研活动为平台,交流优化教学模式改革

教研活动是师师间相互合作交流的一个良好平台,学校采取了多种形式,指导教师开展有效的教研活动。每周二雷打不动的组室教研活动,组内老师相互交流教学中的体会和感悟。结合青岛市教师技能技能提升要求,开展校说课比赛活动,要求说课展示全新的课堂教学设计,重视学生的自主参与,体现出"以生为本"的教学理念。开展校际间的交流,重视学习其他学校的经验。不仅如此,学校还集中安排校际间的学习,使老师们能够广泛深入学习兄弟学校的经验。

"合作能力生成"体现了"人、事、物共振；教、学、做合一"的理念,能够实现课堂教学的高效性,是提高教学质量的新突破口。

领导精品课程建设　　促进育人质量提高

城阳区职教中心学校　张　葵

近年来,为适应社会发展对人才培养的多样化需求,学校坚持把精品课程建设作为重要项目来抓,不断创新教学理念,深化教学改革,加强产教融合,突出专业特色,打造名师团队,以提升服务社会能力。先后有17门校本课程被评为青岛市精品课程、青岛市精品网络课程、青岛市精品校本课程。下面简要介绍学校在课程建设方面的一些做法。

一、采取五项举措,保障建设进程

（1）建立"梯级"建设队伍。学校制定实施了"精品课程建设实施方案",成立了精品课程建设研发小组、技术小组及审核小组,研发小组由专业教师、企业师傅组成,技术小组由专业电教人员组成,审核小组由聘请的校外行业、企业、高校专家组成,各工作组分工明确,形成了课程开发、提升、发展的梯级建设机制,为其向精品发展奠定了基础。

（2）运行"程序化"建设机制。学校为精品课程设计了建设程序,各课程主持人与建设成员根据该程序制定"课程建设进度表",对建设过程实施程序化的管理,不仅便于企业师傅和专家参与指导,也便于审核小组跟踪管理,有力推动了课程建设进程。

（3）完善课程建设培训机制。学校重点开展了专题培训、考察学习和网络培训等三类课程建设培训活动。自精品课程建设启动以来,学校邀请了青岛职业技术学院科研处于可云所长,浙江温州职业中专黄伟伟校长进行专题培训。带领精品课程负责人到温州职业中专、浙江信息工程学校、南通职业中专进行实地考察。依托学校的精品课程建设网,开展每周一次的网络培训。系列培训考察活动的开展,为课程建设的顺利实施奠定了基础。

（4）实施激励与保障机制。学校修改考核机制,将课程建设纳入年度考核和评优。配套专项建设资金,用于队伍培训、设备更新、网站建设、材料印刷、成果奖励等。更新信息化教学环境,建立教学互动平台,装配录播室,更换笔记本电脑,为 50 个教室安装电子白板,为全面建设立体化课程提供保障。改善实训条件,为精品课程重点配备了实训设备,与青特集团、海尔集团共建了实训车间,与凯利机械厂共建了校外实训基地,为实现精品课程建设目标提供硬件支撑。

（5）实行动态管理机制。学校建立"预建课程—校级精品课程—市级精品课程"层层递进的建设模式,对于评选出的校精品课程,学校实行"动态管理",组织专家每两年复查一次,择优推选参加市级精品课程评选。

二、精益求精，实现课程精品化

1. 面向"三个对接"，实现精确的课程定位

（1）课程设计与企业岗位对接。课程建设初期广泛深入企业进行市场调研,形成《精品课程建设调研报告》,确立了基于职业场景与学习环境相统一的课程建设理念。

（2）课程内容与职业标准对接。通过分析企业技术标准和职业资格认证标准,使专业课程内容与国家、企业标准相互衔接,突出课程设计的职业性。

（3）教学过程与生产过程对接。学校建成了数控、维修电工等现代化技能教室,这里既是教室场景,又是工作场所;既是课堂,又是车间;有利于教学与生产相衔接,体现了工学一体化的课程理念,突出课程建设的实践性。

2. 按照"四新"要求，精心设计课程内容

如《数控车工》《维修电工》的课程内容与新技术、新工艺、新知识、新方法的"四新"要求相适应,设计了与企业岗位相关联的典型工作任务,使学习内容与实际工作相一致;渗透职业道德教育内容,将责任、敬业、诚信、团队、创新等德育内容与典型工作任务为核心的课程内容紧密结合起来。

3. 开辟多种渠道，配备精细的教学资源

学校建立适合"做中学、学中做",突出学生主体的文本资源库。建立适合中职生特点及认知规律的立体化信息资源库。开辟了精品课程教学互动平台,不仅实现了教学资源的共享,师生还可以在线交流、提问、讨论、评价、调查、作业,突破了单一文本缺乏吸引力的弊端,使课程呈现出立体化。

4. 创新教学模式，呈现精彩课堂

（1）采用"道德学堂"应用独具特色的感悟式教育模式，采取学生"看写讲评"四步骤，以情感体验为主线，营造撼动人心、触动学生心灵的感人情景，以转变道德观念。在省市国家级德育现场会上，道德学堂深受专家及听课者好评，多次引起强烈反响。

（2）采用"维修电工""数控车工"等应用技能打包教学模式，在实施模块教学和项目教学的基础上，融合教学内容形成"课程包"，综合单一技能形成"技能包"，并构建了技能打包教学法的实施步骤，这种教学模式提高了基于岗位能力的技能训练水平，深受学生欢迎。

5. 组建精英团队，发挥引领带动作用

三门精品课程建设团队有 70% 为中高级职称教师，其中技师 6 人，区市教学能手 12 人，17 人举行过市级公开课和优质课，承担省市课题研究 6 项，已出版教材 10 本，正规刊物发表论文 16 篇。由精英团队打造精品课程，发挥了较好的引领和带动作用。

精品课程建设是让企业赢得人才，让学校赢得声誉，让学生赢得人生，极具生命活力的建设项目。建成精品课程本身并不是最终目的，以精品课程为抓手，更新教育理念、推进教学改革、推进专业发展，最终提高人才培养质量才是精品课程建设的最终意义所在，这也是我们的努力目标。

研发课程，引领创客教育风向标

青岛财经学校　孙丕珍

学校积极统筹课程资源，在创新创业创客课程建设方面主动作为，取得了多项成果。除了在技能、德育及基础课程方面进行大刀阔斧的课程改革外，在创客教育方面，作为"青岛市中小学创客教育联盟"（M20）的发起学校，青岛电子学校组建精干力量进行创客课程的研发。

学校积极参加创客中心组教学教研活动，认真进行创客课程建设，开设创客选

修课,经过多年的探索实践,完成《智慧电子》《3D 打印浮雕台灯设计与制作》、《太阳能路灯设计与研发》等创客课程,并形成创客课程项目产品,在校园生活中得以运用,实现了课程与实践的结合,理论创新与实践运用的完美统一,真正实现了通过创客教育培养高素质技能型人才的目的。

近年来,在学校骨干教师及集团各成员单位专家的帮助下,学校在创客课程建设方面取得了多项成果。如《智慧电子》是青岛电子学校"互联网 + 众创空间"的智慧电子创客中心在学校创客选修课中开设的一门综合性的项目实践课程。该课程融合了电子技术和 3D 打印两个专业的知识。通过该课程的学习,学生在老师的指导下,将完成两款美观、大方、环保、实用的电子文具"万年历笔筒"和"迷你音箱"。该课程侧重培养学生的学习能力、设计能力、研发能力、综合实践能力。课程中设计的项目文具从外观的设计、各项功能,到内部电路板的设计研发、转印制作和功能调试,需要学生在学好电子技术和 3D 打印基本常识的基础上,进行专业知识的融合、创新、运用,充分体现了创客课程的建设需求,真正实现了创客教育的真正目的。又如《3D 打印浮雕台灯设计与制作》是青岛电子学校"互联网 + 众创空间"3D 打印工坊在学校创客选修课中开设的一门专业实践创客课程。该课程面向 3D 打印爱好者,从 3D 基础知识普及开始,延伸至针对个性化定制需求,利用 3D 打印技术制作出具有特定画面的浮雕效果灯罩。它采用三维建模技术、贴图技术、平面图像处理技术和3D 打印技术,根据台灯的构造,合理地进行灯罩外形和固定托盘建模,将特定画面处理成灰度图片后,通过贴图置换在灯罩模型上产生浮雕效果画面,最后经切片处理和 3D 打印得到成品。该课程采用项目教学法,项目制作过程中锻炼了学生产品结构设计、三维模型设计、3D 打印工艺处理等能力,为创新设计制作更多形式的产品打下基础。

青岛电子学校顺畅而且有效的衔接有利于培养高质量的技术技能人才,提高劳动质量和整个经济活动领域劳动生产率,从而提高整个国家的经济竞争力,实现职业教育的效益性。

技能教学目标体系建设

莱西职业中专　　王振忠

　　职业教育培养的是社会需求的高素质技能型人才,是经济社会发展的主力军,而目前的教学现状存在诸多问题,主要表现为:一是课程体系的陈旧,造成学校的培养目标、课程结构、教学内容与社会需求脱节,与就业的联系不够紧密;二是从学生学习现状来看,学生的学习基础普遍比较弱,学习内容脱离学生实际基础,以至于造成学生"学不懂,用不上,留不住",教师感觉"课堂秩序难以维持,教学效果难以提高,劳动得不到认同。"因此,要结合实际探索以职业技能为主线,以职业能力分析为切入点,以就业为导向,以"必需、实用、够用"为依据的新型课程体系。

　　该校根据教育部《关于制定中等职业学校教学计划的原则意见》、中等职业学校专业教学指导方案、教育部等六部委关于技能型紧缺人才培养培训指导方案的精神,依据人力资源和社会保障部国家职业资格标准,组织教师深入行业、企业进行多次调研,征求行业专家、企业技术骨干意见和建议,制定了明确的专业技能教学目标体系。

　　该体系以教育部以及省市等有关文件、通知精神为指导,对照国家中高级职业资格考核标准、技能大赛以及岗位技术标准要求,兼顾学校现有师资和实验实训条件,将学生应掌握的专业技能分为几大模块,并分解到年级、学期,细化到期中、期末,从应知、应会到考核标准一一明确,期中期末的考试既有公共基础课、专业理论课的考试,又有专业技能的考核。做到了条块分明,目标清晰,操作可行,考核到位。

　　该体系是按照专业类别建设的,每个专业都包括教学基本要求和技能教学一览表两部分。教学基本要求包括培养目标、技能方向、技能教学基本内容以及考核评价标准等,一览表则按学期划分了本专业学生技能学习的要求(以模块的形式表述),具体到期中期末,实现了"教有目标,学有方向,做有动力"。

　　专业技能教学目标体系的建设,提高了技能教学的效率和质量,促进了学生专业技能水平的不断提升。

领导课程教学　促进质量提升

青岛西海岸新区中德应用技术学校　姜秀文

学校教育教学工作是一切工作的出发点和落脚点,规范教育教学管理,狠抓课程教学,是促进质量提升的关键。全校上下以优质特色校建设为承载,以教学诊断与改进为基本工作方法,"深化内涵建设、打造有效课堂",着力提升学生课程学习的有效性和教师授课水平,规范常规管理,促进教师的专业成长。

一、率先垂范开启课程教学新篇章

开学初校级领导分工负责,处室挂靠专业部,中层以上干部联系班级,彰显了新的活力,突出了以教学为中心。崔秀光等校级领导均走入教室进行听评课,部分中层干部也积极深入课堂听课,及时发现先进典型予以表彰,教育教学秩序和面貌有了较大改观。

"努力让每个人都有人生出彩的机会",这是我校深入贯彻落实习近平总书记在全国职业教育工作会议上的讲话精神,为全体师生搭建了充分展示自我的大舞台。开学初学校提出打造"有效课堂",狠抓教育教学质量,以教学为中心,引领课程教学工作再上新台阶,让老师在教育教学中找到快乐和激情,学生在快乐学习中找到归宿。

二、校领导深入基层调研,参与课程教学全过程

校级领导深入专业部听课调研,听取一线教师的意见或建议,帮助基层解决实际困难,更好地促进学校的发展。领导班子和教务干部一起等深入到各专业部听课调研。调研程序是部长汇报基本情况、召开部分教师座谈会、随机听课等。在综合部表扬了老师们的拼搏、奉献精神,建议加强对春季高考的考纲及思路研究、建设高校课堂、加强地区、校际之间的交流,建立起完善的奖励机制等,号召老师向课程教学要质量、向常规管理要质量、向精神状态要质量。对其他专业部也提出了要加强常规管理,在细节上下功夫等要求。

三、一片丹心育桃李，一支粉笔绘人生

老师们讲课态度认真,学生听讲认真,展现了良好的教学风貌。学生课桌上书本摆放整齐,边听边做记录,学习积极性逐步提高,老师们认真备课、积极研究教学方法、积极运用多媒体课件辅助教学、认真设计作业、做好批改。要求在新的学期有一定技能专长的老师积极踊跃指导社团活动,丰富学生课余生活,真正让学校成为学生安心学习的乐园,教师舒心工作的家园。

四、学习先进、引领课程教学

全国信息化获奖作品展示及市赛获奖教师展示等引领教学纵深发展。信息化大赛获奖教师袁婷及市获奖教师杜召强等的说课展示,课件制作优美,画面清晰,动静结合,一段普普通通生涩的知识点,在他们的手中变成了一幅幅美丽的画卷,既展示了老师扎实的教学基本功,又展示了老师善于挖掘教材,收集各类素材辅助教学的能力,优美的PPT,展示了教师一丝不苟、认真负责的工作态度。展示活动不仅是一次说课的展示,更是一次教学的高水平培训,相信老师们一定会从中受到启发,得到启迪。国家级信息化比赛一等奖袁婷、薛正香;山东省信息化比赛二等奖袁婷、薛正香;三等奖郑永强、韩艳,山东省创新杯信息化比赛一等奖韩艳,二等奖卢丽娜,三等奖杜召强;国家级创新杯信息化比赛二等奖徐锦涛;青岛市优质课韩艳获一等奖,卢丽娜、李栋获二等奖,杜召强、郑永强、丛明玉、李玉宁获三等奖;我们应以获奖老师为榜样,扎扎实实地开展好教学活动,课程教学是"根","根"深才能叶茂,希望老师们以此为契机,积极参与市、省、国家级教改项目及课题研究,积极撰写论文,积极争做名师,关爱学生,做学生良师益友,保持阳光心态,快乐工作,快乐生活。

五、严格常规检查，提高质量意识

常规检查制度化,每月定期对各专业部教学常规材料进行严格检查量化,分管校长带领教导处全体成员按照备课数量、质量,作业批改数量、质量等进行检查,对存在问题及时向专业部长进行反馈,对在备课及作业批改中表现好的老师及时提出表扬。

六、教学例会制度化、教研活动常态化

将教学例会制度化,每双周组织教学例会,由分管校长主持,教导处、教科室、各专业部干部及教研组长参加,对前期教学、教研等工作进行总结梳理,布置下阶段工作安排,引领阶段教学。教研活动定点、定时、定员、定题,各部或各组确定教研活动

的地点、时间、人员点名、并确定发言的主题,确保实效。

七、认真组织青年教师优质课比赛

习近平总书记在十九大报告中提出:青年兴则国家兴,青年强则国家强。我校时刻以推动青年教师成长作为工作重点,促进青年教师业务水平与教学能力的提高,同时也为我校青年教师提供展示自我和相互学习的平台,组织青年教师优质课比赛。每次比赛既规范又严格,从制定比赛方案到组织教师报名,从协调上课顺序到安排比赛评委,一一有序进行。比赛从筹备到结束的过程中,涌现出了一批认真负责、能力突出、别出心裁、敢于创新的教师,为学校教学质量提升积累了后备军。

八、营造良好的学习氛围

校园,是教师教学、学生学习的主要场所之一,营造良好的学习氛围,养成自觉晨读的习惯,已经成为常态。晨读时间及下午第一节课前,组织集中读书,一方面培养集体荣誉感,另一方面为上课营造良好的课前准备,提起学生的精气神儿。新的一年将以十九大精神为指导,认真贯彻落实各级教育教学工作会议精神,加压奋进,努力办人民满意的职业教育而不断努力,让校园成为教师温馨工作的家园,学生快乐学习的乐园。

构建高效人本课堂领导学校课堂教学改革

青岛艺术学校   王守暖

课堂是教学的关键,青岛艺术学校为构建适应中职学校的教育教学管理方法、教学方法和教学模式,有效提高职业教育的教学质量,以人本高效为目标,开展高效人本课堂教学改革,形成了"导学设计 - 小组合作 - 分层施教 - 快速反馈"的教学模式,实现了课堂教学质的飞跃。

一、导学设计

教师设计并利用导学案,引导学生,通过自主学习、合作探究,共同完成教学任务。目前"学案导学"已成为学校文化课教学的主要模式。

（一）导学案的设计以研究课程为基础

设计导学案根据学生的实际情况，设置适合学生专业发展的、符合学科教学规律的课程和教学内容。把满足学生就业、升学和职业成长的需求作为课程的主旨内容，将文化基础、德育、职业基础、职业拓展、素质拓展等多种性质的课程有机融合，将学科课程、技能训练课程、项目课程、综合实践课程等多种形态的课程有机统合，使学校课程结构体系不断优化。

（二）导学案的设计联系实际，以学生为本

高效人本课堂要求导学案的设计源于生活、高于生活、回归生活。以学前教育专业为例，每位任课教师都要利用学生见习和实习的机会到幼儿园挂职，为各学科教学提供丰富的教学素材。

（三）导学案的编制和使用共案与个案结合

学校建立了"集体备课、资源共享、个人加减、课后反思"的教研模式。在实际使用中，教师共案和个案相结合，每位教师根据所教授的班级学情以及教师的个人授课风格对共案进行个人化的改造，以真正体现出"以人为本"的宗旨。

二、小组合作

教师的教学方式和学生的学习方式是高效人本课堂的关键，借助小组合作学习不仅可以提高学生学习的积极性，还可以培养学生良好的合作意识。

首先，借助预习案，开展自主学习。学生通过教师预留的预习案的框架开展自主预习活动，精简了课上的流程，使得教学更加高效。

其次，借助探索案，开展小组合作探究学习。借助教师编制的探索案，对重难点问题进行详细的讨论学习。

最后，借助练习案，对所学知识进行巩固。借助教师编制的练习案，帮助学生理论联系实际，巩固所学知识。

三、分层施教

分层施教指教师根据学生现有的知识、能力水平和潜力倾向把学生科学地分成几组水平相近的群体并区别对待，使其得到最好的发展和提高。

1. 针对不同专业开展分层施教

为了取得良好的教学效果,教师在编制导学案、布置作业时,要考虑不同专业学生的特点进行分层施教,体现出各专业的专业特色。

2. 针对不同班级开展分层施教

每个班级的学情都是独特、不可复制的。在同一专业的不同的两个班级,在设计导学案和采取一些教学活动的过程中,也要有些许不同,要能体现出不同上课班级的特点。

3. 针对不同学习层次的学生开展分层施教

在教学中要充分考虑到不同层次学生的需求,为不同层次学生设定不同的教学目标,为其进行"私人订制"。目前,我校专业课实行分层次目标教学策略,分组走班,小班化授课,一对一辅导的策略,教学中使用个性化的回课记录,对每位学生的专业水平进行跟踪记录,从而提出适合学生的个性化专业发展方案。这一系列措施让所有学生在课堂教学中,都能产生强烈的成就感,帮助学生建立起学习的自信,培养学习的兴趣。

四、快速反馈

快速反馈,就是通过练习案或者达标检测等手段,对重要内容当堂学习、当堂检测,使学生快速了解自己的学习成效,同时教师实时监控教学效果,以便对自己的教学活动做出正确的评价,产生"趁热打铁"的效果。

通过高效人本课堂教学改革带动了全校教学改革热,革新了教师的课堂教学理念,形成了一批卓有成效的教学成果,优化了师生关系,引导学生树立了良好的学习习惯。

多措并举 助力课堂教学主阵地

胶州市职业教育中心学校　　匡德宏

在胶州职教中心,"小组合作,双分激励"教学模式已全面推开,但是要实现持续发展、做优做强任重道远。在真正的实践之中也存在着如师生对新模式的理解与迁移、课堂教学过程的具体落实、教学效果的客观评价等诸多困惑,面对这些,匡德宏校长在不断学习着、探索着、反思着,坚决抓住课堂主阵地,深入推进教学改革,讲策略、抓落实、重细节,从多角度全面改进、逐个突破,积极推动课堂教学新模式的发展与完善。

一、强化内功,提升课堂教学软实力

(一)领导带头,组织全校老师认真学习理论

在匡校长的倡导下,组织《小组合作学习指导策略》等专著的全员学习、定期组织合作教学模式研讨会、邀请合作教学的专家进校作报告、教师校外培训、网络培训等形式,还要求教师每周进图书馆阅读、每学期完成不少于两万字的教育理论学习笔记、至少十节听课记录、参加校内各种基本功大比拼、参加教师合作教学比赛验收等。这些具体细节,充实着教师的课余生活,也成为切实提升教师教学本领的有效手段。

(二)重视备课,重视教学目标确定

饮水先思源,新的课堂模式要想取得预期的效果,要求教师必须用心备课、对整个教学过程进行全程的设计与规划,对课堂教学进行有效的控制与调节,真正做到运筹帷幄,才能打造出"有用、有效、有魅力"的课堂。为了避免教师的懒惰,本校对全体任课老师提出了更高的要求,必须规范备课,各科教师都手写备课本,并体现教学目标、导入新课、授课过程、课堂小结、作业布置、教学反思等教学环节,不能搞"拿来主义",每节课都要有自己的实践与思考,形成自己的教学思路,既要博采众长、也要个性张扬。

(三)教研先行,优化课堂教学设计

匡校长组织各学科每周进行一次集体教研活动,严格考勤,各领导也要参与其中。老师们利用教研的机会一起备课、相互学习、共同探究,每人轮流主持一个单元或课题,可以收集各类教学资源,初步做出教学设计,组内其他教师集体讨论,献计献策,补充完善,形成优质的教学设计。学校也会把组内优质课搬上报告厅的舞台,在全校范围内进行交流、学习、及讨论。这样,就在教师之间营造了一种群性探究、学习、交流、实践、反思、研究、合作的氛围。

二、外部举措，打造课堂教学硬实力

（一）信息化教学助力改革

学校建成了信息化资源平台，建设信息资源库，涵盖试题、微课、课件、作业等多项内容。根据专业教学的需要，在机电、数控、汽修等专业大量引进了仿真系统，在物流、会计等专业引进了"长风"未来课堂教学系统。学校完成了各班级网络化的"班班通"建设，通过先进的网上点播、课堂翻转、人机交互学习等方式，拓宽了教师的教学及学生的学习方式。通过"人人通"平台，建立了教师导学及学生学习空间，实现了教师的网上指导，促进了师生、生生间的相互交流。

（二）月考制度评价保障

要想保障"小组合作、双分激励"稳步发展，在匡校长努力下，学校形成每月一考的动态监测机制。根据中职学生的认知特点及学习积极性调控的需要，对学生的学习情况进行监测，形成过程学分。通过考务分析系统，实现专业间、专业内、班级间、班级内学生的基础指标分析、学科水平分析、知识点难度和信度以及区分度等分析，形成指导教学的交互性报告，进而学生学业成长档案。通过云存储的方式，对每位同学的档案进行记录、比对，实现学生、家长通过网页、APP等多种形式，随时随地了解学业发展情况。

"艰难困苦，玉汝于成"，在教育教学的发展过程中，匡德宏校长带领全校师生探索着、奋斗着、收获着。"功崇惟志，业广惟勤"，在今后的工作中，他们将在教育这方阵地上更加坚定地践行着、开拓着、成就着，使教育教学质量再上新台阶。

理实一体化教学模式探索

青岛交通职业学校　刘　军

青岛交通职业学校是一所以交通运输专业为主要办学特色的中等职业学校，为青岛市首批开办职业教育的学校，是山东省重点职业学校。先后被确定为山东省汽车运用与维修专业教学改革试点学校、国家汽车运用与维修领域技能型紧缺人才培养培训基地、山东省"金蓝领"技师高级工培训基地、青岛市职业资格鉴定基地,是教育部职业技术教育中心研究所确定的首批 1+X 证书试点院校,山东半岛交通运输职教联盟首届轮值主席单位。汽车运用与维修专业被评为山东省中等职业教育品牌专业、青岛市双高名牌专业,汽修专业组被评为山东省职业院校教学团队、山东省工人先锋号、青岛市工人先锋号。

现有"3+4"分段培养本科、三二连读五年制大专、职业中专三个学历层次,开设"汽车运用与维修、航海技术(帆船游艇方向)、汽车营销与服务、汽车车身修复技术等专业。

青岛交通职业学校理实一体化教学模式,有效推动了学校的专业教学改革,提高课堂效率。

一、技能大赛引发教学改革

理实一体化教学模式的探索最初来自于职业技能大赛的实际需求,技能大赛对教学模式改革起了巨大对推动作用。大赛项目设置来源于企业生产实际,体现了企业的实际需求,它为学校汽修专业的教学内容与标准提供了方向,学校据此调整专业课程设置与教学内容,实现了学校教学与企业需求的有效对接。技能大赛促进了专业教学模式的改革创新,专业课堂由原来的侧重传统理论教学转向侧重实践教学,初步形成了较为完善的汽修专业教学模式。

二、引领教学内容模块化探索

在理实一体化教学改革的引领下,专业教学中以汽车部件系统进行模块划分,将相关知识点分解到实际项目中,通过对项目的分析和实现,体现基于汽车维修工作过程的教学实践,根据汽车维修技术的特点,把实践教学分成基本技能训练、项目技能训练和综合技能训练等大类,循序渐进,使学生基础牢固,各有特长,从而形成理实一体化专业课程体系。

梳理出汽车维护与保养、电控发动机检测排故、汽车空调、汽车钣金、职业资格证书考核等五大模块。学校组织编写《汽车发动机》、《汽车底盘》、《汽车电器》、《汽车维护作业》、《汽车车身修复》等丰富的校本教材资源。理实一体化模块教学配以专业教师自编教材及工作页与技能操作评价卡,有效提高了专业教学水平与实效,学生能很好的适应岗位要求。

三、引领教师专业技能提升

理实一体化教学模式推动"双师型"师资队伍建设。目前,学校22名汽修专业教师,全部获得技师以上职业资格证书,8人为高级技师。其中,全国职教名师1人,山东省齐鲁名师2人,青岛市职教名师4人,青岛市首席技师1人,青岛市有突出贡献技师2人,青岛市技术能手9人。

四、引领教学评价方式转变

在学生专业能力评价中,引入过程评价机制、企业参与评价机制、职业技能鉴定机制。注重对学习过程和工作过程的考核,即分别对学生完成各项目(模块)的情况加以展示与考核。 技能考核的同时,让学生体验情感、体验价值、体验成就,并以考核评价与能力展示为导向,激发学生的内在潜力和需求,更好地培养学生的沟通能力、团队合作能力、创新能力,增强竞争意识。

理实一体化教学模式有效提升课堂教学质量,激发学习兴趣,促进学校汽修专业的高质量、可持续发展。

专业集群发展,课程融合建设

青岛海运职业学校　　刘　航

围绕半岛蓝色经济发展和青岛市加快"蓝色经济区"建设战略,我校对接海洋交通运输业、海洋渔业、海洋船舶工业、海洋工程建筑业、海洋旅游业等产业,积极推进航海专业群建设,将船舶驾驶、船舶轮机、航海捕捞、工程潜水、邮轮乘务五个海上专业组团发展。总体思路是:依托蓝色经济发展,突出海洋特色,围绕"一个核心",抓住"一个重点",搭建"一个平台",形成"运行机制",提升培养模式、课程体系、实训环境、教师队伍、校企合作等方面的发展内涵,提高专业群技能人才整体培养水平,进一步提高服务海洋经济发展的能力。

"一个核心"即船舶驾驶专业。专业群五个专业船舶驾驶是龙头,其他专业为支撑,以海洋为工作场景,以船舶为工作平台,专业之间相互依存、相互促进,形成整体合力。

"一个重点"即一体化课程。专业建设的主要内容是课程建设,课程改革的主要方向是建设工学一体化课程,目标是把专业核心课程建设成为具有航海特色的一体化课程。

"一个平台"即"鲁青渔教 16"号综合实习船。航海专业群有共同的基础课程,专业课程相关联,实训场所均为海洋工作环境。为此,学校投资建造了"鲁青渔教 16"号综合实习船,搭建专业群公共实习平台,把五个专业紧密联系在一起,成为航海专业群建设的最大亮点和特色。

"运行机制"即在教学中实行学分制、弹性学制、选修课制、走课制、导师制、学徒制、校企合作项目制等工作机制。

在课程体系构建与核心课程建设方面,我们主要做了如下工作。

(1)课程体系构建。构建"三段递进式"课程体系,形成水手机工、沿海航区、无限航区职务船员培养一贯制课程体系。积极进行一体化课程改革,按照"专业对应岗位——典型工作任务提炼——职业能力分析——项目开发——课程、师资、设备标准制定——校本教材、师资队伍、校内外实训基地建设"的流程建设一体化课程。建设了一体化课程标准,编制 5 门课程的课程标准,完成了"驾驶台资源管理""动力设备操作"等 5 门一体化课程。

(2)核心课程建设。建设了 10 门优质课程,其中游泳、潜水作为专业群共享的校级优质课程;建设了 4 门学校网络精品课程,其中"制冷设备检修"被评选为青岛市网络精品课程。

(3)专业教材建设。开发教材,编写教材 14 本,"游艇操作技术""渔业船舶管理"等 7 本教材已出版。

(4)教学研究成果。"轮机长工作室建设研究"等 2 个省级课题获得立项,2 人获得省级说课比赛奖励;完成了交通运输部课题"机舱设备操作工"及"甲板设备操作工"两个国家职业标准的编制工作;在《职业》《中国培训》等杂志发表论文 21 篇。

技能竞赛助推专业建设与教学改革

——青岛军民融合学院机电技术应用专业案例

孙军辉

多年来,我校高度重视技能竞赛,积极举办或参与各级技能大赛,以大赛项目为载体,把技能教学与大赛项目训练有机结合,将职业技能培养与职业岗位竞赛活动有机融合,教师全参与,学生全参加,"以赛促学、以赛促教,以赛促训",达到师生共同成长、学校内涵发展的目标。

一、实施背景

我校机电技术应用专业开设历史已久,近些年参与各级技能大赛,比如零部件测绘与 CAD 成图、机械装配技术、通用机电设备安装与维护等赛项,均取得了不错的成绩。这些赛项紧密对接行业标准,体现产业前沿技术,如果能够将参加比赛积累的方法与经验应用到日常教学中,一定会引领专业教学改革。下面以机电技术应用专业为例,谈谈我校探索。

二、主要目标

通过参与技能竞赛,将赛项的内容、比赛标准、训练方法,应用到日常教学与训练中,改进技能教学方法;认识分析各赛项专业理论与技能的关系,科学优化课程体系,以技能竞赛项目教学设计为基础,开发校本教材。

三、实施过程

(一)以大赛任务的设计理念指导专业课程建设

1. 技能竞赛的项目研究1推动专业课程体系的提升

技能大赛每一个项目都是由资深专家团队结合最前沿技术开发而成,基于典型的工作任务且有一个完整的工作过程,极具借鉴和参考价值。我们在专业课程建设过程中,把握大赛项目的成熟资源,认真对大赛项目的内容和标准进行研究,对原有课程体系进行改造,不断补充和完善课程内容,推进竞赛内容的普及化教育,进而促使原有的课程体系获得质的提升。

2.技能大赛文件为优化专业课程标准提供依据

以中职组"机电一体化"赛项为例,赛项方案中对赛项的任务、相关技能、竞赛方式、技术规范、职业素养等都作了详细的说明,对开发中职机电一体化专业教学指导方案,明确培养目标、技能要求、课程设置等,都具有指导意义。

3.技能大赛模块化训练重构实训教学资源

我们通过汲取大赛内容,把比赛训练模块作为"嵌入课程"或工作案例纳入实训教学过程,把模块涉及的问题转变成"生成课程"。通过这样的重构活动,不断补充和完善模块教学活动,推进竞赛内容的个性化设置,推动学校的实训课程不断改革和创新,帮助学生进行个性化课程选择。

(二)技能大赛促进了教学改革

1.技能大赛的成绩评判为专业教学评价机制建设提供参考

以装配类赛项为例,成绩的评判包括技术应用、职业素养和工作报告三部分,技术应用部分包括系统安装调试、故障检测与维修、应用设计等;职业素养部分包括操作规范、安全操作、工位环境整洁等;工作部分要求选手对操作任务提交严谨准确,叙述清楚,规范合理的报告。将大赛的评判过程和标准应用于日常的实训教学评价中,可以使教师逐步树立更专业的标准和规范,改进"理实一体化"教学的评价,进一步完善专业教学评价机制建设。

2.根据赛项内容适当改革教学内容

(1)增加学生的实践课时。AutoCAD制图、低压电器控制线路安装、单片机及PLC程序开发等实践课的课时分配更多地倾向于实训教学,充分锻炼了学生的动手能力和技能水平。

(2)对应专业课增加了机械、电气类国家和行业标准课时。大赛中很重要的一项就是考察学生在安装、布线过程中的工艺和规范,为了能够更好的与企业接轨,机电技术应用专业学生不仅要练就过硬技能,更要学会弄懂这些标准。

(3)适当增设选修课程。随着信息化、智能化时代的发展,越来越多的企业注重项目的系统化。任何赛项,无论是硬件还是软件,不只是几大模块的简单组合,它更体现了系统化。所以,对于机电技术应用专业的学生来讲,我们还开设了计算机类的选修课,将机电技术应用专业与信息化、智能化结合起来,使得所学专业课程更加系统化。

3. 赛项题库的研究促进教学资源的开发应用

通过技能大赛,进一步明晰了专业岗位核心能力,打破了传统学科型知识体系,按照大赛项目任务设计的理念,以能力为导向,项目为载体,任务为驱动,将知识和技能融为一体,突出课程内容的实践性。"零部件测绘与 CAD 成图"这门课程,我们将多年来零部件测绘与 CAD 成图赛项的赛题进行汇编研究,再结合日常的训练试题,选取典型的工作任务,结合真实的工作环境,将知识点和任务技能进行优化整合,开发适合机械制图项目的教学实训指导教材、微课程视频、技能抽测试题库等教学资源,便于师生线上线下学习使用。

4. 辅导团队的经验转化为学校优秀师资队伍的建设

我们采取技能大赛再培训、跟学大赛项目、赛前交流、学习兄弟学校经验、定期企业锻炼等形式,不断加强双师型教师队伍建设。

青岛市理工高中以课程为引领助推学生多元发展

青岛高新职业学校(青岛理工高中)　于江峰

青岛市理工高中(青岛高新职业学校)于 2018 年 9 月开始实行综合高中试点工作,已招收两届学生。两年的实践,本校在如何促进学生发展方面做了很多尝试。

一、理念引领助推学校特色发展

青岛市理工高中办学理念是"以人的发展为本,面向全体,延缓分流;强调选择,尊重差异;素质提升,多元发展。"建设以"兴趣、方法、恒心、激励"为特质的"内生智育"工程和以"自信、选择、专注、成功"为特质的"唤醒德育"工程。为学生搭建"升学有路径、留学有平台、就业有基础、创业有资源"的成才"立交桥",融合普职教育、中高职教育、国内外教育、升学就业教育,为学生全面素质提升、差异化发展、多元化发展搭建高站位平台,培养"全人"。同时迎合新高考改革,实现学术型、应用型人才早期识别与引导,完成职业生涯发展的过渡与衔接。为学生发展呈现"选择发展、融合发展、创新发展、幸福发展"的"理高设计"。

二、课程导向促进学生多元发展

学校建立多样化、立体式课程体系,构建灵活的课程管理模式,创造良好的课程设置保障条件,突出"必修 + 选修 + 专业综合"的"青岛理高"课程特色。高一开足开齐语文、数学、英语、历史、地理、生物、物理、化学、政治、艺术、体育与健康、选修等普高课程。高一学习结束后,根据个性发展需要进行发展方向选择,选择夏季高考方向的学生,通过选课走班,按照山东省普通高中新课程方案要求,重点强化普高文化课程,同时为规划生涯发展方向,选修新工科特质的无人机应用技术、服务类机器人应用技术、智能家居、自动控制、新能源汽车技术等专业校本课程。选择春季高考或高职院校单独招生的学生,编入青岛高新职业学校职业高中班(也可选择青岛市其他职业学校的专业),按照春季高考大纲要求,重点强化中职文化基础课及相关专业课程的学习。

三、加大生涯规划教育力度,培养学生选择发展能力

给学生和家长分别开了生涯规划教育课,通过科学的职业兴趣测评和专业的职业生涯规划教育,让学生明确自己有意向的专业或职业需求,有针对性地扬长避短,提高学生科学理性选择发展路径的能力,做到"我想"与"我能"的统一,"短期明确性目标"与"长期方向性目标"的统一,"崇高理想"与"现实环境"的统一。

青岛市城阳区职业教育中心学校
1+X 证书试点实施案例

青岛市城阳区职教中心学校　王建国

城阳职教中心学校为适应经济转型、新旧动能转换需求,建立了专业调整动态管

理机制。2016年9月,机电技术应用专业增设工业机器人技术应用方向。2019年10月份被教育部认定为"1+X"证书的第二批工业机器人操作与运维职业技能等级试点学校,在专业建设的道路上,走出了"城阳职教"的特色。

一、建立制度保障,护航"1+X"证书试点

首先,学校成立了以校长为组长的领导小组,以分管校长为组长的工作小组,下设办公室在教导处,研究制定支持激励教师参与试点工作的有关政策,将参与职业技能等级证书培训与考核相关工作列入教师和教学管理人员工作量范畴,协调解决试点中出现的新情况、新问题。

其次学校将"1+X"证书考核标准融入"工业机器人技术应用人才培养方案"中,将"工业机器人操作与运维职业技能等级证书"培训内容有机融入人才培养方案中,优化课程设置和教学内容,统筹教学组织与实施,深化教学方式与方法改革。

二、师资设备齐到位,促进"1+X"证书试点

学校安排多名工业机器人专业相关教师外出培训学习,自2016年开始,先后安排10多人次教师参与各类工业机器人相关培训,并深入ABB、广数、新时达等企业参观调研。2018年安排4名专业教师南下广州参加机器人师资培训;2019年5～8月,安排2名老师参加了青岛市组织的创新项目(中职)德国培训班,进行了为期3个月的培训;10月到北京参加了"1+X"证书制度试点工作说明会,11月份安排2名老师到成都进行"1+X"证书(ABB本体)培训,为开展机器人"1+X"证书试点积累师资力量。

在硬件设施的支持上,学校先后建设了2个机器人实训室,其中1个工业机器人实训室有2台工业机器人,配备搬运、喷涂、焊接等10个实训项目工装,用于日常的教学;另一个实训室配备2套工业机器人PCB异形插件工作站,可以用于大赛训练以及学生的专业技能提升。今年11月份又新够买了工业机器人运维实训系统2套;RobortArt工业机器人离线编程软件10套,全力保障1+X工业机器人操作与运维职业技能等级证书试点工作顺利开展。

二、"1+X"证书试点成果

2018年8月,在现代学徒制人才培养的基础上,与青岛红树林科技有限公司合作实施"工业机器人岗位定制"人才培养模式改革。随着人才培养模式改革的深化,工业机器人技术应用专业方向的学生曾先后夺得国赛赛项2金1银的优异成绩,为

青特集团、青岛海泰科模具等大型的公司输送了 60 余名机器人应用方向的技能人才。2019 年 6 月,工业机器人技术应用专业成功通过青岛市教育局及省教育厅新增专业审批。

随着全国职业院校技能大赛内容与企业生产实际对接越来越紧密,学校一直依托国赛平台提升师生技能水平,改革教学内容,积累教学资源。目前,学校正着手梳理工业机器人技能大赛的训练内容、训练资源及评价标准,并尝试与"1+x"证书培训与考核内容有机融合,以切实提升专业技术水平。

三、"1+X"证书试点建设远景

（1）继续增设"1+X"证书考核设备。按照"工业机器人操作与运维职业技能等级证书中级"的培训评价标准,以工业机器人行业覆盖最广泛的 ABB 本体设备为基础,立项建设"工业机器人操作与运维"培训与考核基地,进一步提升实训条件,既满足学校学生的证书培训和考核,又能服务社会,满足相关企业对员工的能力提升培训,全力保障 1+X 工业机器人操作与运维职业技能等级证书试点工作顺利开展。

（2）深化"三教"改革。按照要求组织教师参加证书与标准的教学研讨、师资培训,并在校内积极展开教师培训,校外聘请当地智能制造企业专家参与实施教学、培训和考核评价,并推动教学内容和教学方法的改革。此外,适应"互联网 + 职业教育"发展需求,尝试采用与证书标准匹配的新型活页式、工作手册式教材,运用与 X 证书相配套的在线教学平台改进教学方式方法,丰富教学资源,提升教学培训效果。

打造有效课堂　承载课程教学

青岛西海岸新区黄海职业学校　刘志强

青岛西海岸新区黄海职业学校执行校长刘志强从理念、实践和评价三个维度领导学校课程教学。

一、聚焦课堂，关注有效

学校的中心工作是教学,教学的核心环节是课堂,课堂的有效性是提高教学整体质量的关键。聚焦课堂,关注有效,是提高教学整体质量的关键。

课堂是实施教学的主渠道,课堂是教师和学生成长的主阵地,课堂是课程改革的主战场。因此,课堂教学是学校教育最基本的形式、最主要的渠道、最核心的环节。

课堂教学要合规律、有效果、有效益、有效率,在有限的课堂教学时空里,更好地减负增效,促进学生最大的进步和发展。抓住课堂教学这个教学的核心环节,抓住有效性这个核心要素,就能促进教学质量的整体提高。

二、深入课堂,调研指导

执行校长刘志强深入课堂,对 41 位任课教师进行推门听课。并以课堂为轴心,了解教师的教育理念、教学行为、教研文化、经验和不足、困惑和困难,以及改革要求与教学现状的差距,先进理念与传统行为的落差,了解学生的学习现状和需求,了解学校管理的运行现状等,掌握来自一线的真实情况,以便站在新的高度,从新的视角,对学校教学不断发展作出及时、科学、正确的决策。

执行校长刘志强通过对教学现场的观察,获得课堂教学领导的话语权。结合课堂教学存在的问题,从事实层面(教什么)、技术层面(如何教)、价值层面(为什么)作出指导和引领。倡导教师设置好问题让学生去查阅、探究、合作、整合信息,而教师巡回指导点拨;倡导教师加强课堂管理;倡导教师让学生动手、动口、动眼、动脑;倡导教师设计好学生记忆消化的时间和过程;倡导教师做好三套题;倡导体育课"一一二三"课堂模式。

执行校长刘志强通过调研真切把握教学中的问题、困惑和需求,找出制约课堂教学有效性的因素。在此基础上,执行校长刘志强对课堂教学新模式做万言论述,深入研究"三段 8153+X"课堂教学模式打造的依据,详尽解读新模式。教学准备阶段包括复习回顾、导入新课、目标展示,为第一阶段,投入时间为 5 分钟;导学相融是一堂课的主体部分,为第二阶段,投入 25 分钟;能力提升阶段包括能力转化、回归课本、课堂小结、作业布置,为第三阶段,投入时间为 15 分钟。X 为多种教学方法,以激发学生兴趣。目前,学校正在筹备"三段 8153+X"课堂教学模式专题培训,全校推行,形成独有独特的课堂教学模式,让学生受益,使教师成长。

三、以制度强化教学,以评价激活教学

执行校长刘志强研究和完善教学管理的目标、过程、方法,制定和修改教学管理措施、规则、制度和评价细则,充分运用管理手段,提高课堂教学的有效性,提高教学质量。目前学校出台了《课堂建设捆绑评价制度》,形成全员育人合力;印发并学习

了《"三段8153+X"课堂教学模式》,打造中等职业学习课堂教学亮点工程;试行了《任课教师综合评价细则》,激发教师教学活力。新制度、新模式、新评价,正在联合促进学校教学新亮点新生态的生长。

"提高领导干部应对突发事件的能力"
领导课程教学案例分析

莱西市机械工程学校　贾喜捷

案例教学法起源于1921美国哈佛大学商学院,当时是采取一种很独特的案例型式的教学,这些案例都是来自于商业管理的真实情境或事件,透过此种方式,有助于培养和发展学生主动参与课堂讨论,实施之后颇具绩效。

一、对案例教学的基本认识

案例教学是在教师的指导下,根据教学目标和内容的需要,采用案例组织学生进行学习、研究、锻炼能力的方法。案例教学的目的不是把学生培养成只会解释问题的"理论高手",而是要培养学生具有解决实际问题的"智慧高手",解决"怎么干""干什么"的问题。

二、案例教学在"提高领导干部应对突发事件的能力"中的实施与体会

提高领导干部应对突发事件的能力是一个操作性较强的课题,它涉及到法学、行政管理学、社会学等相关学科的理论知识背景,同时又是在工作实践中需要因时因地制宜并区别对待的能力考验。

(1)统一认识,做好准备。教师一要收集材料,认真备课。二要制作材料,提前发放。包括理论材料和案例材料,并将学员的分组讨论名单附上。三要分配时间,把握重点。在讲解、讨论、评议和总结等各环节中应提前分配时间,把握教学的重难点,做到统筹安排、合理规划。

（2）讲解理论，奠定基础。为了使领导干部掌握应急管理体制应遵循的原则，应对突发性事件时如何做到权责统一，如何协调、完善和整合资源。学习突发事件的概念界定；突发事件的适用范围；应对突发事件的工作原则等相关理论知识。

（3）介绍案例，提出问题。理论知识讲授后，教师应对案例的内容和分析讨论的要求等进行必要的简明介绍，主要包括五个能力，即危机预警和识别能力、驾驭全局的能力、快速应对能力、组织协调能力、科学决策能力。

（4）引导分析，组织讨论。通过分组讨论，对于复杂的案例，经小组的集体努力，可以组内相互启发，分工协作，鼓励支持，找出问题的症结所在，谋求最佳的解决对策。

（5）展示方案，进行评价。小组讨论完成后，每组必须准备案例讨论的汇报报告，并派代表在课堂讨论中发言，其他学员可自由提问或从自己角度讲述对同一案例的不同看法。

学员的讨论交流结束后，教师要就整个讨论进行小结。这个小结并不是给出案例分析的答案，而是总结诸如学员讨论时的表现等，重在激励学员下一次高质量的参与讨论，以改进下一部的案例教学。

（6）撰写报告，效果评估。课堂教学结束后，为保证案例教学的效果，要指导学员撰写案例分析报告。并对案例教学的效果进行评估。

三、开展案例教学必须处理好几个关系

案例教学要想取得理想效果，应正确处理理论知识点讲授与案例分析、教师与学员、培养能力和提高思想素质、案例教学与其它教学形式等相互之间的关系。

（1）处理好理论知识点讲授与案例分析的关系。案例教学以实例分析为主，但也不能完全抛开教材的理论体系，毫无理论依据地去研究实际问题。

（2）处理好教师与学员的关系。案例教学是一种双向互动的教学模式。在整个教学过程中是主体。这就要求教员与学员之间必须进行密切的沟通与合作。

（3）处理好培养能力与提高思想素质的关系。教师不仅要通过案例教学引导学员掌握从具体到抽象、从个性到共性的思考问题的方法，从而提高分析问题、解决问题、驾驭问题的能力，更重要的是通过案例教学引导学员树立科学的世界观、人生观、价值观和正确的权力观、地位观、利益观和政绩观。

打造现代职业教育平度双元制模式

服务国家中小城市综合改革试点

平度市职业中等专业学校　张培生

多年来,我校始终坚持以服务发展为宗旨,以促进就业为导向,深化"双元制"办学,进行了"双元和融、行知合一"现代职业教育平度双元制模式的实践与探索,走出了一条具有平度特色的"双元制"办学之路。

一、通过校企联盟,建立长效合作机制

2013年4月,在平度市政府的主导下,我校与57家企业和8家高校签订了协议,结成一个具有现代职业教育特征的联合体—平度双元制校企联盟(集团),建立了校企合作的长效机制,成立了专业建设指导委员会,定期组织召开校企联盟推进会,形成了一种紧密型的互动关系。高校、企业、行业深度参与学校的人才培养模式改革、课程建设、专业实训、生产实习和学生评价等。

二、通过实习工厂,实现产教一体化发展

由于"双元制"办学实习实训能耗大,人才培养成本高,平度职教中心在加大与校外企业合作的同时,充分挖掘学校内部资源,实施专业产业化。按照"面向市场设专业,依托专业办产业,办好产业促专业"的思路,创办了华德汽车维修培训中心等十个校内生产实训中心。校办产业的创建和有效运作,实现了培训功效"五合一":即车间、教室合一,学生、学徒合一,教师、师傅合一,作品、产品合一,教学、生产合一。走出了一条融"教学、培训、生产、经营、服务"五位一体的办学路子。

三、通过引企入校,实施企业化管理

为加强学生岗前培训并解决设备、实训材料、师资不足问题,学校分别与青岛圣达机电设备制造有限公司等企业签订了校企合作协议,共建了数控机加工、电气焊、

等四个培训加工中心,把企业引入学校。校内实训车间既作为企业的生产场所,又作为学生的实训基地,由企业负责生产与安全管理。校企双方共建实训实习基地,开发核心课程与特色教材,制定针对性的培训计划,完成对学生的培训任务。学生在学校就体验到了企业的生产实境,实现了育人与用人的深度对接。

四、通过厂中建校,开展现代学徒制人才培养

学校把实训放到企业,开展现代学徒制人才培养试点,培养学生的岗位生产能力。按照人才培养需要,在学以致用、专业对口、理论与实践相结合的基础上,与青岛喜讯机械加工有限公司、万汇遮阳伞有限公司等联盟企业建立校外实训基地。学生根据教学计划进入企业进行实训。企业为学校提供生产线,以师傅带学徒的形式培训学生,并同时提供专用培训教室,用于学生基础文化课、专业理论课等课程的教学培训。学生进入企业后,以双重身份(学生、岗位工人)接受学校、企业双重管理,教学过程全面对接生产过程,提高了学生的就业、创业能力。

五、深化课程体系改革,实现专业与产业对接

学校根据企业岗位需要和国家职业标准,深化课程改革,建立适合"双元制"职业教育的课程体系。对接职业、行业标准,规范专业课程设置和课时比例,推广应用项目教学等教学方式,实现专业课程职业化。主持开发了《山东省畜牧兽医专业教学指导方案》《山东省农产品保鲜与加工专业教学指导方案》;出版了跨学科的综合课程:专业理论、专业计算、专业制图和专业实训;开发了4门青岛市精品课程、2门网络精品课程、10门平度市精品课程和32本校本教材。

六、借鉴国外经验,加强现代职业学校质量管理体系建设

为进一步加快国际化的步伐,学校启动了质量管理评价体系项目工作站建设工作,与德国帕索职业学校、罗腾堡职业学校、米尔多夫等职业学校建立友好合作关系,建立现代职业学校质量管理体系。学校于2014年成立了中德实验班,选配了具有丰富"双元制"教学经验的教师进行教学实训和教学管理。成立了德国职业资格认证考试办公室,专职负责培训、考试的有关事项。严格按照技术工考试的培训规定、教学大纲进行培训教学,借鉴德国质量管理体系进行管理。

通过深化"双元制"办学,打造了现代职业教育平度双元制模式,提高了学校整体服务功能,取得了显著的办学效应,为当地农业产业结构转型升级做出了贡献。

技能教学目标体系建设

莱西市职业中等专业学校 范旭政

职业学校的办学宗旨是以就业为导向,因而要培养社会经济发展需要的就业能力强的高素质毕业生,必须加强学生的职业技能教育,提高学生的专业技能水平。但是在学校日常的教学和学生日常的学习生活中,教师究竟要"教会学生什么技能",学生"能学会什么技能? 能拿到什么资格证书? 将来能干什么?"这些问题对于教师和学生来说,心中是有答案的,但是在学校的教学中并没有一套完整规范的体系来指导、引领日常的专业教学。

学校根据教育部《关于制定中等职业学校教学计划的原则意见》、中等职业学校专业教学指导方案、教育部等六部委关于技能型紧缺人才培养培训指导方案,依据人力资源和社会保障部国家职业资格标准,组织教师深入行业、企业进行多次调研,征求行业专家、企业技术骨干意见和建议,制定了明确的专业技能教学目标体系。

该体系以教育部以及省市等有关文件、通知精神为指导,对照国家中高级职业资格考核标准、技能大赛以及岗位技术标准要求,兼顾学校现有师资和实验实训条件,将学生应掌握的专业技能分为几大模块,并分解到年级、学期,细化到期中、期末,从应知、应会到考核标准一一明确,期中期末的考试既有公共基础课、专业理论课的考试,又有专业技能的考核。做到了条块分明,目标清晰,操作可行,考核到位。

该体系是按照专业类别建设的,每个专业都包括教学基本要求和技能教学一览表两部分。教学基本要求包括培养目标、技能方向、技能教学基本内容以及考核评价标准等,一览表则按学期划分了本专业学生技能学习的要求(以模块的形式表述),具体到期中期末,实现了"教有目标,学有方向,做有动力"。

专业技能教学目标体系的建设,提高了技能教学的效率和质量,促进了学生专业技能水平的不断提升。

PAD（平板电脑）试水中职物流教学，打造现代职教"云课堂"

青岛经济技术开发区职业中等专业学校　侯方奎

一、教学模式改革背景

（一）信息化教学已成职业教育新趋势

2012 年，教育部印发《教育信息化十年发展规划（2011-2020 年）》第五章中提出：职业教育信息化是培养高素质劳动者和技能型人才的重要支撑，是教育信息化需要着重加强的薄弱环节。

（二）物流服务与管理专业特点及教学需要

物流实训室对学生职业能力培养固然重要，但物流实训室的静态性、固化性也使得学生的职业能力培养很难与生产真正接轨。在实训室内进行流程的实训，单次实训耗时较长，且只能单组学生进行实训，所以系统性的实训只用于熟悉业务流程或展示性教学。依靠现代化的教学平台和丰富的教学资源可以在实训前进行仿真的学习和实训，解决物流教学和实训的难题。

二、主要目标

1. 改革传统的教学模式

物流是一门跨多个学科、实践性很强的综合学科，具有劳动密集型与技术密集型特征。传统的教学模式和教学手段重教学、重理论，轻实践、轻能力；重学科知识和专业技能的掌握，轻综合素质。

2. 改进教学方法，提高教师业务水平

在教学过程中，教师应根据物流信息化课程的特征，精心设计课程教学大纲和具

体的教学活动。在教学中淡化传统的以教师讲授为主的教学方式,探索多种教学手段,利用 PAD（平板电脑）为终端的信息化教学手段,丰富教学内容,提高教学质量。

三、工作过程及内容

1. 确定改革模式

利用基于过程管理的技术平台为支撑,打造综合性服务类职业专业全新的课堂模式 - "云课堂教学"。

2. 建设教学改革教学资源

校企共同研发改革教学资源,学校组织物流专业骨干教师与上汽实业有限公司（青岛分公司）、北京洛捷斯特科技有限公司的技术人员、资源研发人员共同组成教学资源研发小组。开发出具有特色的一系列物流数字化教学资源。改革的教学内容全部来源于企业的实际调研和基于工作过程系统化的组织。

3. "云课堂"的应用

在"未来教室"内,以交互智能平板、教师 & 学生智能终端、视频展台等硬件为载体,配套多媒体软件、移动授课系统、教学平台,教师与学生授课、移动授课、实时互动、即时测评、教学资源共享等教和学的过程。企业评、学校评、教师评、学生互评多元评价体系和评价结果对学习过程和学习结果进行评价,提高教学质量。具体应用过程如下。

（1）教师利用平台课前备课和学校使用平台课前预习：教师备课包括课程资源组织和教学活动组织,教师通过教学管理平台教师端的备课平台、海量优质资源、题库等功能应用,轻松高效打造完美课程；平台中海量资源涉及综合案例、微案例、学习任务、知识点、视频、图片、动画、3D 虚拟仿真、交互游戏的等,教师可上传超链接以及各种外网自创资源。教师可安排测试、综合案例分析、讨论、实训、指导分析等多种教学活动。教师可创建各种类型的课程,平台支持文本课程、视频课程、超文本课程、互动课程及任意组合的自由课程。同时各类课程均配置讲义、题库、拓展资源等。

（2）教师组织教学及监控、学生轻松学习。基于教学平台海量的数字化资源,为实现以学生为主体,以教师为主导,让学生积极主动地参与课堂活动全过程的"学、帮、理、练、评"五步教学法提供了保证。课堂中,师生通过互联课堂实时互动,通过随堂测试和实时统计,教师准确掌握学生学习情况,学生也在第一时间找到自己的知识薄弱点。

四、实施教学改革的要素条件

（1）校企合作是教改成功的基石。

（2）师资队伍的建设是教改成功的必备因素。

（3）教学环境的建设是教改成功的保障因素。

崇德尚礼

——青岛电子学校德育特色课程落实计划

青岛电子学校　唐好勇

社会主义核心价值体系是兴国之魂，它决定着中国特色社会主义发展的方向，是人生奋斗的梦想之舵，是中华民族的精神之钙。为全面贯彻"立德树人"的教育的根本任务，为落实我们学校"崇德尚礼"的德育目标，为培养学生的核心素养，把青岛电子学校的思政课堂与德育特色结合起来，创立我们自己的立德树人特色品牌全面育人。

社会主义核心价值观校本教程落实措施分三部分。

（1）思政课堂是实现立德树人根本任务的核心关键课程

思想政治课在高一和高二开设四门课程，分别是《职业生涯规划》《职业道德与法律》《京剧政治与社会》《哲学与人生》。充分发挥课堂的主渠道作用，利用好主课堂，把社会主义核心价值观的内容融入到具体授课中，通过主渠道的正课宣传讲解社会主义核心价值观。

（2）发挥思政课教师的作用，完成青岛电子学校的德育特色课程

利用青岛电子学校的云课堂、选修课、自习课、专题讲座等形式传播授课，拓展丰富发展学生的文化知识、品德修养、价值情操等核心素养。核心素养是党的教育方针的具体化，是深入回答"立什么德、树什么人"的根本问题，引领课程改革和育人模式变革。

"社会主义核心价值观校本教程"崇德尚礼——德育特色课程及专题讲座,24节课具体核心价值观涵盖内容为:

（1）"崇德尚礼"——《礼之用和为贵》《社交礼仪》《职场礼仪》《道德是幸福的源泉》《民主自由》《文明之尊重》《文明之礼貌规范》《和谐友善之感恩》。

（2）"爱国主义"——《中国空军发展》《中国海军发展》《壮丽70年奋斗新时代》。

（3）"文化底蕴"——《道德经解析》《论语名句赏析》。

（4）"科学精神"——《人工智能》。

（5）"时政新闻"——《学习十九大精神》《每月大事记》。

（6）"责任担当"——《做自己人生的导演》。

（7）"人生导航"——《规划未来》《就业指导》《实用沟通技巧》。

（8）"学会学习"——《学会管理时间》。

（9）"文明环保"——《垃圾分类势在必行》。

"一次演讲"核心素养"十个一"项目行动:

在思政课上,利用课前5分钟让学生进行一次演讲,内容包含着正能量,体现核心价值观,通过点滴形式熏陶学生锻炼学生发展学生,教师有效的引导点评。每节课一人学生演讲,学生可脱稿演讲,也可制作PPT采用讲授形式,课后学生要完成表格《我演讲我精彩》填写,表格内容为演讲内容、学生评价和教师评价,成绩计入期末学生的总评成绩中。

青少年阶段是人生的"拔节孕穗期",最需要精心引导和栽培。保证思政课的给学生的心灵埋下真善美的种子,引导学生扣好人生的第一粒扣子。政治要强、情怀要深、思维要新、自律要严、人格要正,不仅是对教师的要求,也是育人的标准。

加强课程建设，打造精品课程

青岛旅游学校 王 钰

青岛旅游学校积极加强课程建设,通过制定课程标准、打造精品课程、创建校本课程、开发现代学徒制课程等特色课程的形式落实课程改革,提高育人水平。

一、牵头制定教学指导方案、课程标准

学校牵头制定了《山东省中等职业学校旅游服务与管理专业教学指导方案》与《山东省三年五年制文明礼仪课程标准》的编写工作,通过评审并交付使用。通过方案与课标的编写,掌握、了解了专业现状与行业企业需求,明确了课程培养目标,对于后期课程的开发与实施提供了可参考依据。目前根据教学指导方案与课程标准,正积极组织相关教师进行相关教材的编写与课程开发工作。

二、打造精品课程,开发优质资源

学校积极开展精品课程建设,把精品课程建设作为提升教师综合能力的重要手段和途径。学校成立了领导小组,制订了精品课程建设方案,组建了精品课程建设团队。经过多年的努力,学校的精品课程建设有了长足发展。截至目前,共有 6 门课程入选青岛市中等职业学校精品课程、精品网络课程,分别是《创业启航》《模拟导游》《女子形体》《青岛文化名人故居》《中职数学》《旅游日语视听说》。

2017 年至今学校参加青岛市中小学校本精品(优秀)课程评选活动,共有 5 门课程入选优秀精品课程,分别是《"带你游青岛"——青岛旅游》《实用场景日语》《旅游中的趣味数学》《女子形体与礼仪》《一带一路的少数民族文化》,2019 年学校又申报了 4 门课程,目前正在参评中。学校教师主创或参建的慕课《导游实务》《数学(基础模块)》《语文(基础模块)》现已上线。2018 年,《青岛文化名人故居》《快速学会日语动词的"て形"》等被评为青岛市首批职业教育优秀数字资源。2018 年,开发制作的基于技能的系列微视频通过青岛市初审验收;开发的《旅游概论》《旅游心理学》课程资源库在超星平台投入使用。

三、组织教师编写教材,丰富课程体系

学校组织教师编写了适合于本校学生使用的《民航服务礼仪》《外贸英文函电》《国际贸易认知》《外贸单证实务》等教材,促使教师掌握课程最新的核心与重点内容。孙信成校长主编山东省规划教材《体育与健康》已经出版发行。截止到目前,学校教师主编或参编并已出版发行的各级各类教材 49 门。

四、打造特色校本课程,彰显课程特色

学校积极推进校本课程建设与开发,特别是不断加强选修课课程建设,把选修课作为拓展学生的知识和技能、发展学生的兴趣和特长、培养学生的个人和综合素质、

彰显教师特长、促进教师专业化发展的重要平台。2018 年开设选修课 14 门,截止到目前,已建成 79 门选修课的电子教材、考核题库、评价标准,丰富了学校的选修课程体系。

五、开发特色课程，服务专业发展

加强五年制课程开发与建设。围绕学校五年制专业,开发建设适合五年制学生发展的特色专业课程与专业教学资源,服务学生发展。围绕学校旅游管理与酒店管理两个市级现代学徒制特色专业,打造专业特色明显的技能类课程、专业素养课程,进一步彰显学徒制特色。以培养现代化国际视野的复合型人才为目标,精炼打造特色专业技能、外语类课程、礼仪课程、人文素养课程等,实现全面育人目标。

青西新区高职校打造"双循环递进式"教学模式

青岛西海岸新区高级职业技术学校　张继军

近几年,我校在理实一体的教学模式上进行了大胆的尝试和改革,摸索出一套适合中职专业课教学的教学模式——双循环递进式教学模式。

这种教学模式充分发挥教师的主导作用,通过设定教学任务和教学目标,让学生在任务完成过程中理解、巩固理论,全程构建素质和技能培养框架,丰富课堂教学和实践教学环节,提高教学质量。在整个教学环节中,理论和实践交替进行,直观和抽象交错出现,知识能力递进式提升,突出学生动手能力和专业技能的培养,是充分调动和激发学生学习兴趣的一种教学方法。

一、实施过程及措施

（1）任务描述。教师布置教学任务和教学目标,让学生明确学习目标。

（2）任务初探。学生根据现有的工具和经验,到理实一体车间尝试解决教学任务。教师要强调安全事项,依据《校园 6S 管理实务》,对学生的操作做出具体要求。小组成员采用大脑风暴法对任务的解决设定行动方案。这个过程对知识有一个大体的了解,学生记录在解决过程中遇到的困难,明确学习框架。为回到课堂进行重难点学习打下基础,完成第一个循环。

（3）任务学习。教师通过了解学生任务初探情况,对任务进行具体的讲解和必要的示范。特别是对存在共性的问题加以强调。学生经过学习掌握重难点之后,实现认知层次上的递进。

（4）任务实战。学生回到车间继续完成任务,各小组制定详实可行的行动方案,组内成员明确自己的分工。教师对任务有一个具体精致的要求,监督指导学生参与情况和任务完成质量,对存在问题的小组进行帮助,对课堂大局进行调控。

（5）任务评价。学生回到课堂汇报任务完成情况,选择小组汇报、学生点评、老师评价的方式对任务进行总结提高,尤其是对实战过程中好的做法和错误的做法进行梳理,扬长避短。按照 6S 管理要求,对教学环境进行整理。

（6）任务拓展。老师布置弹性化学习任务,进行能力拓展,把学习环境扩大到课外,完成第二个循环。

通过先做后懂再提高的步骤,知识能力一体化,让学生体验学习的乐趣,综合素养也在任务完成过程中得以提高。

二、条件保障

（1）环境要求。教学任务需在理实一体化车间或现代化技能教室进行。课堂教学要有与专业和规模相适应的硬件设备和学习环境。这种教学方法强调空间和时间的统一性,要求作为课堂的场所既要有教室的功能,如桌椅、黑板、多媒体设备等,又要有足够的工位、实验实训器材。

（2）师资要求。双循环递进式教学要有过硬的师资队伍。不仅要求教师要具有较扎实的专业理论功底,也要具有较熟练的实践技能,更要具有理实结合的教材分析及过程组合的能力。教师不仅是传统意义上的双师型人才,还要熟悉企业管理文化,学生通过具体的工作任务和企业化的教学环境,克服就业恐慌,实现学生到工人的无缝对接。

（3）备课要求。备课要包括授课计划与教学考核。教学计划是理论教学与技能教学为一体,要以任务为中心编制授课计划。教学考核是指在对学生的学业考核中,既要考核学生对知识、技能的掌握,也要考核学生能力的发展、素养的提升和潜能的开发。

（4）学生要求。为保证课堂任务顺利完成,提高学生参与、合作能力,课前需要对学生按照性格、学习能力、性别等进行合理分组,使其符合社会相互依赖理论,即各个小组或任务相互联系和依赖,小组成员的搭配优势互补依赖,任务的分配内容上的依赖,小组成员角色的依赖、交流激励等。一般每组以 4 ~ 8 人为宜,每组选派小组长一人负责分工,选择发言人一人负责汇报,其他可根据需要指派具体任务,各分工岗位实行轮流制,让学生的各方面能力得以全面发展。

在学校每年的校企合作战略交流会上,合作企业海尔、海信、松下电器、雷沃重工、南车集团等对我校毕业生素质给予高度评价,具体表现在团队合作意识强,学习能力和动手能力上有明显优势,综合素养在同类学校中名列前茅。

青岛城市管理职业学校家居设计专业现代学徒班构建校企无缝衔接课程的尝试

青岛城市管理职业学校　邵　婷

青岛城市管理职业学校家居设计专业与青岛市装饰协会合作,依托行业协会,借助协会资源丰富、管理规范的优势,按企业岗位要求构建校企无缝衔接课程。以掌握职业与岗位能力为核心,以实践性教学为主线,通过岗位能力分析,结合学校人才培养目标和企业员工培训要求开发课程标准和课程体系,协同培养人才,满足家装行业关键技术岗位的人才需求。

一、引入行业企业标准,建设项目化课程

依据企业岗位典型工作任务及流程需要,选取和设计课程内容,将企业的测量绘图、3ds max 效果图、装饰材料实际项目进行教学项目转化,引入室内设计课程中,建设成以企业典型项目为载体的工学结合的项目化课程,编写了《3ds max 室内设计》等教材,入选青岛市第二批精品课程。引进室内设计助理技能考核标准、房屋装饰测量作业程序、CAD 绘图规范、室内装饰工艺流程等行业企业规范,开发了房屋测量、材料工艺、软件绘图、设计项目等课程资源,同时开发学习指南、电子课件、案例库、教材、实训项目库、实训指导、仿真实训项目、自主学习资源、习题及操作训练测试题库、课程网站等教学资源、为学生自主学习提供了丰富的教学资源。

二、适应市场和学生需求，分阶段建设课程体系

第一学年为学徒适应期：通过"二基＋二识"使学生逐步亲近专业。"二基"指在学校进行文化基础课和专业基础课的学习，"二识"指学生对所学专业和未来从事的岗位、企业员工的基本素质要求有初步的认识。

第二学年为学徒成长期：通过"二核＋三辅"促进学生成长。"二核"指核心技能、核心素养，"三辅"指职业生涯规划辅导、人文素养辅导、创新创造辅导。

第三学年第一学期为学徒持续发展期：通过"二练＋四轮"使学生的职业技能得到进一步巩固。"二练"指跟岗练习并巩固专项技能、职业素养，"四轮"指根据学生所选方向，学期内必须经过至少 4 个岗位的轮训。

第三学年第二学期学徒成熟期：通过"二实＋五养"使学徒（学生）真正开始企业顶岗实践。"二实"指企业顶岗和毕业设计答辩，"五养"指培养学生个人品行、工作态度、工作纪律、工作成绩、创新意识。

城阳职专苟钊训副校长影响下的精品课程建设

青岛市城阳区职业中等专业学校　苟钊训

八年前，因诸多因素影响，城阳区职业中专的课程教学一度氛围黯淡，成果稀疏。分管教学的苟钊训副校长到任后，依据学校的现有局面，提出"抓教研促教学，创精品促课程"的改革思路。立足学校专业特色，以精品课程建设为抓手，多管齐下，引领学校脚踏实地地走上了课程建设改革之路。

一、建立精品课程建设的制度保障机制

学校制定出台《城阳职专精品课程建设实施方案》《城阳职专校级精品课程评选办法》等一系列精品课程建设管理制度，对精品课程实行过程化、精细化管理，保障了精品课程建设高起点、高标准地顺利开展。

二、建立精品课程建设的工作保障机制

加强统筹协调,专门成立了精品课程建设领导小组,并确定教研室为责任科室。由教研室从课程定位、内容调整、视频采集、文字编辑、网站创建、教学资源库构建等方面,做好对各个课程团队的指导与跟进工作。由实训处、总务处、实习就业处、相关专业部等部门密切配合、通力合作,为精品课程建设工作提供了充足的外围保障。

三、打造精品课程建设的强强团队组成

定期组织交流与培训、邀请专家现场评估,加强企业合作,力求打造一支能挑大梁的教科研骨干队伍。继而把骨干教师排兵布阵,组建精品课程建设专业教师团队,并组织聘请名校高水平的专家、教授参与课程建设方案的指导,邀请企业(行业)高水平专业技术人员担任校外指导。这样的强强联手,加速了城阳区职业中专精品课程建设工作的迅速开花结果。

四、设立精品课程建设的经费倾斜政策

制定经费倾斜政策,将精品课程建设所需资金纳入学校财务预算,并专款专用。不断加大专项资金投入,不断丰富各类课程资源,积极搭建互动平台,为精品课程建设提供了有力的后方保障。

用心播种,必得硕果。在苟钊训校长关于精品课程建设方面的一系列动作实施第二年,城阳区职业中专的《幼师美术》《网页艺术设计》两门课程,以鲜明的特色与内容,在青岛市第二批精品课程评选中,双双被评为青岛市"精品课程",一举成为当年上了《半岛都市报》报道的获奖大户,实现了学校精品课程建设上的跨越式发展。苟校长敏锐抓住这一势头,隆重召开全校精品课程建设总结表彰会,总结经验,鼓舞士气。自此,全校教师的课程建设热情全部点燃。截至2018年底,学校已建成山东省"精品课程"2门,青岛市"精品课程"6门,青岛市"精品校本课程"6门,青岛市"现代学徒制特色课程"4门。城阳职专的课程建设工作一举跃入青岛市先进行列。

苟钊训校长认为,一所学校要取得长足发展,那么课程改革建设的脚步须永远在路上。对于今后的精品课程建设工作,他在全校作了如下规划。

1. 形成全面辐射、全面开花的建设局面

把精品课程建设工作辐射到每个专业部、每个学科和专业。各专业部根据自身定位和专业特色,认真处理好传统与特色、规范与创新、内容与方法、基础与专业等关系,定目标、定团队、定课题,使学校精品课程建设带动教科研工作全面开花。

2.形成三级递升的课改体系，建立长效机制

以两年为一轮，组织专家，依据市精品课程的评价标准，精心甄别、严格选拔，评选出校级精品课程。对入选的校级精品课程精心打造，加强跟进指导，确保出精品、出亮点。实行校级、市级、省级三级递升、扎实推进的策略，使学校的精品课程建设工作走向精细化、长效制。

3.形成立体化、扇面化的课程资源库，推进成果转化

鼓励教师以精品课程为抓手，积极参与教材研发。以校本教材开发促进精品课程建设，以精品课程丰富校本教材。鼓励任课教师对接专业岗位需求，大胆把现有精品课程和校本教材应用于课堂或选修课。把精品课程、纸质教材、电子教材和网络化教材有机结合，实现教学资源建设的立体化和扇面化，并以各级精品课程为主形成具有示范作用的网络教学课程，建成基于数字校园应用支撑平台的学习资源中心。

第五部分

特殊教育

"1+3"教育模式改革

为每一个特殊学生提供适合的教育

青岛西海岸新区特殊教育中心　王永宾

"1+3"模式中的1即包班协同＋选课走班相结合的"新班级"教育模式

将课堂包干到团队,吸收兴趣小组活动的分班形式,并借鉴普通高中选修课"走班制"的经验,进行了一般性课程包干与选择性课程走班相结合的"新班级"教育模式改革。

包班协同作为"新班级"教育模式,一个班级中由2～3位教师组成一个基本教育工作单元,全面承担一个班级的日常教学训练、班级常规管理和学生生活管理等工作任务。包班协同实现了教师对一个班级的学生实施教、管、保一条龙服务,包班教师可以全面掌握学生的特点和动态,并依据学生情况,制定个别化教育计划,有针对性地进行分类教学和个别化教育,更好地满足学生的特殊教育需要。同时包班教师全面承担整个班级的教育教学工作,建立了各学科之间的横向联系,有效地开展综合课程教学活动,从整体上把握课程的连贯性,做到了课程的深度融合,在教学过程中实施综合课程,让学生在学习的过程中,构建起了立体的知识体系构架,将知识与现实生活紧密联系,提高了学生的社会适应性,满足了学生个体整体性发展、个性化发展的需求。

学校构建了以"个别化教育"为核心,以"选择性课程"为辅助的"走班制"课程结构。每周一、周三下午最后一节课及周五上午前两节课为选择性课程时间,学校依据学生对学科的兴趣、某一领域的潜能潜质、对未来发展的要求,统筹学生、家长、包班教师三方意见,根据学生"试课"情况,为学生量身定制"走班"课程表。学校共开设了16门选择性课程,涉及生活、科普、艺术、文化、思维等多个领域,如瑜伽、钻石画、海洋文化、串珠等,并开设了语言、感统、认知、社交、运动、沙盘等6类个训课程,为学生未来发展提供多种可能性。"走班制"教学也激发了教师课程开发意识,极大地丰富了学校综合实践活动内容。

2."1+3"教学模式中的 3 即成长课堂、家校社课堂、研学课堂三个课堂

成长课堂是对现代课堂的一种创新和发展,一是开放授课时空,以"生活化"为核心,秉承教学"从生活中来、到生活中去"的教学理念,教学地点不再局限于教室,而是根据授课内容将教学地点转变为餐厅、宿舍等生活场景以及邮局、医院等社区资源。二是开放授课内容,本着凡是生活的内容都可以成为教学的内容的原则,引导教师活用教材、渗透教材、补充教材,重视利用或创设生活场景,让学生在生活中学生活,在社会中学社会,在自然中学自然,以此为学生学会生活、适应社会奠定基础。三是开放授课方法,开放式课堂教学中,本着"如果能激发学生的主动性,任何方法都是好的"的原则,教师兼收并蓄各种教学方法之长,善于因时、因生、因情地运用教学方法。四是开放授课方式,依据授课内容、学生的状态,教师灵活转变授课的方式,或是由单一教师教授转变为一人主讲、多人辅助,或是一节课由包班教师衔接授课,同授课内容背景包班教师衔接讲授不同学科范畴内容。

家校社课堂是学校科学整合学校、家庭及社会资源,充分挖掘家长及志愿者潜力,以"走出去"与"引进来"双向互动的形式,构建家校社课堂。

"引进来"即学校在选择性课程实施的基础上,将家长及志愿者课程列入选择性课程之中,构建家长课程体系及志愿者课程体系。"走出去"即带领学生走出校门、进入社会开展社区融合教育活动。

研学课堂是以"课堂教学社区化"为基础,引导学生从书本走向生活,从课堂走向社会,进行研学旅行。研学旅行前,学校制定研学方案,各班级根据学生认知发展情况制定班级研学档案,其中包括研前教案、研中教案及研后教案,以此真正让学生在研学过程中有所学、有所获。研学旅行不仅是学生开阔眼界、增长见识的途径,更是鲜活的课堂、是课本知识的生动延伸。

"1+X"多元化社会主体实践教学模式构建

莱西市特教中心　王曙光

王曙光校长自担任莱西市特殊教育中心校长以来,坚持以生为本,立足学校实际,在完善学校教育教学课程体系基础上,提出并构建了以校内和校外两大教学场所为主体的"1+X"多元化社会主体实践教学模式。

王曙光校长提出,特殊教育要以培养残疾学生自理、自立能力为重点,以帮助学生融入主流社会为最终目标,教学不能只在校内,必须结合学生实际和学校实际,走出学校、走进社区、走进企业、走进田间,开展多元化的社会主体实践教学。

首先,"1+X"多元化社会主体实践教学模式中的"1"指学校,学校是传统教学的主要场所,学校自身独特的优势,要充分发挥好"1"的作用。王曙光校长成立实践教学课程研究小组,基于培智学校义务教育课程标准,确定了校内实践教学的主要课程,包括生活适应课程、劳动技能课程、家政课程和园艺课程,并明确了各课程重点培养任务。

生活适应课程围绕学生当前和未来生活的需求,着重发展学生生活自理和自我保护的能力。劳动技能课程旨在帮助学生获得积极的劳动体验,形成良好的劳动意识和劳动习惯,掌握以自我服务和简单生产为主的劳动技能。家政课程主要从生活习惯、自我服务和家庭服务几大内容着手,提高学生家庭生活自理能力、增强实践动手能力和服务家庭生活能力。园艺课程则让学生尽可能去接触花草树木与泥土,亲近自然,接触生命,在探索、观察和实践中增长知识和技能。

其次,"1+X"多元化社会主体实践教学模式中的"X"是指校外的多元化社会主体,学生只有走进社会才能融入社会。根据学校情况结合莱西特色,实践教学课程研究小组最后确立了以社区融合为导向、以康复为导向和以就业需求为导向的三大主体实践教学。

以社区融合为导向的实践教学包括普特融合和社区融合。借助我校与普通中小学校融合教育合作契机,充分发挥普通学校资源优势,为学生提供一个健康的、和谐的成长环境,不断提升他们融入群体、融入社会的能力。社区融合则充分利用学校周边社区的有利条件,带领学生到社区中体验和实践,在真实情境中学习过马路、超市购物、乘坐公交车、银行存取款、医院看病等基本生活技能。

以康复为导向的实践教学主要是充分利用我校与青岛海氏海诺集团合作成立莱河大自然农场康复基地资源优势和医教结合理念,依据学生身心发展规律和康复需求,以功能改善为重点进行动作、感知觉、沟通与交往以及情绪与行为等方面的康复训练。

以就业需求为导向的实践教学包括企业顶岗实习、农作物种植和传统手工艺制作。学校目前已与多家企业签订协议,为具有一定工作能力的毕业生在毕业学年内提供顶岗实习和就业的机会,实现学生职业教育、就业培训和就业安置同步到位。同时,莱西市是农业种植大县,特产种类繁多,我校学生大多数来自农村,学校以学生生源地为划分标准,积极与农村合作社、村委等联络,为具有田间劳作能力的学生定期提供学习的机会,使学生掌握一定的农作物种植技能。莱西传统手工艺也是丰富多样,学校积极与传统手工艺制作企业及个人建立联系,通过向学生展示这些传统民俗文化的历史与制作工艺,激发学生兴趣,传承本地特色文化。

ABC 课程体系，为学生提供高质量教育

青岛市城阳区特殊教育中心　刘佳胜

课程管理是学校管理工作的核心和主要内容,我认为激发学校的主体活力,形成学校的特色办学是课程管理的追求。我在学校组织骨干教师成立课程教学研讨小组,围绕"潜能开发、缺陷补偿(身心康复)"的教育康复目标,着眼学生适应生活、适应社会的基本需求和个别化发展的迫切要求,以特殊学生发展为本,以提高特殊学生的生活质量为导向,以发展学生自理能力和社会适应能力为核心,整体设计十五年一贯的学校课程实施方案,体现学生发展差异的弹性要求,为学生提高生活质量、提升社会适应能力奠定扎实的基础。

一、课程目标

学校课程的设置和实施旨在运用教育训练与康复医学的相关知识,发挥课程的

整体效应,突出生活即教育的观念,将一切教育活动都按照课程来规范和实施,实现潜能开发、缺陷补偿,使学生具有初步的爱国主义、集体主义精神、社会公德意识、法制观念和乐观向上的生活态度,并掌握基本的文化科学知识和适应生活、社会以及自我服务的技能,从而养成健康的行为习惯和生活方式,成为适应社会发展的公民,提高生活质量。

二、课程设置的原则

（1）遵循国家培智学校义务教育课程设置原则。

（2）国家必修课程与选修课程相结合。

（3）ABC 学科课程与生活课程相结合。

（4）课堂生活化与个别化相结合。

（5）教育训练与创新康复相结合。

三、课程设置

学校课程体系主要包括 ABC 课程、生活课程和自闭症实验班康复课程和职业高中课程。

（一）ABC 课程

学校以特殊学生（Student）为本,以掌握生活社会技能（Skill）为核心内容,积极发展学生优势（Superiority）,从而达到拥有阳光心态（Sunshine）,融入社会（Society）的教育教学目的,确立 5S 课程理念,构建由优势课程（Advantage course）,基础课程（Basic course）和补偿课程（Compensation course）组成的"ABC"课程方案。

（二）自闭症实验班儿童康复课程

学校自闭症实验班根据学生特点,采用结构化课程与学科课程相结合的课程设置方案。

（1）24 小时结构化课程。教师将学生生活从时间、空间、环境具体细化,运用 24 小时结构化教学加深家校深度合作让学校和家庭从时间、空间、环境成为一个大的共同体大的训练康复场。

（2）学科课程。结合学生发展需要,开设生活认知、心理课、运动康复训练、多感官训练、言语训练等课程,丰富教学内容,构建合理的知识结构,全面提高学生的生活自理和社会适应能力。

（三）职业高中课程

学校构建了由通识课程、专业训练课程、岗位实习课程组成的三年制职业高中课程。高中一年级以通识教育课程学习为主，突出基础性，学习职业生活所需的基础性知识和技能。高中二年级和三年级第一学期以专业训练课程为主，突出技能性，设有"家政服务与管理、中餐烹饪、汽车美容与装潢、酒店服务与管理、民间传统工艺、物业管理"等六个专业。高中三年级第二学期以岗位实习课程为主，分校内实习和校外实习，突出实践性，帮助学生尽快适应岗位工作需要。

创新教学教研模式，助力智障儿童教育康复

平度市特教中心　焦永花

平度市特教中心以"一切为了特殊儿童"为宗旨，以"培养生存技能，努力让特殊儿童回归主流社会"为办学目标，以"学会做人、学会学习、学会生活"为培养目标，坚持"仁爱教育"办学理念，创建"医教结合、康教一体"教育模式，积极推进随班就读指导、送教上门服务、医教结合三项改革工作。

学校注重科研兴校，以青岛市十三五规划课题"农村培智学校生活化课程设置与多元模式的实践和研究"为引领，扎实落实《培智学校课程标准》，遵循智力障碍学生的潜能开发与缺陷补偿相结合原则，学校在开齐开足各级课程的前提下，开设走班课程，每周四下午全校学生走班上课。教师根据每个学生的个体差异和发展需求，对学生进行详细地分析、评估和分组，安排有经验的教师分别对学生进行个别化学习活动、康复训练。任教教师积极探讨各种康复仪器的功能作用，使其康复效能最大化，开发各功能室康复资源，有效开发学生的潜能，补偿学生的缺陷，让不同残疾的学生得到不同的发展。

为深入落实《青岛市信息技术与学科教学深度融合指南》和《培智学校课程标准》，大力推进信息技术与学科教学深度融合，促使教师走"精致化"信息技术与学科融合之路，创新教育教学手段和模式，深化特教课程改革，提升课堂教学质量，根据学校统一部署，教导处每学期举行一次"信息技术与学科融合"优秀课例展示教学活动月。让广大教师能够充分利用现成的教学资源，进一步提高使用信息技术手段进

行课堂教学的效率,创新教育教学手段和模式,深化特教课程改革,提升课堂教学质量。全体教师参与研课,教研组初步推送,优秀课例集中展示。

活动要求

(1)贯彻新课程标准理念,明确教学目标,注重以学生发展为中心,把握学科教学特点,体现师生共同成长。

(2)对教学内容和学生情况进行分析,选择合适的教学资源,注重新技术的教学策略及教法设计,重点突出如何使技术与教学内容及教学各个环节有机融合、浑然一体。

(3)教学实施过程中要体现教学环境应用创新、学与教的策略和方法,体现民主和谐的教学氛围。

(4)授课教师以所教班级学生为授课对象,不允许挑选学生或甩掉学生。

(5)以前在校内公开展示过的课,不允许重复讲授。

(6)任课教师全员参与,每人上交一个教案,筛选优秀课例进行全校展示。

(7)优秀课例在多功能厅集中展示,参与展示老师抽签决定讲课顺序,全程录像。

(8)课例展示期间,任课教师认真参与听课、评课活动,听课数量不少于10节,现场收取评课记录。

(9)师徒结对的教师,师傅必须出示示范课,徒弟必须出示汇报课。

(10)展示课例将根据"业绩考核方案"纳入业绩考核。

领导课程教学的有效途径

青岛市盲校　韩胜昔

用课程办好学校,开展教学反思是领导课程教学的有效途径。从研制学校的课程计划、从"定制"适合自己学生的课程、从统整教材出发、从改革课堂入手等等,都是领导课程教学的具体表现,其最终的归宿和落脚点是指向学生的发展。

(1)认真分析校情和生情,共同讨论学校的育人目标,打造学校特色课程。运用各种方法,让学校中所有的老师和学生都参与进来,打造特色学科创建特色学校,通过校本课程、校园文化、社会实践等实现办学理念。

（2）必须承担课程领导的职责。要体现对课程与教学改革的关注,提升专业水准和课程视野。课程是学校里发挥改革作用和影响力的重要载体。课程改革的策略应该是动态的课程和教师、学生双向的调适与互动。校长应该是与教师一样成为课程变革的积极参与者和主动创造者。校长不仅需要从行政的角度去负责课程及其标准在学校的实施,更需要从专业的视角发挥领导课程教学的作用。

（3）校长必须"改变":课程价值观,即"为了尊重并创设学生发展的多种途径的自身创意的内部驱动";课程决策模式,即"根据学校发展的愿景,规划课程方案,带领师生共同实现";课程实施路向,即"偏重于对课程及课程相关的人、财、物等方面的决策、指导与创新"。

（4）要研制学校课程计划。就像设计师,既在规划学校的课程,也在规划学校的未来发展,在这个过程中师生都是课程的主人。要带领教师"以学校课程文化建设和课程设计、开发、实施、评价等为载体,以提升质量、促进学生、教师、校长、课程、学校文化的发展为目标,在学校教育教学的过程中不断进行课程理解、规划、实施、自控、评估及创造等的探索和实践"。根据育人目标和课程目标设计富有学校特色的课程结构,从"流动摊贩"走向"精品专营店"。

（5）为学生量身定制课程,向学生提供"需求单课程"。如体现递进设计的"生涯规划指导课程"等。"国际学生评估计划"有一个结论:"如果家庭条件相当的两名学生分别就读于社会 - 经济水平差异悬殊的不同学校,那么可以预期他们在阅读能力上的差异要高于那些上了同一所学校的不同家庭的孩子"。学校对于学生的成长来说是重要的,如何研究学生、分析学生、力争满足所有学生的认知和社会需求,是校长的一项重要使命。

（6）以学定教,为每个学生找到"总有一款适合你"的教学方法,和教师共同寻找适合学生的学材。在"不增加知识点,不增加学生负担"的前提下,以"母本教材为主线,其他教材为辅助",基于课标统整教材,使得教学内容更适合学生。将"学习者置于中心",在任何一个时刻都将每一个和所有的学生放在中心,根据他们每个人的学习能力和学习动机,提供量体裁衣的教学。教师们也将成为本学科的专家。

（7）打造"学室"。让教师打开课堂,每天每节课每位教师可以不打招呼地走进任何一个教室相互观课辩课。开放教师的心态,强化教研氛围,提高课堂效率。限制教师讲授时间;从预学突破,预学案导学、助学,强化学生自学能力的培养。着眼于学生的"学习成就",同样也成就老师,让课堂成为师生同步发展的平台。

（8）选择一种文化，做到持续改变。带领教师一起做好特色课程，培育学生的精神气质；做活多元课程，满足生命成长需求；做实核心课程，变革迈向纵深处；成就教师的自我更新与专业成长。鼓励教研团队你追我赶，创造经验，共同分享；课堂内外学生在教师的指导下"学会做最好的自己"，一以贯之的育人目标与办学理念，让"自育"渗透在学校环境、课程、教师与学生的方方面面，让课程成为校园生活的全部。

总之，要促进课堂改革，必须用课堂开放促成师生开放的心态，会欣赏、会吸纳、会奉献、会反思、会批判；必须将校本教研的重心下沉到备课组，促进教学的精准化；必须以精细的常规管理为课堂改革保驾护航；必须落实"要学生做的教师先做，要教师做的领导先做"的理念。必须坚守课堂，提高课程执行力；必须规范课堂，提高课程管理力；必须服务课堂，提高课程凝聚力；必须研究课堂，提高课程创新力。

聋校"四位一体"课程体系建设

青岛市中心聋校　袁凯道

2011年以来，在95版国家聋教材与时代脱节的情况下，青岛市中心聋校为适应新时代发展需求，在刘本部校长的带领下超前发展，成立了课程指导委员会，规划建设了适合各个学段听障学生发展的基础性课程、补偿性课程、发展性课程、拓展性课程，形成了具有聋校特色的"四位一体"课程体系。

开发课程、自编教材对学校是一个从无到有的非常艰辛的历程，也是一个敢为人先的尝试。2007年，普校新课改6年之后，国家颁布了"聋校义务教育课程标准"，但是聋校教材自1995年统编教材之后，再没有新的教材版本。老教材在知识上尤其是教学理念上，跟教育大方向脱节很大，不符合学生实际需求，没有发挥和利用听障学生的优势。普校的教材不能拿来直接用，全国范围内的聋校也没有可以借鉴的任何范本。在这种情况下，为满足听障学生日趋多元的知识需求，学校编写完成了义务段教材一至九年级语文、数学教材和八九年级的物理教材共计38册，推进了国家课程校本化建设。

课程的建设与开发，遵循了各学段学生身心发展规律，也体现了课程体系规划的有序性、一体多元。除了编写教材,其他配套资源同步积累。在基础性课程基础上,为适应学生的个性化发展和日益突出的对多层面知识的迫切需求,继续开发了补偿性课程、发展性课程和拓展型课程及其配套资源,共开设课程30余门。课程体系的日趋完善、课程资源的日渐丰富,极大地满足了听障学生的多样化、个性化发展。合适的教材、日益丰富的科目、越来越多的涉猎,提高了学习兴趣、增长了知识、掌握了方法、开阔了视野。

学校多项课程资源,创全国先河、填补了空白。补偿性课程教材《学听学说》《能听会说》,发展性课程教材《国学》《服装专业基础》和语文职专教材、拓展性课程教材《版画》《电烙画基础》《摄像暨视频剪辑入门》《智能机器人》《布艺、丙烯绘画系列教材》等,都是教师整理、自编完成的。2017年学校四类课程获得青岛市精品课程,同时学校还出版了《实用手语》《无声的视窗》《听障儿童听觉语言康复研究与实践》等作品。

特色课程体系的创建,满足了听障学生及其家庭日益增长的对多元知识的需求,为实现残疾学生融入社会打下了坚实基础。学前康复、高中、职专段成为全省最热门的学校。职专毕业生100%实现就业。高中毕业生100%升入理想的大学。同时,也不断激发了教师的创新能力,发挥了教师队伍能动性,在教学和学情中发现问题、及时展开研究,不断开发更多资源、充实课程体系,让学生在成熟的课程体系和较高素养的教师培育下多元发展,学校也在此良性循环中全方位得到提升。2016年国家启动统编教材编写工作,学校5位数学教师、1位物理教师、2位美术老师参与,学校还成为美术编写组长学校。在课程建设过程中,教师钻研思考、积累沉淀,磨课、磨课题、磨教学方法,以此完成了从普通老师到名师的蜕变、从青年教师到骨干教师的成长,2人成为省特级教师、7人成为省市教学能手、4人成为学科带头人、4人成为高级康复师。

“四位一体”的课程体系,在全国产生了较大的影响,慕名而来求经的教师络绎不绝,每年接待参观听课人数几百人,所开发的教材被多所学校引用,成为他们的课程资源。